한국인의 〈친척〉 이야기

– 〈친척〉 용어 사전 –

배해수 / 배성우 / 배성훈 지음

국학자료원

책머리에

<친척> 명칭 분절구조에 대한 앞선 연구(배해수: 1994, <국어내용연구 3 −친척 명칭에 대한 분절구조−>)가 있으나, 이에 대한 전면적인 보완이 필요하다고 판단하여 이 수정 작업이 시도된다. 곧, 이 연구는 (1) 어휘선정에 대한 재검증을 통해 누락된 어휘를 남김없이 찾아 보충하고, (2) 분절구조의 이해방법에 대하여 전면적으로 재검토하고, (3) 낱말들에 대한 내용 특성 해명을 재검토하고, (4) 어휘의 정보 제시에 대하여 적극적으로 대처하려는 목적을 전제로 이루어졌다. 그리고 이러한 보완 작업의 수행을 위해서는 여러 사람의 지혜가 필요하여 세 사람이 공동작업에 임하게 된 것이다.

한 사회의 의식구조는 사회질서의 형태로 나타나고, 그 질서는 언어예절에 의하여 실현된다. 그리고 언어예절의 모체는 언어인 것이 자명하다. 따라서 언어공동체, 민족의 언어예절 해명에 접근하는 가장 확실한 방법은 언어구조에 대한 이해에서 출발하게 되는데, 그 가운데 인간관계를 문제 삼는 분절구조에 대한 연구가 그 중심점에 위치한다. 특히 대우법이나, <친척> 명칭의 분절구조에 대한 해명 등이 그러한 연구를 위해 절실할 것으로 보인다. <친척> 명칭에 관한 한, 현존하는 언어 가운데 한국어만큼 다양한 분절상을 보이는 언어는 없을 것 같다. 그러한 의미에서 한국어의 <친척> 명칭에 대한 접근은 한국인의 정신, 한국인의 의식구조, 한국인의 사회예절, 한국인의 언어예절을 전면적으로 이해하기 위한 한 방안이라 할 것이다. 그러한 의도에도 불구하고 구체화된 성과는 기대할 수 없었다. 이러한 시도는 한국인의 민족성 해명이라는 차원에서는 빙산의 일각에도 미치지 못할 것이기 때문이다. 다만, 긴 여정에 있어서 한 발자국을 디뎌 놓으려 했을 뿐이며, 앞으로의 많은 관심을 기대할 뿐이다. 나아가서 어휘론 차원에서 <친척> 분절과 연관되는 어휘분절구조 차원, 품사 차원,

조어론 차원, 월구조안과 월구성안 차원 등 접근해야 할 과제들이 산적해 있는데, 앞으로 이 모두에 대한 연구의 실마리들이 풀리기 시작할 미래를 전망하고 기대해 본다.

현대국어의 친척 명칭 어휘 1800여 개를 다루고 있는 이 연구서는 모두 8장으로 구성되어 있다. 제1장은 머리글로서 이론적 배경이 중심을 이루고 있다. 제2장에서는 <친척> 명칭의 기본구조 해명이 시도된다. 제3장은 <수직관계> 구조로서 <존속> 분절에 대하여 논의하게 되는데, 이 장에서는 <존속> 분절의 기본구조, <어버이> 분절구조, <어버이 항렬> 분절구조, <한어버이> 분절구조, <한어버이 항렬> 분절구조가 고찰의 대상이 된다. 제4장은 <수직관계> 구조로서 <비속> 분절에 대하여 논의하게 되는데, 이 장에서는 <비속> 분절의 기본구조, <아들딸> 분절구조, <아들딸 항렬> 분절구조, <손자 손녀> 분절구조, <손자 손녀 항렬> 분절구조가 논의의 대상이 된다. 제5장에서는 <수평관계> 구조가 논의되는데, 이 속에는 <배우자> 분절구조, <동기> 분절구조, <동기 항렬> 분절구조가 논의의 대상이 된다. 그리고 <배우자> 분절구조에서는 <부부> 분절구조, <남편> 분절구조, <아내> 분절구조가 논의된다. 제6장은 <통합관계> 구조로서 <가족> 분절구조, <겨레붙이> 분절구조, <일가> 분절구조, <조상> 분절구조와 <후손> 분절구조, <집안> 분절구조, <친족> 분절구조, <혈족> 분절구조가 논의의 대상이 된다. 제7장은 <복합적 표현>의 결합구조가 논의되는데, 그 속에는 <수직적 결합>의 구조와 <수평적 결합>의 구조가 포함된다. 제8장은 맺는 글로서 언어(어휘)연구의 의의에 대한 이해와 함께 이 연구서를 마무리하게 된다.

이 저술의 주된 목적은 한국어의 <친척> 명칭에 대한 내용 사전의 시도에 두고 있다. 이를 위해 앞의 <차례> 부분에서는 내용에 따른 분류가 시도되었고, 책 말미의 <낱말찾아보기(1)>에서는 용어들을 형태순으로 분류하였다. 따라서 독자들은 내용에 따른 참조는 앞의 <차례> 부분을, 그리고 용어에 따른 참조는 말미의 <낱말찾아보기(1)>을 각각 이용할 수 있을 것이다.

글을 쓰고 돌아서면 아쉬움이 남는데, 이러한 악순환은 그칠 줄을 모른다. 그래도 일단락을 지어야겠다는 강박관념에 사로잡혀, 독자 여러분의 질책을 달게 받을 각오로 만용을 부려본다. 이 연구서의 출간에 힘써 주신 국학자료원 정찬용 원장님, 정진이 대표님, 편집 담당 김진솔 님, 백지윤 님 및 관계 직원 여러분께 감사의 뜻을 전한다.

2015년 8월 20일
배해수 씀

차 례

책머리에

제1장

머리글

(1)

　흔히 어휘분절구조 이론(Wortfeld-Theorie)이나 분절화과정의 위치가 그릇되게 이해되기도 하는데, 이러한 오류는 종래의 의미론의 유형 분류 자체가 모호했음을 의미하며, 따라서 전면적이고 다각적이며 명쾌한 유형 분류가 요구됨을 의미한다. 역사적으로 보면, 그리스시대부터 18세기에 이르기까지 간헐적으로 의미에 대한 단편적인 관심이 표명되기도 하였지만, 체계적인 의미론의 출현은 19세기 독일의 라이지히(C. K. Reisig)가 제시한 제마지오로기(Semasiologie), 혹은 의미론(Bedeutungslehre)이 그 효시라 할 것이다[1]. 이러한 의미론의 체계화는, 이어서 오노마지오로기(Onomasiologie) 혹은 명칭론의 출현을 기약하게 되었고, 그 이후 현대에 이르기까지 본격적인 의미론에 대한 연구열과 더불어 다양한 의미론의 유형을 출현하게 하였다. 현대에 와서는 언어의 연구는 곧 의미의 연구라 할 정도로, 그리고 의미에 대한 연구가 언어학자들의 주된 관심사로 인식될 정도로, 언어 연구의 대상과 방향에 많은 변화를 보이기 시작했다. 그리하여 오늘날에 있어서의 의미의 연구는 언어의 연구에 있어서 출발점이자 귀착점으로까지 인식되고 있다[2]. 그리고 의미에 대한 체계화와 과학화는 의미론의 학문적 독립성을 보장하게 되었으며, 이제는 의미 연구의 대상과 연구 방법에 따른 의미론의 유형 분류와 개개의 의미 이론에 대한 평가가 큰 관심의 대상이 되고 있다.

　지금까지의 의미론 유형 분류는, 머무름과 진화를 문제 삼으면서 공시의미론과 통시의미론으로 양분하거나[3], 이론적 배경을 감안하여 철학적 의미론과 일반의미론과 언어학적 의미론으로 삼분하거나[4], 혹은 생성의미론과 해석의미론과 격문법이론과 어휘분절구조이론

1) 김성대(1984): (도이치 언어학 개론), 212~223쪽.
　김민수(1981): (국어 의미론), 7~9쪽.
　천시권.김종택(1973): (국어 의미론), 14~15쪽 참조.
2) 박병채 전재호 외(1980) :<신 국어학 개론>, 178~179쪽 참조.
3) 허웅(1981): <언어학－그 대상과 방법－>, 201쪽 참조.
4) 천시권. 김종택(1973): op.cit, 25쪽 참조.

과 논리학적의미론 등으로 분류하거나[5], 혹은 연구의 대상을 중심으로 하여 어휘의미론과 문장의미론과 화용론으로 삼분하는[6] 등의 경향을 보여주었다. 이러한 분류법도 모두 그 나름대로의 지향하는 바가 있음에 틀림이 없으나, 우리는 일반적으로 언어학에서의 하위분류는 공시적 연구와 통시적 연구에 대한 고려, 대상에 대한 고려(언어 연구 분야를 음운론, 의미론, 문법론으로 삼분하는 것이 그 예가 된다), 이론적 배경(언어관) 등의 기준이 차례로 적용되고 있음을 상기할 필요가 있을 것 같다.

그리하여 의미 연구를 먼저 공시적인 의미론과 통시적인 의미론으로 양분하고, 다음으로 의미론을 그 연구 대상에 따라 어휘를 문제 삼는 어휘의미론과 월을 문제 삼는 통어의미론으로 분류할 수 있을 것 같다. 그런 다음 어휘의미론과 통어의미론을 언어관을 중심으로 각각 하위분류하는 방향 제시의 방법이 합리적일 것으로 보인다.

어휘의미 연구를 위해 라이지히에 의한 제마지오로기, 주로 유럽 남부지역에서 언어 지리학에 대한 관심과 함께 일시적으로 유행했던 오노마지오로기, 단일 낱말의 의미 구조만을 중점적으로 연구하려 했던 전통의미론, 어느 한 표현 그 자체를 그 표현이 지시하는 지시물(referent)이라고 보는 지시의미론 등의 방법론이 등장한다. 이어서 소쉬르(F. d. Saussure), 오그던과 리차즈(C. K. Ogden & I. A. Richards), 슈테른(G. Stern) 등은 구체적인 사물의 잔재적 흔적인 추상적인 시니피에(signifié)와 청각영상인 시니피앙(signifiant) 사이의 상호 환기 관계를 낱말의 의미로 인식하는 의미관, 곧 관념이론을 전개한다. 행동주의 심리학에서는 의미를 자극에 대한 반응으로 이해하는 행동주의 의미론을 제시한다. 한편, 비트겐슈타인(Wittgenstein) 등은 용법설을 제안하는데, 그 설에 의하면 공통의 의미가 부인되고 어휘의미란 그 언어상의 용법 자체인 것으로 인식된다. 그리고 내용학파인 트리어 – 바이스게르버(J. Trier – L. Weisgerber) 등은 모국어와 민족정신 사이의 관계 해명에 연구의 궁극적인 목표를 두는 동적언어이론(어휘분절구조 이론, 분절화과정 이론, 낱말계층 이론 등을 포함[7])의 틀 속에서 차원 높은 본질적인 의미의 세계 해명을 추구한다. 소쉬르의 구조주의와 내용이론의 접맥을 시도하는 코제리우(E. Coseriu), 포띠에(B. Pottier), 그레마스(A. J. Greimas), 게켈러(H. Geckeler) 등은 구조의미론을 제창한다. 미국에서 생성의미론을 모태로 하면서, 내용이론과도 접맥을 시도하려는, 나이다(E. A. Nida) 등에 의한 성분분석 이론도 의미의 세계에 접

---

5) 김방한 외(1982): <일반언어학>, 162~163쪽 참조.

6) loc.cit.

7) 내용이론에서 내용은 제2단계(내용중심 고찰)의 중심 개념인데 비하여, 의미는 기능과 함께 제1단계(형태중심 고찰)에서의 중심 개념이어서, 어휘분절구조의 내용 해명은, 엄밀히 말해서, 의미연구와는 차원이 전혀 다른 것임에 틀림없다. 그러면서도, 내용이론의 어휘분절구조 이론 등을 의미론 유형 속에 포함시켜 다루는 이유는, 제1단계에 해당되는 의미 자체가 제2단계에서의 내용을 전제로 하는 것이기 때문이다.

근하려는 한 방법론이다. 현실적으로 주어진 언어 자체만을 대상으로 하는 것이 아니라, 언어를 있게 하는 언어의 주변을 설명하는 데 주력하는 화용론은 낱말의 의미도 문제 삼고, 월의 의미도 문제 삼고 있는데, 이 화용론이 낱말의 의미를 문제 삼게 될 때는 어휘의미론의 영역에 포함될 것이다.

월의 의미를 다루는 통어의미론으로는 문법을 통어부와 의미부와 음운부의 통합체로 보고, 심층구조와 표층구조를 설정하면서 의미보존가설을 제창한 촘스키(N, Chomsky)의 변형생성이론(표준이론에 해당)이 그 효시라고 할 수 있을 것이다. 이 이론에서 두 사조가 분기된다.그 하나는 의미보존가설을 포기하게 된 촘스키, 자켄도프(Jackendoff) 등의 해석주의 의미론이라 할 것이다. 그리고 다른 하나는 의미보존가설을 옹호하면서 통어구조를 해명하되, 의미를 기준으로 삼아야 한다고 생각하는 로쓰(Ross), 맥콜리(McCawly), 로센바움(Rosenbaum) 등의 생성의미론이라 할 것이다. 가장 깊은 심층에서 동사와 격과의 관계에 주목하는 필모어(C. J. Fillmore)의 격문법이나, 심층에서 동사와 이에 결부되는 주어, 목적어 등의 범주에 관심을 갖는 존슨(E. D. Johnson)의 관계문법 등도 촘스키의 표준이론 이후에 나타난 문법 이론들인데, 이 문법들도 통어의미에 관심을 보이고 있다. 그리고 화용론은 현대에 와서 통어의미 연구가에 있어서 크게 주목을 받고 있는 의미론이 되었으며, 기호논리학적 방향에서 월의 의미, 곧 월의 진리치의 규명에 주된 관심을 갖는 논리학적의미론 (철학적 의미론)도 통어의미론의 한 유형으로 이해될 것이다. 바이스게르버의 동적언어이론에도 통어의미를 다룰 수 있는 확고한 연구 방법론들이 마련되어 있다. 곧, 동적언어이론은 월의 구조 형성과 민족정신 사이의 관계에 주목하는 월구조안이나 월구성안, 어휘분절구조 이론과 관련하여 월의 내용 해명에 주된 초점을 맞추는 통어분절구조이론을 전개하고 있다[8].

(2)

어휘분절구조의 이해는 곧 객관세계를 바라보는 관점의 발견을 의미하는데, 이 관점은 어휘의 대립이라는 양상으로 구현된다. 그리고 이 어휘대립은 상하대립, 유무대립, 계단대립,

8) M. lvic(1970) : *Trends In Linguistics*, 13-28, 48-49쪽.

　G. Helbig(1974) : *Geschichte der neueren Sprachwissenschaft*, 122-153쪽.

　L. Weisgerber(1962) : *Grundzüge der inhaltbezogenen Grammatik*, 100쪽.

　H. Geckeler(1973) : *Strukturelle Semantik des Französischen*, 27-34쪽 등 참조.

등치대립, 중화대립 등의 형태로 실현된다.

상하대립은 원어휘소와 그것이 포함하는 어휘소와의[9] 사이에서 성립되는 대립인데[10], 이는 상위의 관점과 하위의 관점 사이의 관계에 근거한다. 즉, 원어휘소에 비하여, 어휘소에는 하나 이상의 관점이 더 개입되어 있다. 예를 들면, [집짐승]이라는 원어휘소와 그것이 포함하는 [소 : 개 : 돼지] 등의 어휘소 사이에서, 그리고 원어휘소 [탈것]과 그것에 포함되는 어휘소인 [자동차 : 배 : 비행기 : 기차] 등의 사이에서 상하대립이 성립된다.

유무대립은 하나의 관점을 축으로 하여, 그것을 긍정하는 어휘소와 그것을 부정하는 어휘소 사이에서 성립되는 대립에 근거한다[11]. <존재>라는 관점을 축으로 하여 성립되는 [있다 : 없다]의 대립, <성>이라는 관점을 축으로 하여 성립되는 [남자 : 여자]나 [아버지 : 어머니] 등의 대립이 유무대립의 예가 될 것이다.

계단대립은 동일한 관점들을 문제 삼되, 그 가운데 특정한 관점을 축으로 하여, 그 관점의 정도(등급) 차이에 따라 서로 대립하게 되는 어휘들 사이에서 성립된다[12]. 예컨대, 온도어 어휘소 [뜨겁다(덥다) : 따뜻하다 : 미지근하다 : 시원하다 : 서늘하다 : 차다(춥다)] 사이의 대립이나, 친척 명칭에 있어서 [아들 : 손자 : 증손자: 고손자] 사이의 대립이 계단대립에 해당한다.

등치대립은 하나의 원어휘소 아래에 포함되는 어휘소들 사이에 독자적인 대등한 관점의 개입이 인정될 경우에 해당하는 대립인데[13], 이 대립에는 유무대립이나 계단대립의 관계가 포함되지 않는다. [집짐승] 아래에 포함되는 [개 : 소 : 돼지]들 사이의 대립이나, <어버이 항렬 친척> 아래에 포함되는 [시어머니 : 장모 : 이모] 사이의 대립이 그 예에 해당될 것이다.

중화대립은 일정한 관점에 따라 서로 대립하던 어휘소들이 특정한 환경에서 그 대립의 기능을 상실하는 경우에 해당한다. 원칙적으로 [형제]와 [자매]는 <성>이라는 관점을 근거로

---

9) H. Geckeler (1973) : op.cit, 22~23쪽에서, "원어휘소(Archilexem)는 한 어휘분절구조의 전체(또는 상위의 분절) 내용에 상응하는 것으로서, 분절구조 속에서 기능하는 모든 어휘소에 대하여 내용적 기초를 제공하는 공통분모(Nenner)이다. 일정한 분절구조의 원어휘소는 개별어에 있어서 어휘적 단어로써 현실적으로 실현될 수도 있고, 존재하지 않을 수도 있다."그리고, "어휘소 (Lexem)는 어휘분절구조 속에서 기능하는 어휘 단위이다."

10) E. A. Nida(1975): Componential Analysis of Meaning, Mouton Pub-lishers, The Hague, 15-16 쪽에서는 이 상하대립 관계가 포함(inclusion)으로 이해되고 있으며, 김민수(1981): <국어 의미론>, 일조각, 65쪽에서는 이 관계를 하의성(hyponymy)으로 다루고 있다.

11) H. Geckeler(1973) : op.cit. 24~25쪽, "Privative Opposionen sind solche, bei denen das eine Oppositionsglied durch das Vorhandensein, das andere durch das Nichtvorhandensein eines Merkmales gekennzeichnet sind."

12) ibid. 25쪽, "Graduelle Oppositionen sind solch, deren Glieder durch verschiedene Grade oder Abstufungen derselben Eigenschaft gekennzeichnet sind."

13) 허웅(1981): <언어학—그 대상과 방법—>, 샘문화사, 151쪽, "음운론에서 등치대립(äquipollente Opposition)은 대립된 두 음소가 논리적으로 같은 가치를 가지는 경우에 성립된다."

서로 대립하지만, 전자가 자매들 사이에서 사용될 때는 [자매]와의 대립적인 기능을 상실하게 된다. 이러한 어휘소는 내용의 범위가 더 넓은 낱말로 이해될 수도 있으며, 경우에 따라서는 원어휘소에 위치하는 낱말로도 이해될 수 있다.

이밖에 특정의 관점을 중심으로, 유무대립이 해당 분절구조 속에서 복수로 실현되는 비례대립도 관심의 대상이 된다. 예를 들면, <손자 손녀>의 명칭 분절에 있어서의 [손자 : 손녀]와 [친손자 : 친손녀}와 [남손 : 여손] 사이의 관계는 <성>을 축으로[14] 하는 비례대립의 예가 될 것이다.

그런데, 어휘분절구조의 해명에 있어서 이러한 어휘대립들의 양상에 대한 접근은 오직 과정에 불과할 뿐, 결코 궁극적인 목적이 될 수는 없다. 분절구조의 해명에 있어서는 관점의 발견이 그 궁극적인 목적과 목표이기 때문이다.

(3)

일반적으로 내용이론, 내용중심문법으로[15] 불리고 있는 동적언어이론(die dynamische Sprachtheorie)에 대하여 대부분의 국어 연구가들이 경원시하며 기피하는 경향이 있는 것 같다. 따라서 이 이론이 마치 어휘의 체계만을 해명할 수 있는 방법론인 것처럼(곧, 어휘분절구조이론이 이 이론의 모두인 것처럼) 생각하는 편협적인 오해는 반성의 여지가 있다고 본다.

바이스게르버(L. Weisgerber)는 훔볼트(W. v. Humboldt)의 언어철학을 기반으로 일반언어학의 기틀을 잡아 동적언어이론을 전개하게 된다. 이 이론의 핵심은 훔볼트의 에네르게이아(Energeia)라는 용어 속에 함축되어 있다고 할 것인데, 활동(Taetigkeit)이라고 번역되는 이 에네르게이아에 대한 철학적인 인식은 오직 정적인 언어 사실에만 주목하고 있는 일반적인 언어이론이나 언어철학과는 전혀 다른 차원에서 이해될 수밖에 없다. 동적언어이론은 언어를 민족의 정신 활동과의 혼연일체라는 차원에서 전망하고 있기 때문이다. 즉, 동적언어이론에서는 정신에 의한 언어형성과 언어에 의한 정신형성에 주목한다. 곧, 이 이론은, 언어(모국

---

14) H. Geckeler(1973): op,cit. 24쪽 참조, "차원(Dimension)은 어휘분절구조 속에서 기능하고, 그리고 해당 낱말들의 일정한 어휘소들과의 사이에서 대립의 관계(Skalk)를 형성하는 분절의 관점 (Gliederungsgesichtpunkt)이다. 이는 그레마스(Greimas)의 의미의 축(axe semantique)에 해당한다. 그리고 분절구조는 하나 이상의 차원을 통하여 분절된다."

15) H. Gipper(1974): "InhaltbezogeneGrammatik", *Grundzüge derLiteratur-und Sprachwissenschaft*. Band 2. (Sprachwissenschaft), Deutscher Taschenbuch Verlag, München/Darmstadt, 133~150쪽 참조.

어)가 한편으로는 민족의 정신활동의 소산물이며, 다른 한편으로는 민족의 정신을 형성하는 힘이라는 주장에서 출발한다. 여기서 정신활동(에네르게이아)은 결코 인간의 보편적인 언어습득이나 개별적인 언어수행 과정에서 예상되는 인간의 사고나 심리작용의 차원이 아니고, 사회언어학 차원에서 객관세계에 대한 민족마다의 고유하고 독자적인 동일한 양상(일양성: Einerleiheit)의 인식방법으로 이해되어야 할 것이다.

곧, 훔볼트의 참신하고 탁월한 언어관에 있어서의 핵심은,

(1) 언어의 동적인 현상(Energeia),

(2) 내적언어형식(die innere Sprachform)과 외적언어형식(die aeußere Sprachform)의 융합,

(3) 언어에 반영된 세계관,

(4) 중간세계에 대한 전망,

(5) 언어의 분절성,

등에 대한 인식으로 요약될 수 있을 것 같다[16].

훔볼트의 동적인 언어사상은 단적으로 "언어는 에르곤(Ergon: 작품)이 아니고, 에네르게이아(Energeia: 활동)"라는 구절로 대변된다[17]. 달리 표현하자면, 훔볼트에게 있어서 언어는 동적인(dynamic) 현상인 것이며, 언어의 정적인 면(static aspect)은 표면에 불과했던 것이다[18]. 그리하여 언어는 형성물(Erzeugtes)이기보다는 형성활동(Erzeugung)이기 때문에, 외적언어형식보다 내적언어형식이 더욱 중요시된다. 따라서 언어는 음성뿐만 아니라, 내용으로서도 전체적으로 고찰되어야 하며, 나아가서 마땅히 인간과 문화와 세계상과의 관련에서 고찰되어야 한다. 그리고 특정 민족의 정신적 특징과 언어형성은 서로 밀접하게 융합되어 있는 것이어서, 그 가운데 어느 하나가 주어지면, 다른 하나가 그것으로부터 완전하게 파생된다는 점에 우리는 주목해야 하는 것이다. 즉, 언어는 민족정신의 외적 현상이고, 민족의 언어는 민족의 정신이며, 민족정신은 민족의 언어이기 때문에, 이 양자를 한 울타리로 본다고 해도 전혀 지나칠 것이 없는 것이다[19]. 근본적으로 언어는 단편적인 작품 속에서 후세로 전해지는 것이 아니라, 외적. 내적으로 활동하며 생동력을 갖는 존재로서, 그리고 그 언어를 통하여 가능하게 되는 일양성 속에서 전해지는 것이기 때문이다[20].

---

16) M. Ivić(1970): op cit. 48~49쪽 참조.

17) W. v. Humboldt(1979): Werke Band 3. *Schriften zur Sprachphilosophie*, Cott'asche Buchhandlung, Stuttgart, 418쪽, ".....sie(die Sprache) ist kein Werk(Ergon), sondern eine Taetigkeit(Energeia)."

18) M. Ivić(1970): op cit. 48~49쪽 참조.

19) G. Helbig(1974): op cit. 13쪽 참조.

20) L. Weisgerber(1964): *Das Meschheitsgesetz der Sprache*, Quelle/ Meyer Verlag, Heidelberg, 128~129쪽 참조.

에네르게이아는 바로 인간에게 구비되어 있는 언어의 힘과 정신 활동으로서 발현되며, 외계에 작용해서 그것을 사유상(das gedankliche Gebild)으로 개조하고 언어로써 정착되게 하는 힘으로 정의된다[21]. 훔볼트가, 언어는 이미 인식된 진리를 표현하기 위한 수단이 아니라, 그 이상의 것, 즉 이전에 인식된 적이 없는 진리를 발견하기 위한 수단이라고 표현한 것도 이러한 언어의 동적인 에네르게이아 측면을 강조한 것으로 이해될 것이다. 그런데, 훔볼트의 언어 사상을, 마치 정적인 면인 에르곤의 차원은 완전히 도외시한 것으로 오해해서는 안 될 것이다. 바이스게르버가 적절하게 해석한 바와 같이, 훔볼트에게 있어서의 에르곤과 에네르게이아는 서로 평행관계로서 이해되어야 할 것이기 때문이다[22]. 즉, 언어는 에르곤적인 면과 에네르게이아적인 면을 아울러 보유하고 있되, 우리가 보다 넓은 시야와 함께 중요시해야 할 부분이 에네르게이아적인 차원이며, 근원적인 면에서 언어의 본바탕은 에네르게이아임을 간과해서는 안 된다는 의미를 내포하고 있다. 사실상 종래의 대부분의 언어학자들은 이러한 동적인 측면을 주목도 하지 않았을 뿐만 아니라, 또 그러한 측면을 인정하려 하지도 않았다. 그러한 의미에서 바이스게르버가 언어의 에르곤적인 차원과 에네르게이아적인 차원의 양면에 대한 연구 방안을 구체적으로 구별하면서 일반언어학의 체계화를 도모한 점은 언어학사에 있어서 하나의 획기적인 혁명이라 할 수 있을 것 같다.

언어를 에네르게이아로 이해하는 훔볼트는 언어를 외적언어형식과 내적언어형식의 융합적 구성으로 이해하면서 언어는 이 두 개의 구성 원리가 조화적으로 상호 침투함으로써 달성된다고 주장한다. 외적언어형식은 수동적인 소재로서 언어감능의 침투에 의하여 분절조직을 가지면서 외견상의 언어창조의 원리가 된다[23]. 한편 내적언어형식은 사물의 반영이 아닌 정신 형성의 힘으로서의, 즉 에네르게이아로서의 언어의 현실이며 외적음성형식과 짝을 이루면서 모든 경우에 주도적인 충동을 부여하는 원리가 된다. 그리하여 내적언어형식은 세계를 정신재로 개조하는 정신활동 전체인 것이며, 세계관의 상이성과 함께 개별화의 원리를 창조하는 주체가 된다[24]. 이러한 훔볼트에 의한 언어의 구성 원리는 바이스게르버에 의하여 그대로 계승되어 언어학적으로 체계화된다[25].

훔볼트에 의하면, 언어(각각의 모국어)는 특정한 민족정신의 발산이며, 해당 민족이 세계를 바라보는 고유하고 독자적인 견해(세계관)를 반영하는 내적형식의 외적표현이다. 따라서

21) L. Weisgerber(1962): *Grundzüge der inhaltbezogenen Grammatik*, Düsseldorf. 38-39쪽 참조.
22) 허발(1981): <낱말밭의 이론>, 고려대학교출판부, 9~15쪽 참조.
23) loc cit.
24) loc cit, G. Helbig(1974): op cit. 123쪽 참조.
25) H. Gipper(1974): op cit. 136~137 및, 허발(1981): op cit. 95쪽 참조.

언어는 음성형태일 뿐만 아니라, 세계의 내적인 형성으로 인식되는 것이다. 즉, 모든 언어에는 고유한 세계관이 내재해 있어서, 새로운 언어를 습득한다는 것은 지금까지의 세계관에 새로운 관점을 추가적으로 획득하는 것을 의미한다. 모든 언어는 개념의 전체 조직이며, 일정한 부분의 인류가 공유하는 사유방식을 함유하고 있기 때문이다. 그리하여 언어의 연구는 언어 속에서 명백하게 숨쉬고 있는 세계관의 연구라 할 수 있다[26]. 곧, 언어의 차이는 소리와 기호의 차이가 아니라, 언어가 인간 정신의 발로이기 때문에 세계관 그 자체의 차이인 것이다. 따라서 바로 여기에 언어 연구의 궁극적인 목표와 목적이 있는 것이다[27]. 이러한 훔볼트의 세계관이론은 흔히 언어상대주의로 명명되기도 하는데, 이 이론은 20세기에 와서 바이스게르버, 트리어(J. Trier), 입센(G. Ipsen), 도른자이프(F. Dornseif), 욜레스(A. Jolles), 포르찌히(W. Porzig), 바르트부르크(W. von Wartburg) 등이 활동하는 신훔볼트학파에 의하여 계승된다.

바이스게르버에 의하여 창의적인 중간세계이론이 전개되는데, 이 이론의 토대는 이미 훔볼트에 의하여 전망된 바가 있다. 훔볼트는 "언어는 상호간에 이해를 하기 위한 단순한 교환의 수단이 아니라, 인간 정신이 그 힘의 내적인 활동에 의하여 자신과 외계의 대상과의 중간에 놓지 않으면 안 될 참다운 세계"임을 천명한 바 있기 때문이다[28]. 훔볼트의 이 구절에서 '자신'은 일차적으로 '언어표현을 수행하는 인간'으로 해석될 수 있으며, 그것은 곧 '인간에 의한 언어적 표현, 음성형태를 통한 언어수행'으로 해석될 수 있을 것 같다.

언어구조에 대한 훔볼트의 분절성 인식도 그의 동적인 언어사상에서 유래하며, 오늘날 언어학에서 큰 관심의 대상이 되고 있는 '체계'라는 개념도 이러한 훔볼트의 분절사상에서 비롯된다. 즉, 훔볼트는 언어 전반의 지배적인 원리를 분절(Artikulation, Gliederung)이라고 인식하면서, 언어를 하나의 총체(Totalitaet)로서 규정하고 있다. 왜냐하면, 어떠한 언어 사실도 개별화되어서는 존재할 수 없기 때문이다[29]. 그러나 이 분절의 개념은 전통적인 언어학에서 논의되는 분절의 개념과는 구별되어야 한다. 전통언어학에서 말하는 '분절'은 '언어의 이중분절'과 같은 용어에서 보여 주듯이, 주로 상위의 언어단위가 그것을 구성하고 있는 하위의 작은 단위로 분석되는 과정을 지칭하는데[30], 이와는 달리 동적언어이론에서의 분절성은 객관세계를 정신적으로 언어화하는 과정을 기점으로 하여, 그 정신이 반영되어 있는 모국어의

---

26) M. Ivić((1970): op cit. 49-51쪽 및,
    G. Helbig(1974): op cit. 12쪽 참조.
27) W. v. Humboldt(1979): op cit. 20쪽 참조.
28) ibid. 567쪽 참조.
29) 허발(1981): op cit. 14쪽 참조.
30) 허웅(1981): <언어학-그 대상과 방법->, 샘문화사, 38~40쪽 참조.

내용구조를 총괄하기 때문이다. 즉, 분절성은 세계를 관조하는 정신 활동과 불가분리의 관계에 있는 것이다. 따라서 그러한 활동의 결과는 전체성· 체계성· 유기체성의 원리와 부합되어 있는 것이기에, 언어학자가 수행해야 할 첫 번째의 과제는 바로 이러한 언어유기체성(Sprachorganismus)[31]을 발견하는 작업이 된다. 그러나 언어학자의 숙명적인 과제는 이것으로 끝나는 것이 아니다. 분절성 그 자체의 개념을 총체적으로 완전하게 다루기 위해서는 그 유기체성 속에 반영되어 내재해 있는, 정신활동 그 자체이면서 또 그것의 산물인 관점을 해석해야 하는 더 중요한 과제가 앞에 놓여 있기 때문이다.

바이스게르버는 홈볼트와 접맥을 시도하면서 홈볼트 부활의 필요성을 주장한다[32]. 따라서 홈볼트의 언어사상을 일반언어학으로 승화시켜 체계화를 이룩한 바이스게르버에게 있어서, 언어는 그 자체 목적이 아니고, 중단 없이 언어공동체 생활을 공동으로 형성하는 원동력이다. 그러므로 그에게 있어서 언어는 수동적인 것, 수용적인 것만이 아니며, 능동적이며 현실적 존재양식과 언어공동체 구성원들이 정신적인 행위와 함께 형성하는 힘의 기능마저 가지고 있다.

바이스게르버는 홈볼트에 의한 에르곤과 에네르게이아의 양자를 평행 관계로 해석되면서, 언어연구를 4단계로 분류한다. 곧, 바이스게르버는 일차적으로 언어연구를 정적인 에르곤으로서의 언어를 고찰의 대상으로 삼는 문법적인 방법(Verfahren)과 동적인 에네르게이아로서의 언어를 고찰의 중심에 놓는 언어학적인 방법으로 분류한다. 그리고 바이스게르버는 문법적인 방법을 다시 첫 번째 단계의 형태중심의(lautbezogene) 고찰방법과 두 번째 단계의 내용중심의(inhaltbezogene) 고찰방법으로 분류하며, 언어학적인 방법을 다시 세 번째 단계의 직능중심의(leistungbezogene) 고찰방법과 네 번째 단계의 작용중심의(wirkungbezogene) 고찰방법으로 분류하면서 언어연구의 4단계론을 전개한다. 형태중심의 고찰에서는 기능(Funktion)과 의미(Bedeutung)가 주된 개념이 되고, 내용중심의 고찰에서는 내용(Inhalt)이 중심적인 개념이 된다. 그리고 직능중심의 고찰에서의 주된 개념은 포착(Zugriff)과 세계의 언어화(Worten der Welt)이며, 작용중심의 고찰에서는 타당성(Geltung)이라는 개념이 중심에 위치한다[33].

---

31) H. Gipper(1974): op cit. 134~135쪽 참조.

32) G. Helbig(1974): op cit. 122~123쪽 참조.

33) L. Weisgerber(1962): op cit. 23쪽,

"Im Mittelpunkt steht folgendes: Um zu einer sachgemaeßen Erforschung des Phaenomens Sprache zu gelangen, muß man der Reihe nach vier Hauptgeschichtspunkte anwenden, die methodisch eine Art Stufenfolge bilden. Sie sind alle vier unentbehrlich, wenn gleich sie nicht als einfacher Aufstieg vom Niederen zum Höheren zu fassen sind. Wir unterscheiden sie als lautbezogene, inhaltbezogene, leistungbezogene, und wirkungbezogene Sprachbetrachtung. Ihr Verhaeltnis ergibt sich aus folgendem(die genauere Begründung und Ausgestaltung bringt meine Schrift über 'die vier Stufen in der Erforschung der Sprache'):"

각 민족의 고유한 정신은 끊임없이 객관세계를 관조하여 의식의 세계로 끌어들이게 된다. 여기에서 세계의 언어화가 진행되고 민족의 정신이 언어변화에 공동작용하면서 모국어적 세계형성을 주도하게 되는데, 이 과정이 언어적 포착이며, 이 과정에 대한 고찰이 직능중심의 고찰에 해당된다[34]. 이 단계는 어떠한 정신적인 직능이 개개의 언어적인 수단과 결부되는가, 즉 현실의 정신적인 형성 및 해석과 관련하여 무엇이 기존의 언어 표현 방식과 함께 수행되는가를 밝히는 과제를 안고 있다. 따라서 이 단계에서는 모국어가 그 언어의 말할이에게 혼동 없는, 세계에로의 접근의 길을 열어 주는 정신적인 조작의 방식을 자각하는 일이 중요한 과제가 된다[35]. 그러므로 이 과정에서는 민족의 정신이 활동을 지속하게 되며, 언어화 자체가 정신활동과 혼연일체가 되기 때문에, 정신과 언어는 에네르게이아로서 동적인 과정을 수행하게 된다.

직능의 단계에서 해당 민족의 정신에 의하여 창조된 성과들은 관점이라는 형식으로 모국어 속에 침전된다. 따라서 이 성과는 개별 민족의 정신적인 반영 그 자체라 할 수 있다. 이 침전된 성과에 대한 연구가 내용중심의 단계에 있어서 주된 과제가 된다. 이 내용은 직능의 결과이면서 정적인(에르곤적인) 특징도 가진다는 점에서, 동적인 특징의 직능과는 짝이 되기도 하고 또 대립되기도 한다. 그러한 의미에서 내용이라는 용어는 언어의 정신적인 면을 우선하여 앞세운다는 의미와 함께 사용되어야 한다[36]. 이 단계의 연구에 있어서 주된 과제는 언어적 중간세계의 구성을 연구하는 것, 즉 언어공동체 안에서 의식화되지 않은 채 활동하는 언어내용을 의식화하는 것이다. 또한 음성형식과 짝을 이루고 있는 내용은 언어외적인 대상이 특정한 방식으로 파악되고 분류되고 범주화되며 판단되는 언어체계를 그 조건으로 하는 구성요소이기도 하다[37].

일반적으로 동적언어이론이 내용이론으로 불리고 있을 정도로, 현재 이 내용중심의 단계에 대한 연구는 매우 활발하게 이루어지고 있다. 어휘의 분절구조(Wortfeld)나 낱말계층(Wortstand)에 대한 이론은 각각 어휘와 조어법에서의 내용을 해명하려고 시도되는 방법론들이다. 어휘나 조어뿐만 아니라, 통어적인 결합모형이나 월유형도 상호 규정하고 상호 경계를 확정하면서 분절구조의 형태로 존재한다[38]. 곧, 분절구조의 원리는 어휘조직에서뿐만 아니라, 통어조직에서도 적용되는 원리인 것이다.

---

34) G. Helbig(1974): op cit. 135~136쪽 참조.
35) H. Gipper(1974): op cit. 142~145쪽 참조.
36) H. Gipper(1969): Bausteine zur Sprachinhaltsforschung, Paedagogischer Verlag, Schwann, Düsseldorf, 13쪽 참조.
37) H. Gipper(1974): op cit. 136~137쪽 참조.
38) ibid. 142~145쪽 참조.

세계관의 반영이며, 민족 정신활동의 성과인 내용은 그 존재가치를 확보하기 위해서는 필연적으로 형식화를 요구하게 된다. 이때 그 형식화를 위하여 짝이 되면서 포장되어지는 것이 형태이며, 이 형태가 형태중심의 고찰에 있어서 주된 관심의 대상이 된다. 의미와 기능을 주된 개념으로 하는 형태중심의 고찰에 있어서는 내용을 지니는 언어의 음성적이며 감성적인 영역이 연구의 출발점이 되며, 언어의 실제적인 단위인 낱말과 월의 음성적인 면에 대한 조사가 연구 대상이 된다. 또한 형식적 구조의 재고 조사나 개별적인 언어단위 부류의 형식범위도 이 단계에서 고찰의 대상이 되는 품목들이다[39].

이 형태중심의 단계에 있어서 자연과학적인 음성학이나 정신과학적인 음운론이 보조부문이 된다[40]. 현실적으로 언어학적 연구의 출발점은 파악할 수 있는 음성형식의 기술에서 출발할 수밖에 없다. 언어내용은 항상 언어음성과 결부되어 있어서, 음성 위에만 걸쳐 있기 때문이다[41]. 그러나 이 단계에 있어서 의미와 기능 자체는 근본적으로 형태로부터 내용에로의 전망을 전제하는 것이기 때문에, 정신적인 내용을 고려하지 않는 언어연구는 결국 알맹이를 고려하지 않는 피상적인 연구로 전락할 수밖에 없다.

언어공동체의 구성원들은 모국어의 습득과 함께 비로소 온전하게 언어공동체 속으로 편입되는데, 이러한 모국어의 습득은 곧 일정한 모국어적인 세계상의 획득을 의미한다[42]. 이 단계가 바로 작용중심의 단계인데, 이 단계에 있어서의 주된 관심사는 타당성(Geltung)과 인간의 삶이라는 개념이 된다. 여기서 말하는 타당성이란 인간에 대한 언어의 능동적인 영향력과 구속력의 작용을 의미한다[43]. 곧, 이 단계에서는 민족정신이 반영되어 있는 모국어가 언어공동체를 정신적으로 형성하게 된다. 그러한 의미에서 이 단계는 정신과 함께 모국어가 힘을 발휘하면서 활동을 지속하게 되는 에네르게이아 단계인 것이다.

이 작용중심의 단계에서는 모든 생활영역에서의 언어사용상의 언어적 특징이 문제되며, 전체 언어공동체의 언어적 행위와 행동 속에서 언어화된 세계관의 효과가 문제된다. 이 단계에서의 언어에 대한 연구는 자체의 언어적인 특징을 드러내는 언어공동체 생활과정의 총체, 곧 언어공동체 생활에 대한 모든 형식에 있어서의 언어의 영향[44], 다시 말하자면 일정한 언어표현 방식이 말할이와 들을이의 사유와 행위에 미치는 영향과 효과를[45] 주된 연구과제로 삼게 된다.

---

39) ibid. 142~145쪽 참조.
40) 허발(1981): op cit. 86쪽 참조.
41) H. Gipper(1974): op cit. 137~138쪽 참조.
42) H. Gipper(1974): op cit. 135쪽 참조.
43) 김성대(1984): <도이치 언어학 개론>, 단대출판부, 43~44쪽 참조.
44) G. Helbig(1974): op cit. 136쪽 참조.

또한 이 작용중심의 단계에서는 타당성에 대한 검증과 재검토도 문제된다. 새롭게 편입되는 신세대의 언어공동체 구성원들은 삶의 총체적인 환경의 변화와 함께 필연적으로 의식구조상의 변화를 체험하면서 기성세대의 의식구조에 대하여 재평가를 시도하게 마련이기 때문이다. 재평가는 새롭게 객관세계를 관조한다는 것을 의미하며, 이는 곧 직능중심 단계로의 진입을 위한 전초적 단계의 성격을 띤다. 바로 여기에서 언어의 변화와 진화가 수행되는 것이며, 무릇 모든 언어변화에 대한 해석은 바로 이러한 문화적 환경의 변화(드물게는 자연적인 환경의 변화도 예상될 수 있다.)에 따른 정신과 의식구조의 변천을 기반으로 출발해야 할 것이다.

결국 위의 네 단계는 순환적으로 반복되는 특징을 가지고 있다. 따라서 이 네 단계는 각각 독립적으로, 또 단순한 조합의 형태로 존재하는 것이 결코 아니다. 이들은 다만 서로 다른 출발점과 관련점을 나타낼 따름이며, 각기 상이한 언어의 측면이 고찰되어야 할 거점인 것이다. 즉, 이 네 가지 단계의 언어연구 방향은 하나의 전체를 형성하고 있으며, 언어연구에 있어서는 이들 사이의 상보적인 연계가 항상 전제되어야 한다[46].

동적언어이론의 바탕 위에 바이스게르버는 낱말과 월이라는 두 개의 기본적인 언어단위를 중심으로 어휘(Wort), 조어(Wortbildung), 품사(Wortart), 월구성안(Satzbauplan)이라는 네 부문의 연구영역에 대한 이론을 전개한다[47]. 그러나 이러한 영역의 분류는 편의상 독립적인 단위 중심의 상위분류 성격을 지닐 뿐, 실제적으로 언어연구의 영역은 이것들만으로 끝날 수가 없다. 동적언어이론에서 인식되는 두 개의 언어 단위인 어휘와 월[48] 그 자체들도 사실상 하위의 요소들에 의한 구성을 전제로 하기 때문에, 엄밀한 의미에서는 음운 단위, 음절 단위, 형태소 단위들도 연구의 영역에서 결코 배제되는 것이 아니다.

어휘의 경우, 형태중심의 고찰, 내용중심의 고찰, 직능중심의 고찰, 작용중심의 고찰 등 네 차원에서의 방법론이 가능할 뿐만 아니라, 둘 이상의 복수의 단계를 연계시켜 연구하는 방법론도 기대될 수 있다. 같은 방식으로 조어, 품사, 월에 대해서도 각각 최소한 네 가지 이상의 방법론 설정이 가능해진다. 따라서 동적언어이론이 마치 어휘의 내용만을 문제 삼을 수 있는 편협한 응용능력의 이론으로 간주된다는 것은 진실로 불행한 일이 아닐 수 없다.

언어에 대한 연구는 구체적이고 가시적인 형태로부터 시작되기 마련이지만, 형태는 내용에 대한 표층이기 때문에 내용에 대한 파악이 항상 우선적으로 전제되어야만 한다. 어휘를

---

45) H. Gipper(1974): op cit. 142-145쪽 참조.
46) 허발(1981): op cit. 85쪽 참조.
47) 김성대(1989): "Leo Weisgerber의 품사론", <언어내용연구>, 태종출판사, 149쪽 참조.
48) 허발 옮김(1986): <언어내용론>, 고려대출판부, 175쪽에서, "언어 내용 연구에 있어서의 가장 중요한 두 기본요소는 낱말과 월이다."

내용중심 단계의 차원에서 고찰할 수 있도록 마련된 방법론이 어휘분절구조이론이다. 이 이론은 바이스게르버에 있어서 언어연구의 4단계 가운데 두 번째 단계인 내용중심의 차원과 어휘라는 연구대상과의 교차점에 대한 접근을 의미한다. 바이스게르버는 어휘의 분절구조를 "유기적인 분절 속에서 상호 협력 관계에 있는 어휘들의 한 무리 전체를 통하여 구성되는 언어적인 중간세계에서의 한 단면"으로 정의하는데[49], 이 정의 속에는 전체성, 분절성, 유기체성의 원리가 포함되어 있을 뿐만 아니라, 어휘의 내용중심 차원에서의 연구라는 영역이 명확하게 제시되어 있다. 또한 이 정의는 언어연구의 궁극적인 목적과 목표가 정신세계의 해명에 있음도 명시하고 있다. 동적언어이론에 있어서 언어연구의 궁극적인 목표는 바로 민족마다의 세계관, 정신, 의식세계에 대한 해명에 있기 때문이다.

어휘를 직능중심의 단계에서 연구할 수 있도록 마련된 방법론은 어휘분절화(의의영역: Sinnbezirk)로 명명되어 있다. 이 용어는 어휘 분절구조에 대한 정적인 연구를 동적인 고찰로 환원시킴을 의미한다[50]. 어휘분절화의 과정은 세계상을 구성하고 있는 한 단면으로서 상대적으로 독립할 수 있는 정신적인 영역인데, 이 영역에서 포착형식에 있어서의 모든 특성, 곧 세계의 언어적인 동화의 모든 상태와 방향이 발견될 수 있다[51]. 따라서 이 과정의 연구에 있어서는 포착의 방향이 주된 관심의 대상이 되면서 객관세계와 언어화의 관계, 어휘적인 파생의 과정, 전문어나 외국어의 도입과정 등이 연구의 중심점에 놓이게 된다[52]. 그러한 의미에서 이 영역에 대한 연구가는,

　(1) 이 영역에 관여하는 모든 언어 수단들을 품사에 관계없이 온전하게 수집하고,

　(2) 언어화의 현장과 포착의 방향성에 의거하여 언어수단을 규정하며,

　(3) 언어적인 세계의 형성이 이루어지는 과정에서 언어수단들의 병존하는 방식들에 대하여 해명하는,

작업과정 등을 남김없이 수행해야만 한다[53].

어휘를 작용중심의 차원에서 연구할 방법론에 대한 명칭은 아직 마련되어 있지 않으나, 이 분야에 대한 연구가 언어정책과 결부되면서 중요한 의의를 안고 있는 것이 사실이다. 또한 이 분야에 대한 연구는 하루하루 변천해 가고 있는 의식구조의 현주소를 엿볼 수도 있는 정신사적인 연구과제와도 맞물려 있다. 이 차원에서 수행되는 타당성에 대한 검증은, 각 시대마다의

---

49) L. Weisgerber(1962): op cit. 100쪽 참조.
50) L. Weisgerber(1962): op cit. 273~275쪽 참조.
51) 허발(1981): op cit. 117~119쪽 참조.
52) 김재영(1990): "Leo Weisgerber의 의의영역에 대한 연구", 고려대대학원(박사학위 논문), 33~39쪽 참조.
53) ibid. 39~42쪽 참조.

정신적인 특징을 바탕으로 하면서 전통적으로 어휘의 의미변화나 형태변화라고 불리는 언어 변화에 대한 접근을 주도하는 것이기 때문이다.

조어론에서도 네 단계에 걸친 연구가 상호 협력적으로 이루어진다. 형태중심의 조어론 고찰단계에서는 현존하는 파생 철자법의 재고를 조사하는 작업이 수행된다. 이 과정에서는 낱말칸살(Wortnische)의 개념이 중요한 의미를 가지게 되는데, 이는 어휘론에서의 의미(Bedeutung)의 개념과 비슷하다[54]. 낱말칸살은 모든 형태중심의 고찰방식에서 내용적인 관계를 전망할 수 있게 하는 파생유형의 의미분류이다[55].

내용중심의 조어론에서는 형태에 연결된 척도의 자리에 내용적인 척도가 나타나게 되는데, 이 과정에서는 내용적인 정돈을 수행하고, 또 내용상의 완성방향을 제시하는 낱말계층(Wortstand)이 중심적인 개념이 된다[56]. 조어법에서는 이 낱말계층을 통하여 분절의 작용이 내용적인 규명을 획득하게 된다[57]. 곧, 낱말계층은 음운중심의 파생형에 대한 내용중심의 대응관계이며, 파생의 형태는 달라도 내용의 공통성에 기인해서 모여진 파생형의 어군이다. 따라서 조어론에서의 낱말계층은 어휘론에서의 어휘의 분절구조와 대응되며, 어휘의 분절구조와 같은 내부구조를 형성하고 있다. 예컨대, 한국어에서 [선소리, 선잠] 등의 '선-', [풋잠, 풋고추] 등의 '풋-', [미완성, 미숙함] 등의 한자말 '미(未)-' 등은 그 파생 방법의 차이에도 불구하고, 하나의 낱말계층을 통하여 내부의 실태가 규명될 수 있다.

직능중심의 조어론에 있어서도 어휘의 경우와 마찬가지로 포착의 방향과 언어화의 무대가 주된 관심의 대상이 된다. 그러면서도 조어법에서는 언어 독자적인 고유법칙이 전개되는 무대, 곧 언어 자체의 창조적인 힘만이 주로 관여하기 때문에 어휘의 경우보다는 그 관찰 대상의 폭이 훨씬 좁다. 합성어, 파생어 등의 어휘확대를 수행하는 이 과정에 있어서 토박이말의 재고품이 활용되는 것이 원칙이나, 전문어나 외래어 등의 도입된 말의 요소가 침투하기도 한다. 여기서는 모국어의 창조능력과 모국어에 대한 의식이 주요한 관건이 된다[58].

작용중심의 조어론은 낱말계층의 원리가 언어공동체 구성원들의 언어 소유로 들어가면서, 그것에 대한 타당성(Geltung)이 언어행위의 전반에 걸쳐 발현되는 과정을 핵심적인 고찰 대상으로 삼게 된다. 즉, 이 과정에서는 그 원리가 수행하고 지향하며 이룩하는 역할, 목표, 효과, 성과 등과 그 원리에 대한 언어공동체의 기능발휘(Funktionieren)와 재평가의 과정이

---

54) 장영천(1989): "Leo Weisgerber의 조어론", <언어내용연구>, 태종출판사, 112~113쪽 참조.
55) L. Weisgerber(1962): op cit. 213~217쪽 참조.
56) 장영천(1989): op cit. 114~116쪽 참조.
57) L. Weisgerber(1962): op cit. 236쪽 참조.
58) 장영천(1989): op cit. 125~135쪽 참조.

논의의 중심점에 놓이게 된다[59]. 또한 이 과정을 통하여 언어공동체 구성원들은 모국어의 조어능력을 신장시키기 위한 언어정책적인 배려를 행사할 수 있게 된다.

품사라는 언어단위는 낱말에서 월로 가는 중간단계로서, 그것의 감각적인 구성에서는 형식적으로 확산되고, 정신적인 구성에서는 내용적으로 확산된다. 전자는 형식영역(Formenkreis)을 이루는 반면, 후자는 사고영역(사유권: Denkkreis)을 이루게 되는데, 형태중심의 품사론은 이 전자에 대한 고찰에 주목하게 된다. 형태중심의 품사론에서는 명사, 동사, 형용사 등의 품사가 갖는 기능과 형식, 곧 낱말의 형태와 변이형, 굴곡체계 등이 주된 고찰의 대상이 된다. 그러나 형태중심의 품사론에서의 이러한 개별 요소들에 대한 기술에 있어서도 월성분으로서의 역할을 추적하면서 내용중심의 품사론에 대하여 전망하는 연구태도가 필연적인 전제조건이 된다[60].

명사, 동사, 형용사 등을 중심으로 파악된 형태중심 고찰의 연구 성과들은 내용중심의 고찰에서는 전체성의 원리에 입각하여 내용적인 질서의 구조로서 발견되고 확인된다. 이 과정에 있어서 방법론적으로 중심개념이 되는 사고영역(사유권)은 일종의 정신적인 전개와 확산의 영역을 의미한다[61]. 곧, 품사에는 자체적으로 언어적인 형성의 기본 형식이 내포되어 있으며, 정신적으로 분화된 각각의 범주가 설정되어 있기 때문에, 이 사고영역에 내포되어 있는 정신적인 내용을 적절하게 밝힐 필요가 있는 것이며[62], 또 그러한 작업이 내용중심의 단계에서 수행되는 주된 연구의 과제가 된다. 여기에서 우리는 정상적인 사전의 범주화, 즉 우리가 소박하게 품사라고 칭하는 것에 관해서 내용연구는 어떠한 기본적인 과제와 기본적인 성능이 이러한 개개의 범주와 그것들의 형식권에 관여하는가를 검증해야 하는 과제를[63] 안게 된다.

품사의 다양한 전개양식, 곧 품사의 형성영역(Gestaltungskreis)에서도 어휘의 경우와 마찬가지로 세계의 언어화와 더불어 포착의 방향성이[64] 관건이 된다. 예컨대, 한국어에서 색채어의 경우, 색채의 영역에 따라 품사별 분포가 상이한 현상을 나타내고 있는데[65], 이러한 현상에 대한 해명은 직능중심 품사론의 차원에서 시도될 수 있다. 특정 영역에 대한 품사의 분포 자체가 이미 정신세계에서 작용한 관점의 성과이기 때문이다. 품사 형태의 전체적인 구조 형성에 관여하는 정신작용, 품사로 하여금 월 안에서 일정한 기능을 수행하도록 직능을 배치

---

59) ibid. 135-141쪽 참조.
60) 김성대(1989): "Leo Weisgerber의 품사론", <언어 내용 연구>, 태종출판사, 153~157쪽 참조.
61) ibid. 157-158쪽 참조.
62) 허발(1983): "세계의 언어화(Worten der Welt)에 대하여", <한글> 182호, 한글학회, 59~62쪽 참조.
63) 허발(1986): op cit. 190쪽 참조.
64) 김성대(1989): op cit. 167~170쪽 참조.
65) L. Weisgerber(1962): op cit. 254~260쪽 참조.

하는 정신세계의 활동 등은 직능중심의 과정에서 고찰되어야 할 과제들이다.

작용의 차이는 정신적인 중간세계에서 수행된 성과의 차이에 기인하며, 따라서 언어적인 포착의 성과로 귀결되는 상이성이다[66]. 그리하여 작용중심 품사론의 연구에 있어서는 품사의 형성영역과 사고영역이 언어공동체의 생활영역에서 발휘하는 구속력, 언어공동체 구성원들이 기존의 질서에 대하여 대처하면서 그 타당성을 재검토하는 의식구조의 변화 등이 핵심적인 과제가 된다. 아마도 현대 한국어에 있어서 '가로대, 더불어, 데리고' 따위에서 해당 어근이 불구동사에로의 전락된 현상이나, 서구어의 영향을 받은 피동형 어휘의 과다한 사용이나, 또는 한자말 [적: 的]의 과다 사용현상 등은 작용중심의 품사론에서 흥미 있는 연구 과제의 예가 될 것이다.

월구성안은 동적언어이론에서 월을 기술하는 방안으로 마련된 방법론인데, 이는 언어 내재적인 규칙에 따라 월들이 구성하는 성분들을 실제로 파악하기 위하여 참여하고 있는 품사들의 결합가에 대한 해명을 중점적인 고찰의 대상으로[67] 삼게 된다. 월구성안에 대한 연구에 있어서는 우선 동적인 문제를 적절하게 제기하면서, 음성중심의 문법과 내용중심의 문법을 거쳐서, 직능중심적인 해명과 작용중심적인 평가에로 진행되는 연구의 과정이 필요하다[68].

음성중심의 월구성안(월구조안)은 감각적이고 음성적인 요소들에 있어서 월형태 (Satzschema) 자체에 귀속되는 모든 것을 고찰의 대상으로 삼는다. 이 방안에서는 운율적이며 선율적인 요소, 품사의 형태영역으로부터 주어진 암시, 월성분들의 구조배열의 표시, 어순의 특성, 성분들의 일치 등이 주된 관심의 대상이 된다. 운율적·선율적인 분절에서는 월 전체에 걸친 억양(intonation), 말미연접(terminals) 등이 어감의 면에서 전체를 형성하게 된다. 그리고 품사 면에서 주어, 보어, 목적어 등의 격과 그 곡용의 상황, 동사류의 활용 현상 등이 고찰 대상이 된다. 월성분들의 구조배열과 어순에 있어서는 자리바꿈(예컨대, 한국어에 있어서 부사들의 어순 관계나, 도이치말에 있어서의 여격목적어와 전치사적 보충어의 어순 관계에서 나타나는 요소들의 자리바꿈)이나 요소의 이동 가능성 여부가 관찰대상이 된다. 월성분들의 일치에서는 부정의 일치, 인칭과 수의 관계, 서구어의 경우 전치사와 격의 관계 등이 고찰의 중심점에 놓이게 된다. 이러한 언어의 형식적인 요건들을 문제 삼는 음성중심의 문법에 있어서는 감각적으로 파악할 수 있는 이 모든 요소들의 음성적인 형태를 남김없이 분석하여, 이것으로부터 그와 같은 월구성안의 내용적인 구조를 얻어낼 수 있는 암시들을 종합하여 수집해야 하는 과제가 관건이 된다[69].

---

66) 김성대(1989): op cit. 172~173쪽 참조.
67) 허발(1986): op cit. 191~193쪽 참조.
68) 이성준(1984): "L. Weisgerber의 월구성안에 대한 연구", 고려대 대학원(박사학위 논문), 113쪽 참조.

내용중심의 월구성안은 각각의 월구성안에 특정한 모국어적 내용이 귀속하고 있다는 견해로부터 출발하면서 월의 구성에 내재하는 정신적인 구조를 밝히려 한다. 이 과정에 있어서는 서술, 명령, 의문, 청원 등 월의 광범위한 영역과 서술월(서술문)에 있어서의 과정, 동작, 판단, 동일화 등과 같은 하위영역들의 상호 비교에서 발견할 수 있는 내용적인 특성이 고찰의 대상이 된다. 또 월 안에서 각각의 성분들이 지향하는 임무와 역할도 내용중심 고찰에서 주된 관심의 대상이 된다. 예컨대, 이 과정에서는 광범위하게 각 언어마다 고유한 문형구성의 특징들이 고려될 수 있다. 그리고 그 하위적인 대상의 고찰에 있어서는, 예컨대 한국어의 사동문의 경우, 월 전체가 수행되는 활동의 장면, 구체적으로 주어와 목적어 등의 자격요건과 그것들의 상호 관계, 서술어가 지향하는 행위의 내용 등이 또한 고찰의 대상이 된다[70].

월에 대한 직능중심의 고찰단계에서는 품사와 그 사고영역에 설정되어 있는 사실이 개개의 낱말로 하여금 월의 일부분이 되게 하는 과정, 그러한 월조각들을 정신적인 조작방식을 통하여 월성분(Satzglieder)이 되게 하는 과정, 그 과정에서의 정신적인 기본 골격을 월가치(Satzwert)의 질서로서 작용하게 하는 견해표명(Stellungnahme)의 형식화 등이 해명의 대상이 된다[71]. 곧, 월구성안의 포착은 근본적으로 현상세계에 개입하게 되는 정신적인 장면의 지속적이고도 일반적인 선행단계의 형성(Vorformung)인데, 이때의 현상세계는 실제적인 상황뿐만 아니라, 순전하게 인간적인 가공물까지도 모두 포함하게 된다. 따라서 이러한 단계에서의 월구성안에 대한 연구는 월구성안이 인간과 현실 사이의 절충(Auseinandersetzung)에서 무엇을 수행하고 있는가에 초점을 맞추게 된다[72]. 그러한 의미에서 통어적인 포착의 방향성에 대한 해명은 직능중심의 월구성안에 있어서 주된 관심의 대상이 된다.

작용중심 월구성안의 연구목표는 월구성안 안에 포함되어 있는 가능성에 기인하여 어떠한 언어활동의 형식이 이루어지는가를 추구하는 데 있으며[73], 또 그러한 과정을 수행하면서 의식구조의 변화에 따라 자연발생적으로 수반되는 기존 질서의 타당성 재검증이 어떻게 이행되는가를 고찰하는 데 있다. 전자에서는,

(1) 구체적으로 어떠한 생활영역과 생활관계가 모국어의 월구성안을 통하여 획득되고 해명되는가,

(2) 월구성안이 이미 형성해 놓은 정신적인 장면 속에서 언어공동체가 어떻게 활동하고 있는가,

69) ibid. 115~119쪽 참조.
70) ibid. 120~130쪽 참조.
71) 허발(1983): op cit. 59~62쪽 참조.
72) ibid. 133~141쪽 참조.
73) 이성준(1984): op cit. 143쪽 참조.

(3) 언어공동체가 월구성안을 무엇 때문에 이용하고 있는가,

(4) 언어공동체가 월구성안의 영향을 통해서 어떠한 결과와 행동양식을 획득하게 되는가,
등과 같은 과제들이 주로 관심의 초점이 된다[74]. 현대에 와서는 구체적으로 외래어의 월형
식의 영향도 중요한 고찰의 대상이 될 것 같다. 예컨대, 한국어의 경우 현대에 와서 서구어의
피동형 형식이 모국어의 월구성안의 구성에 큰 변수로 작용하고 있는 듯하다. 또한 현대 한
국인들이 단정적인 표현보다는 추정적인 표현을 선호하는 현상(예컨대, '-같다'와 같은 표현
의 선호 경향)은 이 과정에서 논의의 대상이 될 수 있을 것이다.

이밖에 통어분절구조, 언어의 변천(분절구조의 변화), 언어의 비교 등도 동적언어관에 입
각하여 깊이 있게 통찰될 수 있다. 통어분절구조에 대한 이해는 어휘들의 결합(예컨대, 주술
관계를 통하여)으로 형성되는 월 전체의 분절구조와, 내용에 근거하여 다른 언어수단과의
결합을 수용하는 언어수단의 능력인 어휘들의 결합가를 문제 삼게 된다. 예컨대, <여성>이
라는 이름씨의 분절과 <성격>을 나타내는 그림씨 분절이 서로 결합하여 <여성의 성격 표
현>이라는 통어분절구조를 구성할 수 있을 것인데, 이 분절에 대한 통어적인 해명을 위해서
는 표현 가능한 월의 형태들이 총망라되어야 할 것이며, 각각의 어휘들이 갖는 결합가가 남
김없이 규명되어야 할 것이다.

언어사를 전체성 원리에 입각하여, 개념적으로(내용적으로) 관련된 언어수단의 집단에 따
라 다루게 되면, 각각의 집단들은 언어사의 시대에 따라 결코 동일한 방법으로 분절되어 있
지 않음을 알게 될 것이다. 외적인 기호의 차원만이 아니라, 복합체의 내부구조와 경계도 시
대에 따라 달라지기 때문이다. 그리하여 개별어의 개념적인 내용도 시대에 따라 항상 상이한
모습으로 규정될 수밖에 없는 것이다[75]. 따라서 언어현상의 변천은 민족의 정신세계가 변천
했음을 의미하는 것이기 때문에, 언어사의 연구는 곧 정신사의 연구로[76] 귀결된다. 나아가
서 민족들 사이의 정신세계를 비교하는 데 있어서 가장 합리적이고도 객관적인 방법은 아마

---

74) ibid. 144쪽 참조.

75) J. Trier(1931): "Ueber Wort- und Begriffsfelder", *Wege der Forschung*(1973), Wissenschaftliche Buchgesellschaft, Darmstadt 7~8쪽 참조.

76) 크로체(B. Croce)의 제자인 포슬러(K. Voßler)는 정신사(Geistesgeschichte)을 통하여 소장문법학파의 사고 방식을 극복하려고 한 바 있으며, 정신사적이며 이상주의적인 방법론을 언어학에 도입하면서, 소장문법학파와의 견해는 처음부터 단호하게 반대하는 입장을 취하고 있다. 그는 이상주의자의 파수군의 입장에서, 현상만을 다루면서 인과관계는 전혀 해명할 수 없는 실증주의적 연구를 날카롭게 논박하고 있다. 과학에서 인과율(Kasualitaet)의 개념을 배제하게 된다면, 그 과학은 이미 죽은 학문에 불과하기 때문이다. 나우만(H. Naumann)도 포슬러의 정신사적인 특징을 독어학 속에 수용하게 된다. 그는 훔볼트와 맥락을 같이하면서, 언어를 특정한 언어공동체의 정신을 표현하는 특수한 형식으로 이해하면서, 모든 언어법칙은(음운법칙, 억양법칙 등도) 정신적인 것 속에 깊이 기반을 두고 있는 것으로 간주한다. 그에게 있어서 언어사는 정신사이기 때문이다. 이에 대하여는, G. Helbig(1974): op cit. 22~26쪽 참조.

도 언어의 비교일 것이다. 각 민족의 정신이 총체적으로 남김없이 반영될 수 있는 인간의 창조물로서는 언어만이 유일한 절대적 존재이기 때문이다.

이 논저에서는 현대 한국어의 <친척> 명칭 분절구조에 대한 해명 시도가 주된 관심사가 된다. 따라서 이 연구에서는 대상으로서 어휘와 연구단계로서 내용중심 차원의 교차점에 초점을 맞추게 되는 어휘분절구조이론이 주된 연구방법이 될 것이다.

제2장

〈친척〉 명칭의 기본구조

<친척> 명칭은 종종 여러 연구가들의 관심의 대상이 되기도 하였으나, 이제까지 어휘분절구조이론에 의거하여 그 전체 분절구조에 대한 해명 시도는 없는 것 같다. 그리고 이 분절구조 전체 속에는 방대한 수의 어휘들이 관여하고 있는데, 그 전체 어휘를 대상으로 하여 체계성 수립의 시도도 또한 없는 듯하다. 따라서 <친척> 명칭 전체 분절구조에 대한 내용적 고찰은 언젠가는 시도되어야 할 과제인 것이다.

어휘분절구조 해명에 있어서는 분절에 관여하고 있는 모든 어휘들의 해명을 통하여 관계하고 있는 관점들을 남김없이 발견하는 작업과, 그 작업성과에 수반되는 개개의 낱말들의 위치가치 이해가 주요한 연구의 목적, 목표가 된다. 위치가치는 낱말들의 상호 대립의 양상으로서 가시화된다.

[친척]에 있어서 {부계 혈족 관계}라 풀이되는 한자말 [친 : 親]은 <부계 / 친가계>라는 내용과 함께 이해될 만하고, {성이 다르면서 일가가 되는 관계}라 풀이되는 한자말 [척 : 戚]은 <모계 / 외가계>라는 내용과 함께 이해될 만하다. 그러한 내용의 융합은 <친척>의 <성립조건>을 <부계(친가계) + 모계(외가계)>라는 <선천적 조건> 테두리 속에 국한시키게 될 가능성도 있다. 따라서 이러한 의미에서의 [친척]은 좁은 의미에서의 개념정의라 할 수 있다. 그러므로 넓은 의미에서 <친척>은 <시가계(媤家系) + 처가계>라는 <후천적 조건>도 포함하는 것으로 이해되어야 할 것 같다. 우리의 의식구조 면에서 볼 때, 시가에 있어서의 남편의 친척이 곧 아내의 친척으로 이해되며, 상대적으로 아내의 친척 역시 남편의 친척으로 이해되고 있기 때문이다.

(1) 친척(親戚)

이 낱말은 <친척> 명칭 분절을 대변하면서 이 분절에 있어서 원어휘소로서 기능하고 있는 표현이다. 이 낱말은 {친족과 외척}이나 {성이 다른 일가. 고종, 내종, 외종, 이종 따위를 이름}이라는 내용과 관계하기도 한다.

(2) 유연(類緣)

(3) 권당(眷黨)

[유연]과 [권당]도 {친척}이라 풀이되면서 전술한 [친척]과 마찬가지로 <친척> 분절에 있어서 원어휘소의 자리에 위치하는 표현들이다. 그러나 [유연]은 일반적으로 {생물체 상호 간의 형상이나 성질 따위에 유사한 관계가 있어, 그 사이에 가까운 연고(緣故)가 있는 것}이라는 내용과 함께 사용되고 있는 한자말이며, [권당]은 현재 입말로서는 거의 사용되지 않고 있는 한자말이다.

(4) 강근지친(强近之親)

(5) 강근지족(强近之族)

[강근지친]은 {촌수가 가까운 친척}이라 풀이되며, [강근지족]은 {강근지친(强近之親)}이라 풀이된다. 따라서 이 낱말들은 <친척 + 촌수 / 가까움>이라는 특성을 공유하는 것으로 이해될 것이다. [강근지친]은 {도움을 줄 만한 아주 가까운 친척}이라는 내용을 문제 삼기도 한다. [강근지족]은 현재 입말로는 거의 사용되지 않고 있다.

(6) 기공친(朞功親/期功親)

이 낱말은 {상을 당하였을 때 기복(일 년 동안 입는 상복)이나 공복(상복, 대공, 소공을 통틀어 이르는 말)을 입는 가까운 친척}이라 풀이되면서 <강근지친(친척 + 촌수 / 가까움) + 기복 입음(공복 입음)>이라는 특성과 함께 사용되고 있다. 이 낱말은 {상복을 일 년이나 아홉 달 또는 다섯 달 입는 가까운 친척}이라는 내용과 함께 사용되기도 한다.

(7)(유)복(지)(친)(有服之親)

(8) 오복친(五服親)

[유복지친]은 {복제(服制)에 따라 상복을 입어야 하는 가까운 친척}이라 풀이되며, [오복친]은 {유복지친}이라 풀이된다. 따라서 이 낱말들은 <강근지친(친척 + 촌수 / 가까움) + 상복 입음>이라는 특성을 공유하는 것으로 이해될 만하다. [오복친]에서 [오복]은 <다섯 가지의 전통적 상례 복제. 즉 참최(斬衰), 재최(齊衰), 대공(大功), 소공(小功), 시마(緦麻)>라는 내용과 관계한다. [유복지친]은 {복 입는 친척}이라는 내용과 관계하기도 한다.

(9) 무복(지)친(無服之親)

이 낱말은 {상례에서, 복을 입을 촌수를 벗어난 가까운 친척}이라 풀이되면서 <강근지친(친척 + 촌수 / 가까움) + 상복 입지 않음>이라는 특성과 함께 사용되고 있다. 그러한 의미에서 이 낱말은 전술한 [유복지친]과는 <상복>의 <입음 : 입지 않음>이라는 대칭관계를 형성하는 것으로 이해될 만하다. 이 낱말은 {단문친(袒免親) : 상례(喪禮) 때에 단문복을 입는 친족. 종고조부, 고대고, 재종 증조부, 재종 증대고, 삼종 조부, 삼종 대고, 삼종 백숙부, 삼종 고, 사종 형제자매 등}이라는 내용을 문제 삼기도 한다.

(10) 절척(切戚)

이 낱말은 {성과 본이 같지 아니하면서 가까운 친척}이라 풀이되면서 <강근지친(친척 + 촌수 / 가까움) + 동성동본 부정>이라는 특성과 함께 사용되고 있다. 이 낱말은 {동성동본이 아닌 가까운 겨레붙이}라는 내용과 함께 사용되기도 한다.

(11) 원척(遠戚)
(12) 원류(遠類)

[원척]은 {촌수가 먼 친척}이라 풀이되며, [원류]는 {원척(遠戚)}이라 풀이된다. 따라서 이 낱말들은 <친척 + 촌수 / 멂>이라는 특성을 공유하는 것으로 이해될 만하다. 그러한 의미에서 이 낱말들은 전술한 [강근지친 / 강근지족]과는 <촌수>로서 <가까움 : 멂>이라는 대칭관계를 형성하는 것으로 해명될 것이다. [원척]은 {촌수가 먼 친척 관계}라는 내용을 문제 삼기도 하는 낱말이며, [원류]는 현재 입말로는 거의 사용되지 않고 있는 한자말이다.

(13) 촌외(寸外)

이 낱말은 {십촌이 넘는 먼 친척}이라 풀이되면서 <원척 + 십촌 넘음>이라는 특성을 문제 삼고 있다.

(14) 제척(帝戚)

이 낱말은 {황제의 친척}이라 풀이되면서 <친척 + 상대의 신분 / 황제>라는 특성과 함께 사용되고 있다. 이 낱말은 {황제의 가까운 친족}이라는 내용을 문제 삼기도 한다.

(15) 내척(內戚)

(16) 내친(內親)

[내척]은 {아버지 쪽의 친척}이라 풀이되며, [내친]은 {내척(內戚)}이라 풀이된다. 따라서 이 낱말들은 <친척 + 형성조건 + 선천성 + 어버이 / 아버지 쪽(친가계)>이라는 특성을 공유하는 것으로 해명될 만하다. [내친]은 {마음으로 친함}이나 {인척. 아내의 친척}이라는 내용과 관계하기도 한다.

(17) 외척(外戚)

이 낱말은 {어머니 쪽의 친척}이라 풀이되면서 <친척 + 형성조건 + 선천성 + 어버이 / 어머니 쪽(외가계)>이라는 특성과 함께 사용되고 있다. 그러한 의미에서 이 낱말은 전술한 [내척]과 <아버지 쪽(친가계) : 어머니 쪽(외가계)>이라는 대칭관계를 형성하는 것으로 이해될 것이다. 이 낱말은 {같은 본을 가진 사람 이외의 친척}, {성이 다른 사람으로서의 친척}이라는 내용을 문제 삼기도 한다.

(18) 외친(外親)

(19) 외인(外姻)

(20) 외가붙이(外家--)

[외친]과 [외인]은 {외척}이라 풀이되며, [외가붙이]는 {외가 쪽으로 되는 친척}이라 풀이된다. 따라서 이 낱말들은 전술한 [외척]과 같은 방법으로 내용이 해명될 만하다. [외친]은 {겉으로만 친한 체하는 일}이라는 내용과 관계하기도 하며, [외인]은 {외척과 인척}이라는 내용과 관계하기도 한다. 그리고 [외가붙이]는 {외가에 딸린 사람들}이라는 내용을 문제 삼기도 하는 표현이다.

(21) 근척(近戚)

이 낱말은 {가까운 외척}이라 풀이되면서 <외척 + 촌수 / 가까움>이라는 특성과 함께 사용되고 있다. 이 낱말은 {근족(近族: 촌수가 가까운 일가)}라는 내용을 문제 삼기도 한다.

(22) 종척(宗戚)

이 낱말은 {왕의 외척}이라 풀이되면서 <외척 + 상대의 신분 / 왕>이라는 특성과 함께 사용되고 있다. 그러한 의미에서 이 낱말은 [근척]과 함께 전술한 [외척]의 하위에 포함되는 것으로 이해될 수 있다. 이 낱말은 {왕의 종친}이라는 내용을 문제 삼기도 한다.

(23) 직계친(족)(直系親族)

이 낱말은 {직계 관계에 있는 친척}이라 풀이되면서 <친척 + 형성조건 + 선천성 + 갈래 / 직계>라는 특성과 함께 사용되고 있다. 이 낱말은 {직계 혈족 및 직계 인척의 관계. 또는 그런 관계에 있는 사람}이나 {자기의 부모, 조부모, 자식, 배우자의 부모, 조부모 등}이라는 내용과 관계하기도 한다.

(24) 방(계)친(傍系親)

이 낱말은 {방계의 친척}이라 풀이되면서 <친척 + 형성조건 + 선천성 + 갈래 / 방계>라는 특성과 함께 사용되고 있다. 그러한 의미에서 이 낱말은 전술한 [직계친]과 <직계 : 방계>라는 대칭관계를 형성하게 된다. 이 낱말은 {시조(始祖)에서 갈라져 나온 친족을 통틀어 이르는 말}, {형제자매, 종형제, 종자매 및 그 자손 사이의 관계 따위}, {같은 시조에서 갈려 나간 친족 사이의 혈족 관계}, {방계의 겨레붙이} 따위의 내용을 문제 삼기도 한다.

(25) 인척(姻戚)
(26) 혼척(婚戚)
(27) 연척(連戚/ 緣戚)
(28) 인족(姻族)
(29) 통가(通家)

[인척]은 {혼인에 의하여 맺어진 친척}이라 풀이되며, [혼척]과 [연척]과 [인족]과 [통가]는 공통적으로 {인척(姻戚)}이라 풀이된다. 따라서 이 낱말들은 <친척 + 형성조건 + 후천성 / 혼인>이라는 특성을 공유하는 것으로 이해될 만하다. 이 낱말들 가운데 [인척]이 가장 보편적으로 사용되고 있는 표현이며, 나머지 다른 낱말들은 입말로는 거의 사용되지 않고 있다. [인척]과 [혼척]에서는 <혼인 + 척(성이 다르면서 일가가 되는 관계)>이라는 특성이 개념형성의 과정에 관계한 것으로 추정된다. [연척]에서는 <인연 + 척>이라는 특성이, 그리고 [인족]에서는 <혼인 + 친족>이라는 특성이 각각 개념형성의 과정에 관계한 것으로 추정된다. [통가]는 {대대로 서로 친하게 사귀어 오는 집안}이라는 내용을 문제 삼기도 한다.

(30) 국척(國戚)

이 낱말은 {임금의 인척(姻戚)}이라 풀이되면서 <인척 + 상대의 신분 / 왕>이라는 특성과 함께 사용되고 있다.

이밖에 <친척> 분절은 지칭자와 피지칭자의 상호 <관계>를 문제 삼기도 한다. 그리고 이 <관계>에서는 피지칭자가 지칭자보다 위나 아래인 경우를 문제 삼는 <수직관계>와 피지칭자와 지칭자가 서로 같은 항렬인 관계를 문제 삼는 <수평관계>가 일차적인 관심사가 되어 있다. <존속>으로서 <어버이 : 어버이 항렬>과 <한어버이 : 한어버이 항렬>분절이, 그리고 <비속>으로서 <아들딸 : 아들딸 항렬>과 <손자 손녀 : 손자 손녀 항렬> 분절이 <수직관계>를 이루고 있다. 이에 비하여 <배우자> 분절, <동기 : 동기 항렬> 분절 등은 <수평관계>를 이루고 있다. 그리고 <수직관계>와 <수평관계> 두 특성을 아우르는 <통합관계>도 관심의 대상이 되어 있다. 이 <통합관계>에는 <가족>, <겨레붙이>, <일가>, <조상 : 후손>, <집안>, <친족>, <혈족> 분절 따위가 관조의 대상이 되어 있다. <친척> 분절은 이러한 여러 특성들이 서로 교차하면서 하위분절되는 양상을 보이고 있다. [그림 1], [그림 2], [그림 3], [그림 4], [그림 5]는 이러한 <친척> 분절의 기본구조를 도식화한 것이다.

[그림 1] 〈친척〉 분절의 기본구조(1)

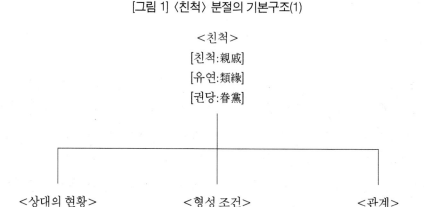

<친척>
[친척:親戚]
[유연:類緣]
[권당:眷黨]

<상대의 현황>   <형성 조건>   <관계>

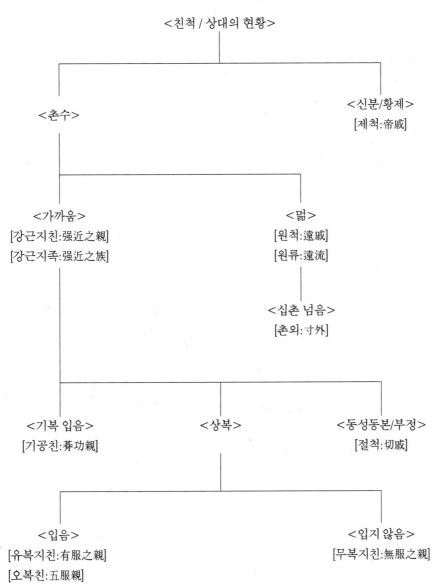

[그림 2] 〈친척〉 분절의 기본구조(2)

<친척 / 상대의 현황>

<촌수>

<신분/황제>
[제척:帝戚]

<가까움>
[강근지친:强近之親]
[강근지족:强近之族]

<멂>
[원척:遠戚]
[원류:遠流]

<십촌 넘음>
[촌외:寸外]

<기복 입음>
[기공친:朞功親]

<상복>

<동성동본/부정>
[절척:切戚]

<입음>
[유복지친:有服之親]
[오복친:五服親]

<입지 않음>
[무복지친:無服之親]

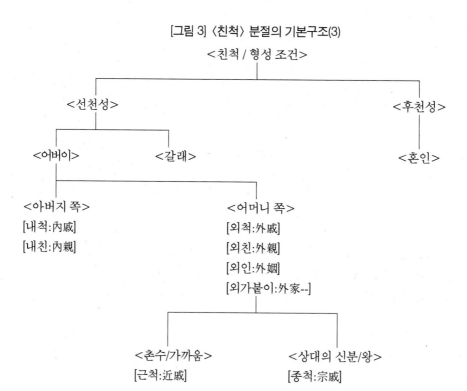

[그림 3] ⟨친척⟩ 분절의 기본구조(3)

⟨친척 / 형성 조건⟩

⟨선천성⟩ — ⟨후천성⟩

⟨어버이⟩ — ⟨갈래⟩

⟨후천성⟩ — ⟨혼인⟩

⟨아버지 쪽⟩
[내척:內戚]
[내친:內親]

⟨어머니 쪽⟩
[외척:外戚]
[외친:外親]
[외인:外姻]
[외가붙이:外家--]

⟨촌수/가까움⟩
[근척:近戚]

⟨상대의 신분/왕⟩
[종척:宗戚]

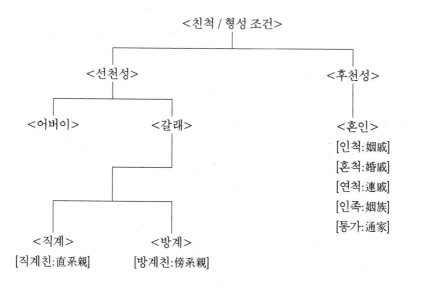

[그림 4] ⟨친척⟩ 분절의 기본구조(4)

⟨친척 / 형성 조건⟩

⟨선천성⟩ — ⟨후천성⟩

⟨어버이⟩ — ⟨갈래⟩

⟨후천성⟩ — ⟨혼인⟩
[인척:姻戚]
[혼척:婚戚]
[연척:連戚]
[인족:姻族]
[통가:通家]

⟨직계⟩
[직계친:直系親]

⟨방계⟩
[방계친:傍系親]

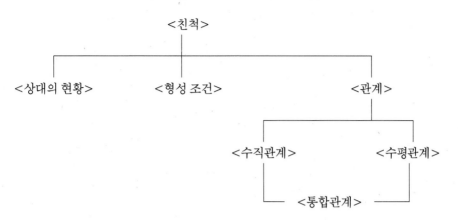

[그림 5] 〈친척〉 분절의 기본구조(5)

제3장

〈수직관계〉 구조(1) - 〈존속〉

제1절 〈존속〉 분절의 기본구조

〈존속〉 분절은 〈친척〉 명칭에 있어서 〈어버이〉를 기점으로 하여 상향적인 계단대립 관계를 이루고 있는 〈관계 + 수직관계〉 분절에 해당한다. 따라서 이 분절은 상대적으로 〈친척〉 분절에 있어서 〈아들딸〉을 기점으로 하여 하향적인 계단대립관계를 형성하고 있는 〈비속〉 분절과 대칭관계를 형성하게 된다.

이 〈존속〉 분절에서는 그 아래로 〈혈족(의) 갈래〉, 〈혈연 계통〉, 〈세대〉가 관심의 대상이 되어 있다. 이 세 특성들은 서로 교차하면서 하위분절구조를 형성하게 된다. 〈혈족 갈래〉에서는 〈직계 : 방계〉의 대립이, 〈혈연 계통〉에 있어서는 〈친가계 : 외가계 : 시가계 : 처가계〉의 대립이 각각 관조의 대상이 되어 있다. 그리고 〈세대〉의 아래로는 〈1세대 위 : 2세대 위 : 3세대 위 : 4세대 위: 5세대 위〉가 문제되는 계단대립의 양상이 나타나 있다.

(1) 존속(친)(尊屬親)

이 낱말은 {부모와 같은 항렬 이상에 속하는 친족}이라 풀이되면서 〈존속〉 분절에 있어서 원어휘소의 자리를 차지하고 있다. 곧, 이 낱말은 〈친척 + 관계 / 수직관계 + 상향〉이라는 특성을 문제 삼고 있다.

(2) 직계존속(直系尊屬)

이 낱말은 {조상으로부터 직계로 내려와 자기에 이르는 사이의 혈족(고조부모, 증조부모, 조부모, 부모 등)}이라 풀이되면서 〈존속 + 혈연 계통 / 친가계 + 혈족 갈래 / 직계〉라는 특성과 함께 사용되고 있다.

(3) 어버이

이 낱말은 {아버지와 어머니}라 풀이되면서 〈직계존속 + 세대 / 1세대 위〉라는 특성을 문제 삼고 있다. 이 낱말을 원어휘소로 하는 〈어버이〉 분절의 하위구조에 대해서는 별도로 다룬다.

(4) 한어버이

이 낱말은 {할아버지와 할머니}라 풀이되면서 <직계존속 + 세대 / 2세대 위>라는 특성과 함께 사용되고 있다. 이 낱말을 원어휘소로 하는 <한어버이> 분절의 하위구조에 대해서는 별도로 다룬다.

(5) 증조부모(曾祖父母)

이 낱말은 {증조부와 증조모}라 풀이되면서 <직계존속 + 세대 / 3세대 위>라는 특성을 문제 삼고 있다.

(6) 증조할아버지(曾祖----)

(7) 증조부(曾祖父)

[증조할아버지]는 {아버지의 할아버지. 할아버지의 아버지}라 풀이되며, [증조부]는 {증조할아버지}라 풀이된다. 따라서 이 낱말들은 <직계존속 + 세대 / 3세대 위 + 남자>라는 특성을 공유하는 것으로 이해될 것이다. [증조부]는 주로 글말로 사용되는 특징을 보이고 있다.

(8) 증조할머니(曾祖---)

(9) 증조모(曾祖母)

[증조할머니]는 {아버지의 할머니. 할아버지의 어머니}라 풀이되며, [증조모]는 {증조할머니}라 풀이된다. 따라서 이 낱말들은 <직계존속 + 세대 / 3세대 위 + 여자>라는 특성을 공유하면서 전술한 [증조할아버지. 증조모]와 <여자 : 남자>라는 대칭관계를 형성하고 있다. [증조할머니 : 증조모]의 관계는 전술한 [증조할아버지 : 증조부]의 관계에 준하여 이해될 것이다.

(10) 고조부모(高祖父母)

이 낱말은 {고조부와 고조모}라 풀이되면서 <직계존속 + 세대 / 4세대 위>라는 특성과 함께 사용되고 있다.

(11) 고조할아버지(高祖----)

(12) 고조(부)(高祖父)

[고조할아버지]는 {할아버지의 할아버지}라 풀이되며, [고조뷔는 {고조할아버지}라 풀이된다. 따라서 이 낱말은 <직계존속 + 세대 / 4세대 위 + 남자>라는 특성을 공유하는 것으로 해명될 것이다. [고조할아버지 : 고조뷔의 관계는 전술한 [증조할아버지 : 증조뷔의 관계에 준하여 이해될 것이다.

(13) **고조할머니(高祖---)**
(14) **고조모(高祖母)**

[고조할머니]는 {할아버지의 할머니}라 풀이되며, [고조뫼는 {고조할머니}라 풀이된다. 따라서 이 낱말들은 <직계존속 + 세대 / 4세대 위 + 여자>라는 특성을 공유하는 것으로 해명될 것이다. [고조할머니 : 고조뫼의 관계는 전술한 [증조할머니 : 증조뫼의 관계에 준하여 이해될 것이다.

(15) **현조(玄祖)**

이 낱말은 {오대조}라 풀이되면서 <직계존속 + 세대 / 5세대 위 + 남자>라는 특성을 문제 삼고 있다. 이 낱말은 경우에 따라서는 {고조}라는 내용과 관계하기도 한다.

(16) **방계존속(傍系尊屬)**

이 낱말은 {방계 혈족에 딸리는 속하는 존속. 방계 혈족 가운데 자기보다 항렬이 높은 친족(백부모, 숙부모, 종조부모 따위)}이라 풀이되면서 <존속 + 혈연계통 / 친가계 + 혈족 갈래 / 방계>라는 특성을 문제 삼고 있다. 그러한 의미에서 이 낱말은 전술한 [직계존속]과는 <방계 : 직계>라는 대칭관계를 형성하게 된다.

이 <방계존속> 아래로는 <세대 / 1세대 위>로서 <어버이 항렬>이, 그리고 <세대 / 2세대 위>로서 <한어버이 항렬>이 각각 관심의 대상이 되어 있는데, 이에 대하여는 별도로 다루게 된다.

<외가계>와 <시가계>와 <처가계> 아래로도 각각 <세대 / 1세대 위>로서 <어버이 항렬>과 <세대 / 2세대 위>로서 <한어버이 항렬>이 관조의 대상이 되어 있는데, 이에 대하여도 별도로 다루게 된다.

지금까지 논의된 <존속> 분절의 하위분절상을 그림으로 나타내면 [그림 1], [그림 2], [그림 3], [그림 4]가 될 것이다.

[그림 1] 〈존속〉 분절의 기본구조(1)

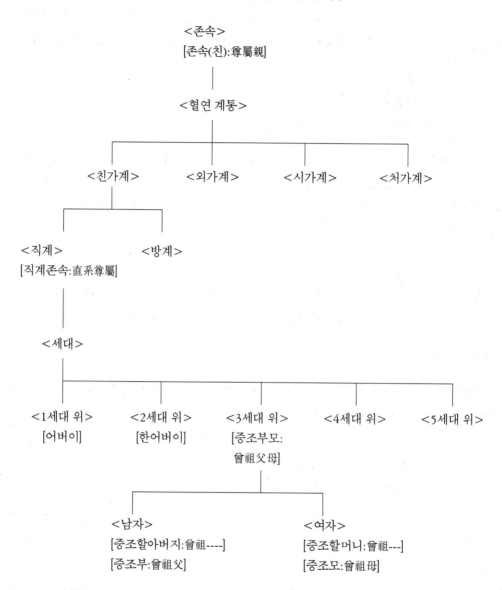

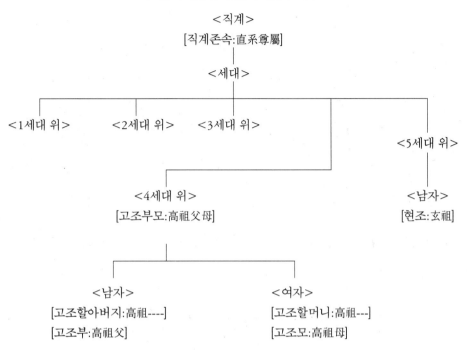

[그림 2] 〈존속〉 분절의 기본구조(2)

<직계>
[직계존속:直系尊屬]

<세대>

<1세대 위>　　<2세대 위>　　<3세대 위>　　　　　　<5세대 위>

<4세대 위>　　　　　　　　　<남자>
[고조부모:高祖父母]　　　　　　　　[현조:玄祖]

<남자>　　　　　　　　　<여자>
[고조할아버지:高祖----]　　　　[고조할머니:高祖---]
[고조부:高祖父]　　　　　　　　[고조모:高祖母]

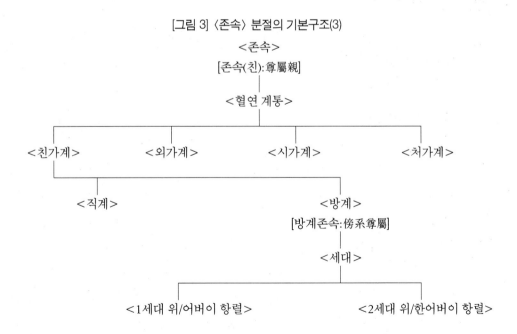

[그림 3] 〈존속〉 분절의 기본구조(3)

<존속>
[존속(친):尊屬親]

<혈연 계통>

<친가계>　　　<외가계>　　　　<시가계>　　　　　<처가계>

<직계>　　　　　　　　　　　<방계>
[방계존속:傍系尊屬]

<세대>

<1세대 위/어버이 항렬>　　　　　　<2세대 위/한어버이 항렬>

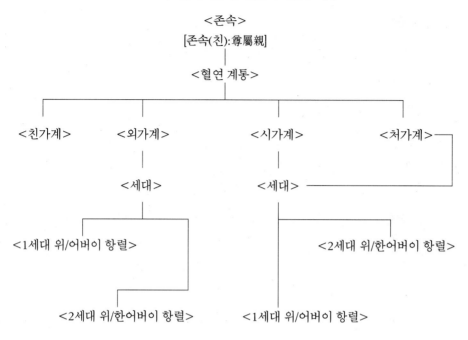

[그림 4] 〈존속〉 분절의 기본구조(4)

〈존속〉

[존속(친):尊屬親]

〈혈연 계통〉

〈친가계〉   〈외가계〉   〈시가계〉   〈처가계〉

〈세대〉   〈세대〉

〈1세대 위/어버이 항렬〉   〈2세대 위/한어버이 항렬〉

〈2세대 위/한어버이 항렬〉   〈1세대 위/어버이 항렬〉

제2절 〈어버이〉 분절구조

1. 〈어버이〉 분절구조

1) 원어휘소와 기본구조

　〈어버이〉 명칭 분절은 그 위로 〈가족〉 명칭 분절, 〈친척〉 명칭 분절에 차례로 포함되어 있기 때문에, 〈어버이〉 명칭에 대한 고찰은 결국 〈친척〉 명칭 전체의 분절 구조를 이해하기 위한 하나의 부분적인 전초 작업의 성격을 띠게 된다. 〈어버이〉 분절을 대변하는 낱말은 [어버이]인데, 이 낱말은 {아버지와 어머니. 아버지와 어머니를 아울러 이르는 말}이라 풀이되면서 주로 〈아버지 + 어머니〉라는 특성과 함께 이해된다. 그러나, 현실적으로 이 분절은 〈아버지 + 어머니〉라는 합(연언)의 개념 이외에 〈아버지 혹은 어머니〉라는 선택(선언)적인 개념도 포함한다. 이 낱말은 〈아들딸보다 한 세대 위 + 남자와(남자 혹은) 여자〉라는 특성을 가지면서 〈아들딸〉 분절과 대칭관계에 있는 것으로도 이해할 수 있다.

<어버이>가 전제된 후 <아들딸>이 있을 수 있고, <아들딸>이 전제된 후 <어버이>가 있을 수 있기 때문이다.

(1) 어버이

(2) 부모(父母)

(3) 양친(兩親)

(4) 쌍친(雙親)

(5) 이친(二親)

(6) 이인(二人)

[어버이]는 전술한 바와 같이 {아버지와 어머니. 아버지와 어머니를 아울러 일컫는 말}이라 풀이되고, [부모]는 {어버이. 아버지와 어머니}라 풀이되며, [양친]과 [쌍친]과 [이친]은 공통적으로 {어버이}라 풀이된다. 그리고 [이인]은 {부모}라 풀이된다. 따라서 이 낱말들은 모두 이 <어버이> 분절에 있어서 원어휘소의 자리를 공유하는 것으로 이해될 만하다. 토박이말 [어버이]에서는 <아버지 + 어머니>라는 특성이, 그리고 이에 상응하는 한자말 [부모]에서는 <부(父) + 모(母)>라는 특성이 각각 개념형성의 과정에 관계한 것으로 추정될 것이다. [양친]과 [쌍친]과 [이친]은 공통적으로 <부친 + 모친>이라는 특성을 문제 삼고 있는데, [양친]에서는 <하나가 아님 + 어버이>라는 특성이, [쌍친]에서는 <외짝이 아님 + 어버이>라는 특성이, 그리고 [이친]에서는 <하나나 셋이나 넷이 아님 + 어버이>라는 특성이 각각 개념형성 과정에 관계한 것으로 추정된다. [쌍친]과 [이친]은 현재 입말로는 거의 사용되지 않고 있다. [이인]은 현실적으로 주로 {두 사람}이나 {부부}라는 내용과 관계하면서 사용되고 있다.

위의 낱말들을 원어휘소로 하는 <어버이> 명칭 분절은 일차적으로 <현황>, <대우법>을 문제 삼으면서 하위분절되는 특징을 보이고 있다. 그리고 <현황>에서는 그 아래로 <아들딸 현황>과 <당사자 현황>이 관심의 대상이 되어 있다. [그림 1]은 이러한 <어버이> 명칭 분절의 기본구조를 보이기 위한 것이다.

[그림 1] 〈어버이〉 명칭 분절의 기본구조

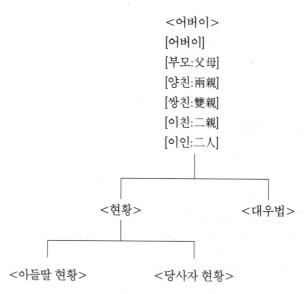

2) 〈아들딸 현황〉에 따른 표현

이 분절에 있어서는 그 아래로 아들딸의 〈친자식 여부〉와 아들딸의 〈신분〉이 관심의 대상이 되어 있다.

(7) 친어버이(親---)

(8) 친부모(親父母)

(9) 실부모(實父母)

(10) 친당(親堂)

위의 낱말들은 공통적으로 {자기를 낳은 어버이}이라 풀이되면서 〈어버이 + 현황 / 아들딸 현황 + 친자식 여부 / 긍정〉이라는 특성을 공유하는 것으로 이해될 것이다. [친어버이]는 〈친아버지 + 친어머니〉라는 특성을, [친부모]는 〈친부 + 친모〉라는 특성을, 〈실부모〉는 〈실부 + 실모〉라는 특성을, 그리고 [친당]은 〈춘당 + 모당〉이라는 특성을 각각 개념형성의 과정에서 문제 삼았을 것으로 추정된다. [친당]은 현재 입말로는 거의 사용되지 않고 있는 한자말이다.

(11) (본)생부모(本生父母)

(12) 본생친(本生親)

(13) 생아자(生我者)

　[본생부모]는 {양자로 간 사람의 (본)생가의 어버이}라 풀이되고 [본생친]과 [생아자]는 {본생부모}라 풀이된다. 따라서 이 낱말들은 <친어버이 + 아들딸 신분 / 양자로 간 사람>이라는 특성을 공유하는 것으로 이해될 것이다. 그러한 의미에서 이 낱말들은 전술한 [친어버이] 아래에 포함되는 표현으로 이해될 것이다. [본생부모]와 [본생친]에서는 <본래 낳아준 부모, 본래 낳아준 어버이>라는 특성이, 그리고 [생아자]에서는 <나를 낳아준 사람>이라는 특성이 각각 개념형성의 과정에 관계한 것으로 추정된다. [본생친]이나 [생아자]는 현재 입말로는 거의 사용되지 않고 있는 한자말들이다.

(14) 양어버이(養---)

(15) 양부모(養父母)

(16) 양친(養親)

　[양어버이]는 {양자로 들어가서 섬기는 어버이}라 풀이되며, [양부모]와 [양친]은 공통적으로 {양어버이}라 풀이된다. 따라서 이 낱말들은 <어버이 + 현황 / 아들딸 현황 + 친자식 여부 / 부정 + 과정 / 입양>이라는 특성을 공유하는 것으로 이해될 것이다. [양어버이]에서는 <양아버지 + 양어머니>라는 특성이, [양부모]에서는 <양부 + 양모>라는 특성이 각각 관계한 것으로 이해될 만하다. [양친(養親)]은 {길러 준 어버이}나 {부모를 모시어 섬김}이라는 내용도 문제 삼고 있는데, 현재 이 한자말은 입말로는 거의 사용되지 않고 있다.

(17) 수양부모(收養父母)

　이 낱말은 {수양아버지와 수양어머니를 아울러 이르는 말. 친부모가 아닌(자기를 낳지 않았으나), 자기를 데려다 길러 준 부모}라 풀이되면서 <어버이 + 현황 / 아들딸 현황 + 친자식 여부 / 부정 + 과정 / 수양>이라는 특성과 함께 사용되고 있다. 따라서 이 낱말은 <아버지> 명칭 분절에 있어서의 [수양부]와 <어머니> 명칭 분절에 있어서의 [수양모]를 포함하는 것으로 이해될 것이다.

(18) 계부모(繼父母)

　이 낱말은 {계부와 계모. 계부와 계모를 아울러 이르는 말}이라 풀이된다. 따라서 이 낱말은 <아버지> 명칭 분절에 있어서의 [계부]와 <어머니> 명칭 분절에 있어서의 [계모]를 포함하면서 <어버이 + 현황 / 아들딸 현황 + 친자식 여부 / 부정 + 과정 / 어머니의 개가(계부)와 아버지의 재혼(계모)>라는 특성을 문제 삼고 있다.

(19) 대부모(代父母)

(20) 교부모(敎父母)

[대부모]는 {신앙의 후견인으로 세우는 대부와 대모를 아울러 이르는 말. 대부와 대모}라 풀이되며, [교부모]는 {교부와 교모. 교부와 교모를 아울러 이르는 말}이라 풀이된다. 따라서 이 낱말들은 <어버이 + 현황 / 아들딸 현황 + 친자식 여부 / 부정 + 과정 / 종교의식>이라는 특성을 공유하는 것으로 이해될 것이다. [대부모]는 <아버지> 명칭 분절에 있어서의 [대부]와 <어머니> 명칭 분절에 있어서의 [대모]를 포함하는 낱말이며, [교부모]는 <아버지> 명칭 분절에 있어서의 [교부]와 <어머니> 명칭 분절에 있어서의 [교모]를 포함하는 낱말이다. 이 낱말들은 본래 천주교에서 전문용어로 사용되다가 현재는 일반어휘로도 도입되어 사용되고 있는 실정이다.

(21) 처부모(妻父母)

이 낱말은 {아내의 친정 부모. 아내의 부모}라 풀이된다. 따라서 이 낱말은 <어버이(부모) + 현황 / 아들딸 현황 + 신분 / 말할이의 아내>라는 특성과 함께 사용되고 있다. 그러한 의미에서 이 낱말은 {장인과 장모}라는 내용과 관계하기도 한다.

(22) 학부모(學父母)

이 낱말은 {학생의 아버지나(와) 어머니}라 풀이되면서 <어버이(부모) + 현황 / 아들딸 현황 + 신분 / 학생>이라는 특성을 문제 삼고 있다. 이 낱말은 {학생의 보호자}라는 내용을 문제 삼기도 한다.

지금까지의 고찰에서 보인 바와 같이 <아들딸 현황> 분절에 있어서는 <친자식 여부>와 <신분>이 관조의 대상이 되어 있다. <친자식> 분절에 있어서는 <긍정 : 부정>의 대칭관계가 문제되어 있는데, 후자의 경우는 <과정>으로서 <입양>과 <수양>과 <어머니의 개가와 아버지의 재혼>과 <종교의식>이 관심의 대상이 되어 있다. 그리고 <신분>의 아래로는 <말할이의 아내>와 <학생>이 문제되어 있다. [그림 2]는 이러한 <아들딸 현황> 분절의 구조를 도식화한 것이다.

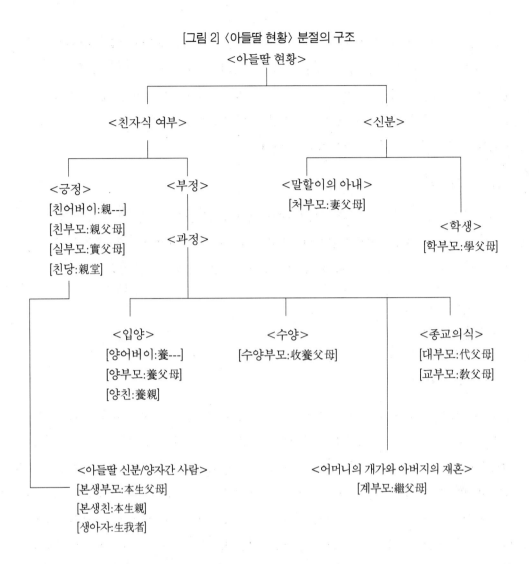

[그림 2] 〈아들딸 현황〉 분절의 구조

3) 〈당사자 현황〉에 따른 표현과 〈대우법〉에 따른 표현

〈당사자 현황〉 분절에 있어서는 당사자인 어버이의 〈상태〉만이 관심의 대상이 되어 있으며, 그리고 〈상태〉의 아래로는 〈늙음〉, 〈사망〉, 〈배우자 없음〉이 문제되어 있다. 한편 〈대우법〉 분절에 있어서는 〈높임〉만이 관조의 대상이 되어 있다.

(23) 노부모(老父母)

(24) 노친(老親)

[노부모}와 [노친]은 공통적으로 {늙은 어버이. 늙은 부모}라 풀이되면서 <어버이 + 현황 / 당사자 현황 + 상태 / 늙음>이라는 특성을 공유하고 있다. [노부모]는 <아버지> 명칭 분절에 있어서의 [노부]와 <어머니> 명칭 분절에 있어서의 [노모]를 포함하는 것으로 이해될 것이다. 그리고 [노친]은 {나이가 지긋한 부인. 나이 많은 늙은 부인}이라는 내용과 관계하면서 [노부모]와는 위상가치를 달리하기도 한다.

(25) 망친(亡親)

이 낱말은 {죽은 어버이. 죽은 부모}라 풀이되면서 <어버이 + 현황 / 당사자 현황 + 상태 / 사망>이라는 특성과 함께 사용된다. 이 낱말은 <아버지> 명칭 분절에 있어서의 [망부]와 <어머니> 명칭 분절에 있어서의 [망모]를 포함하는 표현으로도 이해될 것이다.

(26) 홀어버이
(27) 외쪽어버이
(28) 외쪽부모(--父母)
(29) 편친(偏親)

[홀어버이]는 {아버지나 어머니 중 어느 한쪽이 없는 어버이. 홀로 된 어버이}라 풀이된다. 그리고 [외쪽어버이], [외쪽부모], [편친]은 공통적으로 {홀어버이}라 풀이된다. 따라서 이 낱말들은 <어버이 + 현황 / 당사자 현황 + 상태 / 배우자 없음>이라는 특성을 공유하는 것으로 이해될 것이다. [홀어버이]는 {홀아버지('아내를 잃고 혼자 지내는 사내'를 조금 높이는 말)나 홀어머니('남편을 잃고 혼자 지내는 여자'를 조금 높이는 말)}라는 내용과 관계하기도 한다. [외쪽어버이]와 [외쪽부모]의 관계는 전술한 [어버이]와 [부모]의 관계에 준하여 이해될 만하다. [홀어버이]에서는 <홀로 됨>이라는 특성이, [외쪽어버이]와 [외쪽부모]에서는 <한쪽이 없음>이라는 특성이, 그리고 [편친]에서는 <한쪽에만 치우침>이라는 특성이 각각 개념 형성의 과정에 관계한 것으로 추정된다. [편친]은 현재 입말로는 거의 사용되지 않고 있다.

(30) 고당(高堂)

이 낱말은 {남의 부모를 높여 이르는 말}이라 풀이되면서 <어버이 + 대우법 / 높임 + 대상 / 남의 어버이>이라는 특성을 문제 삼고 있다. 주로 글말로 사용되고 있는 이 한자말은 {높다랗게 지은 집}이나 {남을 높이어 그의 집을 이르는 말}이라는 내용과 함께 사용되기도 한다.

지금까지의 고찰에서 보인 바와 같이 <당사자 현황> 분절에 있어서는 <상태>만이 관

조의 대상이 되어 있다. <상태>의 아래로는 <늙음>, <사망>, <배우자 없음>이 관심의
대상이 되어 있다. 그리고 <대우법> 분절에 있어서는 <높임 + 대상 / 남의 어버이>만이
문제되어 있다. <당사자 현황> 분절과 <대우법> 분절의 특징을 하나의 그림으로 통합하
여 도식화하면 [그림 3]이 될 것이다.

[그림 3] 〈당사자 현황〉 분절과 〈대우법〉 분절의 구조

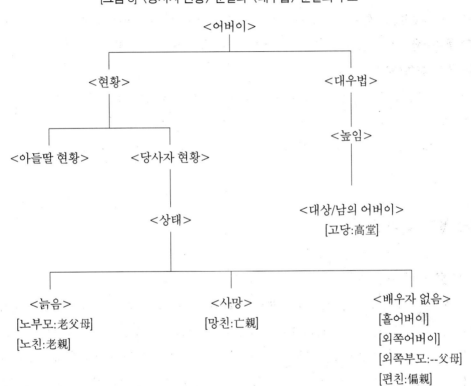

4) 마무리
현대국어 <어버이> 명칭 분절의 구조적 특징 발견 과정을 통하여 발견된 특징들을 요약
하여 정리하면 다음과 같다.
(1) <어버이> 분절은 <아버지 + 어머니>라는 특성과 함께 이해된다. 그러나, 현실적으
로 이 분절은 <아버지 + 어머니>라는 합(연언)의 개념 이외에 <아버지 혹은 어머니>라는
선택(선언)적인 개념도 포함한다.

(2) [어버이], [부모(父母)], [양친(兩親)]. [쌍친(雙親)], [이친(二親)], [이인(二人)]을 원어휘소로 하는 <어버이> 명칭 분절은 일차적으로 <현황>과 <대우법>에 의하여 하위분절되어 있다. 그리고 <현황>에서는 그 아래로 <아들딸 현황>과 <당사자 현황>이 관심의 대상이 되어 있다.

(3) <아들딸 현황> 분절에 있어서는 <친자식 여부>와 <신분>이 관조의 대상이 되어 있다. <친자식> 분절에 있어서는 <긍정 : 부정>의 대칭관계가 문제되어 있는데, 후자의 경우는 <과정>으로서 <입양>과 <수양>과 <어머니의 개가와 아버지의 재혼>과 <종교의식>이 관심의 대상이 되어 있다. 그리고 <신분>의 아래로는 <말할이의 아내>와 <학생>이 문제되어 있다.

(4) <당사자 현황> 분절에 있어서는 <상태>만이 관조의 대상이 되어 있다. 그리고 이 <상태>의 아래로는 <늙음>, <사망>, <배우자 없음>이 관조의 대상이 되어 있다.

(5) <대우법> 분절에 있어서는 <높임 + 대상 / 남의 어버이>만이 문제되어 있다.

2. <아버지> 분절구조

1) 원어휘소와 기본구조

<사람>이라는 큰 분절구조 아래에 <친척>이라는 분절구조가 포함되어 있고, <친척>이라는 분절구조 안에는 <가족>이라는 분절구조가 포함되어 있는 것으로 볼 수 있다. 그리고, 이 <가족>이라는 중간 분절구조 속에 자리하는 작은 분절구조 가운데 하나가 <아버지>라는 명칭의 분절구조이다. <아버지>는 <어머니>와 더불어 <어버이> 명칭의 분절구조를 이루면서 <아들딸보다 직계로 한 세대 위>라는 특성을 <어머니>와 공유한다. 그러면서도 <아버지>는 <어머니>와는 <성의 차이>, 곧 <남자(남성) : 여자(여성)>라는 대칭관계를 통하여 변별된다.

(1) 아버지
(2) 바깥어버이(밭어버이)
(3) 바깥부모(--父母. 밭부모)
(4) 부친(父親)
(5) 부(父)

<아버지> 명칭 분절을 대변하는 [아버지]는 {남성 어버이. 남자인 어버이. 자녀를 둔 남자를 자식에 대한 관계로 이르는 말. 아들이나 딸을 가진 남자}라 풀이되고, [바깥어버이]는 {'아버지'를 달리 이르는 말}이라 풀이되며, [바깥부모]는 {바깥어버이}라 풀이된다. 그리고 [부친]은 {아버지}라 풀이되며, [부]는 {문어체에서, '아버지'를 이르는 말}이라 풀이된다. 따라서 위의 낱말들은 공통적으로 이 <아버지> 분절에 있어서 원어휘소의 자리에 위치하는 것으로 이해될 것이다. [아버지]는 호칭어로도 사용되나 [바깥어버이], [바깥부모], [부친], [부]는 지칭어로만 사용되고 있다. [아버지]는 {자기를 낳아 준 남자처럼 삼은 이}, {자녀의 이름 뒤에 붙여, 자기 남편을 호칭하거나 지칭하는 말}, {자기의 아버지와 나이가 비슷한 남자를 친근하게 이르는 말}, {시조부모 앞에서 시아버지를 이르는 말}, {처음으로 어떤 일을 개척했거나 크게 베푼 사람. 어떤 일을 처음 이루거나 완성한 사람. 어떤 일을 처음 이루거나 완성한 사람을 비유적으로 이르는 말}, {기독교에서, '하나님'을 친근하게 이르는 말. 삼위일체의 제일 위인 하나님을 친근하게 이르는 말} 따위의 내용과도 관계하면서 넓은 내용범위를 갖는 낱말이다. [바깥어버이]와 [바깥부모]의 관계는 [어버이]와 [부모]의 관계에 준하여 이해될 것이다. [부친]은 {'아버지'를 정중히 이르는 말}이라는 내용을 문제 삼기도 하며, [부]는 입말로는 거의 사용되지 않고 있다[1].

위의 낱말들을 원어휘소로 하는 <아버지> 명칭 분절은 일차적으로 <현황>과 <대우법>에 의하여 하위분절되어 있다. 그리고 <현황>에서는 그 아래로 <아들딸 현황>과 <당사자 현황>이 관심의 대상이 되어 있다. [그림 1]은 이러한 <아버지> 명칭 분절의 기본구조를 보이기 위한 것이다.

---

1) 한자말 [아부 : 阿父]는 {예전에, '아버지'를 정답게 이르던 말}이라는 내용을 문제 삼고 있는데, 이 낱말은 이미 현대어가 아닌 것으로 간주하여 논외로 하였다.

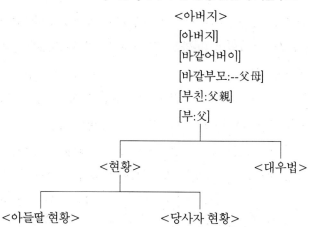

[그림 1] 〈아버지〉 명칭 분절의 기본구조

2) 〈아들딸 현황〉에 따른 표현

이 분절에 있어서는 그 아래로 〈친자식 여부〉와 〈상태〉와 〈신분〉이 관심의 대상이 되어 있다.

(6) 친아버지(親---)

(7) 친부(親父)

(8) 실부(實父)

(9) 생아버지(生---)

(10) 생부(生父)

[친아버지]는 {자기를 낳은 아버지}라 풀이되고, [친부]와 [실부]는 공통적으로 {친아버지}라 풀이된다. 그리고 [생아버지]는 {자신을 낳은 아버지. 친아버지}라 풀이되며, [생부]는 {생아버지. 친아버지}라 풀이된다. 따라서 위의 낱말들은 〈아버지 + 아들딸 현황 + 친자식 여부 / 긍정〉이라는 특성을 공유하는 것으로 이해될 것이다. [친아버지]와 [친부]의 관계, [생아버지]와 [생부]의 관계는 [아버지]와 [부(친)]의 관계에 준하여 이해될 만하다. [친부]에서는 〈육친 관계〉라는 특성이, [실부]에서는 〈실제적인 관계〉라는 특성이, 그리고 [생부]에서는 〈출산 관계〉라는 특성이 각각 개념형성의 과정과 관계한 것으로 추정된다.

(11) 양아버지(養---)

(12) 양부(養父)

(13) 소후부(所後父)

　[양아버지]는 {양아들로 들어가 섬기는 아버지. 양자가 됨으로써 생긴 아버지. 양가(養家)
의 아버지}라 풀이되며, [양부]와 [소후부]는 공통적으로 {양아버지}라 풀이된다. 따라서 이
낱말들은 <아버지 + 아들딸 현황 + 친자식 여부 / 부정 + 과정 / 입양>이라는 특성을 공유
하는 것으로 이해될 만하다. [양아버지]와 [양부]는 [아버지]와 [부(친)]의 관계에 준하여 이해
될 만하다. <후견인으로서의 아버지>와 같은 특성을 개념형성의 과정에서 문제 삼았을 것
으로 추정되는 한자말 [소후부]는 현재 입말로는 사용되지 않고 있으며, 글말로도 거의 사용
되지 않고 있다.

(14) 양아비(養--)

　이 낱말은 {'양아버지'의 낮춤말}이라 풀이되면서 <양아버지 + 낮춤말>이라는 특성을
문제 삼고 있다. 그러한 의미에서 이 낱말은 후술할 <대우법> 분절과도 관계하는 것으로
기술될 수 있다.

(15) 수양아버지(收養---)
(16) 수양부(收養父)

　[수양아버지]는 {친아버지가 아닌, 길러 준 아버지. 자기를 낳지는 않았으나 길러 준 아버
지}라 풀이되며, [수양부]는 {수양아버지}라 풀이된다. 따라서 이 낱말들은 <아버지 + 아들
딸 현황 + 친자식 여부 / 부정 + 과정 / 수양>이라는 특성을 공유하는 것으로 이해될 것이
다. [수양아버지]와 [수양부]의 관계는 [아버지]와 [부(친)]의 관계에 준하여 이해될 만하다.

(17) 의붓아버지
(18) 의부(義父)
(19) 계부(繼父)

　[의붓아버지]는 {어머니가 개가하여 얻은 남편(어머니가 개가함으로써 새로 맞이하게 되
는 아버지)}이라 풀이되며, [의부]와 [계부]는 공통적으로 {의붓아버지}라 풀이된다. 따라서
이 낱말들은 <아버지 + 아들딸 현황 + 친자식 여부 / 부정 + 과정 / 어머니의 개가>라는
특성을 공유하는 것으로 이해될 것이다. [의붓아버지]와 [의부 / 계부]의 관계는 [아버지]와
[부(친)]의 관계에 준하여 이해될 것이다. [의부]에서는 <의(義)>라는 특성이, 그리고 [계부]

에서는 <이어짐>이라는 특성이 각각 개념형성의 과정에 관계한 것으로 추정된다. [의부]는 {수양아버지}나 {의로 맺은 아버지}라는 내용을 문제 삼기도 한다[2].

(20) 대부(代父)
(21) 교부(敎父)

<아들> 명칭 분절에 있어서의 [대자 : 代子]와 대칭관계에 있는 [대부]는 {영세나 견진 성사를 받을 때에, 신앙의 증인으로 세우는 종교상의 신친(神親) 관계를 맺은 남자 후견인. 대자(代子)에 대한 친분}이라 풀이되며, [교부]는 {대부(代父)}라 풀이된다. 따라서 천주교에서 전문용어로 사용되다가 일반어휘로 도입된 이 낱말들은 <아버지 + 아들딸 현황 + 친자식 여부 / 부정 + 과정 / 종교 의식>이라는 특성을 공유하는 것으로 이해될 만하다. [교부]는 {믿음으로 맺어진 사제지간}, {고위 성직자를 이르는 말}, {고대 교회에서 교의와 교회의 발달에 큰 공헌을 한, 종교상의 훌륭한 스승과 저술가들을 이르는 말} 따위의 내용과 관계하기도 한다.

(22) 아빠

이 낱말은 {'아버지'의 어린이말. 어린아이의 말로, '아버지' 를 이르는 말}이라 풀이되면서 <아버지 + 아들딸 현황 + 상태 + 성장 / 어린이>라는 특성과 함께 사용된다. 현실적으로 이 낱말은 성인이 된 경우에도 애칭으로 많이 사용되기도 한다(특히, 여성의 경우에는 어른이 되어서도 애용하는 경향이 있다.). 이 낱말은 {자녀 이름 뒤에 붙여, 아이가 딸린 남자를 이르는 말}이라는 내용을 문제 삼기도 한다. 흔히, 젊은 아내가 남편을 호칭할 때 이 표현이 애용되기도 하는데, 이는 일종의 중화현상으로 이해될 만하다.

(23) 가부(家父)

이 낱말은 {(집안의 아버지라는 뜻으로)남에게 '자기 아버지'를 이르는 말}이라 풀이되면서 <아버지 + 아들딸 현황 + 상태 + 말할이 / (아들딸)자신>이라는 특성을 문제 삼고 있다. 이 낱말은 {가친(家親)}이라는 내용과 함께 사용되기도 한다.

---

2) 한자말 [아부 : 亞父]도 {'계부'를 달리 이르는 말}이라는 내용을 문제 삼고 있으나, 이 낱말이 실려 있지 않은 사전(예컨대, <우리말 큰사전>)도 있어서 여기서는 논외로 하였다.

(24) 왕부(王父)

이 낱말은 {임금의 아버지}라 풀이되면서 <아버지 + 아들딸 현황 + 신분 + 아들의 신분 / 임금>이라는 특성을 문제 삼고 있다. 이 낱말은 {편지 따위의 글에서, 남에게 '자기의 할아버지'를 높여 이르는 말}이라는 내용도 문제 삼고 있다.

(25) 아바마마(--媽媽)

궁중에서 사용되던 전문용어(궁중언어)에서 일반어휘로 도입되기도 한 이 낱말은 {궁중에서, 임금이 그의 아버지를 이르던 말}이라 풀이되면서 <아버지 + 아들딸 현황 + 신분 + 아들의 신분 / 임금 + 말할이 / 임금(자신)>이라는 특성과 함께 사용되고 있다. 이 낱말은 {궁중에서, 임금의 아들딸이 그의 아버지를 이르던 말}이라는 내용과 함께 사용되기도 한다.

지금까지의 고찰에서 보인 바와 같이 <아들딸 현황> 분절에 있어서는 <친자식 여부>와 <상태>와 <신분>이 일차적인 관심사가 되어 있다. <친자식 여부>에서는 <긍정 : 부정>의 대립이 문제되어 있으며, <부정>의 아래로는 다시 <과정>으로서 <입양 : 수양 : 어머니의 개가 : 종교 의식>의 대립관계가 관점으로 나타나 있다. 그리고 <신분>의 아래로는 <아들의 신분 / 임금>이 관심의 대상이 되어 있으며, <상태>에 있어서는 <성장 / 어린이>와 <말할이 / (아들딸)자신>이 관점으로 나타나 있다. 이러한 <아들딸 현황> 분절의 특징을 가시적으로 도식화하면 [그림 2]가 될 것이다.

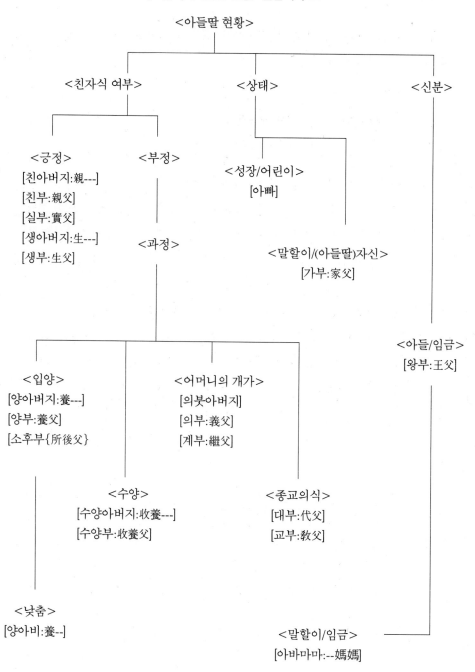

[그림 2] 〈아들딸 현황〉 분절의 구조

<아들딸 현황>

<친자식 여부>　　　　　<상태>　　　　　<신분>

<긍정>　　　　　<부정>
[친아버지:親---]
[친부:親父]
[실부:實父]　　　　　　　　<성장/어린이>
[생아버지:生---]　　　　　　[아빠]
[생부:生父]

<과정>

<말할이/(아들딸)자신>
[가부:家父]

<입양>　　　　　<어머니의 개가>
[양아버지:養---]　　[의붓아버지]
[양부:養父]　　　　[의부:義父]
[소후부{所後父}]　　[계부:繼父]

<아들/임금>
[왕부:王父]

<수양>　　　　　<종교의식>
[수양아버지:收養---]　[대부:代父]
[수양부:收養父]　　　[교부:敎父]

<낮춤>
[양아비:養--]

<말할이/임금>
[아바마마:--媽媽]

3) 〈당사자 현황〉에 따른 표현

이 분절에 있어서는 당사자의 <신분>, 당사자의 <품행(성품)>, 당사자의 <상태>과 관조의 대상이 되어 있다.

(26) 부왕(父王)

이 낱말은 {아버지인 임금}이라 풀이되면서 <아버지 + 당사자 현황 + 신분 / 임금>이라는 특성과 함께 사용되고 있다. 그러한 의미에서 이 낱말은 <사람 + 신분(직업) / 임금>이라는 분절에서도 다루어질 수 있을 것이다.

(27) 부제(父帝)

이 낱말은 {아버지인 제왕(황제와 국왕)}이라 풀이되면서 <아버지 + 당사자 현황 + 신분 / 제왕(황제와 국왕)>이라는 특성을 문제 삼고 있다. 이 낱말 역시 <사람 + 신분(직업) / 제왕> 분절에서도 논의될 수 있을 것이다.

(28) 농부(農父)

이 낱말은 {농사일을 하는 늙은 아버지}라 풀이되면서 <아버지 + 당사자 현황 + 신분 / 농부 + 상태 / 늙음>이라는 특성과 함께 사용된다. 그러한 의미에서 이 낱말은 다음에 논의될 <상태> 분절과도 관계하게 된다. 이 낱말은 {농사일로 늙은 사람}이라는 내용을 문제 삼기도 한다.

(29) 엄부(嚴父)

이 낱말은 {엄한 아버지. 엄격한 아버지}이라 풀이되면서 <아버지 + 당사자 현황 + 품행(성품) / 엄(격)함>이라는 특성을 문제 삼고 있다. 이 낱말은 {가친(家親)}이라는 내용과 함께 다음에 논의될 <대우법> 분절과도 관계하게 된다.

(30) 자부(慈父)

이 낱말은 {자애 깊은 아버지}라 풀이되면서 <아버지 + 당사자 현황 + 품행 / 자애 깊음>이라는 특성과 함께 사용되고 있다. 이 낱말은 {'아버지'를 정답게 이르는 말}이라는 내용도 문제 삼고 있다.

(31) 노부(老父)

이 낱말은 {늙은 아버지}라 풀이되면서 <아버지 + 당사자 현황 + 상태 / 늙음>이라는 특성을 문제 삼고 있다. 이 낱말은 {윗사람에게 자기의 늙은 아버지를 낮추어 이르는 말}이라는 내용과 함께 사용되기도 한다.

(32) 병부(病父)

이 낱말은 {병든 아버지}라 풀이된다. 따라서 이 낱말은 <아버지 + 당사자 현황 + 상태 / 병듦>이라는 특성과 함께 이해될 것이다.

(33) 망부(亡父)
(34) 부군(府君)

이 낱말들은 공통적으로 {돌아가신 아버지. 죽은 아버지}라 풀이되면서 <아버지 + 당사자 현황 + 상태 / 사망>이라는 특성을 문제 삼고 있다. [부군]은 {'남자 조상'에 대한 존칭}, {부군당에 모신 신령(민속학 전문용어)}, {경기 지역에서, 마을을 지키는 신을 이르는 말} 따위의 내용을 문제 삼기도 한다. 그러나 이 낱말은 현재 입말로는 거의 사용되지 않고 있다.

(35) 선친(先親)
(36) 선엄(先嚴)
(37) 선부(先父)
(38) 선인(先人)
(39) 선자(先子)
(40) 선고(先考)
(41) 선군(先君)
(42) 선군자(先君子)

[선친]은 {남에게 '돌아가신 자기의 아버지'를 이르는 말}이라 풀이되며 [선엄], [선부], [선인], [선자], [선고], [선군], [선군자]는 공통적으로 {선친}이라 풀이된다. 따라서 위의 낱말들은 <아버지 + 당사자 현황 + 상태 / 사망 + 대상 / 말할이의 아버지>라는 특성을 공유하는 것으로 이해될 만하다. [선인]은 {전대(前代)의 사람}이나 {앞사람}이라는 내용을 문제 삼기도 하며, [선자]는 {예전에 살았던 사람}이나 {돌아가신 스승}이라는 내용을 문제 삼기도 한다. 그리고 [선군]은 {선왕(先王)}이라는 내용과 함께 사용되기도 하며, [선부]와 [선고]와 [선

군재]는 공통적으로 {돌아가신 아버지}라는 내용과 함께 사용되기도 한다. [선엄]은 <앞 + 엄함 → 엄한 앞선 분 → 엄하셨던 분 → 돌아가진 자기의 아버지>와 같은 특성을, [선부]는 <앞 + 아버지 → 앞선 아버지 → 돌아가신 아버지 → 돌아가신 자기의 아버지>와 같은 특성을, [선고]는 <앞 + 죽은 아버지 → 앞서 돌아가신 아버지 → 돌아가신 자기의 아버지>와 같은 특성을, 그리고 [선군재]는 <앞 + 군자 → 앞선 아버지 → 돌아가신 자기의 아버지>와 같은 특성을 각각 개념형성의 과정에서 문제 삼았을 것으로 추정된다. 현재 입말로는 위의 낱말들 가운데 주로 [선친]만이 사용되고 있다.

(43) 현고(顯考)

이 낱말은 {신주나 축문에서 '돌아가신 아버지'를 일컫는 말}이라 풀이되면서 <선친 + 신주나 축문에 사용>이라는 특성을 문제 삼고 있다.

(44) 선부군(先父君)
(45) 황고(皇考)

이 낱말들은 공통적으로 {'선고(先考)'의 높임말}이라 풀이되면서 <선고(선친) + 높임>이라는 특성과 함께 사용되고 있다. 따라서 이 낱말들은 후술할 <대우법> 분절과도 관계하게 된다. [황고]는 {'증조'의 높임말}이라는 내용을 문제 삼기도 한다.

(46) 선대인(先大人)
(47) 선(고)장(先考丈)

[선대인]은 {'남의 돌아가신 아버지'를 높이어 이르는 말}이라 풀이되며, [선(고)장]은 {선대인(先大人)}이라 풀이된다. 따라서 이 낱말들은 <아버지 + 당사자 현황 + 상태 / 사망 + 대상 / 남의 아버지 + 높임>이라는 특성을 공유하는 것으로 이해될 만하다. 이러한 특성과 함께 이 낱말들은 후술할 <대우법> 분절과도 관계하는 것으로 이해될 만하다. [선(고)장]은 현재 입말로는 거의 사용되지 않고 있다.

(48) 성고(聖考)

이 낱말은 {'임금의 돌아가신 아버지'를 높여 이르는 말}이라 풀이되면서 <아버지 + 당사자 현황 + 상태 / 사망 + 대상 / 임금의 아버지 + 높임>이라는 특성을 문제 삼고 있다. 그러한 의미에서 이 낱말도 역시 후술할 <대우법> 분절과도 관계하게 된다[3].

지금까지의 고찰에서 보인 바와 같이 <당사자 현황> 분절에 있어서는 일차적으로 당사자의 <신분>, 당사자의 <품행>, 당사자의 <상태>가 관조의 대상이 되어 있다. <신분>에 있어서는 다시 그 아래로 <임금>, <제왕>, <농부>가 관심의 대상이 되어 있다. <품행>의 아래로는 다시 <엄함>과 <자애 깊음>이 문제되어 있다. 그리고 <상태> 분절에서는 그 아래로 <대상>으로서 <말할이의 아버지>, <남의 아버지>, <임금의 아버지>가 관심의 대상이 되어 있다. [그림 3], [그림 4]는 이러한 <당사자 현황> 분절의 구조를 보이기 위한 것이다.

[그림 3] 〈당사자 현황〉 분절의 구조(1)

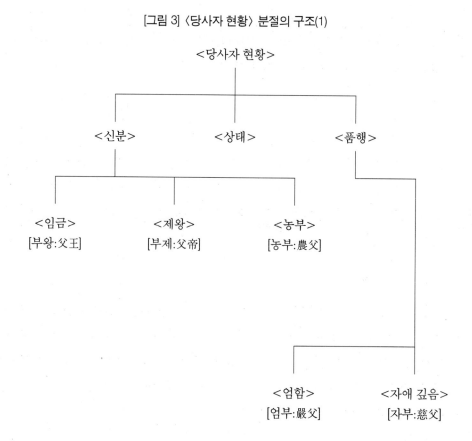

---

3) {혼자된 아버지}라 풀이되는 [홀아버지]는 <아버지 + 당사자 현황 + 상태 / 혼자됨>이라는 특성과 함께 이해될 만한 표현인데, 이 낱말은 등재되지 않은 사전(예컨대, <우리말 큰사전>)도 있고 하여 논의의 대상으로 삼지 않았다.

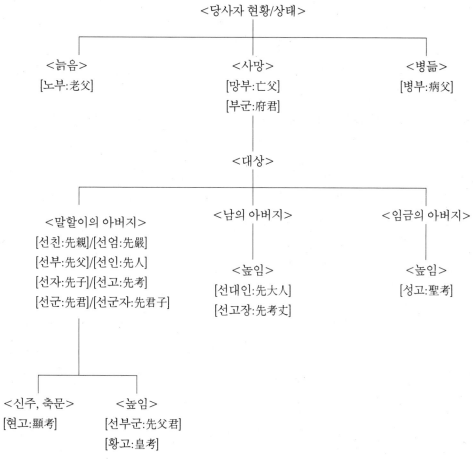

[그림 4] 〈당사자 현황〉 분절의 구조(2)

<당사자 현황/상태>

<늙음>
[노부:老父]

<사망>
[망부:亡父]
[부군:府君]

<병듦>
[병부:病父]

<대상>

<말할이의 아버지>
[선친:先親]/[선엄:先嚴]
[선부:先父]/[선인:先人]
[선자:先子]/[선고:先考]
[선군:先君]/[선군자:先君子]

<남의 아버지>

<높임>
[선대인:先大人]
[선고장:先考丈]

<임금의 아버지>

<높임>
[성고:聖考]

<신주, 축문>
[현고:顯考]

<높임>
[선부군:先父君]
[황고:皇考]

4) 〈대우법〉에 따른 표현

〈대우법〉 분절에 있어서는 <높임 : 낮춤>의 대칭관계가 관조의 대상이 되어 있다.

(49) 아버님

(50) 부군(父君)

이 낱말들은 공통적으로{'아버지'의 높임말}이라 풀이되면서 <아버지 + 대우법 / 높임>이라는 특성과 함께 사용되고 있다. [아버님]은 입말로 자연스럽게 사용되는 표현이지만, [부군]은 현재 입말로는 거의 사용되지 않고 있다. 그리고 현재 [아버님]은 {'시아버지'를 이르는 말}이나 {'장인'을 친근하게 이르는 말}이라는 내용과 함께 사용되기도 한다.

(51) 가친(家親)

(52) 엄친(嚴親)

(53) 가대인(家大人)

(54) 엄군(嚴君)

(55) 가군(家君)

[가친]과 [가대인]은 {남에게 대하여 '자기의 아버지'를 높여 이르는 말}이라 풀이되며, [엄친]과 [엄군]과 [가군]은 공통적으로 {가친}이라 풀이된다. 따라서 이 낱말들은 <아버지 + 대우법 / 높임 / 대상 / 말할이의 아버지>라는 특성을 공유하는 것으로 이해될 만하다. [가대인], [엄군], [가군]은 현재 입말로는 거의 사용되지 않고 있다. [엄친]은 {바깥부모}나 {받어버이}라는 내용과 함께 사용되기도 하며, [가군]은 {가부(家夫: 남에게 자기 남편을 이르는 말. 남편이 아내에게 자기 자신을 이르는 말)}라는 내용과 함께 사용되기도 한다. [가친]에서는 <집 + 어버이 → 집의 어버이 → 집의 아버지 → 자기의 아버지 → 자기의 아버님>과 같은 특성이, [엄친]에서는 <엄함 + 어버이 → 엄한 아버지 → 자기의 아버지 → 자기의 아버님>과 같은 특성이, [가대인]에서는 <집 + 아버지의 높임 → 집에서의 아버님 → 자기의 아버님>과 같은 특성이, [엄군]에서는 <엄함 + 아버지 → 엄한 아버지 → 지기의 아버지 → 자기의 아버님>과 같은 특성이, 그리고 [가군]에서는 <집 + 아버지 → 집의 아버지 → 자기의 아버지 → 자기의 아버님>과 같은 특성이 각각 개념형성의 과정에 관계한 것으로 추정된다.

(56) 가엄(家嚴)

이 낱말은 {글말에서, 남에게 '자기의 아버지'를 높여 일컫는 말}이라 풀이되면서 <가친 + 글말에서 사용됨>이라는 특성을 문제 삼고 있다. 이 낱말은 {가친(家親)}이라는 내용과 함께 사용되기도 한다.

(57) 어르신(네)

(58) 춘부장(春府丈. 椿府丈. 春府. 椿丈)

(59) 영존(令尊)

(60) 춘부대인(春府大人)

(61) 춘정(椿庭. 春庭)

(62) 춘당(春堂, 椿堂)

(63) 존대인(尊大人)

[어르신네]는 {'남의 아버지'를 높여 이르는 말}이라 풀이되며, [춘부장]과 [존대인]은 {'남의 아버지'를 높여 이르는 말. 어르신네}라 풀이된다. 그리고 [영존], [춘부대인], [춘정], [춘당]은 공통적으로 {어르신네. 춘부장(椿府丈)}이라 풀이된다. 따라서 이 낱말들은 <아버지 + 대우법 / 높임 + 대상 / 남의 아버지>라는 특성을 공유하는 것으로 이해될 만하다. [어르신네]는 {'아버지와 벗이 되는 어른이나 그 이상 되는 어른'을 높여 이르는 말}이라는 내용과 함께 사용되기도 하며, [존대인]은 {존공('손윗사람의 아버지'를 높여 이르는 말)}이라는 내용과 함께 사용되기도 한다. [영존], [춘부대인], [춘정], [춘당], [존대인]은 현재 입말로는 거의 사용되지 않고 있다. [춘부장]에서는 <어르신네 + 곳 + 어른 → 집안의 어른 → 남의 집안의 어른 → 어르신네>와 같은 특성이, [영존]에서는 <착함 + 어른 → 훌륭한 어른 → 어르신네>와 같은 특성이, [춘대부인]에서는 <어르신네 + 곳 + 아버지의 높임 → 남의 집의 아버지의 높임 → 어르신네>와 같은 특성이, [춘정]에서는 <어르신네 + 뜰 → 남의 집의 어르신네 → 어르신네>와 같은 특성이, 그리고 [춘당]에서는 <어르신네 + 곳 → 남의 집안의 어르신네 → 어르신네>와 같은 특성이 각각 개념형성의 과정에 관계한 것으로 추정된다.

(64) 존공(尊公)

이 낱말은 {'손윗사람의 아버지'를 높여 이르는 말}이라 풀이되면서 <아버지 + 대우법 / 높임 + 대상 / 손윗사람의 아버지>라는 특성과 함께 사용되고 있다. 이 낱말은 {남의 아버님}, {'지위가 높은 사람'을 높여 이르는 말}, {귀공}이라는 내용과 관계하기도 한다.

(65) 대인(大人)

이 낱말은 {문어체에서, '아버지'를 높여 이르는 말}이라 풀이되면서 <아버지 + 대우법 / 높임 + 글말에서 사용됨>이라는 특성을 문제 삼고 있다. 이 낱말은 {성인(成人)}, {거인(巨人)}, {대인군자(大人君子)}, {신분이나 관직이 높은 사람}, {문어체에서 '남'을 높이어 이르는 말}이라는 내용과 관계하기도 하며, 역사학에서 {고려 때, 오부의 으뜸 벼슬}이라는 내용과 함께 전문용어로 사용되기도 한다.

(66) 부주(父主)

이 낱말은 {한문투의 편지에서, '아버님'의 뜻으로 쓰는 말}이라 풀이되면서 <아버지 + 대우법 / 높임 + 글말에서 사용됨 + 한문투의 편지에서 사용됨>이라는 특성과 함께 사용되고 있다. 그러한 의미에서 이 낱말은 전술한 [대인]아래에 포함되는 표현으로도 이해될 만하다.

(67) 아비

이 낱말은 {'아버지'의 낮춤말}이라 풀이되면서 <아버지 + 대우법 / 낮춤>이라는 특성과 함께 사용되고 있다. 이 낱말은 {결혼하여 자식을 둔 아들을 이르는 말}, {시부모가 며느리에게 남편인 아들을 이르는 말}, {자녀를 둔 여자가 웃어른 앞에서 자기 남편을 낮추어 이르는 말}, {손자나 손녀에게 그들의 아버지를 이르는 말}, {아내가 시부모나 친정 부모 앞에서 남편을 이르는 말}, {아버지가 자식들에게 자기 자신을 낮추어 이르는 말}이라는 내용도 문제 삼고 있다.

(68) 아범

이 낱말은 {'아비'를 조금 대접하여 이르는 말}이라 풀이되면서 <아비 + 조금 대접함>이라는 특성을 문제 삼고 있다. 이 낱말은 {'나이 든 남자 하인'을 조금 대접하여 이르던 말}이나 {웃어른에게 '자기 남편'을 낮추어 이르는 말}이라는 내용과 함께 사용되기도 한다. 그러한 의미에서 이 낱말은 전술한 [아비]의 아래에 포함되는 것으로 이해될 만하다.

지금까지의 고찰에서 보인 바와 같이 <대우법> 분절에 있어서는 일차적으로 <높임 : 낮춤>의 대칭관계가 관심의 대상이 되어 있다. <높임>의 경우는 그 아래로 <대상>과 <글말에서 사용됨>이 문제되어 있으며, <대상>의 경우는 다시 그 아래로 <말할이의 아버지 : 남의 아버지 : 손윗사람의 아버지>의 대칭관계가 관심의 대상이 되어 있다. [그림 5]는 이러한 <대우법> 분절의 구조를 보이기 위한 것이다.

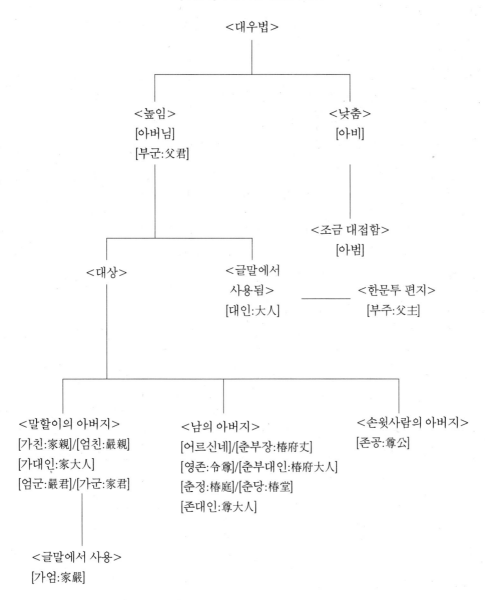

[그림 5] 〈대우법〉 분절의 구조

<대우법>

<높임>
[아버님]
[부군:父君]

<낮춤>
[아비]

<조금 대접함>
[아범]

<대상>

<글말에서
사용됨>
[대인:大人]

<한문투 편지>
[부주:父主]

<말할이의 아버지>
[가친:家親]/[엄친:嚴親]
[가대인:家大人]
[엄군:嚴君]/[가군:家君]

<남의 아버지>
[어르신네]/[춘부장:椿府丈]
[영존:令尊]/[춘부대인:椿府大人]
[춘정:椿庭]/[춘당:椿堂]
[존대인:尊大人]

<손윗사람의 아버지>
[존공:尊公]

<글말에서 사용>
[가엄:家嚴]

5) 마무리

현대국어 <아버지> 명칭의 분절구조 해명 과정을 통하여 발견된 특징들을 간추리면 다음과 같다.

(1) 이 분절에 있어서는 [아버지], [바깥어버이(밭어버이)], [바깥부모(--父母)], [부친(父親)], [부(父)]가 원어휘소의 자리를 공유하고 있다. 이 낱말들을 원어휘소로 하는 <아버지> 명칭 분절은 일차적으로 <현황>과 <대우법>에 의하여 하위분절되어 있다. 그리고 <현황>에서는 그 아래로 <아들딸 현황>과 <당사자 현황>이 관심의 대상이 되어 있다.

(2) <아들딸 현황> 분절에 있어서는 <친자식 여부>와 <상태>와 <신분>이 일차적인 관심사가 되어 있다. <친자식 여부>에서는 <긍정 : 부정>의 대립이 문제되어 있으며, <부정>의 아래로는 다시 <과정>으로서 <입양 : 수양 : 어머니의 개가 : 종교 의식>의 대립관계가 관점으로 나타나 있다. 그리고 <신분>의 아래로는 <아들 + 임금>이 관심의 대상이 되어 있으며, <상태>에 있어서는 <성장 / 어린이>와 <말할이 / (아들딸)자신>이 관점으로 나타나 있다.

(3) <당사자 현황> 분절에 있어서는 일차적으로 당사자의 <신분>, 당사자의 <품행>, 당사자의 <상태>가 관조의 대상이 되어 있다. <신분>에 있어서는 다시 그 아래로 <임금>, <제왕>, <농부>가 관심의 대상이 되어 있다. <품행>의 아래로는 다시 <엄함>과 <자애 깊음>이 문제되어 있다. 그리고 <상태> 분절에서는 그 아래로 <대상>으로서 <말할이의 아버지>, <남의 아버지>, <임금의 아버지>가 관심의 대상이 되어 있다.

(4) <대우법> 분절에 있어서는 일차적으로 <높임 : 낮춤>의 대칭관계가 관심의 대상이 되어 있다. <높임>의 경우는 그 아래로 <대상>과 <글말에서 사용됨>이 문제되어 있으며, <대상>의 경우는 다시 그 아래로 <말할이의 아버지 : 남의 아버지 : 손윗사람의 아버지>의 대칭관계가 관심의 대상이 되어 있다.

3. <어머니> 분절구조

1) 원어휘소와 기본구조

<어머니> 명칭 분절은 <아버지> 명칭 분절과 더불어 <어버이> 명칭을 이루고 있는데, <어머니>는 한편으로는 <아버지>와 더불어 <아들딸 보다 한세대 위>라는 특성을 공유하며, 다른 한편으로는 <아버지>와 <성의 차이>에 의하여 대립하고 있다.

<어머니>를 대변하는 어휘소 [어머니]는 {자기를 낳은 여성. 여자인 어버이. 자녀를 둔 여자를 자식에 대한 관계로 이르는 말}이라 풀이되면서 <아들딸에 대하여 1세대 위>, <여성>, <직계>라는 세 가지의 특성을 가지고 있다. 그러한 의미에서 <어머니>는 <아버지>와는 <여자 : 남자>라는 대칭관계를 형성한다. 따라서 <어머니> 명칭 분절에 대한 해명에 있어서는 <아버지> 명칭 분절과의 비교가 수반되면 그 특징이 더욱 분명해질 수 있을 것이다.

(1) 어머니

(2) 안어버이

(3) 안부모(-父母)

(4) 모친(母親)

(5) 모(母)

[어머니]는 전술한 바와 같이 {자기를 낳은 여성. 여자인 어버이. 자녀를 둔 여자를 자식에 대한 관계로 이르는 말}이라 풀이되고, [안어버이]와 [모친]은 {어머니}라 풀이되고, [안부모]는 {안어버이}라 풀이되며, [모]는 {문어체에서, '어머니'를 이르는 말}이라 풀이된다. 따라서 이 낱말들은 <어머니> 명칭 분절에 있어서 원어휘소의 자리를 공유하는 것으로 이해될 것이다. [어머니]는 {자기를 낳아 준 여성처럼 삼은 이}, {자기의 어머니와 나이가 비슷한 여자를 친근하게 이르는 말}, {아들이나 딸을 가진 여자}, {'사랑으로써 뒷바라지하여 주고 걱정하여 주는 존재'를 비유적으로 이르는 말}, {'시어머니'를 친근하게 이르는 말}, {'무엇이 배태되어 생겨나게 된 근본'을 비유적으로 이르는 말} 등의 내용과 관계하기도 한다. [안어버이]는 {여자가 시집 어른에 대하여 자기 친정어머니를 일컫는 말}이라는 내용을 문제 삼기고 하고, [모친]은 {'어머니'를 정중히 이르는 말}이라는 내용을 문제 삼기도 하며, <글말에서 주로 사용됨>이라는 특성을 첨가하는 [모]는 역사학에서 {신라 때에, 왕실에 속한 소전(疏典), 홍전(紅典), 표전(漂典), 염궁(染宮) 따위에 둔 나인}[4]이라는 내용과 함께 전문용어로 사용되기도 한다. <아버지> 명칭과 비교하면 [어머니]는 [아버지]와, [안어버이]는 [바깥어버이]와, [안부모]는 [바깥부모]와, [모친]은 [부친]과, 그리고 [모]는 [부]와 각각 상응하는 특징을 보이고 있다.

(6) 북당(北堂)

이 낱말도 {어머니}라 풀이되면서 전술한 [어머니]와 같은 방법으로 해명될 만한 표현이

---

4) 한자말 [아모 : 阿母]는 {예전에, '어머니'를 달리 이르던 말}이라는 내용을 문제 삼고 있으나, 이 낱말은 이미 현대어가 아닌 것으로 보아 논외로 하였다.

다. 곧, 이 낱말 역시 <어머니> 명칭 분절에 있어서 원어휘소로서 기능하고 있는 셈이다. 그러나 이 낱말은 {자당. 대부인}이나 {주부가 있는 곳}이라는 내용과 관계하기도 하며, 역사학에서 {예전에, 중국에서 '집의 북쪽에 있는 당집'을 이르던 말(집안의 주부가 거처하는 곳)}이라는 내용과 함께 전문용어로 사용되기도 한다. 이 낱말은 현재 입말로는 거의 사용되지 않고 있다.

위의 낱말들을 원어휘소로 하는 <어머니> 명칭 분절은 일차적으로 <현황>과 <대우법>에 의하여 하위분절되어 있다. 그리고 <현황>에서는 그 아래로 <아들딸 현황>과 <당사자 현황>이 관심의 대상이 되어 있다. [그림 1]은 이러한 <아버지> 명칭 분절의 기본구조를 보이기 위한 것이다.

[그림 1] 〈어머니〉 명칭 분절의 기본구조

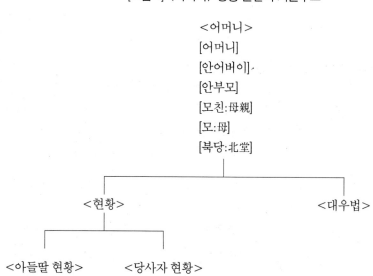

2) 〈아들딸 현황〉에 따른 표현

이 분절에 있어서는 그 아래로 아들딸의 <친자식 여부>, 아들딸의 <상태>, 아들딸의 <신분>이 관심의 대상이 되어 있다.

(7) 친어머니(親---)
(8) 친모(親母)

(9) 실모(實母)

(10) 생어머니(生---)

(11) 생모(生母)

[친어머니]는 {자기를 낳은 어머니}라 풀이되며, [친모]와 [실모]는 {친어머니}라 풀이된다. 그리고 [생어머니]는 {자기를 낳은 어머니. 친어머니. 양자로 간 사람이 친어머니를 이르는 말}이라 풀이되며 [생모]는 {생어머니. 친어머니}라 풀이된다. 따라서 이 낱말들은 <어머니 + 현황 / 아들딸 현황 + 친자식 여부 / 긍정>이라는 특성을 공유하는 것으로 이해될 만하다. <아버지> 명칭 분절과 비교해 보면, [친어머니]는 [친아버지]와, [친모]는 [친부]와, [실모]는 [실부]와, [생어머니]는 [생아버지]와, 그리고 [생모]는 [생부]와 각각 대응하는 것으로 이해될 것이다.

(12) 사친(私親)

이 낱말은 {서자(庶子)의 친어머니}라 풀이되면서 <어머니 + 현황 / 아들딸 현황 + 친자식 여부 / 긍정 + 아들 신분 / 서자>이라는 특성을 문제 삼고 있다. 따라서 이 낱말은 위에서 논의된 [친어머니] 아래에 포함되는 표현으로 이해될 것이다. 이 낱말은 {자신의 친족(親族)}, {종실(宗室)로서 왕위를 이어받은 임금의 친어버이}, {왕비가 아닌 후궁에게서 난 임금의 친어머니}라는 내용과도 관계하고 있다.

(13) 가모(假母)

이 낱말은 {핏줄이 다른 어머니. 자기가 핏줄을 받지 않은 어머니}라 풀이되면서 <어머니 + 현황 + 아들딸 현황 + 친자식 여부 / 부정>이라는 특성을 문제 삼고 있다. 현실적으로 이 낱말은 <양모, 계모, 아버지의 첩>이라는 내용과 관계하고 있다. 이 낱말과 대응되는 표현이 <아버지> 명칭 분절에서는 발견되지 않았다.

(14) 양어머니(養---)

(15) 양모(養母)

(16) 소후모(所後母)

[양어머니]는 {양아들로 들어가서 섬기는 어머니. 양아들이 됨으로써 생긴 어머니}라 풀이되며, [양모]와 [소후모]는 {양어머니}라 풀이된다. 따라서 이 낱말들은 <어머니 + 현황 +

아들딸 현황 + 친어머니 여부 / 부정 + 과정 / 입양>이라는 특성을 공유하는 것으로 이해될 만하다. <아버지> 명칭 분절과 비교해 보면 [양어머니]는 [양아버지]와, [양모]는 [양부]와, 그리고 [소후모]는 [소후부]와 각각 대응하는 것으로 이해할 수 있을 것이다. [소후모]는 현재 입말로는 거의 사용되지 않고 있다.

(17) 양어미(養--)

이 낱말은 {'양어머니'의 낮춤말}이라 풀이되면서 <양어머니 + 대우법 / 낮춤>이라는 특성을 문제 삼고 있다. 그러한 의미에서 이 낱말은 전술한 [양어머니] 아래에 포함되는 것으로 이해할 수 있다. 후술할 <대우법> 분절과도 관계하게 되는 이 낱말은 <아버지> 명칭 분절에 있어서 [양아비]와 대응한다.

(18) 수양어머니(收養----)
(19) 수양모(收養母)

[수양어머니]는 {친어머니가 아닌, 길러준 어머니. 자기를 낳지는 않았으나 길러 준 어머니}라 풀이되며, [수양모]는 {수양어머니}라 풀이된다. 따라서 이 낱말들은 <어머니 + 현황 + 아들딸 현황 + 친어머니 여부 / 부정 + 과정 / 수양>이라는 특성을 공유하는 것으로 이해될 만하다. <아버지> 명칭 분절과 비교해 보면, [수양어머니]는 [수양아버지]와, 그리고 [수양모]는 [수양부]와 각각 대응한다.

(20) 의붓어머니
(21) 의모(義母)
(22) 계모(繼母)

[의붓어머니]는 {아버지의 후실. 아버지가 재혼하여 얻은 아내}라 풀이되며, [의모]와 [계모]는 공통적으로 {의붓어머니}5)라 풀이된다. 따라서 이 낱말들은 <어머니 + 현황 + 아들딸 현황 + 친어머니 여부 / 부정 + 과정 / 아버지의 재혼>이라는 특성을 공유하는 것으로 이해될 수 있다. [의모]는 {의로 맺은 어머니}나 {수양어머니}라는 내용과도 관계한다. <아버지> 명칭 분절과 비교해 보면, [의붓어머니]는 [의붓아버지]와, [의모]는 [의부]와, 그리고 [계모]는 계부]와 각각 대응한다.

---

5) 한자말 [아모 : 亞母]도 {'계모'를 달리 이르는 말}이라는 내용을 문제 삼고 있으나, 이 낱말이 등재되어 있지 않은 사전(예컨대, <우리말 큰사전>)도 있고 하여 여기서는 논외로 하였다.

(23) 새어머니

이 낱말은 {'의붓어머니'를 친근하게 이르는 말}이라 풀이되면서 <의붓어머니 + 인식방식 / 친근성>이라는 특성과 함께 사용되고 있다. 이 낱말은 {새로 시집온 후처를 전처 자식들이 이르는 말. 새로 시집오는 아버지의 후취(後娶)}라는 내용과도 관계한다.

(24) 새엄마

이 낱말은 {'새어머니'의 어린이 말. 어린아이의 말로, '새어머니'를 부르는 말}이라 풀이되면서 <새어머니 + 아들딸의 상태 / 어린아이>라는 특성을 문제 삼고 있다. 그러한 의미에서 이 낱말은 전술한 [새어머니] 아래에 포함되는 표현으로 이해될 만하다. 이 낱말은 {'새어머니'를 친근하게 부르는 말}이라는 내용과 관계하기도 한다.

(25) 큰어머니
(26) 적모(嫡母)

[큰어머니]는 {서자가 아버지의 본처(정실)를 이르는 말}이라 풀이되며, [적모]는 {큰어머니}라 풀이된다. 따라서 이 낱말들은 <의붓어머니 + 당사자 신분 / 아버지의 본처 + 아들딸 신분 / 서자>라는 특성을 공유하는 것으로 이해될 것이다. 현실적으로 [큰어머니]는 주로 {아버지 맏형의 아내를 이르는 말}이라는 내용과 관계하면서 사용되고 있다.

(27) 작은어머니
(28) 서모(庶母)

[작은어머니]는 {'서모(庶母)'를 자기 어머니와 구별하여 이르는 말}이라 풀이되며, [서모]는 {아버지의 첩. 아버지의 첩을 본처의 자식들이 이르는 말}이라 풀이된다. 따라서 이 낱말들은 <의붓어머니 + 당사자 신분 / 아버지의 첩>이라는 특성을 공유하는 것으로 이해될 만하다. 현실적으로 [작은어머니]는 주로 {아버지 동생의 아내를 이르는 말}이라는 내용과 관계한다.

(29) 전어머니(前---)
(30) 전모(前母)

[전어머니]는 {후취(後娶)의 자식이 그 아버지의 전취(前娶)를 이르는 말}이라 풀이되며, [전모]는 {전어머니}라 풀이된다. 따라서 이 낱말들은 <의붓어머니 + 당사자 신분 / 아버지

의 전취(+ 아들딸 신분 / 후취의 자식)>라는 특성을 공유하는 것으로 이해될 것이다. [전모]는 현재 입말로는 거의 사용되지 않고 있는 한자말이다.

(31) 후어머니(後---)
(32) 후모(後母)

[후어머니]는 {전처의 자식들이 아버지의 후처를 이르는 말. 의붓어머니}라 풀이되며, [후모]는 [후어머니. 의붓어머니]라 풀이된다. 따라서 이 낱말들은 <의붓어머니 + 당사자 신분 / 아버지의 후취(+ 아들딸 신분 / 전처의 자식)이라는 특성을 공유하는 것으로 이해될 만하다. [후모]는 현재 입말로는 거의 사용되지 않고 있다. [후어머니]는 전술한 [전어머니]와, 그리고 [후모]는 전술한 [전모]와 각각 대응한다.

지금까지 논의된 [큰어머니], [적모], [작은어머니], [서모], [전어머니], [전모], [후어머니], [후모]는 공통적으로 후술할 <당사자 현황>과도 관계하는 특징을 보이고 있다.

(33) 의붓어미(의붓어멈)

이 낱말은 {'의붓어머니'의 낮은말. '의붓어머니'를 낮잡아 이르는 말}이라 풀이되면서 <의붓어머니 + 대우법 / 낮춤>이라는 특성을 문제 삼고 있다. 그러한 의미에서 이 낱말은 후술할 <대우법> 분절과도 관계하게 된다.

(34) 대모(代母)
(35) 교모(教母)

[대모]는 {영세나 견진 성사를 받을 때에, 신앙의 증인으로 세우는 종교상의 신친(神親) 관계를 맺은 여자 후견인. 대녀(代女)에 대한 친분. 성세(聖洗), 견진(堅振) 성사를 받은 여자의 종교상의 후견녀}라 풀이되며, [교모]는 {대모(代母)}라 풀이된다. 따라서 이 낱말들은 <어머니 + 아들딸 현황 + 친자식 여부 / 부정 + 과정 / 종교의식>이라는 특성을 공유하는 것으로 이해될 만하다. [교모]는 천주교에서 {'수녀(修女)'를 달리 이르는 말}이라는 내용과 함께 전문용어로도 사용되고 있다. <아버지> 명칭 분절과 비교하면, [대모]는 [대부]와, 그리고 [교모]는 [교부]와 각각 대응한다.

(36) 엄마

이 낱말은 {'어머니'의 어린이말. 어린아이의 말로, '어머니'를 이르는 말}이라 풀이되면서 <어머니 + 아들딸 현황 + 상태 + 성장 / 어린아이>라는 특성과 함께 사용된다. 이 낱말은 주로 호칭어로 사용되는데, 이 낱말이 지칭어로 사용될 때는 {자녀 이름 뒤에 붙여, '아이가 딸린 여자'를 이르는 말}이라는 내용과 관계하게 된다. 이 낱말은 <아버지> 명칭 분절에 있어서 [아빠]와 대응한다.

  (37) 가모(家母)
  (38) 가자(家慈)

  [가모]는 {남에게 '자기 어머니'를 이르는 말}이라 풀이되며, [가자]는 {가모}라 풀이된다. 따라서 이 낱말들은 <어머니 + 아들딸 현황 + 상태 + 말할이 / 아들딸 자신>이라는 특성과 함께 해명될 만하다. [가모]는 {남에게 '자기 어머니'를 겸손하게 일컫는 말}, {사삿집의 주부. 한 집안의 주부}라는 내용과 관계하기도 한다. [가자]는 현재 입말로는 거의 사용되지 않고 있다. [가모]는 <아버지> 명칭 분절에 있어서 [가부]와 대응한다.

  (39) (황)태후(皇太后)
  (40) 태상황후(太上皇后)

  [황태후]는 {황제의 생존한(살아 있는) 어머니}라 풀이되며, [태상황후]는 {황태후}라 풀이된다. 따라서 이 낱말들은 <어머니 + 아들딸 현황 + 신분 / 황제>라는 특성을 공유하는 것으로 이해될 것이다. [황태후]는 {앞선 황제의 살아 있는 아내}라는 내용을 문제 삼기도 하는 한자말이다.

  (41) 모후(母后)
  (42) 왕모(王母)
  (43) 어마마마(媽媽)

  [모후]와 [왕모]는 {임금의 어머니}라 풀이된다. 따라서 이 두 낱말은 <어머니 + 아들딸 현황 + 신분 / 임금(왕)>이라는 특성을 공유하는 것으로 이해될 만하다. [왕모]는 <아버지> 명칭 분절에 있어서의 [왕부]와 대응한다. 그리고 [왕모]는 {편지 따위의 글에서, 남에게 '자신의 할머니'를 높여 이르는 말}이라는 내용과 함께 사용되기도 하며, 역사학에서 {'서왕모(중국 신화에 나오는 신녀(神女)의 이름)'의 준말}라는 내용과 함께 전문용어로도 사용된다. [어마마마]는 {궁중에서, 임금(이나 임금의 아들딸)이 그의 어머니를 부르던 말}이라 풀

이되면서 <모후(왕모) + 호칭어>라는 특성과 함께 해명될 만한 낱말이다. [어마마마]는 궁중용어(전문용어)에서 일반어휘로 도입된 낱말이다.

(44) 성모(聖母)

이 낱말은 {성인의 어머니}라 풀이되면서 <어머니 + 아들딸 현황 + 신분 / 성인>이라는 특성을 문제 삼고 있다. 이 낱말은 {백성이 '국모(國母)'를 일컫던 말}이라는 내용을 문제 삼기도 하며, {성모 마리아}라는 내용과 함께 기독교에서 전문용어로 사용되기도 한다.

(45) 불모(佛母)

불교의 전문용어에서 도입된 이 낱말은 {석가모니의 어머니(마야 부인)}라 풀이되면서 <어머니 + 아들딸의 신분 + 성인 / 석가모니>라는 특성을 문제 삼고 있다. 그러한 의미에서 이 낱말은 전술한 [성모] 아래에 포함되는 것으로 이해될 만하다. 이 낱말은 {불상을 그리는 사람}이나 {'반야(般若)'를 비유적으로 이르는 말}라는 내용과 관계하기도 한다.

지금까지의 고찰에서 보인 바와 같이 <아들딸 현황> 분절에 있어서는 <친자식 여부>, <상태>, <신분>이 일차적인 관조의 대상이 되어 있다. <친자식 여부>의 아래로는 <긍정 : 부정>에 의한 대칭관계가 관심의 대상이 되어 있는데, 전자에서는 그 아래로 <아들 신분 / 서자>가 관심의 대상이 되어 있으며, 후자의 아래로는 <과정>으로서 <입양>과 <수양>과 <아버지의 재혼>과 <종교의식>이 관심의 대상이 되어 있다. <과정 / 아버지의 재혼> 아래로는 <인식 방식 / 친근성>과 <당사자(어머니)의 신분>과 <대우법 / 낮춤>이 관심의 대상이 되어 있는데, <당사자(어머니)의 신분> 아래로는 다시 <아버지의 본처 : 아버지의 전취 : 아버지의 후처 : 아버지의 첩>이 문제되어 있다. <상태> 분절에서는 <성장 / 어린이>와 <말할이 / 아들딸 자신>이 관심의 대상이 되어 있다. 그리고 <신분> 분절에 있어서는 글 아래로 <황제>와 <임금>과 <성인>이 관조의 대상이 되어 있다. [그림 2], [그림 3], [그림 4], [그림 5]는 이러한 <아들딸 현황> 분절의 구조를 보이기 위한 것이다.

[그림 2] 〈아들딸 현황〉 분절의 구조(1)

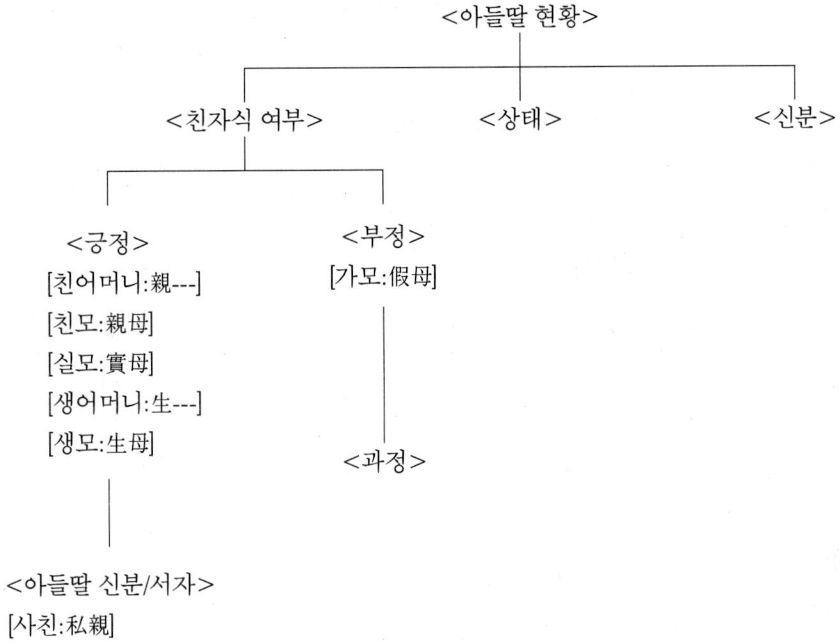

<아들딸 현황>

<친자식 여부>　　　　　<상태>　　　　　<신분>

<긍정>
[친어머니:親---]

[친모:親母]

[실모:實母]

[생어머니:生---]

[생모:生母]

<부정>
[가모:假母]

<과정>

<아들딸 신분/서자>
[사친:私親]

[그림 3] 〈아들딸 현황〉 분절의 구조(2)

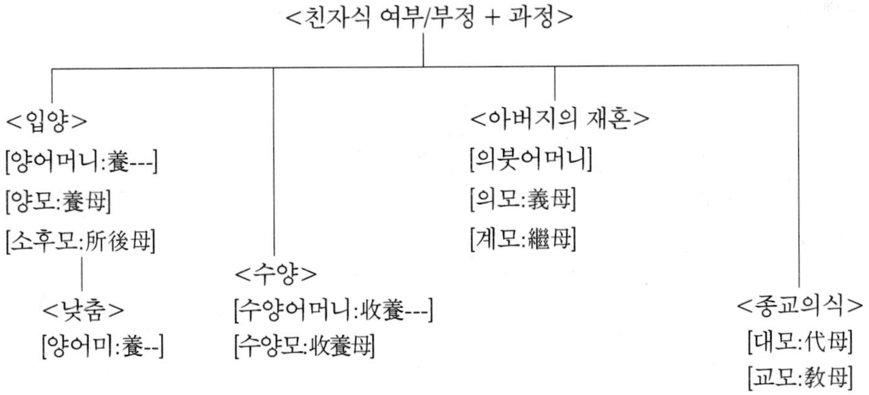

<친자식 여부/부정 + 과정>

<입양>
[양어머니:養---]

[양모:養母]

[소후모:所後母]

<아버지의 재혼>
[의붓어머니]

[의모:義母]

[계모:繼母]

<낮춤>
[양어미:養--]

<수양>
[수양어머니:收養---]

[수양모:收養母]

<종교의식>
[대모:代母]

[교모:敎母]

[그림 4] 〈아들딸 현황〉 분절의 구조(3)

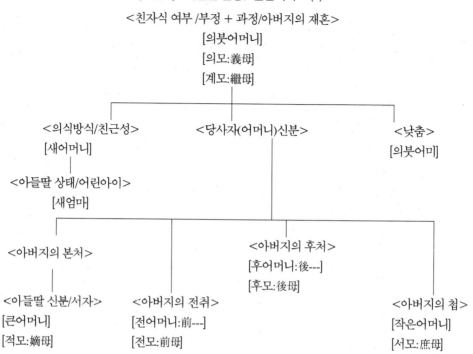

[그림 5] 〈아들딸 현황〉 분절의 구조(4)

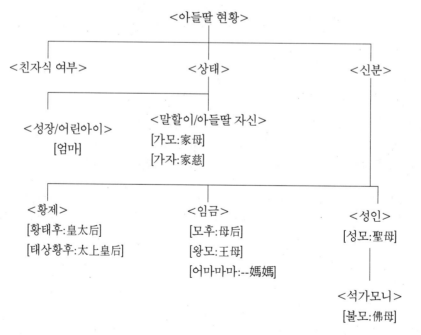

3) 〈당사자 현황〉에 따른 표현

이 분절에 있어서는 당사자인 어머니의 <품행>과 <상태>가 관심의 대상이 되어 있다.

(46) 자모(慈母)

이 낱말은 {자애로운 어머니}라 풀이되면서 <어머니 + 당사자 현황 + 품행 / 자애로움>이라는 특성과 함께 사용되고 있다. 이 낱말은 {어머니를 여읜 뒤 자기를 길러준 서모}라는 내용과 관계하기도 한다. 이 낱말은 <아버지> 명칭 분절에 있어서 [자부]와 대응한다.

(47) 현모(賢母)

이 낱말은 {어진 어머니}라 풀이되면서 <어머니 + 당사자 현황 + 품행 / 어짊>이라는 특성을 문제 삼고 있다.

(48) 노모(老母)

이 낱말은 {늙은 어머니}라 풀이되면서 <어머니 + 당사자 현황 + 상태 / 늙음>이라는 특성과 함께 사용되고 있다. 그러한 의미에서 이 낱말은 <아버지> 명칭 분절에 있어서 [노부]와 대응하는 것으로 이해될 것이다. 이 낱말은 역사학에서 {신라 때에, 나이에 따라 구분한 여자의 등급 가운데 하나로서 70세 이상으로 제모의 위}라는 내용과 함께 전문용어로도 사용되고 있다.

(49) 병모(病母)

이 낱말은 {병든 어머니. 앓는 어머니}라 풀이되면서 <어머니 + 당사자 현황 + 상태 / 병듦>이라는 특성을 문제 삼고 있다. 이 낱말은 <아버지> 명칭 분절에 있어서 [병부]와 대응한다.

(50) 다산모(多産母)

이 낱말은 {아이를 많이 낳은 어머니}라 풀이된다. 따라서 이 낱말은 <어머니 + 당사자 현황 + 상태 / 아이 많이 낳음>이라는 특성과 함께 이해될 만하다.

(51) 가모(嫁母)

이 낱말은 {개가하여 간 어머니. 개가한 어머니}라 풀이되면서 <어머니 + 당사자 현황 +

상태 / 개가함>이라는 특성과 함께 사용되고 있다. 현재 이 낱말은 입말로는 거의 사용되지 않고 있다.

(52) 출모(出母, 黜母)

이 낱말은 {아버지에게서 쫓겨 나간 어머니}라 풀이되면서 <어머니 + 당사자 현황 + 상태 / 아버지에게서 쫓겨 나감>이라는 특성을 문제 삼고 있는 표현인데, 현재 이 낱말은 입말로는 거의 사용되지 않고 있다.

(53) 편모(偏母)
(54) 과모(寡母)

[편모]는 {아버지가 죽거나(혹은 이혼하여) 홀로 있는 어머니}라 풀이되며, [과모]는 {홀로 된 어머니}라 풀이된다. 따라서 이 낱말들은 <어머니 + 당사자 현황 + 상태 / 홀로됨>이라는 특성을 공유하는 것으로 이해될 것이다. [편모]에서는 <상대(배우자) 없음>이라는 특성이, 그리고 [과모]에서는 <과부의 신분>이라는 특성이 각각 개념형성의 과정과 관계한 것으로 추정된다. [과모]는 {홀어미(남편을 잃고 혼자 지내는 여자)}라는 내용과 관계하기도 한다.

(55) 망모(亡母)

이 낱말은 {죽은 어머니}라 풀이되면서 <어머니 + 당사자 현황 + 상태 / 사망>이라는 특성과 함께 사용되고 있다. 그러한 의미에서 이 낱말은 <아버지> 명칭 분절에 있어서 [망부]와 대응하는 것으로 이해될 것이다.

(56) 선비(先妣)
(57) 전비(前妣)
(58) 선자(先慈)

[선비]는 {남에게, 돌아가신 자기 어머니를 이르는 말}이라 풀이되며, [전비]와 [선재]는 {선비(先妣)}라 풀이된다. 따라서 이 낱말들은 <망모 + 대상 / 말할이의 어머니>라는 특성을 공유하면서 전술한 [망모] 아래에 포함되는 것으로 이해될 것 같다. [선비]는 {돌아간 어머니}라는 내용을 문제 삼으면서 중화되기도 한다. <아버지> 명칭 분절과 비교해 보면, [선비]는 [선친]과, 그리고 [선재]는 [선엄]과 각각 대응하는 것으로 이해될 것 같다. [전비]와 [선재]는 현대 입말로는 거의 사용되지 않고 있다.

(59) 현비(顯妣)

이 낱말은 {축문이나 신주에서 '돌아간 어머니'를 일컫는 말}이라 풀이되면서 <선비 + 신주나 축문에 사용됨>이라는 특성과 함께 이해되는 표현이다. 그러한 의미에서 이 낱말은 전술한 <아버지> 명칭 분절에 있어서의 [현고]와 대응한다.

(60) 선대부인(先大夫人)

이 낱말은 {돌아가신 남의 어머니를 높여 이르는 말}이라 풀이되면서 <망모 + 대상 / 남의 어머니 + 대우법 / 높임>이라는 특성을 문제 삼고 있다. 그러한 의미에서 이 낱말은 전술한 [망모]의 아래에 포함되면서 [선비]와는 대칭관계에 있는 표현으로 이해될 만하다. 그리고 이 낱말은 후술할 <대우법> 분절과도 관계하게 된다. 이 낱말은 <아버지> 명칭 분절에 있어서 [선대인]과도 대응한다.

(61) 비(妣)

이 낱말은 {글말에서 '돌아가신 어머니'를 일컫는 말}이라 풀이되면서 <망모 + 글말에서 사용됨>이라는 특성을 문제 삼고 있다.

지금까지의 고찰에서 보인 바와 같이 <당사자 현황> 분절은 일차적으로 <품행>과 <상태>를 문제 삼으면서 하위분절되는 특징을 보이고 있다. <품행>에 있어서는 <자애로움>과 <어짊>이 관심의 대상이 되어 있다. <상태> 분절에 있어서는 <늙음>, <병듦>, <아이 많이 낳음>, <개가함>, <아버지에게서 쫓게 나감>, <홀로됨>, <사망>이 관조의 대상이 되어 있다. 그리고 <사망>의 아래로는 <대상>과 <글말에 사용됨>이 관심의 대상이 되어 있는데, 전자의 경우는 다시 그 아래로 <말할이의 어머니 : 남의 어머니>에 의한 대칭관계가 문제되어 있다. [그림 6]과 [그림 기은 <당사자 현황> 분절의 이러한 특징을 도식화한 것이다.

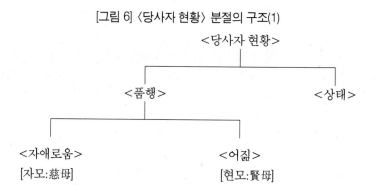

[그림 6] 〈당사자 현황〉 분절의 구조(1)

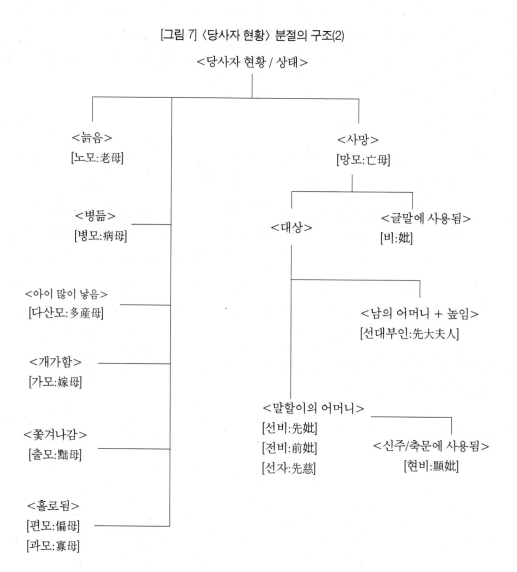

[그림 7] 〈당사자 현황〉 분절의 구조(2)

4) 〈대우법〉에 따른 표현

이 분절에 있어서는 〈높임 : 낮춤〉의 대칭관계가 일차적인 관심의 대상이 되어 있다.

(62) 어머님

(63) 영당(令堂)

(64) 성선(聖善)

[어머님]과 [성선]은 {'어머니' 의 높임말}이라 풀이되며, [영당]은 {어머님}이라 풀이된다. 따라서 이 낱말들은 〈어머니 + 대우법 / 높임〉이라는 특성을 공유하는 것으로 이해될 만하다. 〈아버지〉 명칭 분절과 비교하면 [어머님]은 [아버님]과 [영당]은 [부군]과 각각 대응하는 것으로 이해될 것 같다. [어머님]은 {'장모' 를 친근하게 이르는 말}이라는 내용과 관계하기도 하고, [영당]은 {자당(慈堂)}이라는 내용을 문제 삼기도 하며, [성선]은 {자모(慈母)}라는 내용을 문제 삼기도 한다. [성선]은 현재 입말로는 거의 사용되지 않고 있다.

(65) 자친(慈親)

(66) 자위(慈闈)

[자친]은 {남에게 '자기 어머니'를 높여 이르는 말}이라 풀이되며, [자위]는 {자친(慈親)}이라 풀이된다. 따라서 이 낱말들은 〈어머님 + 대상 / 말할이의 어머니〉라는 특성을 공유하는 것으로 이해될 만하다. [자친]은 {안어버이}나 {자기의 어머니}라는 내용을 문제 삼기도 하며, [자위]는 {어머님}이라는 내용을 문제 삼기도 한다. [자위]는 현재 입말로는 거의 사용되지 않고 있다.

(67) 자당(慈堂)

(68) 존당(尊堂)

(69) 대부인(大夫人)

(70) 모부인(母夫人)

(71) 모당(母堂)

(72) 영모(令母)

(73) 훤당(萱堂)

(74) 대방(大房)

[자당]과 [대부인]과 [대방]은 {'남의 어머니'를 높여 이르는 말. '남의 어머니'의 높임말}이

라 풀이되고, [존당]은 {자당}이라 풀이된다. 그리고 [모부인], [모당], [영모], [훤당]은 {대부인}이라 풀이된다. 따라서 이 낱말들은 <어머님 + 대상 / 남의 어머니>라는 특성을 공유하면서 전술한 [자친, 자위]와는 대상에 있어서 <말할이의 어머니(자기의 어머니) : 남의 어머니>라는 대칭관계를 형성하는 것으로 이해될 만하다. [존당]은 {남의 집이나 집안을 높여 이르는 말}이라는 내용과 관계하기도 하며, [대벙]은 {'남의 할머니'를 높여 이르는 말}이라는 내용을 문제 삼기도 한다. [자당]에서는 <자애로움 + 곳 → 자애로운 어머니 → '남의 어머니'의 높임말>이라는 특성이, [존당]에서는 <어른 + 곳 → 어른이 계시는 곳 → 안방 → 안어버이 → 자당>이라는 특성이, [대부인]에서는 <큼 + 부인 → 자당>이라는 특성이, [모부인]에서는 [어머니 + 어른 → 자당>이라는 특성이, [모당]에서는 <어머니 + 곳 → 자당>이라는 특성이, [영모]에서는 <착함 + 곳 → 자당>이라는 특성이, [훤당]에서는 <원추리 + 곳 → 망우(근심을 잊음) + 곳 → 자당>이라는 특성이, 그리고 [대벙]에서는 <큼 + 방 → 안방 → 안어버이 → 자당>이라는 특성이 각각 개념형성의 과정과 관계한 것으로 추정된다. 현재 [존당], [모당], [영모], [훤당], [대벙]은 입말로서는 거의 사용되지 않고 있다.

(75) 모주(母主)

이 낱말은 {한문 투의 편지에서, '어머님'의 뜻으로 쓰는 말}이라 풀이되면서 <어머니 + 대우법 / 높임 + 글말(한문투)에 사용됨>이라는 특성과 함께 사용되고 있다. 이 낱말은 <아버지> 명칭 분절에 있어서의 [부주]와 대응한다.

(76) 어미

이 낱말은 {'어머니'의 낮춤말}이라 풀이되면서 <어머니 + 대우법 / 낮춤>이라는 특성을 문제 삼고 있다. 이 낱말은 <아버지> 명칭 분절에 있어서의 [아비]와 대응한다. 이 낱말은 {'결혼하여 자식을 둔 딸'을 이르는 말}, {시부모가 아들에게 아들의 아내인 며느리를 이르는 말}, {자녀를 둔 남자가 웃어른 앞에서 자기 아내를 낮추어 이르는 말}, {손자나 손녀에게 그들의 어머니를 이르는 말}, {친부모나 장인, 장모 앞에서 자기 아내를 이르는 말}, {어머니가 자식에게 자기 자신을 낮추어 이르는 말}, {새끼가 있는 동물의 암컷} 따위의 내용과도 관계하는, 무척 내용범위가 넓은 어휘에 속한다.

(77) 어멈

이 낱말은 {'어미'를 조금 대접하여 이르는 말}이라 풀이되면서 <어미 + 조금 대접함>

이라는 특성을 문제 삼고 있다. 이 낱말은 <아버지> 명칭 분절에 있어서의 [아범]과 대응한다. 이 낱말은 {종이 아닌 신분으로 남의 집에 매이어 심부름하는 부인}이나 {'어머니'를 아랫사람들 사이에서 일컫는 말}이라는 내용과 관계하기도 한다.

지금까지의 고찰에서 보인 바와 같이, <대우법> 분절에 있어서는 그 아래로 <높임 : 낮춤>의 대칭관계가 일차적인 관조의 대상이 되어 있다. <높임>의 경우는 그 아래로 <대상>과 <글말에 사용됨>이 관심의 대상이 되어 있는데, 전자의 경우는 그 아래로 다시 <말할이의 어머니(자기의 어머니) : 남의 어머니>의 대립이 문제되어 있다. [그림 8]은 이러한 <대우법> 분절의 구조를 도식화한 것이다.

[그림 8] 〈대우법〉 분절의 구조

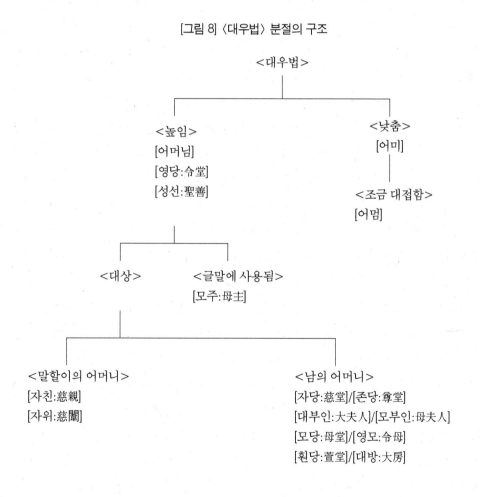

5) 마무리

지금까지 논의된 <어머니> 명칭 분절의 구조적 특징들을 요약하여 정리하면 다음과 같다.

(1) <어머니> 명칭 분절은 <아버지> 명칭 분절과 더불어 <어버이> 명칭 분절을 이루고 있다. 이 <어머니> 분절은 한편으로는 <아버지> 분절과 더불어 <아들딸 보다 한 세대 위>라는 특성을 공유하면서, 다른 한편으로는 <아버지> 분절과는 <성의 차이(곧, 남자 : 여자)>에 의하여 대립하고 있다.

(2) [어머니], [안어버이], [안부모(-父母)], [모친(母親)], [모(母)], [북당(北堂)]을 원어휘소로 하는 <어머니> 명칭 분절은 일차적으로 <현황>과 <대우법>에 의하여 하위분절되어 있다. 그리고 <현황>에서는 그 아래로 <아들딸 현황>과 <당사자 현황>이 관심의 대상이 되어 있다.

(3) <아들딸 현황> 분절에 있어서는 <친자식 여부>, <상태>, <신분>이 관조의 대상이 되어 있다. <친자식 여부>의 아래로는 <긍정>과 <부정>에 의한 대칭관계가 관심의 대상이 되어 있는데, 전자에서는 그 아래로 <아들 신분 / 서자>가 관심의 대상이 되어 있으며, 후자의 아래로는 <과정>으로서 <입양 : 수양 : 아버지의 재혼 : 종교의식>이라는 대립이 관심의 대상이 되어 있다. <과정 / 아버지의 재혼> 아래로는 <인식 방식 / 친근성>과 <당사자(어머니)의 신분>과 <대우법 / 낮춤>이 관심의 대상이 되어 있다. <당사자(어머니)의 신분> 아래로는 다시 <아버지의 본처 : 아버지의 전취 : 아버지의 후처 : 아버지의 첩>이라는 대립이 문제되어 있다. <상태> 분절에서는 <성장 / 어린이>와 <말할이 / 아들딸 자신>이 관심의 대상이 되어 있다. 그리고 <신분> 분절에 있어서는 글 아래로 <황제 : 임금 : 성인>이라는 대립이 관조의 대상이 되어 있다.

(4) <당사자 현황> 분절은 일차적으로 <품행>과 <상태>를 문제 삼으면서 하위분절되는 특징을 보이고 있다. <품행>에 있어서는 <자애로움>과 <어짊>이 관심의 대상이 되어 있다. <상태> 분절에 있어서는 <늙음>, <병듦>, <아이 많이 낳음>, <개가함>, <아버지에게 쫓게 나감>, <홀로됨>, <사망>이 관조의 대상이 되어 있다. 그리고 <사망>의 아래로는 <대상>과 <글말에 사용됨>이 관심의 대상이 되어 있는데, 전자의 경우는 다시 그 아래로 <말할이의 어머니 : 남의 어머니>에 의한 대칭관계가 문제되어 있다.

(5) <대우법> 분절에 있어서는 그 아래로 <높임 : 낮춤>의 대칭관계가 관조의 대상이 되어 있다. <높임>의 경우는 그 아래로 <대상>과 <글말에 사용됨>이 관심의 대상이 되어 있는데, 전자의 경우는 그 아래로 다시 <말할이의 어머니 : 남의 어머니>의 대립이 문제되어 있다.

제3절 〈어버이 항렬〉 분절구조

1. 머리말

[항렬: 行列]은 {같은 혈족의 직계에서 갈라져 나간 계통 사이의 대수 관계를 나타내는 말. 겨레붙이의 방계 사이의 대수 관계를 나타내는 말}이라 풀이된다. 이러한 풀이에 근거하여 〈항렬〉은 〈방계(같은 혈족) + 대수가 같음 + 평행관계〉라는 특성과 함께 해명될 수도 있을 것 같다. 그러나 〈아들딸의 배우자〉인 〈며느리〉와 〈사위〉를 고려하게 되면, 이러한 풀이는 재고의 여지가 있다. 곧, 현실적으로 같은 혈족이 아닌 〈며느리〉와 〈사위〉를 합리적으로 다룰 수 있기 위해서는 〈항렬〉 분절에 있어서 위에서 논의된 혈족으로서의 〈방계〉라는 특성만을 고집하수 없을 것 같다. 따라서 〈항렬〉은 〈대수가 같음 + 평행관계〉라는 특성과 함께 논의되는 것이 합리적일 것 같다. 그러한 의미에서 〈어버이 항렬〉은 〈어버이와 대수 같음〉, 혹은 〈어버이와 평행관계〉라는 특성과 함께 이해될 것이다. 〈어버이 항렬〉 분절에 있어서는 그 아래로 아버지 쪽의 혈연계통인 〈친가계〉의 표현, 어머니 쪽의 핏줄 계통인 〈외가계〉의 표현, 남편 집안의 핏줄 계통인 〈시가계〉의 표현, 아내의 혈연계통인 〈처가계〉의 표현이 일차적인 관심의 대상이 되어 있다. [그림 1]은 이러한 〈어버이 항렬〉 분절의 기본구조를 보이기 위한 것이다.

[그림 1] 〈어버이 항렬〉 분절의 기본구조

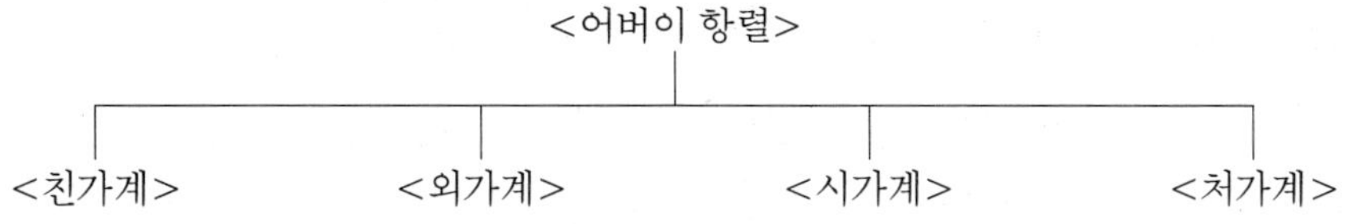

2. 〈친가계〉 분절구조

〈친가계〉 분절에 있어서는 그 아래로 〈아버지와의 관계〉가 중심적인 관심사가 되어 있다. 그 아래로는 다시 〈동기(형제자매)와 배우자〉와 〈동기 외와 그 배우자〉가 관점으로 나타나 있다. 그리고 <동기와 배우자> 아래로는 <형제와 배우자>와 <자매와 배우자>가 관심의 대상이 되어 있다. [그림 2]는 이러한 <친가계> 분절의 기본구조를 보이기 위한 것이다.

[그림 2] <친가계> 분절의 기본구조

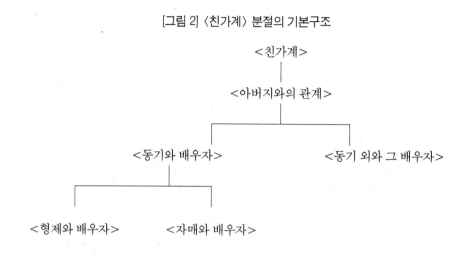

(1) 큰아버지

(2) 백부(伯父)

(3) 세부(世父)

[큰아버지]는 {아버지의 맏형. 둘 이상의 아버지의 형 가운데 맏이가 되는 형}이라 풀이되고, [백부]는 {큰아버지}라 풀이되며, [세부]는 {집안의 대를 잇는 아버지라는 뜻으로, '큰아버지'를 달리 이르는 말}이라 풀이된다. 따라서 이 낱말들은 <어버이 항렬 + 친가계 + 아버지와의 관계 + 동기와 배우자 + 형제와 배우자 + 형제 / 형 + 서열 / 맏이>라는 특성을 공유하는 것으로 이해될 만하다. [세부]는 그 뜻풀이에서 보이 것처럼 그 자체에 <대를 이음>이라는 특성을 내포하고 있는데, 현재 이 낱말은 입말로는 거의 사용되지 않고 있으며, 호칭어로 사용되는 경우도 거의 없는 것 같다. [큰아버지]는 {아버지의 형. 여럿이 있을 때에는 그 순서에 따라 첫째 큰아버지, 둘째 큰아버지, 셋째 큰아버지 등과 같이 이른다}라고 풀이되기도 하면서 서열상 <둘째 이하>도 허용하고 있으나, [백부]는 오직 <첫째>만을 문제 삼고 있다는 점에서 두 낱말은 서로 위상가치를 달리하고 있다. 그리고 [큰아버지]는 호칭어로 자연스럽게 사용되나, [백부]는 그렇지 않다. 다만, [백부]의 파생어인 [백부님]은 <백부 + 대우법 / 높임>이라는 특성과 함께 호칭어로 사용된다.

(4) 선백부(先伯父)

이 낱말은 {돌아간 큰아버지}라 풀이되면서 <백부 + 상태 / 사망>이라는 특성과 함께 사용되고 있다.

(5) 작은아버지
(6) 숙부(叔父)
(7) 숙숙(叔叔)

[작은아버지]는 {아버지의 아우. 아버지의 결혼한 남동생을 이르는 말. 여럿이 있을 때는 그 순서에 따라 '첫째 작은아버지, 둘째 작은아버지, 막내 작은아버지' 와 같이 이른다}로 풀이되고, [숙부]와 [숙숙]은 {작은아버지}라 풀이된다. 따라서 이 낱말들은 <어버이 항렬 + 친가계 + 아버지와의 관계 + 동기와 배우자 + 형제와 배우자 + 형제 / 아우 + 혼인 여부 / 기혼>이라는 특성을 공유하는 것으로 이해될 만하다. [작은아버지]와 [숙부]의 관계는 전술한 [큰아버지]와 [백부]의 관계에 준하여 이해될 만하다. 곧, [작은아버지]는 호칭어로도 자연스럽게 사용되나, [숙부]는 그렇지 못하며, [숙부]의 파생어인 [숙부님]이 <대우법 / 높임>이라는 특성을 첨가하면서 호칭어로 사용되고 있다. [숙숙]은 {'시아주버니' 를 문어적으로 이르는 말}이라는 내용과 관계하기도 하는데, 현재 이 낱말은 입말로는 거의 사용되지 않고 있다.

(8) 계부(季父)

이 낱말은 {아버지의 막내아우}라 풀이되면서 <어버이 항렬 + 친가계 + 아버지와의 관계 + 동기와 배우자 + 형제 / 아우 + 서열 / 맨 끝>이라는 특성과 함께 사용되고 있다.

(9) 선계부(先季父)

이 낱말은 {돌아간 계부}라 풀이되면서 <계부 + 상태 / 사망>이라는 특성을 문제 삼고 있다. 따라서 이 낱말은 전술한 [계부] 아래에 포함되는 것으로 이해될 것이다. 이 낱말은 {세상을 떠난 막내 삼촌}이라는 내용과 관계하기도 한다.

(10) 서숙(庶叔)
(11) 서삼촌(庶三寸)

[서숙]은 {할아버지의 서자(庶子)를 숙부로서 이르는 말. 서삼촌}이라 풀이되며, [서삼촌]은 {서숙(庶叔)}이라 풀이된다. 따라서 이 낱말들은 <숙부(작은아버지) + 당사자 신분 / 서자>

라는 특성을 공유하는 것으로 해명될 것이다. [서숙]에서는 <서자 + 숙부>라는 특성이, [서삼촌]에서는 <서자 + 삼촌>이라는 특성이 각각 개념형성의 과정에 관계한 것으로 추정된다.

(12) 선숙부(先叔父)

이 낱말은 {돌아간 숙부. 돌아간 작은아버지}라 풀이되면서 <숙부(작은아버지) + 상태 / 사망>이라는 특성과 함께 사용되고 있다.

(13) 가숙(家叔)

이 낱말은 {자기의 숙부를 남에게 이르는 말. 남에게 '자기 숙부'를 일컫는 말}이라 풀이되면서 <숙부(작은아버지) + 들을이 / 남(+ 대상 /자기의 숙부)>이라는 특성을 문제 삼고 있다.

(14) 삼촌(三寸)
(15) 유부(猶父)

[삼촌]은 {결혼하지 않은 아버지의 남자 형제}라 풀이되며, [유부]는 {아버지의 형제인 '삼촌'을 달리 이르는 말}이라 풀이된다. 따라서 이 낱말들은 <어버이 항렬 + 친가계 + 아버지와의 관계 + 동기와 배우자 + 형제와 배우자 + 형제 / 아우 + 혼인 여부 / 미혼>이라는 특성을 공유하는 것으로 이해될 만하다. [삼촌]은 {아버지의 형제}, {세 치}, {직계로는 자기나 배우자로부터 삼대 위나 삼대 아래의 친족, 방계로는 부모와 같은 항렬의 백부모　숙부모 또는 형제의 자녀와의 촌수}라는 내용과 관계하기도 한다. 그리고 [삼촌]이 <외가계>, <시가계>, <처가계>와 관계하게 되면, <혼인 여부>에 관계없이 두루 통용되는 특징을 보이기도 한다. [삼촌]은 자연스럽게 호칭어로 사용되기도 하나, [유부]는 그렇지 않다. [유부]는 현재 입말로는 거의 사용되지 않고 있다.

(16) 친삼촌(親三寸)

이 낱말은 {친아버지 형제인 삼촌}이라 풀이되면서 <삼촌 + 혈연관계 강조>라는 특성과 함께 사용되고 있다. 이 낱말은 {친아버지의 형제}라는 내용과 관계하기도 한다.

(17) 사숙(舍叔)

이 낱말은 {남에게 자기의 삼촌을 이르는 말}이라 풀이되면서 <삼촌 + 들을이 / 남(+ 대상 / 자기의 삼촌)>이라는 특성을 문제 삼는 표현이다.

(18) 완장(阮丈)

이 낱말은 {남의 삼촌을 높여 이르는 말}이라 풀이되면서 <삼촌 + 피지칭자(대상) / 남의 삼촌 + 대우법 / 높임>이라는 특성을 문제 삼고 있다. 이 낱말은 {남의 '큰아버지, 작은아버지'의 높임말}이라는 내용과 관계하기도 한다.

(19) 막냇삼촌(--三寸)

이 낱말은 {맨 끝의 삼촌}이라 풀이되면서 <삼촌 + 서열 / 맨 끝>이라는 특성과 함께 사용되고 있다.

(20) 둘째아버지
(21) 중부(仲父)

[둘째아버지]는 {결혼을 한, 아버지의 형제 가운데 둘째 되는 이}라 풀이되며, [중부]는 {둘째아버지}라 풀이된다. 따라서 이 낱말들은 <어버이 항렬 + 친가계 + 아버지와의 관계 + 동기와 배우자 + 형제와 배우자 + 형제 + 서열 / 둘째 + 혼인여부 / 기혼>이라는 특성을 공유하는 것으로 해명될 것이다. [둘째아버지]에서는 <서열의 명시>가, 그리고 <중부>에서는 <백(伯) - 중(仲) - 숙(叔) - 계(季)>로 이어지는 4단계 계단대립의 관계가 각각 개념형성의 과정에 관계한 것으로 추정된다. 현재 이 [중부]는 입말로는 거의 사용되지 않고 있다.

(22) 선중부(先仲父)

이 낱말은 {돌아간 중부. 돌아간 둘째아버지}라 풀이되면서 <중부(둘째아버지) + 상태 / 사망>이라는 특성과 함께 사용되고 있다. 현재 이 낱말은 입말로는 거의 사용되지 않고 있다.

(23) 중부주(仲父主)

이 낱말은 {'중부'의 높임말}이라 풀이되면서 <중부(둘째아버지) + 대우법 / 높임>이라는 특성을 문제 삼고 있다. 현재 이 낱말도 입말로는 거의 사용되지 않고 있다.

(24) 큰어머니
(25) 백모(伯母)
(26) 세모(世母)

[큰어머니]는 {아버지 맏형의 아내를 이르는 말. 큰아버지의 아내}라 풀이되고, [백모]는

{큰어머니}라 풀이되며, [세모]는 {한 집안의 대를 잇는 어머니라는 뜻으로, '큰어머니' 를 이르는 말}이라 풀이된다. 따라서 이 낱말들은 <어버이 항렬 + 친가계 + 아버지와의 관계 + 동기와 배우자 + 형제와 배우자 + 형제의 배우자 + 형의 배우자 + 서열 / 맏이의 배우자>라는 특성을 공유하는 것으로 이해될 만하다. [큰어머니]는 {아버지의 형의 아내를 이르는 말. 여럿이 있을 때는 그 순서에 따라 첫째 큰어머니, 둘째 큰어머니, 셋째 큰어머니 등과 같이 이른다}, {서자가 아버지의 본처를 이르는 말}이라는 내용과 관계하기도 한다. [큰어머니 : 백모 : 세모]의 관계는 전술한 [큰아버지 : 백부 : 세부]의 관계에 준하여 이해될 수 있을 것이다.

(27) 선백모(先伯母)

이 낱말은 {돌아간 큰어머니}라 풀이되면서 <큰어머니 + 상태 / 사망>이라는 특성과 함께 사용되고 있다. 이 낱말은 전술한 [선백부]와 <남자 : 여자>라는 대칭관계를 형성하고 있다.

(28) 작은어머니
(29) 숙모(叔母)

[작은어머니]는 {작은아버지의 아내. 아버지 동생의 아내를 이르는 말. 여럿이 있을 때는 그 순서에 따라 '첫째 작은어머니, 둘째 작은어머니, 막내 작은어머니' 와 같이 이른다}라 풀이되며, [숙모]는 {작은어머니}라 풀이된다. 따라서 이 낱말들은 <어버이 항렬 + 친가계 + 아버지와의 관계 + 동기와 배우자 + 형제와 배우자 + 형제의 배우자 + 아우의 배우자>라는 특성을 공유하는 것으로 이해될 만하다. [작은어머니]는 {서모(庶母)를 자기 어머니와 구별하여 이르는 말}이라는 내용과 관계하기도 한다. [작은어머니 : 숙모]의 관계는 전술한 [작은아버지 : 숙부]의 관계에 준하여 이해될 것이다.

(30) 계모(季母)

전술한 [계부]와 <남자 : 여자>라는 대칭관계에 있는 이 낱말은 {아버지의 막내아우의 아내. 계부의 아내}라 풀이되면서 <작은어머니(숙모) + 서열 / 막내>라는 특성과 함께 사용되고 있다. 그러한 의미에서 이 낱말은 전술한 [계부]와 배우자 관계에 있는 것으로 이해될 것이다.

(31) 선숙모(先叔母)

전술한 [선숙부]와 배우자 관계에 있는 이 낱말은 {돌아간 작은어머니}라 풀이되면서 [숙모 + 상태 / 사망>이라는 특성을 문제 삼고 있다.

(32) 삼촌댁(三寸宅)

이 낱말은 {'작은어머니'를 낮추어 이르는 말. '삼촌의 아내'를 낮추어 이르는 말}이라 풀이되면서 <작은어머니 + 대우법 / 낮춤>이라는 특성과 함께 사용되고 있다. 이 낱말은 {삼촌의 집}이라는 내용과 관계하기도 한다.

(33) 둘째어머니
(34) 중모(仲母)

전술한 [둘째아버지]와 배우자 관계에 있는 [둘째어머니]는 {둘째아버지의 아내}라 풀이되며, 전술한 [중부]와 대칭관계에 있는 [중모]는 {둘째어머니}라 풀이된다. 따라서 이 낱말들은 <어버이 항렬 + 친가계 + 아버지와의 관계 + 동기와 배우자 + 형제와 배우자 + 형제의 배우자 + 서열 / 둘째>라는 특성을 공유하는 것으로 해명될 것이다. 그리고 [둘째어머니 : 중모]의 관계는 전술한 [둘째아버지 : 중부]의 관계에 준하여 이해될 것이다.

(35) 고모(姑母)
(36) 고자매(姑姉妹)
(37) 동성아주머니(同姓----)
(38) 동성숙모(同姓叔母)
(39) 고낭(姑娘)

[고모]는 {아버지의 누이}라 풀이되고, [고자매]와 [고낭]은 {고모(姑母)}라 풀이되며, [동성아주머니]는 {'고모(姑母)'를 이모와 구별하여 이르는 말. 고모}라 풀이된다. 그리고 [동성숙모]는 {'고모(姑母)'를 숙모와 구별하여 이르는 말. 고모}라 풀이된다. 따라서 이 낱말들은 <어버이 항렬 + 친가계 + 아버지와의 관계 + 동기와 배우자 + 자매와 배우자 / 자매>라는 특성을 공유하는 것으로 이해될 만하다. [고모]에서는 <고모 + 어머니>라는 특성이, [고자매]에서는 <고모 + 자매>라는 특성이 각각 개념형성의 과정에 관계한 것으로 추정되는데, 현재 [고자매]는 입말로는 거의 사용되지 않고 있다. 뜻풀이에서 보인 바와 같이 [동성아주머니]는 <이모와의 구별 의식>이라는 특성이, 그리고 [동성숙모]에서는 <숙모와의 구별 의식>이라는 특성이 각각 첨가된 표현으로 이해될 것이다. [고낭]은 {시집가지 아니한 여자}라는 내용도 문제 삼고 있는 한자말인데, 현재 이 한자말은 입말로는 거의 사용되지 않고 있다.

(40) 고자(姑姉)

이 낱말은 {아버지의 손윗누이}라 풀이되면서 <고모 + 아버지의 손윗누이>라는 특성과 함께 사용되고 있다. 이 한자말은 현재 입말로는 거의 사용되지 않고 있다.

(41) 고(모)부(姑母夫)

(43) 고숙(姑叔)

(44) 인숙(姻叔)

[고모부]는 {고모의 남편}이라 풀이되며, [고숙]과 [인숙]은 공통적으로 {고모부}라 풀이된다. 따라서 이 낱말들은 <어버이 항렬 + 친가계 + 아버지와의 관계 + 동기와 배우자 + 자매와 배우자 / 자매의 배우자>라는 특성을 공유하는 것으로 이해될 만하다. 전술한 [고모]와 대칭관계에 있는 [고모부]는 <고모 + 남편>이라는 특성을, [고숙]은 <고모 + 숙부>라는 특성을, 그리고 [인숙]은 <혼인 + 숙부>라는 특성을 각각 개념형성의 과정에서 문제 삼은 것으로 추정된다. [고숙]은 {남편 자매(姉妹)의 남편}이라는 내용과 관계하기도 한다. 한자말 [인숙]은 현재 입말로는 거의 사용되지 않고 있다.

지금까지의 고찰에서 보인 바와 같이 <어버이 항렬 + 친가계 + 아버지와의 관계 + 동기와 배우자> 분절에 있어서는 <형제와 배우자>와 <자매의 배우자>가 일차적인 관심사가 되어 있다. <형제와 배우자> 아래로는 <형제>와 <형제의 배우자>가 관조의 대상이 되어 있다.

<형제> 아래로는 <형>과 <아우>와 <서열>이 관심의 대상이 되어 있다. <서열> 아래로는 <둘째>가 문제되어 있으며, 다시 그 아래로는 <상태 / 사망>과 <대우법 / 높임>이 문제되어 있다. <형제 / 형>의 아래에는 <상태 / 사망>이 문제되어 있다. <형제 / 아우> 아래에는 <기혼 : 미혼>의 대칭관계가 형성되어 있는데, 전자의 아래로는 다시 <서열 / 맨 끝>과 <당사자 신분 / 서자>와 <상태 / 사망>과 <들을이 /남>이 관심의 대상이 되어 있으며, 후자의 아래로는 <혈연관계 강조>와 <들을이 / 남>과 <피지칭자 / 남의 삼촌>과 <서열 / 맨 끝>이 관조의 대상이 되어 있다. <당사자 신분 / 서자>아래에는 다시 <상태 / 사망>이 관심사가 되어 있다.

<형제의 배우자> 아래로는 <형의 배우자>와 <아우의 배우자>와 <서열>이 관심의 대상이 되어 있다. <서열> 아래로는 <둘째>만이 문제되어 있다. <형의 배우자>에서는 그 아래로 <맏이의 배우자>가 관심의 대상이 되어 있는데, 다시 그 아래로는 <상태 / 사

망>이 관심사가 되어 있다. <아우의 배우자> 아래로는 <서열 / 맨 끝>, <상태 / 사망>, <대우법 / 낮춤>이 관조의 대상이 되어 있다.

<자매와 배우자>에서는 <자매>와 <자매의 배우자>가 관조의 대상이 되어 있다. <자매> 아래로는 다시 <손윗누이>가 관심사가 되어 있다.

이러한 <동기와 배우자> 분절의 특징들을 도식화하면 [그림 3], [그림 4], [그림 5], [그림 6], [그림 기이 될 것 같다.

[그림 3] 〈동기와 배우자〉 분절구조(1)

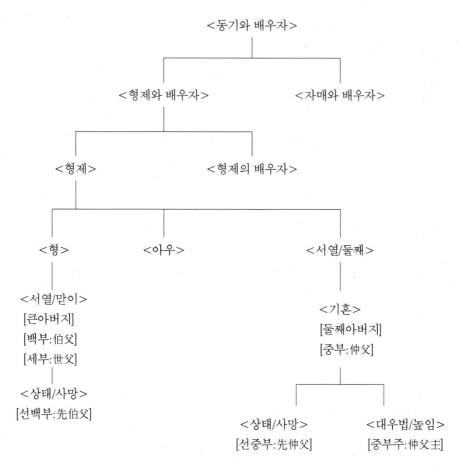

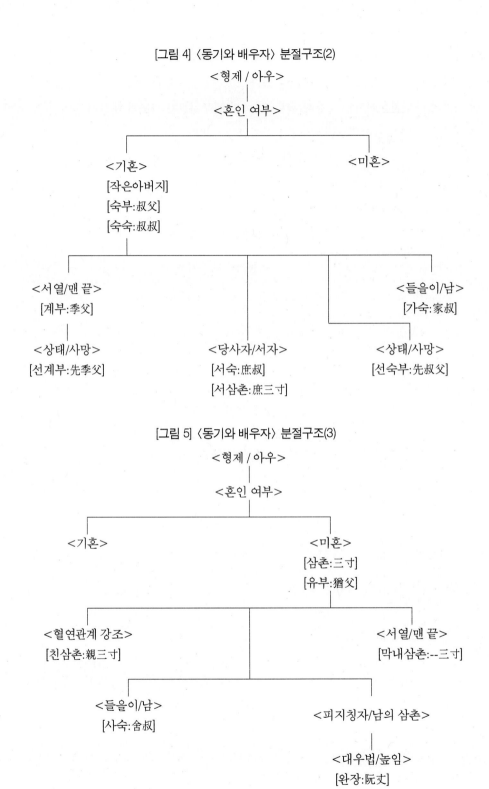

[그림 4] 〈동기와 배우자〉 분절구조(2)

〈형제 / 아우〉

〈혼인 여부〉

〈기혼〉
[작은아버지]
[숙부:叔父]
[숙숙:叔叔]

〈미혼〉

〈서열/맨 끝〉
[계부:季父]

〈상태/사망〉
[선계부:先季父]

〈당사자/서자〉
[서숙:庶叔]
[서삼촌:庶三寸]

〈들을이/남〉
[가숙:家叔]

〈상태/사망〉
[선숙부:先叔父]

[그림 5] 〈동기와 배우자〉 분절구조(3)

〈형제 / 아우〉

〈혼인 여부〉

〈기혼〉

〈미혼〉
[삼촌:三寸]
[유부:猶父]

〈혈연관계 강조〉
[친삼촌:親三寸]

〈서열/맨 끝〉
[막내삼촌:--三寸]

〈들을이/남〉
[사숙:舍叔]

〈피지칭자/남의 삼촌〉

〈대우법/높임〉
[완장:阮丈]

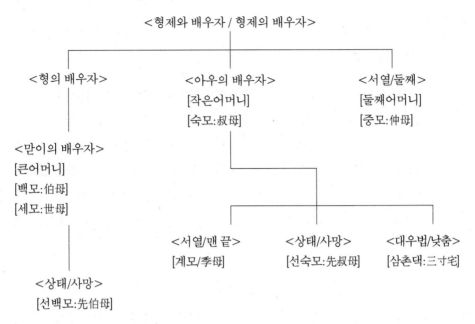

[그림 6] 〈동기와 배우자〉 분절구조(4)

〈형제와 배우자 / 형제의 배우자〉

〈형의 배우자〉

〈아우의 배우자〉
[작은어머니]
[숙모:叔母]

〈서열/둘째〉
[둘째어머니]
[중모:仲母]

〈맏이의 배우자〉
[큰어머니]
[백모:伯母]
[세모:世母]

〈서열/맨 끝〉
[계모/季母]

〈상태/사망〉
[선숙모:先叔母]

〈대우법/낮춤〉
[삼촌댁:三寸宅]

〈상태/사망〉
[선백모:先伯母]

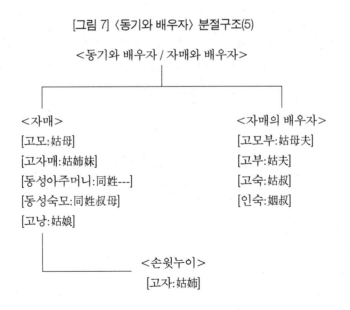

[그림 7] 〈동기와 배우자〉 분절구조(5)

〈동기와 배우자 / 자매와 배우자〉

〈자매〉
[고모:姑母]
[고자매:姑姉妹]
[동성아주머니:同姓---]
[동성숙모:同姓叔母]
[고낭:姑娘]

〈자매의 배우자〉
[고모부:姑母夫]
[고부:姑夫]
[고숙:姑叔]
[인숙:姻叔]

〈손윗누이〉
[고자:姑姉]

<동기 외와 그 배우자> 분절에서는 그 아래로 <성별에 따른 통칭>, <촌수(관계)>, <유복친>, <성이 다름>이 관조의 대상이 되어 있다.

(45) 아저씨

이 낱말은 {부모와 같은 항렬에 있는, 아버지의 친형제를 제외한 남자를 이르는 말}이라 풀이되면서 <어버이 항렬 + 친가계 + 아버지와의 관계 + 동기 외와 그 배우자 + 성별에 따른 통칭 / 남자>라는 특성과 함께 사용되고 있다. 이 낱말은 {결혼하지 않은, 아버지의 남동생을 이르는 말}, {남남 끼리에서 남자 어른을 예사롭게 이르는 말}, {친척 관계가 없는 '부모 또래의 남자'를 친근하게 이르는 말}, {고모부나 이모부를 이르는 말}, {언니의 남편을 이르는 말. 형부} 따위의 내용과 관계하기도 한다. 곧, 이 낱말의 내용범위는 꽤 넓은 편이다.

(46) 아주머니

전술한 [아저씨]와 <남자 : 여자>의 대립이라는 대칭관계에 있는 이 낱말은 {부모와 같은 항렬에 있는, 아버지의 친형제를 제외한 여자를 이르는 말}이라 풀이되면서 <어버이 항렬 + 친가계 + 아버지와의 관계 + 동기 외와 그 배우자 + 성별에 따른 통칭 / 여자>라는 특성을 문제 삼고 있다. 이 낱말은 {부모와 같은 항렬의 여자를 이르는 말}, {남자가 같은 항렬의 형뻘이 되는 남자의 아내를 이르는 말}, {남남 끼리에서 결혼한 여자를 예사롭게 이르는 말}, {형의 아내를 이르는 말}, {손위 처남의 아내를 이르는 말}라는 내용과 관계하는, 내용범위가 상당히 넓은 편에 속하는 표현이다.

(47) 새아주머니

이 낱말은 {새로 시집온 숙모뻘 되는 사람}이라 풀이되면서 <아주머니 + 상태 / 새로 시집옴>이라는 특성과 함께 사용되는 표현이다. 이 낱말은 {새로 시집온 형수나 계수}라는 내용과 관계하기도 한다.

(48) 아줌마

이 낱말은 {'아주머니'를 낮추어 이르는 말}이라 풀이되면서 <아주머니 + 대우법 / 낮춤>이라는 특성을 문제 삼고 있다. [새아주머니]와 [아줌마]는 전술한 [아주머니] 아래에 포함된다는 점에서 공통점을 보이고 있다. [아줌마]는 {'아주머니'를 다정하게 이르는 말}이라는 내용과 관계하기도 한다.

(49) 종숙(從叔)

(50) 당숙(堂叔)

[종숙]은 {아버지의 사촌 형제}라 풀이되며, [당숙]은 {종숙. '종숙'을 친근하게 일컫는 말}이라 풀이된다. 따라서 이 낱말들은 <어버이 항렬 + 친가계 + 아버지와의 관계 + 동기 외와 그 배우자 + 촌수 / 사촌 + 사촌 형제와 그 배우자 + 사촌 형제>라는 특성을 공유하는 것으로 이해될 수 있다. [당숙]은 <말할이의 태도 / 친근성>이라는 특성을 첨가하면서 [종숙]과 위상가치를 달리하기도 한다.

(51) 종숙모(從叔母)

(52) 당숙모(堂叔母)

[종숙모]는 {종숙의 아내}라 풀이되며, [당숙모]는 {종숙모. '종숙모'를 친근하게 일컫는 말}이라 풀이된다. 따라서 이 낱말들은 <어버이 항렬 + 친가계 + 아버지와의 관계 + 동기 외와 그 배우자 + 촌수 / 사촌 + 사촌 형제와 그 배우자 + 사촌 형제의 배우자>라는 특성을 공유한다. [종숙모 : 당숙모]의 관계는 전술한 [종숙 : 당숙]의 관계에 준하여 이해될 것이다.

(53) 종고모(從姑母)

(54) 당고모(堂姑母)

[종고모]는 {아버지의 사촌 누이}라 풀이되며, [당고모]는 {종고모. '종고모'를 친근하게 일컫는 말}라 풀이된다. 따라서 이 낱말들은 <어버이 항렬 + 친가계 + 아버지와의 관계 + 동기 외와 그 배우자 + 촌수 / 사촌 + 사촌 자매와 그 배우자 + 사촌 자매>라는 특성을 공유하는 것으로 이해될 것이다. [종고모 : 당고모]의 관계는 전술한 [종숙 : 당숙]의 관계에 준하여 이해될 것이다.

(55) 종고모부(從姑母夫)

(56) 당고모부(堂姑母夫)

[종고모부]는 {종고모의 남편}이라 풀이되며, [당고모부]는 {종고모부. '종고모부'를 친근하게 일컫는 말}이라 풀이된다. 따라서 이 낱말들은 <어버이 항렬 + 친가계 + 아버지와의 관계 + 동기 외와 그 배우자 + 촌수 / 사촌 + 사촌 자매와 그 배우자 + 사촌 자매의 배우자>라는 특성을 공유하는 것으로 이해될 만하다. [종고모부 : 당고모부]의 관계는 전술한 [종고모 : 당고모]의 관계에 준하여 이해될 것이다.

(57) 재종숙(再從叔)

(58) 재당숙(再堂叔)

[재종숙]은 {아버지의 육촌 형제}라 풀이되며, [재당숙]은 {재종숙(再從叔)}이라 풀이된다. 따라서 이 낱말들은 <어버이 항렬 + 친가계 + 아버지와의 관계 + 동기 외와 그 배우자 + 촌수 / 육촌 + 육촌 형제와 그 배우자 + 육촌 형제>라는 특성을 공유하는 것으로 이해될 것이다. [재종숙 : 재당숙]의 관계는 전술한 [종숙 : 당숙]의 관계에 준하여 이해될 만하다.

(59) 재종숙모(再從叔母)

(60) 재당숙모(再堂叔母)

[재종숙모]는 {재종숙의 아내}라 풀이되며, [재당숙모]는 {재종숙모(再從叔母)}라 풀이된다. 따라서 이 낱말들은 <어버이 항렬 + 친가계 + 아버지와의 관계 + 동기 외와 그 배우자 + 촌수 / 육촌 + 육촌 형제와 그 배우자 + 육촌 형제의 배우자>라는 특성을 공유하고 있다. 이 두 낱말의 관계는 전술한 [재종숙 : 재당숙]의 관계에 준하여 해명될 만하다.

(61) 재종고모(再從姑母)

이 낱말은 {아버지의 육촌 누이}라 풀이되면서 <어버이 항렬 + 친가계 + 아버지와의 관계 + 동기 외와 그 배우자 + 촌수 / 육촌 + 육촌 자매와 그 배우자 + 육촌 자매>라는 특성을 문제 삼고 있다.

(62) 재종고모부(再從姑母夫)

[재종고모]와 대칭관계에 있는 이 낱말은 {재종고모의 남편}이라 풀이되면서 <어버이 항렬 + 친가계 + 아버지와의 관계 + 동기 외와 그 배우자 + 촌수 / 육촌 + 육촌 자매와 그 배우자 + 육촌 자매의 배우자>라는 특성과 함께 사용되고 있다.

(63) 삼종숙(三從叔)

(64) 삼당숙(三堂叔)

[삼종숙]은 {아버지의 팔촌 형제. 구촌 아저씨}라 풀이되며, [삼당숙]은 {삼종숙}이라 풀이된다. 따라서 이 낱말들은 <어버이 항렬 + 친가계 + 아버지와의 관계 + 동기 외와 그 배우자 + 촌수 / 팔촌 + 팔촌 형제와 그 배우자 / 팔촌 형제>라는 특성을 공유하는 것으로 해명될 것이다. [삼종숙 : 삼당숙]의 관계는 전술한 [재종숙 : 재당숙]의 관계에 준하여 이해될 것이다.

(65) 삼종숙모(三從叔母)

(66) 삼당숙모(三堂叔母)

[삼종숙모]는 {삼종숙의 아내}라 풀이되며, [삼당숙모]는 {삼종숙모}라 풀이된다. k라서 이 낱말들은 <어버이 항렬 + 친가계 + 아버지와의 관계 + 동기 외와 그 배우자 + 촌수 / 팔촌 + 팔촌 형제와 그 배우자 / 팔촌 형제의 배우자>라는 특성을 공유하면서 사용되고 있다. [삼종숙모 : 삼당숙모]의 관계는 전술한 [삼종숙 : 삼당숙]의 관계에 준하여 이해될 만하다.

(67) 제부(諸父)

이 낱말은 {아버지와 같은 항렬의 당내친 되는 아저씨}라 풀이되며, [당내(堂內)]는 {유복친. 같은 성(姓)을 가진 팔촌 안에 드는 일가}라 풀이된다. 따라서 이 낱말은 <어버이 항렬 + 친가계 + 아버지와의 관계 + 유복친 / 긍정>이라는 특성과 함께 이해될 수 있다.

(68) 족숙(族叔)

이 낱말은 {성과 본이 같은 사람들 가운데 유복친 안에 들지 않는 아저씨뻘이 되는 사람}이라 풀이되면서 <어버이 항렬 + 친가계 + 아버지와의 관계 + 유복친 / 부정>이라는 특성을 문제 삼고 있다. 그러한 의미에서 이 낱말은 전술한 [제부]와 <유복친>을 축으로 하여 <긍정 : 부정>의 대칭관계를 형성하는 것으로 이해될 것이다.

(69) 척숙(戚叔)

이 낱말은 {성이 다른 일가 가운데 아저씨뻘 되는 사람}이라 풀이되면서 <어버이 항렬 + 친가계 + 아버지와의 관계 + 성이 다름>이라는 특성과 함께 사용되고 있다.

지금까지의 고찰에서 보인 바와 같이 <동기 외와 그 배우자> 분절에서는 그 아래로 <성별에 따른 통칭>, <촌수(관계)>, <유복친>, <성이 다름>이 관조의 대상이 되어 있다. <성별에 따른 통칭> 아래로는 <남자 : 여자>의 대칭관계가 관심사가 되어 있는데, <여자> 아래로는 다시 <상태 / 새로 시집옴>과 <대우법 / 낮춤>이 관점으로 나타나 있다. <촌수> 아래로는 구체적으로 <사촌 : 육촌 : 팔촌>의 계단대립관계가 문제되어 있다. <촌수 / 사촌>에서는 <사촌 형제와 그 배우자>와 <사촌 자매와 그 배우자>가 관심의 대상이 되어 있는데, 전자의 아래로는 다시 <사촌 형제 : 사촌 형제의 배우자>라는 대립이, 후자의 아래로는 다시 <사촌 자매 : 사촌 자매의 배우자>라는 대립이 각각 문제되어 있다.

<촌수 / 육촌>에서도 <육촌 형제와 배우자 : 육촌 자매와 배우자>가 관점으로 나타나 있는데, 전자에서는 <육촌 형제 : 육촌 형제의 배우자>라는 대립이, 후자에서는 <육촌 자매 : 육촌 자매의 배우자>라는 대립이 각각 관심사가 되어 있다. <촌수 / 팔촌>에서는 <팔촌 형제 : 팔촌 형제의 배우자>라는 대립이 관조의 대상이 되어 있다. <유복친> 아래로는 <긍정 : 부정>의 대립관계가 관심의 대상이 되어 있다. 이러한 <동기 외와 그 배우자> 분절의 특징들을 가시화하면 [그림 8], [그림 9], [그림 10], [그림 11]이 될 것이다.

[그림 8] 〈동기 외와 그 배우자〉 분절구조(1)

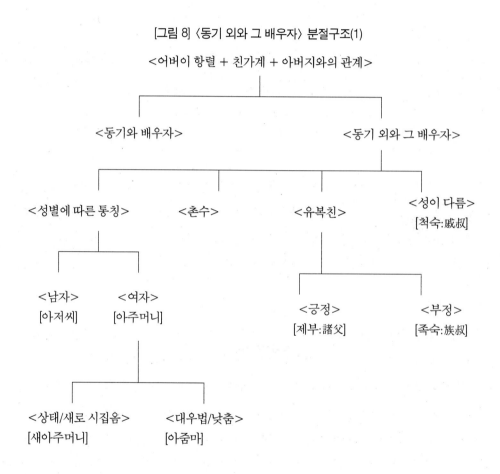

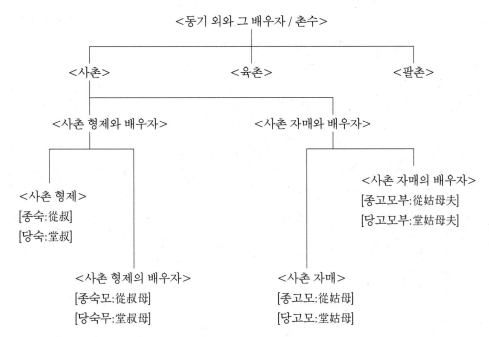

[그림 9] 〈동기 외와 그 배우자〉 분절구조(2)

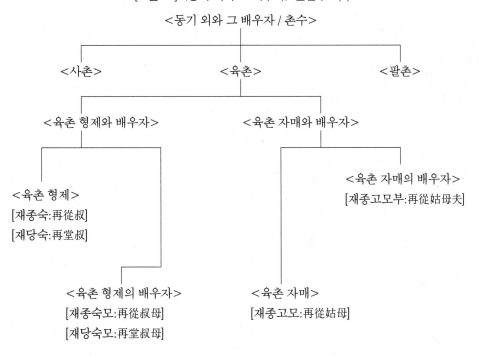

[그림 10] 〈동기 외와 그 배우자〉 분절구조(3)

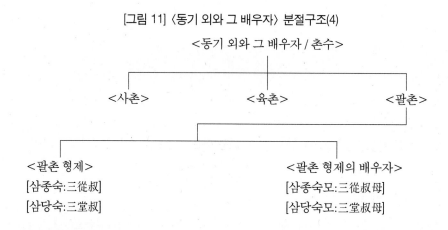

[그림 11] 〈동기 외와 그 배우자〉 분절구조(4)

〈동기 외와 그 배우자 / 촌수〉

〈사촌〉 〈육촌〉 〈팔촌〉

〈팔촌 형제〉
[삼종숙:三從叔]
[삼당숙:三堂叔]

〈팔촌 형제의 배우자〉
[삼종숙모:三從叔母]
[삼당숙모:三堂叔母]

3. 〈외가계〉 분절구조

이 분절에 있어서는 〈어머니와의 관계〉가 기본적인 특성이 되어 있다. 이 분절 아래로는 〈형제와 배우자〉와 〈자매와 배우자〉가 관조의 대상이 되어 있다.

(70) 외삼촌(外三寸)

(71) 외숙(부)(外叔父)

(72) 구부(舅父)

(73) 구씨(舅氏)

(74) 숙구(叔舅)

(75) 표숙(表叔)

[외삼촌]은 {어머니의 남자 형제}라 풀이되고, [외숙부]는 {어머니의 남자 형제. 외삼촌}이라 풀이된다. 그리고 [구부], [구씨], [숙구], [표숙]은 공통적으로 {외삼촌(外三寸)}이라 풀이된다. 따라서 이 낱말들은 〈아버이 항렬 + 외가계 + 어머니와의 관계 + 형제와 배우자 / 형제〉라는 특성을 공유하는 것으로 해명될 만하다. [외삼촌]에서는 〈외가 + 삼촌〉이라는 특성이, [외숙부]에서는 〈외가 + 숙부〉라는 특성이, [구부]에서는 〈외삼촌 + 아버지〉라는 특성이, [구씨]에서는 〈외삼촌 + 높임〉이라는 특성이, [숙구]에서는 〈숙부 + 외삼촌〉이라는 특성이, 그리고 [표숙]에서는 〈거죽(겉. 밖) + 숙부〉라는 특성이 각각 개념형성의 과정에 관계한 것으로 추정된다. [숙구]는 {예전에, 임금이 성씨(姓氏)가 다른 제후를 말할 때 쓰던 말}이

라는 내용과 관계하기도 한다. 한자말 [구부], [구씨], [숙구], [표숙]은 현재 입말로는 거의 사용되지 않고 있다. 부름말(호칭어)의 경우, [외삼촌]이 [외숙부]보다 더 자연스럽게 사용되는 특징을 보이고 있다.

(76) 내구(內舅)

이 낱말은 {주로 편지 글에서, '외숙(外叔)' 이라는 뜻으로 이르는 말}이라 풀이되면서 <외숙부(외삼촌) + 사용 환경 / 편지글>이라는 특성과 함께 사용된다. 곧, 이 낱말은 입말로는 거의 사용되지 않고 있다.

(77) 외삼촌댁(外三寸宅)

(78) 외숙모(外叔母)

(79) 구모(舅母)

[외삼촌댁]은 {외삼촌의 아내}라 풀이되고, [외숙모]는 {외삼촌댁. 외삼촌의 아내}라 풀이되며, [구모]는 {외숙모(外叔母)}라 풀이된다. 따라서 이 낱말들은 <어버이 항렬 + 외가계 + 어머니와의 관계 + 형제와 배우자 / 형제의 배우자>라는 특성을 공유하는 것으로 이해될 것이다. [외삼촌댁]은 {외숙의 집}이라는 내용과 관계하기도 한다. 전술한 [구부]와 대칭관계에 있는 것으로 이해될 만한 [구모]는 현재 입말로는 거의 사용되지 않고 있다. [외숙모]는 부름말로 자연스럽게 사용되고 있으나, [외삼촌댁]이 부름말로 사용되는 경우는 없는 것 같다.

(80) 이모(姨母)

이 낱말은 {어머니의 여자 형제}라 풀이되면서 <어버이 항렬 + 외가계 + 어머니와의 관계 + 자매와 배우자 / 자매>라는 특성을 문제 삼고 있다.

(81) 이모부(姨母夫)

(82) 이숙(姨叔)

[이모부]는 {이모의 남편}이라 풀이되며, [이숙]은 {이모부(姨母夫)}라 풀이된다. 따라서 이 낱말들은 <어버이 항렬 + 외가계 + 어머니와의 관계 + 자매와 배우자 / 자매의 배우자>라는 특성을 공유하는 것으로 이해될 것이다. 현재 [이숙]에 비해 [이모부]가 더 자연스럽게 부름말로 사용되고 있다. [이모부]에서는 <이모 + 남편>이라는 특성이, [이숙]에서는 <이모 + 숙부>라는 특성이 각각 개념형성의 과정에 관계한 것으로 추정된다.

(83) 이숙장(姨叔丈)

이 낱말은 {남의 이모부를 이르는 말}이라 풀이되면서 <이모부 + 지칭 대상 / 남의 이모부>라는 특성과 함께 사용되고 있다.

지금까지의 고찰에서 보인 바와 같이 <어머니와의 관계>를 근간으로 하는 <외가계> 분절에 있어서는 <형제와 배우자>와 <자매와 배우자>가 일차적인 관심사가 되어 있다. <형제와 배우자> 분절에서는 그 아래로 <형제>와 <형제의 배우자>가 관조의 대상이 되어 있으며, <자매와 배우자> 분절에 있어서는 그 아래로 <자매>와 <자매의 배우자>가 관점으로 나타나 있다. 이러한 <외가계> 분절의 구조를 도식화하면 [그림 12], [그림 13]이 될 것이다.

[그림 12] 〈외가계〉 분절구조(1)

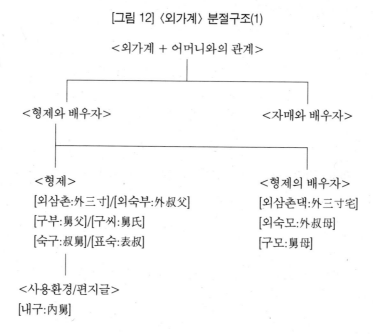

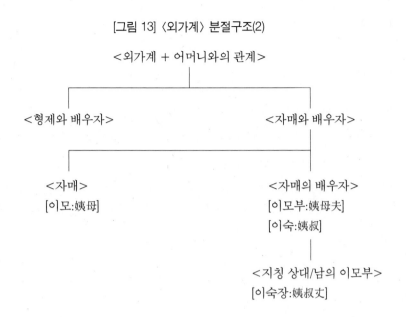

[그림 13] <외가계> 분절구조(2)

<외가계 + 어머니와의 관계>

<형제와 배우자>　　　　　　　　<자매와 배우자>

<자매>　　　　　　　　　　　<자매의 배우자>
[이모:姨母]　　　　　　　　　[이모부:姨母夫]
　　　　　　　　　　　　　　[이숙:姨叔]

　　　　　　　　　　　　　　<지칭 상대/남의 이모부>
　　　　　　　　　　　　　　[이숙장:姨叔丈]

4. <시가계> 분절구조

<시가계> 분절은 <남편과의 관계>를 기본 요건으로 하는데, 이 <남편과의 관계> 아래로는 <남편의 어버이>와 <남편의 친가계>와 <남편의 외가계>가 일차적인 관심의 대상이 되어 있다.

(84) 시부모(媤父母)

(85) 옹고(翁姑)

(86) 구고(舅姑)

[시부모]는 {시아버지와 시어머니를 아울러 이르는 말}이라 풀이되고, [옹고]는 {시아버지와 시어머니를 아울러 이르는 말. 시부모}라 풀이되며, [구고]는 {시부모}라 풀이된다. 따라서 이 낱말들은 <어버이 항렬 + 시가계 + 남편과의 관계 / 남편의 어버이>라는 특성을 공유하는 것으로 이해될 수 있을 것이다. [시부모]에서는 <시집 + 부모>라는 특성이, [옹고]에서는 <늙은이 + 시어머니>라는 특성이, 그리고 [구고]에서는 <시아비 + 시어머니>라는 특성이 각각 개념형성의 과정에 관계한 것으로 추정되는데, 현재 [옹고]와 [구고]는 입말로는 거의 사용되지 않고 있는 한자말들이다.

(87) 시아버지(媤---)

(88) 시부(媤父)

(89) 엄구(嚴舅)

[시아버지]는 {남편의 아버지}라 풀이되며, [시부]와 [엄구]는 공통적으로 {시아버지}라 풀이된다. 따라서 이 낱말들은 <어버이 항렬 + 시가계 + 남편과의 관계 + 남편의 어버이 / 남편의 아버지>라는 특성을 공유하는 것으로 이해될 수 있을 것이다. [시아버지]에 상응하는 한자말 [시부]는 현재 입말로는 거의 사용되지 않고 있다. [엄구]에서는 <엄함 + 시아버지>라는 특성이 개념형성의 과정에 관계한 것으로 추정되는데, 현재 이 낱말도 입말로는 거의 사용되지 않고 있다.

(90) 홀시아버지(-媤---)

이 낱말은 {홀로 된(혼자된) 시아버지}라 풀이되면서 <시아버지 + 상태 / 혼자됨>이라는 특성과 함께 사용되고 있다.

(91) 시어머니(媤---)

(92) 시모(媤母)

[시어머니]는 {남편의 어머니}라 풀이되며, [시모]는 {시어머니}라 풀이된다. 따라서 이 낱말들은 <어버이 항렬 + 시가계 + 남편과의 관계 + 남편의 어버이 / 남편의 어머니>라는 특성을 공유하는 것으로 해명될 만하다. [시어머니 : 시모]의 관계는 전술한 [시아버지 : 시부]의 관계에 준하여 이해될 것이다.

(93) 시서모(媤庶母)

이 낱말은 {남편의 서모. 시아버지의 첩}라 풀이되면서 <시어머니 + 신분 / 서모>라는 특성을 문제 삼고 있다.

(94) 홀시어머니(-媤---)

이 낱말은 {홀로 된(혼자된) 시어머니}라 풀이되면서 <시어머니 + 상태 / 혼자됨>이라는 특성을 문제 삼고 있다. 이 낱말은 전술한 [홀시아버지]와 대칭관계에 있는 표현으로 이해될 만하다.

(95) 선고(先姑)

이 낱말은 {돌아가신 시어머니}라 풀이되면서 <시어머니 + 상태 / 사망>이라는 특성과 함께 사용되고 있다.

(96) 황고(皇姑)

이 낱말은 {'돌아간 시어머니'의 높임말. '선고(先姑)'를 높여 이르는 말}이라 풀이되면서 <선고 + 대우법 / 높임>이라는 특성을 문제 삼고 있다. 이 낱말은 {대고모(大姑母). 고모할머니}라는 내용과 관계하기도 한다.

(97) 자고(慈姑)

이 낱말은 {인자한 시어머니}라 풀이되면서 <시어머니 + 성품 / 인자함>이라는 특성과 함께 사용되고 있다. 이 낱말은 [인자한 시어머니 라는 뜻으로, 며느리가 시어머니를 이르는 말}이나 {듣는 이의 시어머니를 높여 이르는 말}이라는 내용과 관계하기도 한다.

(98) 시삼촌(媤三寸)

이 낱말은 {남편의 삼촌}이라 풀이되면서 <어버이 항렬 + 시가계 + 남편과의 관계 + 남편의 친가계 + 삼촌과 그 배우자 / 삼촌>이라는 특성을 문제 삼고 있다.

(99) 시삼촌댁(媤三寸宅)

전술한 [시삼촌]과 대칭관계에 있는 이 낱말은 {남편 삼촌의 아내. 시삼촌의 아내}라 풀이되면서 <어버이 항렬 + 시가계 + 남편과의 관계 + 남편의 친가계 + 삼촌과 그 배우자 / 삼촌의 배우자>라는 특성과 함께 사용되고 있다. 이 낱말은 {시삼촌의 집}이라는 내용과 관계하기도 한다.

(100) 시고모(媤姑母)

이 낱말은 {남편의 고모}라 풀이되면서 <어버이 항렬 + 시가계 + 남편과의 관계 + 남편의 친가계 + 고모와 그 배우자 / 고모>라는 특성과 함께 사용되고 있다.

(101) 시고모부(媤姑母夫)

이 낱말은 {남편의 고모부}라는 풀이와 함께 <어버이 항렬 + 시가계 + 남편과의 관계 + 남편의 친가계 + 고모와 그 배우자 / 고모의 배우자>라는 특성을 문제 삼고 있다.

(102) 시당숙(媤堂叔)

이 낱말은 {남편의 당숙}이라 풀이되면서 <어버이 항렬 + 시가계 + 남편과의 관계 + 남편의 친가계 + 당숙>이라는 특성과 함께 사용되고 있다.

(103) 시외삼촌(媤外三寸)
(104) 시외숙(媤外叔)

[시외삼촌]은 {남편의 외삼촌}이라 풀이되며, [시외숙]은 {시외삼촌(媤外三寸)}이라 풀이된다. 따라서 이 낱말들은 <어버이 항렬 + 시가계 + 남편과의 관계 + 남편의 외가계 + 외삼촌과 그 배우자 / 외삼촌>이라는 특성을 공유하는 것으로 이해될 것이다. 입말의 경우, [시외삼촌]이 [시외숙]보다 더 자연스럽게 사용되는 특징을 보이고 있다.

(105) 시외삼촌댁(媤外三寸宅)

이 낱말은 {시외삼촌의 아내}라 풀이되면서 <어버이 항렬 + 시가계 + 남편과의 관계 + 남편의 외가계 + 외삼촌과 그 배우자 / 그 배우자>라는 특성과 함께 사용되는 표현이다. 이 낱말은 {시외삼촌의 집}이라는 내용과 관계하기도 한다. 이 낱말은 전술한 [시외삼촌]과 <남편 : 부인>이라는 대칭관계를 형성하고 있다.

(106) 시이모(媤姨母)

이 낱말은 {남편의 이모}라 풀이되면서 <어버이 항렬 + 시가계 + 남편과의 관계 + 남편의 외가계 + 이모와 그 배우자 / 이모>라는 특성을 문제 삼고 있다.

(107) 시이모부(媤姨母夫)

이 낱말은 {시이모의 남편}이라 풀이되면서 <어버이 항렬 + 시가계 + 남편과의 관계 + 남편의 외가계 + 이모와 그 배우자 / 그 배우자>라는 특성과 함께 사용되고 있다. 이 낱말은 전술한 [시이모]와 <부인 : 남편>이라는 대칭관계를 형성하고 있다.

지금까지의 고찰에서 보인 바와 같이 <어버이 항렬 + 시가계 / 남편과의 관계> 분절에 있어서는 <남편의 어버이>, <남편의 친가계>, <남편의 외가계>가 일차적인 관심의 대상이 되어 있다.
<남편의 어버이> 아래로는 <남편의 아버지>와 <남편의 어머니>과 관조의 대상이 되어

있는데, 전자의 아래로는 다시 <상태 / 혼자됨>이, 그리고 후자의 아래로는 다시 <신분 / 서모>와 <상태 / 혼자됨>과 <상태 / 사망>과 <품성 / 인자함>이 각각 관심의 대상이 되어 있다. <남편의 어머니 + 상태 / 사망> 아래로는 <대우법 / 높임>도 관심의 대상이 되어 있다.

　<남편의 친가계> 아래로는 <삼촌과 그 배우자>, <고모와 그 배우자>, <당숙>이 관점으로 나타나 있다. <삼촌과 그 배우자> 아래로는 <삼촌>과 <그 배우자>가, 그리고 <고모와 그 배우자> 아래로는 <고모>와 <그 배우자>가 관심의 대상이 되어 있다.

　<남편의 외가계> 아래로는 <외삼촌과 그 배우자>와 <이모와 그 배우자>가 관심의 대상이 되어 있다. <외삼촌과 그 배우자> 아래로는 다시 <외삼촌>과 < 그 배우자>, 그리고 <이모와 그 배우자> 아래로는 다시 <이모>와 <그 배우자>가 각각 관심의 대상이 되어 있다.

　이러한 <시가계> 분절의 구조적 특징을 도식화하면 [그림 14], [그림 15], [그림 16], [그림 17]이 될 것이다.

[그림 14] 〈시가계〉 분절구조(1)

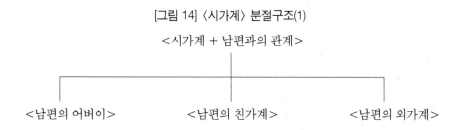

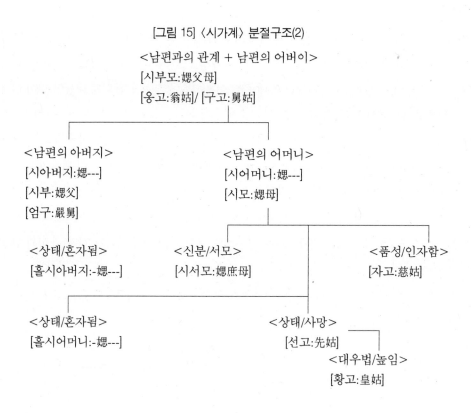

[그림 15] 〈시가계〉 분절구조(2)

<남편과의 관계 + 남편의 어버이>
[시부모:媤父母]
[옹고:翁姑]/ [구고:舅姑]

<남편의 아버지>
[시아버지:媤---]
[시부:媤父]
[엄구:嚴舅]

<남편의 어머니>
[시어머니:媤---]
[시모:媤母]

<상태/혼자됨>
[홀시아버지:-媤---]

<신분/서모>
[시서모:媤庶母]

<품성/인자함>
[자고:慈姑]

<상태/혼자됨>
[홀시어머니:-媤---]

<상태/사망>
[선고:先姑]

<대우법/높임>
[황고:皇姑]

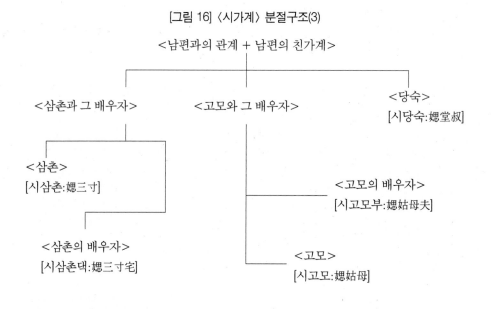

[그림 16] 〈시가계〉 분절구조(3)

<남편과의 관계 + 남편의 친가계>

<삼촌과 그 배우자>

<고모와 그 배우자>

<당숙>
[시당숙:媤堂叔]

<삼촌>
[시삼촌:媤三寸]

<고모의 배우자>
[시고모부:媤姑母夫]

<삼촌의 배우자>
[시삼촌댁:媤三寸宅]

<고모>
[시고모:媤姑母]

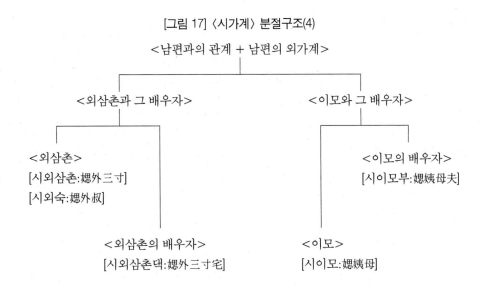

[그림 17] 〈시가계〉 분절구조(4)

〈남편과의 관계 + 남편의 외가계〉

〈외삼촌과 그 배우자〉

〈이모와 그 배우자〉

〈외삼촌〉
[시외삼촌:媤外三寸]
[시외숙:媤外叔]

〈이모의 배우자〉
[시이모부:媤姨母夫]

〈외삼촌의 배우자〉
[시외삼촌댁:媤外三寸宅]

〈이모〉
[시이모:媤姨母]

5. 〈처가계〉 분절구조

〈처가계〉 분절에 있어서는 〈아내와의 관계〉를 기본 요건으로 하면서 그 아래로 〈아내의 어버이〉, 〈아내의 친가계〉, 〈아내의 외가계〉가 일차적인 관심사가 되어 있다.

(108) 처부모(妻父母)

이 낱말은 {아내의 친정 부모. 곧, 장인과 장모를 이른다}로 풀이되면서 〈어버이 항렬 + 처가계 + 아내와의 관계 + 아내의 어버이〉라는 특성과 함께 사용되고 있다.

(109) 장인(丈人)

(110) 빙부(聘父)

(111) 처부(妻父)

(112) 악공(岳公/嶽公)

(113) 악옹(岳翁/嶽翁)

[장인]은 {아내의 아버지}라 풀이되며, [빙부]와 [처부]와 [악공]과 [악옹]은 공통적으로 {장인(丈人)}이라 풀이된다. 따라서 이 낱말들은 〈어버이 항렬 + 처가계 + 아내와의 관계 + 아내의 어버이 / 아내의 아버지〉라는 특성을 공유하는 것으로 이해될 것이다. [장인]은 {늙은이

를 이르는 말}, {죽은 할아버지를 이르는 말}, {덕이 많고 학식이 많은 사람}, {아버지의 벗} 따위의 내용도 문제 삼는, 곧 내용범위가 상당히 넓은 낱말이며, 보편적으로 글말뿐만 아니라 입말로도 자연스럽게 사용되는 표현이다. [장인]에서는 <어른 + 사람>이라는 특성이, [빙부]에서는 <장가듦 + 아버지>라는 특성이, [악공]에서는 <엄하고 위엄 있음 + 어른>이라는 특성이, 그리고 [악옹]에서는 <엄하고 위엄 있음 + 늙은이>라는 특성이 각각 개념형성의 과정에 관계한 것으로 추정된다. 현재 [처부], [악공], [악옹] 등은 입말로는 거의 사용되지 않고 있는 한자말들이다.

(114) 악부(岳父/嶽父)

(115) 외구(外舅)

[악부]는 {편지 따위에서, '장인(丈人)'을 이르는 말}이라 풀이되며, [외구]는 {'장인'을 편지에서 일컫는 말}이라 풀이된다. 따라서 이 낱말들은 <장인 + 사용 환경 / 편지글>이라는 특성을 공유하는 것으로 이해될 것이다. [악부]에서는 <엄하고 위엄 있음 + 아버지>라는 특성이, 그리고 [외구]에서는 <밖 + 장인>이라는 특성이 각각 개념형성의 과정에 관계한 것으로 추정되는데, 이 한자말들은 현재 입말로는 거의 사용되지 않고 있다.

(116) 국구(國舅)

(117) 부원군(府院君)

[국구]는 {임금의 장인. 왕후의 아버지}라 풀이되며, [부원군]은 {조선 시대에 왕비의 친아버지에게 주던 작호}라 풀이된다. 따라서 이 낱말들은 <장인 + 신분 + 사위의 신분 / 임금>이라는 특성을 공유하는 것으로 이해될 만하다. [부원군]은 <사용 환경 + 시대 / 조선 시대 + 사용조건 / 칭호>라는 특성도 첨가하고 있다. 그리고 본래 궁중의 전문용어에서 일반어휘로 도입되어 주로 사극 등에서 사용되고 있는 [부원군]은 {조선 시대에, 정일품 공신에게 주던 작호}라는 내용과 관계하기도 한다.

(118) 첩장인(妾丈人)

이 낱말은 {첩의 친정아버지}라 풀이되면서 <장인 + 신분 + 아내의 신분 / 첩>이라는 특성과 함께 사용되고 있다.

(119) 악장(岳丈/嶽丈)

(120) 빙장(聘丈)

[악장]은 {'장인'의 높임말}이라 풀이되며, [빙장]은 {악장}이라 풀이된다. 따라서 이 낱말들은 <장인 + 대우법 / 높임>이라는 특성을 공유하는 것으로 이해될 만하다. [악장]은 [장인(丈人)]이라는 내용과 관계하기도 하는데, 이 한자말은 현재 입말로는 거의 사용되지 않고 있다. <장인 + 대우법 / 높임>이라는 특성을 나타내기 위해서 현실적으로 [빙장어른]이라는 합성어가 더 자연스럽게 사용되고 있다.

(121) 장모(丈母)

(122) 빙모(聘母)

(123) 처모(妻母)

[장모]는 {아내의 어머니}라 풀이되며, [빙모]와 [처모]는 {장모(丈母)}라 풀이된다. 따라서 이 낱말들은 <어버이 항렬 + 처가계 + 아내와의 관계 + 아내의 어버이 / 아내의 어머니>라는 특성을 공유하는 것으로 이해될 것이다. [장모 : 빙모 : 처모}의 관계는 전술한 [장인 : 빙부 : 처부]의 관계에 준하여 이해될 만하다.

(124) 악모(岳母)

(125) 외고(外姑)

[악모]는 {편지 따위에서, '장모(丈母)' 를 이르는 말}이라 풀이되며, [외고]는 {편지 글에서, 장모(丈母)'를 이르는 말}이라 풀이된다. 따라서 이 낱말들은 <장모 + 사용 환경 / 편지 글>이라는 특성을 공유하는 것으로 이해될 만하다. [악모 : 외고]의 관계는 전술한 [악부 : 외구]의 관계에 준하여 이해될 수 있을 것 같다.

(126) 첩장모(妾丈母)

이 낱말은 {첩의 친정어머니}라 풀이되면서 <장모 + 아내의 신분 / 첩>이라는 특성과 함께 사용되고 있다. 이 낱말은 전술한 [첩장인]과 대칭관계에 있는 표현으로 이해될 만하다.

(127) 처삼촌(妻三寸)

(128) 처숙(부)(妻叔父)

[처삼촌]은 {아내의 친정 삼촌}이라 풀이되며, [처숙부]는 {처삼촌(妻三寸)}이라 풀이된

다. 따라서 이 낱말들은 <어버이 항렬 + 처가계 + 아내와의 관계 + 아내의 친가계 + 아내의 삼촌>라는 특성을 공유하는 것으로 이해될 것이다. 사용 환경의 차원에서 보면, 입말로는 [처삼촌]이 선호의 대상이 되며, 상대적으로 글말로는 [처숙부]가 선호의 대상이 되고 있는 것 같다.

(129) 처고모(妻姑母)

이 낱말은 {아내의 (친정)고모}라 풀이되면서 <어버이 항렬 + 처가계 + 아내와의 관계 + 아내의 친가계 + 아내의 고모와 그 배우자 / 아내의 고모>라는 특성과 함께 사용되고 있다.

(130) 처고모부(妻姑母夫)

이 낱말은 {처고모의 남편}이라 풀이되면서 <어버이 항렬 + 처가계 + 아내와의 관계 + 아내의 친가계 + 아내의 고모와 그 배우자 / 아내의 고모의 배우자>라는 특성을 문제 삼고 있다.

(131) 처종숙(妻從叔)
(132) 처당숙(妻堂叔)
(133) 처오촌(妻五寸)

[처종숙]은 {아내의 친정 종숙}이라 풀이되고, [처당숙]은 {아내의 친정 당숙}이라 풀이되며, [처오촌]은 {처당숙(妻堂叔)}이라 풀이된다. 따라서 이 낱말들은 <어버이 항렬 + 처가계 + 아내와의 관계 + 아내의 친가계 + 아내의 종숙>이라는 특성을 공유하는 것으로 이해될 만하다. [처종숙 : 처당숙]의 관계는 전술한 [종숙 : 당숙]의 관계에 준하여 이해될 것이다. [처오촌]은 {아내의 친정 오촌}이라는 내용과 관계하기도 한다.

(134) 처외삼촌(妻外三寸)

이 낱말은 {아내의 외삼촌}이라 풀이되면서 <어버이 항렬 + 처가계 + 아내와의 관계 + 아내의 외가계 + 아내의 외삼촌>이라는 특성을 문제 삼고 있다.

지금까지의 고찰에서 보인 바와 같이 <어버이 항렬 + 처가계 + 아내와의 관계> 분절에 있어서는 <아내의 어버이>, <아내의 친가계>, <아내의 외가계>가 일차적인 관심사가 되어 있는데, <아내의 외가계>의 경우는 그 아래로 <아내의 외삼촌>만이 관조의 대상이 되어 있다. [처부모]를 원어휘소로 하는 <아내의 어버이> 분절에서는 <아내의 아버지 : 아내의 어머니>의 대칭관계가 관심의 대상이 되어 있는데, <아내의 아버지> 아래로는 <사용 환경 / 편지글 : 사위의 신분 / 임금 : 아내의 신분 / 첩 : 대우법 / 높임>이, 그리고 <아내의 어머니> 아래로는 <사용 환경 / 편지글 : 아내의 신분 / 첩>이 각각 관조의 대상이 되어 있다. 그리고 <아내의 친가계> 아래로는 <아내의 삼촌(숙부)>, <아내의 고모 : 아내의 고모의 배우자>, <아내의 종숙>이 문제되어 있다. [그림 18], [그림 19], [그림 20]은 이러한 <어버이 항렬 + 처가계> 분절의 특징을 도식화한 것이다.

[그림 18] 〈어버이 항렬 + 처가계〉 분절의 구조(1)

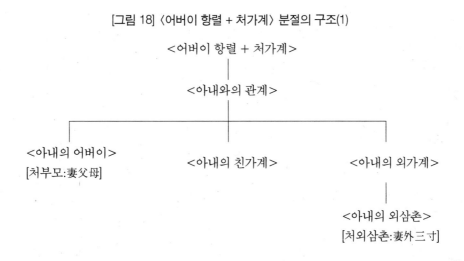

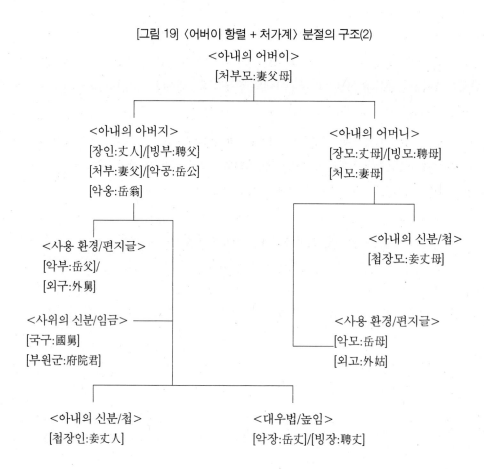

[그림 19] 〈어버이 항렬 + 처가계〉 분절의 구조(2)

<아내의 어버이>
[처부모:妻父母]

<아내의 아버지>
[장인:丈人]/[빙부:聘父]
[처부:妻父]/[악공:岳公]
[악옹:岳翁]

<아내의 어머니>
[장모:丈母]/[빙모:聘母]
[처모:妻母]

<사용 환경/편지글>
[악부:岳父]/
[외구:外舅]

<아내의 신분/첩>
[첩장모:妾丈母]

<사위의 신분/임금>
[국구:國舅]
[부원군:府院君]

<사용 환경/편지글>
[악모:岳母]
[외고:外姑]

<아내의 신분/첩>
[첩장인:妾丈人]

<대우법/높임>
[악장:岳丈]/[빙장:聘丈]

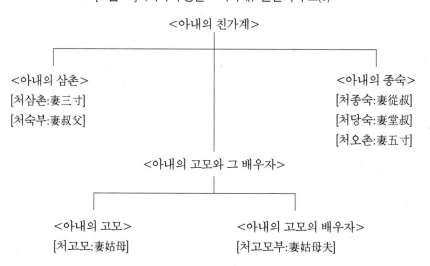

[그림 20] 〈어버이 항렬 + 처가계〉 분절의 구조(3)

<아내의 친가계>

<아내의 삼촌>
[처삼촌:妻三寸]
[처숙부:妻叔父]

<아내의 종숙>
[처종숙:妻從叔]
[처당숙:妻堂叔]
[처오촌:妻五寸]

<아내의 고모와 그 배우자>

<아내의 고모>
[처고모:妻姑母]

<아내의 고모의 배우자>
[처고모부:妻姑母夫]

6. 마무리

<어버이 항렬>은 <어버이와 대수 동일>, 혹은 <어버이와 평행관계>라는 특성과 함께 이해될 만한 분절인데, 이 분절의 특징들을 요약하여 정리하면 다음과 같다.

(1) 이 분절에서는 그 아래로 아버지 쪽의 혈연계통인 <친가계> 중심의 표현, 어머니 쪽의 핏줄 계통인 <외가계> 중심의 표현, 남편 집안의 핏줄 계통인 <시가계> 중심의 표현, 아내의 혈연계통인 <처가계> 중심의 표현이 일차적인 관심의 대상이 되어 있다.

(2) <친가계> 분절에 있어서는 그 아래로 <아버지와의 관계>가 중심적인 관심사가 되어 있는데, 다시 그 아래로는 <동기(형제자매)와 배우자>와 <동기 외와 그 배우자>가 관점으로 나타나 있다.

(3) <친가계 + 아버지와의 관계 + 동기와 배우자> 분절에 있어서는 <형제와 배우자>와 <자매의 배우자>가 일차적인 관심사가 되어 있다. <형제와 배우자> 아래로는 <형제>와 <형제의 배우자>가 관조의 대상이 되어 있다. <형제> 아래로는 <형>과 <아우>와 <서열>이 관심의 대상이 되어 있다. <서열> 아래로는 <둘째>가 문제되어 있으며, 다시 그 아래로는 <상태 / 사망>과 <대우법 / 높임>이 문제되어 있다. <형제 / 형>의 아래에는 <상태 / 사망>이 문제되어 있다. <형제 / 아우> 아래에는 <기혼 : 미혼>의 대칭관계가 형성되어 있는데, 전자의 아래로는 다시 <서열 / 맨 끝>과 <당사자 신분 / 서자>와 <상태 / 사망>과 <들을이 / 남>이 관심의 대상이 되어 있으며, 후자의 아래로는 <혈연관계 강조>와 <들을이 / 남>과 <피지칭자 / 남의 삼촌>과 <서열 / 맨 끝>이 관심의 대상이 되어 있다. <당사자 신분 / 서자>아래에는 <상태 / 사망>이 관심사가 되어 있다.

<형제의 배우자> 아래로는 <형의 배우자>와 <아우의 배우자>와 <서열>이 관심의 대상이 되어 있다. <서열> 아래로는 <둘째>만이 문제되어 있다. <형의 배우자>에서는 그 아래로 <맏이의 배우자>가 관심의 대상이 되어 있는데, 다시 그 아래로는 <상태 / 사망>이 관심사가 되어 있다. <아우의 배우자> 아래로는 <서열 / 맨 끝>, <상태 / 사망>, <대우법 / 낮춤>이 관조의 대상이 되어 있다.

<자매와 배우자>에서는 <자매>와 <자매의 배우자>가 관조의 대상이 되어 있다. <자매> 아래로는 다시 <손윗누이>가 관심사가 되어 있다.

(4) <동기 외와 그 배우자> 분절에서는 그 아래로 <성별에 따른 통칭>, <촌수(관계)>, <유복친>, <성이 다름>이 관조의 대상이 되어 있다. <성별에 따른 통칭> 아래로는 <남

자 : 여자>의 대칭관계가 관심사가 되어 있는데, <여자> 아래로는 다시 <상태 / 새로 시집옴>과 <대우법 / 낮춤>이 관점으로 나타나 있다. <촌수> 아래로는 구체적으로 <사촌 : 육촌 : 팔촌>의 대립관계가 문제되어 있다. <촌수 / 사촌>에서는 <사촌 형제와 배우자>와 <사촌 자매와 배우자>가 관심의 대상이 되어 있는데, 전자의 아래로는 다시 <사촌 형제 : 사촌 형제의 배우자>라는 대립이, 후자의 아래로는 다시 <사촌 자매 : 사촌 자매의 배우자>라는 대립이 각각 문제되어 있다. <촌수 / 육촌>에서도 <육촌 형제와 배우자 : 육촌 자매와 배우자>가 관점으로 나타나 있는데, 전자에서는 <육촌 형제 : 육촌 형제의 배우자>라는 대립이, 후자에서는 <육촌 자매 : 육촌 자매의 배우자>라는 대립이 각각 관심사가 되어 있다. <촌수 / 팔촌>에서는 <팔촌 형제 : 팔촌 형제의 배우자>라는 대립이 관조의 대상이 되어 있다. <유복친> 아래로는 <긍정 : 부정>의 대립관계가 관심의 대상이 되어 있다.

(5) <어머니와의 관계>를 근간으로 하는 <외가계> 분절에 있어서는 <형제와 배우자>와 <자매와 배우자>가 일차적인 관심사가 되어 있다. <형제와 배우자> 분절에서는 그 아래로 <형제>와 <형제의 배우자>가 관조의 대상이 되어 있으며, <자매와 배우자> 분절에 있어서는 그 아래로 <자매>와 <자매의 배우자>가 관점으로 나타나 있다.

(6) <시가계 / 남편과의 관계> 분절에 있어서는 <남편의 어버이>, <남편의 친가계>, <남편의 외가계>가 일차적인 관심의 대상이 되어 있다. <남편의 어버이> 아래로는 <남편의 아버지>와 <남편의 어머니>과 관조의 대상이 되어 있는데, 전자의 아래로는 다시 <상태 / 혼자됨>이, 그리고 후자의 아래로는 다시 <신분 / 서모>와 <상태 / 혼자됨>과 <상태 / 사망>과 <품성 / 인자함>이 각각 관심의 대상이 되어 있다. <남편의 어머니 + 상태 / 사망> 아래로는 <대우법 / 높임>도 관심의 대상이 되어 있다.

<남편의 친가계> 아래로는 <삼촌과 그 배우자>, <고모와 그 배우자>, <당숙>이 관점으로 나타나 있다. <삼촌과 그 배우자> 아래로는 <삼촌>고 <그 배우자>가, 그리고 <고모와 그 배우자> 아래로는 <고모>와 <그 배우자>가 관심의 대상이 되어 있다.

<남편의 외가계> 아래로는 <외삼촌과 그 배우자>와 <이모와 그 배우자>가 관심의 대상이 되어 있다. <외삼촌과 그 배우자> 아래로는 다시 <외삼촌>과 < 그 배우자>, 그리고 <이모와 그 배우자> 아래로는 다시 <이모>와 <그 배우자>가 각각 관심의 대상이 되어 있다.

(7) <처가계> 분절에 있어서는 <아내와의 관계>를 기본 요건으로 하면서 그 아래로 <아내의 어버이>, <아내의 친가계>, <아내의 외가계>가 일차적인 관심사가 되어 있다.

<아내의 외가계>의 경우는 그 아래로 <아내의 외삼촌>만이 관조의 대상이 되어 있다. [처부모]를 원어휘소로 하는 <아내의 어버이> 분절에서는 <아내의 아버지 : 아내의 어머니>의 대칭관계가 관심의 대상이 되어 있는데, <아내의 아버지> 아래로는 <사용 환경 / 편지글 : 사위의 신분 / 임금 : 아내의 신분 / 첩 : 대우법 / 높임>이, 그리고 <아내의 어머니> 아래로는 <사용 환경 / 편지글 : 아내의 신분 / 첩>이 각각 관조의 대상이 되어 있다. 그리고 <아내의 친가계> 아래로는 <아내의 삼촌(숙부)>, <아내의 고모 : 아내의 고모의 배우자>, <아내의 종숙>이 문제되어 있다.

제4절 <한어버이> 분절구조

1. 머리말

<한어버이>는 <할아버지 + 할머니>라는 통합개념과 함께 이해될 수도 있고, <할아버지 : 할머니>라는 관계개념과 함께 이해될 수도 있을 것이며, <할아버지나 할머니>라는 선언개념과 함께 이해될 수도 있는 분절이다. 그러한 의미에서 <할아버지> 분절과 <할머니> 분절은 <한어버이> 분절 아래에 포함되는 것으로 이해될 수 있을 것 같다.

<할아버지>와 <할머니>의 관계는 <후천적, 수평적 대등관계>에 의해 설명되기도 한다. 이 양자의 사이에는 <부부> 관계가 성립되기 때문이다. 또한 이 양자가 관계하는 <한어버이>는 <손자 손녀>와 서로 <수직관계>라는 대칭관계를 형성하고 있다. <한어버이>는 <손자 손녀에 대하여 직계로 두 세대 위>라는 특성을 문제 삼는 분절이며, 상대적으로 <손자 손녀>는 <한어버이에 대하여 직계로 두 세대 아래>라는 특성을 문제 삼는 분절이기 때문이다.

 (1) 한어버이
 (2) 조부모(祖父母)
 (3) 대부모(大父母)
 (4) 왕부모(王父母)

[한어버이]와 [조부모]와 [대부모]는 {할아버지와 할머니}라 풀이되고, [왕부모]는 {조부

모}라 풀이된다. 따라서 이 낱말들은 <한어버이> 분절에 있어서 원어휘소의 자리를 공유하는 것으로 이해될 것이다. 현재 토박이말 [한어버이]는 소외당하면서 점차 잊혀져 가고 있는데 반해, 이에 상응하는 한자말 [조부모]는 보편적으로 사용되고 있다. <큼 + 부모>라는 특성이 개념형성의 과정에 관계한 것으로 추정되는 [대부모]와 <임금 + 부모>라는 특성이 개념형성의 과정에 관계한 것으로 추정되는 [왕부모]는 현재 입말로는 거의 사용되지 않고 있는 한자말들이다. 전술한 바와 같이 [한어버이]는 <할아버지 + 할머니>라는 통합개념과 함께 이해될 수도 있고, <할아버지 : 할머니>라는 관계개념과 함께 이해될 수도 있을 것이며, <할아버지나 할머니>라는 선언개념과 함께 이해될 수도 있을 것 같다.

위의 낱말들을 원어휘소로 하는 <한어버이> 분절에 있어서는 그 아래로 <할아버지>와 <할머니>가 주된 관점이 되어 있다. [그림 1]은 이러한 <한어버이> 분절의 기본구조를 보이기 위한 것이다.

[그림 1] 〈한어버이〉 분절의 기본구조

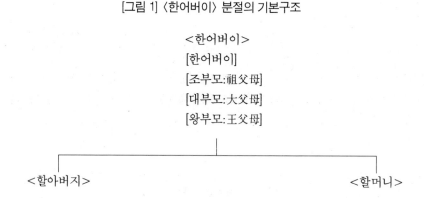

2. 〈할아버지〉 분절구조

<할아버지> 분절에 있어서는 그 아래로 <말할이의 처지>, <손자 손녀 현황>, <당사자 현황>이 관심의 대상이 되어 있다. 이러한 <할아버지> 분절의 기본구조를 도식화하면 [그림 2]가 될 것이다.

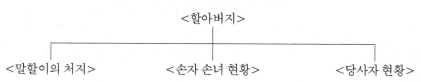

[그림 2] 〈할아버지〉 분절의 기본구조

〈할아버지〉

〈말할이의 처지〉　　　〈손자 손녀 현황〉　　　〈당사자 현황〉

(5) 할아버지

(6) 조부(祖父)

(7) 아옹(阿翁)

토박이말 [할아버지]는 {아버지의 아버지}라 풀이되고, 이에 상응하는 한자말 [조부]는 {할아버지}라 풀이된다. 그리고 한자말 [아옹]은 {'할아버지'를 달리 이르는 말}이라 풀이된다. 따라서 이 낱말들은 〈할아버지〉 분절에 있어서 원어휘소의 자리를 공유하는 것으로 이해될 것이다. 토박이말 [할아버지]는 호칭어로도 사용되고 있으나, 이 토박이말에 상응하는 한자말 [조부]는 호칭어로 사용되는 경우가 없는 것 같다. [할아버지]는 {부모의 아버지와 한 항렬에 있는 남자를 통틀어 이르는 말}이나 {'늙은 남자'를 일컫는 말. 친척이 아닌 늙은 남자를 친근하게 이르는 말}이라는 내용과 관계하기도 한다. [아옹]은 {자기의 아버지. '아버지'를 달리 이르는 말}이나 {며느리가 '시아버지'를 달리 이르는 말}이라는 내용과 관계하기도 하는데, 현재 이 한자말은 입말로는 거의 사용되지 않고 있다.

(8) 왕대인(王大人)

이 낱말은 {남의 할아버지를 높여 이르는 말}이라 풀이된다. 따라서 이 낱말은 〈할아버지 + 말할이의 처지 + 대우법 / 높임 + 피지칭자 / 남의 할아버지〉라는 특성과 함께 이해될 만하다.

(9) 왕부(王父)

이 낱말은 {편지 따위의 글에서, 남에게 자기의 할아버지를 높여 이르는 말}이라 풀이되면서 〈할아버지 + 말할이의 처지 + 대우법 / 높임 + 피지칭자 / 자기의 할아버지 + 사용환경 / 편지글 따위〉라는 특성을 문제 삼고 있다. 이 낱말은 {임금의 아버지}라는 내용과 관계하기도 한다. 현재 이 한자말은 입말로는 거의 사용되지 않고 있다.

(10) 할아비

이 낱말은 {'할아버지'의 낮춤말}이라 풀이되면서 <할아버지 + 말할이의 처지 + 대우법 / 낮춤>이라는 특성과 함께 사용되고 있다. 이 낱말은 {'할아범'의 낮춤말}이나 {늙은 남자가 손자, 손녀에게 자기 자신을 이르던 말}이라는 내용과 관계하기도 한다.

(11) 친할아버지(親---)
(12) 친조부((親祖父)
(13) 동성할아버지(同姓---)

[친할아버지]는 {아버지의 친아버지. 자기 아버지의 아버지}라 풀이되며, 이 낱말과 상응하는 한자말 [친조부]는 {친할아버지}라 풀이된다. 따라서 이 낱말들은 <할아버지 + 손자 손녀 현황 + 친손 여부 / 긍정>이라는 특성을 공유하는 것으로 이해될 만하다. [친할아버지]는 글말이나 입말 모두 자연스럽게 사용되고 있으나, [친조부]는 주로 글말에서 사용되는 특징을 보이고 있다. 그리고 [동성할아버지]는 {'친할아버지'를 외할아버지와 구별하여 이르는 말}이라 풀이되면서 <친할아버지 + 외할아버지와의 구별 강조>라는 특성과 함께 사용되고 있다. 현재 이 낱말은 입말로는 거의 사용되지 않고 있다.

(14) 양할아버지(養----)
(15) 양조부(養祖父)

[양할아버지]는 {양자로 간 집의 할아버지. 양어버이의 아버지}라 풀이되며, [양조부]는 {양자의 할아버지}라 풀이된다. 따라서 이 낱말들은 <할아버지 + 손자 손녀 현황 + 친손 여부 / 부정 + 양자>라는 특성을 공유하는 것으로 이해될 것이다. [양할아버지 : 양조부]의 관계는 전술한 [할아버지 : 조부]의 관계에 준하여 이해될 것이다.

(16) 제조(帝祖)

이 낱말은 {황제의 조부(祖父)}라 풀이되면서 <할아버지 + 손자 손녀 현황 + 신분 / 황제>라는 특성과 함께 사용되는 표현이다. 이 낱말은 {황제의 선조}라는 내용을 문제 삼기도 한다. 이 한자말은 현재 입말로는 거의 사용되지 않고 있다.

(17) 할바마마(--媽媽)

이 낱말은 {'임금의 할아버지'를 임금이나 왕비 또는 그 자녀들이 부르는 말}이라 풀이되면서 <할아버지 + 손자 손녀 현황 + 신분 / 임금 + 호칭자 / 임금 등>이라는 특성을 문제 삼고 있다. 이 낱말은 궁중에서의 전문용어로 사용되다가 일반어휘로 도입된 표현인데, 현재 이 낱말은 주로 사극 등에서만 사용되고 있다.

(18) 할아범

이 낱말은 {지체가 낮은 사람에게 대하여 그의 '할아버지'를 일컫는 말}이라 풀이되면서 <할아버지 + 손자 손녀 현황 + 신분 / 지체 낮음>이라는 특성과 함께 사용되고 있다. 이 낱말은 {지체가 높은 사람에게 대하여 제 '할아버지'를 일컫는 말}, {'지체가 낮은 늙은 남자'를 대접하여 일컫는 말}, {예전에, 늙은 남자 하인을 이르던 말} 따위의 내용과 관계하기도 한다.

(19) 엄조(嚴祖)

이 낱말은 {엄한 할아버지}라 풀이되면서 <할아버지 + 당사자 현황 + 성품 / 엄함>이라는 특성을 문제 삼고 있다.

(20) 조고(祖考)
(21) 왕고(王考)

[조고]는 {'돌아가신 할아버지'를 이르는 말. 죽은 할아버지}라 풀이되며, [왕고]는 {조고(祖考)}라 풀이된다. 따라서 이 낱말들은 <할아버지 + 당사자 현황 + 상태 / 사망>이라는 특성을 공유하는 것으로 이해될 것이다. [조고]에서는 <할아버지 + 상고함>이라는 특성이, [왕고]에서는 <임금 + 상고함>이라는 특성이 각각 개념형성의 과정에 관계한 것으로 추정되는 한자말들이다. [왕고]는 현재 입말로는 거의 사용되지 않고 있는 한자말이다.

(22) 황조(皇祖)

이 낱말은 {돌아가신 자기 할아버지를 높여 이르는 말}이라 풀이되면서 <조고 + 대우법 / 높임 + 피지칭자 / 자신의 할아버지>라는 특성을 문제 삼고 있다. 이 한자말은 {황제를 지낸 선조(先祖)}나 {황제의 조상}이라는 내용과 관계하기도 한다.

(23) 현조고(顯祖考)

이 낱말은 {신주나 축문에서 '돌아가신 할아버지'를 일컫는 말}이라 풀이되면서 <조고 + 사용환경 / 신주나 축문>이라는 특성과 함께 사용되고 있다. 따라서 이 낱말은 주로 글말로만 사용된다.

지금까지의 고찰에서 보인 바와 같이 <할아버지> 분절에 있어서는 <말할이의 처지>, <손자 손녀 현황>, <당사자 현황>이 일차적인 관심사가 되어 있다. <말할이의 처지> 아래로는 <대우법>이 관심의 대상이 되어 있는데, 다시 그 아래로는 <높임 : 낮춤>의 대칭관계가 형성되어 있다. <높임>의 아래로는 다시 <피지칭자>로서 <남의 할아버지 : 자기의 할아버지(사용 환경 / 편지글)>의 대칭관계가 형성되어 있다. <손자 손녀 현황> 아래로는 <친손 여부>와 <신분>이 문제되어 있는데, 전자의 아래로는 다시 <긍정>과 <양자>가, <신분> 아래로는 다시 <황제 : 임금 : 지체 낮음>이 각각 관조의 대상이 되어 있다. 그리고 <당사자 현황> 아래로는 <성품 / 엄함>과 <상태 / 사망>이 관심의 대상이 되어 있다. <상태 / 사망> 아래에서는 <대우법 / 높임>과 <사용 환경 / 신주나 축문>이 관심의 대상이 되어 있다. 이러한 <할아버지> 분절의 구조를 도식화하면 [그림 3], [그림 4]가 될 것이다.

[그림 3] 〈할아버지〉 분절구조(1)

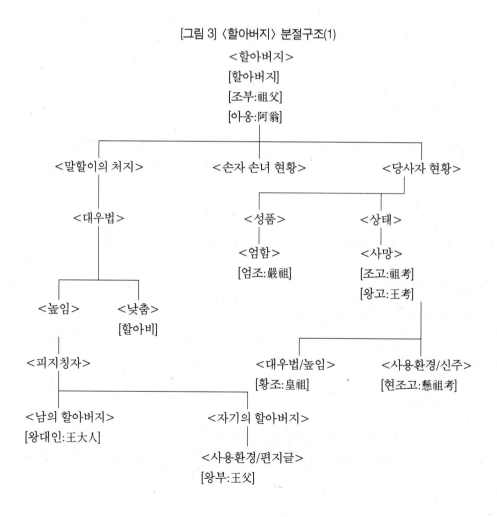

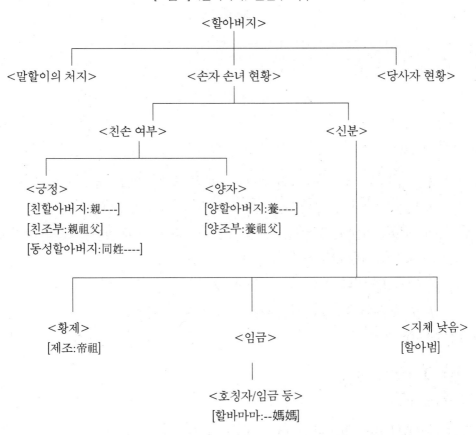

[그림 4] 〈할아버지〉 분절구조(2)

〈할아버지〉

〈말할이의 처지〉   〈손자 손녀 현황〉   〈당사자 현황〉

〈친손 여부〉   〈신분〉

〈긍정〉   〈양자〉
[친할아버지:親----]   [양할아버지:養----]
[친조부:親祖父]   [양조부:養祖父]
[동성할아버지:同姓----]

〈황제〉   〈임금〉   〈지체 낮음〉
[제조:帝祖]   [할아범]

〈호칭자/임금 등〉
[할바마마:--媽媽]

3. 〈할머니〉 분절구조

〈할머니〉 분절에서도 전술한 〈할아버지〉 분절에서처럼 그 아래로 〈말할이의 처지〉, 〈손자 손녀 현황〉, 〈당사자 현황〉이 일차적인 관조의 대상이 되어 있다. [그림 5]는 이러한 〈할머니〉 분절의 기본구조를 보이기 위한 것이다.

[그림 5] 〈할머니〉 분절의 기본구조

<할머니>

<말할이의 처지>   <손자 손녀 현황>   <당사자 현황>

(24) 할머니

(25) 조모(祖母)

토박이말 [할머니]는 {아버지의 어머니}라 풀이되며, 이에 상응하는 한자말 [조모]는 {할머니}라 풀이된다. 따라서 이 낱말들은 〈할머니〉 분절에 있어서 원어휘소의 자리를 공유하는 것으로 이해될 것이다. 토박이말 [할머니]는 호칭어로도 자연스럽게 사용되고 있으나, 한자말 [조모]는 그렇지 못한데, 이 두 낱말의 관계는 전술한 [할아버지 : 조부]의 관계에 준하여 이해될 만하다. [할머니]는 {부모의 어머니와 한 항렬에 있는 여자를 통틀어 이르는 말}이나 {'늙은 여자'를 대접하여 일컫는 말. 친척이 아닌 늙은 여자를 친근하게 이르는 말} 따위의 내용과 관계하기도 한다.

(26) 왕대부인(王大夫人)

(27) 대방(大房)

[왕대부인]과 [대방]은 공통적으로 {남의 할머니를 높여 이르는 말}이라 풀이되면서 〈할머니 + 말할이의 처지 + 대우법 / 높임 + 피지칭자 / 남의 할머니〉라는 특성을 공유하고 있다. [대방]은 {남의 어머니를 높여 이르는 말}이라는 내용도 관계하기도 하는데, 현재 이 한자말은 입말로는 거의 사용되지 않고 있다.

(28) 왕모(王母)

이 낱말은 {편지 따위의 글에서, 남에게 자신의 할머니를 높여 이르는 말}이라 풀이되면서 〈할머니 + 말할이의 처지 + 대우법 / 높임 + 피지칭자 / 자기의 할머니 + 사용 환경 / 편지글〉이라는 특성과 함께 사용되고 있다. 이 한자말은 {임금의 어머니}나 {서왕모(西王母 : 중국 신화에 나오는 신녀(神女)의 이름. 불사약을 가진 선녀라고 하며, 음양설에서는 일몰(日沒)의 여신이라고도 한다)의 준말}이라는 내용과 관계하기도 한다.

(29) 할미

이 낱말은 {'할머니'의 낮춤말}이라 풀이되면서 <할머니 + 말할이의 처지 + 대우법 / 낮춤>이라는 특성과 함께 사용되고 있다. 이 낱말은 {'할멈' 의 낮춤말}, {늙은 여자가 손자, 손녀에게 자기 자신을 이르는 말}이라는 내용과 관계하기도 한다.

(30) 친할머니(親---)

(31) 친조모((親祖母)

(32) 동성할머니(同姓---)

[친할머니]는 {아버지의 친어머니. 자기 아버지의 어머니}라 풀이되고, 이에 상응하는 한자말 [친조모]는 {친할머니}라 풀이된다. 따라서 이 두 낱말은 <할머니 + 손자 손녀 현황 + 친손 여부 / 긍정>이라는 특성을 공유하는 것으로 이해될 만하다. [친손할머니 : 친조모]의 관계는 전술한 [할머니 : 조모]의 관계에 준하여 이해될 것이다. 그리고 [동성할머니]는 {'친할머니'를 외할머니와 구별하여 이르는 말}이라 풀이되면서 <친할머니 + 외할머니와의 구별 강조>라는 특성을 문제 삼고 있다. 그러므로 이 낱말은 전술한 <할아버지> 분절에서의 [동성할아버지]와 대칭관계에 있는 표현으로 이해될 수 있을 것이다.

(33) 양할머니(養---)

(34) 양조모(養祖母)

[양할머니]는 {양자로 간 집의 할머니. 양어버이의 어머니}라 풀이되며, 이에 상응하는 한자말 [양조모]는 {양할머니}라 풀이된다. 따라서 이 낱말들은 <할머니 + 손자 손녀 현황 + 친손 여부 / 부정 + 양자>라는 특성을 공유하는 것으로 이해될 것이다. [양할머니 : 양조모]의 관계는 전술한 <할아버지> 분절에서의 [양할아버지 : 양조부] 관계에 준하여 이해될 만하다.

(35) 태황태후(太皇太后)

이 낱말은 {살아 있는 황제의 할머니}라 풀이되면서 <할머니 + 손자 손녀의 현황 + 신분 / 황제 + 상태 / 생존>이라는 특성과 함께 사용되고 있다.

(36) 할마마마(--媽媽)

이 낱말은 {'임금의 할머니'를 임금이나 왕비 또는 그 자녀들이 부르는 말}이라 풀이되면서 <할머니 + 손자 손녀 현황 + 신분 / 임금 + 호칭자 / 임금 등>이라는 특성을 문제 삼고 있다. 이 낱말은 전술한 [할바마마]와 마찬가지로 궁중에서 전문용어로 사용되다가 일반어휘로 도입된 표현인데, 현재 이 낱말은 주로 사극 등에서만 사용되고 있다.

(37) 대왕대비(大王大妃)

이 낱말은 {아직 살아 있는 임금의 할머니}라 풀이되면서 <할머니 + 손자 손녀 현황 + 신분 / 임금 + 상태 / 생존>이라는 특성과 함께 사용되고 있다.

(38) 할멈

이 낱말은 {지체가 낮은 사람에 대하여 그의 '할머니'를 일컫는 말}이라 풀이되면서 <할머니 + 손자 손녀 현황 + 신분 / 지체 낮음>이라는 특성을 가지는 표현이다. 이 낱말은 {지체가 높은 사람에 대하여 제 '할머니'를 일컫는 말}, {'지체가 낮은 늙은 여자'를 대접하여 일컫는 말}, {예전에, 늙은 여자 하인을 이르던 말}, {늙은 부부 사이에서 남편이 아내를 이르는 말} 따위의 내용과 관계하기도 한다. 이 낱말은 전술한 <할아버지> 분절에서의 [할아범]과 대칭관계를 유지하기도 한다.

(39) 서조모(庶祖母)

이 낱말은 {할아버지의 첩}이라 풀이되면서 <할머니 + 당사자 현황 + 신분 / 할아버지의 첩>이라는 특성과 함께 사용되고 있다.

(40) 조비(祖妣)

이 낱말은 {'돌아가신 할머니"를 이르는 말. 죽은 할머니}이라 풀이되면서 <할머니 + 당사자 현황 + 상태 / 사망>이라는 특성을 문제 삼고 있다.

(41) 현조비(顯祖妣)

이 낱말은 {신주나 축문에서 '돌아가신 할머니'를 일컫는 말}이라 풀이되면서 <조비 + 사용 환경 / 신주나 축문>이라는 특성과 함께 사용되고 있다. 그러한 의미에서 이 낱말은 전술한 [조비] 아래에 포함되는 표현으로 볼 수 있을 것이다.

지금까지의 고찰에서 보인 바와 같이 [할머니]와 [조모]를 원어휘소로 하는 <할머니> 분절에 있어서도 <할아버지> 분절과 마찬가지로 <말할이의 처지>, <손자 손녀 현황>, <당사자 현황>이 일차적인 관심의 대상이 되어 있다. <말할이의 처지> 분절 아래로는

<대우법>으로서 <높임 : 낮춤>의 대칭관계가 형성되어 있는데, <높임>의 아래로는 다시 <피지칭자>로서 <남의 할아버지 : 자기의 할아버지(사용 환경 / 편지글)>의 대칭관계가 형성되어 있다. 이러한 분절상도 <할아버지> 분절과 동일하다. <손자 손녀 현황> 분절의 아래로는 <친손 여부>와 <신분>이 관심의 대상이 되어 있다. 다시 <친손 여부> 아래로는 다시 <긍정 : 부정(양자)>의 대칭관계가, 그리고 <신분> 아래로는 <황제 : 임금 : 지체 낮음>의 대립관계가 각각 문제되어 있는데, 이는 <할아버지> 분절상과 동일한 양상이다. <당사자 현황> 분절 아래로는 <신분 / 할아버지의 첩>과 <상태 / 사망>이 관조의 대상이 되어 있는데, 후자의 경우는 그 아래로 <사용 환경 / 신주 등>이 관심의 대상이 되어 있다. 이러한 분절상의 특징을 도식화하면 [그림 6], [그림 7]이 될 것이다.

[그림 6] 〈할머니〉 분절구조(1)

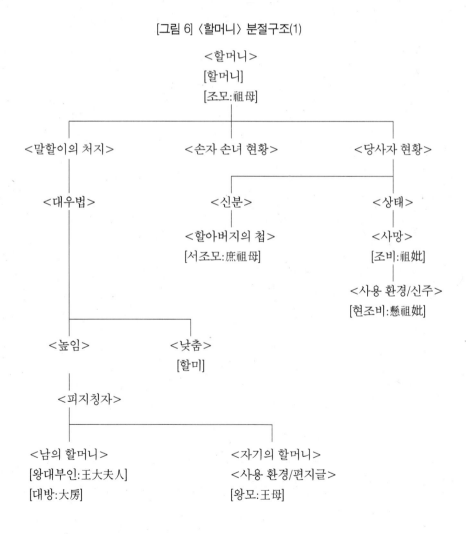

[그림 7] ⟨할머니⟩ 분절구조(2)

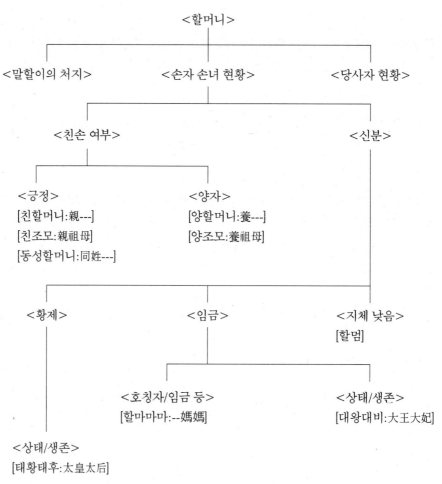

4. 마무리

⟨한어버이⟩는 ⟨할아버지 + 할머니⟩라는 통합개념과 함께 이해될 수도 있고, ⟨할아버지 : 할머니⟩라는 관계개념과 함께 이해될 수도 있으며, ⟨할아버지나 할머니⟩라는 선언개념과 함께 이해될 수도 있는 분절이다. 또한 ⟨한어버이⟩는 ⟨손자 손녀⟩와 서로 ⟨수직관계⟩로서 대칭관계를 맺고 있는 분절이다 그러한 의미에서 이 분절은 그 아래로 ⟨후천적, 수평적 대등관계⟩를 형성하고 있는 ⟨할아버지⟩와 ⟨할머니⟩를 포함하게 되는데, 이 양

자는 서로 <부부> 관계를 형성하고 있다. 이러한 <한어버이> 분절의 구조적 특징에 대한 해명 결과를 요약하여 정리하면 다음과 같다.

(1) [한어버이], [조부모 : 祖父母], [대부모 : 大父母], [왕부모 : 王父母]를 원어휘소로 하는 <한어버이> 분절에 있어서는 그 아래로 <할아버지>와 <할머니>가 주된 관점이 되어 있다.

(2) [할아버지], [조부 : 祖父], [아옹 : 阿翁]을 원어휘소로 하는 <할아버지> 분절에 있어서는 그 아래로 <말할이의 처지>, <손자 손녀 현황>, <당사자 현황>이 관심의 대상이 되어 있다. <말할이의 처지> 아래로는 <대우법>이 관심의 대상이 되어 있는데, 다시 그 아래로는 <높임 : 낮춤>의 대립관계가 형성되어 있다. 그리고 <높임>의 아래로는 다시 <피지칭자>로서 <남의 할아버지 : 자기의 할아버지(사용 환경 / 편지글)>의 대칭관계가 형성되어 있다. <손자 손녀 현황> 아래로는 <친손 여부>와 <신분>이 문제되어 있는데, 전자의 아래로는 다시 <긍정>과 <양자>가, <신분> 아래로는 다시 <황제>와 <임금>과 <지체 낮음>이 각각 관조의 대상이 되어 있다. 그리고 <당사자 현황> 아래로는 <성품>으로서 <엄함>과 <상태>로서 <사망>이 관심의 대상이 되어 있다. <상태 / 사망> 아래에서는 <대우법 / 높임>과 <사용 환경 / 신주나 축문>이 관심의 대상이 되어 있다.

(3) [할머니], [조모 : 祖母]를 원어휘소로 하는 <할머니> 분절에서도 <할아버지> 분절에서처럼 그 아래로 <말할이의 처지>, <손자 손녀 현황>, <당사자 현황>이 일차적인 관조의 대상이 되어 있다. <말할이의 처지> 분절 아래로는 <대우법>으로서 <높임 : 낮춤>의 대칭관계가 형성되어 있는데, <높임>의 아래로는 다시 <피지칭자>로서 <남의 할머니 : 자기의 할머니(사용 환경 / 편지글)>의 대칭관계가 형성되어 있다. 이러한 분절상은 <할아버지> 분절상과 동일하다. <손자 손녀 현황> 분절의 아래로는 <친손 여부>와 <신분>이 관심의 대상이 되어 있다. 다시 <친손 여부> 아래로는 다시 <긍정 : 부정(양자)>의 대칭관계가, 그리고 <신분> 아래로는 <황제 : 임금 : 지체 낮음>의 대립관계가 각각 문제되어 있는데, 이 역시 <할아버지> 분절상과 동일한 양상이다. <당사자 현황> 분절 아래로는 <신분 / 할아버지의 첩>과 <상태 / 사망>이 관조의 대상이 되어 있는데, 후자의 경우는 그 아래로 <사용 환경 / 신주 등>이 관심의 대상이 되어 있다.

제5절 〈한어버이 항렬〉 분절구조

1. 머리말

    〈한어버이 항렬〉은 〈손자 손녀 항렬〉 분절과는 수직적으로 〈두 세대 위〉라는 특성을 가지는 분절이다. 곧, 〈한어버이 항렬 : 손자 손녀 항렬〉의 대립은 〈한어버이 : 손자 손녀〉의 대립에 준하여 이해될 수 있다. 또한 〈한어버이 항렬 : 한어버이〉의 두 분절은 〈방계 : 직계〉라는 대칭관계를 형성하고 있다. 이 〈한어버이 항렬〉 분절은 일차적으로 〈친가계〉, 〈외가계〉, 〈시가계〉, 〈처가계〉를 문제 삼으면서 하위분절되는 양상을 보이고 있다. 〈친가계〉 분절에 있어서는 〈할아버지와의 관계〉가 구심점이 되어 있으며, 〈외가계〉 분절은 〈진외가 : 외가〉의 대립에 의하여 다시 하위분절되는 특징을 보이고 있다. 〈시가계〉 분절에 있어서는 〈남편과의 관계〉가 구심점이 되면서, 다시 그 아래로 〈남편의 친가계 : 남편의 외가계〉의 대립이 관심의 대상이 되어 있다. 그리고 〈처가계〉 분절에서는 〈아내와의 관계〉가 그 구심점이 되면서 〈아내의 할아버지 : 아내의 할머니〉라는 대립이 문제 되어 있다. 이러한 〈한어버이 항렬〉 분절의 기본구조를 그림으로 보이면 [그림 1]이 될 것이다.

[그림 1] 〈한어버이 항렬〉 분절의 기본구조

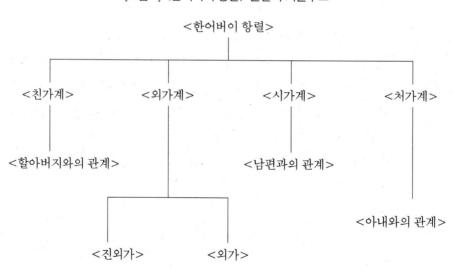

2. 〈친가계〉 분절구조

이 분절에 있어서는 〈할아버지와의 관계〉가 주된 관심의 대상이 되어 있는데, 그 아래로는 〈동기와 그 배우자〉로서 〈형제와 그 배우자 : 누이와 그 배우자〉의 대립관계가 문제되어 있다.

(1) 종조(부)(從祖父)

이 낱말은 {할아버지의 형이나 아우}라 풀이되면서 〈한어버이 항렬 + 친가계 + 할아버지와의 관계 + 형제와 그 배우자 / 형제〉라는 특성과 함께 사용되고 있다.

(2) 큰할아버지
(3) 백조(부)(伯祖父)
(4) 백종조(伯從祖)

[큰할아버지]는 {아버지의 큰아버지. 할아버지의 맏형}이라 풀이되고, 이 토박이말에 상응하는 한자말 [백조부]는 [큰할아버지}라 풀이되며, 〈맏이 + 할아버지의 형제〉라는 특성이 개념형성의 과정에 관계한 것으로 보이는 한자말 [백종조]도 {큰할아버지}라 풀이된다. 따라서 이 낱말들은 〈한어버이 항렬 + 친가계 + 할아버지와의 관계 + 형제와 그 배우자 + 형제 + 맏형〉이라는 특성을 공유하는 것으로 이해될 것이다. [큰할아버지]는 호칭어로도 자연스럽게 사용되는 특징을 보이고 있다. 한자말 [백조부]와 [백종조]는 현재 입말로는 거의 사용되지 않고 있다.

(5) 작은할아버지
(6) 숙조부(叔祖父)

[작은할아버지]는 {아버지의 작은아버지. 할아버지의 아우}라 풀이되며, 이 토박이말에 상응하는 한자말 [숙조부]는 {작은할아버지}라 풀이된다. 따라서 이 낱말들은 〈한어버이 항렬 + 친가계 + 할아버지와의 관계 + 형제와 그 배우자 + 형제 + 아우〉라는 특성을 공유하는 것으로 이해될 것이다[6].

---

6) {작은할아버지}라 풀이되는 [작은종조부(-- 從祖父)]와 [작은종조할아버지(---從祖----)]도 같은 방법으로 해명될 만하나, 이 낱말들이 사전에 따라서는(예컨대, 〈우리말 큰사전〉) 등재되어 있지 않은 경우도 있어서 여기서는 논외로 하였다.

(7) 종조모(從祖母)

이 낱말은 {종조부의 아내}라 풀이되면서 <한어버이 항렬 + 친가계 + 할아버지와의 관계 + 형제와 그 배우자 + 형제의 배우자>라는 특성과 함께 사용되고 있다. 이 낱말은 전술한 [종조부]와 <남편 : 아내>라는 대칭관계를 형성하고 있다.

(8) 큰할머니

이 낱말은 {아버지의 큰어머니. 큰할아버지의 아내}라 풀이되면서 <한어버이 항렬 + 친가계 + 할아버지와의 관계 + 형제와 그 배우자 + 형제의 배우자 + 맏형의 배우자>라는 특성과 함께 사용되고 있다. 이 낱말은 전술한 [큰할아버지]와 <남자 : 여자>라는 대칭관계를 형성하고 있다.

(9) 작은할머니

이 낱말은 {아버지의 작은어머니. 작은할아버지의 아내}라 풀이되면서 <한어버이 항렬 + 친가계 + 할아버지와의 관계 + 형제와 그 배우자 + 형제의 배우자 + 아우의 배우자>라는 특성을 문제 삼고 있다. 이 낱말은 전술한 [작은할아버지]와 <남자 : 여자>라는 대칭관계를 형성하고 있다[7].

(10) 대고모(大姑母)
(11) 왕(대)고모(王大姑母)
(12) 조고(祖姑)

[대고모]는 {할아버지의 누이. 아버지의 고모}라 풀이되고, [왕대고모]는 {대고모}라 풀이되며, [조고]는 {조부의 자매}라 풀이된다. 따라서 이 낱말들은 <한어버이 항렬 + 친가계 + 할아버지와의 관계 + 누이와 그 배우자 + 누이>라는 특성을 공유하는 것으로 이해될 만하다[8]. 개념형성의 과정에 <한어버이 + 고모>라는 특성이 관여한 것으로 추종되는 [조고]는 {조모의 자매}라는 내용과 관계하기도 한다. <임금 + 대고모>라는 특성이 개념형성의 과정에 관계한 것으로 추정되는 [왕대고모]는 현재 입말로는 거의 사용되지 않고 있다.

---

7) {작은할머니}라 풀이되는 [작은종조모(--從祖母)]와 [작은종조할머니(--從祖---)]도 같은 방법으로 해명될 것 같으나, 사전에 따라서는(예컨대, <우리말큰사전>) 이 낱말들이 등재되지 않은 경우도 있어서 여기서는 논의로 한다.
8) [고모할머니(姑母---)]도 {할아버지의 누이. 아버지의 고모}라 풀이되면서 같은 방법으로 해명될 만한 표현이나, 이 낱말은 사전에 따라서는(예컨대, <우리말 큰사전>) 등재되어 있지 않은 경우도 있어서 여기서는 논의로 하였다.

(13) 황고(皇姑)

이 낱말도 {대고모}라 풀이되면서 <대고모>라는 특성을 문제 삼고 있는데, 이 표현은 {'돌아간 시어머니'의 높임말}이라는 내용과 관계하기도 한다.

(14) 대고모부(大姑母夫)
(15) 왕고모부(王姑母夫)

[대고모부]는 {대고모의 남편}이라 풀이되며, [왕고모부]는 {대고모부}라 풀이된다. 따라서 이 낱말들은 <한어버이 항렬 + 친가계 + 할아버지와의 관계 + 누이와 그 배우자 + 그 배우자>라는 특성을 공유하는 것으로 이해될 것이다[9]. [대고모부 : 왕고모부]의 관계는 전술한 [대고모 : 왕대고모]의 관계에 준하여 이해될 수 있을 것이다.

(16) 고공(姑公)

이 낱말은 {대고모부를 예스럽게 이르는 말. 대고모부}라 풀이되면서 <대고모부 + 말할이의 태도 + 예스러움>이라는 특성과 함께 사용되고 있다. 이 낱말은 {고구(姑舅 : 결혼한 여자의 시부모를 예스럽게 이르는 말)}라는 내용과 관계하기도 한다.

(17) 재종조(부)(再從祖父)

이 낱말은 {할아버지의 사촌 형제. 할아버지의 종형제}라 풀이되면서 <한어버이 항렬 + 친가계 + 할아버지와의 관계 + 사촌 형제와 그 배우자 + 사촌 형제>라는 특성을 문제 삼고 있다[10].

(18) 재종조모(再從祖母)

이 낱말은 {재종조의 아내}라 풀이되면서 <한어버이 항렬 + 친가계 + 할아버지와의 관계 + 사촌 형제와 그 배우자 + 그 배우자>라는 특성과 함께 사용되고 있다[11]. 따라서 이 낱

---

9) {고모할머니의 남편}이라 풀이되는 [고모할아버지(姑母---)]도 같은 방법으로 해명될 만하나, 이 낱말이 사전에 따라서는(예컨대, <우리말 큰사전>) 등재되어 있지 않은 경우도 있어서 여기서는 논외로 한다.

10) [재종조할아버지(再從祖----)]도 {할아버지의 사촌 형제}라 풀이되면서 같은 방법으로 해명될 만한 표현이나, 이 낱말은 사전에 따라서는(<우리말 큰사전>) 등재되어 있지 않은 경우도 있어서 여기서는 논외로 하였다.

11) [재종조할머니(再從祖---)]도 {재종조할아버지의 아내}라 풀이되면서 같은 방법으로 해명될 만한 표현이다. 그러나 이 낱말은 사전에 따라서는(예컨대, <우리말 큰사전>) 등재되어 있지 않은 경우도 있어서 여기서는 논외로 한다.

말은 전술한 [재종조부]와 <남자 : 여자>, 혹은 <남편 : 부인>이라는 대칭관계를 형성하게 된다.

(19) 삼종조(三從祖)

이 낱말은 {할아버지의 육촌 형제. 팔촌 종조}라 풀이되면서 <한어버이 항렬 + 친가계 + 할아버지와의 관계 + 육촌 형제>라는 특성과 함께 사용되는 표현이다.

(20) 대부(大父)

이 낱말은 {할아버지와 같은 항렬인 유복친(복제에 따라 상복을 입어야 하는 가까운 친척) 외의 남자 친척}이라 풀이되면서 <한어버이 항렬 + 친가계 + 할아버지와의 관계 + 유복친 외의 남자 친척과 그 배우자 + 유복친 외의 남자 친척>이라는 특성을 문제 삼고 있다.

(21) 대모(大母)

이 낱말은 {할아버지와 같은 항렬인, 유복친 외의 친척의 아내}라 풀이되면서 <한어버이 항렬 + 친가계 + 할아버지와의 관계 + 유복친 외의 남자 친척과 그 배우자 + 그 배우자>라는 특성과 함께 사용되는 표현이다. 이 낱말은 전술한 [대부]와 <남자 : 여자>, 혹은 <남편 : 부인>이라는 대칭관계를 형성하게 된다. 이 낱말은 {할머니뻘 되는 여자 겨레붙이}라는 내용과 관계하기도 한다.

(22) 족대부(族大父)

이 낱말은 {할아버지뻘 되는 같은 성의 먼 친척. 대부뻘의 먼 겨레붙이}라 풀이되면서 <한어버이 항렬 + 친가계 + 할아버지와의 관계 + 동성(같은 성)의 먼 친척과 그 배우자 + 먼 친척>이라는 특성을 문제 삼고 있다.

(23) 족대모(族大母)

전술한 [족대부]와 <남자 : 여자>, 혹은 <남편 : 아내>라는 대칭관계를 형성하고 있는 이 낱말은 {족대부의 아내}라 풀이되면서 <한어버이 항렬 + 친가계 + 할아버지와의 관계 + 동성(같은 성)의 먼 친척과 그 배우자 + 그 배우자>라는 특성과 함께 사용되고 있다.

지금까지의 고찰에서 보인 바와 같이 <할아버지와의 관계>를 근간으로 하는 <친가계>

분절에 있어서는 그 아래로 <동기(관계)와 그 배우자>, <사촌 형제와 그 배우자>, <육촌 형제>, <유복친 이외와 그 배우자>, <동성 먼 친척과 그 배우자>가 관심의 대상이 되어 있다. <동기(관계)와 그 배우자> 아래로는 <형제와 그 배우자 : 누이와 그 배우자>가 관조의 대상이 되어 있는데, 전자의 아래로는 <형제 : 형제의 배우자>가, 그리고 후자의 아래로는 <누이 : 누이의 배우자>가 각각 관심의 대상이 되어 있다. 전자의 <형제> 아래에는 다시 <맏형 : 아우>의 대립관계가 문제되어 있다. <사촌 형제와 그 배우자> 아래에는 <사촌 형제 : 그 배우자>가 관심의 대상이 되어 있으며, <유복친 이외와 그 배우자> 아래에는 <유복친 이외의 남자 친척 : 그 배우자>가 관조의 대상이 되어 있다. 그리고 <동성 먼 친척과 그 배우자> 아래로는 <동성 먼 친척 : 그 배우자>가 관조의 대상이 되어 있다. 이러한 <친가계> 분절의 특징을 그림으로 그리면 [그림 2], [그림 3], [그림 4], [그림 5], [그림 6], [그림 7]이 될 것이다.

[그림 2] <친가계> 분절구조(1)

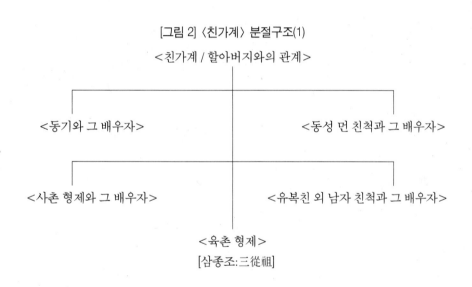

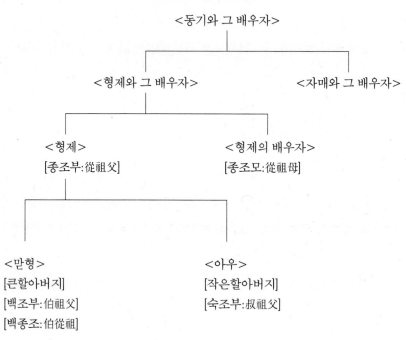

[그림 3] 〈친가계〉 분절구조(2)

<동기와 그 배우자>

<형제와 그 배우자>   <자매와 그 배우자>

<형제>   <형제의 배우자>
[종조부:從祖父]   [종조모:從祖母]

<맏형>   <아우>
[큰할아버지]   [작은할아버지]
[백조부:伯祖父]   [숙조부:叔祖父]
[백종조:伯從祖]

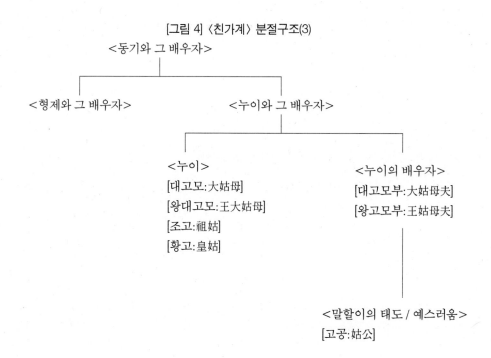

[그림 4] 〈친가계〉 분절구조(3)

<동기와 그 배우자>

<형제와 그 배우자>   <누이와 그 배우자>

<누이>   <누이의 배우자>
[대고모:大姑母]   [대고모부:大姑母夫]
[왕대고모:王大姑母]   [왕고모부:王姑母夫]
[조고:祖姑]
[황고:皇姑]

<말할이의 태도 / 예스러움>
[고공:姑公]

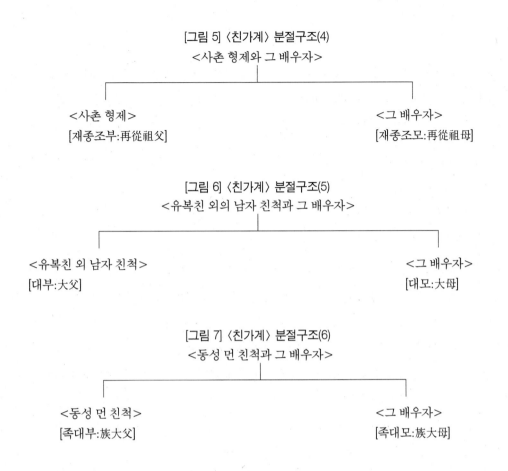

[그림 5] 〈친가계〉 분절구조(4)
<사촌 형제와 그 배우자>

<사촌 형제>
[재종조부:再從祖父]

<그 배우자>
[재종조모:再從祖母]

[그림 6] 〈친가계〉 분절구조(5)
<유복친 외의 남자 친척과 그 배우자>

<유복친 외 남자 친척>
[대부:大父]

<그 배우자>
[대모:大母]

[그림 7] 〈친가계〉 분절구조(6)
<동성 먼 친척과 그 배우자>

<동성 먼 친척>
[족대부:族大父]

<그 배우자>
[족대모:族大母]

3. 〈외가계〉 분절구조

이 분절에서는 앞에서 논의된 바와 같이 <진외가 : 외가>의 대립관계가 일차적인 관심사가 되어 있다. 전자에서는 다시 <아버지의 외숙 : 아버지의 외숙모>의 대립관계가, 그리고 후자에서는 <어머니의 아버지 : 어머니의 어머니>의 대립관계가 관조의 대상이 되어 있다.

(24) 넛할아버지

이 낱말은 {아버지의 외숙}이라 풀이되면서 <한어버이 항렬 + 외가계 + 진외가 + 아버지의 외숙>이라는 특성과 함께 사용되고 있다.

(25) 넛할머니

전술한 [넛할아버지]와 <남자 : 여자>, 혹은 <남편 : 아내>라는 대칭관계를 형성하고 있는 이 낱말은 {아버지의 외숙모}라 풀이되면서 <한어버이 항렬 + 외가계 + 진외가 + 아버지의 외숙모>라는 특성을 문제 삼고 있다.

(26) 외할아버지(外----)
(27) 외조(부)(外祖父)
(28) 외옹(外翁)
(29) 외왕부(外王父)

[외할아버지]는 {어머니의 아버지}라 풀이되며, 이에 상응하는 한자말 [외조부]는 {외할아버지}라 풀이된다. 그리고 [외옹]과 [외왕부]도 {외할아버지}라 풀이된다. 따라서 이 낱말들은 <한어버이 항렬 + 외가계 + 외가 + 어머니의 아버지>라는 특성을 공유하면서 사용되고 있다. [외할아버지]는 호칭으로도 자연스럽게 사용되는 표현이나, 다른 세 낱말들은 그렇지 않다. [외조부]의 경우는, 접미사 [-님]이 붙은 [외조부님]이라는 파생어 형태로서, 자연스럽게 호칭어로 사용된다. [외옹]에는 <외가 + 늙은이>라는 특성이, 그리고 [외왕부]에는 <외가 + 임금 + 아버지>라는 특성이 각각 개념형성의 과정에 관계한 것으로 추정되는데, 이 두 낱말은 현재 입말로는 거의 사용되지 않고 있다.

(30) 외할머니(外---)
(31) 외조모(外祖母)
(32) 외왕모(外王母)

[외할머니]는 {어머니의 어머니}라 풀이되며, 이에 상응하는 한자말 [외조모]는 {외할머니}라 풀이된다. 그리고 [외왕모] 역시 {외할머니}라 풀이된다. 따라서 이 낱말들은 <한어버이 항렬 + 외가계 + 외가 + 어머니의 어머니>라는 특성을 공유하는 것으로 이해될 것이다[12]. [외할머니 : 외조모]의 관계는 전술한 [외할아버지 : 외조부]의 관계에 준하여 이해될 것이며, [외왕모]는 전술한 [외왕부]와 <남자 : 여자>, 혹은 <남편 : 아내>라는 대칭관계로서 이해될 만하다.

---

12) [국대부인(國大夫人)]은 {조선 초기에 왕의 외조모나 왕비의 어머니에게 내리던 작위}라 풀이되면서 같은 방법으로 이해될 만한 옛말이다. 이 한자말은 {고려 시대에, 종실의 여자나 문무관의 아내에게 주던 정삼품 외명부의 품계}라는 내용도 문제 삼고 있다.

(33) 풀솜할머니

이 낱말은 {'외할머니'를 친근하게 이르는 말. 외손자에 대한 애정이 따뜻하고 두텁다는 뜻으로 이르는 말}이라 풀이되면서 <외할머니 + 친근성>이라는 특성과 함께 사용되고 있다.

지금까지의 고찰에서 보인 바와 같이 <한어버이 항렬 + 외가계> 분절에 있어서는 일차적으로 <진외가 : 외가>의 대립관계가 관조의 대상이 되어 있다. <진외가>의 아래로는 다시 <아버지의 외숙 : 아버지의 외숙모>라는 대립관계가, 그리고 <외가>의 아래로는 다시 <어머니의 아버지 : 어머니의 어머니>라는 대립관계가 각각 관심의 대상이 되어 있다. <어머니의 어머니> 아래에는 <친근성>이 문제되는 특징도 보인다. [그림 8]은 이러한 <한어버이 항렬 + 외가계> 분절의 특징을 도식화한 것이다.

[그림 8] 〈한어버이 항렬 + 외가계〉 분절구조

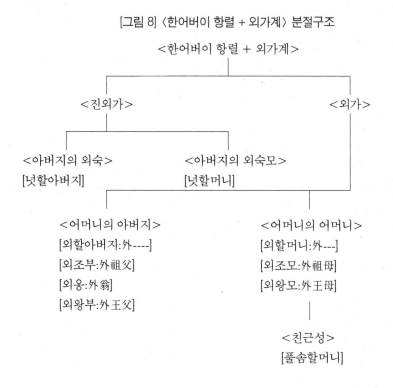

4. 〈시가계〉분절구조

〈남편과의 관계〉가 구심점이 되는 〈할아버지 항렬 + 시가계〉 분절에 있어서는 그 아래로 〈남편의 친가계 : 남편의 외가계〉의 대립관계가 일차적인 관점으로 나타나 있다.

(34) 시할아버지(媤----)
(35) 시조부(媤祖父)

[시할아버지]는 {남편의 할아버지}라 풀이되며, 이에 상응하는 한자말 [시조부]는 {시할아버지}라 풀이된다. 따라서 이 낱말들은 〈할아버지 항렬 + 시가계 + 남편과의 관계 + 남편의 친가계 + 남편의 할아버지〉라는 특성을 공유하는 것으로 이해될 것이다. [시할아버지]는 주로 입말로, [시조부]는 주로 글말로 사용되는 특징을 보이고 있다.

(36) 홀시할아버지(-媤----)

전술한 [시할아버지]의 아래에 포함되는 이 낱말은 {홀로 된 시할아버지. 혼자된 시할아버지}라 풀이되면서 〈시할아버지 + 상태 / 혼자됨〉이라는 특성을 문제 삼고 있다.

(37) 시할머니(媤---)
(38) 시조모(媤祖母)

[시할머니]는 {남편의 할머니}라 풀이되며, 이에 상응하는 한자말 [시조모]는 {시할머니}라 풀이된다. 따라서 이 낱말들은 〈할아버지 항렬 + 시가계 + 남편과의 관계 + 남편의 친가계 + 남편의 할머니〉라는 특성을 공유하는 것으로 이해될 것이다. [시할머니 : 시조모]의 관계는 전술한 [시할아버지 : 시조부]의 관계에 준하여 이해될 것이다.

(39) 홀시할머니(-媤---)

전술한 [시할머니]의 아래에 포함되는 이 낱말은 {혼자된 시할머니. 홀로 된 시할머니}라 풀이되면서 〈시할머니 + 상태 / 혼자됨〉이라는 특성과 함께 사용된다. 이 낱말은 전술한 [홀시할아버지]와 〈남자 : 여자〉라는 대칭관계를 형성하고 있다.

(40) 시서조모(媤庶祖母)

역시 전술한 [시할머니]의 아래에 포함되는 이 낱말은 {시조부의 첩. 남편의 서조모}라 풀이되면서 〈시할머니 + 신분 / 서조모(시조부의 첩)〉이라는 특성을 문제 삼고 있다.

(41) 시외조부(媤外祖父)

이 낱말은 {남편의 외할아버지}라 풀이되면서 <할아버지 항렬 + 남편과의 관계 + 남편의 외가계 + 남편의 외할아버지>라는 특성을 문제 삼고 있다[13].

(42) 시외조모(媤外祖母)

전술한 [시외조부]와 <남자 : 여자>, 혹은 <남편 : 아내>라는 대칭관계를 형성하고 있는 이 낱말은 {남편의 외할머니}라 풀이되면서 <할아버지 항렬 + 남편과의 관계 + 남편의 외가계 + 남편의 외할머니>라는 특성과 함께 사용되는 표현이다[14].

지금까지의 고찰에서 보인 바와 같이 <남편과의 관계>가 초점이 되는 <할아버지 항렬 + 시가계> 분절에 있어서는 <남편의 친가계 : 남편의 외가계>의 대립관계가 일차적인 관심의 대상이 되어 있다. <남편의 친가계> 분절에 있어서는 다시 <남편의 할아버지 : 남편의 할머니>의 대립관계가 관심사로 나타나 있는데, 전자에서는 그 아래로 <상태 / 혼자됨>이, 후자에서는 그 아래로 <상태 / 혼자됨 : 신분 / 서조모>가 각각 관심의 대상이 되어 있다. 그리고 <남편의 외가계> 분절에서는 <남편의 외할아버지 : 남편의 외할머니>의 대립관계가 관심사가 되어 있다. 이러한 <시가계> 분절의 특징을 그림으로 보이면 [그림 9], [그림 10]이 될 것이다.

---

13) [시외할아버지(媤外----)]도 {남편의 외할아버지}라 풀이되면서 같은 방법으로 해명될 만한 표현이나, 이 낱말은 사전에 따라서는(예컨대, <우리말 큰사전>) 등재되어 있지 않은 경우도 있어서 여기서는 논외로 한다.

14) [시외할머니(媤外---)]도 {남편의 외할머니}라 풀이되면서 같은 방법으로 해명될 만한 표현이다. 그러나 이 낱말이 사전에 따라서는(예컨대, <우리말 큰사전>) 등재되어 있지 않은 경우도 있어서 여기서는 논외로 하였다.

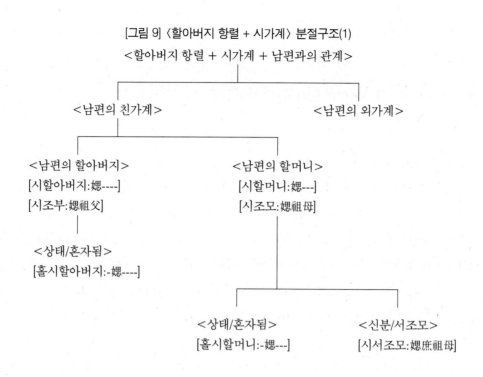

[그림 9] 〈할아버지 항렬 + 시가계〉 분절구조(1)

<할아버지 항렬 + 시가계 + 남편과의 관계>

<남편의 친가계>

<남편의 외가계>

<남편의 할아버지>
[시할아버지:媤----]
[시조부:媤祖父]

<남편의 할머니>
[시할머니:媤---]
[시조모:媤祖母]

<상태/혼자됨>
[홀시할아버지:-媤----]

<상태/혼자됨>
[홀시할머니:-媤---]

<신분/서조모>
[시서조모:媤庶祖母]

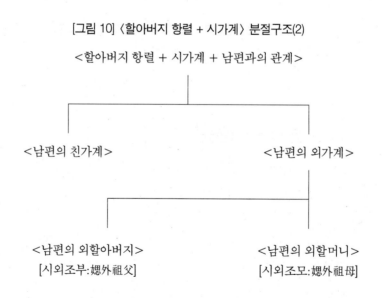

[그림 10] 〈할아버지 항렬 + 시가계〉 분절구조(2)

<할아버지 항렬 + 시가계 + 남편과의 관계>

<남편의 친가계>

<남편의 외가계>

<남편의 외할아버지>
[시외조부:媤外祖父]

<남편의 외할머니>
[시외조모:媤外祖母]

5. 〈처가계〉 분절구조

〈아내와의 관계〉가 초점이 되는 〈처가계〉 분절에 있어서는 그 아래로 〈아내의 할아버지 : 아내의 할머니〉의 대립관계가 관심사가 되어 있다.

(43) 처조부(妻祖父)

(44) 장조(부) (丈祖父)

(45) 가시할아버지

[처조부]는 {아내의 할아버지. 장조부}라 풀이되고, [장조부]는 {처조부. 아내의 할아버지}라 풀이되며, [가시할아버지]는 {처조부. 장조부}라 풀이된다. 따라서 이 낱말들은 〈할아버지 항렬 + 처가계 + 아내와의 관계 + 아내의 할아버지〉라는 특성을 공유하는 것으로 이해될 것이다. [처조부]에서는 〈아내 + 조부〉라는 특성이, 그리고 [장조부]에서는 〈장인 + 조부〉라는 특성이 각각 개념형성의 과정에 관계한 것으로 추정된다. 현재 [장조부]가 입말로 사용되는 경우는 흔하지 않다. 현재 잊혀져가고 있는 토박이말 [가시할아버지]에서의 앞가지 [가시-]는 {아내. 아내의 친정}이라는 내용을 문제 삼고 있다.

(46) 처조모(妻祖母)

(47) 장조모(丈祖母)

(48) 가시할머니

[처조모]는 {아내의 할머니. 장조모}라 풀이되고, [장조모]는 {처조모. 아내의 할머니}라 풀이되며, [가시할머니]는 {처조모. 장조모}라 풀이된다. 따라서 이 낱말들은 〈할아버지 항렬 + 처가계 + 아내와의 관계 + 아내의 할머니〉라는 특성을 공유하는 것으로 해명될 수 있다. [처조모 : 장조모 : 가시할머니]의 관계는 전술한 [처조부 : 장조부 : 가시할아버지]의 관계에 준하여 이해될 수 있을 것이다.

지금까지의 고찰에서 보인 바와 같이, 〈한어버이 항렬 + 처가계(+ 아내와의 관계)〉 분절에 있어서는 〈아내의 할아버지 : 아내의 할머니〉의 대립관계가 관심의 대상이 되어 있다. 이러한 〈처가계〉 분절의 특징을 그림으로 보이면 [그림 11]이 될 것이다.

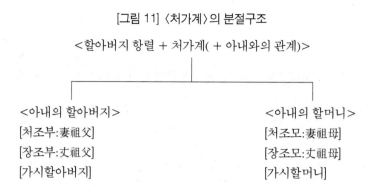

[그림 11] 〈처가계〉의 분절구조

〈할아버지 항렬 + 처가계(+ 아내와의 관계)〉

〈아내의 할아버지〉	〈아내의 할머니〉
[처조부:妻祖父]	[처조모:妻祖母]
[장조부:丈祖父]	[장조모:丈祖母]
[가시할아버지]	[가시할머니]

6. 마무리

〈한어버이 항렬〉은 〈손자 손녀 항렬〉 분절과는 수직적으로 〈두 세대 위〉라는 특성을 가지며, 〈한어버이〉 분절과는 〈방계 : 직계〉라는 대립관계에 있는 분절인데, 이 분절의 해명을 통하여 발견된 특징들을 요약하여 정리하면 다음과 같다.

(1) 〈한어버이 항렬〉 분절은 일차적으로 〈친가계〉, 〈외가계〉, 〈시가계〉, 〈처가계〉를 문제 삼으면서 하위분절되는 양상을 보이고 있다.

(2) 〈할아버지와의 관계〉를 근간으로 하는 〈친가계〉 분절에 있어서는 그 아래로 〈동기(관계)와 그 배우자〉, 〈사촌 형제와 그 배우자〉, 〈육촌 형제〉, 〈유복친 이외와 그 배우자〉, 〈동성 먼 친척과 그 배우자〉가 관심의 대상이 되어 있다. 〈동기(관계)와 그 배우자〉아래로는 〈형제와 그 배우자〉와 〈누이와 그 배우자〉가 관조의 대상이 되어 있는데, 전자의 아래로는 〈형제〉와 〈형제의 배우자〉가, 그리고 후자의 아래로는 〈누이〉와 〈누이의 배우자〉가 각각 관심의 대상이 되어 있다. 전자의 〈형제〉 아래에는 다시 〈맏형 : 아우〉의 대립관계가 문제되어 있다. 〈사촌 형제와 그 배우자〉 아래에는 〈사촌 형제〉와 〈그 배우자〉가 관심의 대상이 되어 있으며, 〈유복친 이외와 그 배우자〉 아래에는 〈유복친 이외의 남자 친척〉과 〈그 배우자〉가 관조의 대상이 되어 있다. 그리고 〈동성 먼 친척과 그 배우자〉 아래로는 〈동성 먼 친척〉과 〈그 배우자〉가 관조의 대상이 되어 있다.

(3) 〈한어버이 항렬 + 외가계〉 분절에 있어서는 일차적으로 〈진외가 : 외가〉의 대립관계가 관조의 대상이 되어 있다. 〈진외가〉의 아래로는 다시 〈아버지의 외숙 : 아버지의 외숙모〉라는 대립관계가, 그리고 〈외가〉의 아래로는 다시 〈어머니의 아버지 : 어머니의 어

머니>라는 대립관계가 각각 관심의 대상이 되어 있다. <어머니의 어머니> 아래에는 <친근성>이 관심사가 되어 있다.

(4) <남편과의 관계>가 초점이 되는 <할아버지 항렬 + 시가계> 분절에 있어서는 <남편의 친가계 : 남편의 외가계>의 대립관계가 일차적인 관심의 대상이 되어 있다. <남편의 친가계> 분절에 있어서는 다시 <남편의 할아버지 : 남편의 할머니>의 대립관계가 관심사로 나타나 있는데, 전자에서는 그 아래로 <상태 + 혼자됨>이, 후자에서는 그 아래로 <상태 + 혼자됨>과 <신분 + 서조모>가 각각 관심의 대상이 되어 있다.

(5) <한어버이 항렬 + 처가계(+ 아내와의 관계)> 분절에 있어서는 <아내의 할아버지 : 아내의 할머니>의 대립관계가 관심의 대상이 되어 있다.

제4장

〈수직관계〉 구조(2) -〈비속〉

제1절 〈비속〉 분절의 기본구조

〈비속〉 분절은 〈친척〉 명칭에 있어서 〈아들딸〉을 기점으로 하여 하향적인 계단대립 관계를 이루고 있는 〈관계 + 수직관계〉 분절에 해당한다. 따라서 이 분절은 상대적으로 〈친척〉 분절에 있어서 〈어버이〉를 기점으로 하여 상향적인 계단대립관계를 형성하고 있는 〈존속〉 분절과 대칭관계를 형성하게 된다. 이 〈비속〉 분절의 아래로는 〈혈족 갈래〉 로서 〈직계 : 방계〉의 대칭관계가 관심의 대상이 되어 있다.

(1) 비속(친)(卑屬親)

이 낱말은 {친족 관계에 있어서, 항렬이 자기보다 아래인 친족. 아들 이하의 항렬에 속하는 친족을 통틀어 이르는 말}이라 풀이되면서 〈비속〉 분절에 있어서 원어휘소의 자리를 차지하고 있다. 곧, 이 낱말은 〈친척 + 관계 / 수직관계 + 하향〉이라는 특성을 문제 삼고 있다. 그러한 의미에서 이 분절은 〈존속〉 분절과는 〈하향 : 상향〉이라는 대칭관계를 형성하는 것으로 이해될 것이다.

(2) 직계비속(直系卑俗)

이 낱말은 {자기로부터 직계로 내려가는 혈족(자녀, 손자, 증손 등)}이라 풀이되면서 〈비속 + 혈족 갈래 / 직계〉라는 특성과 함께 사용되고 있다.

(3) 아들딸

이 낱말은 {아들과 딸}이라 풀이되면서 〈직계비속 + 1세대 아래〉라는 특성을 문제 삼고 있다. 이 낱말을 원어휘소로 하는 〈아들딸〉 분절에 대하여는 별도로 다룬다.

그리고 〈직계비속 + 2세대 아래〉라는 특성을 문제 삼는 〈손자 손녀〉 분절에 대해서도 별도로 다룬다.

(4) 증손(曾孫)

이 낱말은 {손자의 아들. 아들의 손자}라 풀이되면서 <직계비속 + 3세대 아래 + 남자>라는 특성과 함께 사용되고 있다. 이 낱말은 <직계존속>에 있어서의 [증조(부)]와 대칭관계를 형성하는 것으로 이해될 만하다.

(5) 현손(玄孫)
(6) 고손(高孫)

[현손]은 {증손자의 아들. 손자의 손자}라 풀이되고, [고손]은 {현손(玄孫)}이라 풀이된다. 따라서 이 낱말들은 <직계비속 + 4세대 아래 + 남자>라는 특성을 공유하는 것으로 이해될 것이다. [현손]은 현재 입말로는 거의 사용되지 않고 있다. [고손]은 <직계존속]에 있어서의 [고조(부)]와 대칭관계를 형성하게 된다.

(7) 내손(來孫)

이 낱말은 {현손(玄孫)의 아들. 증손(曾孫)의 손자. 오대손}이라 풀이되면서 <직계비속 + 5세대 아래 + 남자>라는 특성과 함께 사용되는 표현이다.

(8) 곤손(昆孫)

이 낱말은 {내손의 아들. 현손의 손자. 육대손}이라 풀이되면서 <직계비속 + 6세대 아래 + 남자>라는 특성을 문제 삼고 있다.

(9) 잉손(仍孫)
(10) 이손(耳孫)

{잉손]은 {곤손의 아들. 내손의 손자. 칠대손}이라 풀이되며, [이손]은 {잉손(仍孫)}이라 풀이된다. 따라서 이 낱말들은 <직계비속 + 7세대 아래 + 남자>라는 특성을 공유하는 것으로 해명될 만하다. [이손]은 <직계비속 + 8세대 아래 + 남자>라는 특성을 문제 삼기도 한다. 이경우의 한자말 [이 : 耳]는 {8대손}이라는 내용과 관계하게 된다.

(11) 운손(雲孫)

이 낱말은 {구름과 같이 멀어진 자손이라는 뜻으로, 팔대(八代)의 자손을 이르는 말. 자(子), 손(孫), 증손(曾孫), 현손(玄孫), 내손(來孫), 곤손(昆孫), 잉손(仍孫)의 다음 자손을 이른다}라 풀이되면서 <직계비속 + 8세대 아래 + 남자>라는 특성과 함께 사용되고 있다. 그러한 의미에서 이 낱말은 {대수(代數)가 아주 먼 손자}라는 내용과 관계하기도 한다.

(12) 방계비속(傍系卑屬)

이 낱말은 {방계 혈족 가운데 자기보다 항렬이 낮은 친족(생질, 종손 따위)}이라 풀이되면서 <비속 + 혈족 갈래 / 방계>라는 특성과 함께 사용되고 있다.

<방계비속>은 다시 그 아래로 <세대 / 1세대 아래>라는 특성의 <아들딸 항렬> 분절과 <세대 / 2세대 아래>라는 특성의 <손자 손녀 항렬> 분절에 의하여 하위분절되는데, 이에 대하여는 별도로 다룬다.

지금까지 논의된 <비속> 분절의 기본구조를 도식화하면 [그림 1], [그림 2], [그림 3], [그림 4]가 될 것이다.

[그림 1] 〈비속〉 분절의 기본구조(1)

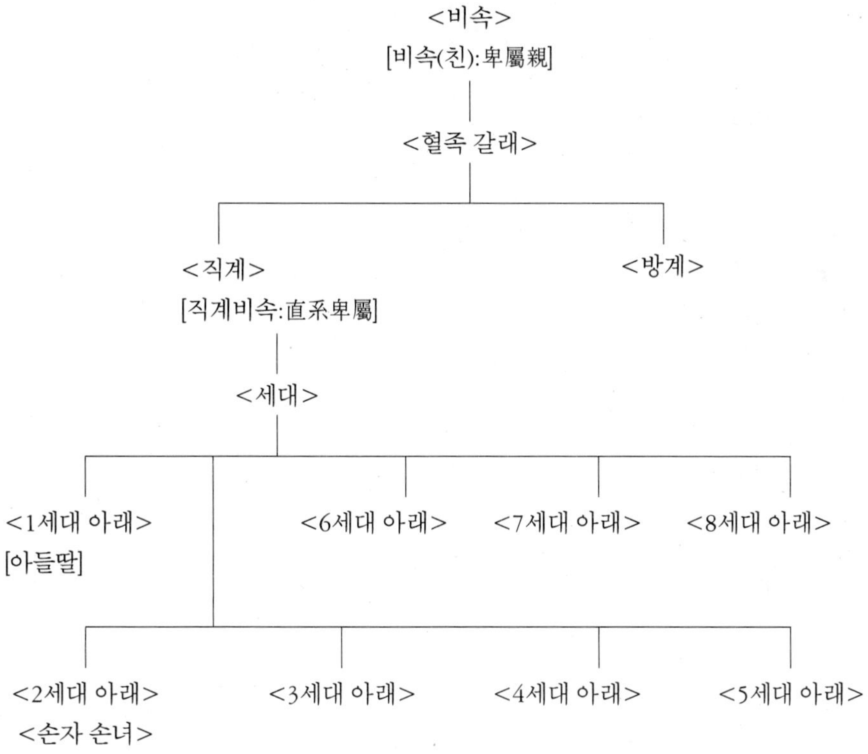

<비속>
[비속(친):卑屬親]

<혈족 갈래>

<직계>
[직계비속:直系卑屬]

<방계>

<세대>

<1세대 아래>
[아들딸]

<6세대 아래>

<7세대 아래>

<8세대 아래>

<2세대 아래>
<손자 손녀>

<3세대 아래>

<4세대 아래>

<5세대 아래>

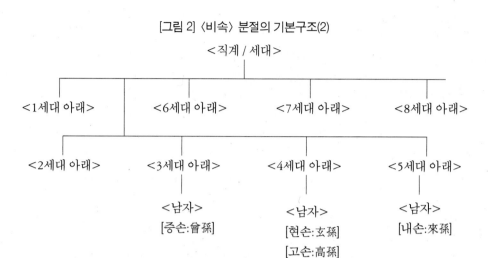

[그림 2] 〈비속〉 분절의 기본구조(2)

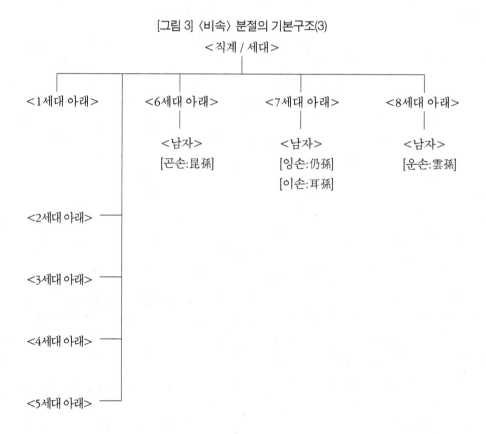

[그림 3] 〈비속〉 분절의 기본구조(3)

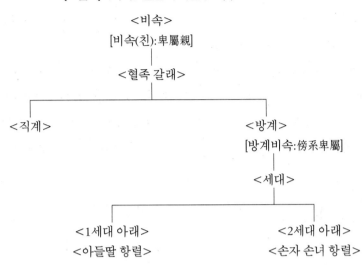

[그림 4] 〈비속〉 분절의 기본구조(4)

제2절 〈아들딸〉 분절구조

1. 〈아들딸〉 분절구조

1) 원어휘소와 기본구조

　〈아들딸〉 분절을 대변하는 낱말은 [아들딸]인데, 이 낱말은 {아들과 딸. 아들과 딸을 아울러 이르는 말}이라 풀이되면서 주로 〈아들 + 딸〉이라는 특성과 함께 이해된다. 그러나 현실적으로 이 분절은 〈아들 + 딸〉이라는 통합개념 이외에 〈아들 혹은 딸〉이라는 선언 개념도 포함하고 있다. 또한 이 낱말은 〈어버이보다 한 세대 아래 + 남자와(남자 혹은) 여자〉라는 특성을 가지면서 〈어버이〉 분절과 대칭관계에 있는 것으로도 이해될 수 있다. 〈어버이〉가 전제된 후 〈아들딸〉이 있을 수 있고, 〈아들딸〉이 전제된 후 〈어버이〉가 있을 수 있기 때문이다. 그러한 의미에서 〈친척〉 분절 안에 가상적인 어휘소 [자신(ego)]을 설정하고서 [아들]의 위치가치를 〈자신의 한 세대 아래(- 1세대)〉라는 특성과 함께 인식하고, [어버이(아버지)]의 위치가치를 〈자신의 한 세대 위(+ 1세대〉라는 특성과 함께 이해하려는 관점은[1] 설득력이 없을 것 같다. 또한 그러한 이해 방식은 〈가족〉 명칭 속에 [자신(자

---

1) E.A.Nida(1975): Componential Analysis of Meaning, Mouton Publishers, The Hague/ New York, 34쪽 참조.

기)]이라는 대명사가 포함되어야 한다는 모순을 갖게 될 뿐만 아니라, [아들딸(아들)]과 [어버이(아버지)]사이에 <두 세대 차이>라는 간격을 인정해야 하는 불합리성을 내포하기도 한다. 곧, [아들딸(아들)], [어버이(아버지)] 등은 <가족>이라는 명칭 속에서 상호 협력하고, 의존하는 관계를 유지하고 있는 낱말들로서 <가족> 명칭 전체의 해명을 통하여서만 그 위치가치들이 규명될 수 있다. 그러한 전체의 해명에 의존하게 될 때, [아들딸(아들)]은 <어버이(아버지)의 한 세대(직계로) 아래>라는 특성과 함께, 그리고 [어버이(아버지)]는 <아들딸(아들)에 대하여 한 세대(직계로) 위>라는 특성과 함께 각각 상호 의존적으로 규명될 수 있다.

(1) 아들딸

전술한 바와 같이 이 낱말은 {아들과 딸. 아들과 딸을 아울러 이르는 말}이라 풀이된다. 따라서 이 낱말은 주로 <아들 + 딸>이라는 특성을 문제 삼으면서 이 분절에 있어서 원어휘소의 자리를 차지하고 있다. 그러나, 현실적으로 이 분절은 <아들 + 딸>이라는 통합개념 이외에 <아들 혹은 딸>이라는 선언개념도 포함하고 있다. 그리고 이 낱말은 <어버이보다 한 세대 아래 + 남자와(남자 혹은) 여자>라는 특성과 함께 <어버이>와 대칭관계를 형성하기도 한다.

(2) 자식(子息)
(3) 자녀(子女)

이 낱말들도 {아들딸. 아들과 딸}이라 풀이되면서 전술한 [아들딸]과 마찬가지로 이 분절에 있어서 원어휘소의 자리에 위치하고 있다. [자식]은 {어린아이를 귀여워하여 일컫는 말. 어린아이를 귀엽게 이르는 말}이나 {남자를 욕할 때 '놈' 보다 낮추어 이르는 말}이라는 내용과 함께 사용되기도 하는 표현이다. [자녀]는 일반적으로 말할이 자신의 아들딸의 경우는 사용되지 않는 특징을 보이고 있다. 그러한 의미에서 [자녀]는 어느 정도 <높임>의 특성도 내포하는 것으로 볼 만하다.

위의 낱말들을 원어휘소로 하는 <아들딸> 명칭 분절은 일차적으로 현재의 형편이나 과정이 문제되는 <현황>과 상대를 높이거나 낮추어 지칭하거나 호칭하는 <대우법>에 의해 하위분절되는 특징을 보이고 있다. 이 <대우법>은 <말할이의 처지> 속에서 다루어질 수도 있다. <현황> 분절은 다시 그 아래로 어버이의 상황에 초점을 맞추는 <어버이 현황>, 형제자매(동기간)의 상황에 초점을 맞추는 <동기간 현황>, 아들딸 자신의 상황에 초점을 맞추는 <당사자 현황>을 관심의 대상으로 삼으면서 하위분절되는 특징을 보이고 있다. 이러한 <아들딸> 분절의 기본구조를 그림으로 보이면 [그림 1]이 될 것이다.

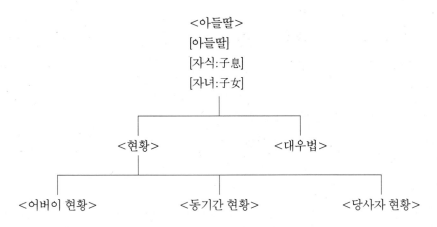

[그림 1] 〈아들딸〉 명칭 분절의 기본구조

```
                         <아들딸>
                         [아들딸]
                         [자식:子息]
                         [자녀:子女]
            ┌───────────────────┴───────────────────┐
         <현황>                                  <대우법>
    ┌────────┼────────────────┐                    │
<어버이 현황>          <동기간 현황>              <당사자 현황>
```

2) 〈어버이 현황〉에 따른 표현

이 분절에 있어서는 일차적으로 〈아버지와 어머니〉에 두루 통용되는 현황, 〈아버지〉에게만 통용되는 현황, 그리고 〈어머니〉에게만 통용되는 현황이 관심의 대상이 되어 있다. 〈아버지와 어머니〉 분절에서는 〈친어버이 여부〉와 〈어버이의 상태〉가 관조의 대상이 되어 있다.

(4) 친자(식)(親子息)

(5) 소생(所生)

(6) 생출(生出)

(7) 소탄(所誕)

(8) 기출(己出)

(9) 혈육(血肉)

[친자식], [소생], [기출], [혈육]은 공통적으로 {자기가 낳은 아들딸. 자기가 낳은 자식}이라 풀이된다. 그리고 [생출], [소탄]은 공통적으로 {소생}이라 풀이된다. 따라서 이 낱말들은 〈아들딸 + 어버이 현황 + 아버지와 어머니 + 친어버이 여부 / 긍정〉이라는 특성을 공유하는 것으로 이해될 만하다. [혈육]은 {피와 살}이나 {부모, 자식, 형제 따위 한 혈통으로 맺어진 육친}이라는 내용과 함께 사용되기도 한다. [소생]에 있어서는 〈연고 + 남 → 난 연고 → 나게 한 부모 → 자기가 낳은 자식〉과 같은 특성이, [생출]에서는 〈남 + 나옴 → 태어나서 나옴 → 태어나서 나오게 된 부모 → 자기가 낳은 자식〉과 같은 특성이, [소탄]에서는 〈연고

+ 태어남 → 태어난 연고 → 태어나게 한 부모 → 자기가 낳은 자식>과 같은 특성이, 그리고 [기출]에서는 <몸 + 나옴 → 나온 몸 → 나오게 된 부모의 몸 → 자기가 낳은 자식>과 같은 특성이 각각 개념형성의 과정에 관계한 것으로 추정된다. [생출], [소탄], [기출]은 현재 입말로는 거의 사용되지 않고 있는 한자말들이다. [친자식]의 준말인 [친재는 법률적인 전문용어로 사용되기도 한다. 그리고 {친자식]이 입말, 글말로 두루 사용되는데 비해, 그 준말인 [친재는 입말로 사용되는 경우는 흔하지 않다.

(10) 일점혈육(一點血肉)

이 낱말은 {자기가 낳은 단 하나의 자녀. 단 하나의 자기가 낳은 자녀}라 풀이되면서 <아들딸 + 어버이 현황 + 아버지와 어머니 + 친어버이 여부 / 긍정 + 수치 / 하나>라는 특성과 함께 사용되고 있다. 따라서 이 낱말은 전술한 [혈육]의 아래에 포함되는 것으로 이해될 수 있다. 이 낱말은 이러한 내용 특성과 함께 앞으로 논의될 <동기간 현황> 분절과도 관계한다.

(11) 대자녀(代子女)

이 낱말은 {대자<성세나 견진 성사를 받을 때, 신친(神親) 관계를 맺은 피후견인의 남자. 성세와 견진의 성사를 받은 남자의 그 대부에게 대한 친분>와 대녀<성세나 견진 성사를 받을 때, 신친(神親) 관계를 맺은 피후견인의 여자. 성세와 견진의 성사를 받은 여자의 그 대모에게 대한 친분>}이라 풀이되면서 <아들딸 + 어버이 현황 + 아버지와 어머니 + 친어버이 여부 / 부정 + 과정 / 종교의식>이라는 특성을 문제 삼고 있다. 이 낱말은 천주교에서의 전문용어인데, 현재 일반어휘로도 도입되어 사용되고 있다.

(12) 적출자(嫡出子)

법률학에서 전문용어로 사용되다가 일반어휘로 도입되어 사용되고 있는 이 한자말은 {혼인 관계에 있는 남녀 사이에 출생한 자녀}라 풀이되면서 <아들딸 + 어버이 현황 + 아버지와 어머니 + 상태 + 자식 출생 때의 혼인 관계 / 긍정>이라는 특성을 문제 삼고 있다. 이 낱말은 {혼인중의 출생자}라는 내용과도 관계한다.

(13) 비적출자(非嫡出子)

역시 법률학 전문용어에서 도입된 이 한자말은 {혼인 관계에 있지 아니한 남녀 사이에서 출생한 자녀}라 풀이되면서 <아들딸 + 어버이 현황 + 아버지와 어머니 + 상태 + 출산 때 +

혼인 관계 / 부정>이라는 특성을 문제 삼고 있다. 그러한 의미에서 이 낱말은 전술한 [적출자]와는 <출산 때의 혼인 관계>를 축으로 하여 <긍정 : 부정>이라는 대칭관계를 형성하게 된다. 이 낱말은 {혼인 외의 출생자}라는 내용과 관계하기도 한다.

(14) 늦둥이

(15) 만득자(晚得子)

(16) 만생자(晚生子)

[늦둥이]는 {늘그막에 낳은 자식. 나이가 많이 들어서 낳은 자식}이라 풀이되고, [만득자]는 {늙어서 낳은 자식}이라 풀이되며, [만생자]는 {만득자}라 풀이된다. 따라서 이 낱말들은 <아들딸 + 어버이 현황 + 아버지와 어머니 + 상태 + 출산 때 / 늙음>이라는 특성을 공유하는 것으로 이해될 만하다. [늦둥이]는 {열기가 없어 또랑또랑하지 못한 사람. 당찬 기운이 없이 어리석은 사람}이라는 내용을 문제 삼기도 한다. [만득자]에서는 <늙음 + 얻음 + 자식 → 늙어서 얻은 자식>과 같은 특성이, 그리고 [만생자]에서는 <늙음 + 남 + 자식 → 늙어서 태어난 자식>과 같은 특성이 각각 개념형성의 과정에 관계한 것으로 추정된다.

(17) 유자녀(遺子女)

이 낱말은 {나라를 위하여 싸우다가 죽은 사람의 자녀}라 풀이되면서 <아들딸 + 어버이 현황 + 아버지와 어머니 + 상태 + 사망 / 순국>이라는 특성을 문제 삼고 있다. 이 낱말에서는 아버지와 어머니 둘 다 순국한 경우도 문제 삼으며, 아버지나 어머니 중 한 사람이 순국한 경우도 문제 삼는다. 이 낱말은 단순하게 {죽은 사람의 자녀}라는 내용과 함께 사용되기도 한다.

(18) 고아(孤兒)

이 낱말은 {부모를 여의거나 부모에게 버림받아 몸 붙일 곳이 없는 자식}이라 풀이되면서 <아들딸 + 어버이 현황 + 아버지와 어머니 + 상태 + 사망 혹은 자식 버림(+ 당사자 상태 / 몸 붙일 곳 없음)>이라는 특성을 문제 삼고 있다. 이 낱말은 {몸 붙일 곳이 없는 아이}라는 내용과 함께 사용되기도 한다.

<아버지> 분절의 경우는 <친아버지 여부>만이 관심의 대상이 되어 있다.

(19) 덤받이

이 낱말은 {여자가 전남편에게서 배거나 낳아서 데리고 들어온 자식}이라 풀이되면서

<아들딸 + 어버이 현황 + 아버지 + 친아버지 여부 / 부정>이라는 특성을 문제 삼고 있다. 이 낱말은 {덤으로 받는 일이나 그런 물건}이라는 내용을 문제 삼기도 한다.

<어머니> 분절에 있어서는 그 아래로 <신분>과 <친어머니 여부>가 관조의 대상이 되어 있다.

(20) 적출(嫡出)

이 낱말은 {정실에서 난 자식. 정실의 소생}이라 풀이되면서 <아들딸 + 어버이 현황 + 어머니 + 신분 / 정실>이라는 특성과 함께 사용되고 있다.

(21) 서출(庶出)

(22) 서생(庶生)

(23) 첩출(妾出)

(24) 측출(側出)

(25) 서자녀(庶子女)

[서출]은 {첩이 낳은 자식. 첩의 소생. 첩에게서 태어난 아들과 딸}이라 풀이되고, [서생]과 [첩출]과 [측출]은 공통적으로 {서출}이라 풀이되며, [서자녀]는 {첩의 몸에서 태어난 아들과 딸}이라 풀이된다. 따라서 이 낱말들은 <아들딸 + 어버이 현황 + 어머니 + 신분 / 첩(실)>이라는 특성을 공유하는 것으로 이해될 것이다. [서출]은 전술한 [적출]과 대칭관계에 있는 한자말인데, 이 낱말에서는 <정실이 아님 + 나옴 → 정실이 아닌 몸에서 태어남 → 첩이 낳은 자식>과 같은 특성이 개념형성의 과정에 관계한 것으로 추정된다. [서생]에서는 <정실이 아님 + 남 → 정실이 아닌 몸에서 태어남 → 첩이 낳은 자식>과 같은 특성이, [첩출]에서는 <첩 + 나옴 → 첩실의 몸에서 태어남 → 첩이 낳은 자식>과 같은 특성이, [측출]에서는 <곁 + 나옴 → 정실이 아닌 몸에서 태어남 → 첩이 낳은 자식>과 같은 특성이, 그리고 [서자녀]에서는 <정실이 아님 + 자녀 → 정실이 아닌 몸에서 태어난 자녀 → 첩이 낳은 자식>과 같은 특성이 각각 개념형성의 과정에 관계한 것으로 추정된다. [서생]과 [첩출]과 [측출]은 현재 입말로서는 거의 사용되지 않고 있는 한자말들이다. [자녀]가 그러했듯이, [서자녀]의 경우도 <다소 높임>이라는 특성을 첨가하고 있는 낱말로 이해될 만하다.

(26) 의붓자식(--子息)

(27) 가자(假子)

(28) 계자(繼子/系子)

　[의붓자식]은 {자기가 낳지 아니한 남편의 자식}이라 풀이되며, [가재]와 [계재]는 {의붓자식}이라 풀이된다. 따라서 이 낱말들은 <아들딸 + 어버이 현황 + 어머니 + 친어머니 여부 / 부정>이라는 특성을 공유하는 것으로 이해될 것이다. [의붓자식]은 {첩이나 후실이 데리고 들어온 자식. 개가하여 온 아내나 첩이 데리고 들어온 자식}이라는 내용을 문제 삼으면서 전술한 <아버지 + 친아버지 여부 / 부정> 분절과도 관계하는 낱말이다. [가재]와 [계재]는 {자기 아들로 삼은 남의 아들. 양자(養子)}라는 내용과 함께 <아들> 명칭 분절과도 관계하는데, 이에 대하여는 <아들> 명칭 분절에서 다시 논의될 것이다.

(29) 전실자식(前室子息)

(30) 전처소생(前妻所生)

(31) 전취소생(前娶所生)

　[전실자식]은 {전처에서 난 아들딸}이라 풀이되고, [전처소생]은 {전처의 몸에서 난 자식}이라 풀이되며, [전취소생]은 {전취(다시 장가들기 전의 아내)가 낳은 자식}이라 풀이된다. 따라서 이 낱말들은 <아들딸 + 어버이 현황 + 어머니 + 친어머니 여부 / 부정 + 아버지의 전처>라는 특성을 공유하는 것으로 이해될 만하다. [전실자식]은 <앞의 정실 + 자식 → 이전 정실의 자식 → 전처에서 난 아들딸>과 같은 특성을, [전처소생]은 <전처 + 소생 → 전처의 소생 → 전처에서 난 아들딸>과 같은 특성을, 그리고 [전취소생]은 <앞의 장가듦 + 소생 → 전처의 소생 → 전처에서 난 아들딸>과 같은 특성을 각각 개념형성의 과정에서 문제 삼은 것으로 추정된다.

　지금까지의 고찰에서 보인 바와 같이 <어버이 현황> 분절에 있어서는 <아버지와 어머니>, <아버지>, <어머니>가 일차적인 관조의 대상이 되어 있다. <아버지와 어머니> 분절은 그 아래로 <친어버이 여부>와 <친어버이의 상태>를 문제 삼으면서 하위분절되어 있는데, 전자에서는 다시 그 아래로 <긍정>과 <부정>에 의한 대립이 관심의 대상이 되어 있으며, 후자에서는 다시 그 아래로 <출산 때(혼인 관계 : 늙음)>와 <사망 / 순국>과 <사망 혹은 버림>의 대립이 관심의 대상이 되어 있다. <아버지> 분절의 아래로는 <친아버지 여부 / 부정>만이 관심사가 되어 있다. <어머니> 분절에서는 그 아래로 <어머니의 신분>

과 <친어머니 여부>가 관심의 대상이 되어 있는데, 전자에서는 <정실 : 첩(실)>의 대립이 문제되어 있으며, 후자에서는 <부정>만이 문제되어 있다. <어버이 현황> 분절의 이러한 분절상의 특징들을 그림으로 보이면 [그림 2], [그림 3], [그림 4]가 될 것이다.

[그림 2] 〈어버이 현황〉 분절의 구조(1)

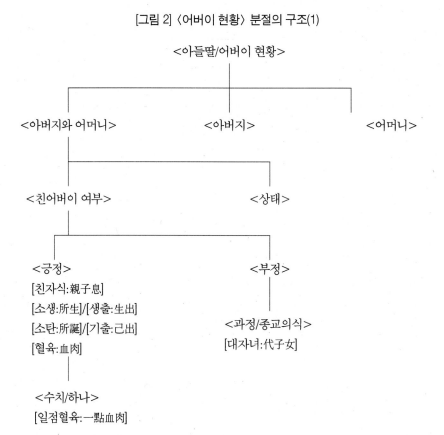

[그림 3] ⟨어버이 현황⟩ 분절의 구조(2)

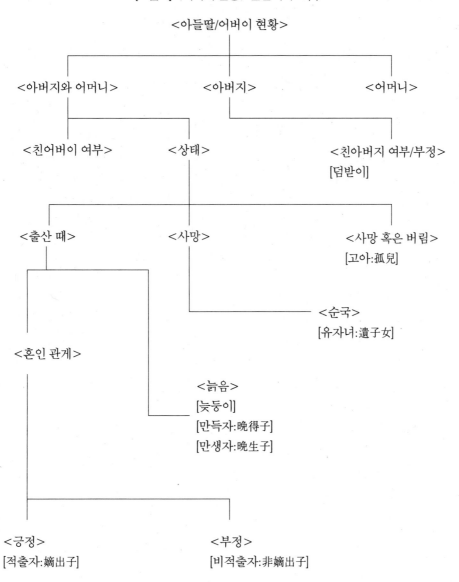

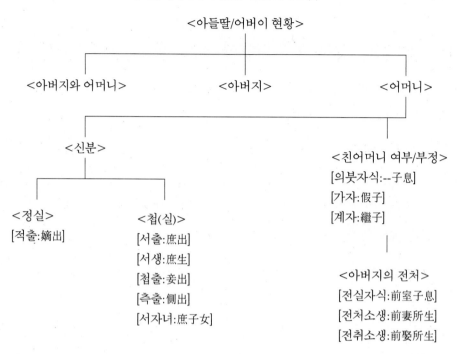

[그림 4] 〈어버이 현황〉 분절의 구조(3)

〈아들딸/어버이 현황〉

〈아버지와 어머니〉　　〈아버지〉　　〈어머니〉

〈신분〉

〈친어머니 여부/부정〉
[의붓자식:--子息]
[가자:假子]
[계자:繼子]

〈정실〉
[적출:嫡出]

〈첩(실)〉
[서출:庶出]
[서생:庶生]
[첩출:妾出]
[측출:側出]
[서자녀:庶子女]

〈아버지의 전처〉
[전실자식:前室子息]
[전처소생:前妻所生]
[전취소생:前娶所生]

3) 〈동기간 현황〉에 따른 표현

〈동기간 현황〉 분절에 있어서는 그 아래로 〈형제자매 관계〉가 관심의 대상이 되어 있으며, 〈형제자매 관계〉 아래로는 다시 〈서열〉과 〈수치〉가 관조의 대상이 되어 있다.

(32) 맏아이

(33) 맏자식(-子息)

[맏아이]는 {'맏아들' 이나 '맏딸' 을 이르는 말}이라 풀이되며, [맏자식]은 {(둘 이상의 자식 가운데)맏이가 되는 자식}이라 풀이된다. 따라서 이 낱말들은 〈아들딸 + 동기간 현황 + 형제자매 관계 + 서열 / 첫째〉라는 특성을 공유하는 것으로 이해될 만하다. [맏자식]은 {'맏아들' 을 낮잡아 이르는 말}이라는 내용을 문제 삼기도 한다.

(34) 큰아이(큰애)

이 낱말은 {큰아들이나 큰딸을 정답게 이르는 말}이라 풀이되면서 <맏아이 + 인식 /다정함>이라는 특성을 문제 삼고 있다. 이 낱말은 {큰아들을 정답게 이르는 말}이라는 내용과 함께 <아들> 명칭 분절과 관계하기도 하고, {큰딸을 정답게 이르는 말}이라는 내용과 함께 <딸> 명칭 분절과 관계하기도 한다.

(35) 지차(之次)

전술한 [큰아이]와 상응하는 이 낱말은 {맏이 이외의 자식(들)}이라 풀이되면서 <아들딸 + 동기간 현황 + 형제자매 관계 + 서열 / 첫째 이외>라는 특성과 함께 사용되고 있는 표현이다. 이 낱말은 {다음이나 버금}이라는 내용과 함께 사용되기도 한다.

(36) 작은아이(작은애)

이 낱말은 {작은아들(첫째 이외의 아들)이나 작은딸(첫째 이외의 딸)을 정답게 이르는 말}이라 풀이되면서 <작은아이 + 인식 / 다정함>이라는 특성과 함께 이해될 만한 표현이다. 그러한 의미에서 이 낱말은 전술한 [큰아이(큰애)]와 대칭관계를 형성하게 된다. 이 낱말은 {작은아들을 정답게 이르는 말}이라는 내용과 함께 <아들> 명칭 분절과 관계하기도 하고, {작은딸을 정답게 이르는 말}이라는 내용과 함께 <딸> 명칭 분절과 관계하기도 한다. [작은아이]의 준말인 [작은애]는 호칭어로도 사용되는 특징을 보인다. 곧, [작은아이]는 일반적으로 지칭어로만 사용되는데 비해, [작은애]는 지칭어로도 사용되고 호칭어로도 사용된다.

(37) 막냇자식(--子息)

이 낱말은 {마지막으로 얻은 자식. 막내로 낳은 아들이나 딸}이라 풀이되면서 <아들딸 + 동기간 현황 + 형제자매 관계 + 서열 / 첫째 이외 + 마지막>이라는 특성과 함께 사용되고 있다.

(38) 외자식(-子息)

이 낱말은 {(단)하나뿐인 자식}이라 풀이되면서 <아들딸 + 동기간 현황 + 형제자매 관계 + 수치 / 하나>라는 특성을 문제 삼고 있다.

지금까지의 고찰에서 보인 바와 같이 <동기간 현황> 분절에 있어서는 그 아래로 <형제자매 관계>가 관심의 대상이 되어 있으며, <형제자매 관계> 아래로는 <서열>과 <수치>가 관조의 대상이 되어 있다. <서열> 분절에서는 <첫째>와 <첫째 이외>의 대칭관계가 성립되어 있으며, 전자의 아래에는 <인식 / 다정함>이, 그리고 후자의 아래에는 <인식 /다정함>과 <마지막>이 각각 관계하고 있다. <수치>의 아래로는 <하나>만이 문제되어 있다. 이러한 <동기간 현황> 분절의 특징을 그림으로 보이면 [그림 5]가 될 것이다.

[그림 5] 〈동기간 현황〉 분절의 구조

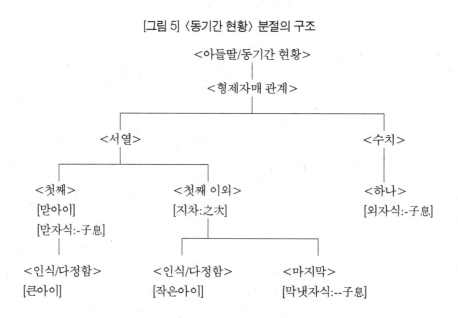

4) 〈당사자 현황〉에 따른 표현

<당사자 현황> 분절에 있어서는 그 아래로 <품행>과 <상태>와 <역할>이 관조의 대상이 되어 있다. <품행>의 아래에는 다시 <방탕함>과 <패륜함>이 관심의 대상이 되어 있으며, <상태>의 아래로는 <부모 사랑 / 사랑 받음>, <생사 / 사망>, <건강 / 멀쩡함>, <성장 / 어림>이 관심사가 되어 있다. 그리고 <역할>의 아래로는 <임종>과 <대 이음>이 관조의 대상이 되어 있다.

(39) 낭자(浪子)

이 낱말은 {술과 여자에 빠져 방탕한 자식}이라 풀이되면서 <아들딸 + 당사자 현황 + 품행 / 방탕함>이라는 특성을 문제 삼고 있다. 이 낱말은 {낭인(浪人: 떠돌이. 일정한 직업이 없이 이리저리 떠돌아다니며 빈둥빈둥 노는 사람)}이라는 내용과 함께 사용되기도 한다. 현재 이 낱말은 입말로는 거의 사용되지 않고 있다.

(40) 패자(悖子)

이 낱말은 {패륜한 자식. 사람으로서 마땅히 지켜야 할 도리에 어긋나게 행동하는 자식}이라 풀이되면서 <아들딸 + 당사자 현황 + 품행 / 패륜함>이라는 특성과 함께 사용되고 있다. 현재 이 낱말은 입말로는 거의 사용되지 않고 있다.

(41) 애식(愛息)

이 낱말은 {사랑하는 자식}이라 풀이되면서 <아들딸 + 당사자 현황 + 상태 + 부모 사랑 / 사랑 받음>이라는 특성을 문제 삼고 있다.

(42) 애아(愛兒)

이 낱말은 {사랑하는 어린 자식}이라 풀이되면서 <애식 + 상태 + 성장 / 어림>이라는 특성을 문제 삼고 있다. 그러한 의미에서 이 낱말은 전술한 [애식]과 앞으로 논의될 [유자]의 아래에 동시에 포함되는 어휘소로 이해될 만하다.

(43) 애물

이 낱말은 {어린 나이로 부모보다 먼저 죽은 자식}이라 풀이되면서 <아들딸 + 당사자 현황 + 상태 + 생사 / 사망 + 어버이보다 먼저(사망)>라는 특성과 함께 사용되고 있다. 이 낱말은 {몹시 애를 태우거나 성가시게 구는(하는) 물건이나 사람}이라는 내용과도 관계한다.

(44) 생자식(生子息)

이 낱말은 {아무 병이나 허물이 없는 멀쩡한 자식. 멀쩡한 자식}이라 풀이되면서 <아들딸 + 당사자 현황 + 상태 + 건강 / 멀쩡함>이라는 특성을 문제 삼고 있다. 이 낱말은 주로 아깝게 잘못된 자식에 대한 안타까운 마음을 표현할 때 사용되고 있다.

(45) 유자(幼子)

이 낱말은 {어린 자식}이라 풀이되면서 <아들딸 + 당사자 현황 + 상태 + 성장 / 어림>이라는 특성과 함께 사용되고 있다.

(46) 종신자식(終身子息)

이 낱말은 {부모가 운명할 때에 임종하는(임종한) 자식}이라 풀이된다. 따라서 이 낱말은 <아들딸 + 당사자 현황 + 역할 / 임종>이라는 특성과 함께 이해될 만하다.

(47) 후사(後嗣)

(48) 윤사(胤嗣)

[후사]는 {대(代)를 잇는 자식}이라 풀이되며 [윤사]는 {후사}라 풀이된다. 따라서 이 낱말들은 <아들딸 + 당사자 현황 + 역할 / 대 이음>이라는 특성을 공유하는 것으로 이해될 것이다. [윤사]는 {대를 이을 자손}이라는 내용과 관계하기도 한다.

(49) 유사(遺嗣)

이 낱말은 {죽은 후에 남은, 대(代)를 잇는 아들}이라 풀이된다. 따라서 이 낱말은 <아들딸 + 당사자 현황 + 역할 + 대 이음 + 어버이 사후>라는 특성과 함께 이해될 만하다. 이 낱말은 {후사}라는 내용과 관계하기도 한다.

지금까지의 고찰에서 보인 바와 같이 <아들딸 / 당사자 현황> 분절에 있어서는 그 아래로 <품행>과 <상태>와 <역할>이 관조의 대상이 되어 있다. <품행>의 아래에는 다시 <방탕함>과 <패륜함>이 관심의 대상이 되어 있다. <상태>의 아래로는 <부모 사랑 / 사랑 받음>, <생사 / 사망>, <건강 / 멀쩡함>, <성장 / 어림>이 관심사가 되어 있다. 그리고 <역할>의 아래로는 <임종>과 <대 이음>이 문제되어 있다. [그림 6]과 [그림 7]은 이러한 <당사자 현황> 분절의 구조를 그림으로 보인 것이다.

[그림 6] 〈당사자 현황〉 분절의 구조(1)

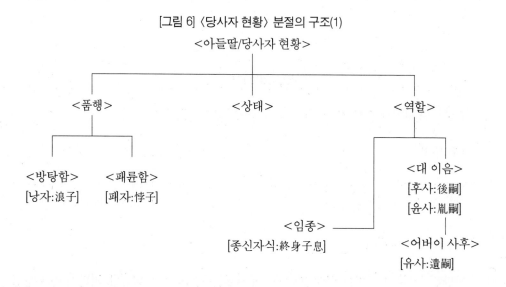

<아들딸/당사자 현황>

<품행> <상태> <역할>

<방탕함> <패륜함> <대 이음>
[낭자:浪子] [패자:悖子] [후사:後嗣]
[윤사:胤嗣]

<임종> <어버이 사후>
[종신자식:終身子息] [유사:遺嗣]

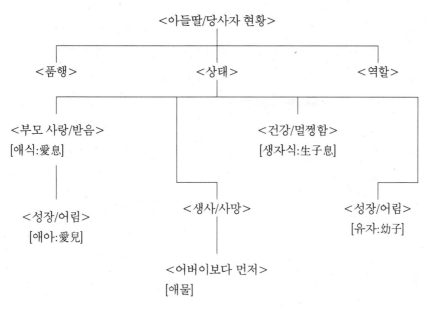

[그림 7] 〈당사자 현황〉 분절의 구조(2)

```
                    <아들딸/당사자 현황>
        ┌──────────────────┼──────────────────┐
     <품행>              <상태>              <역할>
        │          ┌─────────┴─────────┐        │
  <부모 사랑/받음>                   <건강/멀쩡함>
   [애식:愛息]                       [생자식:生子息]
        │                                        │
   <성장/어림>         <생사/사망>         <성장/어림>
   [애아:愛兒]                          [유자:幼子]
                      <어버이보다 먼저>
                      [애물]
```

5) 〈대우법〉에 따른 표현

〈대우법〉 분절에 있어서는 〈높임 : 낮춤〉의 대칭관계가 관심의 대상이 되어 있다. 그리고 이 대립의 아래로는 다시 〈대상〉이 관심의 대상이 되어 있다.

(50) 자녀분(子女-)

이 낱말은 {남을 높이어 그의 자녀를 일컫는 말. 남의 자녀에 대한 경칭}이라 풀이되면서 〈아들딸 + 대우법 / 높임 + 대상 / 남의 아들딸〉이라는 특성과 함께 사용되고 있다.

(51) 애새끼

(52) 자식새끼(子息--)

이 낱말들은 공통적으로 {'자식'의 낮은 말}이라 풀이되면서 〈아들딸 + 대우법 / 낮춤〉이라는 특성을 문제 삼고 있다. [애새끼]는 {아들과 딸을 비속하게 이르는 말}, {남자를 욕할 때에, '자식(子息)' 보다 낮잡아 이르는 말}, {'어린아이' 를 속되게 이르는 말}이라는 내용과 함께 사용되기도 한다. 그리고 [자식새끼]는 {'아들과 딸'을 속되게 이르는 말}이라는 내용과 관계하기도 한다.

(53) 아이

이 낱말은 {남에게 자기 자식을 낮추어 이르는 말}이라 풀이되면서 <아들딸 + 대우법 / 낮춤 + 대상 / 자기 아들딸>이라는 특성과 함께 사용되고 있다. 이 낱말은 {나이가 어린 사람}, {아직 태어나지 않았거나 막 태어난 아기}, {어른이 아닌 제삼자를 예사롭게 이르거나 낮잡아 이르는 말}이라 내용과 관계하기도 한다. 이와 같이 내용범위가 비교적 넓은 이 낱말은 그 아래로 많은 낱말들을 포함하면서 그 낱말들에 대한 원어휘소로도 기능하는데, 이 분절에 대하여는 별도로 다뤄야 할 것이다.

지금까지의 고찰에서 보인 바와 같이 <대우법> 분절에 있어서는 <높임 : 낮춤>의 대립 관계가 관심의 대상이 되어 있다. 그리고 이 대립의 아래로는 다시 <대상>이 관심의 대상이 되어 있다. <대우법> 분절의 이러한 구조상 특징을 그림으로 보이면 [그림 8]이 될 것이다.

[그림 8] <대우법> 분절의 구조

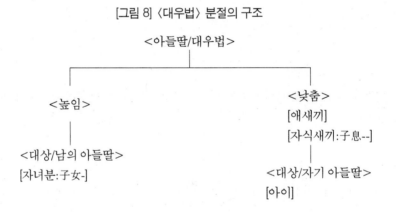

6) 마무리

현대국어 <아들딸> 명칭 분절의 해명 과정을 통하여 드러난 특징들을 요약하여 정리하면 다음과 같다.

(1) <아들딸> 명칭 분절은 <아들 + 딸>이라는 통합의 개념 이외에 <아들 혹은 딸>이라는 선언의 개념도 포함한다. 또한 이 분절은 <어버이보다 한 세대 아래 + 남자와 여자(남자 혹은 여자)>라는 특성을 가지면서 <어버이> 분절과 서로 대칭관계에 있는 것으로도 이해할 수 있다.

(2) [아들딸], [자식 : 子息], [자녀 : 子女]를 원어휘소로 하는 <아들딸> 명칭 분절은 일차적으로 현재의 형편이나 과정이 문제되는 <현황>과 상대를 높이거나 낮추어 지칭하거나 호칭하는 <대우법>에 의해 하위분절되는 특징을 보이고 있다. <현황> 분절은 다시 그 아래로 어버이의 상황에 초점을 맞추는 <어버이 현황>, 형제자매(동기간)의 상황에 초점을 맞추는 <동기간 현황>, 아들딸 자신의 상황에 초점을 맞추는 <당사자 현황>을 관심의 대상으로 삼으면서 하위분절되고 있다.

(3) <어버이 현황> 분절에 있어서는 <아버지와 어머니>, <아버지>, <어머니>가 일차적인 관조의 대상이 되어 있다. <아버지와 어머니> 분절은 그 아래로 <친어버이 여부>와 <상태>를 문제 삼으면서 하위분절되어 있는데, 전자에서는 다시 그 아래로 <긍정>과 <부정>에 의한 대립이 관심의 대상이 되어 있으며, 후자에서는 다시 그 아래로 <출산 때(혼인 관계 : 늙음)>와 <사망 / 순국>과 <사망 혹은 버림> 따위가 관심의 대상이 되어 있다. <아버지> 분절의 아래로는 <친아버지 여부 / 부정>만이 관심사가 되어 있다. <어머니> 분절에서는 그 아래로 <신분>과 <친어머니 여부>가 관심의 대상이 되어 있는데, 전자에서는 <정실 : 첩(실)>의 대칭관계가 문제되어 있으며, 후자에서는 <부정>만이 문제되어 있다.

(4) <동기간 현황> 분절에 있어서는 그 아래로 <형제자매 관계>가 관심의 대상이 되어 있으며, <형제자매 관계> 아래로는 <서열>과 <수치>가 관조의 대상이 되어 있다. <서열> 분절에서는 <첫째 : 첫째 이외>의 대칭관계가 성립되어 있는데, 전자의 아래에는 <인식 / 다정함>이, 그리고 후자의 아래에는 <인식 /다정함>과 <마지막>이 각각 관계하고 있다. <수치>의 아래로는 <하나>만이 문제되어 있다.

(5) <당사자 현황> 분절에 있어서는 그 아래로 <품행>과 <상태>와 <역할>이 관조의 대상이 되어 있다. <품행>의 아래에는 다시 <방탕함>과 <패륜함>이 관심의 대상이 되어 있다. <상태>의 아래로는 <부모 사랑 / 사랑 받음>, <생사 / 사망>, <건강 / 멀쩡함>, <성장 / 어림>이 관심사가 되어 있다. 그리고 <역할>의 아래로는 <임종>과 <대 이음>이 문제되어 있다.

(6) <대우법> 분절에 있어서는 <높임 : 낮춤>의 대립관계가 관심의 대상이 되어 있다. 그리고 이 대립의 아래로는 다시 <대상>이 각각 관심의 대상이 되어 있다.

2. 〈아들〉 분절구조

1) 원어휘소와 기본구조

〈아들〉 분절을 대변하는 어휘소는 [아들]인데, 이 낱말은 {남자로 태어난 자식}이라 풀이되면서 〈어버이의 아들딸 + 아들(남자)〉, 혹은 〈어버이보다 직계로 한 세대 아래 + 남자(만성)〉라는 특성을 문제 삼고 있다. 곧, 〈아들〉 분절은 〈딸〉 분절과 대칭관계를 이루면서 공통적으로 〈아들딸(자식)〉 분절에 포함되는 특징을 보이고 있다.

(1) 아들

전술한 바와 같이 이 낱말은 {남자로 태어난 자식}이라 풀이되면서 〈아들〉 명칭 분절에 있어서 원어휘소의 자리에 위치한다. 이 낱말은 {사내자식}이라는 내용과 함께 사용되기도 한다.

(2) 자(子)

이 한자말도 {'아들' 을 이르는 말}이라 풀이되면서 앞에서 논의된 [아들]과 같은 방법으로 해명될 만하다. 그러나 이 낱말은 입말로는 거의 사용되지 않고 있으며, 글말로만 사용되는 특징을 보이고 있다. 그리고 이 낱말은 {문어체에서, '자식' 을 이르는 말}이라는 내용을 문제 삼기도 하며, 법률학에서 {민법에서, 적출자 서자(庶子) 양자(養子) 따위의 총칭}이라는 내용과 함께 전문용어로도 사용되고 있다.

(3) 아들자식(--子息)

이 낱말도 {아들로 태어난 자식}이라 풀이되면서 앞에서 논의된 [아들]과 마찬가지로 〈아들〉 명칭 분절에 있어서 원어휘소의 자리를 차지하고 있다. 이 낱말은 {아들아이}라는 내용과 함께 사용되기도 한다.

(4) 인자(人子)

이 낱말 역시 {사람의 아들}이라 풀이되기 때문에 (1-2)와 마찬가지로 이 〈아들〉 명칭 분절에 있어서 원어휘소의 자리에 위치하는 것으로 이해될 만하다. 이 낱말은 {예수가 자신을 이르는 말(구세주의 초월성과 동시에 그 인간성을 강조한 이름)}이라는 내용과 함께 천주교에서 전문용어로도 사용되고 있다.

전술한 바와 같이 (2)의 [재]에서는 <주로 글말로만 사용됨>이, (3)의 [아들자식]에서는 <자식임의 강조>가, 그리고 (4)의 [인재]에서는 <사람임의 강조>각 각각 문제되어 있음에 주목해야 할 것이다. 즉, 위의 네 낱말들은 원어휘소의 자리를 공유하고 있으면서도 서로 위상가치를 달리하는 것으로 이해되어야 할 것이다.

위의 낱말들을 원어휘소로 하는 <아들> 명칭의 분절은 일차적으로 현재의 형편이나 과정이 문제되는 <현황>과 상대를 높이거나 낮추어 지칭하거나 호칭하는 <대우법>에 의해 하위분절되는 특징을 보이고 있다. <현황> 분절은 다시 그 아래로 어버이의 상황에 초점을 맞추는 <어버이 현황>, 형제자매(동기간)의 상황에 초점을 맞추는 <동기간 현황>, 아들 자신의 상황에 초점을 맞추는 <당사자 현황>을 관심의 대상으로 삼으면서 하위분절되는 특징을 보이고 있다. [그림 1]은 이러한 <아들> 명칭 분절의 기본구조를 보이기 위한 그림이며, 이 분절에 대한 상론은 이 하위분절상을 중심으로 전개될 것이다.

[그림 1] 〈아들〉 명칭 분절의 기본구조

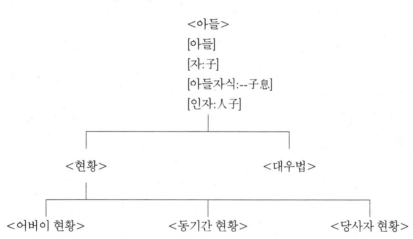

2) 〈어버이 현황〉에 따른 표현

이 분절에 있어서는 일차적으로 <아버지와 어머니>에 두루 통용되는 현황, <아버지>에게만 통용되는 현황, 그리고 <어머니>에게만 통용되는 현황이 관심의 대상이 되어 있다. [그림2]는 이러한 <어버이 현황> 분절의 기본구조를 보이기 위한 것이다.

[그림 2] 〈어버이 현황〉 분절의 기본구조

　　<아들 + 어버이 현황 + 아버지와 어머니> 분절은 다시 그 아래로 어버이의 <신분>과 <친어버이 여부>가 관심의 대상이 되면서 하위분절되는 특징을 보이고 있다.

　　(5) (귀)공자(貴公子)

　　이 낱말은 {지체가 높은 집안의 젊은(나이 어린) 아들. 귀한 집 아들}이라 풀이되면서 <아들 + 어버이 현황 + 아버지와 어머니 + 신분 / 지체 높음 + 당사자 나이 / 젊음)>이라는 특성과 함께 사용되고 있다. 이 낱말은 {지체가 높은 집안에서 태어난 젊은 남자. 귀한 집 젊은 남자를 이르는 말}이나 {생김새나 몸가짐이 의젓하고 고상한 남자}라는 내용과 함께 사용되기도 한다.

　　(6) 친(親)아들

　　(7) 실자(實子)

　　(8) 친자(親子)

　　(9) 친생(지)자(親生之子)

　　[친아들]은 {자기가 낳은 아들}이라 풀이되고, [실자]와 [친자]와 [친생자]은 공통적으로 {친아들}이라 풀이된다. 따라서 이 낱말들은 <아들 + 어버이 현황 + 아버지와 어머니 + 친어버이 여부 / 긍정>이라는 특성을 공유하는 것으로 이해될 만하다. [실자]는 주로 글말로만 사용되는 특징을 보이고 있다. [친자]는 {친자식}이라는 내용과 함께 사용되기도 하며, [친생자]는 {부모와 혈연관계가 있는 자(子). 이에는 혼인 중의 출생자와 혼인 외의 출생자가 있음}이라는 내용과 함께 법률적인 전문용어로 사용되기도 한다.

　　(10) 양(養)아들

　　(11) 양자(養子)

　　(12) 과방(過房)

　　(13) 과방자(過房子)

　　(14) 명령(螟蛉)

(15) 명사(螟嗣)

(16) 계자(系子. 繼子)

[양아들]은 {남의 아들을 데려다가 삼은 아들}이라 풀이된다. 그리고 [양재], [과방], [과방
재], [명령], [명사], [계사]는 공통적으로 {양아들}이라 풀이된다. 따라서 위의 낱말들은 <아
들 + 어버이 현황 + 아버지와 어머니 + 친어버이 여부 / 부정 + 과정 / 입양>이라는 특성
을 공유하는 것으로 이해될 것이다. [양아들]은 {조카 항렬 되는 이를 데려다가 삼은 아들}이
라는 내용을 문제 삼기도 하고, [과방]은 {입양}이라는 내용을 문제 삼기도 하며, [과방재]는
{과방남(양자 나간 아들의 아들)}이라는 내용을 문제 삼기도 한다. <나나니(구멍벌과의 곤
충)가 명령(螟蛉: 빛깔이 푸른 나비와 나방의 애벌레)을 업어서 기른다 → 남의 아들을 데려
다가 기르다 → 양아들>과 같은 개념형성의 과정을 수행한 것으로 추정되는 [명령], 그리고
[명사]라는 낱말은 현재 입말로는 거의 사용되지 않고 있다. [명령]은 현실적으로 주로 {빛깔
이 푸른 나비와 나방의 애벌레}라는 내용과 함께 사용되고 있다. [계자]는 {의붓자식}이라는
내용과 함께 사용되기도 한다.

(17) 계후(繼後)

(18) 계사(繼嗣)

(19) 계성(繼姓)

[계후]는 {계통을 잇게 하는 양자. 대를 잇는 양자}라 풀이되고, [계사]와 [계성]은 공통적
으로 {계후}라 풀이된다. 따라서 이 낱말들은 공통적으로 <아들 + 어버이 현황 + 아버지
와 어머니 + 친어버이 여부 / 부정 + 과정 / 입양 + 계통 이음>이라는 특성을 갖는 것으로
이해될 것이다. [계후]는 {양자를 맞아 계통을 이음. 양자로 대를 잇게 함}이라는 내용과 함
께 사용되기도 한다. [계후]에서는 <뒤를 이음>이, [계사]에서는 <자손으로 이어짐>이, 그
리고 [계성]에서는 <성을 이음>이 각각 개념형성의 과정에 관여한 것으로 추정된다. 이 낱
말들은 현재 입말로는 거의 사용되지 않고 있다.

(20) 신주양자((神主養子)

(21) 백골양자(白骨養子)

(22) 사당양자(祠堂養子)

(23) 신주출후((神主出後)

[신주양재는 {대를 잇기 위해 이미 죽은 사람으로 삼는 양자}라 풀이되며, [백골양재]와 [사당양재]와 [신주출후]는 공통적으로 {신주양자}라 풀이된다. 따라서 위의 낱말들은 <아들 + 어버이 현황 + 아버지와 어머니 + 친어버이 여부 / 부정 + 과정 / 입양 + 당사자 상태 / 사망>이라는 특성을 공유하는 것으로 이해될 만하다. [신주양재는 {이미 죽은 사람을 양자로 삼아 대를 잇는 일}이라는 내용을 문제 삼기도 한다. [신주양재]에는 <죽은 사람의 위패 → 상태 / 사망>이라는 특성이, [백골양재]에는 <죽은 사람의 몸이 썩고 남은 뼈 → 상태 / 사망>이라는 특성이, [사당양재]에는 <조상의 신주(神主)를 모셔 놓은 집 → 상태 / 사망>이라는 특성이, 그리고 [신주출후]에는 <죽은 사람의 위패가 나온 후 → 상태 / 사망>이라는 특성이 각각 개념형성의 과정에 관계한 것으로 추정되는데, 현재 이 낱말들은 입말로는 거의 사용되지 않고 있다.

(24) 양사자(養嗣子)

이 낱말은 {호주(戶主) 상속인인 양자(養子). 호주 상속권을 가진 양자}라 풀이되면서 <아들 + 어버이 현황 + 아버지와 어머니 + 친어버이 여부 / 부정 + 과정 / 입양 + 자격 / 호주 상속>이라는 특성과 함께 사용되고 있다. 현재 이 낱말은 입말로는 거의 사용되지 않고 있다.

(25) 서양자(壻養子)

이 낱말은 {사위를 입양시킨 양자}라 풀이되면서 <아들 + 어버이 현황 + 아버지와 어머니 + 친어버이 여부 / 부정 + 과정 / 입양 + 입양 전 신분 / 사위>라는 특성을 문제 삼고 있다. 이 낱말은 {사위를 양자로 삼음}이라는 내용을 문제 삼기도 한다. 그러나 이 한자말은 현재 입말로는 거의 사용되지 않고 있다.

(26) 이성양자(異姓養子)

이 낱말은 {양아버지와 성이 다른 양자}라 풀이되면서 <아들 + 어버이 현황 + 아버지와 어머니 + 친어버이 여부 / 부정 + 과정 / 입양 + 양아버지와의 성이 다름>이라는 특성과 함께 사용되고 있다. 이 낱말은 {동성동본의 혈족이 아닌 양자}라는 내용을 문제 삼기도 한다. 이 한자말도 현재 입말로는 거의 사용되지 않고 있다.

(27) 수양(收養)아들
(28) 수양자(收養子)

[수양아들]은 {남의 자식을 데려다가 제 자식처럼 기른 아들}이라 풀이되고, [수양자]는 {수양아들}이라 풀이된다. 따라서 이 두 낱말은 <아들 + 어버이 현황 + 아버지와 어머니 + 친어버이 여부 / 부정 + 과정 / 수양>이라는 특성을 공유하는 것으로 이해될 만하다. [수양아들]은 {얻어 기른 아들}이라는 내용과 함께 사용되기도 한다. [수양자]는 {자손이 없고 형제간에도 자손이 없을 때에, 세 살이 되기 전에 버린 아이를 거두어 길러 자기 성을 주어 삼은 양자. 고려 시대에는 양사자(養嗣子)의 지위가 주어졌으나 차츰 계사(繼嗣) 자격과 상속권을 상실하게 된 양자}나, {시양자(侍養子: 대를 잇기 위해서가 아니라 곁에서 시중들며 봉사하게 할 목적으로, 세 살 넘은 아이를 데려다 기름. 또는 그 아이)}라는 내용을 문제 삼기도 하며, 민속에서 {(명을 길게 한다는 뜻에서)단골무당을 어버이로 삼는 아들}이라는 내용과 함께 전문용어로 사용되기도 한다.

(29) 대자(代子)

이 낱말은 {성세나 견진 성사를 받을 때, 신친(神親) 관계를 맺은 피후견인의 남자. 성세와 견진의 성사를 받은 남자의 그 대부에게 대한 친분}이라 풀이되면서 천주교에서 전문용어로 사용되었으나, 현재 일반어휘로 도입되어 <아들 + 어버이 현황 + 아버지와 어머니 + 친어버이 여부 / 부정 + 과정 / 종교의식>이라는 내용과 함께 사용되고 있다.

(30) 노인자제(老人子弟)

이 낱말은 {늙어서 낳은 아들. 늙은이가 낳은 아들}이라 풀이되면서 <아들 + 어버이 현황 + 어버이 + 상태 + 출산시기 / 노년기>라는 특성을 문제 삼고 있다.

<어버이 현황 + 아버지> 분절에 있어서는 아버지의 <신분>, 아버지의 <상태>, <친아버지 여부>가 관조의 대상이 되어 있다.

(31) 황자(皇子)
(32) 친왕(親王)

[황자]와 [친왕]은 공통적으로{황제의 아들}이라 풀이된다. 따라서 이 두 낱말은 <아들 + 어버이 현황 + 아버지 + 신분 / 황제>라는 특성을 공유하는 것으로 이해될 만하다. 그러나 [친왕]은 {황제의 형제}라는 내용도 문제 삼으면서 [황자]와는 위상가치를 달리하기도 하는 표현이다.

(33) 황태자(皇太子 / 태자 : 太子 / 왕태자 : 王太子)

(34) 황사(皇嗣)

(35) 황저(皇儲)

(36) 주창(主鬯)

　[황태자(태자, 왕태자)]는 {황제의 대를 이을 아들. 황제의 자리를 이을 황제의 아들}이라 풀이되고, [황새]는 {황제의 뒤(위)를 이을 황태자. 황태자}라 풀이되고, [황저]는 {황사(皇嗣)}라 풀이되며, [주창]은 {'황태자'를 달리 이르던 말}이라 풀이된다. 따라서 위의 낱말들은 <황자 + 당사자 역할 / 황위 계승>이라는 특성을 공유하는 것으로 이해될 것이다. [황태자]에서는 <황제의 아들 + 크다>가, [황새]에서는 <황제 + 뒤를 이음>이, [황저]에서는 <황제 + 버금>이, 그리고 [주창]에서는 <종묘(宗廟)에서 제사를 지낼 때 울창주를 올림>이라는 특성이 각각 개념형성의 과정에 관계한 것으로 추정된다. [황새], [황저], [주창]은 현재 입말로는 거의 사용되지 않고 있다. 그리고 [주창]은 {맏아들}이라는 내용도 문제 삼고 있는 한자말이다.

(37) 동마마(東媽媽)

　이 낱말은 {궁중에서, '황태자'를 이르던 말}이라 풀이되면서 <황태자 + 궁중에서 사용됨(사용 환경 / 궁중)>이라는 특성을 문제 삼고 있다. 이 낱말은 궁중용어에서 도입되어 일반어휘로 사용되고 있는 표현이다.

(38) 태자궁(太子宮)

　이 낱말은 {'황태자'의 높임말}이라 풀이되면서 <황태자 + 높임말>이라는 특성과 함께 사용되고 있다. 그러한 의미에서 이 낱말은 후술할 <대우법> 분절과도 관계하는 것으로 이해될 것이다. 이 낱말은 {황태자가 거처하는 궁전}이라는 내용을 문제 삼기도 한다. 이 낱말은 전술한 [동마마]와 함께 [황태자]의 아래에 포함되는 낱말들로 이해될 것이다.

(39) 황장자(皇長子)

　이 낱말은 {황제의 장자. 황제의 맏아들}이라 풀이되면서 <황자 + 당사자 서열 / 맏이>라는 특성을 문제 삼고 있다.

(40) 동궁(東宮)

이 낱말은 {'황태자' 나 '왕세자' 를 달리 이르던 말}이라 풀이되면서 <아들 + 어버이 현황 + 아버지 + 신분 / 황제나 임금 + 당사자 역할 / 황위나 왕위 계승>이라는 특성과 함께 사용되고 있다. 이 낱말은 {'태자궁' 이나 '세자궁' 을 달리 이르던 말}이나 {동저(東儲: 임금 자리를 이을 왕자)}라는 내용을 문제 삼기도 한다.

(41) 춘궁(春宮)

(42) 춘저(春邸)

(43) 국저(國儲)

(44) 저군(儲君)

(45) 저이(儲貳)

(46) 저궁(儲宮)

(47) 원량(元良)

(48) 총자(冢子)

(49) 이극((貳極)

[춘궁]은 {동궁}이라 풀이되고, [춘저]는 {춘궁}이라 풀이된다. 그리고 [국저], [저군], [저이], [저궁], [원량], [총자], [이극]은 공통적으로 {(황)태자나 (왕)세자}라 풀이된다. 따라서 이 낱말들도 전술한 [동궁]과 같은 방법으로 해명될 만하다. [춘저]는 {황태자}라는 내용과 함께 사용되기도 하고, [저궁]은 {왕세재}나 {황태자}라는 내용과 함께 사용되기도 하고, [원량]은 {아주 선량한 사람}이나 {큰 선덕(善德)}이라는 내용과 함께 사용되기도 하고, [총자]는 {적장자(嫡長子)를 일컫는 말}이나 {태자 세자 적장자를 통틀어 이르던 말}이라는 내용과 함께 사용되기도 하며[2], [이극]은 {황태자}라는 내용과 함께 사용되기도 한다. [국저]에서는 <나라의 버금>이라는 내용이, [저이]에서는 <임금 다음가는 지위에 있음>이라는 내용이, 그리고 [이극]에서는 <황제나 임금의 버금, 두 번째의 지위>라는 내용이 각각 개념형성의 과정에 관계한 것으로 추정된다. 그리고 [춘궁]과 [저궁]에서는 {궁}이라는 내용이, [춘저]에서는 {저택. 집}이라는 내용이, 그리고 [저군]에서는 {왕. 임금}이라는 내용이 각각 개념형성의 과정에 관여한 것으로 추정된다. 현재 [춘저], [국저], [저군], [저이], [저궁], [원량], [총자], [이극]은 입말로는 거의 사용되지 않고 있는 한자말들이다.

---

2) [총사:冢嗣]도 {총자}라 풀이되면서 같은 방법으로 해명될 만한 한자말인 것 같은데, 이 한자말은 현실적으로 등재되지 않은 사전(예컨대, <우리말큰사전> : 한글학회)도 있기 때문에 여기서는 논의의 대상에서 제외하였다.

(50) 비자(秕子)

이 낱말은 {황제나 임금의 적장자}라 풀이되면서 <아들 + 어버이 현황 + 아버지 + 신분 / 황제나 임금 + 당사자 서열 / 맏이(적장자)>라는 특성을 문제 삼고 있다. 이 낱말은 {원자}라는 내용을 문제 삼기도 한다.

(51) 왕자(王子)

이 낱말은 {임금의 아들}이라 풀이되면서 <아들 + 어버이 현황 + 아버지 + 신분 / 임금(왕)>이라는 특성과 함께 사용되고 있다. 이 낱말은 {아직 어리거나 젊은 사내아이를 귀엽게 이르는 말}이라는 내용으로 중화되어 사용되기도 한다.

(52) 왕세자(王世子. 세자: 世子)
(53) 국본(國本)
(54) 왕사(王嗣)
(55) 저위(儲位)
(56) 저사(儲嗣)
(57) 동저(東儲)

[왕세자]와 [동저]는 {왕위(임금의 자리)를 이을 왕자}라 풀이되고 [국본], [왕사], [저위], [저사]는 {왕세자}라 풀이된다. 따라서 이 낱말들은 <왕자(아들 + 어버이 현황 + 아버지 + 신분 / 임금) + 당사자 역할 / 왕위 계승(예정)>이라는 특성을 공유하는 것으로 이해될 것이다. [국본]은 {나라터. 국기(國基)}나 {백성}이라는 내용과 함께 사용되기도 하는 낱말이며, [저위]는 {왕세자의 지위}라는 내용을 문제 삼기도 하는 낱말이다. [동저]는 [왕세자]에 비해 입말로는 거의 사용되지 않을 정도로 세력이 약화된 한자말이다. [왕사], [저위], [저사] 등도 입말로는 거의 사용되지 않고 있는 한자말들이다.

(58) 저하(邸下)

이 낱말은 {(조선시대에)'왕세자'의 높임말}이라 풀이되면서 <왕세자 + 높임말>이라는 특성과 함께 사용되는 낱말이다. 그러한 의미에서 이 낱말은 후술할 <대우법> 분절과도 관계하는 것으로 이해될 것이다. 이 낱말은 <호칭어(부름말)>로 사용되는 특징도 보이고 있다.

(59) 세자궁(世子宮)

이 낱말도 {'왕세자'의 높임말}이라 풀이되면서 전술한 [저하]와 마찬가지로 <왕세자 + 높임말>이라는 특성을 문제 삼고 있다. 그러한 의미에서 이 낱말도 후술할 <대우법> 분절과도 관계하는 것으로 이해될 것이다. 그러나 이 낱말은 <호칭어>로는 사용되지 않고, <지칭어>로만 사용되는 특정을 보이면서 전술한 [저하]와는 위상가치를 달리한다. 그리고 이 낱말은 {왕세자가 거처하던 궁전}이라는 내용을 문제 삼기도 한다.

(60) 소조(小朝)

이 낱말은 {섭정(攝政)하는 왕세자}라 풀이되면서 <왕세자 + 섭정>이라는 특성과 함께 사용되는 한자말인 듯하다, 현재 이 낱말은 입말로는 거의 사용되지 않고 있다. 이 한자말은 {섭정하는 왕세자의 집무실}이라는 내용도 문제 삼고 있다.

(61) 원자(元子)

이 낱말은 {아직 왕세자에 책봉되지 아니한 임금의 맏아들}이라 풀이되면서 <왕자 + 서열 / 맏이 + 상태 / 왕세자에 미책봉>이라는 특성과 함께 사용되고 있다.

(62) 유(복)자(遺腹子)

이 낱말은 {아버지가 돌아가신 뒤에 태어난 아들}이라 풀이되면서 <아들 + 어버이 현황 + 아버지 + 상태 / 사망 + 당사자 상태 / 사망 후 탄생>이라는 특성과 함께 사용되는 낱말이다. 이 낱말은 {태어나기 전에 아버지를 여읜 자식}이라는 내용을 문제 삼기도 한다.

(63) 유사(遺嗣)

이 낱말은 {죽은 후에 남은, 대(代)를 잇는 아들}이라 풀이되면서 <아들 + 어버이 현황 + 아버지 + 상태 / 사망 + 당사자 역할 / 대 이음>이라는 특성과 함께 사용되고 있다. 이 한자말은 현재 입말로는 거의 사용되지 않고 있다.

(64) 의붓아들(義父--)
(65) 의자(義子)
(66) 가자(假子)
(67) 가봉자(加捧子)

[의붓아들]은 {개가하여 온 아내(나 첩)가 데리고 들어온 아들}이라 풀이되고, [의재]와 [가재]와 [가봉재]는 공통적으로 {의붓아들}이라 풀이된다. 따라서 위의 낱말들은 <아들 + 어버이 현황 + 아버지 + 친아버지 여부 / 부정>이라는 특성을 공유하는 것으로 이해될 것이다. [의붓아들]은 {남편의 전처가 낳은 아들}이라는 내용을 문제 삼기도 하며, [의재]는 {수양아들}이나 {의로 맺은 아들}이라는 내용과 함께 사용되기도 한다. [가재]는 {양자(養子)}라는 내용과 함께 사용되기도 하며, [가봉재]는 {여자가 덤받이로 데리고 온 아들. 여자가 데리고 온 전 남편의 아들}이라는 내용을 문제 삼기도 한다. [가재나 [가봉재]는 현재 입말로는 거의 사용되지 않고 있는 한자말들이다.

<어버이 현황 + 어머니> 분절에서는 그 아래로 어머니의 신분으로서 <본부인 여부>만이 관심의 대상이 되어 있다. 곧, <본부인 / 긍정 : 본부인 / 부정>의 대칭관계가 이 분절의 특징을 이루고 있다.

(68) 적자(嫡子)

(69) 정적(正嫡)

(70) 적남(嫡男)

(71) 수자(樹子)

[적재는 {정실이 낳은 아들}이라 풀이되고, [정적]은 {정실(본처)이 낳은 적자(嫡子)}라 풀이되며, [적남]과 [수재는 {적자(嫡子)}라 풀이된다. 따라서 이 낱말들은 <아들 + 어버이 현황 + 어머니 + 신분 + 본부인 / 긍정>이라는 특성을 공유하는 것으로 이해될 것이다. [정적]은 {장가처}나 {종가(宗家)}라는 내용과 함께 사용되기도 하는 한자말이며, [수재는 {임금의 명령으로 가계를 이은 제후의 아들}이나 {나무의 열매}라는 내용을 문제 삼기도 하는 한자말이다. [적남]에서는 <남자의 강조>가 개념형성의 과정에 관계한 것으로 추정된다. 현재 [정적], [적남], [수재는 입말로는 거의 사용되지 않고 있는 한자말들이다.

(72) 적장자(嫡長子)

이 낱말은 {본처에게서 난(정실이 낳은) 맏아들}이라 풀이되면서 <적자 + 당사자 서열 / 맏이>라는 특성을 문제 삼고 있다.

(73) 적사(嫡嗣)

이 낱말은 {정식 부인의 소생으로 대를 이을 아들}이라 풀이되면서 <적자 + 당사자 역할 / 대 이음>이라는 특성과 함께 사용되고 있다. 이 낱말은 {적자}라는 내용을 문제 삼기도 한다. 이 낱말은 현재 입말로는 거의 사용되지 않고 있다.

(74) 서자(庶子)

(75) 얼자(孼子)

(76) 첩자(妾子)

(77) 별자(別子)

(78) 외자(外子)

[서자]는 {첩이나 딴 여자에게서 난 아들. 본부인이 아닌 딴 여자에게서 태어난 아들}이라 풀이되며, [얼자]와 [첩자]와 [별자]와 [외자]는 공통적으로 {서자(庶子)}라 풀이된다. 따라서 이 낱말들은 <아들 + 어버이 현황 + 어머니 + 신분 + 본부인 / 부정>이라는 특성을 공유하는 것으로 이해될 것이다. [서자]는 {중자(衆子: 맏아들 이외의 모든 아들}이라는 내용을 문제 삼기도 하고, [별자]는 {제후의 서자}나 {제후의 정실이 낳은 차남 이하의 아들}이라는 내용과 함께 사용되기도 하며, [외자]는 {아내가 남을 상대하여 자기 남편을 이르는 말}이라는 내용과 함께 사용되기도 한다. [첩자]에서는 <신분 / 첩>이 주된 관심의 대상이 되어 있다. [얼자]는 현재 입말로는 거의 사용되지 않고 있다. 이 낱말들은 현재 우리 사회제도의 변화와 함께 앞으로 사멸될 것으로 예상된다.

(79) 적서(嫡庶. 서적 : 庶嫡)

이 낱말은 {적자와 서자}라 풀이되면서 <적자 + 서자>라는 특성을 문제 삼고 있다. 이 낱말은 {적파와 서파}라는 내용과 함께 사용되기도 한다.

지금까지의 고찰에서 보인 바와 같이, 이 분절에 있어서는 일차적으로 <아버지와 어머니>에 두루 통용되는 현황, <아버지>에게만 통용되는 현황, 그리고 <어머니>에게만 통용되는 현황이 관심의 대상이 되어 있다.

<어버이 현황 + 아버지와 어머니> 분절에 있어서는 어버이의 <신분>과 <친어버이 여부>와 어버이의 <상태>가 일차적인 관심사가 되어 있다. <신분>의 경우에는 <지체 높음(+ 당사자 나이 / 젊음)>만이, <친어버이 여부>에서는 <긍정 : 부정>의 대립관계가, 그리고 <상태> 분절에서는 <출산 시기 / 노년기>가 각각 관조의 대상이 되어 있다. <친어버이

여부 + 부정> 아래에서는 <과정>으로서 <입양 : 수양 : 종교의식>의 대립관계가 관조의 대상이 되어 있다. 그리고 <입양>의 아래에는 <계통 이음 : 당사자 상태 / 사망 : 자격 / 호주 상속 : 입양 전 신분 / 사위 : 양아버지와의 성이 다름>의 대립이 문제되어 있다.

<어버이 현황 + 아버지> 분에 있어서는 아버지의 <신분>, 아버지의 <상태>, <친아버지 여부>가 관조의 대상이 되어 있다. 아버지의 <신분>에 있어서는 그 아래로 <황제>와 <황제나 임금>과 <임금>이 관심의 대상이 되어 있고, 아버지의 <상태>에 있어서는 그 아래로 <사망>이 관심의 대상이 되어 있으며, <친아버지 여부>에 있어서는 그 아래로 <부정>이 문제되어 있다. 그리고 다시 <황제> 분절에서는 <당사자 현황>으로서 <황위 계승>과 <서열 / 맏이>가, <황제나 임금> 분절에서는 <당사자 현황>으로서 <황위나 왕위 계승>과 <서열 / 맏이>가, <임금> 분절에 있어서는 <당사자 현황>으로서 <왕위 계승>과 <서열 /맏이>가 각각 관심의 대상이 되어 있다.

<어버이 현황 + 어머니> 분절에서는 그 아래로 어머니의 신분으로서 <본부인 / 긍정> : <본부인 / 부정>의 대칭관계가 관심의 대상이 되어 있다.

이러한 <어버이 현황> 분절의 특징을 그림으로 나타내면 [그림 3], [그림 4], [그림 5], [그림 6], [그림 7], [그림 8]이 될 것이다.

[그림 3] 〈어버이 현황〉 분절의 구조(1)

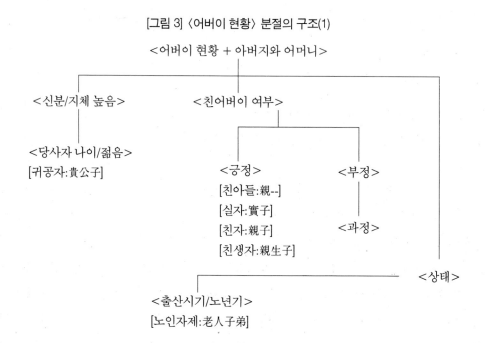

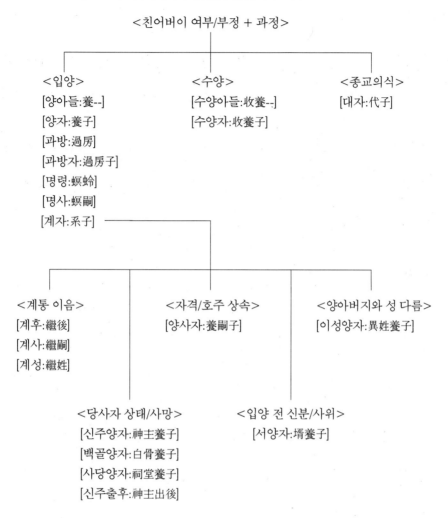

[그림 4] 〈어버이 현황〉 분절의 구조(2)

<친어버이 여부/부정 + 과정>

<입양>
[양아들:養--]
[양자:養子]
[과방:過房]
[과방자:過房子]
[명령:螟蛉]
[명사:螟嗣]
[계자:系子]

<수양>
[수양아들:收養--]
[수양자:收養子]

<종교의식>
[대자:代子]

<계통 이음>
[계후:繼後]
[계사:繼嗣]
[계성:繼姓]

<자격/호주 상속>
[양사자:養嗣子]

<양아버지와 성 다름>
[이성양자:異姓養子]

<당사자 상태/사망>
[신주양자:神主養子]
[백골양자:白骨養子]
[사당양자:祠堂養子]
[신주출후:神主出後]

<입양 전 신분/사위>
[서양자:壻養子]

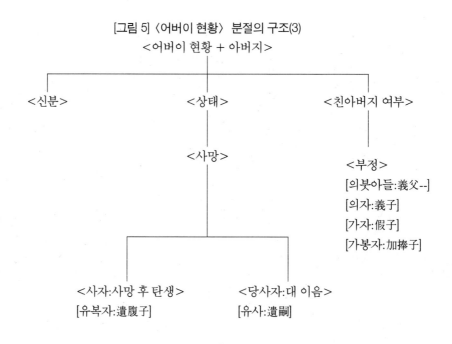

[그림 5] 〈어버이 현황〉 분절의 구조(3)
〈어버이 현황 + 아버지〉

〈신분〉　　　〈상태〉　　　〈친아버지 여부〉

〈사망〉

〈부정〉
[의붓아들:義父--]
[의자:義子]
[가자:假子]
[가봉자:加捧子]

〈사자:사망 후 탄생〉　　〈당사자:대 이음〉
[유복자:遺腹子]　　　　[유사:遺嗣]

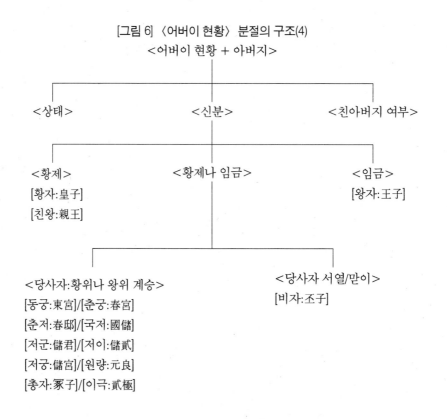

[그림 6] 〈어버이 현황〉 분절의 구조(4)
〈어버이 현황 + 아버지〉

〈상태〉　　　〈신분〉　　　〈친아버지 여부〉

〈황제〉　　　〈황제나 임금〉　　　〈임금〉
[황자:皇子]　　　　　　　　　　　[왕자:王子]
[친왕:親王]

〈당사자:황위나 왕위 계승〉　　　〈당사자 서열/맏이〉
[동궁:東宮]/[춘궁:春宮]　　　　　[비자:조子]
[춘저:春邸]/[국저:國儲]
[저군:儲君]/[저이:儲貳]
[저궁:儲宮]/[원량:元良]
[총자:冢子]/[이극:貳極]

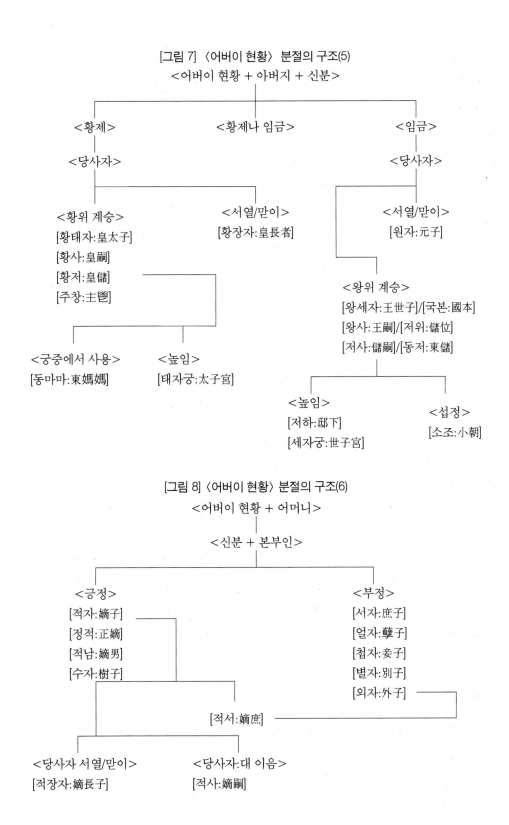

[그림 7] 〈어버이 현황〉 분절의 구조(5)
<어버이 현황 + 아버지 + 신분>

<황제>　　　　<황제나 임금>　　　　<임금>

<당사자>　　　　　　　　　　<당사자>

<황위 계승>　　　　<서열/맏이>　　　　<서열/맏이>
[황태자:皇太子]　　　[황장자:皇長者]　　　[원자:元子]
[황사:皇嗣]
[황저:皇儲]　　　　　　　　　　　　　　<왕위 계승>
[주창:主鬯]　　　　　　　　　　　　　[왕세자:王世子]/[국본:國本]
　　　　　　　　　　　　　　　　　　[왕사:王嗣]/[저위:儲位]
　　　　　　　　　　　　　　　　　　[저사:儲嗣]/[동저:東儲]

<궁중에서 사용>　　<높임>
[동마마:東媽媽]　　[태자궁:太子宮]

<높임>　　　　　　<섭정>
[저하:邸下]　　　　[소조:小朝]
[세자궁:世子宮]

[그림 8] 〈어버이 현황〉 분절의 구조(6)
<어버이 현황 + 어머니>

<신분 + 본부인>

<긍정>　　　　　　　　　　<부정>
[적자:嫡子]　　　　　　　　[서자:庶子]
[정적:正嫡]　　　　　　　　[얼자:孼子]
[적남:嫡男]　　　　　　　　[첩자:妾子]
[수자:樹子]　　　　　　　　[별자:別子]
　　　　　　　　　　　　　[외자:外子]

[적서:嫡庶]

<당사자 서열/맏이>　　<당사자:대 이음>
[적장자:嫡長子]　　　　[적사:嫡嗣]

3) <동기간 현황>에 따른 표현

이 분절에 있어서는 일차적으로 <형제 관계>와 <자매 관계>가 관심의 대상이 되어 있는데, 전자에 있어서는 <서열>과 <쌍둥이>와 <(형제)없음>이 문제되어 있으며, 후자에 있어서는 <(자매)없음>만이 관조의 대상이 되어 있다.

(80) 맏아들

(81) 큰아들

(82) 큰자식(-子息)

(83) 장남(長男)

(84) 장자(長子)

(85) 일남(一男)

(86) 주기(主器)

(87) 상자(尙子)

[맏아들]은 {맏이가 되는 아들. 둘 이상의 아들 가운데 맏이가 되는 아들}이라 풀이되며, [큰아들]과 [큰자식]과 [장남]과 [장자]와 [일남]과 [주기]와 [상자]는 공통적으로 {맏아들}이라 풀이된다. 따라서 이 낱말들은 <아들 + 동기간 현황 + 형제 관계 + (당사자)서열 / 첫 째(맏이)>라는 특성을 공유하는 것으로 이해될 것이다. [큰자식]은 <큰딸>이라는 내용도 문제 삼는 낱말로 이해되고, [일남]은 {아들 한 사람}이라는 내용과 함께 사용되기도 하며, [주기]는 {사당, 종묘의 제사 그릇(제기 : 祭器)을 다스리는 사람}이나 {사당, 종묘의 제기를 맡아 간수하는 일}이라는 내용을 문제 삼기도 하는 낱말이다. [주기]와 [상자]는 현재 입말로는 거의 사용되지 않고 있다. [맏아들]에서는 <맨 먼저 ('맨 마지막'과 대칭관계) + 아들>이라는 특성이, <큰아들>에서는 <큼('작음'과 대칭관계) + 아들>이이라는 특성이3), <큰자식>에서는 <큼 + 자식>이이라는 특성이, [장남]에서는 <어른 + 남자>라는 특성이, 그리고 [장재]에서는 <어른 + 아들>이라는 특성이 각각 개념형성의 과정에 관계한 것으로 추정된다.

(88) 첫아들

이 낱말은 {첫아이로 낳은 아들. 초산으로 낳은 아들}이라 풀이되면서 <맏아들 + 초산>이라는 특성을 문제 삼고 있다.

---

3) [큰아드님]은 <큰아들 + 대우법 / 높임>이라는 특성과 함께 사용되는 표현이다.

(89) 맏양반(-兩班)

이 낱말은 {남의 맏아들을 높여 이르는 말}이라 풀이되면서 <맏아들 + 높임>이라는 특성과 함께 사용되고 있다. 그러한 의미에서 이 낱말은 후술할 <대우법> 분절과도 관계하는 것으로 이해될 것이다. 이 낱말은 민속학에서 {봉산탈춤에 나오는 샌님. 또는 그가 쓰는 흰 바탕에 흰 눈썹과 수염을 단 탈. 마한양반}이라는 내용과 함께 전문용어로 사용되기도 한다.

(90) 맏상제(-喪制)

이 낱말은 {부모가 죽어서 상중에 있는 맏아들. 맏아들로서의 상제}라 풀이되면서 <맏아들 + 상태 / 상제(상중)>라는 특성을 문제 삼고 있는 표현이다. 이 낱말은 {상주}라는 내용을 문제 삼기도 한다.

(91) 종자(宗子)

이 낱말은 {종가(宗家)의 맏아들}이라 풀이되면서 <맏아들 + 소속 / 종가>라는 특성과 함께 사용되고 있다. 현재 이 한자말은 입말로는 거의 사용되지 않고 있다.

(92) 큰아이(큰애)

이 낱말은 {'큰아들'을 다정하게 부르는 말}이라 풀이되면서 <맏아들(큰아들) + (말할이의 처지 /)다정함>이라는 특성을 문제 삼고 있다. 이 낱말은 {'큰딸'을 다정하게 부르는 말}이라는 내용과 함께 사용되기도 한다. 괄호 안의 준말인 [큰애]는 호칭어로도 자연스럽게 사용되는 특징을 보인다. 곧, [큰아이]는 일반적으로 지칭어로만 사용되는데 비해, [큰애]는 지칭어로도 사용되고 호칭어로도 사용된다.

(93) 큰놈

이 낱말은 {'큰아들'을 속되게 이르는 말}이라 풀이되면서 <맏아들(큰아들) + 속됨(말할이의 처지 / 속된 표현)>이라는 특성과 함께 사용되고 있다. 이 낱말은 {다 자란 놈}이라는 내용과 함께 사용되기도 한다.

[첫아들], [맏양반], [맏상제], [종자], [큰아이], [큰놈]은 공통적으로 [맏아들(큰아들)] 아래에 포함되는 특징을 보이고 있다.

(94) 작은아들

(95) 중자(衆子)

　[작은아들]은 {맏아들이 아닌 아들}이라 풀이되고 [중자]는 {맏아들 이외의 모든 아들}이라 풀이된다. 따라서 이 두 낱말은 <아들 + 동기간 현황 + 형제 관계 + (당사자)서열 / 첫째 이외>라는 특성을 공유하는 것으로 이해될 만하다. 다만, [중자]는 맏아들이 아닌 둘 이상의 아들 <모두(복수)>를 지칭하는데 비하여, [작은아들]은 주로 <한 사람(단수)>을 지칭한다는 점에서 서로 위상가치를 달리하기도 한다. [중자]는 현재 입말로는 거의 사용되지 않고 있다. [작은아들]은 전술한 [큰아들]과 대칭관계에 있는 표현으로 이해될 것이다.

(96) 작은아이(작은애)

　이 낱말은 {'작은아들'을 정답게 이르는 말}이라 풀이되면서 <작은아들 + 다정함(말할이의 처지 / 다정하게 대함)>이라는 특성과 함께 사용되고 있다. 따라서 이 낱말은 전술한 [큰아이]와 대칭관계에 있는 표현으로 이해될 만하다. 이 낱말은 {'작은딸'을 정답게 이르는 말}이라는 내용과 함께 사용되기도 한다. 괄호 안의 준말인 [작은애]는 호칭어로도 사용되는 특징을 보인다. 곧, [작은아이 : 작은애]의 관계는 전술한 [큰아이 : 큰애]의 관계에 준하여 이해될 만하다.

(97) 작은놈

　이 낱말은 {작은아들'을 속되게 이르는 말}이라 풀이되면서 <작은아들 + 속됨(말할이의 처지 / 속된 표현)>이라는 특성을 문제 삼고 있다. 그러한 의미에서 이 낱말은 전술한 [큰놈]과 대칭관계에 있는 표현으로 이해될 것이다. 이 낱말은 {덜 자란 놈}이나 {대단치 않은 인물을 낮잡아 이르는 말}이라는 내용과 함께 사용되기도 한다.

(98) 둘째아들
(99) 차남(次男)
(100) 차자(次子)
(101) 지자(支子)
(102) 중남(中男)
(103) 중자(仲子)

　[둘째아들]은 {둘째 번에 낳은 아들}이라 풀이되고, [차남]은 {둘째아들}이라 풀이되고, [차자]와 [중남]은 {차남(次男)}이라 풀이되고, [지자]는 {둘째아들. 맏아들 이외의 아들}이라

풀이되고, 그리고 [중자(仲子)]는 {둘째아들. 차남(次男)}이라 풀이된다. 따라서 이 낱말들은 <아들 + 동기간 현황 + 형제 관계 + (당사자)서열 / 둘 째>라는 특성을 공유하는 것으로 이해될 것이다. [중남]은 {당나라 때에, 17-20세의 남자를 이르던 말}이라는 내용과 함께 전 문용어로 사용되기도 한다. [둘째아들]과 [차재]에서는 공통적으로 <서열 / 둘 째 + 아들> 이라는 특성이, [차남]에서는 <서열 / 둘 째 + 남자>라는 특성이, [지재]에서는 <나누어짐 + 아들 → 종가에서 나누어짐 + 아들 → 서열 / 둘 째 + 아들>이라는 특성이, [중남]에서는 <서열 / 가운데 + 남자 → 서열 / 둘 째 + 아들>이라는 특성이, 그리고 [중자(仲子)]에서는 <버금 + 아들 → 서열 / 둘 째 + 아들>이라는 특성이 각각 개념형성의 과정에 관계한 것으 로 추정된다. [둘째아들]과 [차재]는 토박이말과 한자말의 관계인데, 후자는 주로 글말로만 사용되고 있다. [지재], [중남], [중자(仲子)]는 현재 입말로는 거의 사용되지 않고 있는 한자말 들이다. 그리고 [지재]는 <맏아들 부정>이라는 특성을 문제 삼기도 한다.

(104) 차아(次兒)

이 낱말은 {부모가 자기의 둘째 아들을 이르는 말}이라 풀이되면서 <둘째아들 + 지칭자 / 부모>라는 특성과 함께 사용되고 있다. 이 낱말은 {둘째 아이}라는 내용과 함께 사용되기 도 한다.

(105) 셋째아들
(106) 삼남三男)

[셋째아들]은 {세 째로 낳은 아들}이라 풀이되고, [삼남]은 {셋째아들}이라 풀이된다. 따 라서 이 낱말들은 <아들 + 동기간 현황 + 형제 관계 + (당사자)서열 / 세 째>라는 특성을 공유하는 것으로 이해될 것이다[4]. [삼남]은 {세 아들}이라는 내용을 문제 삼기도 한다.

(107) 막내아들
(108) 말남(末男)
(109) 말자(末子)
(110) 계자(季子)

[막내아들]은 {맨 나중에 낳은 아들}이라 풀이되고, [말남]과 [말자]와 [계재]는 공통적으로

---

4) 이론상으로는 [네째아들 / 다섯째아들 / ......]이나 [사남 / 오남 / ....]와 같은 조어 확장이 가능할 것 같으 나, 이러한 표현들은 사정에 등재되어 있지 않기 때문에 논외로 한다.

{막내아들}이라 풀이된다. 따라서 이 낱말들은 <아들 + 동기간 현황 + 형제 관계 + (당사자)서열 / 마지막>이라는 특성을 공유하는 것으로 이해될 것이다. 토박이말과 한자말의 대응 관계에 있는 [막내아들]과 [말재]는 개념형성의 과정에 있어서 공통적으로 <마지막(끝) + 아들>이라는 특성이 관계한 것으로 추정되는데, 후자는 현재 입말로는 거의 사용되지 않고 있다. [말남]에 있어서는 <마지막(끝) + 남자>라는 특성이, 그리고 [계재]에서는 <막내 + 아들>이라는 특성이 개념형성의 과정에 각각 관계한 것으로 추정된다. [계재]는 현재 입말로는 거의 사용되지 않고 있다.

(111) 막둥이

이 낱말은 {'막내아들'을 귀엽게 이르는 말}이라 풀이되면서 <막내아들 + 귀여움(말할이의 처지 / 귀엽게 표현)>이라는 특성을 문제 삼고 있다. 이 낱말은 {잔심부름을 하는 사내아이}라는 내용과 함께 사용되기도 한다.

(112) 쌍둥아들(雙童--)
(113) 쌍생자(雙生子)

[쌍둥아들]은 {한 태(胎)에서 나온 두 아들. 한 태에서 둘이 나온 아들}이라 풀이되고, [쌍생재]는 {쌍둥아들}이라 풀이된다. 따라서 이 두 낱말은 <아들 + 동기간 현황 + 형제 관계 + 쌍둥이(수치 / 둘)>라는 특성을 공유하고 있다. [쌍생재]는 주로 글말로만 사용되는 한자말이다.

(114) 외아들
(115) 독남(獨男)
(116) 독자(獨子)
(117) 외독자(獨子)

[외아들]은 {다른 남자 동기가 없이 단 하나뿐인 아들}이라 풀이되고, [독남]과 [독재]와 [외독재]는 공통적으로 {외아들}이라 풀이된다. 따라서 이 낱말들은 <아들 + 동기간 현황 + 형제 관계 + 형제 없음>이라는 특성을 공유하는 것으로 이해될 것이다. 토박이말 [외아들]과 이에 상응하는 한자말 [독재]에 있어서는 <혼자. 홀로 + 아들 → 혼자뿐인 아들 → 하나뿐인 아들>과 같은 특성이, [독남]에 있어서는 <혼자. 홀로 + 남자 → 혼자뿐인 남자 → 하나뿐인 아들>과 같은 특성이, 그리고 [외독자}에 있어서는 <외아들 + 독자 → 외아들 강조>와 같은 특성이 각각 개념형성의 과정에 관계한 것으로 추정된다. [외아들]은 {다른 자식이 없이

단 하나뿐인 아들}이라는 내용을 문제 삼기도 하며, [독자]는 {독신(獨身: 형제자매가 없는 사람. 배우자가 없는 사람. 홀몸)}이라는 내용과 함께 사용되기도 한다. [독남]은 현재 입말로는 거의 사용되지 않고 있다.

(118) 외동아들(-童--)(외동이)

이 낱말은 {'외아들'을 귀엽게 이르는 말}이라 풀이되면서 <외아들 + 귀여움>이라는 특성과 함께 사용되고 있다.

(119) 양가독자(兩家獨子)

이 낱말은 {생가와 양가의 두 집을 아울러서 하나뿐인 외아들}이라 풀이되면서 <외아들 + 소속 / 생가와 양가>라는 특성을 문제 삼고 있다.

(120) 삼대독자(三代獨子)

이 낱말은 {삼대에 걸쳐 형제가 없는 외아들}이라 풀이된다. 따라서 이 낱말은 <외아들 + 세대 수 / 3대>라는 특성과 함께 이해될 것이다[5].

(121) 무매독자(無妹獨子)
(122) 무매독신(無妹獨身)

[무매독자]는 {딸이 없는 이의 외아들. 딸이 없는 집안의 외아들}이라 풀이되며 [무매독신]은 {무매독자}라 풀이된다. 따라서 이 낱말들은 <아들 + 동기간 현황 + 형제 관계 + 형제 없음 + 자매 관계 + 자매 없음>이라는 특성을 공유하는 것으로 이해될 것이다. [무매독신]은 {형제자매가 없는 혼자인 몸}이라는 내용과 함께 사용되기도 한다.

지금까지의 고찰에서 보인 바와 같이 <아들 + 동기간 현황> 분절에 있어서는 <형제 관계 : 자매 관계>가 일차적인 관심의 대상이 되어 있다. <형제 관계> 분절에 있어서는 다시 그 아래로 <서열>과 <쌍둥이>와 <형제 없음>이 문제되어 있다. <서열> 아래로는 <첫째>와 <첫째 이외>가 관심의 대상이 되어 있다. <첫째> 아래로는 <초산>과 <높임>과 <상태 / 상제>와 <소속 /종가>가, 그리고 <첫째 이외> 아래에는 <다정함 : 속됨>과

---

5) 같은 방법으로 [이대독자], [사대독자], [오대독자] 등과 같은 조어가 가능할 것으로 보이나, 이 낱말들은 현실적으로 사전에 등재되어 있지 않기 때문에 논외로 하였다.

<둘째 : 셋째 : 마지막>이 각각 관심의 대상이 되어 있다. 그리고 <형제 없음>의 아래에는 <귀여움>과 <소속 / 생가와 양가>와 <세대 수 / 3대>가 관조의 대상이 되어 있다. <자매 관계> 분절에 있어서는 그 아래로 <자매 없음>만이 관심의 대상이 되어 있는데, 이는 꽤 다양한 하위분절상을 보이고 있는 <형제 관계> 분절과는 대조적이다. <아들 + 동기간 형황> 분절의 특징을 그림으로 보이면 [그림 9], [그림 10], [그림 11]이 될 것이다.

[그림 9] 〈아들 + 동기간 현황〉 분절의 구조(1)

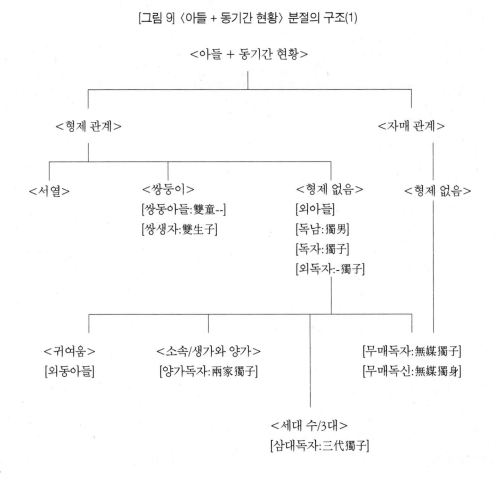

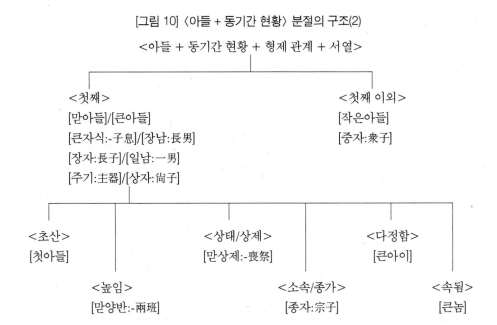

[그림 10] 〈아들 + 동기간 현황〉 분절의 구조(2)

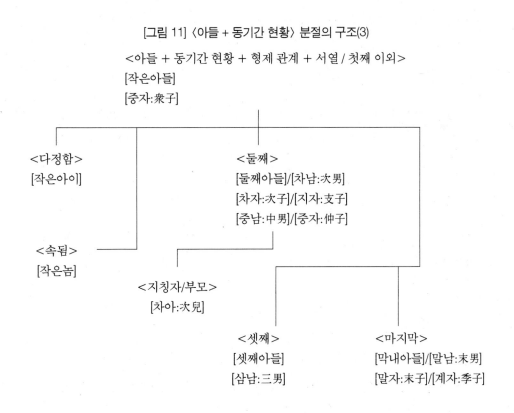

[그림 11] 〈아들 + 동기간 현황〉 분절의 구조(3)

4) 〈당사자 현황〉에 따른 표현

<아들 + 당사자 현황> 분절에 있어서는 당사자의 <품행>, 당사자가 처한 <상태>, 당사자가 담당하는 <역할>이 일차적인 관심의 대상이 되어 있다.

(123) 효자(孝子)

이 낱말은 {부모를 잘 섬기는 아들}이라 풀이되면서 <아들 + 당사자 현황 + 품행 + 효성 / 효도함>이라는 특성과 함께 사용되고 있다. 이 낱말은 {비문을 새길 때 아들의 이름 위에 적는 말. 제사를 지낼 때, 제주(祭主)가 부모의 혼백에게 자기를 이르는 일인칭 대명사. 축문(祝文)을 읽는 입장에서 제주를 이르는 말}이라는 내용을 문제 삼기도 한다.

(124) 불효자(不孝子)

이 낱말은 {어버이를 효성스럽게 잘 섬기지 아니하는 아들}이라 풀이되면서 <아들 + 당사자 현황 + 품행 + 효성 / 불효함>이라는 특성을 문제 삼고 있다. 그러한 의미에서 이 낱말은 전술한 [효자]와는 <효도함 : 불효함>이라는 대칭관계를 형성하게 된다. 이 낱말은 {어버이를 효성스럽게 잘 섬기지 아니하는 자식}, {악자(惡子)}, {주로 편지 글에서, 글 쓰는 이가 부모에게 자기를 낮추어 이르는 일인칭 대명사}라는 내용과 함께 사용되기도 한다.

(125) 악자(惡子)

이 낱말도 {불효한 자식. 불효자}라 풀이되면서 전술한 [불효자]와 같은 방법으로 해명될 만한 표현이다. 그러나 이 낱말은 {성질이 못된 아들}이나 {성질이 못된 아이}라는 내용과 함께 사용되는 경우가 더 빈번한 표현이다.

(126) 적자(賊子)

이 낱말은 {어버이를 반역하는 불효한 자식}이라 풀이되면서 <불효자 + 어버이에 반역함>이라는 특성을 문제 삼고 있다. 이 낱말은 {임금을 반역하는 불충한 자}라는 내용과 함께 사용되기도 한다.

(127) 도리깨아들

이 낱말은 {부모 말을 잘 듣지 않고 버릇없는 자식을 놀림조로 이르는 말}이라 풀이되면서 <불효자 + 버릇없음(+ 말할이의 처지 / 놀림조)>이라는 특성과 함께 사용되고 있다.

[적자]와 [도리깨아들]은 공통적으로 [불효자] 아래에 포함되는 것으로 이해될 것이다.

(128) 부랑자제(浮浪子弟)

이 낱말은 {떠돌아다니면서 난봉 짓이나 하는 아들을 좀 점잖게 이르는 말}이라 풀이되면서 <아들 + 당사자 현황 + 품행 + 언행 / 난봉 짓 함(+ 말할이의 처지 / 점잖은 표현)>이라는 특성을 문제 삼고 있다. 이 낱말은 {떠돌아다니며 방탕한 생활을 하는 청소년을 완곡하게 이르는 말}이나 {'부랑자'의 점잖은 말}이라는 내용과 함께 사용되기도 한다.

(129) 쟁자(爭子)

이 낱말은 {어버이의 잘못에 대하여 바른말로 간하는 아들}이라 풀이되면서 <아들 + 당사자 현황 + 품행 + 언행 / 어버이의 잘못을 간함>이라는 특성과 함께 사용되고 있다. 그러나 이 낱말은 현재 입말로는 거의 사용되지 않고 있다.

(130) 간자(諫子)

이 낱말은{어버이에게 (허물이나)잘못을 고치도록 말하는 아들}이라 풀이되면서 <아들 + 당사자 현황 + 품행 + 언행 / 어버이의 잘못을 간함 + 시정 요구>라는 특성을 문제 삼고 있다. 이 낱말은 {어버이에게 (허물이나)잘못을 고치도록 말하는 자식}이라는 내용과 함께 사용되기도 한다. 이 낱말은 현재 입말로는 거의 사용되지 않고 있다.

(131) 우식(愚息)

이 낱말은 {어리석은 아들}이라 풀이되면서 <아들 + 당사자 현황 + 품행 + 슬기 / 어리석음>이라는 특성과 함께 사용되고 있다. 이 낱말은 {자기 아들을 겸손하게 이르는 말}이라는 내용을 문제 삼기고 한다.

(132) 애자(愛子)

이 낱말은 {사랑하는 아들}이라 풀이된다. 따라서 이 낱말은 <아들 + 당사자 현황 + 상태 + 부모의 사랑 / 사랑 받음>이라는 특성과 함께 이해될 만하다. 이 낱말은 {아들을 사랑함}이라는 내용과 함께 사용되기도 한다.

(133) 귀자(貴子)

이 낱말은 {특별히 귀여움을 받는 아들(을 이르는 말)}이라 풀이되면서 <아들 + 당사자
현황 + 상태 + 귀여움(어버이의 사랑 받음) + 매우 높은 정도>라는 특성을 문제 삼고 있
다. 이 낱말은 {귀공자}라는 내용과 함께 사용되기도 한다.

(134) 망자(亡子)
(135) 망식(亡息)

[망자]는 {죽은 아들}이라 풀이되고, [망식]은 {망자(亡子)}라 풀이된다. 따라서 이 낱말들
은 <아들 + 당사자 현황 + 상태 + 생사 / 사망>이라는 특성을 공유하는 것으로 이해될 만
하다. 현재 이 낱말들은 입말로는 거의 사용되지 않고 있다. [망식]은 {죽은 딸자식}이라는
내용도 문제 삼고 있다.

(136) 유자(幼子)

이 낱말은 {어린 아들}이라 풀이되면서 <아들 + 당사자 현황 + 상태 + 성장 / 어림>이
라는 특성을 문제 삼고 있다. 이 낱말은 {어린 자식}이라는 내용과 함께 사용되기도 한다.

(137) 치자(稚子)

이 낱말은 {어린 아들. 열 살 전후의 어린 아들}이라 풀이되면서 <유자 + 10세 안팎>이
라는 특성과 함께 사용되고 있다. 이 낱말은 {어린아이. 여남은 살 안팎의 어린아이. 열 살 전
후의 어린아이}라는 내용을 문제 삼기도 한다[6]. 현재 이 낱말은 입말로는 거의 사용되지 않
고 있다.

(138) 윤우(允友/胤友)
(139) 윤형(允兄)

[윤우]는 {어른에게 편지할 때 그의 장성한 아들을 일컫는 말}이라고 풀이되고, [윤형]은
{윤우}라고 풀이된다. 따라서 이 낱말들은 <아들 + 당사자 현황 + 상태 + 성장 / 장성함>
이라는 특성을 공유하는 것으로 이해될 만하다. 이 낱말들은 {영식(令息)}이라는 내용도 문
제 삼고 있다. [윤우]에서는 <벗으로 인식함>이라는 특성이, 그리고 [윤형]에서는 <형으로

---

6) 사전에 보이는 [치아 : 稚兒]도 {치자(稚子)}로 풀이되고 있으나, 이 낱말은 [치자]에 있어서의 {어린아이}
　 라는 내용과만 관계하는 것으로 보아 논외로 한다.

인식함>이라는 특성이 각각 개념형성의 과정에 관계한 것으로 추정된다. <사용 환경 / 편지 글>이라는 특성도 첨가하여 공유하는 이 낱말들은 현재 입말로는 거의 사용되지 않고 있다.

(140) 이세(二世)

이 낱말은 {아버지와 같은 이름을 가진 아들}이라 풀이되면서 <아들 + 당사자 현황 + 상태 + 이름 / 아버지와 같음>이라는 특성과 함께 이해될 만한 표현이다. 이 낱말은 예컨 대, '제임스 카터 이세'와 같은 경우처럼 주로 서구의 명칭에서 사용되고 있다. 이 낱말은 {다음 세대}나 {세대를 이을 아이라는 뜻으로, '자녀'를 달리 이르는 말}이나 {이세국민}이 나 {이민 간 사람의 자녀로서 그 나라의 시민인 사람}이나 {같은 이름을 가지고 둘째 번으로 자리에 오른 군주나 교황}과 같은 내용도 문제 삼고 있으며, 불교에서는 {현세와 내세}라는 내용과 함께 전문용어로도 사용되고 있다.

(141) 사자(嗣子)
(142) 사속(嗣續)
(143) 윤자(胤子)

[사자], [사속], [윤자]는 공통적으로 {대(代)를 이을 아들. 대를 잇는 아들}이라 풀이된다. 따라서 이 낱말들은 <아들 + 당사자 현황 + 역할 / 대 이음>이라는 특성을 공유하는 것으 로 이해될 만다. [사속]은 {대(代)를 이음}이라는 내용을 문제 삼기도 하며, [윤자]는 {맏아 들}이라는 내용과 함께 사용되기도 한다. 그러나 이 낱말들은 현재 입말로는 거의 사용되지 않고 있는 실정이다.

(144) 영사(令嗣)

이 낱말은 {남의 대를 이을 아들을 높여 이르는 말}이라 풀이되면서 <아들 + 당사자 현 황 + 역할 / 대 이음 + 남의 대(+ 높임법 / 높임)>라는 특성을 문제 삼고 있다. 이 낱말은 현재 입말로는 거의 사용되지 않고 있다.

지금까지의 고찰에서 보인 바와 같이 <아들 + 당사자 현황> 분절에 있어서는 <품행>, <상태>, <역할>이 일차적인 관심사가 되어 있다. <품행>의 아래에는 <효성(효도함 : 불효함)>, <언행(난봉 짓 함 : 어버이의 잘못을 간함)>, <슬기(어리석음)>이 관조의 대상 이 되어 있다. <상태>의 아래로는 <부모의 사랑(사랑 받음 : 귀여움 받음)>과 <생사(사

망)>과 <성장(어림 : 장성함)>과 <이름(아버지와 같음)>이 관심의 대상이 되어 있으며, <역할>의 아래로는 <대 이음>만이 관심의 대상이 되어 있다. [그림 12], [그림 13]을 통하여 이러한 <아들 + 당사자 현황> 분절의 구조가 가시화될 것이다.

[그림 12] 〈아들 + 당사자 현황〉 분절의 구조(1)

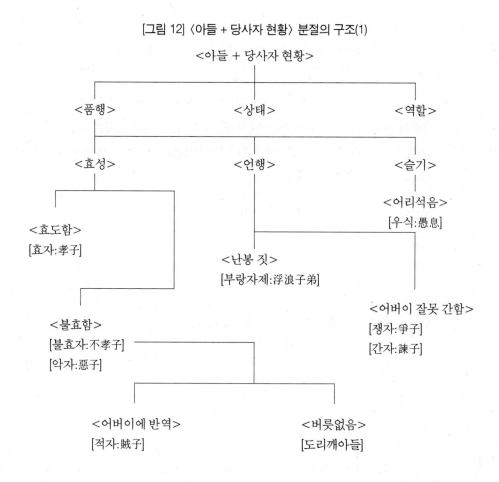

[그림 13] 〈아들 + 당사자 현황〉 분절의 구조(2)

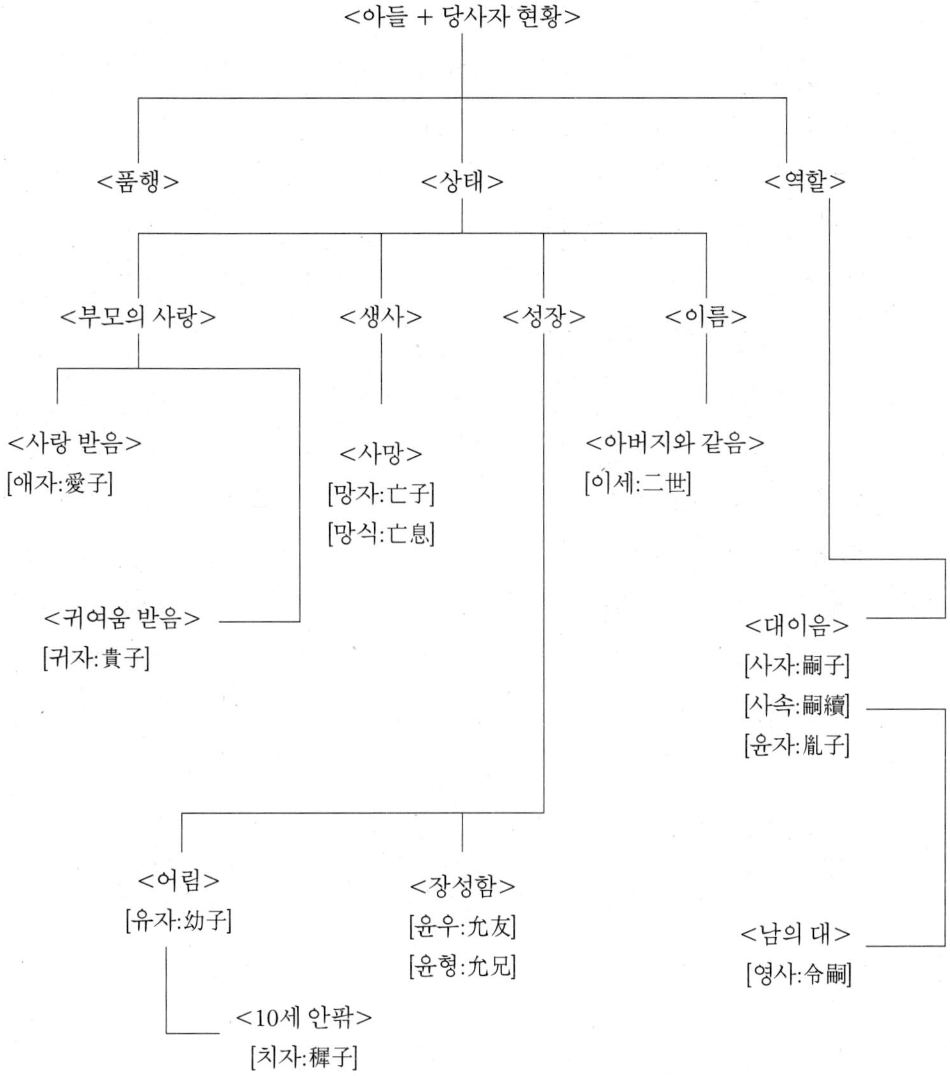

<아들 + 당사자 현황>

<품행>　　　　　<상태>　　　　　<역할>

<부모의 사랑>　　　<생사>　　　<성장>　　　<이름>

<사랑 받음>
[애자:愛子]

<사망>
[망자:亡子]
[망식:亡息]

<아버지와 같음>
[이세:二世]

<귀여움 받음>
[귀자:貴子]

<대이음>
[사자:嗣子]
[사속:嗣續]
[윤자:胤子]

<어림>
[유자:幼子]

<장성함>
[윤우:允友]
[윤형:允兄]

<남의 대>
[영사:令嗣]

<10세 안팎>
[치자:稚子]

5) 〈대우법〉에 따른 표현

이 분절에 있어서는 〈높임 : 낮춤〉이라는 대칭관계가 주된 관심의 대상이 되어 있다.

(145) 아드님

(146) 자사(子舍)

(147) 현식(賢息)

(148) 귀식(貴息)

(149) 자제(子弟)

[아드님]과 [자제]는 {남의 아들을 높여 이르는 말. 남을 높이어 그 아들을 이르는 말}이라 풀이되며, [자사]와 [현식]과 [귀식]은 {아드님}이라 풀이된다. 따라서 이 낱말들은 〈아들 + 대우법 / 높임 + 피지칭자(대상) / 남의 아들〉이라는 특성을 공유하는 것으로 이해될 만하다. [자사]는 {자제(子弟)}나 {고을 원의 아들이 거처하던 곳}이라는 내용을 문제 삼기도 하는데, 현재 이 한자말은 입말로는 거의 사용되지 않고 있다. {남의 자식을 높여 이르는 말}이라는 내용을 문제 삼기도 하는 [현식]은 주로 글말로만 사용되고 있다. [귀식]은 주로 편지글에서만 사용되는 특징을 보이고 있다. 곧, [현식]과 [귀식]은 현재 입말로는 거의 사용되지 않고 있는 한자말들이다. [자제]는 {남을 높여 그 집안의 젊은이를 이르는 말}이라는 내용과 함께 사용되기도 하는데, 이 낱말은 다음과 같이 그 아래에 여러 낱말들을 포함하고 있다.

(150) 명가자제(名家子弟)

이 낱말은 {명망이 높은 가문의 자제}라 풀이되면서 〈자제 + 집안(당사자 현황) / 명망 높음〉이라는 특성과 함께 사용되고 있다. 이 낱말은 {이름난 집안의 젊은 사람}이라는 내용과 함께 사용되기도 한다.

(151) 권문자제(權門子弟)

(152) 세가자제(勢家子弟)

이 두 낱말들은 공통적으로 {권세 있는 집안의 자제}라 풀이되면서 〈자제 + 집안(당사자 현황) / 권세 있음〉이라는 특성을 문제 삼고 있다. [권문세가]에서는 〈권세 + 집안〉이라는 특성이, 그리고 [세가자제]에서는 〈세력 + 집안〉이라는 특성이 각각 개념형성의 과정에 관계한 것으로 추정된다.

(153) 부가자제(富家子弟)

이 낱말은 {부잣집에서 태어난 자제}라 풀이되면서 <자제 + 집안(당사자 현황) / 부유함>이라는 특성을 문제 삼고 있다. 이 낱말은 {부잣집 자손으로 자라난 (젊은)사람}이라는 내용과 함께 사용되기도 한다.

(154) 가자제(佳子弟)

이 낱말은 {훌륭한 자제}라 풀이되면서 <자제 + 품행(당사자 현황) / 훌륭함>이라는 특성을 문제 삼고 있다. 이 낱말은 {남을 높여서 그의 아들을 이르는 말}이라는 내용을 문제 삼기도 한다.

(155) 불초자제(不肖子弟)

이 낱말은 {어버이의 덕행이나 사업을 이어받지 못한 자제}라 풀이되면서 <자제 + 품행(당사자 현황) / 어버이 덕행 계승 못함>이라는 특성과 함께 사용되고 있다. 이 낱말은 {어버이의 덕행이나 사업을 이어받지 못한 자손}이나 {불초남}이라는 내용과 함께 사용되기도 한다.

(156) 불초자식(不肖子息)

이 낱말은 {불초자제의 낮춤말}이라 풀이되면서 <불초자제 + 낮춤>이라는 특성을 문제 삼고 있다. 말하자면, 이 낱말에는 <높임>이라는 특성과 <낮춤>이라는 특성이 공존하고 있는 셈이다.

(157) 패가자제(敗家子弟)

이 낱말은 {가산을 탕진한 자제}라 풀이되면서 <자제 + 품행(당사자 현황) / 가산 탕진>이라는 특성과 함께 사용되고 있다.

[명가자제], [권문자제], [세가자제], [부가자제], [가자제], [불초자제], [패가자제]는 전술한 [자제] 아래에 포함된다는 점에서 공통성을 보이고 있다.

(158) 영식(令息)

(159) 영랑(令郎)

(160) 영윤(令胤)

(161) 윤옥(允玉/胤玉)

(162) 옥윤(玉胤)

(163) 윤군(允君. 胤君)

(164) 영자((令子)

　[영식]은 {윗사람의 아들을 높여 이르는 말}이라 풀이되고 [영랑], [영윤], [윤옥], [옥윤], [윤군], [영자]는 공통적으로 {영식}이라 풀이된다. 따라서 이 낱말들은 <아들 + 대우법 / 높임 + 대상(피지칭자) / 윗사람의 아들>이라는 특성을 공유하는 것으로 이해될 만하다. 이 낱말들은 모두 {아드님}이라는 내용과 함께 사용되기도 한다. [영식]에서는 <착함 + 자식 → 착한 자식>이라는 특성이, [영랑]에서는 <착함 + 사내 → 착한 아들>이라는 특성이, [영윤]에서는 <착함 + 맏아들 → 착한 아들>이라는 특성이, [윤옥]에서는 <맏아들 + 구슬 → 구슬과 같은 아들>이라는 특성이, [옥윤]에서는 <구슬 + 맏아들 → 구슬과 같은 아들>이라는 특성이, [윤군]에서는 <맏아들 + 임금 → 훌륭한 아들>이라는 특성이, 그리고 [영자]에서는 <착함 + 아들 → 착한 아들>이라는 특성이 각각 개념형성의 과정에 관계한 것으로 추정된다. [영랑], [영윤], [윤옥], [옥윤], [윤군], [영자]는 현재 입말로는 거의 사용되지 않고 있는 한자말들이다.

(165) 아이

(166) 아들놈

(167) 사내자식(子息)

　위의 낱말들은 공통적으로 {'아들'의 낮춤말. '아들'을 낮추어 이르는 말}이라 풀이되면서 <아들 + 대우법 / 낮춤>이라는 특성을 문제 삼고 있다. [아이]는 {남에게 자기 자식을 낮추어 이르는 말}, {(나이가)어린 사람}, {태아. 아직 태어나지 않았거나 막 태어난 아기}, {'어린 짓을 하는 사람'을 놀리는 말}, {'미혼자'의 낮춤말}, {어른이 아닌 제삼자를 예사롭게 이르거나 낮잡아 이르는 말}이라는 내용과 함께 사용되기도 한다. 곧, 이 낱말은 내용범위가 무척 넓은 어휘에 속하는 것으로 볼 수 있다. [아들놈]은 {자기의 아들이나 남의 아들을 낮추어 이르는 말}이라는 내용을 문제 삼기도 하며, [사내자식]은 {'아들' 을 속되게 이르는 말}이나 {'사내놈'의 친근한 말. '사내'를 속되게 이르는 말}이라는 내용을 문제 삼기도 한다.

(168) 아들아이(아들애)

(169) 약식(弱息)

(170) 가아(家兒)

(171) 미식(迷息)

(172) 미아(迷兒)

(173) 가돈(家豚)

(174) 돈아(豚兒)

(175) 미돈(迷豚)

(176) 돈견(豚犬)

[아들아이], [약식], [가아]는 공통적으로 {남에게 '자기 아들'을 낮추어 이르는 말}이라 풀이된다. 그리고 [미식], [미아], [가돈], [돈아], [미돈], [돈견]은 공통적으로 {가아(家兒)}라 풀이된다. 따라서 이 낱말들은 <아들 + 대우법 / 낮춤 + 말할이 / 어버이 + 들을이 /남>이라는 특성을 공유하고 있다. [아들아이]는 {어린 아들. 아이인 아들}이라는 내용과 함께 사용되기도 하며, [돈견]은 {개돼지}라는 내용과 함께 사용되기도 한다. 그리고 [약식], [가아], [미식], [미아], [가돈], [돈아], [미돈], [돈견]은 공통적으로 {아들놈}이라는 내용을 문제 삼기도 한다. [약식]에서는 <약함 + 자식 → 보잘것없는 자식 → 보잘것없는 아들>이라는 특성이, [가아]에서는 <집 + 아이 → 집에 있는 아이 → 보잘 것 없는 아들>이라는 특성이, [미식]에서는 <희미함 + 자식 → 희미한 자식 → 희미한 아들 → 보잘것없는 아들>이라는 특성이, [미아]에서는 <희미함 + 아이 → 희미한 아이 → 희미한 아들 → 보잘것없는 아들>이라는 특성이, [가돈]에서는 <집 + 새끼돼지 → 집에 있는 새끼돼지 → 집에 있는 자식 → 보잘것없는 아들>이라는 특성이, [돈아]에서는 <새끼돼지 + 아이 → 새끼돼지와 같은 아이 → 새끼돼지와 같은 아들 → 보잘것없는 아들>이라는 특성이, [미돈]에서는 [희미함 + 새끼돼지 → 희미한 새끼돼지 → 보잘것없는 아이 → 보잘것없는 아들>이라는 특성이, 그리고 [돈견]에서는 <새끼돼지 + 개 → 보잘것없는 아이 → 보잘것없는 아들>이라는 특성이 각각 개념 형성의 과정에 있어서 관계한 것으로 추정된다. [약식], [미식], [미아], [가돈], [돈아], [미돈], [돈견] 등은 현재 입말로는 거의 사용되지 않고 있는 한자말들이다.

(177) 불초자(不肖子)

(178) 불초(남)(不肖男)

[불초자]는 {아들이 부모를 상대하여 자기를 낮추어 이르는 말}이라 풀이되며, [불초남]은 {불초자}라 풀이된다. 따라서 이 낱말들은 공통적으로 <아들 + 대우법 / 낮춤 + 말할이 / 당

사자 + 들을이 / 어버이>라는 특성을 문제 삼고 있다. [불초남]은 현재 입말로는 거의 사용되지 않고 있다. [불초자]에서는 <닮지 않음(본받지 않음) + 아들 → 어버이를 닮지 않은(본받지 않은) 아들>이라는 특성이, 그리고 [불초남]에서는 <닮지 않음(본받지 않음) + 남자 → 어버이를 닮지 않은(본받지 않은) 남자 → 어버이를 닮지 않은(본받지 않은) 아들>이라는 특성이 각각 개념형성의 과정에 관계한 것으로 추정된다.

　　지금까지의 고찰에서 보인 바와 같이 <아들 + 대우법> 분절에 있어서는 <높임 : 낮춤>의 대칭관계가 관심의 대상이 되어 있다. <높임>에 있어서는 그 아래로 <대상(피지칭자)>으로서 <남의 아들>과 <윗사람의 아들>이 관조의 대상이 되어 있으며, <낮춤>에 있어서는 그 아래로 <말할이>로서 <어버이>와 <당사자>가 관조의 대상이 되어 있다. <높임 + 대상(피지칭자) / 남의 아들> 아래에는 다시 <집안>으로서 <명망 높음 : 권세 있음 : 부유함>이 문제되어 있으며, <품행>으로서 <훌륭함 : 어버이 덕행을 계승하지 못함 : 가산 탕진>이 문제되어 있다. 이러한 <아들 + 대우법> 분절의 특징을 그림으로 가시화하면 [그림 14], [그림 15], [그림 16]이 될 것이다.

[그림 14] 〈아들 + 대우법〉 분절의 구조(1)

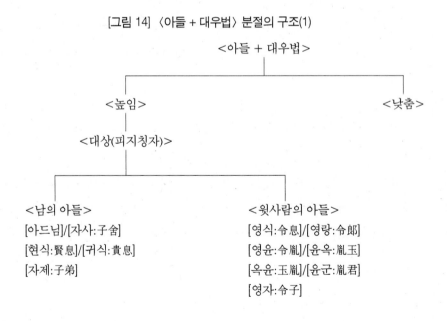

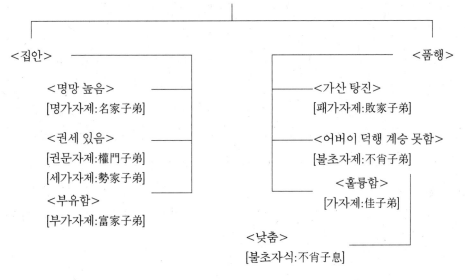

[그림 15] 〈아들 + 대우법〉 분절의 구조(2)

<높임 + 대상(피지칭자) / 남의 아들>
[아드님]/[자사:子舍]
[현식:賢息]/[귀식:貴息]
[자제:子弟]

<집안>
　　<명망 높음>
　　[명가자제:名家子弟]
　　<권세 있음>
　　[권문자제:權門子弟]
　　[세가자제:勢家子弟]
　　<부유함>
　　[부가자제:富家子弟]

<품행>
　　<가산 탕진>
　　[패가자제:敗家子弟]
　　<어버이 덕행 계승 못함>
　　[불초자제:不肖子弟]
　　<훌륭함>
　　[가자제:佳子弟]

<낮춤>
[불초자식:不肖子息]

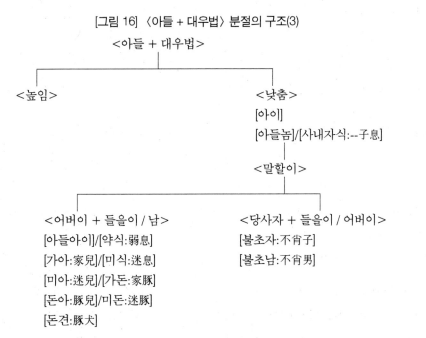

[그림 16] 〈아들 + 대우법〉 분절의 구조(3)

<아들 + 대우법>

<높임>

<낮춤>
[아이]
[아들놈]/[사내자식:--子息]

<말할이>

<어버이 + 들을이 / 남>
[아들아이]/[약식:弱息]
[가아:家兒]/[미식:迷息]
[미아:迷兒]/[가돈:家豚]
[돈아:豚兒]/[미돈:迷豚]
[돈견:豚犬]

<당사자 + 들을이 / 어버이>
[불초자:不肖子]
[불초남:不肖男]

6) 마무리

지금까지 어휘분절구조이론(Wortfeld-Theorie)에 기대어 현대국어에 있어서의 <아들> 명칭 분절구조 해명이 시도되었는데, 그 해명 과정을 통하여 발견된 특징들을 요약하고 정리하면 다음과 같다.

(1) <아들> 분절을 대변하는 낱말은 [아들]인데, 이 낱말은 {남자로 태어난 자식}이라 풀이되면서 <어버이의 아들딸 / 아들(남자)>이라는 특성을 문제 삼고 있다. 곧, <아들> 분절은 <딸> 분절과 대칭관계를 이루면서 공통적으로 <아들딸(자식)> 분절에 포함되는 특징을 보이고 있다.

(2) [아들}, [자 : 子], [아들자식 : --子息], [인자 : 人子]를 원어휘소로 하는 <아들> 명칭의 분절은 일차적으로 현재의 형편이나 과정이 문제되는 <현황>과 상대를 높이거나 낮추어 지칭하거나 호칭하는 <대우법>에 의해 하위분절되는 특징을 보이고 있으며, <현황> 분절은 다시 그 아래로 어버이의 상황에 초점을 맞추는 <어버이 현황>, 형제자매(동기간)의 상황에 초점을 맞추는 <동기간 현황>, 아들 자신의 상황에 초점을 맞추는 <당사자 현황>을 관심의 대상으로 삼으면서 하위분절되는 특징을 보이고 있다.

(3) <어버이 현황> 분절에 있어서는 <아버지와 어머니>에 두루 통용되는 현황, <아버지>에게만 통용되는 현황, 그리고 <어머니>에게만 통용되는 현황이 관심의 대상이 되어 있다.

<어버이 현황 + 아버지와 어머니> 분절에 있어서는 어버이의 <신분>과 <친어버이 여부>과 어버이의 <상태>가 일차적인 관심사가 되어 있다. <신분>의 경우에는 <지체 높음>만이, <친어버이 여부>에서는 <긍정 : 부정>의 대칭관계가, 그리고 <상태> 분절에서는 <출산시기 / 노년기>가 각각 관조의 대상이 되어 있다. <친어버이 여부 + 부정> 아래에서는 <과정>으로서 <입양 : 수양 : 종교의식>의 대립관계가 관조의 대상이 되어 있다. 그리고 <입양>의 아래에는 <계통 이음 : 상태 / 사망 : 자격 / 호주 상속 : 입양 전 신분 / 사위 : 양아버지와의 성이 다름>의 대립이 문제되어 있다.

<어버이 현황 + 아버지> 분절에 있어서는 아버지의 <신분>, 아버지의 <상태>, <친아버지 여부>가 관조의 대상이 되어 있다. 아버지의 <신분>에 있어서는 그 아래로 <황제>와 <황제나 임금>과 <임금>이 관심의 대상이 되어 있고, 아버지의 <상태>에 있어서는 그 아래로 <사망 + 사망 후 탄생>과 <사망 + 대 이음>이 관심의 대상이 되어 있으며, <친아버지 여부>에 있어서는 그 아래로 <부정>이 문제되어 있다. 그리고 다시 <황제> 분절에서는 <황위 계승>과 <서열 / 맏이>가, <황제나 임금> 분절에서는 <황위나

왕위 계승>과 <서열 / 맏이>가, <임금> 분절에 있어서는 <왕위 계승>과 <서열 /맏이>가 각각 관심의 대상이 되어 있다.

<어버이 현황 + 어머니> 분절에서는 그 아래로 어머니의 신분으로서 <본부인 / 긍정 : 본부인 / 부정>의 대칭관계가 관심의 대상이 되어 있다.

(4) <동기간 현황> 분절에 있어서는 <형제 관계 : 자매 관계>가 일차적인 관심의 대상이 되어 있다. <형제 관계> 분절에 있어서는 다시 그 아래로 <서열>과 <쌍둥이>와 <형제 없음>이 문제되어 있다. <서열> 아래로는 <첫째>와 <첫째 이외>가 관심의 대상이 되어 있다. <첫째> 아래로는 <초산>과 <높임>과 <상태 / 상제>와 <소속 /종가>가, 그리고 <첫째 이외> 아래에는 <다정함 : 속됨>과 <둘째 : 셋째 : 마지막>이 각각 관심의 대상이 되어 있다. 그리고 <형제 없음>의 아래에는 <귀여움>과 <소속 / 생가와 양가>와 <세대 수 / 3대>가 관조의 대상이 되어 있다. <자매 관계> 분절에 있어서는 그 아래로 <자매 없음>이 관심의 대상이 되어 있는데, 이는 꽤 다양한 하위분절상을 보이고 있는 <형제 관계> 분절과는 대조적이다.

(5) <당사자 현황> 분절에 있어서는 <품행>과 <상태>와 <역할>이 일차적인 관심사가 되어 있다. <품행>의 아래에는 <효성(효도함 : 불효함)>, <언행(난봉짓함 : 어버이의 잘못을 간함)>, <슬기(어리석음)>이 관조의 대상이 되어 있다. <상태>의 아래로는 <부모의 사랑(사랑 받음 : 귀여움 받음)>과 <생사(사망)>과 <성장(어림 : 장성함)>과 <이름(아버지와 같음)>이 관심의 대상이 되어 있으며, <역할>의 아래로는 <대 이음>이 관심의 대상이 되어 있다.

(6) <대우법> 분절에 있어서는 <높임 : 낮춤>의 대칭관계가 관심의 대상이 되어 있다. <높임>에 있어서는 그 아래로 <대상(피지칭자)>으로서 <남의 아들 : 윗사람의 아들>이 관조의 대상이 되어 있으며, <낮춤>에 있어서는 그 아래로 <말할이>로서 <어버이>와 <당사자>가 관조의 대상이 되어 있다. <높임 + 대상(피지칭자) / 남의 아들> 아래에는 다시 당사자 <집안>으로서 <명망 높음 : 권세 있음 : 부유함>이 문제되어 있으며, 당사자 <품행>으로서 <훌륭함 : 어버이 덕행을 계승하지 못함 : 가산 탕진>이 문제되어 있다.

3. 〈딸〉 분절구조

1) 원어휘소와 기본구조

〈아들딸〉 분절은 〈어버이〉 분절과 대칭관계에 있는 분절이다. 〈어버이〉가 전제되지 않은 〈아들딸〉이 있을 수 없고, 〈아들딸〉이 전제되지 않은 〈어버이〉가 있을 수 없기 때문이다. 그리고 〈아들〉 명칭과 〈딸〉 명칭은 공통적으로 〈아들딸〉 명칭에 포함되면서 그 위로 〈가족〉 명칭, 〈친척〉명칭에 차례로 포함되고 있다. 따라서 〈딸〉 명칭에 대한 이해는 결국 〈친척〉 명칭 전체의 분절 구조를 이해하기 위한 하나의 부분적인 전초 작업의 성격을 띠게 된다.

〈딸〉 분절을 대변하는 낱말은 [딸]인데, 이 낱말은 {여자로 태어난 자식}이라 풀이되면서 〈어버이의 아들딸(직계) / 여자(여성)〉라는 특성을 문제 삼고 있다. 곧, 〈딸〉 분절은 〈아들〉 분절과 대칭관계를 이루면서 공통적으로 〈아들딸(자식)〉 분절에 포함되는 특징을 보이고 있다.

(1) 딸

전술한 바와 같이 이 낱말은 {여자로 태어난 자식}으로 풀이되면서 이 분절에 있어서 원어휘소로서 기능하고 있다. 이 낱말은 〈아들〉 명칭 분절에 있어서의 [아들]과 〈여자 : 남자〉라는 대칭관계를 형성하는 표현으로 이해될 것이다. 이 낱말은 {어떤 조직이나 사회, 국가에 속한 여자들을 비유적으로 이르는 말}이라는 내용을 문제 삼기도 한다.

(2) 딸자식(-子息)

〈아들〉 명칭 분절에 있어서의 [아들자식]과 대칭관계에 있는 이 낱말은 {딸로 태어난 자식. 딸인 자식을 아들에 상대하여 이르는 말}이라 풀이되면서 전술한 [딸]과 같은 방법으로 해명될 만한 표현이다. 이 낱말은 {딸아이(남에게 자기 딸을 이르는 말)}이라는 내용과 함께 사용되기도 한다[7].

(3) 여식(女息)

---

7) 형태상으로는 〈아들〉 분절에 있어서의 [자 : 子]와 대칭관계에 있는 것으로 이해될 만한 한자말 [여 : 女]는 〈딸〉 분절과는 무관하다. [여]는 {여성(女性)}이나 {여수(女宿)}라는 내용과만 관계하기 때문이다. 이는 형태와 내용을 차이를 보여주는 단적인 예가 될 것 같다. 그리고 〈아들〉 분절에서의 [인자 : 人子]와 상응할 만한 낱말이 〈딸〉 명칭 분절에서는 발견되지 않았다.

(4) 여아(女兒)

(5) 소애(少艾)

이 낱말들도 공통적으로 {딸}이라 풀이되면서 전술한 [딸]과 같은 방법으로 해명될 만한 표현들이다. [여아]는 {계집아이}라는 내용과 함께 사용되기도 하며, [소애]는 {젊고 아름다운 여자. 젊고 예쁜 여자}라는 내용을 문제 삼기도 한다. [소애]는 현재 입말로는 거의 사용되지 않고 있다. [여식]과 상응될 만한 표현이 <아들> 명칭 분절에서는 발견되지 않았다.

위의 낱말들을 원어휘소로 하는 <딸> 명칭의 분절은 일차적으로 현재의 형편이나 과정이 문제되는 <현황>과 상대를 높이거나 낮추어 지칭하거나 호칭하는 <대우법>에 의해 하위분절되는 특징을 보이고 있다. <현황> 분절은 다시 그 아래로 어버이의 상황에 초점을 맞추는 <어버이 현황>, 형제자매(동기간)의 상황에 초점을 맞추는 <동기간 현황>, 딸 자신의 상황에 초점을 맞추는 <당사자 현황>을 관심의 대상으로 삼으면서 하위분절되는 특징을 보이고 있다. [그림 1]은 이러한 <딸> 명칭 분절의 기본구조를 보이기 위한 것이며, <딸> 명칭 분절에 대한 논의는 이 하위분절상을 중심으로 전개될 것이다.

[그림 1] 〈딸〉 명칭 분절의 기본구조

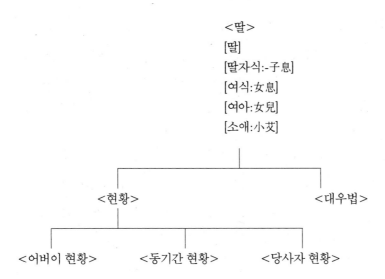

2) 〈어버이 현황〉에 따른 표현

이 분절에 있어서는 일차적으로 〈아버지와 어머니〉에 두루 통용되는 현황, 〈아버지〉에게만 통용되는 현황, 그리고 〈어머니〉에게만 통용되는 현황이 관심의 대상이 되어 있다. [그림2]는 이러한 〈어버이 현황〉 분절의 기본구조를 보이기 위한 것이다.

[그림 2] 〈딸 + 어버이 현황〉 분절의 기본구조

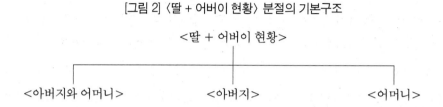

〈어버이 현황 + 아버지와 어머니〉 분절에 있어서는 그 아래로 〈친어버이 여부〉만이 관심사가 되어 있다. 〈친어버이 여부〉에서는 그 아래로 〈긍정 : 부정〉에 의한 대칭관계가 관조의 대상이 되어 있다.

(6) 친딸(親-)

(7) 친녀(親女)

(8) 친생(지)녀(親生之女)

[친딸]은 {자기가 낳은 딸}이라 풀이되고, [친녀]와 [친생지녀]는 {친딸}이라 풀이된다. 따라서 이 낱말들은 〈딸 + 어버이 현황 + 아버지와 어머니 + 친어버이 여부 / 긍정〉이라는 특성을 공유하는 것으로 이해될 만하다. [친딸]에서는 〈몸소 + 딸 → 몸소 낳은 딸〉이라는 특성이, [친녀]에서는 〈몸소 + 여자 → 몸소 낳은 여자 → 몸소 낳은 딸〉이라는 특성이, 그리고 [친생지녀]에서는 〈몸소 + 낳음 + 여자 → 몸소 낳은 여자 → 몸소 낳은 딸〉이라는 특성이 각각 개념형성의 과정과 관계한 것으로 추정된다. [친녀]는 주로 글말로만 사용되고 있는 한자말이며, [친생지녀]는 현재 거의 사용되지 않고 있는 한자말이다. [친딸 : 친녀]의 관계는 전술한 〈아들〉 분절에서의 [친아들 : 친자]의 관계에 준하여 이해될 만하다.

(9) 양딸(養-)

(10) 양녀(養女)

[양딸]은 {남의 딸을 데려다가 삼은 딸}이라 풀이되며, [양녀]는 {양딸}이라 풀이된다. 따라서 이 낱말들은 〈딸 + 어버이 현황 + 아버지와 어머니 + 친어버이 여부 / 부정 + 과정 /

입양>이라는 특성을 공유하는 것으로 이해될 것이다. 이 낱말들은 공통적으로 {수양딸}이라는 내용과 함께 사용되기도 한다. [양녀]는 {입양에 의하여 혼인 중 출생한 딸로서의 신분을 획득한 사람}이라는 내용과 함께 법률적인 전문용어로 사용되기도 한다. [양딸 : 양녀]의 관계는 전술한 <아들> 분절에서의 [양아들 : 양자]의 관계에 준하여 이해될 만하다.

　(11) 수양딸(收養-)
　(12) 수양녀(收養女)

　[수양딸]은 {남의 자식을 데려다가 제 자식처럼 기른 딸}이라 풀이되며, [수양녀]는 {수양딸}이라 풀이된다. 따라서 이 두 낱말은 <딸 + 어버이 현황 + 아버지와 어머니 + 친어버이 여부 / 부정 + 과정 / 수양>이라는 특성을 공유하는 것으로 이해될 만하다. [수양딸 : 수양녀]의 관계는 전술한 <아들> 명칭 분절에 있어서의 [수양아들 : 수양자]의 관계에 준하여 이해될 만하다.

　(13) 대녀(代女)

　<아들> 명칭 분절에 있어서의 [대자]와 대칭관계에 있는 이 낱말은 본래 {성세나 견진 성사를 받을 때, 신친(神親) 관계를 맺은 피후견인의 여자. 성세와 견진의 성사를 받은 여자의 그 대모에게 대한 친분}이라 풀이되면서 천주교에서 전문용어로 사용되었으나, 현재는 일반어휘로 도입되어 <딸 + 어버이 현황 + 아버지와 어머니 + 친어버이 여부 / 부정 + 과정 / 종교의식>이라는 내용과 함께 사용되고 있다.
　<어버이 현황 + 아버지> 분절에 있어서는 아버지의 <신분>과 <친아버지 여부>가 관심의 대상이 되어 있다.

　(14) 황녀(皇女)

　이 낱말은 {황제의 딸}이라 풀이되면서 <딸 + 어버이 현황 + 아버지 + 신분 / 황제>라는 특성과 함께 사용되고 있다. 이 낱말은 <아들> 명칭 분절에 있어서의 [황자]와 상응하는 것으로 이해될 것이다.

　(15) 왕녀(王女)
　(16) 왕희(王姬)

　[왕녀]는 {임금(왕)의 딸}이라 풀이되며, [왕희]는 {왕녀}라 풀이된다. 따라서 이 두 낱말은

<딸 + 어버이 현황 + 아버지 + 신분 / 임금>이라는 특성을 공유하는 것으로 이해될 것이다. [왕녀]는 <아들> 명칭 분절에 있어서의 [왕자]와 대칭관계에 있으며, [왕희]는 현재 입말로는 거의 사용되지 않고 있다.

　(17) 공주(公主)

　이 낱말은 {정실 왕비가 낳은 임금의 딸}이라 풀이되면서 <왕녀 + 어머니의 신분 / 정실>이라는 특성을 문제 삼고 있다. 그러한 의미에서 이 낱말은 후술할 <어버이 현황 + 어머니> 분절과도 관계하게 된다. 이 낱말은 {공주의 봉작(封爵)}이라는 내용과 함께 사용되기도 한다.

　(18) 옹주(翁主)

　이 낱말은 {임금의 정실이 아닌, 후궁(後宮)에서 난 왕녀(王女)}라 풀이되면서 <왕녀 + 어머니의 신분 / 후궁>이라는 특성을 문제 삼고 있다. 그러한 의미에서 이 낱말은 후술할 <어버이 현황 + 어머니> 분절과도 관계하게 된다. 그리고 이 낱말은 전술한 [공주]와는 <어머니의 신분 / 정실 왕비 : 어머니의 신분 / 후궁>이라는 대칭관계에 있는 표현으로도 이해될 만하다. 이 낱말은 {세자빈이 아닌 임금의 며느리를 이르던 말}이라는 내용을 문제 삼기도 한다.

　(19) 의붓딸(義父-)
　(20) 의녀(義女)
　(21) 가봉녀(加捧女)

　[의붓딸]은 {개가하여 온 아내가 데리고 들어온 딸. 후실이 데리고 온 전 남편의 딸}이라 풀이되며, [의녀]와 [가봉녀]는 {의붓딸}이라 풀이된다. 따라서 이 낱말들은 <딸 + 어버이 현황 + 아버지 + 친아버지 여부 / 부정>이라는 특성을 공유하고 있다. [의붓딸]은 {남편의 전처가 낳은 딸}이라는 내용과 함께 사용되기도 하며, [가봉녀]는 {여자가 덤받이(여자가 전남편에게서 배거나 낳아서 데리고 들어온 자식)로 데리고 온 딸}라는 내용을 문제 삼기도 한다. [의붓딸 : 의녀 : 가봉녀]의 관계는 전술한 <아들> 명칭 분절에 있어서의 [의붓아들 : 의자 : 가봉자]의 관계에 준하여 이해될 만하다. [가봉녀]는 현재 입말로는 거의 사용되지 않고 있다.

　<어버이 현황 + 어머니> 분절에 있어서는 어머니의 <신분>으로서 <정실>과 <첩>이 관심의 대상이 되어 있다.

(22) 적녀(嫡女)

이 낱말은 {정실(正室)이 낳은 딸}이라 풀이되면서 <딸 + 어버이 현황 + 어머니 + 신분 / 정실>이라는 특성을 문제 삼고 있다[8].

(23) 서녀(庶女)

이 낱말은 {첩의 몸에서 태어난 딸}이라 풀이되면서 <딸 + 어버이 현황 + 어머니 + 신분 / 첩>이라는 특성과 함께 사용되고 있다. 그러한 의미에서 이 낱말은 전술한 [적녀]와는 <어머니 신분 / 정실 : 어머니 신분 / 첩>이라는 대칭관계에 있은 표현으로 이해될 수 있다. 전술한 바와 같이, [공주]와 [옹주]도 이 분절과 관계하는 것으로 이해될 수 있을 것이다[9].

지금까지의 고찰에서 보인 바와 같이 <딸 + 어버이 현황> 분절에 있어서는 일차적으로 <아버지와 어머니>, <아버지>, <어머니>가 관조의 대상이 되어 있다. <아버지와 어머니> 분절에 있어서는 <친어버이 여부>로서 <긍정 : 부정>의 대칭관계가 문제되어 있는데, <부정>에 있어서는 그 아래로 <입양 : 수양 : 종교의식>이라는 대립이 관심사가 되어 있다. <아버지> 분절의 경우는 <신분>과 <친아버지 여부>가 관조의 대상이 되어 있는데, 전자의 경우는 <황제>와 <임금>이 관심사가 되어 있으며, 후자의 경우는 <부정>만이 관심사가 되어 있다. 그리고 <임금>의 아래로는 <어머니의 신분>으로서 <정실 : 후궁>의 대칭관계가 문제되어 있다. <어머니> 분절에 있어서는 <정실>과 <첩>이 관조의 대상이 되어 있다. [그림 3], [그림 4]는 이러한 <어버이 현황> 분절의 특징을 가시적으로 보이기 위한 것이다.

---

8) [적딸 : 嫡-]도 같은 방법으로 이해될 만하나, 이 낱말은 사전에 따라서는 등재되지 않은 경우(예컨대, <표준국어대사전>)도 있기 때문에 여기서 논외로 하였다.
9) {전처에서 난 딸}이라 풀이되는 [전실딸 : 前室-]도 이 분절과 관계하는 것으로 볼 수 있으나, 이 낱말이 등재되어 있지 않은 사전(예컨대, <표준국어대사전>)이 있음을 감안하여 여기서는 논외로 하였다.

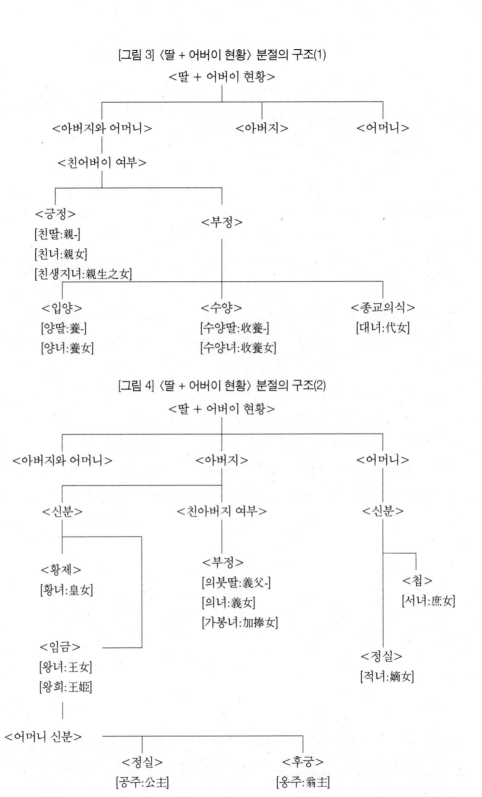

[그림 3] 〈딸 + 어버이 현황〉 분절의 구조(1)

〈딸 + 어버이 현황〉

〈아버지와 어머니〉　　　〈아버지〉　　　〈어머니〉

〈친어버이 여부〉

〈긍정〉
[친딸:親-]
[친녀:親女]
[친생지녀:親生之女]

〈부정〉

〈입양〉
[양딸:養-]
[양녀:養女]

〈수양〉
[수양딸:收養-]
[수양녀:收養女]

〈종교의식〉
[대녀:代女]

[그림 4] 〈딸 + 어버이 현황〉 분절의 구조(2)

〈딸 + 어버이 현황〉

〈아버지와 어머니〉　　　〈아버지〉　　　〈어머니〉

〈신분〉

〈친아버지 여부〉

〈신분〉

〈황제〉
[황녀:皇女]

〈부정〉
[의붓딸:義父-]
[의녀:義女]
[가봉녀:加捧女]

〈첩〉
[서녀:庶女]

〈임금〉
[왕녀:王女]
[왕희:王姬]

〈정실〉
[적녀:嫡女]

〈어머니 신분〉

〈정실〉
[공주:公主]

〈후궁〉
[옹주:翁主]

3) 〈동기간 현황〉에 따른 표현

이 분절에 있어서는 일차적으로 <자매 관계>와 <형제 관계>가 관심의 대상이 되어 있는데, 전자에 있어서는 <서열>과 <쌍둥이>와 <(자매)없음>이 문제되어 있으며, 후자에 있어서는 <형제 많음>과 <형제 없음>이 관조의 대상이 되어 있다.

(24) 맏딸

(25) 큰딸

(26) 장녀(長女)

(27) 일녀(一女)

[맏딸]은 {둘 이상의 딸 가운데 맏이가 되는 딸}이라 풀이되고, [큰딸]은 {'맏딸'을 작은딸에 상대하여 이르는 말}이라 풀이되며, [장녀]와 [일녀]는 {맏딸}이라 풀이된다. 따라서 이 낱말들은 <딸 + 동기간 현황 + 자매 관계 + 서열 / 첫째>라는 특성을 공유하는 것으로 이해될 만하다. [맏딸 : 큰딸 : 장녀 : 일녀]의 관계는 전술한 <아들> 명칭 분절에 있어서의 [맏아들 : 큰아들 : 장남 : 일남]의 관계에 준하여 이해될 것이다. [맏딸]은 {맨 먼저 난 딸}이라는 내용을 문제 삼기도 하며, [일녀]는 {딸 한 사람}이라는 내용을 문제 삼기도 한다.

(28) 첫딸

이 낱말은 {초산으로 낳은 딸. 첫아이로 낳은 딸}이라 풀이되면서 <맏딸 + 초산>이라는 특성과 함께 사용되고 있다. 이 낱말은 <아들> 명칭 분절에 있어서의 [첫아들]과 상응한다.

(29) 큰따님

이 낱말은 {남의 '큰딸'을 높여 부르는 말}이라 풀이되면서 <맏딸 + 높임>이라는 특성을 문제 삼고 있다. 그러한 의미에 있어서 이 낱말은 후술할 <대우법> 분절과도 관계하는 것으로 이해될 것이다.

(30) 큰아(가)씨

이 낱말은 {주인집의 결혼한 맏딸을 하인이 높여 이르는 말}이라 풀이되면서 <맏딸 + 높임 + 말할이 / 하인(+ 당사자 상태 / 기혼)>이라는 특성과 함께 사용되고 있다. 그러한 의미에서 이 낱말은 후술할 <당사자 현황> 분절 및 <대우법> 분절과도 관계하는 것으로 이해될 만하다. 이 낱말은 {주인집의 결혼한 맏며느리를 하인이 높여 이르는 말}, {올케가 큰 시누이를 높여 이르는 말}, {아씨들 중에서 나이 많은 아씨}라는 내용과 함께 사용되기도 한다.

(31) 큰아이(큰애)

(32) 큰아기

이 낱말들은 공통적으로 {'큰딸'을 정답게 이르는 말}이라 풀이되면서 <맏딸 + 말할이의 처지 / 다정함>이라는 특성을 문제 삼고 있다. [큰아기]는 {'큰아들'을 정답게 이르는 말}이라는 내용과 함께 <아들> 명칭 분절과도 관계하고 있는 표현이다. 그리고 [큰아기]는 {'맏며느리'를 정답게 부르는 말}, {다 자란 계집아이}, {다 큰 처녀}라는 내용도 문제 삼고 있는 표현이다. [큰아이]의 준말인 [큰애]는 호칭어로도 자연스럽게 사용되는 특징을 보인다. 곧, [큰아이]는 일반적으로 지칭어로만 사용되는데 비하여, [큰애]는 지칭어로도 사용되고 호칭어로도 사용된다.

(33) 작은딸

이 낱말은 {(둘 이상의 딸 가운데)맏딸이 아닌 딸}이라 풀이되면서 <딸 + 동기간 현황 + 자매 관계 + 서열 / 첫째 이외>라는 특성과 함께 사용되고 있다. 이 낱말은 <아들> 명칭 분절에 있어서의 [작은아들]과 상응한다.

(34) 작은따님

이 낱말은 {남의 '작은딸'의 높임말}이라 풀이되면서 <작은딸 + 높임>이라는 특성을 문제 삼고 있다. 따라서 이 낱말은 후술할 <대우법>과도 관계하는 것으로 이해될 수 있다.

(35) 작은아이(작은애)

이 낱말은 {작은딸을 정답게 이르는 말}이라 풀이되면서 <작은딸 + 말할이의 처지 / 다정함>이라는 특성과 함께 사용되고 있다. 이 낱말은 {작은아들을 정답게 이르는 말}이라는 내용과 함께 <아들> 분절과도 관계하고 있다. [작은아이]의 준말인 [작은애]는 호칭어로도 사용되는 특징을 보인다. 곧, [작은아이 : 작은애]의 관계는 전술한 [큰아이 : 큰애]의 관계에 준하여 이해될 것이다.

(36) 차녀(次女)

이 낱말은 {둘째 딸}이라 풀이되면서 <작은딸 + 둘째>라는 특성과 함께 사용되고 있다. 이 낱말은 <아들> 명칭 분절에 있어서의 [차남]과 상응한다.

(37) 막내딸
(38) 말녀(末女)
(39) 계녀(季女)

[막내딸]은 {맨 나중에 낳은 딸. 맨 끝으로 태어난 딸}이라 풀이되며, [말녀]와 [계녀]는 {막내딸}이라 풀이된다. 따라서 이 낱말들은 <작은딸 + 마지막>이라는 특성을 공유하는 것으로 이해될 것이다. [막내딸 : 말녀 : 계녀]의 관계는 전술한 <아들> 명칭 분절에 있어서의 [막내아들 : 말자(말남) : 계자]의 관계에 준하여 이해될 것이다.

(40) 작은아기

이 낱말은 {'막내딸'을 정답게 이르는 말}이라 풀이되면서 <막내딸 + 말할이의 처지 / 다정함>이라는 특성을 문제 삼고 있다. 이 낱말은 {'막내며느리'를 정답게 이르는 말}이라는 내용과 함께 사용되기도 한다.

(41) 쌍동딸(雙童-)
(42) 쌍생녀(雙生女)
(43) 쌍녀(雙女)

[쌍동딸]은 {한 태(胎)에서 나온 두 딸. 쌍둥이로 난 딸}이라 풀이되며, [쌍생녀]와 [쌍녀]는 {쌍동딸}이라 풀이된다. 따라서 이 낱말들은 <딸 + 동기간 현황 + 자매 관계 + 쌍둥이>라는 특성을 공유하는 것으로 이해될 것이다. [쌍동딸 : 쌍생녀]의 관계는 전술한 <아들> 명칭 분절에 있어서의 [쌍동아들 : 쌍생자]의 관계에 준하여 이해될 것이다. [쌍녀]는 현재 입말로는 거의 사용되지 않고 있다.

(44) 외딸
(45) 독녀(獨女)
(46) 무남독녀(無男獨女)

[외딸]은 {다른 자식 없이 단 하나뿐인 딸}이라 풀이되고, [독녀]는 {외딸}이라 풀이되며,

[무남독녀]는 {아들이 없는 집안의 외(동)딸}이라 풀이된다. 따라서 이 낱말들은 <딸 + 동기간 현황 + 자매 관계 / 자매 없음 + 형제 관계 / 형제 없음>이라는 특성을 공유하는 것으로 이해될 만하다. [외딸]은 {다른 여자 동기 없이 하나뿐인 딸. 딸로서는 하나뿐인 딸}이라는 내용과 함께 사용되기도 한다. [외딸 : 독녀 : 무남독녀]의 관계는 전술한 <아들> 명칭 분절에 있어서의 [외아들 : 독자 : 무매독자]의 관계에 준하여 이해될 것이다.

(47) 외동딸

이 낱말은 {'외딸' 을 귀엽게 이르는 말}이라 풀이되면서 <외딸 + 말할이의 처지 / 귀여움(귀여워함)>이라는 특성과 함께 사용되고 있다.

(48) 고명딸

이 낱말은 {아들 많은 이(사람)의 외딸. 아들 많은 집의 외딸}이라 풀이되면서 <딸 + 동기간 현황 + 자매 관계 / 자매 없음 + 형제 관계 / 형제 많음>이라는 특성을 문제 삼고 있다. 이 낱말은 흔히 {외딸}이라는 내용과 함께 사용되기도 한다.

지금까지의 고찰에서 보인 바와 같이 <딸 + 동기간 현황> 분절에 있어서는 <자매 관계>와 <형제 관계>가 일차적인 관심사가 되어 있다. <자매 관계>의 아래에는 <서열>과 <쌍둥이>와 <자매 없음>이 문제되어 있으며, <형제 관계>의 아래에는 <형제 없음>과 <형제 많음>이 문제되어 있다. <자매 관계 + 서열>에서는 <첫째 : 첫째 이외>의 대칭관계가 관심의 대상이 되어 있는데, 전자에서는 그 아래로 <초산>과 <높임>과 <다정함>이, 그리고 후자에서는 서열로서 <둘째>와 <마지막>과 <높임 : 다정함>이 각각 관조의 대상이 되어 있다. <자매 없음>은 <형제 없음> 및 <형제 많음>과 융합하는 특징을 보이고 있다. [그림 5], [그림 6], [그림 기은 이러한 <동기간 현황> 분절의 구조를 그림으로 보이기 위한 것이다.

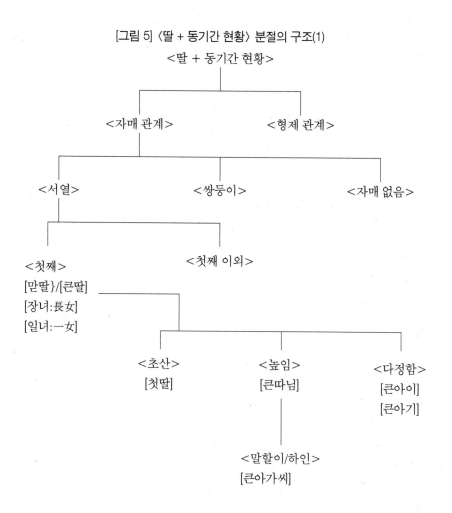

[그림 5] 〈딸 + 동기간 현황〉 분절의 구조(1)

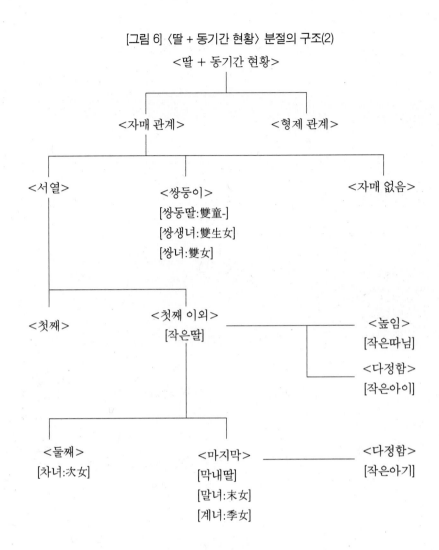

[그림 6] 〈딸 + 동기간 현황〉 분절의 구조(2)

<딸 + 동기간 현황>

<자매 관계>　　　　<형제 관계>

<서열>　　　　<쌍둥이>　　　　<자매 없음>
　　　　[쌍동딸:雙童-]
　　　　[쌍생녀:雙生女]
　　　　[쌍녀:雙女]

<첫째>　　　<첫째 이외>　　　<높임>
　　　　　　[작은딸]　　　　[작은따님]
　　　　　　　　　　　　　　<다정함>
　　　　　　　　　　　　　　[작은아이]

<둘째>　　　<마지막>　　　<다정함>
[차녀:次女]　　[막내딸]　　[작은아기]
　　　　　　　[말녀:末女]
　　　　　　　[계녀:季女]

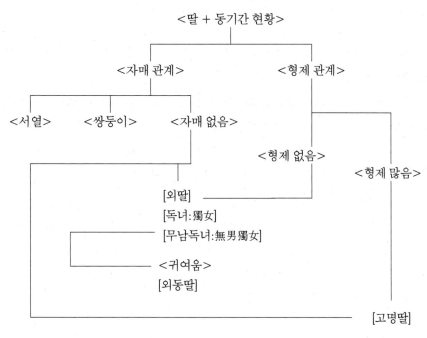

[그림 7] 〈딸 + 동기간 현황〉 분절의 구조(3)

4) 〈당사자 현황〉에 따른 표현

〈딸 + 당사자 현황〉 분절에 있어서는 당사자의 <품행>, 당사자가 처한 <상태>가 일차적인 관심의 대상이 되어 있다.

(49) 효녀(孝女)

이 낱말은 {부모를 잘 섬기는 딸. 효행이 있는 딸. 효성이 지극한 딸}이라 풀이되면서 <딸 + 당사자 현황 + 품행 + 효성 / 효도함>이라는 특성과 함께 사용되고 있다. 이 낱말은 <아들> 명칭 분절에 있어서의 [효자]와 상응한다.

(50) 이쁜도둑

이 낱말은 {친정에 와서 자꾸 가져가려고 하고, 어버이는 빼앗기고도 늘 귀여워 더 주고 싶어 하는 시집간 딸}이라 풀이되면서 <딸 + 당사자 현황 + 품행 / 친정의 재물을 자꾸 가져감 + 상태 / 귀여움(어버이의 사랑 받음))>이라는 특성을 문제 삼고 있다. 그러한 의미에서 이 낱말은 <품행> 분절과도 관계하는 표현으로 이해될 만하다.

(51) 딸내미

(52) 딸따니

[딸내미]는 {어리고 귀여운 딸}이라 풀이되고, [딸따니]는 {어린 딸을 귀엽게 일컫는 말}이라 풀이된다. 따라서 이 낱말들은 <딸 + 당사자 현황 + 상태 + 성장 / 어림 + 귀여움(어버이의 사랑 받음)>이라는 특성을 공유하는 것으로 이해될 만하다. [딸내미]는 {딸' 을 귀엽게 이르는 말}이라는 내용을 문제 삼기도 한다.

(53) 아기

이 낱말은 {나이가 많지 않은 딸을 정답게 이르는 말}이라 풀이되면서 <딸 + 당사자 현황 + 상태 + 성장 / 나이 많지 않음 + 말할이의 처지 / 다정함>이라는 특성과 함께 사용되고 있다. 이 낱말은 {나이가 많지 않은 며느리를 정답게 이르는 말}, {어린 젖먹이 아이}, {주로 동식물 이름 앞에 쓰여 짐승의 작은 새끼나 어린 식물을 귀엽게 이르는 말}이라는 내용과 관계하기도 한다.

(54) 망녀(亡女)

이 낱말은 {죽은 딸}이라 풀이되면서 <딸 + 당사자 현황 + 상태 + 생사 / 사망>이라는 특성을 문제 삼고 있다. 이 낱말은 <아들> 명칭 분절에 있어서의 [망자]와 상응한다. 이 낱말은 {망골(亡骨)의 계집. 몹시 주책이 없는 계집}이라는 내용과 함께 사용되기도 한다.

(55) 아가딸

이 낱말은 {시집가지 아니한 딸을 귀엽게 이르는 말}이라 풀이되면서 <딸 + 당사자 현황 + 상태 + 혼인 / 미혼 + 말할이의 처지 / 귀여움>이라는 특성과 함께 사용되고 있다.

(56) 귀녀(貴女)

이 낱말은 {특별히 귀염을 받는 딸. 귀여움을 매우 많이 받는 딸}이라 풀이되면서 <딸 + 당사자 현황 + 상태 + 귀여움(어버이의 사랑 받음) + 매우 높은 정도>라는 특성을 문제 삼고 있다. 이 낱말은 <아들> 명칭 분절에 있어서의 [귀자]와 상응한다. 이 낱말은 {문벌이 좋은 집안에서 태어난 딸}, {지체가 높고 귀한 집에서 태어난 여자}라는 내용을 문제 삼기도 한다.

(57) 옥동녀(玉童女)

이 낱말은 {매우 귀중한 딸}이라 풀이되면서 <딸 + 당사자 현황 + 상태 + 인식(말할이의 처지) / 귀중함 + 매우 높은 정도>라는 특성과 함께 사용되고 있다. 이 낱말은 {옥같이 어여쁜 딸}이나 {어린 여자아이를 귀엽게 이르는 말}이라는 내용과 관계하기도 한다.

(58) 딸아이

이 낱말은 {남에게 자기 딸을 이르는 말}이라 풀이되면서 <딸 + 당사자 현황 + 상태 + 말할이 / 어버이>라는 특성을 문제 삼고 있다. 이 낱말은 {딸자식을 아들에 상대하여 이르는 말}이라는 내용과 관계하기도 하는데, 이런 경우는 <아들> 명칭 분절에 있어서 [아들아이]와 대칭관계에 놓이게 된다.

(59) 딸아기

이 낱말은 {남의 딸을 귀엽게 이르는 말}이라 풀이되면서 <딸 + 당사자 현황 + 상태 + 말할이 / 남 + 인식(말할이의 처지) / 귀여움>이라는 특성을 문제 삼고 있다.

지금까지의 고찰에서 보인 바와 같이 <딸 + 당사자 현황> 분절에 있어서는 <품행>과 <상태>가 일차적인 관심사가 되어 있다. <품행> 분절에 있어서는 그 아래로 <효성 / 효도함>과 <친정의 재물을 자꾸 가져감>이 문제되어 있다. 그리고 <상태> 분절에 있어서는 그 아래로 <어림 : 나이 많지 않음>, <사망>, <미혼>, <귀여움>, <귀중함 + 매우 높은 정도>, 그리고 <말할이>로서 <어버이 : 남>이라는 대립이 관조의 대상이 되어 있다. [그림 8]과 [그림 9], [그림 10]은 이러한 <딸 + 당사자 현황> 분절의 특징을 그림으로 보이기 위한 것이다.

[그림 8] 〈딸 + 당사자 현황〉 분절의 구조(1)

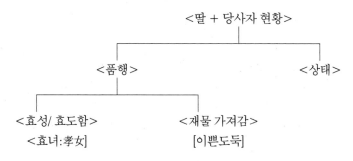

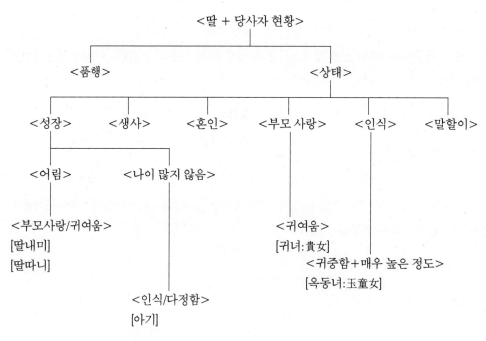

[그림 9] 〈딸 + 당사자 현황〉 분절의 구조(2)

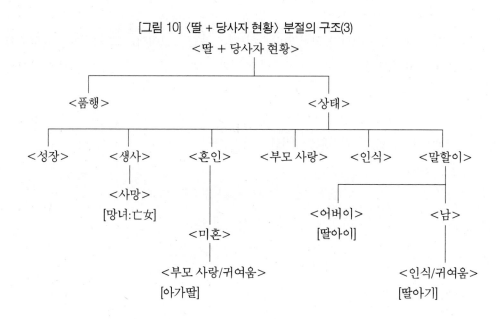

[그림 10] 〈딸 + 당사자 현황〉 분절의 구조(3)

5) 〈대우법〉에 따른 표현

이 분절에 있어서는 <높임 : 낮춤>의 대칭관계가 관심의 대상이 되어 있다.

(60) 따님

이 낱말은 {남의 딸을 높여 이르는 말}이라 풀이되면서 <딸 + 대우법 / 높임 + 대상(피지칭자) / 남의 딸>이라는 특성과 함께 사용되고 있다. 이 낱말은 <아들> 명칭 분절에 있어서의 [아드님]과 상응한다.

(61) 영애(令愛)

(62) 옥녀(玉女)

(63) 애옥(愛玉)

(64) 영교(令嬌)

(65) 영녀(令女)

(66) 영양(令孃)

(67) 영원(令媛)

(68) 규애(閨愛)

<아들> 명칭 분절에 있어서의 [영식]과 상응하는 [영애]는 {윗사람의 딸을 높여 이르는 말}이라 풀이된다. 그리고 [옥녀], [애옥], [영교], [영녀], [영양], [영원], [규애]는 공통적으로 [영애]라 풀이된다. 따라서 위의 낱말들은 <딸 + 대우법 / 높임 + 대상(피지칭자) / 윗사람의 딸>이라는 특성을 공유하는 것으로 이해될 만하다. 이 낱말들은 {남의 딸을 높여 이르는 말. 따님}이라는 내용을 문제 삼기도 한다. 그리고 [옥녀]는 {선녀}나 {마음과 몸이 깨끗한 여자를 옥에 비유하여 이르는 말}이라는 내용과 함께 사용되기도 한다. [애옥], [영교], [영녀], [영양], [영원], [규애]는 현재 입말로는 거의 사용되지 않고 있다. 개념형성의 과정에 있어서 [영애]는 <착함 + 사랑함 → 착하고 사랑스러운 딸 → 윗사람의 딸을 높여 이르는 말>과 같은 특성을, [옥녀]는 <옥 + 여자 → 옥과 같이 귀한 딸 → 윗사람의 딸을 높여 이르는 말>과 같은 특성을, [애옥]은 <사랑함 + 옥 → 옥과 같이 사랑스러운 딸 → 윗사람의 딸을 높여 이르는 말>과 같은 특성을, [영교]는 <착함 + 아리따움 → 착하고 아리따운 딸 → 윗사람의 딸을 높여 이르는 말>과 같은 특성을, [영녀]는 <착함 + 여자 → 착한 딸 → 윗사람의 딸을 높여 이르는 말>과 같은 특성을, [영양]은 <착함 + 처녀 → 착한 딸 → 윗사람의 딸을

높여 이르는 말>과 같은 특성을, [영원]은 <착함 + 예쁨 → 착하고 예쁜 딸 → 윗사람의 딸을 높여 이르는 말>과 같은 특성을, 그리고 [규애]는 <안방 + 사랑함 → 사랑스러운 안방의 딸 → 윗사람의 딸을 높여 이르는 말>과 같은 특성을 각각 문제 삼은 것으로 추정된다.

(69) 딸년

(70) 계집자식(-子息)

[딸년]은 {'딸'을 낮게 이르는 말}이라 풀이되며, [계집자식]은 {딸자식의 낮춤말}이라 풀이된다. 따라서 이 낱말들은 <딸 + 대우법 / 낮춤>이라는 특성을 공유하는 것으로 이해될 만하다. <아들> 명칭 분절에 있어서의 [아들놈]과 상응하는 [딸년]은 {남에게 대하여 자기의 딸의 낮추어 이르는 말}이라는 내용과 함께 사용되기도 한다. 그리고 <아들> 명칭 분절에 있어서의 [사내자식]과 상응하는 [계집자식]은 {처자(妻子)의 낮춤말}이라는 내용을 문제 삼기도 한다.

(71) 불초녀(不肖女)

이 낱말은 {어버이에 대하여 딸이 자기를 낮추어 이르는 말}이라 풀이되면서 <딸 + 대우법 / 낮춤 + 말할이 / 당사자>라는 특성과 함께 사용되고 있다. 그러한 의미에서 이 낱말은 {어버이를 상대하여 자기를 낮추어 이르는 일인칭 대명사}로 사용되기도 한다.

지금까지의 고찰에서 보인 바와 같이 <딸 + 대우법> 분절에 있어서는 <높임 : 낮춤>의 대칭관계가 일차적인 관심사가 되어 있다. <높임>의 아래로는 <대상(피지칭자)>으로서 <남의 딸>과 <윗사람의 딸>이 관조의 대상이 되어 있으며, <낮춤>의 아래로는 <말할이 / 당사자>가 관심의 대상이 되어 있다. 이러한 <딸 + 대우법> 분절의 구조를 그림으로 보이면 [그림 11]이 될 것이다.

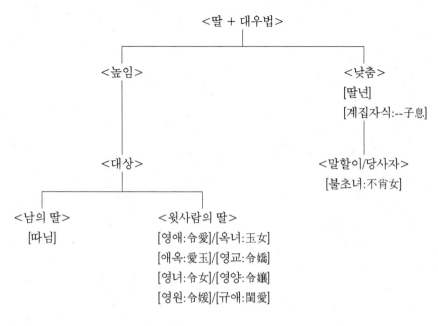

[그림 11] <딸 + 대우법 > 분절의 구조

<딸 + 대우법>

<높임>

<낮춤>
[딸년]
[계집자식:--子息]

<대상>

<말할이/당사자>
[불초녀:不肖女]

<남의 딸>
[따님]

<윗사람의 딸>
[영애:令愛]/[옥녀:玉女]
[애옥:愛玉]/[영교:令嬌]
[영녀:令女]/[영양:令孃]
[영원:令媛]/[규애:閨愛]

4) 마무리

현대국어에 있어서의 <딸> 명칭 분절구조 해명 과정을 통하여 발견된 특징들을 요약하고 정리하면 다음과 같다.

(1) <딸> 명칭은 <어버이의 아들딸(직계) + 여자(여성)>라는 특성을 문제 삼으면서 한편으로는 <아들> 분절과 대칭관계를 이루고, 다른 한편으로는 함께 <아들딸(자식)> 분절에 포함되는 특징을 보이고 있다.

(2) <딸> 분절을 대변하는 원어휘소의 자리에는 [딸], [딸자식], [여식], [여아], [소애]가 위치하고 있다.

(3) <딸> 명칭의 분절은 일차적으로 현재의 형편이나 과정이 문제되는 <현황>과 상대를 높이거나 낮추어 지칭하거나 호칭하는 <대우법>에 의해 하위분절되는 특징을 보이고 있다. <현황> 분절은 다시 그 아래로 어버이의 상황에 초점을 맞추는 <어버이 현황>, 형제자매(동기간)의 상황에 초점을 맞추는 <동기간 현황>, 딸 자신의 상황에 초점을 맞추는 <당사자 현황>을 관심의 대상으로 삼으면서 하위분절되는 특징을 보이고 있다.

(4) <어버이 현황> 분절에 있어서는 일차적으로 <아버지와 어머니>, <아버지>, <어

머니>가 관조의 대상이 되어 있다. <아버지와 어머니> 분절에 있어서는 <친어버이 여부>로서 <긍정 : 부정>의 대칭관계가 문제되어 있는데, <부정>에 있어서는 그 아래로 <입양 : 수양 : 종교의식>이 관심사가 되어 있다. <아버지> 분절의 경우는 <신분>과 <친아버지 여부>가 관조의 대상이 되어 있는데, 전자의 경우는 <황제>와 <임금>이 관심사가 되어 있으며, 후자의 경우는 <부정>만이 관심사가 되어 있다. 그리고 <임금>의 아래로는 <어머니의 신분>으로서 <정실 : 후궁>의 대칭관계가 문제되어 있다. <어머니> 분절에 있어서는 <정실 : 첩>의 대립이 관조의 대상이 되어 있다.

(5) <동기간 현황> 분절에 있어서는 <자매 관계>와 <형제 관계>가 일차적인 관심사가 되어 있다. <자매 관계>의 아래에는 <서열>과 <쌍둥이>와 <자매 없음>이 문제되어 있으며, <형제 관계>의 아래에는 <형제 없음>과 <형제 많음>이 문제되어 있다. <자매 관계 + 서열>에서는 <첫째 : 첫째 이외>의 대칭관계가 관심의 대상이 되어 있는데, 전자에서는 그 아래로 <초산>과 <높임>과 <다정함(말할이의 처지))>이, 그리고 후자에서는 서열로서 <둘째>와 <마지막>과 <높임 : 다정함(말할이의 처지)>이 각각 관조의 대상이 되어 있다. <자매 없음>은 <형제 없음> 및 <형제 많음>과 융합하는 특징을 보이고 있다.

(6) <당사자 현황> 분절에 있어서는 <품행>과 <상태>가 일차적인 관심사가 되어 있다. <품행> 분절에 있어서는 그 아래로 <효성 / 효도함>과 <친정의 재물을 자꾸 가져감>이 문제되어 있다. 그리고 <상태> 분절에 있어서는 그 아래로 <성장>으로서 <어림 : 나이 많지 않음>, <생사>로서 <사망>, <혼인>으로서 <미혼>, <부모의 사랑>으로서 <귀여움>, <인식(말할이의 처지)>으로서 <귀중함 / 매우 높은 정도>, <말할이>로서 <어버이 : 남>이 관조의 대상이 되어 있다.

(7) <대우법> 분절에 있어서는 <높임 : 낮춤>의 대칭관계가 일차적인 관심사가 되어 있다. <높임>의 아래로는 <대상>으로서 <남의 딸>과 <윗사람의 딸>이 관조의 대상이 되어 있으며, <낮춤>의 아래로는 <말할이 / 당사자>가 관심의 대상이 되어 있다.

제3절 〈아들딸 항렬〉 분절구조

1. 머리말

 〈어버이 항렬〉 분절에서 논의된 바와 같이 〈항렬〉은 〈대수가 같음 + 평행관계〉라는 특성을 문제 삼고 있기 때문에, 〈아들딸 항렬〉 분절은 〈아들딸과 평행관계 + 아들딸과 같은 대수〉라는 특성과 함께 이해될 수 있을 것이다. 그리고 〈아들딸 항렬〉은 〈어버이 항렬〉과 서로 대칭관계를 형성하게 된다. 〈아들딸 항렬〉 분절에서는 그 아래로 〈아들딸의 배우자〉, 〈조카(남자 + 여자)〉, 〈조카의 배우자(남자의 배우자 + 여자의 배우자)〉가 관심의 대상이 되어 있다. 그리고 〈아들딸의 배우자〉 아래로는 〈아들의 배우자 : 딸의 배우자〉가, 〈조카(남자 + 여자)〉의 아래로는 〈조카(남자) : 조카딸〉이, 〈조카의 배우자〉 아래로는 〈조카(남자)의 배우자 : 조카딸의 배우자〉가 각각 관조의 대상이 되어 있다. 이러한 〈아들딸 항렬〉 기본구조의 특징은 [그림 1]과 같은 도식화를 가능하게 한다.

[그림 1] 〈아들딸 항렬〉의 기본구조

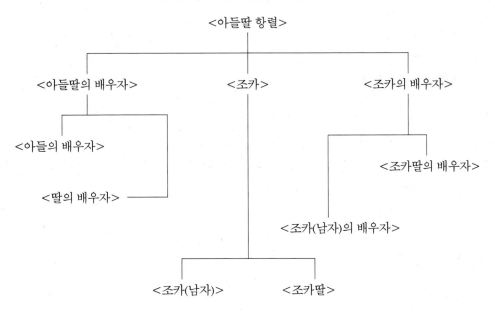

2. <아들딸의 배우자> 분절구조

<아들딸 항렬 + 아들딸의 배우자> 분절은 <아들의 배우자>와 <딸의 배우자>에 의하여 하위분절되는 특징을 보이고 있다. 그리고 <아들의 배우자> 아래로는 다시 <서열>, <신분>, <말할이의 처지>, <상태>, <품행>이 관심의 대상이 되어 있다.

(1) 며느리

(2) 자부(子婦)

(3) 식부(息婦. 媳婦)

[며느리]는 {아들의 아내}라 풀이되면서 <아들의 배우자>라는 특성과 함께 이 분절에 있어서 원어휘소의 자리에 위치하는 표현이다. [자부]와 [식부]도 {며느리}라 풀이되면서 이 분절에 있어서 [며느리]와 함께 원어휘소의 자리를 공유하고 있다. [며느리]는 입말이건 글말이건 보편적으로 사용되고 있는 표현인데 비하여, <아들 + 부녀자>라는 특성을 개념형성의 과정에서 문제 삼은 것으로 추정되는 [자부]는 [며느리]에 비하여 상대적으로 드물게 사용되는 표현이며, 개념형성의 과정에 <자식 + 부녀자>라는 특성이 관계한 것으로 추정되는 [식부]는 현재 입말이건 글말이건 거의 사용되지 않고 있는 표현이다.

(4) 맏며느리

(5) 큰며느리

(6) 총부(冢婦)

[맏며느리]는 {맏아들의 아내}라 풀이되며, [큰며느리]와 [총부]는 공통적으로 {맏며느리}라 풀이된다. 따라서 이 낱말들은 <며느리 + 서열 / 첫째>라는 특성을 공유하는 것으로 이해될 것이다. [큰며느리]는 {'맏며느리'를 작은며느리에 상대하여 일컫는 말}이라고 풀이되면서 앞으로 논의될 [작은며느리]와 대칭관계를 형성하는 표현이다. 그리고 [총부]는 {정실(正室) 맏아들의 아내(특히, 망부를 계승한 맏아들이 대를 이을 아들 없이 죽었을 때의 그 아내를 이름)}나 {종부(宗婦)}라는 내용을 문제 삼기도 하는데, 이 낱말은 현재 입말로는 거의 사용되지 않고 있다.

(7) 종부(宗婦)

이 낱말은 {종자(宗子)나 종손(宗孫)의 아내. 곧 종가(宗家)의 맏며느리}라 풀이되면서 <맏며느리 + 소속 / 종가>라는 특성과 함께 사용되고 있다.

(8) 큰아기

이 낱말은 {'맏며느리'를 귀엽게, 정답게 일컫는 말}이라 풀이되면서 <맏며느리 + 말할이의 처지 / 귀여워함(정다움)>이라는 특성을 문제 삼고 있다. 이 낱말은 {'맏딸'을 귀엽게 (정답게) 일컫는 말}이나 {남의 '다 큰 계집아이'를 대접하여 일컫는 말. 다 자란 계집아이. 다 큰 처녀}라는 내용과 관계하기도 한다.

(9) 큰아씨

이 낱말은 {주인집의 맏며느리를 하인이 이르는 말}이라 풀이되면서 <맏며느리 + 말할이 / 하인(주인집)>이라는 특성과 함께 사용되고 있다. 이 낱말은 {주인집의 결혼한 맏딸을 하인이 이르는 말}이라는 내용을 문제 삼기도 한다. 이 낱말은 현대에 와서는 사회변화와 함께 일상적으로 사용되지는 않고 있으며, 사극 같은 고대 제도의 재현에서나 등장하는 표현이다.

(10) 맏잡이

이 낱말은 {'맏며느리'의 낮은말}이라 풀이되면서 <맏며느리 + 대우법 / 낮춤>이라는 특성을 문제 삼고 있다. 이 낱말은 {'맏며느리'를 속되게 이르는 말}, {'맏아들'의 낮은말}, {'맏아들'을 속되게 이르는 말}이라는 내용을 문제 삼기도 한다.

(11) 차부(次婦)

이 낱말은 {둘째 며느리}라 풀이되면서 <며느리 + 서열 / 둘째>라는 특성과 함께 사용되고 있다. 현실적으로 이 낱말은 현재 입말로는 거의 사용되지 않고 있다.

(12) 작은며느리

이 낱말은 {작은아들의 아내}라 풀이되면서 <며느리 + 서열 / 둘째 이하>라는 특성을 문제 삼고 있다. [작은아들]은 <둘째 이하의 아들>이라는 특성을 문제 삼고 있기 때문이다. 전술한 바와 같이 이 낱말은 앞에서 논의된 [큰며느리]와 대칭관계에 있는 표현으로 이해될 것이다.

(13) 막내며느리

이 낱말은 {막내아들의 아내}라 풀이되면서 <며느리 + 서열 / 막내(마지막)>라는 특성과 함께 사용되고 있다. 그러한 의미에서 이 낱말은 전술한 [맏며느리], [차부]와 계단대립의 관계에 있는 것으로 이해될 것이다. 곧, 이 분절에서는 [맏며느리 : 차부 : 막내며느리]로 이어지는 계단대립이 관심의 대상이 되어 있다. 그리고 전술한 [작은며느리]는 [차부 + 막내며느리]라는 통합적 개념과 함께 이해될 수도 있을 것이다.

(14) 작은아기

이 낱말은 {'막내며느리'를 정답게 이르는 말}이라 풀이되면서 <막내며느리 + 말할이의 처지 / 정다움>이라는 특성을 문제 삼고 있다. 이 낱말은 {막내딸'을 정답게 이르는 말}이라는 내용과 관계하기도 한다.

(15) 전실며느리(前室---)

이 낱말은 {전실 아들의 아내}라 풀이되면서 <며느리 + 신분 + 아들의 신분 / 전실 아들>이라는 특성과 함께 사용되고 있다.

(16) 첩며느리(妾---)

이 낱말은 {아들의 첩}이라 풀이되면서 <며느리 + 신분 + 당사자 신분 / 첩(아들의 첩)>이라는 특성과 함께 사용되고 있다.

(17) 며늘아기

이 낱말은 {'며느리'를 귀엽게(정답게) 이르는 말}이라 풀이된다. 따라서 이 낱말은 <며느리 + 말할이의 처지 / 귀여워함>이라는 특성과 함께 해명될 만하다.

(18) 새아기(새악)

이 낱말은 {새 며느리를 시부모가 친근하게 이르는 말}이라 풀이된다. 따라서 이 낱말은 <며느리 + 말할이의 처지 / 친근함 + 말할이 / 시부모>라는 특성과 함께 이해될 수 있는 표현이다.

(19) 아기

이 낱말은 {나이가 많지 않은 며느리를 정답게 이르는 말}이라 풀이되면서 <며느리 + 상태 / 나이 많지 않음 + 말할이의 처지 / 정다움>이라는 특성과 함께 사용되고 있다. 이 낱말은 {나이가 많지 않은 딸을 정답게 이르는 말}, {'어린아이'를 귀엽게 일컫는 말}, {사람을 어리게 치는 말}, {어린 젖먹이 아이}라는 내용도 문제 삼고 있는, 말하자면 내용범위가 비교적 넓은 표현에 속한다.

(20) 망부(亡婦)

이 낱말은 {죽은 며느리}라 풀이되면서 <며느리 + 상태 / 사망>이라는 특성을 문제 삼고 있다. 이 낱말은 {망처(亡妻)}라는 내용과 관계하기도 한다.

(21) 현부(賢婦)

이 낱말은 {어진 며느리}라 풀이되면서 <며느리 + 품행 / 어짊>이라는 특성과 함께 사용되고 있다. 이 낱말은 {현명한 부인}이라는 내용과 관계하기도 한다.

(22) 효부(孝婦)

이 낱말은 {효행이 있는 며느리. 시부모를 잘 섬기는 며느리}라 풀이된다. 따라서 이 낱말은 <며느리 + 품행 / 효행>이라는 특성과 함께 해명될 만하다.

(23) 악부(惡婦)

이 낱말은 {성질이 악독한 며느리}라 풀이되면서 <며느리 + 품행 / 악독함>이라는 특성과 함께 사용되고 있다. 이 낱말은 {성질이 악독한 부녀. 성질이 모질고 나쁜 여자}라는 내용과 관계하기도 한다.

지금까지의 고찰에서 보인 바와 같이 <아들딸 항렬 + 아들딸의 배우자 / 아들의 배우자 (며느리)> 분절에 있어서는 <서열>, <신분>, <말할이의 처지>, <상태>, <품행>이 일차적인 관조의 대상이 되어 있다. <서열> 분절은 <첫째 : 둘째 : 막내>로 이어지는 계단대립의 양상을 보이고 있다. <첫째>아래로는 다시 <소속 / 종가>, <말할이의 처지 / 귀여워함(정다움)>, <말할이 / (주인집)하인>, <대우법 / 낮춤>이 관심의 대상이 되어 있다. <신분> 아래로는 <아들 신분 / 전실 아들>과 <당사자 신분 / 첩>이 관심의 대상이 되어 있으며, <말할이의 처지> 아래로는 <귀여워함>과 <친근함>이 문제되어 있다. 그리고 <상태> 아래로는 <나이 많지 않음>과 <사망>, 그리고 <품행> 아래로는 <어짊>과 <효행>과 <악독함>이 각각 관조의 대상이 되어 있다. <아들딸 항렬 + 아들의 배우자(며느리)> 분절의 이러한 특징들은 도식화하면 [그림 2], [그림 3], [그림 4]가 될 것이다.

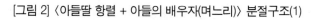

[그림 2] 〈아들딸 항렬 + 아들의 배우자(며느리)〉 분절구조(1)

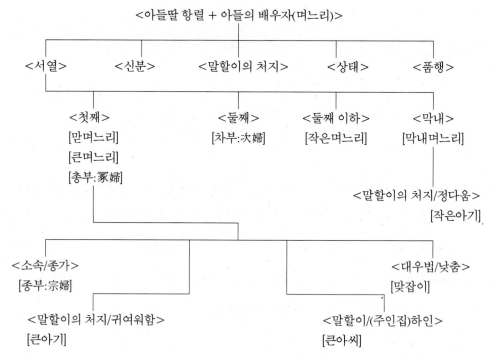

[그림 3] 〈아들딸 항렬 + 아들의 배우자(며느리)〉 분절구조(2)

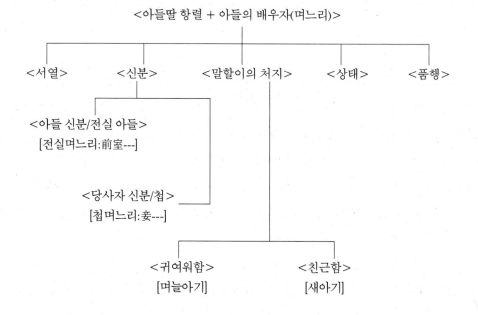

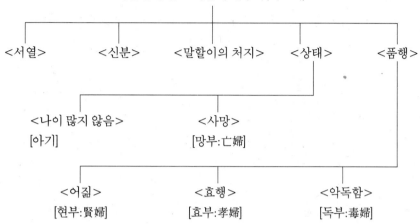

[그림 4] 〈아들딸 항렬 + 아들의 배우자(며느리)〉 분절구조(3)

전술한 <아들의 배우자> 분절에서와 마찬가지로 <딸의 배우자> 분절에 있어서도 <서열>, <신분>, <말할이의 처지>, <상태>, <품행>이 일차적이 관심의 대상이 되어 있다.

(24) 사위

(25) 여서(女壻)

[사위]는 {딸의 남편}이라 풀이되며, [여서]는 {사위}라 풀이된다. 따라서 이 낱말들은 <딸의 배우자>라는 특성을 공유하는 것으로 이해될 것이다. <여자 + 사위>라는 특성이 개념형성의 과정에 관계한 것으로 추정되는 [여서]는 현재 입말로는 거의 사용되지 않고 있다. [사위]는 <아들의 배우자> 분절에 있어서 [며느리]와, [여서]는 <아들의 배우자> 분절에 있어서 [자부]와 각각 대칭관계에 있는 것으로 이해될 만하다.

(26) 맏사위

(27) 큰사위

(28) 첫사위

[맏사위]는 {맏딸의 남편}이라 풀이되고, [큰사위]는 {맏사위. '맏사위'를 작은사위에 상대하여 일컫는 말}이라 풀이되며, [첫사위]는 {맏사위. 첫 번째 맞이한 사위}라 풀이된다. 따라서 이 낱말들은 <사위 + 서열 / 첫째>라는 특성을 공유하는 것으로 이해될 만하다. [맏사위]에서는 <맏이>라는 특성이, [큰사위]에서는 <작은 사위와 대칭관계>라는 특성이, 그리

고 [첫사위]에서는 <서열 /첫째>라는 특성이 각각 개념형성의 과정에 관계한 것으로 추정된다. [맏사위]는 <아들의 배우자> 분절에 있어서의 [맏며느리]와, [큰사위]는 <아들의 배우자> 분절에 있어서의 [큰며느리]와 각각 대칭관계에 있은 것으로 해명될 만하다.

(29) 작은사위

전술한 [큰사위]와 대칭관계에 있는 이 낱말은 {작은딸의 남편. 맏사위가 아닌 사위}라 풀이되면서 <사위 + 서열 / 둘째 이하>라는 특성과 함께 사용되고 있다. 이 낱말은 <아들의 배우자> 명칭 분절에 있어서의 [작은며느리]와 대칭관계에 있다.

(30) 막냇사위

전술한 <아들의 배우자> 분절에서의 [막내며느리]와 대칭관계에 있는 이 낱말은 {막내딸의 남편}이라 풀이되면서 <사위 + 서열 / 막내>라는 특성을 문제 삼고 있다.

(31) 국서((國壻)
(32) 부마도위(駙馬都尉. 駙馬. 都尉)

[국서]는 {임금의 사위}라 풀이되며, [부마도위]는 {임금의 사위. 공주 또는 옹주를 아내로 삼은 사람. 임금의 사위에게 주던 칭호}라 풀이된다. 따라서 이 낱말들은 <사위 + 신분 + 딸의 아버지 신분 / 임금>이라는 특성을 공유하는 것으로 이해될 것이다. 현재 입말로는 거의 사용되지 않고 있는 [국서]는 {여왕의 남편}이라는 내용을 문제 삼기도 한다.

(33) 서랑(壻郞)
(34) 영서(令壻)

[서랑]은 {남의 사위를 높여 이르는 말. 사위님}이라 풀이되며, [영서]는 {서랑(壻郞)}이라 풀이된다. 따라서 이 낱말들은 <사위 + 말할이의 처지 + 대우법 / 높임(+ 피지칭자 / 남의 사위)>이라는 특성을 공유하는 것으로 이해될 만하다. [서랑]에서는 <사위 + 남자>라는 특성이, 그리고 [영서]에서는 <우두머리로 받듦 + 사위>라는 특성이 각각 개념형성의 과정에 관계한 것으로 추정되는데, [영서]는 현재 입말로는 거의 사용되지 않고 있다.

(34) 옥윤(玉潤)

이 낱말은 {사위. '사위'를 아름답게 이르는 말}이라 풀이되면서 <사위 + 말할이의 처지 /

아름답게 이름>이라는 특성을 문제 삼고 있다. 이 낱말은 {윤기가 있는 아름다운 얼굴}이라는 내용과 관계하기도 한다. 그러나 이 낱말은 현재 입말로는 거의 사용되지 않고 있다.

(35) 백년지객(百年之客)

(36) 백년손님(百年--/ 백년손)

(37) 백년교객(百年驕客)

[백년지객]은 {아무리 스스럼이 없어져도 언제나 예의를 갖추어 맞아야 할 손님, 곧 사위. 한평생을 두고 늘 어려운 손님으로 맞이한다는 뜻으로, '사위' 를 이르는 말}이라 풀이되며, [백년손님]과 [백년교객]은 {백년지객}이라 풀이된다. 따라서 이 낱말들은 <사위 + 말할이의 처지 / 손님으로 대우>라는 특성을 공유하는 것으로 이해될 것이다. [백년교객]에서는 <백년 + 교만함 + 손님>이라는 특성이 개념형성의 과정에 관계한 것으로 추정되는데, 이 낱말은 현재 입말로는 거의 사용되지 않고 있다. [백년지객]에서의 한자말 [객 客]과 [백년손님]에서의 토박이말 [손님]은 서로 상응하는데, 그런 연유로 현재 입말로는 [백년손님]이 더 빈번하게 사용되고 있다.

(38) 데릴사위

(39) 예서(豫壻)

(40) 초서(招壻)

(41) 췌서(贅壻)

[데릴사위]는 {처가에서 데리고 사는 사위. 딸을 시집으로 보내지 아니하고 처가에서 데리고 사는 사위}라 풀이된다. 그리고 [예서], [초서], [췌서]는 공통적으로 {데릴사위}라 풀이된다. 따라서 위의 낱말들은 <사위 + 상태 / 처가살이>라는 특성을 공유하는 것으로 이해될 것이다. [초서]는 {사위를 얻음. 사위를 맞음}이라는 내용과 관계하기도 하며, [췌서]는 {예전에, 중국에서 신부의 친정에 재화(財貨)를 주는 대신에 노역(勞役)을 하던 데릴사위}라는 내용과 관계하기도 한다. [예서]에서는 <미리 데려온 사위>라는 특성이, [초서]에서는 <불러온 사위>라는 특성이, 그리고 [췌서]에서는 <혹으로 여기는 사위>라는 특성이 각각 개념형성의 과정에 관계한 것으로 추정되는데, 현재 이 한자말들은 입말로는 거의 사용되지 않고 있다.

(42) 새사위

(43) 신서(新壻)

[새사위]는 {새로 맞은 사위}라 풀이되며, 이 토박이말 [새사위]와 상응하는 한자말 [신서]도 {새사위. 새로 맞은 사위}라 풀이된다. 따라서 이 낱말들은 <사위 + 상태 / 새로 맞이함>이라는 특성을 공유하는 것으로 해명될 만하다. [신서]는 현재 입말로는 거의 사용되지 않고 있는 한자말이다.

(44) 가서(佳壻)

이 낱말은 {참하고 얌전한 사위. 참하고 훌륭한 사위}라 풀이되면서 <사위 + 품행 / 착하고 얌전함>이라는 특성과 함께 사용되고 있다. 이 낱말은 현재 입말로는 거의 사용되지 않고 있다.

(45) 현서(賢壻)

이 낱말은 {어진 사위}라 풀이되면서 <사위 + 품행 / 어짊>이라는 특성을 문제 삼고 있다. 이 낱말은 {자기의 사위나 남의 사위를 높여 이르는 말}이라는 내용과 함께 사용되기도 한다. 이 낱말은 <아들의 배우자> 분절에 있어서의 [현부]와 대칭관계에 있다.

지금까지의 고찰에서 보인 바와 같이 <아들딸의 항렬 + 딸의 배우자> 분절에 있어서도 <아들딸의 항렬 + 아들의 배우자> 분절에서와 마찬가지로 <서열>, <신분>, <말할이의 처지>, <상태>, <품행>이 일차적인 관심사가 되어 있다. <서열>의 아래로는 <첫째>, <둘째 이하>, <막내>가 관조의 대상이 되어 있으며, <신분> 아래로는 <딸의 아버지 신분 / 임금>이 관심의 대상이 되어 있다. <말할이의 처지> 아래에는 <대우법 / 높임>, <아름답게 이름>, <손님으로 대우>가 문제되어 있다. 그리고 <상태> 아래로는 <처가살이>와 <새로 맞이함>이 문제되어 있으며, <품행> 아래로는 <착하고 얌전함>과 <어짊>이 관심의 대상이 되어 있다. [그림 5], [그림 6]은 이러한 <아들딸의 항렬 + 딸의 배우자> 분절의 구조적 특징을 도식화한 것이다.

[그림 5] ⟨아들딸의 항렬 + 딸의 배우자⟩ 분절구조(1)

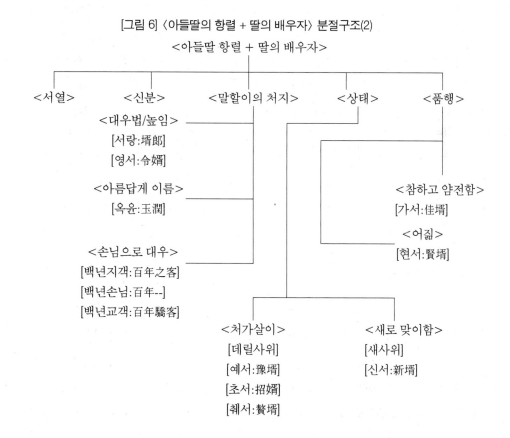

⟨아들딸 항렬 + 딸의 배우자⟩

⟨서열⟩　⟨신분⟩　⟨말할이의 처지⟩　⟨상태⟩　⟨품행⟩

⟨첫째⟩
[맏사위]
[큰사위]
[첫사위]

⟨딸의 아버지 신분/임금⟩
[국서:國婿]
[부마도위:駙馬都尉]

⟨둘째 이하⟩　⟨막내⟩
[작은사위]　[막내사위}

[그림 6] ⟨아들딸의 항렬 + 딸의 배우자⟩ 분절구조(2)

⟨아들딸 항렬 + 딸의 배우자⟩

⟨서열⟩　⟨신분⟩　⟨말할이의 처지⟩　⟨상태⟩　⟨품행⟩

⟨대우법/높임⟩
[서랑:壻郞]
[영서:令婿]

⟨아름답게 이름⟩
[옥윤:玉潤]

⟨참하고 얌전함⟩
[가서:佳壻]

⟨어짊⟩
[현서:賢壻]

⟨손님으로 대우⟩
[백년지객:百年之客]
[백년손님:百年--]
[백년교객:百年驕客]

⟨처가살이⟩
[데릴사위]
[예서:豫壻]
[초서:招婿]
[췌서:贅壻]

⟨새로 맞이함⟩
[새사위]
[신서:新壻]

3. 〈조카〉 분절구조

이 분절을 대변하는 낱말은 [조카]인데, 이 낱말은 {형제자매의 아들과 딸}이라 풀이되면서 <형제자매의 아들딸>이라는 특성을 문제 삼고 있다. 이 분절에 있어서는 일차적으로 <성별>, <서열>, <말할이의 처지>, <상태>, <품행>, <관계(+ 촌수)>가 관심의 대상이 되어 있다.

(46) 조카

(47) 질자(姪子)

(48) 종자(從子)

(49) 유자(猶子)

[조카]는 전술한 바와 같이 {형제자매의 자식. 형제자매의 아들과 딸}이라 풀이된다. 그리고 [질자], [종자], [유자]는 공통적으로 {조카}라 풀이된다. 따라서 이 낱말들은 이 분절에 있어서 원어휘소의 자리를 공유하는 것으로 이해될 만하다. [조카]는 흔히 {형제자매의 아들}이라는 내용과 함께 사용되기도 한다. [조카]는 입말과 글말 모두 보편적으로 사용되는 표현인데 비하여, 개념형성의 과정에 있어서 <조카 + 자식>이라는 특성이 관계한 것으로 추정되는 [질자]는 간혹 글말로나 사용될 뿐, 입말로는 거의 사용되지 않고 있는 표현이다. [종자]에서는 <좋음(다름없음) + 자식>이라는 특성이, 그리고 [유자]에서는 <같음 + 자식>이라는 특성이 각각 개념형성의 과정에 관계한 것으로 추정되는데, 현재 이 한자말들도 입말로는 거의 사용되지 않고 있다.

(50) 조카딸

(51) 질녀(姪女)

(52) 여질(女姪)

(53) 유녀(猶女)

[조카딸]은 {형제자매의 딸}이라 풀이된다. 그리고 [질녀], [여질], [유녀]는 공통적으로 {조카딸}이라 풀이된다. 따라서 이 낱말들은 <조카 + 성별 / 여자>라는 특성을 공유하는 것으로 이해될 만하다. [조카딸]은 입말과 글말 모두 보편적으로 사용되는 표현이며, [질녀]는 주로 글말에서나 가끔 사용되는 표현이다. 공통적으로 <조카 + 여식(여자)>이라는 특성이 개념형성의 과정에 관계한 것으로 추정되는 [질녀]와 [여질]은 형태상 서로 도치형(倒置形)인

데, 후자는 현재 거의 사용되지 않고 있다. [유녀]에서는 <같음 + 여식(여자)>이라는 특성이 개념형성의 과정에 관계한 것으로 추정되는데, 현재 이 한자말도 입말로는 거의 사용되지 않고 있다.

(54) 맏조카

(55) 큰조카

(56) 장조카(長--)

(57) 장질(長姪)

(58) 백질(伯姪)

[맏조카]는 {맏형의 맏아들}이라 풀이되고, [큰조카]는 {맏형의 맏아들. 맏조카}라 풀이된다. 그리고 [장조카], [장질], [백질]은 공통적으로 {맏조카}라 풀이된다. 따라서 이 낱말들은 <조카 + 서열 / 첫째 (+ 지칭자와의 관계 / 맏형의 맏아들)>라는 특성을 공유하는 것으로 이해될 것이다. [맏조카]는 {맏이가 되는 조카}라는 내용을 문제 삼기도 한다. [큰조카]에서는 <큼 + 조카>라는 특성이, [장조카]와 이에 상응하는 [장질]에서는 <어른 + 조카>라는 특성이, 그리고 [백질]에서는 <맏이 + 조카>라는 특성이 각각 개념형성의 과정에 관계한 것으로 추정된다. 현재 [장질]과 [백질]은 입말로서는 거의 사용되지 않고 있다.

(59) 작은조카

이 낱말은 {둘 이상의 조카 가운데 맏조카가 아닌 조카. 큰조카의 아우 되는 이}라 풀이되면서 <조카 + 서열 / 둘째 이하>라는 특성을 문제 삼고 있다.

(60) 가질(家姪)

(61) 사질(舍姪)

[가질]과 [사질]은 공통적으로 {남에게 '자기의 조카'를 일컫는 말. 남에게 자기 조카를 이르는 말}이라 풀이되면서 <조카 + 말할이의 처지 + 피지칭자 / 말할이의 조카(+ 들을이 / 남)>라는 특성을 공유한다. [사질]은 {조카가 삼촌에게 '자기'를 이르는 말}이라는 내용과 관계하기도 한다.

(62) 조카자식(--子息}

이 낱말은 {조카를 자식처럼 일컫는 말}이라 풀이되면서 <조카 + 말할이의 처지 / 자식

으로 인식>이라는 특성을 문제 삼고 있다. 이 낱말은 {조카와 조카딸을 통틀어 이르는 말},
{다른 사람에게 자기 조카를 낮추어 이르는 말}이라는 내용과 관계하기도 한다.

(63) 함씨(咸氏)

이 낱말은 {조카님}이라 풀이되면서 <조카 + 말할이의 처지 + 대우법 / 높임>이라는
특성을 문제 삼고 있다. 현재 이 한자말은 입말로는 거의 사용되지 않고 있다.

(64) 조카아이
(65) 질아(姪兒)

[조카아이]는 {어린 조카}라 풀이되며, [질애]는 {조카아이}라 풀이된다. 따라서 이 낱말들
은 <조카 + 상태 / 어림>이라는 특성을 공유하는 것으로 이해될 것이다. [조카아이]는 {조카
인 아이}, {남에게 자기의 조카를 이르는 말}이라는 내용과 관계하기도 한다. 그리고 [질애]는
{조카}라는 내용과 관계하면서 <조카> 분절의 원어휘소의 자리로 중화되기도 한다.

(66) 현질(賢姪)

이 낱말은 {어진 조카}라 풀이되면서 <조카 + 품행 / 어짊>이라는 특성을 문제 삼으면
서 사용된다. 이 낱말은 {'조카'를 높여 이르는 말}이라는 내용과 관계하기도 한다.

지금까지 고찰한 낱말들은 일반적으로 <조카 + 관계 + 촌수 / 삼촌>이라는 특성을 공
유하는 특징을 보이기도 한다.

(67) 생질(甥姪)

이 낱말은 {누이의 아들}이라 풀이되면서 <조카 + 관계 + 촌수 / 삼촌 + 누이의 아들딸 /
아들>이라는 특성과 함께 사용되고 있다.

(68) 생질녀(甥姪女)

전술한 [생질]과 대칭관계에 있는 이 낱말은 {누이의 딸}이라 풀이되면서 <조카 + 관계 +
촌수 / 삼촌 + 누이의 아들딸 / 딸>이라는 특성을 문제 삼고 있다.

(69) 이질(姨姪)

이 낱말은 {자매의 아들딸. 언니나 여동생의 아들딸}이라 풀이되면서 <조카 + 관계 + 촌수 / 삼촌 + 자매의 아들딸>이라는 특성과 함께 사용되고 있다. 이 낱말은 {아내의 자매의 아들딸}이라는 내용과 관계하기도 한다.

(70) 이질녀(姨姪女)

이 낱말은 {자매의 딸. 언니나 여동생의 딸}이라 풀이되면서 <조카 + 관계 + 촌수 / 삼촌 + 자매의 아들딸 / 딸>이라는 특성을 문제 삼고 있다. 따라서 이 낱말은 전술한 [이질] 아래에 포함되는 표현으로 이해될 수 있다.

[생질], [생질녀], [이질], [이질녀]도 일반적으로 <조카 + 관계 + 촌수 / 삼촌>이라는 특성을 공유하는 특징을 보인다.

(71) 종질(從姪)
(72) 당질(堂姪)

[종질]은 {사촌 형제의 아들. 사촌 형제의 아들로, 오촌이 되는 관계}라 풀이되면서 <조카 + 관계 + 촌수 / 오촌 + 사촌 형제의 아들딸 / 남자(아들)>라는 특성과 함께 사용되고 있다. [당질]도 {종질(從姪). '종질'을 친근하게 일컫는 말}이라 풀이되면서 [종질]과 같은 위치를 공유한다. 다만, [당질]은 그 뜻풀이에서 보이는 바와 같이 <말할이의 처지 / 친근함>이라는 특성이 첨가되는 특징을 갖고 있다.

(73) 종질녀(從姪女)
(74) 당질녀(堂姪女)

[종질녀]는 {사촌 형제의 딸}이라 풀이되며, [당질녀]는 {종질녀. '종질녀'를 친근하게 일컫는 말}이라 풀이된다. 따라서 이 낱말들은 <조카 + 관계 + 촌수 / 오촌 + 사촌 형제의 아들딸 / 여자(딸)>라는 특성을 공유하는 것으로 이해될 것이다. 이 두 낱말의 관계는 전술한 [종질]과 [당질]의 관계에 준하여 이해될 것이다. [당질녀]에서도 <말할이의 처지 / 친근함>이라는 특성이 인식될 것이기 때문이다.

[종질], [당질], [종질녀], [당질녀]는 <조카 + 관계 + 촌수 / 오촌>이라는 특성을 공유한다는 점에서 공통점을 보이고 있다.

(75) 재종질(再從姪)

(76) 재당질(再堂姪)

　[재종질]은 {육촌 형제의 아들}이라 풀이되며, [재당질]은 {재종질(再從姪)}이라 풀이된다. 따라서 이 낱말들은 <조카 + 관계 + 촌수 / 칠촌 + 육촌 형제의 아들딸 / 남자(아들)>라는 특성을 공유하는 것으로 이해될 것이다. 이 두 낱말의 관계는 전술한 [종질]과 [당질]의 관계에 준하여 이해될 수 있을 것 같다.

(77) 재종질녀(再從姪女)

(78) 재당질녀(再堂姪女)

　[재종질녀]는 {육촌 형제의 딸}이라 풀이되며, [재당질녀]는 {재종질녀(再從姪女)}라 풀이된다. 따라서 이 낱말들은 <조카 + 관계 + 촌수 / 칠촌 + 육촌 형제의 아들딸 / 여자(딸)>라는 특성을 공유하면서 전술한 [재종질], [재당질]과 각각 대칭관계에 있는 것으로 이해될 만하다. 이 두 낱말의 관계는 [종질녀]와 [당질녀]의 관계에 준하여 이해될 수 있을 것 같다.

　[재종질], [재당질], [재종질녀], [재당질녀]는 <조카 + 관계 + 촌수 / 칠촌>이라는 특성을 공유한다는 점에서 공통점을 보이고 있다.

(79) 삼종질(三從姪)

　이 낱말은 {팔촌 형제의 아들}이라 풀이되면서 <조카 + 관계 + 촌수 / 구촌 + 팔촌 형제의 아들>이라는 특성과 함께 사용되고 있다. 이 낱말은 {구촌 조카}라는 내용과 관계하기도 한다.

(80) 족질(族姪)

　이 낱말은 {성과 본이 같은 사람들 가운데 유복친 안에 들지 않는 조카뻘이 되는 사람}이라 풀이되면서 <조카 + 관계 / 유복친 아님>이라는 특성을 문제 삼고 있다.

(81) 척질(戚姪)

　이 낱말은 {성이 다른 일가 가운데 조카뻘 되는 사람}이라 풀이되면서 <조카 + 관계 / 성이 다른 일가>라는 특성을 문제 삼고 있다.

(82) 처조카(妻--)

(83) 처질(妻姪)

(84) 내질(內姪)

　[처조카]는 {아내의 친정 조카}라 풀이되며, [처조카]에 상응하는 한자말 [처질]은 {처조카}라 풀이된다. 그리고 [내질]도 {처조카}라 풀이된다. 따라서 이 낱말들은 <조카 + 관계 / 처가계>라는 특성을 공유한다. [처조카]는 이에 상응하는 [처질]에 비해, 입말과 글말 모두 더 보편적으로 사용되는 표현이다. 그리고 [처조카]는 부름말로도 사용되는데 비해, [처질]은 그렇지 않은 것 같다. [내질]에서는 <안(아내 쪽) + 조카>라는 특성이 개념형성의 과정에 관계한 것으로 추정되는데, 현재 이 낱말은 입말로는 거의 사용되지 않고 있다.

　지금까지의 고찰에서 보인 바와 같이 <조카> 분절에 있어서는 <성별>, <서열>, <말할이의 처지>, <상태>, <품행>, <관계>가 일차적인 관조의 대상이 되어 있다. <성별>의 아래에는 <여자>만이 문제되어 있으며, <여자>와 대칭관계에 있는 <남자>라는 특성의 빈자리는 원어휘소들이 중화되어 사용되고 있다. <서열> 아래로는 <첫째>와 <둘째 이하>가 관심의 대상이 되어 있으며, <말할이의 처지> 아래로는 <피지칭자 / 말할이의 조카>와 <자식으로 인식>과 <대우법 / 높임>이 관심의 대상이 되어 있다. <상태> 아래로는 <어림>만이, <품행> 아래로는 <어짊>만이 각각 관조의 대상이 되어 있다. <관계>의 아래로는 <촌수>, <유복친 아님>, <성이 다른 일가>, <처가계>가 관조의 대상이 되어 있다. <촌수> 아래는 <삼촌(여형제의 아들딸) : 오촌 : 칠촌 : 구촌>으로 이어지는 계단대립의 양상을 보이고 있다. <삼촌(여형제의 아들딸)>아래로는 <누이의 아들딸>과 <자매의 아들딸>이, <오촌>의 아래로는 <사촌 형제의 아들딸>이, <칠촌>의 아래로는 <육촌 형제의 아들딸>, <구촌>의 아래로는 <팔촌 형제의 아들딸>이 각각 문제되어 있다. 그리고 <누이의 아들딸>, <사촌 형제의 아들딸>, <육촌 형제의 아들딸> 아래로는 다시 <성별>로서 <남자 : 여자>의 대칭관계가 관심의 대상이 되어 있다. 이러한 <조카> 분절의 구조적 특징을 도식화하면 [그림 7], [그림 8], [그림 9], [그림 10], [그림 11]이 될 것이다.

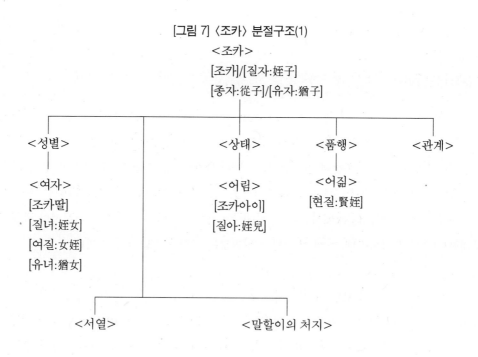

[그림 7] 〈조카〉 분절구조(1)

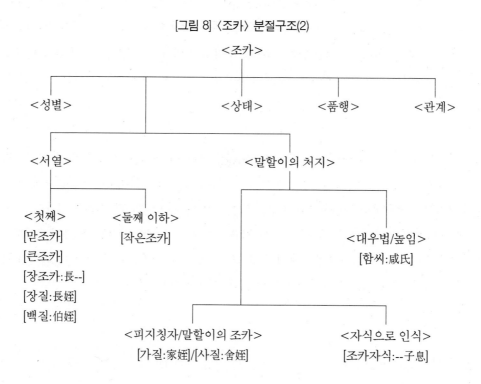

[그림 8] 〈조카〉 분절구조(2)

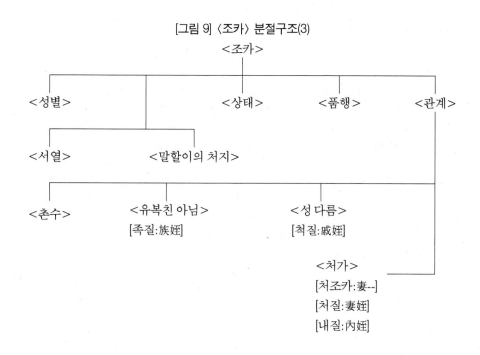

[그림 9] 〈조카〉 분절구조(3)

<조카>

<성별>　　　　　　　　　　<상태>　　　<품행>　　　<관계>

<서열>　　　　<말할이의 처지>

<촌수>　　　<유복친 아님>　　　<성 다름>
　　　　　　[족질:族姪]　　　　[척질:戚姪]

　　　　　　　　　　　　<처가>
　　　　　　　　　　[처조카:妻--]
　　　　　　　　　　[처질:妻姪]
　　　　　　　　　　[내질:內姪]

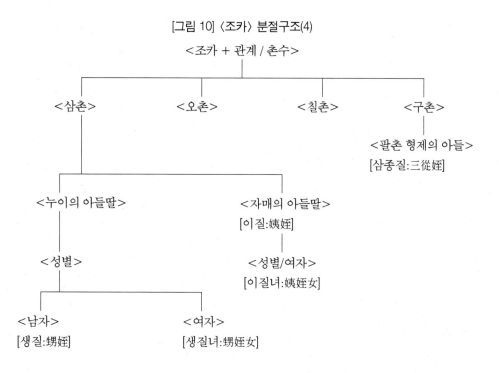

[그림 10] 〈조카〉 분절구조(4)

<조카 + 관계 / 촌수>

<삼촌>　　　<오촌>　　　<칠촌>　　　<구촌>

　　　　　　　　　　　　　　　<팔촌 형제의 아들>
　　　　　　　　　　　　　　　[삼종질:三從姪]

<누이의 아들딸>　　　　<자매의 아들딸>
　　　　　　　　　　　[이질:姨姪]

<성별>　　　　　　　<성별/여자>
　　　　　　　　　　[이질녀:姨姪女]

<남자>　　　<여자>
[생질:甥姪]　　[생질녀:甥姪女]

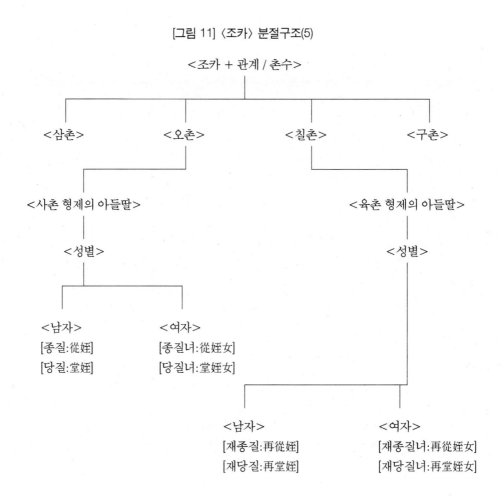

[그림 11] 〈조카〉 분절구조(5)

〈조카 + 관계 / 촌수〉

〈삼촌〉   〈오촌〉   〈칠촌〉   〈구촌〉

〈사촌 형제의 아들딸〉   〈육촌 형제의 아들딸〉

〈성별〉   〈성별〉

〈남자〉
[종질:從姪]
[당질:堂姪]

〈여자〉
[종질녀:從姪女]
[당질녀:堂姪女]

〈남자〉
[재종질:再從姪]
[재당질:再堂姪]

〈여자〉
[재종질녀:再從姪女]
[재당질녀:再堂姪女]

4. 〈조카의 배우자〉 분절구조

이 분절에 있어서는 그 아래로 〈조카(남자)의 배우자〉와 〈조카딸(여자)의 배우자〉가 대칭관계를 이루면서 관심의 대상이 되어 있다. 그리고 그 아래로는 다시 각각 〈관계〉가 문제되어 있으며, 다시 그 〈관계〉 아래로는 공통적으로 〈촌수〉로서 〈삼촌 : 오촌 : 칠촌〉의 계단대립이 문제되어 있다. [그림 12]는 이러한 〈조카의 배우자〉 분절의 기본구조를 보이기 위한 것이다.

[그림 12] 〈조카의 배우자〉 분절의 기본구조

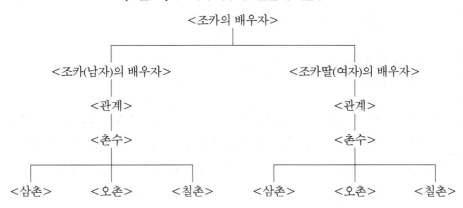

(85) 조카며느리

(86) 질부(姪婦)

토박이말 [조카며느리]는 {조카의 아내}라 풀이되며, 이에 상응하는 한자말 [질부]는 {조카며느리}라 풀이된다. 따라서 이 낱말들은 〈조카(남자)의 배우자〉라는 특성과 함께 이 분절에 있어서 원어휘소의 자리를 공유하는 것으로 이해될 것이다. 현재 입말이건 글말이건 토박이말 [조카며느리]가 한자말 [질부]보다 더 자연스럽게 사용되는 표현이다. 다만, 부름말의 경우는, 한자말 [질부]가 더 자연스럽게 사용되고 있다.

(87) 생질부(甥姪婦)

이 낱말은 {누이의 며느리}라 풀이되면서 〈조카(남자)의 배우자 + 관계 + 촌수 / 삼촌 + 누이의 며느리〉라는 특성과 함께 사용되고 있다.

(88) 이질부(姨姪婦)

이 낱말은 {이질의 아내. 언니나 여동생의 아들이 맞이한 배우자}라 풀이되면서 〈조카(남자)의 배우자 + 관계 + 촌수 / 삼촌 + 자매의 며느리〉라는 특성을 문제 삼고 있다.

(89) 종질부(從姪婦)

(90) 당질부(堂姪婦)

[종질부]는 {사촌 형제의 며느리}라 풀이되며, [당질부]는 {종질부. '종질부'를 친근하게 일컫는 말}이라 풀이된다. 따라서 이 낱말들은 〈조카(남자)의 배우자 + 관계 + 촌수 / 오촌 +

사촌 형제의 며느리>라는 특성을 공유하는 것으로 이해될 것이다. 이 두 낱말의 관계는 전술한 [종질]과 [당질]의 관계에 준하여 이해될 만하다.

(91) 재종질부(再從姪婦)

(92) 재당질부(再堂姪婦)

[재종질부]는 {재종질의 아내}라 풀이되며, [재당질부]는 {재종질부(再從姪婦)}라 풀이된다. 따라서 이 낱말들은 <조카(남자)의 배우자 + 관계 + 촌수 / 칠촌 + 육촌 형제의 며느리>라는 특성을 공유한다. 이 두 낱말의 관계는 전술한 [종질부]와 [당질부]의 관계에 준하여 이해될 수 있다.

지금까지의 고찰에서 보인 바와 같이 <조카(남자)의 배우자> 분절에 있어서는 <관계 + 촌수>가 관심의 대상이 되어 있는데, 그 아래로는 <삼촌 : 오촌 : 칠촌>으로 이어지는 계단 대립이 문제되어 있다. [그림 13]은 이러한 <조카(남자)의 배우자> 분절상의 특징을 도식화한 것이다.

[그림 13] 〈조카(남자)의 배우자〉 분절구조

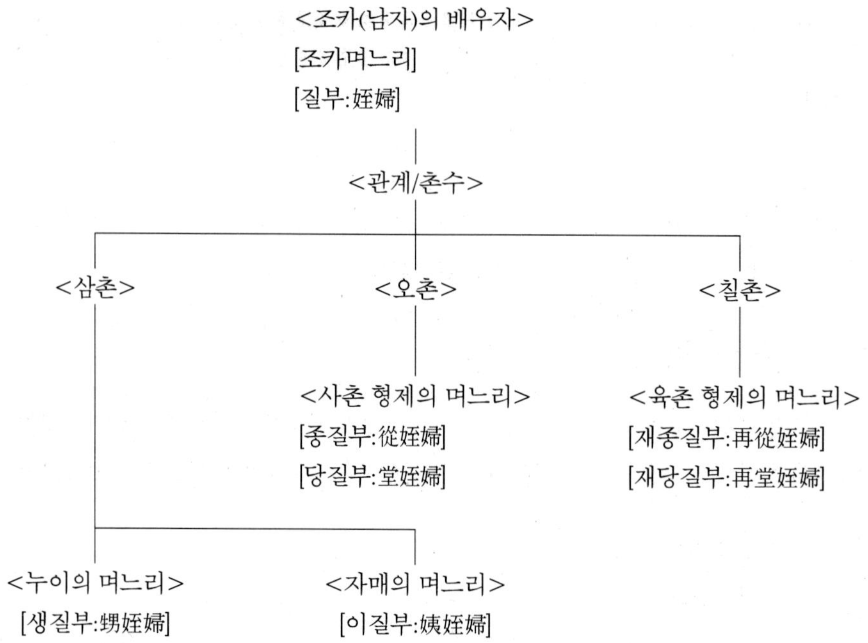

```
                        <조카(남자)의 배우자>
                        [조카며느리]
                        [질부:姪婦]
                              |
                        <관계/촌수>
        ┌─────────────────────┼─────────────────────┐
    <삼촌>                 <오촌>                  <칠촌>
        │                     │                       │
        │              <사촌 형제의 며느리>      <육촌 형제의 며느리>
        │              [종질부:從姪婦]           [재종질부:再從姪婦]
        │              [당질부:堂姪婦]           [재당질부:再堂姪婦]
        │                     │
        └──────────┬──────────┘
        <누이의 며느리>        <자매의 며느리>
        [생질부:甥姪婦]        [이질부:姨姪婦]
```

(93) 조카사위

(94) 질서(姪壻)

전술한 [조카며느리]와 대칭관계에 있는 토박이말 [조카사위]는 {조카딸의 남편}이라 풀이되며. 이에 상응하면서 전술한 [질부]와 대칭관계에 있는 한자말 [질서]는 {조카사위}라 풀이된다. 따라서 이 낱말들은 <조카딸의 배우자>에 있어서 원어휘소의 자리를 공유하는 것으로 이해될 것이다. 현재 토박이말 [조카사위]가 한자말 [질서]에 비해 더 보편적으로, 더 자연스럽게 사용되고 있다.

(95) 생질서(甥姪壻)

이 낱말은 {누이의 사위}라 풀이되면서 <조카사위 + 관계 + 촌수 / 삼촌 + 누이의 사위>라는 특성과 함께 사용되고 있다. 이 낱말은 전술한 [생질부]와 대칭관계에 있다.

(96) 이질서(姨姪壻)

이 낱말은 {이질녀의 남편. 언니나 여동생의 딸이 맞이한 배우자}라 풀이되면서 <조카사위 + 관계 + 촌수 / 삼촌 + 자매의 사위>라는 특성을 문제 삼고 있다. 이 낱말은 전술한 [이질부]와 대칭관계에 있다.

(97) 종질서(從姪壻)

(98) 당질서(堂姪壻)

[종질서]는 {사촌 형제의 사위}라 풀이되며, [당질서]는 {종질서. '종질서'를 친근하게 일컫는 말}이라 풀이된다. 따라서 이 낱말들은 <조카사위 + 관계 + 촌수 / 오촌 + 사촌 형제의 사위>라는 특성을 공유하는 것으로 이해될 만하다. 이 두 낱말의 관계는 전술한 [종질부]와 [당질부]의 관계에 준하여 이해될 수 있을 것이다.

(99) 재종질서(再從姪壻)

(100) 재당질서(再堂姪壻)

[재종질서]는 {재종질녀의 남편}이라 풀이되며, [재당질서]는 {재종질서(再從姪壻)}라 풀이된다. 따라서 이 낱말들은 <조카사위 + 관계 + 촌수 / 칠촌 + 육촌 형제의 사위>라는 특성을 공유하는 것으로 이해될 수 있다. 이 두 낱말의 관계는 전술한 [재종질부]와 [재당질부]의 관계에 준하여 이해될 것이다.

지금까지의 고찰에서 보인 바와 같이 <조카딸의 배우자> 분절에 있어서도 <관계 + 촌수>가 관심의 대상이 되어 있는데, 그 아래로는 <삼촌 : 오촌 : 칠촌>으로 이어지는 계단대립이 관조의 대상이 되어 있다. [그림 14]는 이러한 <조카딸의 배우자> 분절상의 특징을 도식화한 것이다.

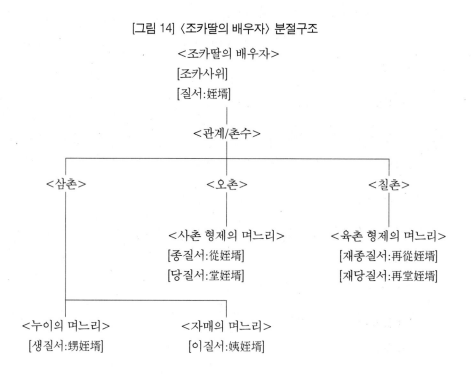

[그림 14] 〈조카딸의 배우자〉 분절구조

5. 마무리

<항렬>이 <대수가 같음 + 평행관계>라는 특성을 문제 삼고 있기 때문에, <아들딸 항렬>은 <아들딸과 평행관계 + 아들딸과 같은 대수>라는 특성과 함께 이해될 수 있다. 이러한 <아들딸 항렬>의 분절구조에 대한 해명을 시도해 본 결과, 발견된 특징을 요약하여 정리하면 다음과 같다.

(1) <아들딸 항렬> 분절에서는 그 아래로 <아들딸의 배우자>, <조카(남자 + 여자)>, <조카(남자 + 여자)의 배우자>가 관심의 대상이 되어 있다. 그리고 <아들딸의 배우자> 아래로는 <아들의 배우자>와 <딸의 배우자>가, <조카(남자 + 여자)>의 아래로는 <조

카(남자)>와 <조카딸>이, <조카의 배우자> 아래로는 <조카(남자)의 배우자>와 <조카딸의 배우자>가 각각 관조의 대상이 되어 있다.

(2) <아들딸의 배우자> 분절은 <아들의 배우자>와 <딸의 배우자>에 의하여 하위분절되는 특징을 보이고 있다.

(3) <아들딸의 배우자 / 아들의 배우자(며느리)> 분절에 있어서는 <서열>, <신분>, <말할이의 처지>, <상태>, <품행>이 일차적인 관조의 대상이 되어 있다. <서열> 분절은 <첫째 : 둘째 : 막내>로 이어지는 계단대립의 양상을 보이고 있다. <첫째>아래로는 다시 <소속 / 종가>, <말할이의 처지 / 귀여워함(정다움)>, <말할이 / 주인집 하인>, <대우법 / 낮춤>이 관심의 대상이 되어 있다. <신분> 아래로는 <아들 신분 / 전실 아들>과 <당사자 신분 / 첩>이 관심의 대상이 되어 있으며, <말할이의 처지> 아래로는 <귀여워함>과 <친근함>이 문제되어 있다. 그리고 <상태> 아래로는 <나이 많지 않음>과 <사망>, 그리고 <품행> 아래로는 <어짊>과 <효행>과 <악독함>이 각각 관조의 대상이 되어 있다.

(4) <딸의 배우자> 분절에 있어서도 <서열>, <신분>, <말할이의 처지>, <상태>, <품행>이 일차적인 관심의 대상이 되어 있다. <서열>의 아래로는 <첫째 : 둘째 이하 : 막내>가 관조의 대상이 되어 있으며, <신분> 아래로는 <딸의 아버지 신분 / 임금>이 관심의 대상이 되어 있다. <말할이의 처지> 아래에는 <대우법 / 높임>, <아름답게 이름>, <손님으로 대우>가 문제되어 있다. 그리고 <상태> 아래로는 <처가살이>와 <새로 맞이함>이 문제되어 있으며, <품행> 아래로는 <착하고 얌전함>과 <어짊>이 관심의 대상이 되어 있다.

(5) <형제자매의 아들과 딸>이라는 특성을 문제 삼고 있는 <조카> 분절에 있어서는 <성별>, <서열>, <말할이의 처지>, <상태>, <품행>, <관계>가 일차적인 관조의 대상이 되어 있다. <성별>의 아래에는 <여자>만이 문제되어 있으며, <여자>와 대칭관계에 있는 <남자>라는 특성의 빈자리는 원어휘소들이 중화되어 사용되고 있다. <서열> 아래로는 <첫째>와 <둘째 이하>가 관심의 대상이 되어 있으며, <말할이의 처지> 아래로는 <피지칭자 / 말할이의 조카>와 <자식으로 인식>과 <대우법 / 높임>이 관심의 대상이 되어 있다. <상태> 아래로는 <어림>만이, <품행> 아래로는 <어짊>만이 각각 관조의 대상이 되어 있다. <관계>의 아래로는 <촌수>, <유복친 아님>, <성이 다른 일가>, <처가>가 관조의 대상이 되어 있다. <촌수> 아래는 <삼촌 : 오촌 : 칠촌 : 구촌>으로 이어지는 계단대립의 양상을 보이고 있다. <삼촌>아래로는 <누이의 아들딸>과 <자매의 아들딸>이, <오촌>의 아래로는 <사촌 형제의 아들딸>이, <칠촌>의 아래로는 <육촌 형제의 아들딸>, <구촌>아래로는 <팔촌 형제의 아들딸>이 각각 문제되어 있다. 그리고

<누이의 아들딸>, <사촌 형제의 아들딸>, <육촌 형제의 아들딸> 아래로는 다시 <성별>로서 <남자 : 여자>의 대칭관계가 관심의 대상이 되어 있다.

(6) <조카의 배우자> 분절에 있어서는 그 아래로 <조카(남자)의 배우자>와 <조카딸(여자)의 배우자>가 대칭관계를 이루고 있다. 그리고 그 아래로는 다시 각각 <관계>가 문제되어 있으며, 그 <관계> 아래로는 다시 공통적으로 <촌수>로서 <삼촌 : 오촌 : 칠촌>의 계단대립이 문제되어 있다.

제4절 〈손자 손녀〉 분절구조

1. 〈손자 손녀〉 분절의 기본구조

<손자 손녀>는 상대적으로 <한어버이>와의 관계를 통하여 이해되어야 할 것이다. <손자 손녀>는 <한어버이>와 더불어 수직적인 대칭관계를 형성하고 있기 때문이다. 곧, <한어버이>는 <손자 손녀에 대하여 두 세대 위>라는 특성과 함께 이해되며, <손자 손녀>는 <한어버이에 대하여 두 세대 아래>라는 특성과 함께 이해된다. <손자 손녀>는 <손자와 손녀>라는 연언적(융합적, 통합적) 관계를 문제 삼기도 하고, <손자 혹은 손녀>라는 선언적(선택적) 관계를 문제 삼기도 한다.

이러한 <손자 손녀> 분절에서는 구체적으로 한어버이의 아들딸에 대한 관계로서 <한어버이의 아들과의 관계 : 한어버이의 딸과의 관계>의 대립관계가 관심의 대상이 되어 있다.

(1) 친손(親孫)
(2) 진손(眞孫)

[친손]은 {아들이 낳은 아들딸. 아들이 낳은 자식. 친손자와 친손녀(를 이른다)}라 풀이되고, [진손]은 {친손(親孫)}이라 풀이된다. 따라서 이 낱말들은 <손자 손녀 + 한어버이의 아들딸과의 관계 + 아들과의 관계 / 아들의 아들딸>이라는 특성을 공유하는 것으로 이해될 수 있다. [친손]은 {아들의 자손}이라는 내용을 문제 삼기도 한다. [친손]에서는 <어버이와의 관계>라는 특성이, 그리고 [진손]에서는 <참된 의미의 관계>라는 특성이 각각 개념형성의 과정에 관여한 것으로 추정되는데, 현재 후자의 [진손]은 입말로는 거의 사용되지 않고 있다.

(3) 외손(外孫)

(4) 사손(獅孫)

(5) 저손(杵孫)

[외손]은 {딸이 낳은 아들딸. 딸이 낳은 자식. 외손자와 외손녀(를 이른다)}라 풀이되며, [사손]과 [저손]은 공통적으로 {외손(外孫)}이라 풀이된다. 따라서 이 낱말들은 <손자 손녀 + 한어버이의 아들딸과의 관계 + 딸과의 관계 / 딸의 아들딸>이라는 특성을 공유하는 것으로 해명될 만하다. [외손]은 {딸의 자손}이라는 내용과 함께 사용되기도 한다. [외손]에서는 가족 범위에서 벗어남과 관련하여 <밖>이라는 특성이, [사손]에서는 앙칼스러운 여자를 상징하는 <사자>라는 특성이, 그리고 [저손]에서는 "외손자를 위하느니(귀애하느니) 방앗공이를 위하지(귀애하지)"라는 속담과 연상되는 <공이>라는 특성이 각각 개념형성의 과정에 관계한 것으로 추정된다. 현재 [사손]과 [저손]은 입말로는 거의 사용되지 않고 있다.

지금까지의 고찰에서 보인 바와 같이 <손자 손녀> 분절에서는 <한어버이의 아들과의 관계>와 <한어버이의 딸과의 관계>가 관심의 대상이 되어 있다. 그런데, 이 양분된 두 분절은 다시 각각 <성>을 축으로 하여 <남자(남성) : 여자(여성)>라는 대칭관계를 형성하고 있다. 그리고 이 양자의 <남자(남성)>가 만나는 교점에 <손자>가 위치하며, 양자의 <여자(여성)>가 만나는 교점에 <손녀>가 자리하고 있다. 이러한 <손자 손녀> 분절의 상위 기본구조의 특징을 도식화하면 [그림 1]이 될 것이다.

[그림 1] <손자 손녀> 분절구조

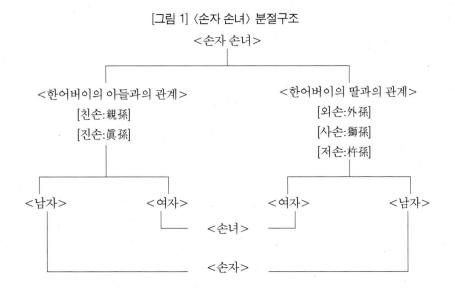

2. 〈손자〉 분절구조

1) 원어휘소와 기본구조

〈손자〉는 〈자녀(아들딸)의 자녀 + 남성〉이라는 특성을 문제 삼는 분절이다. 곧, 이 분절은 〈아들의 아들 + 딸의 아들〉이라는 통합적인 특성과 함께 이해되는 분절이다. 또한 이 분절은 〈한어버이(할아버지와 할머니)〉 분절과 수직적으로 대칭관계에 있다. 즉, 〈손자〉는 〈할아버지〉에게도 통용되고, 〈할머니〉에게도 통용된다. 그리고 〈손자〉 분절은 〈손녀〉 분절과 수평적으로 대칭관계에 있다. 전자는 〈손자 손녀 / 남성〉이라는 특성을 문제 삼고, 후자는 〈손자 손녀 / 여성〉이라는 특성을 문제 삼고 있기 때문이다.

(1) 손자(孫子)

(2) 남손(男孫)

(3) 손아(孫兒)

[손재는 {자녀의 아들. 아들이나 딸의 아들}이라 풀이되며, [남손]과 [손아]는 공통적으로 {손자(孫子)}라 풀이된다. 따라서 이 낱말들은 〈손자〉 분절에 있어서 원어휘소의 자리를 공유하는 것으로 이해될 것이다. [손재는 {아들이 낳은 아들}이라는 내용을 문제 삼기도 하는 표현이다. [남손]에서는 〈남자〉라는 특성이, 그리고 [손아]에서는 〈아이〉라는 특성이 각각 개념형성의 과정과 관계한 것으로 추정된다. 그러한 의미에서 [손아]는 〈애칭〉이라는 특성도 내포하는 것으로 이해될 만하다.

이 낱말들을 원어휘소로 하는 〈손자〉 분절의 아래로는 한어버이의 측면에서 〈아들과의 관계 : 딸과의 관계〉라는 대칭관계가 일차적인 관심사가 되어 있다.

(4) 친손자(親孫子)

이 낱말은 {자기 아들의 아들. 자기 아들의 친아들}이라 풀이되면서 〈손자 + 아들과의 관계 / 아들의 아들〉이라는 특성을 문제 삼고 있다.

(5) 외손자(外孫子)

이 낱말은 {딸이 낳은 아들}이라 풀이되면서 〈손자 + 딸과의 관계 / 딸의 아들〉이라는 특성과 함께 사용되고 있다. 곧, 이 낱말은 전술한 [친손재와 〈아들과의 관계 : 딸과의 관계〉라는 대칭관계를 형성하고 있다. 그리고 [외손재와 [친손재는 원어휘소 [손재아래에 포함되는 특성을 공유한다.

[그림 1]은 이러한 <손자> 분절의 기본구조를 보이기 위한 것이다.

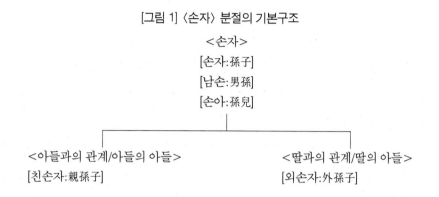

[그림 1] 〈손자〉 분절의 기본구조

<손자>
[손자:孫子]
[남손:男孫]
[손아:孫兒]

<아들과의 관계/아들의 아들>
[친손자:親孫子]

<딸과의 관계/딸의 아들>
[외손자:外孫子]

2) 〈한어버이 현황〉 분절구조

<손자> 분절에서는 그 아래로 <한어버이(주로 할아버지) 현황 : 어버이 현황 : 당사자 현황>이라는 대립관계가 관조의 대상이 되어 있다. 이러한 <손자> 분절은 주로 한어버이 측면에서 <아들의 아들>을 중심으로 하위분절되고 있으며, <딸의 아들>의 경우는 필요에 따라 <아들의 아들>에 준하여 활용된다.

<한어버이 현황> 분절에서는 <(할아버지의)신분>과 <말할이의 처지>가 문제되어 있다.

(6) 황손(皇孫)

(7) 천손(天孫)

[황손]은 {황제의 손자}라 풀이되며, [천손]은 {황손}이라 풀이된다. 따라서 이 낱말들은 <손자 + 한어버이 현황(할아버지 현황) + 신분 / 황제>라는 특성을 공유하는 것으로 이해될 수 있다. [황손]은 {황제의 후손}이라는 내용을 문제 삼기도 하며, [천손]은 {직녀성}이라는 내용과 함께 사용되기도 한다. 현재 [천손]은 입말로는 거의 사용되지 않고 있다.

(8) 황장손(皇長孫)

이 낱말은 {황제의 장손. 황제의 맏손자}이라 풀이되면서 <황손 + 서열 / 맏이>라는 특성과 함께 사용되고 있다.

(9) 황태손(皇太孫. 太孫)

이 낱말은 {황제의 자리를 이어받을 황제의 손자. 황제의 자리를 이을 황손}이라 풀이되면서 <황손 + 상태(역할) / 황제 계승 예정>이라는 특성을 문제 삼고 있다.

(10) 태손궁(太孫宮)

이 낱말은 {'황태손'의 높임말. '황태손'을 높여 이르는 말}이라 풀이되면서 <황손 + 대우법 / 높임>이라는 특성을 문제 삼는 표현이다. 이 낱말은 {황태손이 사는 궁전. 황태손의 궁전}이라는 내용과 함께 사용되기도 한다.

[황장손], [황태손], [태손궁]은 전술한 [황손]아래에 포함된다는 점에서 공통성을 보이고 있다.

(11) 왕손(王孫)

(12) 왕윤(王胤)

(13) 공손(公孫)

[왕손]은 {임금의 손자}라 풀이되며, [왕윤]과 [공손]은 {왕손}이라 풀이된다. 따라서 이 낱말들은 <손자 + 한어버이 현황(할아버지 현황) + 신분 / 임금>이라는 특성을 공유하는 것으로 이해될 것이다. [왕손]은 {임금의 후손}이라는 내용과 함께 사용되기도 하고, [왕윤]은 {임금의 자손}이라는 내용과 함께 사용되기도 하는데, 후자는 현재 입말로는 거의 사용되지 않고 있다. [공손]은 {임금이나 제후의 후손}이나 {귀족의 혈통}이라는 내용과 관계하기도 하는 표현이다.

(14) 장리손(贓吏孫)

이 낱말은 {장물죄로 처벌된 벼슬아치의 손자. 뇌물을 받거나 나라나 민간의 재산을 횡령한 죄로 처벌된 벼슬아치의 손자}라 풀이되면서 <손자 + 한어버이 현황(할아버지 현황) + 신분 / 벼슬아치 + 상태 / 장물죄로 처벌받음>이라는 특성과 함께 사용되고 있다.

(15) 가손(家孫)

이 낱말은 {남에게 '자기 손자'를 일컫는 말. 자기의 손자를 남에게 이르는 말}이라 풀이되면서 <손자 + 한어버이 현황 + 말할이의 처지 + 지칭자 / 말할이>라는 특성을 문제 삼고 있다.

지금까지의 고찰에서 보인 바와 같이 <한어버이 현황> 분절에서는 <신분>과 <말할이의 처지>가 일차적인 관심의 대상이 되어 있다. <신분> 분절의 아래로는 <황제 : 임금 : 벼슬아치>의 대립관계가 문제되어 있으며, <말할이의 처지> 아래로는 <지칭자 /말할이>가 문제되어 있다. 이러한 <어버이 현황> 분절의 구조적 특징을 도식화하면 [그림 2]가 될 것이다.

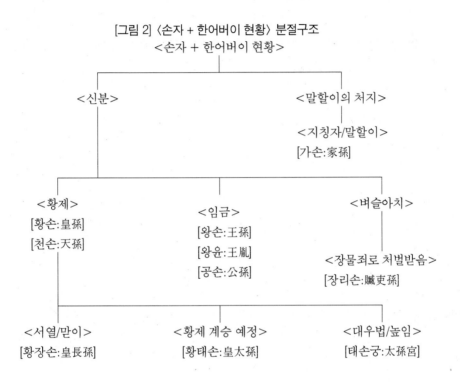

[그림 2] 〈손자 + 한어버이 현황〉 분절구조

3) 〈어버이 현황〉 분절구조

당사자의 어버이 상황이 관심의 대상이 되는 <어버이 현황> 분절에서는 <신분>만이 문제되어 있다. 그리고 이 <신분> 아래로는 <임금>과 <적자 : 서자>의 대립이 관조의 대상이 되어 있다.

(16) 왕세손(王世孫 : 世孫)

(17) 원손(元孫)

[왕세손]과 [원손]은 공히 {왕세자의 맏아들}이라 풀이되면서 <손자 + 어버이 현황 + 어

버이 신분 / 왕세자 + (당사자의)서열 / 맏이>라는 특성을 공유하고 있다. [왕세손]에서는 <왕세자 밑의 손자>라는 특성이, 그리고 [원손]에서는 <으뜸이 되는 손자>라는 특성이 각 각 개념형성의 과정에 관여한 것으로 추정된다.

(18) 세손궁(世孫宮)

이 낱말은 {'왕세손'의 높임말}이라 풀이되면서 <왕세손 + 대우법 / 높임>이라는 특성을 문제 삼고 있다. 그러한 의미에서 이 낱말은 <당사자 현황 + 말할이의 처지 + 대우법 / 높임>이라는 특성과 함께 논의될 수도 있을 것이다. 이 낱말은 {왕세손이 기거하던 궁전}이라는 내용과 함께 사용되기도 한다.

(19) 적손(嫡孫)

이 낱말은 {적자(嫡子)의 정실이 낳은 아들}이라 풀이되면서 <손자 + 어버이 현황 + 아버지 신분 / 적자 + 어머니 신분 / 정실>이라는 특성과 함께 사용되고 있다.

(20) 서손(庶孫)
(21) 얼손(孽孫)
(22) 얼속(孽屬)

[서손]은 {서자의 아들}이라 풀이되며, [얼손]과 [얼속]은 공히 {서손(庶孫)}이라 풀이된다. 따라서 이 낱말들은 <손자 + 어버이 현황 + 아버지의 신분 / 서자>라는 특성을 공유하는 것으로 이해될 것이다. [서손]에서는 <서자의 자손>이라는 특성이, [얼손]에서는 <첩의 자식의 자손>이라는 특성이, 그리고 [얼속]에서는 <첩의 자식의 붙이>라는 특성이 각각 개념형성의 과정에 관계한 것으로 추정된다. 현재 [얼손]과 [얼속]은 입말로는 거의 사용되지 않고 있다.

지금까지의 고찰에서 보인 바와 같이, <신분>만이 문제되어 있는 <손자 + 어버이 현황> 분절에서는 <어버이 신분 / 임금 + (당사자의)서열 / 맏이>와 <아버지 신분으로서의 적자 : 서자>의 대립이 일차적인 관심의 대상이 되어 있다. 그리고 전자의 아래로는 다시 <대우법 / 높임>이 문제되어 있고, 후자의 <적자> 아래로는 <어머니의 신분 / 정실>이 관심의 대상이 되어 있다. 이러한 <어버이 현황> 분절의 특징을 도식화하면 [그림 3]이 될 것이다.

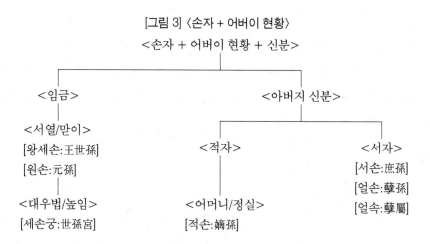

[그림 3] 〈손자 + 어버이 현황〉

〈손자 + 어버이 현황 + 신분〉

〈임금〉

〈서열/맏이〉
[왕세손:王世孫]
[원손:元孫]

〈대우법/높임〉
[세손궁:世孫宮]

〈아버지 신분〉

〈적자〉

〈어머니/정실〉
[적손:嫡孫]

〈서자〉
[서손:庶孫]
[얼손:孼孫]
[얼속:孼屬]

4) 〈당사자 현황〉 분절구조

이 분절의 아래로는 〈신분〉, 〈(신분으로서의)서열〉, 〈역할〉, 〈품행〉, 〈상태〉, 〈말할이의 처지 / 대우법〉이 관조의 대상이 되어 있다.

(23) 양손자(養孫子 : 養孫)

이 낱말은 {아들의 양자}라 풀이되면서 〈손자 + 당사자 현황 + 신분 / (아버지의)양자〉라는 특성을 문제 삼고 있다.

(24) 맏손자(-孫子)

(25) 큰손자(-孫子)

(26) 장손(長孫)

(27) 초손(初孫)

(28) 적장손(嫡長孫)

(29) 주손(冑孫)

[맏손자]는 {맏이가 되는 손자. 둘 이상의 손자 가운데 맏이가 되는 손자}라 풀이되고, [초손]은 {처음으로 본 손자}라 풀이되며, [큰손자]와 [장손]과 [적장손]과 [주손]은 공통적으로 [맏손자]라 풀이된다. 따라서 이 낱말들은 〈손자 + 당사자 현황 + (신분으로서의)서열 / 첫째(맏이)〉라는 특성을 공유하는 것으로 해명될 만하다. [장손]은 {한집안에서 맏이가 되는 후손}이라는 내용과 함께 사용되기도 한다. [맏손자]에서는 〈제일 위 + 손자〉라는 특성이,

[큰손자]에서는 <(비중이)큼 + 손자>라는 특성이, [장손]에서는 <어른 + 손자>라는 특성이, [초손]에서는 <처음 + 손자>라는 특성이, [적장손]에서는 <적자 + 어른 + 손자>라는 특성이, 그리고 [주손]에서는 <투구(머리에 쓰는 것 → 머리 → 맏이) + 손자>라는 특성이 각각 개념형성의 과정에 관계한 것으로 추정된다. [주손]은 현재 입말로는 거의 사용되지 않고 있다.

(30) 종손(宗孫)

(31) 도장손(都長孫)

[종손]은 {종가의 맏손자}라 풀이되며, [도장손]은 {종손(宗孫)}이라 풀이된다. 따라서 이 낱말들은 <맏손자 + 소속 / 종가>라는 특성을 공유하는 것으로 이해될 만하다. [종손]은 {종가의 대를 이을 맏손자}라는 내용을 문제 삼기도 한다. [도장손]은 현재 입말로는 거의 사용되지 않고 있다.

(32) 차손(次孫)

이 낱말은 {둘째 손자}라 풀이되면서 <손자 + 당사자 현황 + 서열 / 둘째>라는 특성과 함께 사용되고 있다.

(33) 막냇손자(--孫子)

이 낱말은 {맨 끝의 손자}라 풀이되면서 <손자 + 당사자 현황 + 서열 / 마지막>이라는 특성을 문제 삼고 있다.

[맏손자 / 큰손자 / 장손 / 초손 / 적장손 / 주손] : [차손] : [막냇손자]의 대립은 서열을 중심으로 계단대립의 관계를 형성하고 있는 셈이다.

(34) 작은손자(--孫子)

이 낱말은 {맏손자가 아닌 손자. 둘 이상의 손자 가운데 맏손자가 아닌 손자}라 풀이되면서 <손자 + 당사자 현황 + 서열 / 둘째 이하>라는 특성을 문제 삼고 있다. 따라서 이 낱말은 <차손 + 막냇손자>를 포함하는 특성과 함께 사용된다.

(35) 중손(衆孫)

이 낱말은 {맏손자 밖의 여러 손자. 맏손자 외의 여러 손자}라 풀이된다. 따라서 앞의 [작은손재 아래에 포함되는 것으로 이해될 만한 이 낱말은 <작은손자 + 수치 / 다수(강조)>라는 특성을 문제 삼고 있다.

(36) 사손[嗣孫]

이 낱말은 {대를 이을 손자}라 풀이되면서 <손자 + 당사자 현황 + 역할 / 대 이음(예정)>이라는 특성과 함께 사용되는 표현이다.

(37) 순손(順孫)

이 낱말은 {조부모를 잘 받들어 모시는 손자}라 풀이되면서 <손자 + 당사자 현황 + 품행 / 조부모 잘 모심>이라는 특성과 함께 사용되고 있다. 현재 이 낱말은 입말로는 거의 사용되지 않고 있다.

(38) 효손(孝孫)

이 낱말은 {효성스러운 손자. 효행이 있는 손자}이라 풀이되면서 <손자 + 당사자 현황 + 품행 / 효성스러움>이라는 특성을 문제 삼고 있다. 이 낱말은 {손자가 제주가 된 제사에서, 할아버지의 혼백에게 '자기'를 일컫는 말}이라는 내용과 함께 사용되기도 한다.

(39) 치손(稚孫)

이 낱말은 {어린 손자}라 풀이되면서 <손자 + 당사자 현황 + 상태 + 나이 / 어림>이라는 특성을 문제 삼는 표현이다.

(40) 망손(亡孫)

이 낱말은 {죽은 손자}라 풀이되면서 <손자 + 당사자 현황 + 상태 / 사망>이라는 특성과 함께 사용되고 있다.[10]

(41) 영손(令孫)
(42) 영포(令抱)

[영손]은 {남의 '손자'의 높임말. 남의 손자를 높여 이르는 말}이라 풀이되며, [영포]는 {영손(令孫)}이라 풀이된다. 따라서 이 낱말들은 <손자 + 당사자 현황 + 말할이의 처지 + 대

---

[10] 한자말 [고애손 : 孤哀孫. 哀孫]은 대이름씨로서 {조부모를 여읜 상제가 '자기'를 일컫는 말. 할아버지와 할머니를 모두 여읜 장손(長孫)이 아버지 없이 상제가 될 때, 자기를 이르는 말}이라는 풀이와 함께 <손자 + 당사자 현황 + 상태 / 조부모 여읨 + 지칭자 / 말할이>라는 특성을 문제 삼는 표현이다.

우법 / 높임(+ 피지칭자 / 남의 손자)>이라는 특성을 공유한다. [영포]는 현재 입말로는 거의 사용되지 않고 있다.

(43) 손자새끼(孫子--)

이 낱말은 {'손자'를 낮추어 일컫는 말}이라 풀이되면서 <손자 + 당사자 현황 + 말할이의 처지 + 대우법 / 낮춤>이라는 특성을 문제 삼고 있다. 그러한 의미에서 이 낱말은 앞에서 논의된 [영손]과는 대우법을 중심으로 서로 <높임 : 낮춤>이라는 대칭관계를 형성하게 된다.

지금까지의 고찰에서 보인 바와 같이 <손자 + 당사자 현황> 분절에서는 <서열>, <역할 / 대 이음>, <품행>, <상태>, <말할이의 처지>가 관심의 대상이 되어 있다. <서열> 아래로는 다시 <첫째 : 둘째 : 마지막>이라는 계단대립이, <품행> 아래로는 <조부모 잘 모심>과 <효성스러움>이, <상태> 아래로는 <나이 / 어림>과 <사망>이, 그리고 <말할이의 처지> 아래로는 <대우법>으로서 <높임 : 낮춤>의 대칭관계가 각각 관조의 대상이 되어 있다. [그림 3]과 [그림 4]는 이러한 <손자 + 당사자 현황> 분절의 구조적 특징을 가시화한 것이다.

[그림 4] 〈당사자 현황〉 분절구조(1)

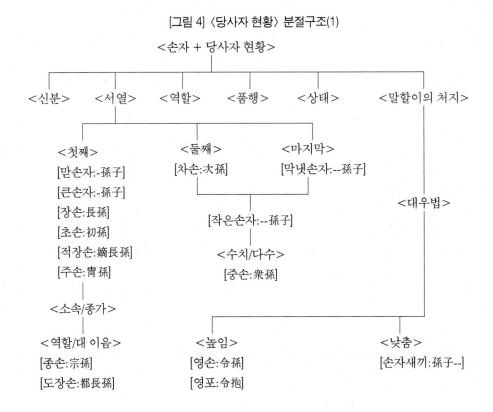

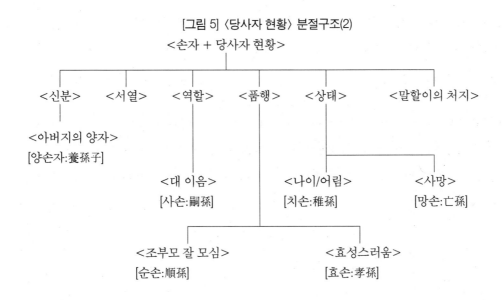

[그림 5] 〈당사자 현황〉 분절구조(2)

〈손자 + 당사자 현황〉

〈신분〉 〈서열〉 〈역할〉 〈품행〉 〈상태〉 〈말할이의 처지〉

〈아버지의 양자〉
[양손자:養孫子]

〈대 이음〉
[사손:嗣孫]

〈나이/어림〉
[치손:稚孫]

〈사망〉
[망손:亡孫]

〈조부모 잘 모심〉
[순손:順孫]

〈효성스러움〉
[효손:孝孫]

5) 마무리

〈손자〉는 한어버이의 측면에서 보아, 〈자녀(아들딸)의 자녀 + 남성〉이라는 특성을 문제 삼는 분절, 곧, 〈아들의 아들 + 딸의 아들〉이라는 통합적인 특성과 함께 이해될 만한 분절이다. 그리고 이 분절은 수직적으로 〈한어버이(할아버지와 할머니)〉 분절과 대칭관계에 있으면서 〈할아버지〉와 〈할머니〉에게 함께 통용되며, 수평적으로 〈손녀〉 분절과 대칭관계에 있으면서 〈손녀〉와는 〈성〉에 의해 대립하는 특징을 보이고 있다. 이러한 〈손자〉 분절의 전체적인 구조 해명을 통하여 발견된 특징들을 요약하면 다음과 같다.

(1) 이 분절에 있어서는 [손자 : 孫子], [남손 : 男孫], [손아 : 孫兒]가 원어휘소의 자리에 위치하고 있다. 이 낱말들을 원어휘소로 하는 〈손자〉 분절의 아래로는 〈아들의 아들 : 딸의 아들〉이라는 대립관계가 일차적인 관심사가 되어 있다.

(2) 〈손자 + 아들의 아들〉 분절에서는 그 아래로 〈한어버이(주로 할아버지) 현황〉, 〈어버이 현황〉, 〈당사자 현황〉이 관조의 대상이 되어 있다. 〈손자 + 딸의 아들〉 분절의 경우는 필요에 따라 〈손자 + 아들의 아들〉 분절에 준하여 원용된다.

(3) 〈한어버이 현황〉 분절에서는 〈신분〉과 〈말할이의 처지〉가 일차적인 관심의 대상이 되어 있다. 〈신분〉 분절의 아래로는 〈황제 : 임금 : 벼슬아치〉의 대립관계가 문제되어 있으며, 〈말할이의 처지〉 아래로는 〈지칭자 / 말할이〉과 문제되어 있다.

(4) 〈어버이 현황〉 분절에서는 〈어버이 신분 / 임금 + (당사자의)서열 / 맏이〉와 〈아버

지 신분으로서의 적자 : 서자>의 대립이 일차적인 관심의 대상이 되어 있다. 그리고 전자의 아래로는 다시 <대우법 / 높임>이 문제되어 있고, 후자의 <적자> 아래로는 <어머니의 신분 / 정실>이 관심의 대상이 되어 있다.

(5) <당사자 현황> 분절에서는 <서열>, <역할 / 대 이음>, <품행>, <상태>, <말할이의 처지>가 관심의 대상이 되어 있다. <서열> 아래로는 다시 <첫째 : 둘째 : 마지막>의 대립이, <품행> 아래로는 <조부모 잘 모심>과 <효성스러움>이, <상태> 아래로는 <나이 / 어림>과 <사망>이, 그리고 <말할이의 처지> 아래로는 <대우법>으로서 <높임 : 낮춤>의 대립이 각각 관조의 대상이 되어 있다.

3. <손녀> 분절구조

1) 원어휘소와 기본구조

<손녀>는 한어버이 측면에서 <자녀(아들딸)의 자녀 / 여자(여성)>라는 특성을 문제 삼는 분절로서 <아들의 딸 + 딸의 딸>이라는 통합적인 특성, 혹은 <아들의 딸이나 딸의 딸>이라는 선언적인 특성과 함께 이해될 수 있는 분절이다. 또한 이 분절은 <한어버이(할아버지와 할머니)> 분절과 수직적으로 대칭관계에 있다. 즉, <손녀>는 대칭적으로 <할아버지>에게도 통용되고, <할머니>에게도 통용된다. 그리고 <손녀> 분절은 <손자> 분절과 수평적으로 <성>에 의하여 <여자 : 남자>라는 대칭관계를 형성하고 있다. 전자는 <손자 손녀 / 여자(여성)>라는 특성을 문제 삼고, 후자는 <손자 손녀 / 남자(남성)>라는 특성을 각각 문제 삼고 있기 때문이다.

(1) 손녀(孫女)

(2) 여손(女孫)

[손녀]는 {아들의 딸. 또는 딸의 딸}이라 풀이되며, [여손]은 {손녀}라 풀이된다. 따라서 형태상으로 서로 도치형의 관계에 있는 이 낱말들은 공통적으로 <손녀> 분절에 있어서 원어휘소의 자리에 위치하는 것으로 이해될 것이다. [손녀]에서는 <손자 손녀의 강조>라는 특성이, [여손]에서는 <여자 강조>라는 특성이 각각 개념형성의 과정에 관계한 것으로 추정된다.

(3) 친손녀(親孫女)

이 낱말은 {자기 아들의 (친)딸}이라 풀이되면서 <손녀 + 아들의 딸>이라는 특성을 문제 삼고 있다.

(4) 외손녀(外孫女)

이 낱말은 {딸이 낳은 딸}이라 풀이되면서 <손녀 + 딸의 딸>이라는 특성과 함께 사용되고 있다. 따라서 이 낱말은 앞에서 논의된 [친손녀]와 <아들의 딸 : 딸의 딸>이라는 대칭관계를 형성하고 있다.

[그림 1]은 이러한 <손녀> 분절의 기본구조를 보이기 위한 것이다.

[그림 1] 〈손녀〉 분절의 기본구조

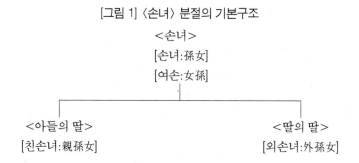

2) 〈손녀〉 분절의 하위구조

<손녀> 분절의 아래로는 <당사자 현황>만이 관조의 대상이 되어 있다. 이러한 <손녀> 분절은 주로 한어버이 측면에서 <아들의 딸>을 중심으로 하위분절되고 있으며, <딸의 딸>의 경우는 필요에 따라 <아들의 딸>에 준하여 적용된다.

(5) 양손녀(養孫女)

이 낱말은 {아들의 양녀}라 풀이되면서 <손녀 + 당사자 현황 + 신분 / 아버지의 양녀>라는 특성을 문제 삼고 있다. 이 낱말은 {아들의 수양딸}이라는 내용과 함께 사용되기도 한다.

(6) 맏손녀(-孫女)

(7) 큰손녀(-孫女)

(8) 장손녀(長孫女)

[맏손녀]는 {맏이가 되는 손녀. 둘 이상의 손녀 가운데 맏이가 되는 손녀}라 풀이되며, [큰

손녀]와 [장손녀]는 공통적으로 {맏손녀('맏손녀'를 작은손녀에 상대하여 일컫는 말)}라 풀이된다. 따라서 이 낱말들은 <손녀 + 당사자 현황 + 신분 + 서열 / 첫째>라는 특성을 공유하는 것으로 해명될 수 있다. [맏손녀]에서는 <제일 위 + 손녀>라는 특성이, [큰손녀]에서는 <큼 + 손녀>라는 특성이, [장손녀]에서는 <긺(어른) + 손녀>라는 특성이 각각 개념형성의 과정에 관계한 것으로 추정된다. [맏손녀 : 큰손녀 : 장손녀]의 관계는 전술한 <손자> 분절에서의 [맏손자 : 큰손자 : 장손]의 관계에 준하여 이해될 것이다.

(9) 작은손녀(--孫女)

이 낱말은 {맏손녀가 아닌 손녀. 둘 이상의 손녀 가운데 맏손녀가 아닌 손녀}라 풀이되면서 <손녀 + 당사자 현황 + 신분 + 서열 / 둘째 이하>라는 특성을 문제 삼고 있다. 이 낱말은 전술한 <손자> 분절에서의 [작은손자]와 대칭관계를 형성하고 있다.

(10) 중손녀(衆孫女)

이 낱말은 {맏손녀 밖의 여러 손녀. 맏손녀 외의 여러 손녀}라 풀이된다. 앞에서 논의된 [작은손녀]아래에 포함되는 표현이라 할 수 있는 이 낱말은, 그러한 의미에서, <작은손녀 + 수치 / 다수>라는 특성과 함께 해명될 만하다. 이 낱말은 전술한 <손자> 분절에서의 [중손]과 대칭관계를 형성하고 있다.

(11) 손녀딸(孫女-)

이 낱말은 {'손녀'를 사랑스럽게 이르는 말}이라 풀이되면서 <손녀 + 당사자 현황 + 상태 / 사랑받음(말할이의 처지 / 사랑함)>이라는 특성을 문제 삼고 있다. 이 낱말은 { '손녀'를 귀엽게 이르는 말}이라는 내용과 함께 사용되기도 한다.

지금까지의 고찰에서 보인 바와 같이 <손녀 + 당사자 현황> 분절에 있어서는 <신분>과 <상태>가 관심의 대상이 되어 있다. <신분>의 아래로는 <아버지의 양녀>와 <서열>이 문제되어 있는데, 후자의 아래로는 다시 <첫째>와 <둘째 이하>가 관조의 대상이 되어 있다. 그리고 <둘째 이하> 아래로는 <수치 / 다수>가 관심의 대상이 되어 있다. <상태> 아래로는 <사랑받음>만이 관심의 대상이 되어 있다. [그림 2]는 이러한 <손녀> 분절의 하위분절상의 특징을 도식화한 것이다.

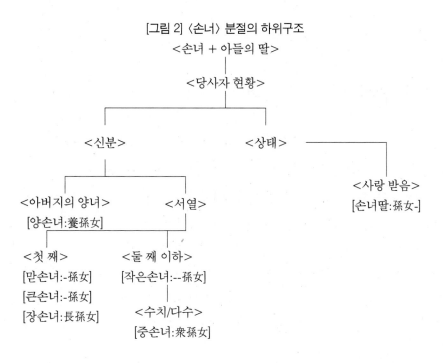

[그림 2] <손녀> 분절의 하위구조

<손녀 + 아들의 딸>

<당사자 현황>

<신분>　　　　　<상태>

<아버지의 양녀>　　<서열>

[양손녀:養孫女]

<사랑 받음>

[손녀딸:孫女-]

<첫 째>　　　<둘 째 이하>

[맏손녀:-孫女]　　[작은손녀:--孫女]

[큰손녀:-孫女]

[장손녀:長孫女]　　<수치/다수>

[중손녀:衆孫女]

3) 마무리

<손녀>는 한어버이의 측면에서 <자녀(아들딸)의 자녀(아들딸) + 여자(여성)>라는 특성을 문제 삼는 분절로서 <아들의 딸 + 딸의 딸>이라는 통합적인 특성, 혹은 <아들의 딸이나 딸의 딸>이라는 선언적 특성과 함께 이해될 수 있는 분절로서 <한어버이(할아버지와 할머니)> 분절과 수직적으로 대칭관계에 있으며, <성>을 축으로 하여 <손자> 분절과 수평적으로 대칭관계에 있다.

(1) [손녀 : 孫女]와 [여손 : 女孫]을 원어휘소로 하는 <손녀> 분절에서는 <아들의 딸 : 딸의 딸>이라는 대립이 일차적인 관심사가 되어 있다.

(2) <손녀> 분절의 아래로는 <당사자 현황>이 관조의 대상이 되어 있다. 이러한 <손녀> 분절은 주로 <아들의 딸>을 중심으로 하위분절되고 있으며, <딸의 딸>의 경우는 필요에 따라 <아들의 딸>에 준하여 활용된다.

(3) <손녀 + 당사자 현황> 분절에 있어서는 <신분>과 <상태>가 관심의 대상이 되어 있다. <신분>의 아래로는 <아버지의 양녀>와 <서열>이 문제되어 있는데, 후자의 아래로는 다시 <첫째>와 <둘째 이하>가 관조의 대상이 되어 있다. 그리고 <둘째 이하> 아래로는 <수치 / 다수>가 관심의 대상이 되어 있다. <상태> 아래로는 <사랑받음>만이 관심의 대상이 되어 있다.

제5절 〈손자 손녀 항렬〉 분절구조

1. 〈손자 손녀의 배우자〉 분절구조

전술한 바와 같이 [항렬]은 {같은 혈족의 직계에서 갈라져 나간 계통 사이의 대수 관계를 나타내는 말}이라는 내용을 문제 삼고 있는 표현이다. 따라서 〈손자 손녀 항렬〉은 〈손자 손녀〉와는 〈같은 대수〉라는 공통성을 가지면서 서로 수평적으로 대립하고 있다. 그리고 〈손자 손녀〉가 수직적으로 〈한어버이〉와 대칭관계를 형성하는 것처럼, 〈손자 손녀 항렬〉도 수직적으로 〈한어버이 항렬〉과 대칭관계를 형성하고 있다.

〈손자 손녀 항렬〉 분절에서는 그 아래로 〈손자 손녀의 배우자〉와 〈할아버지와의 관계〉가 관심의 대상이 되어 있다. 전자는 후천적으로 형성되는 관계라는 특징을, 그리고 후자는 선천적으로 형성된 관계라는 특징을 각각 문제 삼고 있다.

(1) 손자며느리(孫子---)
(2) 손부(孫婦)

[손자며느리]는 {손자의 아내. 손부(孫婦)}라 풀이되며, [손부]는 {손자며느리}라 풀이된다. 따라서 이 낱말들은 〈손자 손녀 항렬 + 손자 손녀의 배우자 / 손자의 배우자〉라는 특성을 공유한다. [손자며느리]는 글말이나 입말에서 두루 사용되는데 비하여, [손부]는 주로 글말로만 사용되지만, 호칭어로도 꽤 자연스럽게 사용되는 특징을 보이고 있다.

(3) 세손빈(世孫嬪)

이 낱말은 {왕세손의 아내}의 아내라 풀이되면서 〈손자며느리 + 손자의 신분 / 왕세손〉이라는 특성과 함께 사용되고 있다.

(4) 손녀사위(孫女--)
(5) 손자사위(孫子--)
(6) 손서(孫壻)

[손녀사위]는 {손녀의 남편}이라 풀이되며, [손자사위]와 [손서]는 {손녀사위}라 풀이된다. 따라서 이 낱말들은 〈손자 손녀 항렬 + 손자 손녀의 배우자 / 손녀의 배우자〉라는 특성

을 공유한다. [손녀사위]는 전술한 [손자며느리]와, 그리고 [손서]는 전술한 [손부]와 각각 대칭관계를 형성하는 것으로 이해될 만하다. [손자사위]에서는 손자항렬의 손녀사위도 손자와 같이 대우하려는 의도가 개념형성의 과정에 관계한 것으로 추정된다.

지금까지의 고찰에서 보인 바와 같이 <손자 손녀의 배우자>의 경우는 <손자의 배우자>와 <손녀의 배우자>가 관심의 대상이 되어 있다. <손자의 배우자> 아래로는 다시 <손자의 신분 / 왕세손>도 문제되어 있다. [그림 1]은 이러한 <손자 손녀 배우자> 분절의 구조적 특징을 도식화한 것이다.

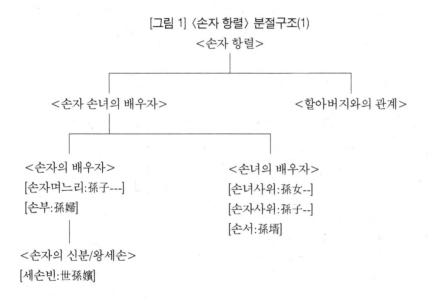

[그림 1] 〈손자 항렬〉 분절구조(1)

2. 〈할아버지와의 관계〉 분절구조

<할아버지와의 관계> 분절에서는 <할아버지의 동기>, <할아버지의 종형제>, <할아버지의 삼종형제>, <유복친 아님>이 관심의 대상이 되어 있다.

(7) 종손(자)(從孫子)

(8) 유손(猶孫)

(9) 질손(姪孫)

[종손(자)]은 {형이나 아우의 손자}라 풀이되고, [유손]은 {형제의 손자. 종손(從孫)}이라 풀이되며, [질손]은 {종손(從孫)}이라 풀이된다. 따라서 이 낱말들은 <손자 손녀 항렬 + 할아버지와의 관계 + 할아버지의 형제 + 손자>라는 특성을 공유한다. [종손자]에서는 <동기 + 손자>라는 특성이, [유손]에서는 <같음 + 손자>라는 특성이, 그리고 [질손]에서는 <조카 + 자손(손자)>이라는 특성이 각각 개념형성의 과정에 관계한 것으로 추정되는데, 현재 [유손]과 [질손]은 입말로서는 거의 사용되지 않고 있다.

(10) 종손녀(從孫女)

이 낱말은 {형이나 아우의 손녀}라 풀이되면서 <손자 손녀 항렬 + 할아버지와의 관계 + 할아버지의 형제 + 손녀>라는 특성과 함께 사용되고 있다. 그러한 의미에서 이 낱말은 앞에서 논의된 [종손자]와 대칭관계를 형성하게 된다.

(11) 넛손자(-孫子)

이 낱말은 {누이의 손자}라 풀이되면서 <손자 손녀 항렬 + 할아버지와의 관계 + 할아버지의 누이(자매) + 손자>라는 특성을 문제 삼고 있다.

(12) 종손부(從孫婦)

이 낱말은 {형이나 아우의 손자며느리. 종손의 아내}라 풀이되면서 <손자 손녀 항렬 + 할아버지와의 관계 + 할아버지의 동기 + 손자 손녀의 배우자 / 손자의 배우자>라는 특성과 함께 사용되고 있다.

(13) 종손서(從孫壻)

이 낱말은 {형이나 아우의 손녀 남편. 종손녀의 남편}이라 풀이되면서 <손자 손녀 항렬 + 할아버지와의 관계 + 할아버지의 동기 + 손자 손녀의 배우자 / 손녀의 배우자>라는 특성을 문제 삼고 있다. 그러한 의미에서 이 낱말은 앞에서 논의된 [종손부]와 대칭관계를 형성하게 된다.

(14) 재종손자(再從孫子, 再從孫)

이 낱말은 {종형제(從兄弟)의 손자}라 풀이되면서 <손자 손녀 항렬 + 할아버지와의 관계 + 할아버지의 종형제 + 손자>라는 특성과 함께 사용되고 있다.

(15) 재종손녀(再從孫女)

이 낱말은 {종형제의 손녀}라 풀이되면서 <손자 손녀 항렬 + 할아버지와의 관계 + 할아버지의 종형제 + 손녀>라는 특성을 문제 삼고 있다. 따라서 이 낱말은 앞에서 논의된 [재종손자]와 대칭관계를 형성하는 것으로 이해될 수 있다.

(16) 재종손부(再從孫婦)

이 낱말은 {재종손의 아내}라 풀이되면서 <손자 손녀 항렬 + 할아버지와의 관계 + 할아버지의 종형제 + 손자 손녀의 배우자 / 손자의 배우자>라는 특성과 함께 사용된다.

(17) 재종손서(再從孫壻)

앞에서 논의된 [재종손부]와 대칭관계에 있는 이 낱말은 {재종손녀의 남편}이라 풀이되면서 <손자 손녀 항렬 + 할아버지와의 관계 + 할아버지의 종형제 + 손자 손녀의 배우자 / 손녀의 배우자>라는 특성을 문제 삼고 있다.

(18) 삼종손(三從孫)

이 낱말은 {칠촌 조카의 아들}이라 풀이된다. 그리고 [칠촌 조카]는 {삼종형제의 아들}로 풀이된다. 따라서 이 [삼종손]은 <손자 손녀 항렬 + 할아버지와의 관계 + 할아버지의 삼종형제 + 손자 손녀 / 손자>라는 특성과 함께 해명될 수 있다.

(19) 족손(族孫)

이 낱말은 {성과 본이 같은 일가로서, 유복친 안에 들지 않는 손자 항렬이 되는 사람}이라 풀이된다. 따라서 이 낱말은 <손자 손녀 항렬 + 할아버지와의 관계 + 유복친 아님 + 손자 손녀 / 손자>라는 특성을 문제 삼는 표현으로 이해될 것이다.

지금까지의 고찰에서 보인 바와 같이 <손자 손녀 항렬 + 할아버지와의 관계> 분절에서는 <할아버지의 동기>, <할아버지의 종형제>, <할아버지의 삼종형제>. <유복친 아님>이 일차적인 관조의 대상이 되어 있다. <할아버지의 동기> 아래로는 <손자 손녀>와 <손자 손녀의 배우자>가 관심의 대상이 되어 있는데, 전자에서는 다시 <형제의 손자 손녀>와 <자매의 손자>가, 그리고 후자의 아래에는 다시 <손자의 배우자>와 <손녀의 배우자>가 각각 문제되어 있다. 그리고 <형제의 손자 손녀> 아래로는 <손자 : 손녀>라는 대칭관계가 형성되어 있다. <할아버지의 종형제>의 아래로는 <손자 손녀>와 <손자 손녀의 배우자>가 문제되어 있는데, 전자의 아래로는 다시 <손자 : 손녀>의 대립이, 그리고 <손자 손녀의 배우자>아래로는 다시 <손자의 배우자 : 손녀의 배우자>의 대립이 각각 관심의 대상이 되어 있다. 이러한 <손자 손녀 항렬 + 할아버지와의 관계> 분절의 구조적 특징을 그림으로 나타내면 [그림 2]와 [그림 3]이 될 것이다.

[그림 2] 〈손자 항렬〉 분절구조(2)

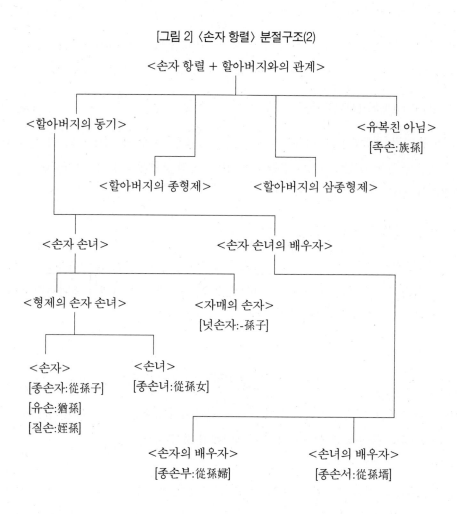

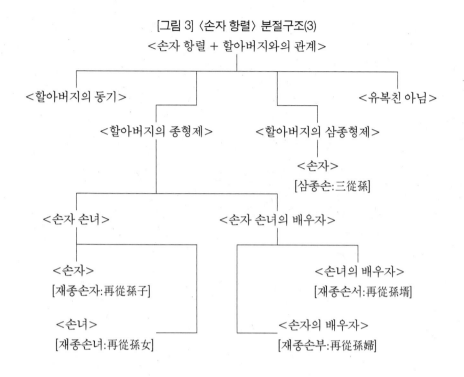

[그림 3] 〈손자 항렬〉 분절구조(3)

〈손자 항렬 + 할아버지와의 관계〉

〈할아버지의 동기〉   〈유복친 아님〉

〈할아버지의 종형제〉   〈할아버지의 삼종형제〉

〈손자〉
[삼종손:三從孫]

〈손자 손녀〉   〈손자 손녀의 배우자〉

〈손자〉   〈손녀의 배우자〉
[재종손자:再從孫子]   [재종손서:再從孫壻]

〈손녀〉   〈손자의 배우자〉
[재종손녀:再從孫女]   [재종손부:再從孫婦]

3. 마무리

〈손자 손녀 항렬〉은 〈손자 손녀〉와는 〈같은 대수〉라는 공통성을 가지면서 서로 수평적으로 대립하고 있다. 그리고 〈손자 손녀〉가 수직적으로 〈한어버이〉와 대칭관계를 형성하는 것처럼, 〈손자 손녀 항렬〉도 수직적으로 〈한어버이 항렬〉과 대칭관계를 형성하고 있다. 이러한 〈손자 손녀 항렬〉 분절의 구조 해명 과정을 통하여 발견된 특징들을 요약하여 정리하면 다음과 같다.

(1) 〈손자 손녀 항렬〉 분절에서는 그 아래로 〈손자 손녀의 배우자〉와 〈할아버지와의 관계〉가 관심의 대상이 되어 있다. 전자는 후천적으로 형성되는 관계라는 특징을, 그리고 후자는 선천적으로 형성된 관계라는 특징을 각각 문제 삼고 있다.

(2) 〈손자 손녀의 배우자〉의 경우는 〈손자의 배우자 : 손녀의 배우자〉라는 대립이 관심의 대상이 되어 있다. 〈손자의 배우자〉 아래로는 다시 〈손자의 신분 / 왕세손〉이 문제되어 있다.

(3) 〈할아버지와의 관계〉 분절에서는 〈할아버지의 동기〉, 〈할아버지의 종형제〉, 〈할아버지의 삼종형제〉. 〈유복친 아님〉이 일차적인 관조의 대상이 되어 있다. 〈할아버

지의 동기> 아래로는 <손자 손녀>와 <손자 손녀의 배우자>가 관심의 대상이 되어 있는데, 전자에서는 다시 <형제의 손자 손녀>와 <자매의 손자>가, 그리고 후자의 아래에는 다시 <손자의 배우자 : 손녀의 배우자>라는 대립이 각각 문제되어 있다. 그리고 <형제의 손자 손녀> 아래로는 <손자 : 손녀>라는 대칭관계가 형성되어 있다. <할아버지의 종형제>의 아래로는 <손자 손녀>와 <손자 손녀의 배우자>가 문제되어 있는데, 전자의 아래로는 다시 <손자 : 손녀>라는 대립이, 그리고 <손자 손녀의 배우자>아래로는 다시 <손자의 배우자 : 손녀의 배우자>라는 대립이 각각 관심의 대상이 되어 있다.

제5장

〈수평관계〉 구조

제1절 〈배우자〉 분절구조

1. 〈배우자〉 분절구조

　　〈부부〉 명칭은 〈남편 + 아내〉라는 연언적, 통합적 개념을 문제 삼고 있는데, 이와 대비될 만한 〈배우자〉 명칭은 〈부부 가운데 한 사람의 다른 사람에 대한 관계. 남편이나 아내〉라는 선언적, 선택적, 분리적 개념을 문제 삼고 있다. 따라서 이 〈배우자〉 분절은 〈남편〉 분절과 〈아내〉분절로 분기되는 특성을 가지면서, 이들 두 분절의 상위분절에 위치하는 특징과 함께 이해될 수 있다.

　　(1) 배우(자)(配偶者)
　　(2) 배필(配匹)
　　(3) 비우((妃偶)
　　(4) 원려(鴛侶)
　　(5) 항려(伉儷)
　　(6) 혼대(婚對)
　　(7) 필우(匹偶)

　　[배우(자)]는 {부부의 한쪽에서 본 다른 쪽(남편 쪽에서는 아내를, 아내 쪽에서는 남편을 이르는 말이다)}이라 풀이되면서 이 분절에 있어서 원어휘소의 자리에 위치하는 낱말이다. [배필]은 {부부로서의 짝}으로, [비우]와 [혼대]는 {배우자(配偶者)}로, 그리고 [원려]와 [항려]와 [필우]는 {배필}로 각각 풀이되고 있다. 따라서 [배필, 비우. 원려, 항려, 혼대, 필우]도 [배우자]와 같은 방법으로 해명될 만한 낱말들이다. [배필]은 {부부가 될 짝}이라는 내용과 함께 사용되기도 하며, [원려]는 {동료 벼슬아치}라는 내용과 함께 사용되기도 한다. 그리고 [항려]는 {남편과 아내로 이루어진 짝}이라는 내용을 문제 삼기도 하며, [필우]는 {동아리}와 {부부

가 됨}이라는 내용과 관계하기도 한다. [비위]에서는 <왕비 + 짝>이라는 특성이, 그리고 [혼대]에서는 <혼인 + 상대>라는 특성이 각각 개념형성의 과정에 관계한 것으로 추정된다. 그러한 의미에서 [비위]는 주로 여성(혹은 왕비)의 경우에 적용될 것으로 추정된다. [비위], [원려], [항려], [혼대], [필위]는 현재 입말로는 거의 사용되지 않고 있는 한자말들이다.

(8) 천생배필(天生配匹)

(9) 천상배필(天上配匹)

(10) 천정배필(天定配匹)

{천생배필}은 {하늘에서 미리 정하여 준 배필}이라 풀이되며, [천상배필]과 [천정배필]은 {천생배필}이라 풀이된다. 따라서 이 세 낱말은 <배우자(배필)) + 하늘에서 정함>이라는 특성을 공유하는 것으로 해명될 만하다. [천생배필]에서는 <하늘이 낳음>이라는 특성이, [천상배필]에서는 <하늘 위에서(정해짐)>라는 특성이, 그리고 [천정배필]에서는 <하늘이 정함>이라는 특성이 각각 개념형성의 과정에 관계한 것으로 추정된다. 그러한 의미에서 이 낱말들은 공통적으로 {나무랄 데 없이 신통히 꼭 알맞은 한 쌍의 부부}라는 내용을 문제 삼기도 한다. 현재 입말로는 [천생배필]이 주로 사용되고 있다.

(11) 가배佳配)

이 낱말은 {좋은 배우자. 좋은 배필}이라 풀이되면서 <배우자 + 말할이의 처지 / 좋음>이라는 특성을 문제 삼고 있다.

지금까지의 고찰에서 보인 바와 같이 [배우자, 배필, 비우, 원려, 항려, 혼대, 필위]를 원어 휘소로 하는 <배우자> 분절에서는 그 아래로 <하늘에서 정함>과 <말할이의 처지 / 좋음>이 관심의 대상이 되어 있다. [그림 1]은 이러한 <배우자> 분절의 구조를 보이기 위한 것이다.

[그림 1] 〈배우자〉 분절의 구조

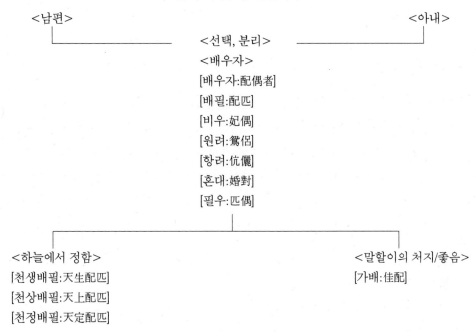

2. 〈부부〉 분절구조

<친척>명칭 가운데, <부부>명칭은 일차적으로 <수평적인 관계>라는 특성을 가지면서, 상대적으로 <수직적인 관계>라는 특성을 문제 삼는 <존속, 비속> 등의 명칭들과 대립 관계에 있는 분절이다. 그리고 <부부> 분절은 이차적으로는 <대등적 관계 + 후천적(결합) 관계>라는 특성을 가지면서, 상대적으로 <서열적 관계 + 선천적 관계>라는 특성을 가지는 <동기(간)> 명칭 분절과 대립 관계에 있다. 곧, <부부> 명칭은 <선천적으로 서로 남남인 두 남녀가 후천적으로 혼인을 통하여 결합함으로써 성립되는 관계>라는 내용을 문제 삼으면서, <남편 + 아내>라는 연언적, 통합적 개념을 문제 삼게 되는 분절이다. 그러한 의미에서 <부부> 분절은 <남편이나 아내>라는 선언적, 선택적, 분리적 개념을 문제 삼는 <배우자> 분절과 대립되기도 한다.

(1) 부부(夫婦)
(2) 부처(夫妻)
(3) 안팎

(4) 내외(內外)

(5) 양주(兩主)

(6) 이인(二人)

(7) 항배(伉配)

[부부]는 {남편과 아내. 남편과 아내를 아울러 이르는 말}이라 풀이되면서 <부부> 분절에 있어서 원어휘소의 자리에 위치하고 있다. [부처], [안팎], [내외], [양주], [이인], [항배]도 공통적으로 {남편과 아내. 부부}라 풀이된다. 따라서 이 낱말들도 [부부]와 마찬가지로 <부부> 분절에 있어서 원어휘소로 기능하고 있다. [안팎]은 {사물이나 영역의 안과 밖}, {마음속의 생각과 겉으로 드러나는 행동}, {수량을 나타내는 말 뒤에 쓰여, 어떤 수량이나 기준에 조금 모자라거나 넘치는 정도}, {집안 살림과 바깥 살림을 아울러 이르는 말}이라는 내용도 문제 삼고 있는 표현이며, [내외]는 {남자와 여자. 또는 그 차이}라는 내용과 관계하기도 한다. 그리고 [양주]는 {바깥주인과 안주인}이라는 내용을 문제 삼기도 하며, [이인]은 {부모}라는 내용도 문제 삼기도 한다. [부처]는 주로 글말로 사용되는 표현이며, [항배]는 현재 입말이건 글말이건 거의 사용되지 않고 있는 낱말이다.

(8) 가시버시

이 낱말은 {'부부' 를 낮잡아 이르는 말}이라 풀이되면서 <부부 + (말할이의 처지 +)존대법 / 낮춤>이라는 특성을 문제 삼고 있다.

(9) 최근친(最近親)

이 낱말은 {가장 가까운 일가. 부부}이라 풀이되면서 <부부 + 가장 가까움의 강조>라는 특성을 문제 삼고 있다. 이 낱말은 {가장 가까운 일가. 부자(父子)}라는 내용을 문제 삼기도 하며, 법률상 {유산 분배법에 따라 채권자 다음으로 유언 없는 사망자의 재산을 분배받을 수 있는 가장 가까운 친척}이라는 내용과 함께 전문용어로도 사용되는 표현이다.

(10) 노부부(老夫婦)

이 낱말은 {늙은 부부}라 풀이되면서 <부부 + 상태 / 늙음>이라는 특성과 함께 사용되고 있다.

(11) 뜨게부부(--夫婦)

이 낱말은 {정식으로 결혼을 하지 않고, 오다가다 우연히 만나 함께 사는 부부(남녀)}라 풀이되면서 <부부 + 상태 / 정식 결혼하지 않음(+ 형성과정 / 오다가다 우연히 만남)}이라는 특성을 문제 삼고 있다.

지금까지의 고찰에서 보인 바와 같이 [부부], [부처], [안팎], [내외], [양주], [이인], [항배]를 원어휘소로 하는 <부부> 분절에 있어서는 그 아래로 <낮춤>, <가장 가까움의 강조>, <늙음>, <정식 결혼하지 않음>이 관심의 대상이 되어 있다. [그림 1]은 이러한 <부부> 분절의 구조를 보이기 위한 것이다.

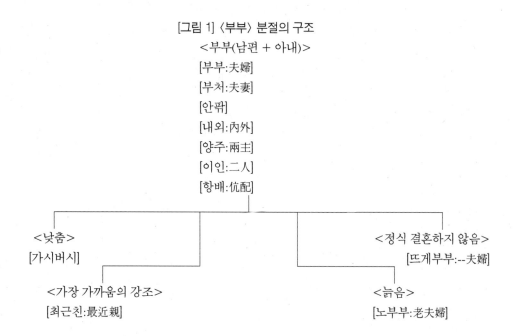

[그림 1] 〈부부〉 분절의 구조

3. 〈남편〉 분절구조

1) 원어휘소와 기본구조

<가족>이나 <친척>의 분절 구조 이해에 있어서는 연언적, 통합적 개념의 도입도 유용할 것이다. <어버이>는 <아버지 + 어머니>라는 통합적(연언적) 개념으로 이해될 수 있으며, <아들딸>과 <부부>는 각각 <아들 + 딸>, <남편 + 아내>이라는 통합적 개념으로 이해될 수 있을 것이기 때문이다.

그러나 그 형성의 원리 면에서 본다면, 관계 개념이 <가족>이나 <친척>구성에 있어서 본바탕이 된다고 보아야 할 것이다. 본질적으로 <남편>과 <아내>라는 부부 관계가 성립되는 것을 기점으로 하여, <어버이>는 물론 <아들딸>, <동기간(형제자매)>, <조부모>, <손자> 등의 직계가 형성될 수 있고, 직계가 아닌 방계의 친척도 더불어 형성되는 것으로 볼 수 있겠기 때문이다. 따라서 <남편>과 <아내> 사이의 부부의 관계가 <가족>이나 <친척> 형성에 있어서 기간이 되는 관계라 할 수 있을 것이다. 그런데 이 관계의 개념도 엄밀히 살펴보면, 우선 크게 수직관계와 수평관계로 나뉠 수 있고, 수평관계는 다시 서열적 수평관계와 대등적(결합적) 수평관계로 나뉠 수 있음을 알게 된다. 곧, <부부>의 관계는 대등적(결합적) 수평관계에 해당하고, <동기간(형제와 자매)>의 관계는 서열적 수평관계에 해당한다고 할 것이다. <부부>의 관계는 서로 성이 다른 타인들의 합의에 의하여 결합되는, 서열을 정할 수 없는 대등적 관계이며, <동기간>의 관계는 선천적으로 그 순서가 정해지는 서열적 관계이기 때문이다. 그러면서도 <부부> 관계와 <동기간> 관계는 같은 항렬에 속한다는 특징과 함께 서로 수평관계를 유지한다는 점에서 공통성을 보여준다. 한편, <조부모와 손자(손녀)>, <어버이와 아들딸> 사이에서는 그러한 수평 관계가 아닌 수직관계가 성립된다. 이 관계들에서는 대수의 차이가 관계하고 있기 때문이다.

여기서는 <부부>를 구성하는 데 있어서 하나의 요소가 되는 <남편> 명칭 분절이 현대 국어에 있어서 어떠한 낱말들에 의하여 실현되고 있으며, 거기에 속한 명칭들이 어떠한 구조를 이루고 있는가를 어휘분절구조 이론에 기대어 해명해 보기 위하여 시도된 것이다. <남편> 명칭에 대한 고찰과 <아내> 명칭에 대한 고찰은 <부부> 명칭과 <가족>명칭, <친척> 명칭 분절의 전체 해명을 위한 필수적인 전제 작업이기 때문이다.

(1) 남편(男便)

<남편> 분절을 대변하는 이 낱말은 {혼인하여 사는 남자를, 그 아내를 기준으로 일컫는 말. 혼인을 하여 여자의 짝이 된 남자를 그 여자에 상대하여 이르는 말}이라 풀이되면서 <남편> 명칭 분절에 있어서 원어휘소의 자리를 차지하고 있다. 이 낱말은 {'남성(男性)' 의 옛말}이라는 내용도 문제 삼고 있다.

(2) 부(夫)
(3) 부서(夫壻)
(4) 장부(丈夫)

(5) 가장(家長)

(6) 주인(主人)

　[부]는 {문어체에서, '남편' 을 이르는 말}이라 풀이되고, [부서]와 [장부]는 공통적으로 {남편}이라 풀이되고, [가장]은 {'남편' 을 달리 이르는 말}이라 풀이되며, [주인]은 {'남편' 을 달리, 간접적으로 이르는 말}이라 풀이된다. 따라서 이 다섯 낱말들도 전술한 [남편]과 같은 방법으로 해명이 될 만하다. [부]는 풀이에서 보인 것처럼 <글말로만 사용>되는 특징을 가지는 낱말이다. [부서]는 현재 입말로는 거의 사용되지 않고 있다. [장부]는 {다 자란 씩씩한 남자}나 {대장부(건강하고 씩씩한 사내)}라는 내용을 문제 삼기도 하는 낱말이며, [가장]은 주로 {한 가정을 이끌어 나가는 사람}이라는 내용과 함께 사용되는 표현이다. 그리고 <간접적 지칭>이라는 특성을 덧붙이고 있는 [주인]은 {대상이나 물건 따위를 소유한 사람('임자'로 순화)}, {집안이나 단체 따위를 책임감을 가지고 이끌어 가는 사람}, {손님을 맞아 상대하는 사람}, {고용 관계에서 고용하는 사람}이라는 내용과 관계하기도 한다. 그러한 의미에서 이 다섯 낱말들은 각각 서로 다른 위상가치와 함께 해명될 수도 있다.

　<남편>은 <아내>와 상대적인 관계에 있기 때문에, <남편> 명칭에 있어서는 <아내의 현황>이 관조의 대상이 되어 있으며, 그 역의 관계도 성립되어 있다. 또한 남편 <당사자 현황>도 <남편>의 분절에 있어서는 일차적인 관조의 대상이 되어 있다. 곧, <남편> 명칭의 분절에 있어서는 <아내의 현황>과 <당사자 현황>이라는 두 가지의 <현황>이 일차적인 관심의 대상이 되어 있다. [그림 1]은 이러한 <남편> 분절의 기본구조를 보이기 위한 것이다.

[그림 1] <남편> 분절의 기본 구조

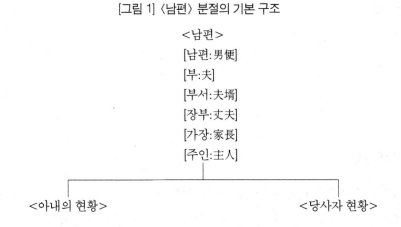

2) 〈아내의 현황〉에 따른 표현

이 분절의 아래로는 <아내의 상태>, <아내의 신분>, <말할이의 처지>가 관조의 대상이 되어 있음이 귀납되었다. [그림 2]는 이러한 <아내의 현황> 분절의 기본구조를 보인 것이다.

[그림 2] 〈아내의 현황〉 분절의 기본구조

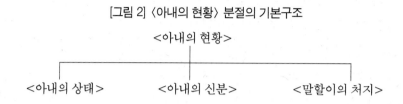

(7) 낭군(郎君)

이 낱말은 {젊은 아내가 자기 남편을 사랑스럽게 일컫는 말}이라 풀이되면서 <남편 + 아내의 현황 + 아내의 상태 + 나이 / 젊음 + 말할이 / 아내(자신)>라는 특성을 문제 삼고 있다. 이 낱말은 {남의 아들을 높여 이르는 말}이라는 내용을 문제 삼기도 한다.

(8) 영감(令監)

이 낱말은 {나이 든 사람의 아내가 그의 남편을 이르는 말. 나이 든 부부 사이에서 아내가 그 남편을 이르거나 부르는 말}이라 풀이되면서 <남편 + 아내의 현황 + 아내의 상태 + 나이 / 나이 듦 + 말할이 / 아내(자신)>라는 특성과 함께 사용된다. 이 낱말은 호칭어로도 자연스럽게 사용된다. 이 낱말은 {급수가 높은 공무원이나 지체가 높은 사람을 높여 이르는 말}이나 {나이가 많아 중년이 지난 남자를 대접하여 이르는 말}이라는 내용을 문제 삼기도 한다.

(9) 아이(애)아버지

이 낱말은 {자식 있는 여자가 자기의 남편을 남에게 말할 때 이르는 말}이라 풀이되면서 <남편 + 아내의 현황 + 아내의 상태 / 자식 있음 + 말할이 / 아내(자신) + 들을이 / 남>이라는 특성을 문제 삼고 있다. 이 낱말은 {자녀를 가진 남자. 자식이 있는 남자}라는 내용과 함께 사용되기도 한다.

(10) (아이)아범

이 낱말은 {'아이아버지' 의 낮춤말}이라 풀이되면서 전술한 [아이아버지]의 아래에 포함되는 특징을 보이고 있다. 곧, 이 낱말은 <아이아버지 + 말할이의 처지 + 대우법 / 낮춤>

이라는 특성과 함께 사용되고 있다. 이 낱말은 주로 <들을이 / 윗사람>이라는 특성을 첨가하면서 사용된다. 이 낱말은 {자식이 있는 아들이나 사위를 이르는 말}이라는 내용을 문제 삼기도 한다.

　(11) 본남편(本男便)
　(12) 본부(本夫)

　[본남편]은 {이혼하기 전의 본디 남편}이라 풀이되며, [본부]는 {본남편}이라 풀이된다. 따라서 이 두 낱말은 <남편 + 아내의 현황 + 아내의 상태 + 이혼 + 남편의 현황 / 이혼 전의(본디) 남편>이라는 특성을 공유하는 것으로 이해될 수 있다. 이 낱말들은 {개가하기 전의 본디 남편}이라는 내용과 함께 사용되기도 한다. 그리고 [본부]는 {본사내}라는 내용을 문제 삼기도 한다.

　(13) 본사내(本一)

　이 낱말은 {'본남편'의 낮은말. '본남편' 을 낮잡아 이르는 말}이라 풀이되면서 <본남편 + 말할이의 처지 + 대우법 / 낮춤>이라는 특성을 문제 삼고 있다. 이 낱말은 {샛서방이 있는 계집의 본디 남편}이라는 내용과 함께 사용되기도 한다.

　(14) 본서방(本書房)

　이 낱말은 {'본남편'을 속되게 이르는 말}이라 풀이되면서 <본남편 + 말할이의 처지 / 속된 표현>이라는 내용특성과 함께 사용된다. 이 낱말은 {본사내}라는 내용을 문제 삼기도 한다.

　(15) 전남편(前男便)
　(16) 전부(前夫)
　(17) 구부(舊夫)

　[전남편]은 {먼젓번의 남편}이라 풀이되며, [전부]와 [구부]는 공통적으로 {전남편}이라 풀이된다. 따라서 이 낱말들은 <남편 + 아내의 현황 + 아내의 상태 + 개가 + 남편의 현황 / 개가 전의 남편>이라는 특성을 공유하는 것으로 해명될 것이다. [전부]와 [구부]는 현재 입말로는 거의 사용되지 않고 있는데, 전자에서는 <앞 + 지아비>라는 특성이, 그리고 후자에서는 <옛날 + 지아비>라는 특성이 각각 개념형성의 과정에 관계한 것으로 이해될 만하다.

(18) 전사내(前—)

이 낱말은 {'전남편(前男便)' 을 낮잡아 이르는 말. '전남편(前男便)' 의 낮은말}이라 풀이되면서 <전남편 + 말할이의 처지 + 대우법 / 낮춤>이라는 특성을 문제 삼고 있다.

(19) 전서방(前書房)

이 낱말은 {'전남편' 을 속되게 이르는 말}이라 풀이되면서 <전남편 + 말할이의 처지 / 속된 표현>이라는 특성과 함께 해명될 만한 표현이다. 이 낱말은 {전사내}라는 내용과 함께 사용되기도 한다.

(20) 후남편(後男便)
(21) 후부(後夫)

[후남편]은 {다시 결혼하였을 때의 그 남편}이라 풀이되며, [후부]는 {후남편}이라 풀이된다. 따라서 이 두 낱말은 <남편 + 아내의 현황 + 아내의 상태 + 개가 + 남편의 현황 / 개가 후의 남편>이라는 특성을 공유하는 것으로 이해될 것이다. [후남편]과 [후부]의 관계는 전술한 [전남편]과 [전부]의 관계에 준하여 이해될 만하다. 곧, [후남편]과 [후부]는 각각 전술한 [전남편]과 [전부]와 대칭관계로서 이해될 수 있을 것이다.

(22) 후서방(後書房)

이 낱말은 {'후남편'을 속되게 이르는 말}이라 풀이되면서 <후남편 + 말할이의 처지 / 속된 표현>이라는 특성을 문제 삼고 있다. 이 낱말은 {후살이 가서 살 때의 남편}이라는 내용과 함께 사용되기도 한다.

지금까지의 고찰에서 보인 바와 같이 <남편 + 아내의 상태> 분절에 있어서는 <나이>, <자식 있음>, <이혼>, <개가>가 일차적인 관심의 대상이 되어 있다. 그 아래로 <나이> 분절에 있어서는 <젊음>과 <나이 듦>이 관조의 대상이 되어 있다. <이혼>의 아래에는 <본디 남편>이 관심의 대상이 되어 있는데, 다시 그 아래로는 <낮춤>과 <속된 표현>이 관조의 대상이 되어 있다. 그리고 <개가> 분절에 있어서는 <남편의 현황>으로서 <개가 전의 남편 : 개가 후의 남편>이라는 대립이 문제되어 있는데, 다시 전자의 아래로는 <낮춤>과 <속된 표현>이 관심의 대상이 되어 있으며, 후자의 아래로는 <속된 표현>이 각각 관심의 대상이 되어 있다. [그림 3]과 [그림 4]는 이러한 <아내의 상태> 분절의 구조를 보이기 위한 것이다.

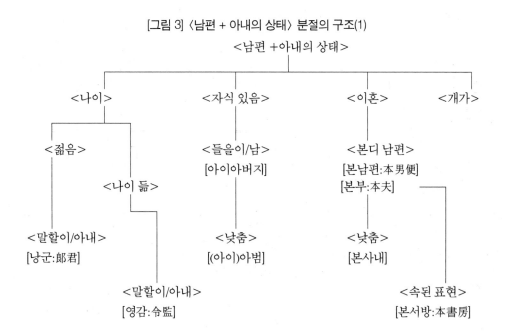

[그림 3] 〈남편 + 아내의 상태〉 분절의 구조(1)

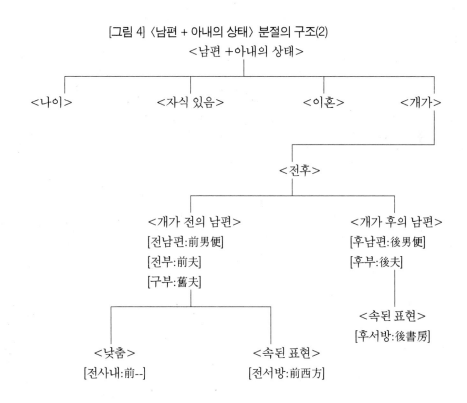

[그림 4] 〈남편 + 아내의 상태〉 분절의 구조(2)

(23) 국서(國壻)

이 낱말은 {여왕의 남편}이라 풀이된다. 따라서 이 낱말은 <남편 + 아내의 현황 + 아내의 신분 / 여왕>이라는 특성과 함께 해명될 것이다. 이 낱말은 {임금의 사위. 부마도위}라는 내용을 문제 삼기도 한다.

(24) 무당서방(巫堂書房)
(25) 무부(巫夫)
(26) 밭단골

[무당서방]은 {무당의 남편}이라 풀이되며, [무부]와 [밭단골]은 공통적으로 {무당서방}이라 풀이된다. 따라서 이 세 낱말은 <남편 + 아내의 현황 + 아내의 신분 / 무당>이라는 특성을 공유하는 것으로 이해될 만하다. [무당서방]은 {공것을 좋아하는 사람}이라는 내용과 함께 사용되기도 한다. [무부]는 현재 입말로는 거의 사용되지 않고 있는 한자말이며, 현재 잊혀져 가고 있는 토박이말인 [밭단골]은 앞으로 잘 가꾸어 나갈 수 있을 것으로 기대되는 표현이다.

(27) 바깥애

이 낱말은 {(예전에)여자 하인이 자기 남편을 웃어른에게 이르던 말}이라 풀이된다. 따라서 이 낱말은 <남편 + 아내의 현황 + 아내의 신분 / 여자 하인(하녀) + 들을이/ 웃어른>이라는 특성과 함께 해명될 만한 표현이다.

(28) 비부(婢夫)

이 낱말은 {계집종의 지아비. 계집종의 남편}이라 풀이되면서 <남편 + 아내의 현황 + 아내의 신분 / 계집종>이라는 특성을 문제 삼고 있다.

(29) 비부쟁이(婢夫--)

이 낱말은 {'비부(婢夫)' 를 낮잡아 이르는 말}이라 풀이되면서 <비부 + 말할이의 처지 + 대우법 / 낮춤>이라는 특성과 함께 사용되고 있다. 따라서 이 낱말은 전술한 [비부] 아래에 포함되는 표현으로 이해될 것이다.

(30) 고추박이

이 낱말은 {'낮고 천한 계집의 서방(남편)'을 낮잡는 말. (예전에)신분이 낮고 천한 여자의 남편을 낮잡아 이르던 말}이라 풀이되면서 <남편 + 아내의 현황 + 아내의 신분 / 낮고 천함 + 대우법 / 낮춤>이라는 특성을 문제 삼고 있다[1].

지금까지의 고찰에서 보인 바와 같이 <남편 + 아내의 신분> 분절에 있어서는 그 아래로 <여왕>, <무당>, <여자 하인>, <계집종>, <낮고 천함> 따위가 관심의 대상이 되어 있다. 이러한 <남편 + 아내의 신분> 분절의 구조를 도식화하면 [그림 5]가 될 것이다.

[그림 5] 〈남편 + 아내의 신분〉 분절의 구조

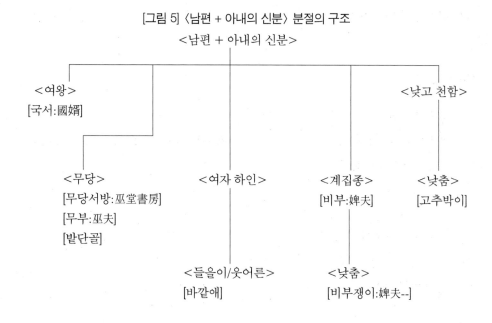

(31) 바깥양반(--兩班)

(32) 바깥주인(一主人: 밖주인)

(33) 밖

(34) 사랑양반(舍廊兩班)

(35) 소천(所天)

[바깥양반]은 {아내가 남편을 이르는 말}이라 풀이된다. 그리고 [바깥주인], [밖], [사랑양반], [소천]은 공통적으로 {바깥양반}이라 풀이된다. 따라서 이 낱말들은 <남편 + 말할이의 처지

---

1) {첩이 자기 남편을 이르는 말}이라 풀이되는 [주부(主父)]는 <아내 + 아내의 현황 + 아내의 신분 /첩>이라는 특성과 함께 해명될 만한 한자말이나, 이 낱말은 사전에 따라서는(예컨대, <한글우리말큰사전>) 등재되어 있지 않은 경우도 있어 논외로 한다. 이 낱말은 {한 집안의 어른}이라는 내용도 문제 삼고 있는 듯하다.

+ 지칭자 / 아내>라는 특성을 공유하는 것으로 해명될 만하다. 그러면서도 이 낱말들은 서로 위상가치를 달리하는 특징을 보이기도 한다. 곧, [바깥양반]은 {'남자주인'의 높임말}이나 {집 안의 남자 주인을 높이거나 스스럼없이 이르는 말}이라는 내용과 함께 사용되기도 하고, [바깥주인]은 {남자주인}이라는 내용과 함께 사용되기도 한다. [밖]은 {어떤 선이나 금을 넘어선 쪽}, {겉이 되는 쪽. 또는 그런 부분}, {일정한 한도나 범위에 들지 않는 나머지 다른 부분이나 일}, {무엇에 의하여 둘러싸이지 않은 공간. 또는 그쪽}, {한데}라는 내용과 관계하기도 하는 비교적 내용범위가 넓은 어휘소에 해당한다. 그리고 [사랑양반]은 {그 집의 남자 주인을 하인 앞에서 이르는 말}이라는 내용과 관계하기도 하며[2], [소천]은 주로 글말로만 사용되는 특징을 보이고 있다.

(36) 바깥어른

이 낱말은 {'바깥양반' 의 높임말. '바깥주인'의 높임말}이라 풀이되면서 <바깥양반 + 대우법 / 높임>이라는 특성을 문제 삼고 있다. 그러한 의미에서 이 낱말은 다음에 논의될 <대우법> 분절에서 다루어질 수도 있을 것이다.

(37) 가부(家夫)

이 낱말은 {남에게 자기 남편을 이르는 말}이라 풀이되면서 <남편 + 말할이의 처지 + 피지칭자 / 자신의 남편 + 들을이 / 남>이라는 특성과 함께 사용되고 있다. 이 낱말은 {남편 이 아내에게 자기 자신을 이르는 말}이라는 내용을 문제 삼기도 하는 표현이다.

(38) 아비

이 낱말은 {자녀를 둔 여자가 웃어른 앞에서 자기 남편을 낮추어 이르는 말}이라 풀이되면서 <남편 + 아내의 현황 / 자녀 둠 + 말할이의 처지 + 피지칭자 / 자신의 배우자 + 대우법 / 낮춤>이라는 특성을 문제 삼고 있다. 따라서 이 낱말은 전술한 [가부] 아래에 포함되는 표현으로 이해될 만하다. 그리고 이 낱말은 후술할 <대우법> 분절과도 관계하는 것으로 해명될 수 있을 것이다. 이 낱말은 {아내가 시부모나 친정 부모 앞에서 남편을 이르는 말}, {'아버지' 의 낮춤말}, {결혼하여 자식을 둔 아들을 이르는 말}, {시부모가 며느리에게 며느리의 남편 인 아들을 이르는 말}, {손자나 손녀에게 그들의 아버지를 이르는 말}, {아버지가 자식들에

---

2) 한자말 [외주인: 外主人]도 {바깥양반}이라 풀이되면서 [바깥양반]과 같은 방법으로 해명될 만하나, 이 낱말 이 사전에 따라서는 등재되어 있지 않은 경우(예컨대, <우리말큰사전>)도 있어서 여기서는 논외로 하였다.

게 자기 자신을 낮추어 이르는 말} 따위의 내용을 문제 삼으면서 사용되는, 비교적 내용범위가 넓은 표현이기도 하다.

(39) 가군(家君)

이 낱말은 {남의 남편을 이르는 말}이라 풀이되면서 <남편 + 말할이의 처지 + 피지칭자 / 남의 배우자>라는 특성과 함께 사용되는 표현이다. 그러한 의미에서 이 낱말은 전술한 [가부]와 대칭관계에 있는 표현으로 이해될 만하다. 이 낱말은 {가부(家夫)}라는 내용을 문제 삼으면서 중화되기도 하고, {가친}이라는 내용과 함께 사용되기도 하는 특징을 보이고 있다.

(40) 부군(夫君)

이 낱말은 {남의 남편을 높여 이르는 말}이라 풀이되면서 <가군 + 대우법 / 높임>이라는 특성을 문제 삼고 있다. 그러한 의미에서 이 낱말은 전술한 [가군] 아래에 포함되는 표현으로 이해될 수 있다. 그리고 이 낱말은 앞으로 논의될 <대우법> 분절에서도 다루어질 수 있을 것이다.

(41) 지아비

이 낱말은 {'남편' 을 예스럽게 이르는 말}이라 풀이되면서 <남편 + 말할이의 처지 + 지칭방식 / 예스러움>이라는 특성을 문제 삼고 있다. 이 낱말은 {웃어른 앞에서 자기 남편을 낮추어 이르는 말}, {예전에, 계집종의 남편을 이르던 말}이라는 내용과 관계하기도 한다.

(42) 사내
(43) 서방(書房)

[사내]는 {'남편' 의 낮은말}이라 풀이되며, [서방]은 {'남편'의 낮은말. '남편' 을 낮추어 이르는 말}이라 풀이된다. 따라서 이 낱말들은 <남편 + 말할이의 처지 + 대우법 / 낮춤>이라는 특성을 공유하는 표현들로 이해될 만하다. [사내]는 {'남자' 를 이르는 말}이나 {사나이 (한창 혈기가 왕성할 때의 남자)}라는 내용과 관계하기도 하며, [서방]은 {성에 붙여 사위나 매제, 아래 동서 등을 이르는 말}이나 {처가에서 사위를 그 성과 아울러 부르는 말}이나 {벼슬이 없는 사람의 성 뒤에 붙여 이르는 말} 따위의 내용과 관계하기도 한다. 따라서 이 두 낱말은 같은 특성을 공유하면서도 서로 위상가치를 달리하는 특징을 보이기도 한다.

전술한 [본사내], [전사내], [비부장이], [고추박이], [아비], [사내], [서방] 따위와 후술할 [새서방]도 <낮춤>을 문제 삼으면서 이 <대우법> 분절과 관계하고 있다. 대우법으로서 <낮춤>과 대칭관계에 있는 <높임>의 자리는 전술한 [바깥어른], [부군] 등의 표현이 대행하고 있다. 따라서 <대우법>은 분절구조 해명 방향에 따라 별도로 논의될 수도 있을 것이다.

　지금까지의 고찰에서 보인 바와 같이 <남편 + 말할이의 처지> 분절에서는 <지칭>과 <대우법(경어법)>이 일차적인 관심사가 되어 있다. <지칭>에서는 지칭 <대상>으로서 <지칭자 / 아내>와 <피지칭자>, 그리고 <방식>으로서 <예스러움>이 관조의 대상이 되어 있다. <피지칭자> 아래로는 <자신의 배우자 : 남의 배우자>라는 대립이 문제되어 있다. 그리고 <대우법>에 있어서는 <낮춤>이 문제되어 있다. [그림 6]은 이러한 <남편 + 말할이의 처지> 분절의 구조를 보이기 위한 것이다.

[그림 6] 〈남편 + 말할이의 처지〉 분절의 구조

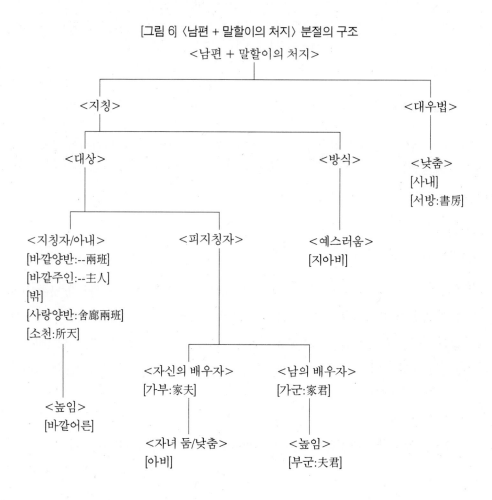

3) 〈당사자 현황〉에 따른 표현

남편 본인, 곧 당사자와 관련된 <남편 + 당사자 현황> 분절에 있어서는 그 아래로 당사자의 <품행>과 당사자가 처해 있는 <상태>가 일차적인 관심사가 되어 있다. [그림 7]은 이러한 <남편 + 당사자 현황> 분절의 기본구조를 도식화한 것이다.

[그림 7] 〈남편 + 당사자 현황〉 분절의 기본구조

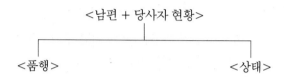

<남편 + 당사자 현황> 아래의 <품행> 분절에 있어서는 아내에 대한 <사랑>, <절개>, <충실성>, <선악>, <자세> 따위가 관심사가 되어 있다.

(44) 애처가(愛妻家)

이 낱말은 사전에서 {아내를 아끼고 사랑하는 사람}이라 풀이되는데, 이 풀이 속에서 {사람}은 <남편>만을 지칭하는 것으로 볼 수 있을 것 같기 때문에, 이 낱말은 {아내를 아끼고 사랑하는 남편}으로 풀이되어도 무방할 것 같다. 따라서 이 낱말은 <남편 + 당사자 현황 + 품행 / 아내를 사랑함>이라는 특성과 함께 이해될 수 있을 것이다.

(45) 절부(節夫)

이 낱말은 {절개를 지키는 남편(사내)}이라 풀이되면서 <남편 + 당사자 현황 + 품행 / 절개 지킴>이라는 특성을 문제 삼고 있다. 현재 이 낱말은 입말로는 거의 사용되지 않고 있다.

(46) 광부(曠夫)

이 낱말은 {아내에게 충실하지 못한 남편}이라 풀이되면서 <남편 + 당사자 현황 + 품행 / 아내에게 불충실함>이라는 내용을 문제 삼고 있다. 이 낱말은 {홀아비(아내를 잃고 혼자 지내는 사내)}라는 내용과 관계하기도 한다.

(47) 악부(惡夫)

이 낱말은 {못된 남편. 악한 남편}이라 풀이되면서 <남편 + 당사자 현황 + 품행 / 악함(못됨)>이라는 특성과 함께 사용되고 있는 표현이다.

(48) 된서방(一書房)

이 낱말은 {악하고 까다로운 남편}이라 풀이되면서 <남편 + 당사자 현황 + 품행 / 악함 + 까다로움>이라는 특성을 문제 삼고 있다. 따라서 이 낱말은 전술한 [악부] 아래에 포함되는 표현으로 볼 수 있겠다. 이 낱말은 {몹시 까다롭고 가혹한 남편}이라는 내용과 관계하기도 한다.

(49) 공처가(恐妻家)

이 낱말은 {아내에게 눌려 지내는 남편. 아내에게 쥐여지내는 남편}이라 풀이되면서 <남편 + 당사자 현황 + 품행 / 아내에게 눌려 지냄>이라는 특성을 문제 삼고 있다.

(50) (엄)처시하(嚴處侍下)

이 낱말은 {아내에게 쥐여사는 남편을 조롱하는 말. 아내에게 쥐여사는 남편의 처지를 놀림조로 이르는 말}이라 풀이되면서 <남편 + 당사자 현황 + 품행 / 아내에게 눌려 지냄 + 말할이의 처지 / 조롱하는 말>이라는 특성을 문제 삼고 있다. 그런 의미에서 이 낱말은 전술한 [공처가] 아래에 포함되는 표현으로 볼 수 있겠다.

지금까지의 고찰에서 보인 바와 같이 <당사자 현황 + 품행> 분절에 있어서는 그 아래로 <아내를 사랑함>, <절개 지킴>, <아내에게 불충실함>, <악함>, <아내에게 눌려 지냄> 따위가 관심사가 되어 있다. <악함>의 아래에는 다시 <까다로움>이, 그리고 <아내에게 눌려 지냄> 아래에는 다시 <조롱하는 말>이 문제되어 있다. [그림 8]은 이러한 <품행> 분절의 구조를 도식화한 것이다.

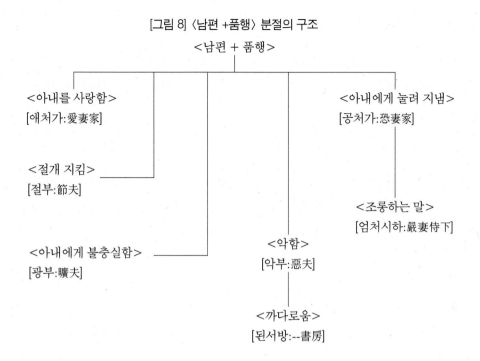
[그림 8] <남편 +품행> 분절의 구조

(51) 부왕(夫王)

이 낱말은 {왕비가 자기의 남편인 임금을 이르던 말}이라 풀이되면서 <남편 + 당사자 현황 + 상태 + 신분 / 임금 + 말할이 / 왕비>라는 특성과 함께 사용되고 있다. 임금과 왕비는 상대적인 관계에 있기 때문에 이 낱말은 <남편 + 아내의 현황 + 아내의 신분/ 왕비>라는 특성과 함께 해명될 수도 있을 것 같다.

(52) 신랑(新郞)
(53) 새신랑(-新郞)

[신랑]은 {신혼 초의 남편}이라 풀이되며, [새신랑]은 {갓 결혼한 신랑}이라 풀이된다. 따라서 이 두 낱말은 <남편 + 당사자 현황 + 상태 + 혼인(기혼) / 신혼>이라는 특성을 공유하는 것으로 이해될 수 있을 것이다. [신랑]은 {갓 결혼하였거나 결혼하는 남자}라는 내용과 함께 사용되면서 <남자>의 분절과도 관계하게 된다. [새신랑]은 주로 <신혼 초>에만 적용된다는 점에서 그러한 제약에서 비교적 자유로운 [신랑]과는 위상가치를 달리하기도 한다. [신랑]은 {남의 젊은 남편}이라는 내용과 관계하기도 한다.

(54) 새서방(-書房)

이 낱말은 {'신랑'의 낮은말}이라 풀이되면서 <신랑 + 말할이의 처지 + 대우법 / 낮춤>이라는 특성을 문제 삼고 있다. 이 낱말은 {'신랑' 을 속되게 이르는 말}이라는 내용과 관계하기도 한다.

(55) 노신랑(老新郞)

이 낱말은 {나이가 많아서 결혼한 신랑. 혼기를 넘겨서 결혼한 나이 많은 신랑}이라 풀이되면서 <신랑 + 나이 많음(늙음)>이라는 특성과 함께 사용되고 있다. [새서방]과 [노신랑]은 공통적으로 [신랑] 아래에 포함되는 특징을 보이고 있다.

(56) 병부(病夫)

이 낱말은 {병든 남편}이라 풀이되면서 <남편 + 당사자 현황 + 상태 + 건강 / 병듦>이라는 특성을 문제 삼고 있다. 이 낱말은 {병든 사내}라는 내용과 관계하기도 한다.

(57) 망부(亡夫)
(58) 사부(死夫)
(59) 선부(先夫)

이 낱말들은 모두 {돌아간 남편. 죽은 남편}이라 풀이되면서 <남편 + 당사자 현황 + 상태 + 생사 / 사망>이라는 특성을 공유하고 있다. [사부]는 현재 입말로는 거의 사용되지 않고 있는 표현이며, [선부]는 주로 글말에서만 사용되는 표현이다.

(60) 고군(故君)

이 낱말은 {죽은 남편을 예스럽게 이르는 말}이라 풀이되면서 <망부 + 말할이의 처지 + 지칭방식 / 예스러움>이라는 특성과 함께 사용되고 있다. 따라서 이 낱말은 전술한 [망부] 아래에 포함되는 표현으로 이해될 만하다. 이 낱말은 {망군(亡君). 죽은 임금}이라는 내용과 관계하기도 한다.

지금까지의 고찰에서 보인 바와 같이 <남편 + 당사자 현황 / 상태> 분절에 있어서는 <신분 / 임금>, <혼인 / 신혼>, <건강 / 병듦>, <생사 / 사망>이 관심사가 되어 있다. 그리고 <신혼>의 아래에는 <낮춤>과 <나이 많음>이, <사망>의 아래에는 <지칭방식 /

예스러움>이 각각 문제되어 있다. [그림 9]는 이러한 <남편 + 당사자 현황 / 상태> 분절의 구조를 도식화한 것이다.

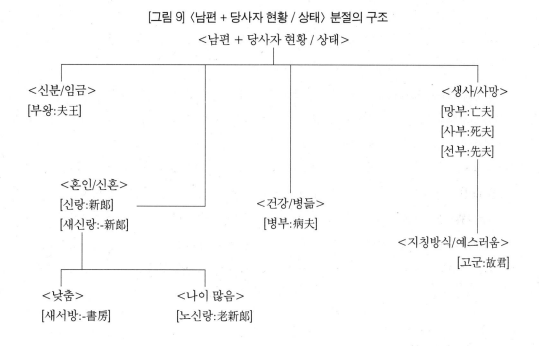

[그림 9] 〈남편 + 당사자 현황 / 상태〉 분절의 구조

<남편 + 당사자 현황 / 상태>

<신분/임금>
[부왕:夫王]

<생사/사망>
[망부:亡夫]
[사부:死夫]
[선부:先夫]

<혼인/신혼>
[신랑:新郞]
[새신랑:-新郞]

<건강/병듦>
[병부:病夫]

<지칭방식/예스러움>
[고군:故君]

<낮춤>
[새서방:-書房]

<나이 많음>
[노신랑:老新郞]

4) 마무리

여기서는 <부부>를 구성하는 데 있어서 하나의 요소가 되는 <남편> 명칭 분절이 현대 국어에 있어서 어떠한 낱말들에 의하여 실현되고 있으며, 그 명칭들은 어떠한 구조를 이루고 있는가를 어휘분절구조 이론에 기대어 해명해 보는 데 초점을 맞추고 있다. 이 해명 과정의 통하여 드러난 특징들을 요약하여 정리하면 다음과 같다.

(1) <남편> 분절에 있어서는 [남편: 男便], [부: 夫], [부서: 夫壻], [장부: 丈夫}, [가장: 家長], [주인: 主人]이 원어휘소의 자리에 위치하고 있다. 그러면서도 이 낱말들은 서로 위상가치를 달리하면서 공존하고 있다.

(2) <남편> 명칭의 분절에 있어서는 <아내의 현황>과 <당사자 현황>이라는 두 가지의 <현황>이 일차적인 관심의 대상이 되어 있다.

(3) <아내의 현황> 분절의 아래로는 <아내의 상태>, <아내의 신분>, <말할이의 처지>가 관조의 대상이 되어 있다. <아내의 상태> 분절에 있어서는 <나이>, <자식 있음>,

<이혼>, <개가>가 일차적인 관심의 대상이 되어 있으며, <아내의 신분> 분절에 있어서는 그 아래로 <여왕>, <무당>, <여자 하인>, <계집종>, <낮고 천함> 따위가 관심의 대상이 되어 있다. 그리고 <말할이의 처지> 분절에서는 <지칭>과 <대우법(경어법)>이 일차적인 관심사가 되어 있는데, <지칭>에서는 <대상>과 <방식>이 관조의 대상이 되어 있다. <대상> 분절에 있어서는 <지칭자 / 아내>와 <피지칭자>가 관조의 대상이 되어 있으며, <방식>으로서는 <예스러움>이 문제되어 있다. 그리고 <대우법>에 있어서는 <낮춤>이 문제되어 있다.

(4) <당사자 현황> 분절에 있어서는 그 아래로 당사자의 <품행(품행과 행실)>과 당사자가 처해 있는 <상태>가 일차적인 관심사가 되어 있다. <당사자 현황 / 품행> 분절에 있어서는 그 아래로 <아내를 사랑함>, <절개 지킴>, <아내에게 불충실함>, <악함>, <아내에게 눌려 지냄> 따위가 관심사가 되어 있다. <악함>의 아래에는 다시 <까다로움>이, 그리고 <아내에게 눌려 지냄> 아래에는 다시 <조롱하는 말>이 문제되어 있다. <당사자 현황 / 상태> 분절에 있어서는 <신분 / 임금>, <혼인 / 신혼>, <건강 / 병듦>, <생사 / 사망>이 관심사가 되어 있다. 그리고 <신혼>의 아래에는 <낮춤>과 <나이 많음>이, <사망>의 아래에는 <지칭방식 / 예스러움>이 각각 문제되어 있다.

4. 〈아내〉 분절구조

1) 원어휘소와 기본구조

<아내> 명칭에 대한 고찰은 <부부> 명칭에 대한 고찰, <가족> 명칭에 대한 고찰, 더 나아가서는 <친척> 명칭에 대한 고찰을 위한 전제 조건이 된다. <아내>는 <남편>과 더불어 <부부>라는 연언적, 통합적 개념과 관계개념의 형성에 있어서 근본 바탕이 되어 있으며, <부부> 관계의 성립이 전제된 후에야 <가족>이나 <친척>의 구성이 가능해지기 때문이다.

<부부>란 일반적으로 [각각 서로 다른 가정에서 태어나, 성인이 된 남녀가 하나의 새로운 가정을 이루기 위하여 혼인을 통해 결합하는 쌍]으로 이해될 수 있다. 그러나 혼인의 개념이 문제이긴 하겠으나, 통념적으로 혼인 관계의 성립이 법적으로, 사회적으로, 가족적으로 인정받지 못하는 부부 관계도 현실적으로 존재한다. 그러한 의미에서 <부부>의 내용은 그 성립 요건 가운데 하나인 <혼인 관계>라는 특성을 <성적 결합 관계>라는 특성으로 대체하여 선택함으로써 규명될 수도 있을 것 같다.

<부부>는 <남편 + 아내>라는 연언적, 통합적 개념과 함께 이해될 수도 있고, <남자 : 여자>라는 관계개념과 함께 이해될 수도 있다. <부부>를 관계개념과 함께 이해할 때, 이는 [부자] 관계나 [모자] 관계 등 <세대 차이를 수반하는> 수직적 관계와는 대조적으로 평행적 관계라는 특징을 가지게 된다. 그리고 <부부> 관계는 남녀가 서로 동등한 자격을 가지고 후천적으로 결합하는 관계이므로, <대등적, 결합적, 선택적, 후천적 평행관계>라는 특성을 부가시키게 된다. 이는 [형제] 관계, [자매] 관계, [종형제] 관계 따위가 <서열적, 필연적, 선천적 평행관계>라는 특성을 가지는 것과는 대조적이라 할 것이다. 이러한 <부부>의 위상 정립이 전제되면, <아내> 명칭은 <부부 관계의 성립 + 당사자 / 여성>이라는 특성과 함께 이해되어도 좋을 듯하다. 그러한 의미에서 <아내>는 단순하게 <결혼한 여자>를 그 특성으로 하는 <부인(婦人)>과는 구별되어야 할 것이다.

이 분절을 대변하는,

(1) 아내

는 {혼인하여 남자의 짝이 된 여자. 혼인하여 사는 여자를 그 남편을 기준으로 일컫는 말}이라 풀이되면서 <아내> 분절에 있어서 원어휘소로 기능하고 있다.

(2) 안

(3) 처(妻)

(4) 처실(妻室)

(5) 규실(閨室)

(6) 내권(內眷)

(7) 각시

(8) 부(婦)

(9) 와이프(wife)

[안]은 {'아내'를 이르는 말}이라 풀이되고, [각시]는 {'아내'를 달리 이르는 말}이라 풀이되며, [처, 처실, 규실, 내권, 부, 와이프]는 공통적으로 {아내}라 풀이된다. 따라서 이 낱말들도 전술한 [아내]와 같은 방법으로 해명될 만하다. 그러나 이 낱말들 사이에도 위상가치의 차이가 인식된다. [안]은 {어떤 물체나 공간의 둘러싸인 가에서 가운데로 향한 쪽. 또는 그런 곳이나 부분}, {일정한 표준이나 한계를 넘지 않은 정도}, {안방}, {안찝}, {조직이나 나라 따

위를 벗어나지 않은 영역}, {여자} 따위의 내용과 관계하기도 한다. [규실]은 {규방}이라는 내용을 문제 삼기도 하며, [각시]는 {새색시}나 {(조그맣게)색시 모양으로 만든 여자 인형} 따위의 내용과 관계하기도 한다. 그러한 의미에서 [각시]는 주로 신혼부부의 경우에 통용되는 표현이다. [부]는 오직 글말에서나 사용되는 표현이고, [와이프]는 요즘 젊은이들 사이에서 애용되는 서구 외래어이다. [처실]에서는 <아내가 거처하는 방>과 같은 내용이, 그리고 [내권]에서는 <안에서 돌봄>과 같은 내용이 각각 개념형성의 과정에 관계한 것으로 추정된다. 이러한 위상가치의 차이에도 불구하고 위의 낱말들은 전술한 [아내]와 함께 <아내> 분절에 있어서 원어휘소의 자리에 위치하는 것으로 간주할 수 있을 것 같다. [처실], [규실], [내권]은 현재 입말로는 거의 사용되지 않고 있다.

<아내> 명칭의 분절에 있어서는 아내 <당사자의 현황>이 일차적인 관조의 대상이 될 것임에 틀림없다. 그리고 <아내>와 상대 관계에 있는 <남편의 현황>도 아내의 위상 정립에 있어서 필수적인 관조의 대상이 되리라는 추정이 가능해진다. 따라서 이 연구는 그러한 일차적인 상위분절을 전제로 하고서, 먼저 원어휘소의 자리에는 어떠한 낱말들이 위치하고 있는가를 살펴 본 후, <남편의 현황>과 <당사자 현황>의 하위분절상 해명에 초점을 맞추게 된다. [그림 1]은 이러한 <아내> 명칭 분절의 기본구조를 보이기 위한 것이다.

[그림 1] 〈아내〉 명칭 분절의 기본구조

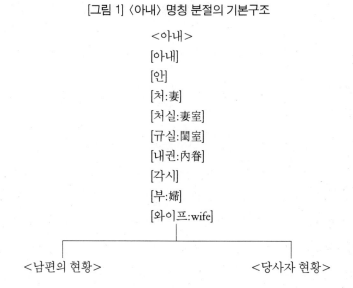

2) <남편의 현황>에 따른 표현

이 분절에 있어서는 <남편의 상태>와 <남편의 신분>, 그리고 <말할이의 처지>가 관심의 대상이 되어 있다. [그림 2]는 이러한 <아내 + 남편의 현황> 분절의 기본구조를 도식화한 것이다.

[그림 2] <아내 + 남편의 현황> 분절의 기본구조

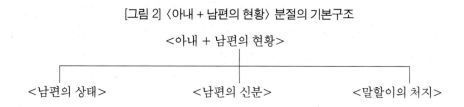

<남편의 상태>의 아래로는 다시 <아내를 사랑함>, <외지에 나가 있음>, <생전에 벼슬 없었음> 따위가 관심의 대상이 되어 있다.

(10) 애처(愛妻)

(11) 애부(愛婦)

[애처]는 {사랑하는 아내}라 풀이되며, [애부]는 {사랑하는 아내. 사랑하는 부인}이라 풀이된다. 따라서 이 두 낱말은 <아내 + 남편의 현황 + 남편의 상태(남편의 처지) / 아내를 사랑함>이라는 특성을 공유하는 것으로 해명될 만하다. [애처]는 {아내를 사랑함}이라는 내용과 관계하기도 한다. [애부]는 현재 입말로는 거의 사용되지 않고 있다.

(12) 현지처(現地妻)

이 낱말은 20세기 후반에 형성된 낱말로 보이는데, 이 표현은 {외지(外地)에 나가 있는 남자가 현지에서 얻어 그곳에 있을 동안 함께 사는 여자(처)}라 풀이되면서 <아내 + 남편의 현황 + 남편의 상태 + 외지에 나가 있음 + 잠정적인 부부관계>라는 특성을 문제 삼고 있다.

(13) 유인(孺人)

이 낱말은 {생전에 벼슬하지 못한 사람의 아내. 생전에 벼슬하지 못한 사람의 아내의 신주나 명정(銘旌)에 쓰던 존칭}이라 풀이되면서 <아내 + 남편의 현황 + 남편의 상태 + 사망 + 생전에 벼슬 없었음 + 신주, 명정에 사용 + 대우법 / 높임>이라는 특성과 함께 사용되고 있다. 이 특성 중 <벼슬 없었음>은 <신분>으로 이해될 수도 있겠는데, 그런 의미에서 이 낱말은 후술할 <신분> 분절에서 다루어질 수도 있을 것 같다. 이 낱말은 {조선 시대에, 구품 문무관의 아내에게 주던 외명부(外命婦)의 품계}라는 내용과 관계하기도 한다.

지금까지의 고찰에서 보인 바와 같이 <아내 + 남편의 현황 / 남편의 상태> 분절에 있어서는 <아내를 사랑함>, <외지에 나가 있음>, <생전에 벼슬 없었음>이 관심의 대상이 되어 있다. [그림 3]은 이러한 <남편의 상태> 분절의 구조를 보이기 위한 것이다.

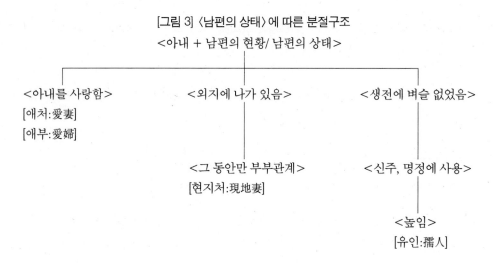

[그림 3] 〈남편의 상태〉에 따른 분절구조

남편의 신분을 문제 삼는 <남편의 신분> 분절에 있어서는 그 아래로 남편의 <계층>, 남편의 <직업>, 남편의 <위치>가 관심의 대상이 되어 있다.

(14) 황후(皇后)

(15) 황비(皇妃)

(16) 군부(君婦)

(17) 여군(女君)

[황후]는 {황제의 정실(正室). 황제의 아내}라 풀이되고, [황비]는 {황제의 아내}라 풀이된다. 그리고 [군부]는 {황후(皇后)}라 풀이되며, [여군]은 {'황후(皇后)' 를 달리 이르는 말}이라 풀이된다. 따라서 이 낱말들은 <아내 + 남편의 현황 + 남편의 신분 (+ 계층) + 황실 / 황제 (+ 정실)>라는 특성을 공유하는 것으로 해명될 만하다. [황비]에 비하여 [황후]가 더 보편적으로 사용되는 표현이며, [황후]에는 <정실의 명시>라는 특성이 첨가되어 있다. [군부]는

{왕비(王妃)}나 {정실(正室)}이라는 내용과 관계하기도 하며, [여군]은 {첩(妾)이 '본처(本妻)'를 이르는 말}이라는 내용과 관계하기도 한다. 그러한 의미에서 이 낱말들은 동일한 특성을 공유하면서도 서로 위상가치를 달리하고 있는 셈이다.

(18) (황)태후(皇太后)

이 낱말은 {앞선 황제의 살아 있는 아내}라 풀이되면서 <아내 + 남편의 현황 + 남편의 신분 + 황실 / 황제 + 앞선 황제 + 아내의 상태 / 생존>이라는 특성과 함께 사용되고 있다. 이 낱말은 {황제의 살아 있는 어머니}라는 내용과 함께 사용되기도 한다.

(19) (황)태자비(皇太子妃)
(20) 왕태자비(王太子妃)

[(황)태자비]는 {황태자의 아내}라 풀이되며, [왕태자비]는 {태자비}라 풀이된다. 따라서 이 낱말들은 <아내 + 남편의 현황 + 남편의 신분 + 황실 / 황태자>라는 특성을 공유하는 것으로 해명될 수 있을 것이다. [(황)태자비]에서는 <앞으로 황제가 될 신분>이라는 특성이 추정될 수 있고, [왕태자비]에서는 <현재 왕의 신분에 해당됨>이라는 특성이 추정될 수 있을 것 같다.

(21) 왕비(王妃)
(22) 비(妃)
(23) 왕후(王后)
(24) 후비(后妃)
(25) 궁비(宮妃)
(26) 국모(國母)

[왕비], [비], [왕후], [후비], [궁비], [국모]는 모두 {임금의 아내}라고 풀이되면서 <아내 + 남편의 현황 + 남편의 신분 (+ 계층) + 왕실 / 임금>이라는 특성을 공유한다. [비]는 {황태자의 아내}라는 내용을 문제 삼기도 하는 낱말이며, [국모]는 {임금의 어머니}라는 내용과 함께 사용되기도 하는 낱말이다. [왕비]는 자연스럽게 호칭어로도 사용되는데 비하여, 다른 표현들은 주로 지칭어로만 사용되는 특징을 보이고 있다. [후비]와 [궁비]는 현재 입말로는 거의 사용되지 않고 있다. [궁비]에서는 <거처 / 궁궐>이라는 특성이, 그리고 [국모]에서는 <신분 / 국민의 어머니>라는 특성이 각각 개념형성의 과정에 관여한 것으로 추정된다.

(27) 중(궁)전(中宮殿)

(28) 곤궁(坤宮)

(29) 곤전(坤殿)

(30) 중궁마마(中宮媽媽)

(31) 비전하(妃殿下)

[중전]은 {'왕비(王妃)'를 높여 이르던 말}이라 풀이되고, [곤궁]과 [곤전]은 {중궁전}이라 풀이된다. 그리고 [중궁마마]은 {아랫사람이 '왕후(王后)'를 높여 이르던 말}이라 풀이되며, [비전하]는 {'비(妃)'를 높여 이르는 말}이라 풀이된다. 따라서 위의 낱말들은 <왕비 + 말할이의 처지 + 대우법 / 높임>이라는 특성을 공유하는 것으로 이해될 만하다. [중궁전]은 {왕비가 거처하던 궁전}이라는 내용을 문제 삼기도 한다. [곤궁]에서는 <궁궐>이라는 특성이, 그리고 [곤전]에서는 <대궐>이라는 특성이 각각 개념형성의 과정에 관계한 것으로 추정되는데, 전자는 현대 입말로는 거의 사용되지 않고 있다. [중궁마마]와 [비전하]는 주로 호칭어로 사용되고 있다. 이 가운데, 전자는 본래 궁중에서 계층어로서 사용되었는데, 현재는 일반어로 도입되어 보편적으로 사용되고 있는 표현이다.

(32) 정궁(正宮)

(33) 정비(正妃)

(34) 원비(元妃)

(35) 원빈(元嬪)

[정궁]과 [정비]는 {정실인 왕비를 후궁에 상대하여 이르는 말. 임금의 정실}이라 풀이되고, [원비]는 {임금의 정실(을 이르던 말)}이라 풀이되며, [원빈]은 {원비(元妃)}라 풀이된다. 따라서 이 낱말들은 <왕비 + 정실>이라는 특성을 공유하는 것으로 이해될 만하다. [정궁]은 {황후를 후궁에 상대하여 이르는 말. 황제의 정실}이라는 내용을 문제 삼기도 한다. [정비]에서는 <바름, 정식 + 왕비>라는 특성이, [원비]에서는 <으뜸 + 왕비>라는 특성이, 그리고 [원빈]에서는 <으뜸 + 궁녀>라는 특성이 각각 개념형성의 과정에 관여한 것으로 추정될 만하다.

(36) 후궁(後宮)

(37) 후정(後庭)

(38) 방비(傍妃)

(39) 빈첩(嬪妾)

(40) 빈어(嬪御)

　[후궁]과 [방비]와 [빈첩]은 {임금의 첩}이라 풀이되고, [후정]은 {후궁}이라 풀이되며 [빈
에]는 {빈첩}이라 풀이된다. 따라서 이 낱말들은 <아내 + 남편의 현황 + 남편의 신분 + 왕
실 / 임금 + 당사자 신분 / 첩>이라는 특성을 공유하는 것으로 이해될 것이다. [후궁]은 {제
왕(帝王)의 첩}이라는 풀이와 함께 <황제의 아내 + 첩>이라는 특성을 문제 삼기도 하고
([제왕]은 <황제 + 임금>이라는 특성을 문제 삼고 있기 때문에), {주되는 궁전의 뒤쪽에 있
는 궁전}이라는 내용과 관계하기도 한다. 그리고 [후정]은 {뒤꼍}이라는 내용을 문제 삼기도
한다. [방비]에서는 <곁 → 으뜸이 아님 → 첩>과 같은 개념형성의 과정이 추정된다. [빈첩]
은 주로 <말할이 자신을 지칭>하는 경우에 사용되는 특징을 보이고 있다. [방비]와 [빈에]는
현재 입말로는 거의 사용되지 않고 있다.

(41) 대비(大妃)

(42) 상왕비(上王妃)

　[대비]는 {선왕(先王)의 후비(后妃)}라 풀이되며, [상왕비]는 {대비(大妃)}라 풀이된다. 따
라서 이 낱말들은 <아내 + 남편의 현황 + 남편의 신분 + 왕실 / 임금 + 선왕>이라는 특성
을 공유하는 것으로 이해될 만하다. [대비]는 호칭어로도 사용되지만, [상왕비]는 주로 지칭
어로만 사용된다. [대비]에서는 <웃어른>이라는 특성이, 그리고 [상왕비]에는 <앞선 임
금>이라는 특성이 개념형성의 과정에 관계한 것으로 추정된다.

(43) 왕대비(王大妃)

　이 낱말은 {살아 있는 선왕(先王)의 비. 전왕의 살아있는 비}라 풀이되면서 <대비 + 선왕
의 생존>이라는 특성을 문제 삼고 있다.

(44) 대왕대비(大王大妃)

　이 낱말은 {살아 있는, 전전 임금의 비(妃)}이라 풀이되면서 <아내 + 남편의 현황 + 남
편의 신분 + 왕실 / 임금 + 전전 임금>이라는 특성과 함께 사용되고 있다. 이 낱말은 {아직
살아있는 임금의 할머니}라는 내용을 문제 삼기도 한다.

(45) 빈궁(嬪宮)

(46) 세자빈(궁) (世子嬪宮)

[빈궁]과 [세자빈]은 공통적으로 {왕세자의 아내}라 풀이된다. 따라서 이 낱말들은 <아내 + 남편의 현황 + 남편의 신분 + 왕실 / 왕세자>라는 특성을 공유하는 것으로 이해될 것이다. [빈궁]은 {왕의 후궁 가운데 지위가 가장 높은 사람}이나 {조선 시대에, 빈(嬪)이나 세자빈이 거처하던 곳}과 같은 내용을 문제 삼기도 하는 표현이다.

(47) 왕세자비(王世子妃)

(48) 빈(嬪)

[왕세자비]는 {왕세자의 정실부인}이라 풀이되며, [빈]은 {왕세자의 정부인. 왕세자빈}이라 풀이된다. 따라서 이 낱말들은 <빈궁(세자빈) + 정실(의 강조)>라는 특성을 공유하는 것으로 이해될 만하다. [빈]은 {왕세손 빈}이나 {조선 시대 때 정일품 내명부의 품계(왕비로 책봉되면 품계가 없어진다)}라는 내용과 함께 사용되기도 한다.

(49) 낭랑(娘朗)

이 낱말은 {귀족 아내의 높임말}이라 풀이되면서 <아내 + 남편의 현황 + 남편의 신분 + 계층 / 귀족>이라는 특성을 문제 삼고 있다. 이 낱말은 {왕비 아내의 높임말}이라는 내용과 함께 사용되기도 한다[3].

(50) 사녀(士女)

이 낱말은 {선비의 아내}로 풀이되면서 <아내 + 남편의 현황 + 남편의 신분 + 계층 / 선비>라는 특성과 함께 사용되고 있다. 이 낱말은 {선비와 부인을 아울러 이르는 말}, {남자와 여자를 아울러 이르는 말}, {신사와 숙녀를 아울러 이르는 말} 따위의 내용과 관계하기도 한다.

(51) 안방마님(-房--)

이 낱말은 {(옛날) 양반집의 주인 마누라. (예전에)안방에 거처하며 가사의 대권을 가지고 있는 양반집의 마님을 이르던 말}이라 풀이되면서 <아내 + 남편의 현황 + 남편의 신분 + 계층 / 양반(+ 주인)>이라는 특성을 문제 삼고 있다.

---

3) {조선 시대에, 정이품   종이품 문무관의 아내에게 주던 봉작. 숙부인의 위, 정경부인의 아래로, 고종 2년 (1865)부터는 이품 종친의 아내에게도 주었다}로 풀이되는 [정부인 : 貞夫人]도 이 분절과 관계하는 것으로 이해되나, 이는 현재 사용되지 않는 옛말로 보아 논외로 한다.

(52) 사모(師母)

이 낱말은 {스승의 부인}이라 풀이되면서 <아내 + 남편의 현황 + 남편의 신분 + 직업 / 선생>이라는 특성과 함께 사용되고 있다. 이 낱말은 {목사의 부인}이라는 내용과 관계하기도 한다. 현재 이 낱말은 남편의 직업과는 무관하게, <높임말>이라는 특성과 함께 사용되는 추세를 보이고 있다.

(53) 범처(梵妻)

이 낱말은 {중의 아내}라 풀이되면서 <아내 + 남편의 현황 + 남편의 신분 + 직업 / 중>이라는 특성을 문제 삼고 있다.

(54) 압채부인(壓寨婦人)

이 낱말은 {도둑의 아내. 도둑의 아내를 아름답게 이르는 말}이라 풀이되면서 <아내 + 남편의 현황 + 남편의 신분 + 직업 / 도둑>이라는 특성을 문제 삼고 있다.

(55) 주부(主婦)

이 낱말은 {한 집안의 제사를 맡아 받드는 사람의 아내}라 풀이되면서 <아내 + 남편의 현황 + 남편의 신분 + 위치(역할) / 제사 맡음>이라는 특성과 함께 사용되고 있다. 이 낱말은 {한 집안의 주인의 아내}, {한 가정의 살림살이를 맡아 꾸려 가는 안주인}, {안주인(집안의 여자 주인)}이라는 내용을 문제 삼기도 한다.

(56) 주인댁(主人宅)

이 낱말은 {'주인의 아내"에 대한 높임말}이라 풀이되면서 <아내 + 남편의 현황 + 남편의 신분 + 위치 / 주인 + 말할이의 처지 + 대우법 / 높임>이라는 특성과 함께 사용되고 있다. 이 낱말은 {'주인집'의 높임말}이라는 내용을 문제 삼기도 한다.

(57) 가부(家婦)

이 낱말은 {적자(嫡子)의 정실(正室)}이라 풀이되면서 <아내 + 남편의 현황 + 남편의 신분 + 위치 / 적자 + 당사자 신분 / 정실>이라는 특성과 함께 사용되고 있다.

전술한 바와 같이 남편의 신분을 문제 삼는 <남편의 신분> 분절에 있어서는 그 아래로 남편의 <계층>, 남편의 <직업>, 남편의 <위치>가 관심의 대상이 되어 있다. <계층> 분절에 있어서는 다시 그 아래로 <황실>, <왕실>, <귀족>, <선비>, <양반>이 관심의 대상이 되어 있다. <황실> 아래로는 다시 <황제>와 <황태자>가, <왕실> 아래로는 다시 <임금(왕)>과 <왕세자>가 각각 관조의 대상이 되어 있다. 남편의 <직업>에서는 <선생>과 <중>과 <도둑>이, 그리고 남편의 <위치>에서는 <제사 맡음>과 <주인>과 <적자>가 각각 관심의 대상이 되어 있다. 이러한 <아내 + 남편의 현황 + 남편의 신분> 분절을 도식으로 가시화하면 [그림 4], [그림 5], [그림 6]이 될 것이다.

[그림 4] 〈아내 + 남편의 현황 +남편의 신분〉 분절의 구조(1)

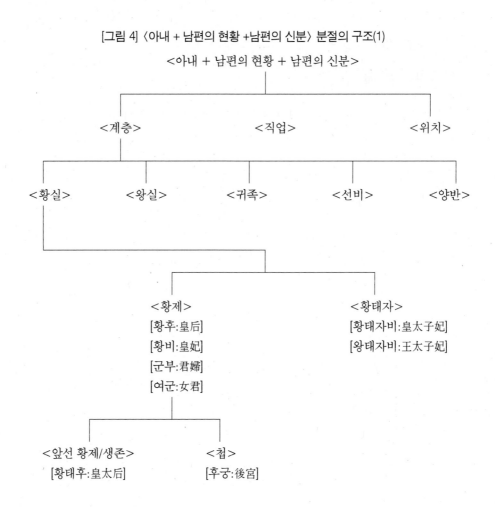

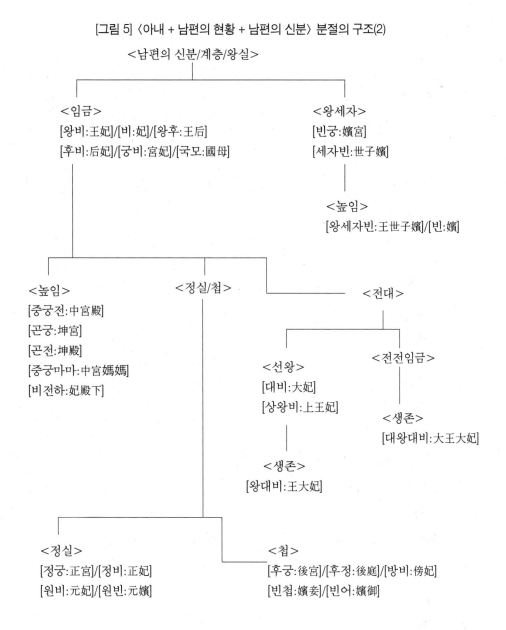

[그림 5] 〈아내 + 남편의 현황 + 남편의 신분〉 분절의 구조(2)

<남편의 신분/계층/왕실>

<임금>
[왕비:王妃]/[비:妃]/[왕후:王后]
[후비:后妃]/[궁비:宮妃]/[국모:國母]

<왕세자>
[빈궁:嬪宮]
[세자빈:世子嬪]

<높임>
[왕세자빈:王世子嬪]/[빈:嬪]

<높임>
[중궁전:中宮殿]
[곤궁:坤宮]
[곤전:坤殿]
[중궁마마:中宮媽媽]
[비전하:妃殿下]

<정실/첩>

<전대>

<선왕>
[대비:大妃]
[상왕비:上王妃]

<전전임금>

<생존>
[대왕대비:大王大妃]

<생존>
[왕대비:王大妃]

<정실>
[정궁:正宮]/[정비:正妃]
[원비:元妃]/[원빈:元嬪]

<첩>
[후궁:後宮]/[후정:後庭]/[방비:傍妃]
[빈첩:嬪妾]/[빈어:嬪御]

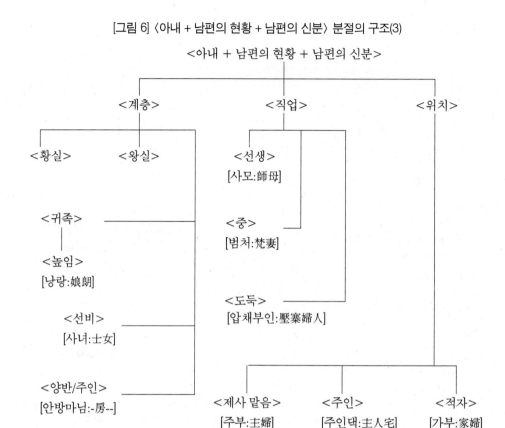

[그림 6] 〈아내 + 남편의 현황 + 남편의 신분〉 분절의 구조(3)

〈아내 + 남편의 현황 + 남편의 신분〉

〈계층〉　　　〈직업〉　　　〈위치〉

〈황실〉　〈왕실〉　　〈선생〉
[사모:師母]

〈귀족〉　　　〈중〉
[범처:梵妻]
〈높임〉
[낭랑:娘朗]

〈도둑〉
〈선비〉　　[압채부인:壓寨婦人]
[사녀:士女]

〈양반/주인〉　　〈제사 맡음〉　〈주인〉　　〈적자〉
[안방마님:-房--]　　[주부:主婦]　[주인댁:主人宅]　[가부:家婦]

아내에 대한 남편의 상대적인 관계가 고려의 대상이 되는 〈남편의 현황 + 말할이의 처지〉 분절에 있어서는 〈지칭〉과 〈대우법〉이 관심사가 되어 있다. 〈지칭〉 분절에 있어서는 그 아래로 〈대상 + 피지칭자〉와 〈방식 + 예스러움〉이 관심의 대상이 되어 있으며, 〈대우법〉에서는 〈높임 : 낮춤〉의 대립관계가 관심의 대상이 되어 있다.

(58) 집(안)사람
(59) 내자(內子)
(60) 가인(家人)
(61) 실인(室人)

[집(안)사람]은 {남의 앞에서 자기의 아내를 이르는 말}이라 풀이되고, [내자]는 {남에게 대하여 자기의 아내를 이르는 말}이라 풀이되며, [가인]은 {남에게 자기의 아내를 이르는 말}이라 풀이된다. 그리고 [실인]은 {자기의 아내를 이르는 말. 내자}라 풀이된다. 따라서 이

낱말들은 <아내 + 남편의 현황 + 말할이의 처지 + 지칭 + 피지칭자 / 자신의 배우자>라는 특성을 공유하는 것으로 이해될 것이다. [집안사람]은 {한 가족이나 가까운 살붙이(일가)를 이르는 말}이라는 내용과 함께 사용되기도 하며, [가인]은 {한집안 사람}이나 {자기 집안에 딸린 사람. 남에게 자기 집안의 사람을 이르는 말}과 같은 내용을 문제 삼기도 한다. 현재 [집(안)사람]은 입말로 많이 사용되는데 비하여, [내자]와 [가인]은 글말로 많이 사용되고 있다. [실인]은 현재 입말로는 거의 사용되지 않고 있다.

(62) 가실(家室)

이 낱말은 {남 앞에서 (자신의) '아내'를 점잖게 이르는 말}이라 풀이되면서 <아내 + 남편의 현황 + 말할이의 처지 + 지칭 + 피지칭자 / 자신의 배우자 + 지칭방식 / 점잖게 이름>이라는 특성을 문제 삼고 있다. 이 낱말은 {집 안이나 안방}, {집안이나 안방에 사는 가족}과 같은 내용을 문제 삼기도 한다.

(63) 안식구(-食口)

이 낱말은 {자기 아내를 겸손하게 이르는 말}이라 풀이되면서 <아내 + 남편의 현황 + 말할이의 처지 + 지칭 + 피지칭자 / 자신의 배우자 + 지칭방식 / 겸손하게 이름>이라는 특성과 함께 사용되고 있다. 이 낱말은 {여자식구}라는 내용과 관계하기도 한다.

(64) 우처(愚妻)

이 낱말은 {말하는 이가 자기의 아내를 낮추어 이르는 말. '자기 처'의 낮춤말}이라 풀이되면서 <아내 + 남편의 현황 + 말할이의 처지 + 지칭 + 피지칭자 / 자신의 배우자 + 지칭방식 + 대우법 / 낮춤>이라는 특성을 문제 삼고 있다.

(65) 졸처(拙妻)
(66) 졸형(拙荊)
(67) 가권(家眷)

[졸처]와 [가권]도 {남에게 자기 아내를 낮추어 이르는 말}이라 풀이되며, [졸형]은 {졸처(拙妻)}라 풀이된다. 따라서 이 낱말들도 전술한 [우처]와 같은 내용으로 해명될 만하다. [졸처]는 {편지 따위에서, 아내가 남편에게 자기를 낮추어 이르는 말}이라는 내용과 함께 대이름씨로도 사용되고 있는 낱말이며, [졸형]은 {'내자(內子 : 남 앞에서 자기의 아내를 이르는

말)의 뜻으로 편지에 쓰는 말}이라는 내용도 문제 삼고 있는 낱말이다. [졸형]은 현재 입말로는 거의 사용되지 않고 있다. [가권]은 {호주나 가구주에게 딸린 식구}라는 내용도 문제 삼고 있는 한자말인데, 이 한자말도 현재 입말로는 거의 사용되지 않고 있다.

(68) 부인(夫人)

(69) 영부인(令夫人)

(70) 귀부인(貴夫人)

(71) 내군(內君)

(72) 내실(內室)

(73) 실내마님(室內--)

(74) 실내마마(室內媽媽)

(75) 안댁(-宅)

(76) 안부인(-婦人)

(77) 영처(令妻)

(78) 영규(令閨)

(79) 영실(令室)

(80) 영정(令正)

(81) 합부인(閤夫人)

(82) 현합(賢閤)

[부인], [영부인], [내군], [실내마님], [안댁], [안부인], [합부인]은 {남의 아내를 높여 이르는 말}이라 풀이된다. [내실]은 {내군}이라 풀이되며, [귀부인]과 [영규]와 [영실]과 [영정]은 {영부인(令夫人)}이라 풀이된다. 그리고 [실내마마]는 {실내마님}이라 풀이되고, [영처]는 {어질고 착한 아내라는 뜻으로, 남의 아내를 높여 이르는 말}라 풀이되며, [현합]은 {부인(남의 아내의 높임말)}이라 풀이된다. 따라서 위의 낱말들은 <아내 + 남편의 현황 + 말할이의 처지 + 지칭 + 피지칭자 / 남의 배우자 + 대우법 / 높임>이라는 특성을 공유하는 것으로 이해될 만하다. [부인]은 내용범위가 꽤 넓은 낱말로서 {남의 어머니를 이르는 말}, {고대 중국에서, 천자의 비(妃) 또는 제후의 아내를 이르던 말}, {공식 석상이나 공식 서한 따위에서, 남편이 자기의 아내를 이르는 말}, {예전에, 사대부 집안의 남자가 자기 아내를 이르던 말}, {고려, 조선 시대의 외명부의 봉작 가운데 하나(고려 시대에는 남편이나 아들의 품계에 따라 그 아내와 어머니를 봉하였고, 조선 시대에는 대군과 군과 공신 문무관의 품계에 따라 봉하

였다.}} 따위의 내용도 문제 삼고 있다. [내실]은 {안방}이나 {대중을 상대로 영업을 하는 곳에서 주인이 거처하는 방}이라는 내용과 함께 사용되기도 하는 낱말이다. [안댁]은 {'안집(안채, 주인집)' 을 높여 이르는 말}나 {세 들어 사는 사람이 '주인네'를 부르는 말}이라는 내용과 함께 사용되기도 하는 낱말이다. [영부인]은 현재 주로 <대통령의 부인>이라는 특성과 함께 사용되는 특징을 보이고 있다. [귀부인]에서는 <귀하게 여김>이라는 특성이 관계하고 있는 것으로 추정될 만하다. [내군], [안댁], [안부인], [실내마님], [실내마마]는 개념형성의 과정에 있어서 공통적으로 <잡안에서 활동>이라는 특성과 관계했을 것으로 추정된다. [내군]은 현재 입말로는 거의 사용되지 않고 있으며, [안부인]은 [안댁]에 비해 상대적으로 더 <점잖은 태도>를 암시하는 것으로 이해된다. [실내마님]은 계급사회에 있어서 하인 등의 안주인에 대하는 태도가 반영된 표현으로 이해되며, [실내마마]는 궁정용어에서 들어와서 자리잡은 표현으로 이해된다. [영처]에서는 <착함 + 아내>라는 특성이, [영규]에서는 <착함 + 안방>이라는 특성이, [영실]에서는 <착함 + 집(안)>이라는 특성이, [영정]에서는 <착함 + 바름>이라는 특성이 각각 개념형성의 과정에 관계한 것으로 추정되는데, 현재 이 한자말들은 입말로는 거의 사용되지 않고 있다. [합부인]에서는 <침방 + 부인>이라는 특성이, 그리고 [현합]에서는 <어짊 + 침방>이라는 특성이 각각 개념형성의 과정에 관계한 것으로 추정될 만한데, 이 낱말들도 현재 입말로는 거의 사용되지 않고 있다.

(83) 실내(室內)

이 낱말은 {남의 아내를 점잖게 일컫는 말}이라 풀이되면서 <아내 + 남편의 현황 + 말할이의 처지 + 지칭 + 피지칭자 / 남의 배우자 + 지칭방식 / 점잖게 이름>이라는 특성을 문제 삼고 있다. 이 낱말은 {방안. 방이나 건물 따위의 안}이라는 내용과 함께 사용되기도 한다.

(84) 댁(宅)

이 낱말은 {'상대자의 아내'의 높임말. 남을 높여 그의 아내를 이르는 말}이라 풀이된다, 따라서 이 낱말의 내용은 <아내 + 남편의 현황 + 말할이의 처지 + 지칭 + 피지칭자 / 상대자의 배우자 + 대우법 / 높임>이라는 특성과 함께 해명될 만하다. 따라서 이 낱말은 후술할 <대우법> 분절에도 관여하는 것으로 다루어질 수 있을 것이다. 이 낱말은 {남의 집이나 가정을 높여 이르는 말}이나 {듣는 이가 대등한 관계에 있는 사람이나 아랫사람인 경우, 그 사람을 높여 이르는 이인칭 대명사}와 같은 내용을 문제 삼기도 한다.

(85) 댁네(宅—)

이 낱말은 {동년배나 아랫사람의 아내를 높여 이르는 말}이라 풀이되면서 <아내 + 남편의 현황 + 말할이의 처지 + 지칭 + 피지칭자 / 동년배 이하의 배우자 + 대우법 / 높임>이라는 특성과 함께 사용되고 있다. 이 낱말은 {동배간이나, 손아랫사람의 아내를 간접적으로 일컫는 말}이라는 내용과 함께 사용되기도 한다.

(86) 지어미

이 낱말은 {'아내'를 예스럽게 이르는 말}이라 풀이된다. 따라서 이 낱말은 <아내 + 남편의 현황 + 말할이의 처지 + 지칭 + 지칭방식 / 예스러움>이라는 특성과 함께 이해될 것이다. 이 낱말은 {웃어른 앞에서 자기 아내를 낮추어 이르는 말}이라는 내용을 문제 삼기도 한다.

(87) 존부인(尊夫人)

이 낱말은 {부인(夫人)의 높임말}이라 풀이되면서 <아내 + 남편의 현황 + 말할이의 처지 + 대우법 / 높임>이라는 특성을 문제 삼고 있다.

(88) 계집
(89) 여편네
(90) 안사람
(91) 권속(眷屬)
(92) 가속(家屬)
(93) 처속(妻屬)

[계집]과 [처속]은 {'아내'를 낮잡아 이르는 말}이라 풀이되며, [여편네]와 [안사람]과 [권속]과 [가속]은 {'아내'의 낮춤말. '부인'의 낮춤말}이라 풀이된다. 따라서 이 낱말들은 공통적으로 전술한 [존부인]과 대칭관계를 유지하면서 <아내 + 남편의 현황 + 말할이의 처지 + 대우법 / 낮춤>이라는 특성을 문제 삼고 있다. [계집]은 {'여자'를 낮잡아 이르는 말}이라는 내용도 문제 삼고 있으며, [여편네]는 {결혼한 여자를 낮잡아 이르는 말}이라는 내용을 문제 삼기도 한다. 주로 자신의 아내를 다른 사람에게 겸양해서 말할 때 사용되는 [안사람]은 {'아내'를 예사롭게(또는 낮추어) 이르는 말}이라는 내용과 관계하기도 한다. [권속]은 {권솔(한집에 거느리고 사는 식구)}이라는 내용과 함께, [가속]은 {식솔}이라는 내용과 함께, 그리고 [처속]은 {처가붙이. 처가속(아내의 친정 집안 식구들)}이라는 내용과 함께 각각 사용되기도 한다.

지금까지의 고찰에서 보인 바와 같이 <아내 + 남편의 현황 / 말할이의 처지> 분절에 있어서는 <지칭>과 <대우법>이 관심사가 되어 있다. <지칭> 분절에 있어서는 그 아래로 <대상 / 피지칭자>와 <방식 / 예스러움>이 관심의 대상이 되어 있는데, 전자의 경우는 다시 그 아래로 <자신의 배우자 : 남의 배우자 : 상대자의 배우자 : 동년배 이하의 배우자>의 대립관계가 관심의 대상이 되어 있다. <자신의 배우자> 아래에는 <지칭방식 / 점잖게 이름>과 <지칭방식 / 겸손하게 이름>과 <낮춤>이 관조의 대상이 되어 있으며, <남의 배우자> 아래에는 <높임>과 <지칭방식 / 점잖게 이름>이 관조의 대상이 되어 있다. 그리고 <상대자의 배우자>와 <동년배 이하의 배우자> 아래로는 <높임>만이 문제되는 공통적인 특징을 보이고 있다. <대우법>에서는 <높임 : 낮춤>의 대립관계가 관심의 대상이 되어 있다. [그림 7], [그림 8], [그림9]는 이러한 <아내 + 남편의 현황 / 말할이의 처지> 분절의 구조를 도식화한 것이다.

[그림 7] 〈아내 + 남편의 현황 / 말할이의 처지〉 분절구조(1)

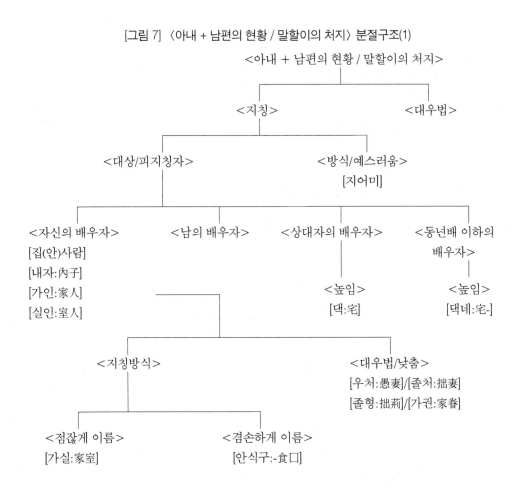

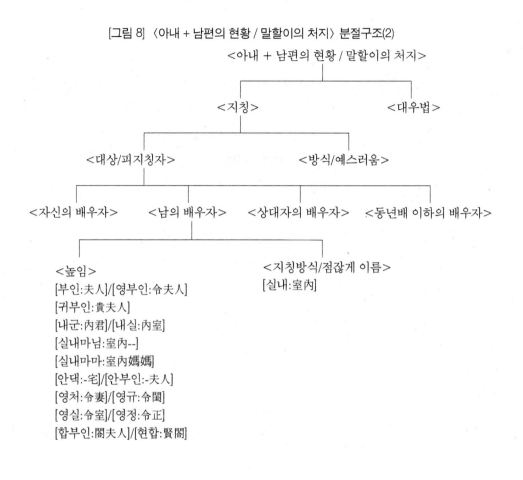

[그림 8] 〈아내 + 남편의 현황 / 말할이의 처지〉 분절구조(2)

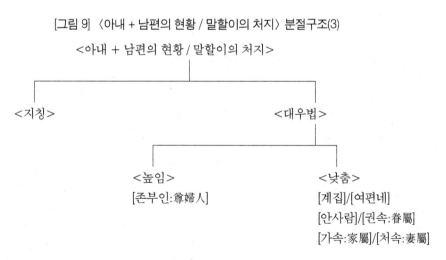

[그림 9] 〈아내 + 남편의 현황 / 말할이의 처지〉 분절구조(3)

3) 〈당사자 현황〉에 따른 표현

이 분절의 아래로는 당사자의 성질이나 품격을 나타내는 <성품>과 당사자가 처해 있는 <상태>, 그리고 당사자의 <신분>이 하위 관점으로 나타나 있다. [그림 10]은 이러한 <당사자 현황> 분절의 기본구조를 보이기 위한 것이다.

[그림 10] 〈아내 + 당사자 현황〉 분절의 기본구조

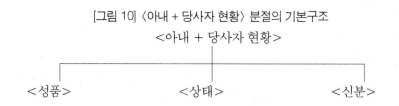

(94) 현처(賢妻)

이 낱말은 {어진 아내}라 풀이되면서 <아내 + 당사자 현황 + 성품 / 어짊>이라는 특성과 함께 사용되고 있다. 이 낱말은 {양처}라는 내용을 문제 삼기도 한다.

(95) 양처(良妻)

이 낱말은 {어질고 착한 아내}라 풀이되면서 <현처 + 착함>이라는 특성을 문제 삼고 있다. 이 낱말은 {어진 아내}라 풀이되면서 전술한 [현처]의 내용특성에로 중화되어 사용되기도 한다.

(96) 현비(賢妃)

이 낱말은 {어진 왕비}라 풀이되면서 <현처 + 신분 / 왕비>라는 특성을 문제 삼고 있다. 그러한 의미에서 이 낱말은 전술한 <아내 + 남편의 현황 + 신분 / 임금> 분절과도 관계하는 것으로 해명될 수 있다. 이 낱말은 {고려 시대에, 정일품 내명부의 봉작(문종 때 정하였다)}이라는 내용도 문제 삼고 있다[4].

(97) 정부(貞婦)

---

[4] <남편> 분절에서 논의된 바 있는, [신랑:新郎]은 {갓 결혼하였거나 결혼하는 남자}라는 내용 외에도, {신혼 초의 남편}이라는 내용과 관계함으로써 <남편> 분절과 <남자> 분절 두 곳에서 기능하고 있는데 비해, [신랑]과 대칭관계로 인식될 만한 [신부:新婦]는 {갓 결혼하였거나 결혼하는 여자}라는 내용만을 문제 삼으면서 <여자> 분절에만 관계한다. 그러한 의미에서 [신랑]과 [신부]는 모든 경우에 있어서 완전한 대칭관계를 이루는 것은 아니다.

(98) 정녀(貞女)

[정부]는 {절개가 곧은 아내}라 풀이되며, [정녀]는 {정부(貞婦)}라 풀이된다. 따라서 이 낱말들은 <아내 + 당사자 현황 + 성품 / 절개 곧음>이라는 특성을 공유하면서 사용된다. [정부]는 {슬기롭고 절개가 굳은 아내}라는 내용과 함께 사용되기도 하며, [정녀]는 {숫처녀}나 {원불교에서, 일생 동안 결혼하지 아니하고 봉직하는 여자 교역자}라는 내용을 문제 삼기도 한다. 현재 이 낱말들은 입말로는 거의 사용되지 않고 있다.

(99) 내상(內相)

이 낱말은 {집을 잘 다스리는 아내}라 풀이되면서 <아내 + 당사자 현황 + 성품(역할) / 집을 잘 다스림>이라는 특성과 함께 사용되고 있다. 이 낱말은 {아내가 집을 잘 다스림}, {내무성의 최고 직위. 또는 그 직위에 있는 사람. 내무대신이나 내무대신의 다른 이름}, {조선 시대에, 내무대신이나 내부대신을 이르던 말}이라는 내용과 함께 사용되기도 한다. 현재 이 낱말이 <아내> 분절과 관계하여 사용되는 예는 흔하지 않다.

(100) 폐첩(嬖妾)

이 낱말은 {아양을 떨어 귀염을 받는 첩}이라 풀이되면서 <아내 + 당사자 현황 + 성품 / 아양을 떪 + 처지 / 귀염 받음 + 신분 / 첩>이라는 특성을 문제 삼고 있다. 그러한 의미에서 이 낱말은 후술할 <아내 + 당사자 현황 + 신분 / 첩> 분절에서 다루어질 수도 있다. 현재 이 낱말은 입말로는 거의 사용되지 않고 있다.

(101) 악처(惡妻)

이 낱말은 {성질이나 행실이 사나운 아내. 마음이 바르지 못하고 행실이나 성질이 악독한 아내}라 풀이되면서 <아내 + 당사자 현황 + 성품 / 사나움(악함)>이라는 특성과 함께 사용되고 있다.

(102) 악첩(惡妾)

이 낱말은 {성질이 사나운 첩. 마음이 바르지 못하고 행실이나 성질이 악독한 첩}이라 풀이되면서 <아내 + 당사자 현황 + 성품 / 사나움(악함) + 신분 / 첩>이라는 내용을 문제 삼고 있다. 따라서 이 낱말은 <첩> 분절에서도 논의의 대상이 될 수 있다. <첩> 분절에 대하여는 후술하게 될 것이다.

(103) 투처(妬妻)

이 낱말은 {강샘이 심한 아내}라 풀이되면서 <아내 + 당사자 현황 + 성품 / 강샘 심함>
이라는 특성을 문제 삼고 있는 표현이다. 현재 이 낱말은 입말로는 거의 사용되지 않고 있다.

지금까지의 고찰에서 보인 바와 같이 <아내 + 당사자 현황 + 성품> 분절에 있어서는
<어짊>, <절개 곧음>, <집 잘 다스림>, <아양 떪>, <사나움(악함)>, <강샘이 심함>
이 관심의 대상이 되어 있다. 그리고 <어짊>의 아래로는 <착함>과 <신분 / 왕비>가 관
조의 대상이 되어 있다. 이러한 분절상의 특징을 도식화하면 [그림 11]이 될 것이다.

[그림 11] 〈아내 + 당사자 현황 + 성품〉 분절의 구조

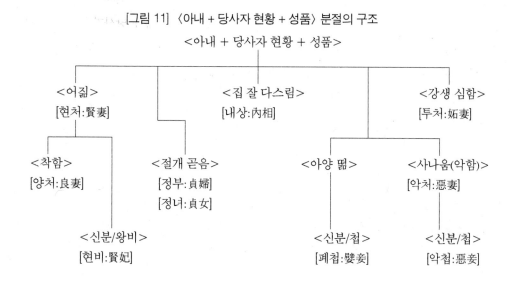

<아내 + 당사자 현황 + 상태> 분절에서는 <용모>, <건강>, <나이>, <생사>, <생
활>, <자식>, <남편과의 관계>가 관조의 대상이 되어 있다.

(104) 염처(艶妻)

이 낱말은 {아름다운 아내. 아리따운 아내}라 풀이된다. 다라서 이 낱말의 내용은 <아내 +
당사자 현황 + 상태 + 용모 / 아름다움>이라는 특성과 함께 해명될 것 같다.

(105) 미첩(美妾)

이 낱말은 {용모가 아름다운 첩}이라 풀이되면서 <아내 + 당사자 현황 + 용모 / 아름다

움 + 신분 / 첩>이라는 특성을 문제 삼고 있다. 따라서 이 낱말은 후술할 <첩> 분절에서도 논의의 대상이 될 수 있을 것이다.

(106) 병처(病妻)

(107) 병부(病婦)

[병처]와 [병부]는 공통적으로 {병든 아내}라 풀이되면서 <아내 + 당사자 현황 + 상태 + 건강 / 병듦>이라는 특성을 문제 삼고 있다. [병부]는 {병든 여인}이라는 내용을 문제 삼기도 하는데, 현재 이 낱말은 입말로는 거의 사용되지 않고 있다.

(108) 색시

이 낱말은 {젊은 때의 아내(를 일컫는 말)}이라 풀이되면서 <아내 + 당사자 현황 + 상태 + 나이 / 젊음>이라는 특성과 함께 사용되고 있다. 이 낱말은 {새색시}, {아직 결혼하지 아니한 젊은 여자}, {'술집 따위에서 심부름하는 여자'를 대접하여 이르는 말. 술집 따위의 접대부를 이르는 말}, {(예전에)젊은 아내를 부르거나 이르던 말}이라는 내용도 문제 삼고 있는, 말하자면 비교적 내용범위가 넓은 표현이다.

(109) 촌색시(村--)

이 낱말은 [시골에 사는 색시}라 풀이되면서 <색시 + 거주지 / 시골>이라는 특성을 문제 삼고 있다. 따라서 이 낱말은 전술한 [색시] 아래에 포함되는 표현으로 이해될 수 있다. 이 낱말은 {촌스러운 색시}라는 내용과 함께 사용되기도 한다.

(110) 아기씨

이 낱말은 {갓 시집온 색시를 높여 이르는(던) 말}이라 풀이되면서 <색시 + 갓 시집옴 + 대우법 / 높임>이라는 특성을 문제 삼고 있다. 따라서 이 낱말도 전술한 [색시] 아래에 포함되는 것으로 이해될 것이다. 이 낱말은 {여자아이나 시집갈 나이의 처녀를(높여) 이르는 말}, {올케가 '시뉘'를 높여 일컫는 말}, {궁중에서, 어린 왕자나 왕녀, 왕손을 높여 이르던 말}, {무속에서, 여신이나 부신의 호칭 다음에 붙여 그 신을 높여 이르는 말} 따위의 내용을 문제 삼기도 한다.

(111) 마누라

이 낱말은 {나이 지긋한 아내를 일컫는 말. 중년이 넘은 아내를 허물없이 이르는 말}이라 풀이되면서 <아내 + 당사자 현황 + 상태 + 나이 / 지긋함>이라는 특성과 함께 사용되고 있다. 이 낱말은 {중년 이상의 여자}, {중년이 넘은 여자를 속되게 이르는 말}이라는 내용과 관계하기도 한다.

(112) 안마누라

이 낱말은 {안방의 마누라라는 뜻으로, 주부인 마누라를 이르는 말}이라 풀이되면서 <마누라 + 역할 / 주부>라는 특성을 문제 삼고 있다. 이 낱말은 {마누라}라는 내용을 문제 삼으면서 전술한 [마누라]로 중화되어 사용되기도 한다.

(113) 뒷방(─房)마누라

이 낱말은 {한집에서 사는 첩(시앗)에게 권리를 빼앗기고 뒷방으로 쫓겨나 지내는 마누라(본처)}라 풀이되면서 <마누라 + 처지 / 첩에게 권리 빼앗김 + 뒷방으로 쫓겨남>이라는 특성과 함께 사용되고 있다. [안마누라]와 [뒷방마누라]는 전술한 [마누라] 아래에 포함된다는 점에서 공통점을 보이고 있다.

(14) 노처(老妻)
(115) 노부(老婦)

[노처]와 [노부]는 공통적으로 {늙은 아내}라 풀이되면서 <아내 + 당사자 현황 + 상태 + 나이 / 늙음>이라는 특성을 공유한다. [노부]는 {늙은 지어미}, {늙은 여자}라는 특성을 문제 삼기도 하는데, 현재 이 낱말은 입말로는 거의 사용되지 않고 있다. 지금까지의 고찰에서 보인 바와 같이 <여자 + 당사자 현황 + 나이>의 경우는, <젊음 : 지긋함 : 늙음>으로 이어지는 계단대립의 양상을 보이고 있다.

(116) 망처(亡妻)
(117) 망부(亡婦)
(118) 망실(亡室)

[망처]는 {죽은 아내}라 풀이되고, [망부]와 [망실]은 공통적으로 {망처(亡妻)}라 풀이된다. 따라서 이 낱말들은 <아내 + 당사자 현황 + 상태 + 생사 / 사망>이라는 특성을 공유하는 것으로 해명될 만하다. [망부]는 {죽은 며느리}라는 내용과 함께 사용되기도 한다. [망처]에

서는 <사망한 처>가, [망부]에서는 <사망한 부인>이, 그리고 [망실]에서는 <사망한 집>이 각각 개념형성의 과정에 관계한 것으로 추정된다. 현재 [망실]은 입말로는 거의 사용되지 않고 있다.

(119) 빈처(貧妻)

이 낱말은 {가난에 쪼들리는 아내. 가난에 시달리며 고생하는 아내}라 풀이되면서 <아내 + 당사자 현황 + 상태 + 생활 / 가난함>이라는 특성과 함께 사용되고 있다.

(120) 조강지처(糟糠之妻)
(121) 조강(糟糠)

[조강지처]는 {구차하고(몹시 가난하고) 천할 때에 고생을 함께 겪어 온 아내(지게미와 쌀겨로 끼니를 이을 때의 아내[5])}라고 풀이되며, [조강]은 {조강지처(의 준말)}라 풀이된다. 따라서 이 낱말들은 <아내 + 당사자 현황 + 상태 + 생활 / 가난함 + 높은 정도 + 과거 + 남편과 함께 고생함>이라는 특성을 공유하는 것으로 이해될 만하다. [조강]은 [지게미와 쌀겨], {가난한 사람이 먹는 변변치 못한 음식}, {(불교)교만한 중이나 거친 교법을 비유적으로 이르는 말}이라는 내용을 문제 삼기도 한다. 이 두 낱말은 전술한 [빈처] 아래에 포함되는 표현으로 이해될 수도 있으며, 남편과의 관계를 고려하여 <남편의 현황> 분절에서 논의될 수도 있을 것이다.

(122) 아이(애)어머니

이 낱말은 {자식이 있는 남자가 자기의 아내를 남에게 말할 때 이르는 말}이라 풀이되면서 <아내 + 당사자 현황 + 상태 + 자식 / 있음 + 말할이 / 남편 + 들을이 / 남>이라는 특성을 문제 삼고 있다. 따라서 이 낱말은 전술한 <남편의 현황> 분절에서도 논의의 대상이 될 수 있을 것이다. 이 낱말은 {자녀를 가진 여자. 자식이 있는 여자}라는 내용과 함께 사용되기도 한다.

(123) 아이(애)어멈

이 낱말은 {'아이어머니'의 낮춤말}이라 풀이되면서 <아이어머니 + 대우법 / 낮춤>이라는 특성과 함께 사용되고 있다. 따라서 이 낱말은 전술한 [아이어머니] 아래에 포함되는 표

---

5) ≪후한서≫의 <송홍전(宋弘傳)>에 나오는 표현이다.

현으로 이해될 것이다. 이 낱말은 {아이 있는 어멈}, {자식이 있는 딸이나 며느리를 이르는 말}이라는 내용을 문제 삼기도 한다.

(124) 출처(出妻, 黜妻)

이 낱말은 {인연을 끊은 아내}라 풀이되면서 <아내 + 당사자 현황 + 상태 + 남편과의 관계 / 인연을 끊음>이라는 특성을 문제 삼고 있다. 이 낱말은 {아내를 내쫓음}이라는 내용과 함께 사용되기도 한다.

(125) 소박데기(疏薄--)

이 낱말은 {남편에게 소박 당한 여자나 아내를 낮잡아 이르는 말}이라 풀이되면서 <아내 + 당사자 현황 + 상태 + 남편과의 관계 / 소박 당함 + 대우법 / 낮춤>이라는 특성을 문제 삼고 있다.

(126) 폐후(廢后)

이 낱말은 {폐위된 황후}라 풀이되면서 <아내 + 당사자 현황 + 상태 + 남편과의 관계 / 폐위됨 + 신분 / 황후>라는 특성을 문제 삼고 있다. 이 낱말은 {폐위된 왕후}라는 내용과 함께 사용되기도 한다.

(127) 폐비(廢妃)

이 낱말은 {폐위된 왕비. 왕비의 자리에서 물러나게 된 왕비}라 풀이되면서 <아내 + 당사자 현황 + 상태 + 남편과의 관계 / 폐위됨 + 신분 / 왕비>라는 특성과 함께 사용된다. 이 낱말은 {왕비의 자리에서 몰아냄}이라는 내용을 문제 삼기도 한다. <남편과의 관계>가 고려의 대상이 된 [출처], [소박데기], [폐후], [폐비] 따위는 <남편의 현황> 분절에서도 논의의 대상이 될 수 있을 것이다.

지금까지의 고찰에서 보인 바와 같이 <아내 + 당사자 현황 + 상태> 분절에서는 <용모>, <건강>, <나이>, <생사>, <생활>, <자식>, <남편과의 관계> 따위가 관조의 대상이 되어 있다. <용모>에서는 <아름다움>이, <건강>에서는 <병듦>이, <나이>에서는 <젊음 : 지긋함 : 늙음>으로 이어지는 계단대립의 양상이, <생사>에서는 <사망>이, <생활>에서는 <가난함>이, <자식>에서는 <있음>이, 그리고 <남편과의 관계>에서는 <인연 끊음 : 소박 당함 : 폐위됨>이 각각 관심의 대상이 되어 있다. 이러한 분절상의 특징은 [그림 12], [그림 13]과 같은 도식화를 가능하게 할 것이다.

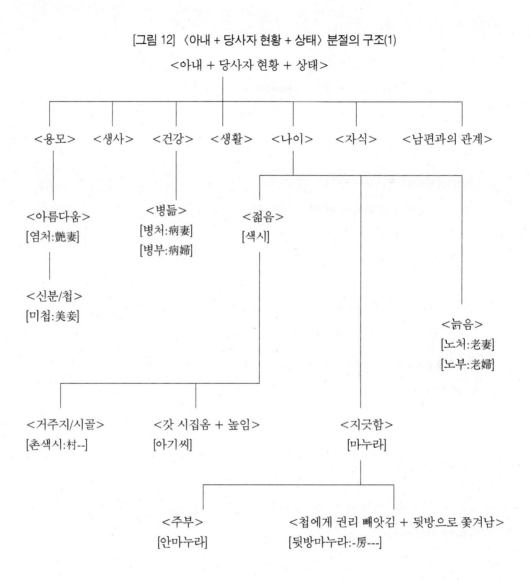

[그림 12] 〈아내 + 당사자 현황 + 상태〉 분절의 구조(1)

<아내 + 당사자 현황 + 상태>

<용모>　<생사>　<건강>　<생활>　<나이>　<자식>　<남편과의 관계>

<아름다움>
[염처:艶妻]

<병듦>
[병처:病妻]
[병부:病婦]

<젊음>
[색시]

<신분/첩>
[미첩:美妾]

<늙음>
[노처:老妻]
[노부:老婦]

<거주지/시골>
[촌색시:村--]

<갓 시집옴 + 높임>
[아기씨]

<지긋함>
[마누라]

<주부>
[안마누라]

<첩에게 권리 빼앗김 + 뒷방으로 쫓겨남>
[뒷방마누라:-房---]

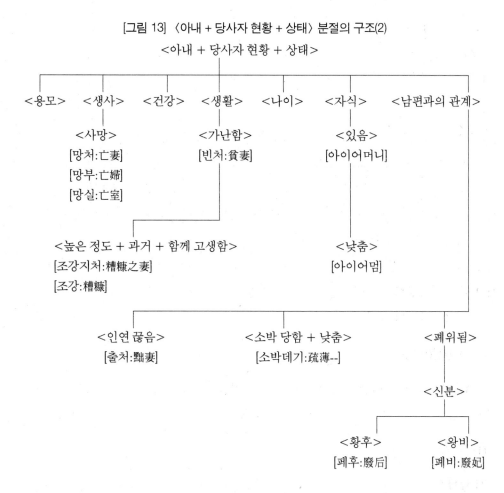

[그림 13] 〈아내 + 당사자 현황 + 상태〉 분절의 구조(2)

〈아내 + 당사자 현황 + 신분〉 분절에서는 일차적으로 〈지체 높음〉, 〈전후〉, 〈정실과 첩〉, 〈서열〉이 관심의 대상이 되어 있다.

(128) 마님

이 낱말은 {지체가 높은 집안의 부인을 높여서 이르는 말}이라 풀이되면서 〈아내 + 당사자 현황 + 신분 / 지체 높음 + 대우법 / 높임〉이라는 특성과 함께 사용되고 있다. 그러한 의미에서 이 낱말은 〈대우법〉 분절에서도 논의의 대상이 될 수 있다. 이 낱말은 {남의 아내의 높임말}이라는 내용을 문제 삼기도 한다. 사회제도의 변화와 함께, 현재 이 낱말은 점차 사용빈도가 줄어들고 있다.

(129) 전처(前妻)

(130) 전취(前娶)

(131) 구부(舊婦)

(132) 전부(前婦)

(133) 선처(先妻)

[전처]는 {재혼하기 전의 아내}라 풀이되고, [전취]는 {다시 장가들기 전의 아내. 전처}라 풀이되며, [구부]와 [전부]와 [선처]는 공통적으로 {전처(前妻)}라 풀이된다. 따라서 이 낱말들은 공통적으로 <재혼을 전제>로 하면서 <아내 + 당사자 현황 + 신분 + 두 번 이상의 결혼 전제 + 전후 / 전>이라는 특성을 공유하고 있다. [전처]에서는 <앞 + 아내>라는 특성이, [전취]에서는 <앞 + 결혼>이라는 특성이, [구부]에서는 <옛 + 부인>이라는 특성이, [전부]에서는 <앞 + 부인>이라는 특성이, 그리고 [선처]에서는 <먼저 + 아내>라는 특성이 각각 개념형성의 과정에 관여한 것으로 추정된다. 현재 [구부], [전부], [선처]는 입말로는 거의 사용되지 않고 있다.

(134) 전실(前室)

이 낱말은 {남의 전처(前妻)를 높여 이르는 말}이라 풀이되면서 <전처 + 대우법 / 높임 + 지칭 대상 / 남의 전처>라는 특성을 문제 삼고 있다.

(135) 전배(前配)

이 낱말은 {죽은 전 아내. 죽은 전처(前妻)}라 풀이되면서 <전처 + 상태 / 사망>이라는 특성과 함께 사용되고 있다. 그러한 의미에서 이 낱말은 전술한 <상태> 분절에서도 논의의 대상이 될 수 있다. [전배]는 [전실]과 함께 전술한 [전처]의 아래에 포함된다는 점에서 서로 공통점을 보이고 있다.

(136) 후처(後妻)

(137) 계처(繼妻)

[후처]는 {나중에 맞은 아내}라 풀이되고, [계처]는 {후처}라 풀이된다. 따라서 이 낱말들은 <아내 + 당사자 현황 + 신분 + 두 번 이상의 결혼 전제 + 전후 / 후>라는 특성을 공유하면서 전술한 [전처] 등과 대칭관계를 형성하고 있다. [후처]는 {'후취'의 낮춤말}이라는 내용과 함께 사용되기도 하며, [계처]는 {죽은 아내나 이혼한 아내에 뒤이어 새로 맞아들인 아내}라는 내용과 함께 사용되기도 한다. [계처]는 현재 입말로는 거의 사용되지 않고 있다.

(138) 정실(正室)

(139) 정처(正妻)

(140) 정적(正嫡)

(141) 적실(嫡室)

(142) 본처(本妻)

(143) 본실(本室)

(144) 본마누라(本---)

(145) 본댁(本宅)

(146) 장가처(一妻)

(147) 적마누라(嫡---)

(148) 적배(嫡配)

(149) 적처(嫡妻)

(150) 정배(正配)

(151) 큰마누라

(152) 큰이

[정실]은 {'아내' 를 첩에 상대하여 이르는 말}이라 풀이되고, [정처]와 [적실]과 [본처]와 [본실]은 {정실(正室)}로 풀이되며, [정적]은 {정실인 적처. 장가처}라 풀이된다. [본마누라]는 {먼저 정식으로 장가든 마누라}라 풀이되고, [본댁]은 {'정실' 을 첩에 상대하여 이르는 말}이라 풀이되며, [장가처]는 {(정식으로)예를 갖추어 맞은 아내}라 풀이된다. 그리고 [적마누라]와 [적배]와 [적처]와 [정배]는 공통적으로 {장가처}라 풀이되고, [큰마누라]는 {정실. 본마누라를 작은마누라에 상대하여 이르는 말}이라 풀이되며, [큰이]는 {정실. 남의 부인을 그의 첩에 상대하여 이르는 말}이라 풀이된다. 따라서 이 낱말들은 <아내 + 당사자 현황 + 신분 + 정실과 첩 / 정실>이라는 특성을 공유하는 것으로 이해될 만하다. <바름 + 집(방)>이라는 특성이 개념형성에 관계한 것으로 추정되는 [정실]은, 그러한 의미에서 {집의 몸채}라는 내용을 문제 삼기도 한다. [정처]는 <바름 + 아내>라는 특성이 개념형성의 과정에 관계한 것으로 추정되며, <바름 + 정실>이라는 특성이 개념형성의 과정에 관계한 것으로 추정되는 [정적]은 {정실이 낳은 적자(嫡子). 본처가 낳은 적자(嫡子)}나 {종가(宗家)}라는 내용과 함께 사용되기도 한다. [적실]에서는 <정실 + 집>이라는 특성이, [본처]에서는 <본디 + 아내>라는 특성이, 그리고 [본실]에서는 <본디 + 집>이라는 특성이 각각 개념형성

의 과정에 관계한 것으로 추정된다. {맨 처음 혼인한 마누라}라는 내용도 문제 삼고 있는 [본마누라]는, 그러한 의미에서 후술할 <초취>의 내용에로 중화되어 사용되기도 하는 낱말이다. <본디 + 집>이라는 특성이 개념형성의 과정에 관계한 것으로 추정되는 [본댁]은 {'본집' 의 높임말}이라는 내용도 문제 삼고 있다. <장가처>에서는 <혼인식의 전제>라는 특성이 문제되어 있고, [적마누라]에서는 <정실 + 마누라>라는 특성이 개념형성의 과정에 관계한 것으로 추정되며, 그리고 <정실 + 짝>이라는 특성이 개념형성의 과정에 관계한 것으로 추정되는 [적배]는 {적자(嫡子)의 처}라는 내용과 함께 사용되기도 한다. [적처]에서는 <정실 + 아내>라는 특성이, 그리고 [정배]에서는 <바름 + 짝>이라는 특성이 각각 개념형성의 과정에 관계한 것으로 추정된다. [큰마누라]에서는 <작은마누라와의 상대 관계>라는 특성이, 그리고 [큰이]에서는 <첩과의 상대 관계>라는 특성이 개념형성의 과정에 각각 관계한 것으로 추정된다. [큰이]는 {남의 형제 중에서 맏이가 되는 사람을 이르는 말}이라는 내용과 함께 사용되기도 한다. 현재 [정처], [정적], [적마누라], [적배], [적처], [정배] 등은 입말로는 거의 사용되지 않고 있다.

(153) 큰댁(-宅)

이 낱말은 {남의 본처를 높여 이르는 말}이라 풀이되면서 <본처(정실) + 대우법 / 높임 + 지칭 대상자 / 남의 본처>라는 특성과 함께 사용되고 있다. 이 낱말은 {'큰집' 을 높여 이르는 말}이라는 내용과 함께 사용되기도 한다.

(154) 본계집(本--)

<대우법>을 축으로 앞의 [큰댁]과 대칭관계에 있는 이 낱말은 {'본처'의 낮은말. '본처' 를 낮잡아 이르는 말}이라 풀이되면서 <본처 + 대우법 / 낮춤>이라는 특성을 문제 삼고 있다.

(155) 본댁네(本宅-)
(156) 큰계집

[본댁네]와 [큰계집]도 공통적으로 {'본처(本妻)' 를 낮잡아 이르는 말}이라 풀이되면서 앞의 [본계집]과 같은 방법으로 해명된다. [본계집]과 [큰계집]은 [본댁네]보다는, 상대적으로 <더 낮춤>이라는 특성을 함유하면서 사용되고 있는 것 같다. [계집]은 <낮춤>이라는 특성을 문제 삼고 있는 표현이기 때문이다. [본계집]에서는 <본디 + 계집>이라는 특성이, 그리고 [큰계집]에서는 <큼 + 계집>이라는 특성이 각각 개념형성의 과정에 관계한 것으로 추정된다.

(157) 큰집

이 낱말은 {작은 부인이나 그 자손이 '큰마누라'를 이르는 말}이라 풀이되면서 <정실(본처, 큰마누라) + 지칭자 / 작은 부인이나 그 자손>이라는 특성을 문제 삼고 있다. 이 낱말은 {작은 부인이나 그 자손이 큰마누라의 집을 이르는 말}, {맏집(집안의 맏이가 사는 집)}, {분가하여 나간 집에서 종가를 이르는 말}, {죄수들의 은어로, '교도소'를 이르는 말}이라는 내용과 함께 사용되기도 한다.

(158) 본부인(本婦人)

이 낱말은 {이혼하기 전의 본디 부인}이라 풀이되면서 <본처 + 지칭 시점 / 이혼 전>이라는 특성과 함께 사용하고 있다. 이 낱말은 {본디 부인을 첩에 상대하여 이르는 말}이라는 내용과 함께 [본처]와 같은 내용으로 중화되어 사용되기도 한다.

(159) 첩(妾)

(160) 첩부(妾婦)

(161) 소실(小室)

(162) 외처(外妻)

(163) 외부(外婦)

(164) 부실(副室)

(165) 작은집

(166) 별방(別房)

(167) 별가(別家)

(168) 별실(別室)

(169) 별택(別宅)

(170) 추실(箒室)

(171) 소처(小妻)

(172) 측녀(側女)

(173) 측실(側室)

(174) 희첩(姬妾)

(175) 작은이

[첩]은 {정식 아내 외에 데리고 사는 여자}라 풀이된다. 그리고 [첩부], [소실], [외처], [외

부], [부실], [측녀], [측실], [희첩]은 모두 {첩(妾)}이라 풀이된다. [작은집]은 {첩(妾)을 이르는 말}이라 풀이되고, [별벙]은 {'첩' 을 달리 이르는 말}이라 풀이되며, [별개와 [별실]과 [추실]과 [소체]는 {작은집}이라 풀이된다. 그리고 [별택]은 {별가}라 풀이되며, [작은이]는 {남의 첩(妾)을 본마누라에 상대하여 이르는 말}이라 풀이된다. 따라서 이 낱말들은 <아내 + 당사자 현황 + 신분 + 정실과 첩 / 첩>이라는 특성을 공유하면서 전술한 [정실] 등과 서로 대칭 관계를 형성하는 것으로 이해될 만하다. [첩]은 {예전에, 결혼한 여자가 윗사람을 상대하여 자기를 낮추어 이르던 일인칭 대명사}라는 내용과 함께 사용되기도 하고, [첩부]는 후술하게 될 [첩실]의 내용과 중화되어 사용되기도 한다. [부실] 은 {첩의 집}이라는 내용과 함께 사용되기도 한다. [작은집]은 {첩의 집을 이르는 말}, {따로 살림하는 아들이나 아우, 작은아버지의 집}, {분가하여 나간 집을 종가(宗家)에 상대하여 이르는 말}, {'변소' 를 완곡하게 이르는 말}, {은어로, '경찰서' 를 이르는 말}이라는 내용과 관계하기도 한다. [별개]는 {딴집}이라는 내용과 함께 사용되기도 하며, [별실]은 {특별히 따로 마련된 방}이라는 내용과 함께 사용되기도 한다. [별택]은 {본집 이외에 따로 지어 놓은 집}이나 {별장(別莊)}이라는 내용을 문제 삼기도 하고, [측실]은 {곁방}이라는 내용을 문제 삼기도 하며, 전술한 [큰이]와 대칭관계에 있는 [작은이]는 {남의 형제 가운데서 맏이가 아닌 사람}이라는 내용과 관계하기도 한다. [첩부]에서는 <첩 + 부인>이라는 특성이, [소실]에서는 <작음 + 집>이라는 특성이, [외처]에서는 <밖 + 아내>라는 특성이, [외부]에서는 <밖 + 부인>이라는 특성이, [부실]에서는 <버금 + 집>이라는 특성이, [작은집]에서는 <작음 + 집>이라는 특성이, [별벙]에서는 <다름 + 방>이라는 특성이, [별개와 [별실]과 [별택]에서는 <다름 + 집>이라는 특성이, [추실]에서는 <풀뿌리 얽힘 + 집>이라는 특성이, [소체]에서는 <작음 + 아내>라는 특성이, [측녀]에서는 <곁 + 여자>라는 특성이, [측실]에서는 <곁 + 집>이라는 특성이, [희첩]에서는 <계집 + 첩>이라는 특성이, 그리고 [작은이]에서는 <작음 + 사람>이라는 특성이 각각 개념형성의 과정에 관계한 것으로 추정된다. 현재 [첩부], [외처], [외부], [부실], [별벙], [별가], [별실], [별택], [추실], [소체], [측녀], [측실], [희첩] 따위가 <첩>이라는 내용과 함께 사용되는 일은 극히 드물다.

(176) 소가(小家)
(177) 작은댁(--宅)

[소가]는 {첩을 높여 이르는 말}이라 풀이되고, [작은댁]은 {'작은집' 의 높임말}이라 풀이된다. 따라서 이 낱말들은 <첩(작은집) + 대우법 / 높임>이라는 특성을 공유하는 것으로 해명

될 것이다. [소개]는 {규모가 작은 집}, {가난한 집}이라는 내용도 문제 삼고 있는 낱말이다.

(178) 작은계집

(179) 첩쟁이(妾--)

[작은계집]과 [첩쟁이]는 공통적으로 {'첩'을 낮잡아 이르는 말}이라 풀이되면서 <첩 + 대우법 / 낮춤>이라는 특성을 공유한다. 그러한 의미에서 이 낱말들은 전술한 [소개], [작은댁]과는 대우법을 축으로 서로 대칭관계를 형성하게 된다. [작은계집]에서는 <작음 + 계집>이라는 특성이, 그리고 [첩쟁이]에서는 <첩 + 그 뜻을(낮추어) 더함>이라는 특성이 각각 개념형성의 과정에 관계한 것으로 추정된다.

(180) 시앗

이 낱말은 {'남편의 첩'을 본처가 일컫는 말. 남편의 첩}이라 풀이되면서 <첩 + 지칭자 / 본처>라는 특성을 문제 삼고 있다.

(181) 작은마누라

이 낱말은 {'첩(妾)'을 듣기 좋게 이르는 말}이라 풀이되면서 <첩 + 지칭방식 / 듣기 좋음>이라는 특성과 함께 사용되고 있다.

(182) 첩실(妾室)

이 낱말은 {'첩'을 점잖게 이르는 말}이라 풀이되면서 <첩 + 지칭방식 / 점잖음>이라는 특성을 문제 삼고 있다.

(183) 동첩(童妾)

이 낱말은 {(아주)나이 어린 첩}이라 풀이되면서 <첩 + 상태 + 나이 / 어림>이라는 특성과 함께 사용되고 있다. 이 낱말은 {동기(童妓: 아이기생) 출신의 첩}이라는 내용을 문제 삼기도 한다.

(184) 소첩(少妾)

이 낱말은 {젊은 첩}이라 풀이되면서 <첩 + 상태 + 나이 / 젊음>이라는 특성을 문제 삼고 있다. 이 낱말은 {나이 어린 첩}이라는 특성과 함께 사용되기도 한다.

(185) 비첩(婢妾)

(186) 종첩(一妾)

[비첩]은 {여자 종으로서 첩이 된 사람}이라 풀이되며, [종첩]은 {종으로 부리던 여자를 올려 앉혀서 된 첩}이라 풀이된다. 따라서 이 낱말들은 <첩 + 출신 / 종(여자)>라는 특성을 공유하는 것으로 해명될 만하다. [비첩]은 {여자 종 신분의 첩}이라는 내용도 문제 삼으면서 <여자 종 신분의 유지>라는 특성도 문제 삼고 있다.

(187) 기(생)첩(妓生妾)

이 낱말은 {(예전에)기생 출신의 첩}이라 풀이되면서 <첩 + 출신 / 기생>이라는 특성을 문제 삼고 있다.

(188) 천첩(賤妾)

이 낱말은 {종(노비의 계집)이나 기생으로서 남의 첩이 된 여자}라 풀이되면서 <첩 + 출신 / 종이나 기생>이라는 특성과 함께 사용된다. 이 낱말은 {여자, 특히 부인이 남편을 상대하여 자기를 낮추어 이르는 일인칭 대명사}라는 내용도 문제 삼고 있다.

(189) 양첩(良妾)

이 낱말은 {양민(良民)의 신분으로 남의 첩이 된 여자}라 풀이되면서 <첩 + 출신 / 양민>이라는 특성과 함께 사용되고 있다.

(190) 시첩(侍妾)

이 낱말은 {남편을 옆에 모시고 있는 첩. 함께 있으면서 시중드는 첩(주로 귀족이나 벼슬아치가 데리고 사는 첩을 이른다)}이라 풀이되면서 <첩 + 처지 / 남편을 옆에서 모심>이라는 특성을 문제 삼고 있다.

(191) 애첩(愛妾)

이 낱말은 {사랑하는 첩. 사랑을 받는 첩}이라 풀이되면서 <첩 + 처지 / 사랑 받음>이라는 특성을 문제 삼고 있다. 이 낱말은 앞에서 논의된 바 있는 [애처]처럼 <남편의 현황>에서도 다루어질 수 있겠다.

(192) 총첩(寵妾)

이 낱말은 {지극한 사랑을 받는 첩. 특별히 귀여움과 사랑을 받는 첩}이라 풀이되면서 <애첩 + 매우 높은 정도>라는 특성과 함께 사용되고 있다.

(193) 여부인(如夫人)

이 낱말은 {정실(正室) 대우를 받는 애첩(愛妾)을 이르는 말}이라 풀이되면서 <애첩 + 정실 대우 받음>이라는 특성과 함께 사용된다. {남의 첩을 높여 이르는 말}이라는 내용도 문제 삼고 있는 이 낱말은 현재 입말로는 거의 사용되지 않고 있다. 이 낱말은 앞의 [총첩]과 함께 [애첩]의 아래에 포함된다는 점에서 공통적인 특성을 보이고 있다.

(194) 노리개첩(---妾)
(195) 화처(花妻)
(196) 화초첩(花草妾)

[노리개첩]은 {노리개로 데리고 노는 첩}이라 풀이되며, [화처]와 [화첩]은 공통적으로 {노리개첩}이라 풀이된다. 따라서 이 낱말들은 <첩 + 처지 / 노리개 역할>이라는 특성을 공유하는 것으로 이해될 만하다. [노리개첩]은 {데리고 노는 젊은 첩}이라는 특성과 함께 사용되기도 한다. [노리개첩]에서는 <노리개 + 첩>이라는 특성이, [화처]에서는 <꽃(과 같음) + 아내>라는 특성이, 그리고 [화첩]에서는 <꽃(과 같음) + 첩>이라는 특성이 각각 개념형성의 과정에 관계한 것으로 추정된다.

(197) 호강첩(一妾)

이 낱말은 {호강하는 첩. 또는 부유한 사람을 만나 호강스럽게 지내는 첩}이라 풀이되면서 <첩 + 처지 / 호강함>이라는 특성을 문제 삼고 있다.

(198) 초취(初娶)
(199) 초실(初室)

[초취]는 {첫 번째 장가가서 맞은 아내}라 풀이되며, [초실]은 {초취(初娶)}라 풀이된다, 따라서 이 낱말들은 <아내 + 당사자 현황 + 신분 + 결혼 서열 / 첫 번째>라는 특성을 공유하는 것으로 해명될 만하다. [초취]는 {처음 장가감}이라는 내용도, 그리고 [초실]은 {새 재목으로 지은 집}이라는 내용도 각각 문제 삼고 있다. 그러나 이 낱말들은 현재 입말로는 거의 사용되지 않고 있다.

(200) 재취(再娶)

(201) 재실(再室)

(202) 개취(改娶)

(203) 후취(後娶)

(204) 계취(繼娶)

[재취]는 {두 번째 장가들어 맞이한 아내}라 풀이되고, [재실]과 [개취]는 {재취(한 아내). 두 번째로 장가들어 얻은 아내}라 풀이되며, [후취]와 [계취]는 {재취(再娶)}라 풀이된다. 따라서 이 낱말들은 <아내 + 당사자 현황 + 신분 + 결혼 서열 / 두 번째>라는 특성을 공유하는 것으로 이해될 만하다. [재취]는 {아내를 여의었거나 아내와 이혼한 사람이 다시 장가듦}이라는 내용도 문제 삼고 있으며, [재실]은 {낡은 집을 헐어낸 재목으로 지은 집}이라는 내용과 함께 건축학에서 전문용어로도 사용되고 있다. [재취]에서는 <다시 + 장가듦>이라는 특성이, [재실]에서는 <다시 + 집>이라는 특성이, [개취]에서는 <고침 + 장가듦>이라는 특성이, [후취]에서는 <뒤 + 장가듦>이라는 특성이, 그리고 [계취]에서는 <이어짐 + 장가듦>이라는 특성이 각각 개념형성의 과정에 관계한 것으로 추정된다. 현재 [재실], [개취], [계취] 등은 입말로는 거의 사용되지 않고 있다.

(205) 후실(後室)

(206) 계배(繼配)

(207) 계실(繼室)

[후실]은 {후취의 높임말}이라 풀이되며, [계배]와 [계실]은 {후실(後室)}이라 풀이된다. 따라서 이 낱말들은 <후처(재취) + 대우법 / 높임>이라는 특성을 공유하는 것으로 해명될 수 있다. [후실]은 {남의 후처를 높여 이르는 말}이라는 내용도 문제 삼고 있다. [후실]에서는 <뒤 + 집>이라는 특성이, [계배]에서는 <이어짐 + 짝>이라는 특성이, 그리고 [계실]에서는 <이어짐 + 집>이라는 특성이 각각 개념형성의 과정에 관계한 것으로 추정된다.

(208) 후실댁(後室宅)

이 낱말은 {'후실(後室)'을 점잖게 이르는 말}이라 풀이되면서 <후실 + 지칭방식 / 점잖게 이름>이라는 특성과 함께 사용되고 있다. 이 낱말은 {'후실'을 대접하여 이르는 말}이라는 내용을 문제 삼기도 한다.

(209) 후배(後配)

이 낱말은 {죽은 후실(後室)}이라 풀이되면서 <후실 + 상태 / 사망>이라는 특성을 문제 삼고 있다. 이 낱말은 {후실}이라 풀이되면서 전술한 [후실]과 같은 내용으로 중화되어 사용되기도 한다.

(210) 삼취(三娶)
(211) 삼실(三室)

[삼취]는 {세 번째 장가들어 데려온 아내. 세 번째로 맞이한 아내}라 풀이되며, [삼실]은 {삼취(三娶)}라 풀이된다. 따라서 이 낱말들은 <아내 + 당사자 현황 + 신분 + 결혼 서열 / 세 번째>라는 특성을 공유하는 것으로 해명될 만하다. [삼취]는 {세 번째 장가감}이라는 내용과 함께 사용되기도 하며, [삼실]은 {낡은 재목으로 세 번째 고쳐 지은 집}이라는 내용과 함께 사용되기도 한다.

지금까지의 고찰에서 보인 바와 같이 <아내 + 당사자 현황 + 신분> 분절에서는 일차적으로 <지체 높음>, <전후>, <정실과 첩>, <서열>이 관심의 대상이 되어 있다. <두 번 이상의 결혼>이 전제되는 <전후>의 아래로는 <전>과 <후>과 관조의 대상이 되어 있는데, 전자의 아래로는 다시 <높임>과 <사망>이 문제되어 있다. <정실과 첩> 아래에는 <정실>과 <첩>이 문제되어 있는데, 전자의 아래로는 <대우법>과 <지칭>이 관심의 대상이 되어 있으며, 후자의 아래로는 <대우법>과 <지칭>과 <나이>와 <출신>과 <처지>가 관심의 대상이 되어 있다. <정실 + 대우법>에서는 <높임 : 낮춤>의 대칭관계가 문제되어 있으며, <정실 + 지칭>아래로는 <지칭자 / 작은 부인이나 그 자손 : 지칭 시점 / 이혼 전>의 대립관계가 문제되어 있다. <첩 + 대우법> 아래로는 <높임 : 낮춤>의 대칭관계가, <첩 + 지칭> 아래로는 <지칭자(본처) : 방식(듣기 좋음 : 점잖음)>의 대립이, <첩 + 나이> 아래로는 <어림 : 젊음>의 대립이, <첩 + 출신>아래로는 <종 : 기생>의 대립이, 그리고 <첩 + 처지> 아래로는 <남편을 옆에서 모심 : 사랑 받음 : 노리개 역할 : 호강함>의 대립이 관조의 대상이 되어 있다. 그리고 결혼의 <서열> 분절에서는 <첫 번째 : 두 번째 : 세 번째>라는 계단대립의 양상을 보이고 있는데, <서열 + 두 번째>의 아래로는 다시 <대우법 / 높임 : 지칭방식 / 점잖게 이름 : 상태 / 사망>이 문제되어 있다. 이러한 <당사자 현황 + 신분> 분절의 특징을 그림으로 보이면 [그림 14], [그림 15], [그림 16], [그림 17], [그림 18], [그림 19]가 될 것이다.

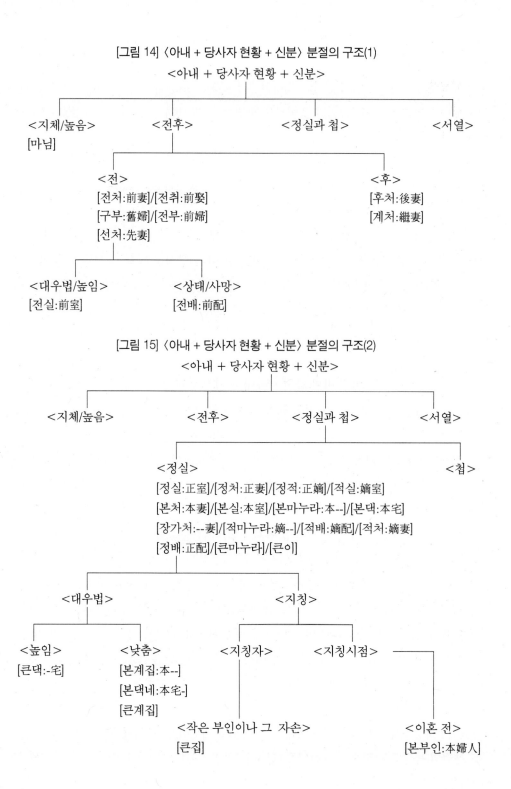

[그림 14] 〈아내 + 당사자 현황 + 신분〉 분절의 구조(1)

〈아내 + 당사자 현황 + 신분〉

〈지체/높음〉 〈전후〉 〈정실과 첩〉 〈서열〉
[마님]

〈전〉
[전처:前妻]/[전취:前娶]
[구부:舊婦]/[전부:前婦]
[선처:先妻]

〈후〉
[후처:後妻]
[계처:繼妻]

〈대우법/높임〉
[전실:前室]

〈상태/사망〉
[전배:前配]

[그림 15] 〈아내 + 당사자 현황 + 신분〉 분절의 구조(2)

〈아내 + 당사자 현황 + 신분〉

〈지체/높음〉 〈전후〉 〈정실과 첩〉 〈서열〉

〈정실〉
[정실:正室]/[정처:正妻]/[정적:正嫡]/[적실:嫡室]
[본처:本妻]/[본실:本室]/[본마누라:本--]/[본댁:本宅]
[장가처:--妻]/[적마누라:嫡--]/[적배:嫡配]/[적처:嫡妻]
[정배:正配]/[큰마누라]/[큰이]

〈첩〉

〈대우법〉 〈지칭〉

〈높임〉
[큰댁:-宅]

〈낮춤〉
[본계집:本--]
[본댁네:本宅-]
[큰계집]

〈지칭자〉 〈지칭시점〉

〈작은 부인이나 그 자손〉
[큰집]

〈이혼 전〉
[본부인:本婦人]

350 한국인의 〈친척〉이야기

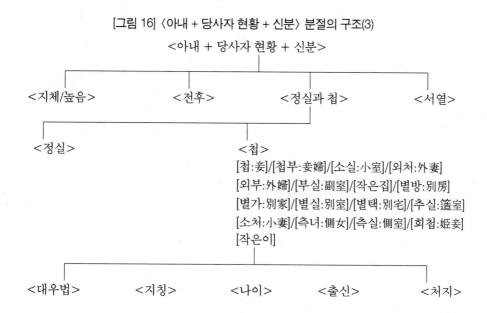

[그림 16] 〈아내 + 당사자 현황 + 신분〉 분절의 구조(3)

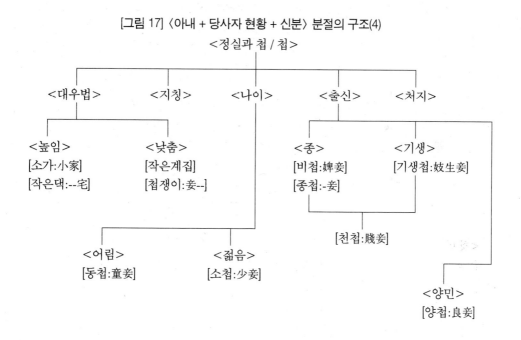

[그림 17] 〈아내 + 당사자 현황 + 신분〉 분절의 구조(4)

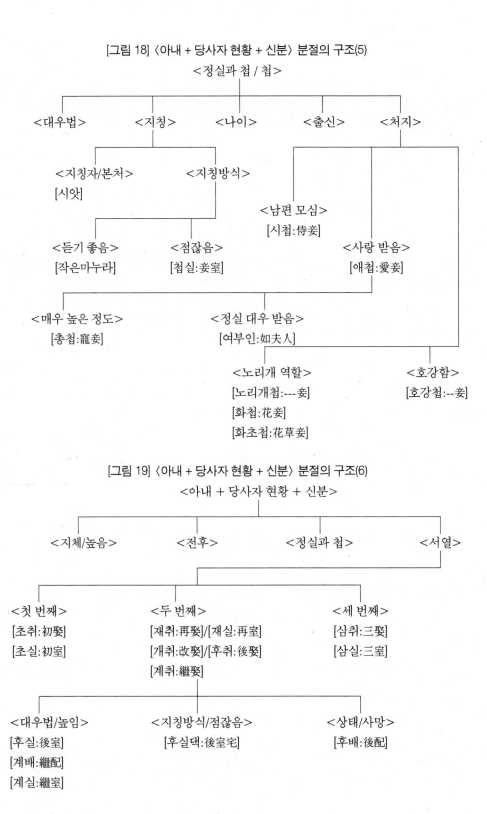

[그림 18] 〈아내 + 당사자 현황 + 신분〉 분절의 구조(5)

<정실과 첩 / 첩>

            <대우법>   <지칭>   <나이>   <출신>   <처지>

<지칭자/본처>   <지칭방식>
[시앗]

                             <남편 모심>

                            [시첩:侍妾]

<듣기 좋음>   <점잖음>   <사랑 받음>

[작은마누라]   [첩실:妾室]   [애첩:愛妾]

<매우 높은 정도>   <정실 대우 받음>

[총첩:寵妾]   [여부인:如夫人]

                  <노리개 역할>   <호강함>

                  [노리개첩:---妾]   [호강첩:--妾]

                  [화첩:花妾]

                  [화초첩:花草妾]

[그림 19] 〈아내 + 당사자 현황 + 신분〉 분절의 구조(6)

<아내 + 당사자 현황 + 신분>

    <지체/높음>   <전후>   <정실과 첩>   <서열>

<첫 번째>   <두 번째>   <세 번째>

[초취:初娶]   [재취:再娶]/[재실:再室]   [삼취:三娶]

[초실:初室]   [개취:改娶]/[후취:後娶]   [삼실:三室]

                [계취:繼娶]

<대우법/높임>   <지칭방식/점잖음>   <상태/사망>

[후실:後室]   [후실댁:後室宅]   [후배:後配]

[계배:繼配]

[계실:繼室]

4) 마무리

<아내> 명칭은 <부부 관계의 성립 + 당사자 / 여성>이라는 특성과 함께 이해될 만한 분절인데, 이 분절에 있어서의 특징들을 요약하여 정리하면 다음과 같다.

(1) 이 분절에 있어서는 [아내]와 [안], [처(妻)], [처실(妻室)], [규실(閨室)], [내권(內眷)], [각시], [부(婦)], [와이프(wife)] 따위가 그 미세한 위상의 차이에도 불구하고 원어휘소의 자리를 공유하고 있다.

(2) <아내> 명칭의 분절에 있어서는 아내 <당사자의 현황>과 아내와 상대 관계에 있는 <남편의 현황>이 일차적인 관조의 대상이 되어 있다.

(3) <남편의 현황> 분절에 있어서는 <남편의 상태>와 <남편의 신분>, 그리고 <말할 이의 처지>가 관심의 대상이 되어 있다.

(4) <남편의 현황 / 남편의 상태> 분절에 있어서는 <아내를 사랑함>, <외지에 나가 있음>, <생전에 벼슬 없었음>이 관심의 대상이 되어 있다.

(5) <남편의 현황 / 남편의 신분> 분절에 있어서는 그 아래로 남편의 <계층>, 남편의 <직업>, 남편의 <위치>가 관심의 대상이 되어 있다. <계층> 분절에 있어서는 다시 그 아래로 <황실>, <왕실>, <귀족>, <선비>, <양반>이 관심의 대상이 되어 있다. <황실> 아래로는 다시 <황제>와 <황태자>가, <왕실> 아래로는 다시 <임금(왕)>과 <왕세자>가 각각 관조의 대상이 되어 있다. 남편의 <직업>에서는 <선생>과 <중>과 <도둑>이, 그리고 남편의 <위치>에서는 <제사 맡음>과 <주인>과 <적자>가 각각 관심의 대상이 되어 있다.

(6) <남편의 현황 / 말할이의 처지> 분절에 있어서는 <지칭>과 <대우법>이 관심사가 되어 있다. <지칭> 분절에 있어서는 그 아래로 <대상 / 피지칭자>와 <방식 / 예스러움>이 관심의 대상이 되어 있는데, 전자의 경우는 다시 그 아래로 <자신의 배우자 : 남의 배우자 : 상대자의 배우자 : 동년배 이하의 배우자>의 대립관계가 관심의 대상이 되어 있다. <자신의 배우자> 아래에는 <지칭방식 / 점잖게 이름>과 <지칭방식 / 겸손하게 이름>과 <낮춤>이 관조의 대상이 되어 있으며, <남의 배우자> 아래에는 <높임>과 <지칭방식 / 점잖게 이름>이 관조의 대상이 되어 있다. 그리고 <상대자의 배우자>와 <동년배 이하의 배우자> 아래로는 <높임>만이 문제되는 공통적인 특징을 보이고 있다. <대우법>에서는 <높임 : 낮춤>의 대립관계가 관심의 대상이 되어 있다.

(7) <당사자 현황> 분절의 아래로는 당사자의 성질이나 품격을 나타내는 <성품>과 당

사자가 처해 있는 <상태>, 그리고 당사자의 <신분>이 하위 관점으로 나타나 있다.

(8) <당사자 현황 / 성품> 분절에 있어서는 <어짊>, <절개 곧음>, <집 잘 다스림>, <아양 떪>, <사나움(악함)>, <강샘이 심함>이 관심의 대상이 되어 있다. 그리고 <어짊>의 아래로는 <착함>과 <신분 / 왕비>가 관조의 대상이 되어 있다.

(9) <당사자 현황 / 상태> 분절에서는 <용모>, <건강>, <나이>, <생사>, <생활>, <자식>, <남편과의 관계> 따위가 관조의 대상이 되어 있다. <용모>에서는 <아름다움>이, <건강>에서는 <병듦>이, <나이>에서는 <젊음 : 지긋함 : 늙음>으로 이어지는 계단대립의 양상이, <생사>에서는 <사망>이, <생활>에서는 <가난함>이, <자식>에서는 <있음>이, 그리고 <남편과의 관계>에서는 <인연 끊음 : 소박 당함 : 폐위됨>이라는 대립이 각각 관심의 대상이 되어 있다.

(10) <당사자 현황 / 신분> 분절에서는 일차적으로 <지체 높음>, <전후>, <정실과 첩>, <서열>이 관심의 대상이 되어 있다. <전후>의 아래로는 <전>과 <후>가 관조의 대상이 되어 있는데, 전자의 아래로는 다시 <높임>과 <사망>이 문제되어 있다. <정실과 첩> 아래에는 <정실>과 <첩>이 문제되어 있는데, 전자의 아래로는 <대우법>과 <지칭>이 관심의 대상이 되어 있으며, 후자의 아래로는 <대우법>과 <지칭>과 <나이>와 <출신>과 <처지>가 관심의 대상이 되어 있다. <정실 + 대우법>에서는 <높임 : 낮춤>의 대칭관계가 문제되어 있으며, <정실 + 지칭>아래로는 <지칭자 / 작은 부인이나 그 자손 : 지칭 시점 / 이혼 전>의 대립관계가 문제되어 있다. <첩 + 대우법> 아래로는 <높임 : 낮춤>의 대칭관계가, <첩 + 지칭> 아래로는 <지칭자(남편) : 방식(듣기 좋음 : 점잖음)>의 대립이, <첩 + 나이> 아래로는 <어림 : 젊음>의 대립이, <첩 + 출신>아래로는 <종 : 기생>의 대립이, 그리고 <첩 + 처지> 아래로는 <남편을 옆에서 모심 : 사랑 받음 : 노리개 역할 : 호강함>의 대립이 관조의 대상이 되어 있다. 그리고 <서열> 분절에서는 <첫 번째 : 두 번째 : 세 번째>라는 계단대립의 양상을 보이고 있는데, <서열 + 두 번째>의 아래로는 다시 <대우법 / 높임 : 지칭방식 / 점잖게 이름 : 상태 / 사망>이 문제되어 있다.

제2절 〈동기〉 분절구조

1. 머리말

〈동기〉라는 존재세계는 모든 인간에게 있어서 동일한 객관세계임에도 불구하고, 이 세계에 대하여 관조하는 방식은 민족마다 꼭 동일한 것은 아니다. 이러한 상이성은 언어적인 (어휘적인) 실현 양상의 차이로 나타난다. 예를 들면, 말라야말은 〈동기〉에 대한 어떠한 관점도 개입됨이 없이 하나의 낱말로만 실현되고 있고, 영어나 도이치말은 〈성(남자 : 여자의 대립)〉이라는 하나의 관점의 개입과 함께 각각 두 개의 낱말로 각각 실현되고 있으며, 헝거리말은 〈성〉과 〈상하(윗사람 : 아랫사람의 대립)〉라는 두 가지의 관점의 개입과 함께 네 개의 낱말로 실현되고 있다고 한다[6].

국어의 경우, 〈동기〉 분절을 그 기본구조 면에서만 보면, 〈성〉과 〈상하〉 외에도 〈상대성(주체와 상대의 관계)〉이라는 관점도 포함하면서 다른 언어들에 비하여 상대적으로 훨씬 다양한 분절구조를 보이고 있다. 뿐만 아니라 그러한 세 관점들은 다시 그 아래로 많은 하위 관점들을 포함하는 양상을 보이고 있는데, 이것이 현대 한국어의 실상이다.

〈동기〉는 〈어버이 보다 직계로 한 세대 아래인 아들딸들 사이의 상호 관계〉라는 내용과 함께 선천적인 〈서열적 수평관계〉에 해당하는 친척 명칭으로 이해될 수 있는데, 이 분절은 흔히 〈형제자매〉로 명명되기도 한다. 그럼에도 불구하고 여기서 〈동기〉라는 명칭을 사용하는 것은, 어휘소 [형제자매]는 [동기] 분절에 있어서의 하위분절에도 관여한다는 점을 고려했기 때문이다. 즉, [형제자매]는 〈상대성 / 남자 → 남자〉 분절과 〈상대성 / 여자 → 여자〉 분절에 동시적으로 관계하는 특징도 보여 주기 때문이다.

---

6) 허발(1981) :〈어휘분절구조이론〉 고려대학교출판부, 45쪽.

우리말	헝가리말	영어	도이치말	말라야말
형, 오빠	bàtya			
동생, 아우	öcs	brother	Bruder	saudra
누나, 언니	néne			
누이, 아우	hug	sister	Schwester	

2. 〈동기〉 분절의 기본구조

한국어에 있어서 〈동기〉 명칭 분절은 기본적으로 〈성〉으로서 〈남성 : 여성〉라는 대립, 〈위아래〉로서 〈위 : 아래〉라는 대립, 〈상대성〉으로서 〈남자 → 남자(남자 편에서 본 남자) : 여자 → 남자(여자 편에서 본 남자) : 남자 → 여자(남자 편에서 본 여자) : 여자 → 여자(여자 편에서 본 여자)〉라는 대립이 관심의 대상이 되면서 하위분절되는 양상을 보이고 있다. 곧, 한국어의 경우, 〈동기〉 명칭 분절은 기본적으로 세 가지의 관점에 의하여 하위분절되어 있다. [그림 1]은 이러한 〈동기〉 분절의 기본구조를 보이기 위한 것이다.

[그림 1] 〈동기〉 분절의 기본구조

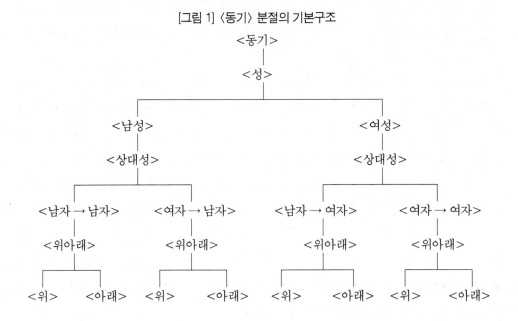

(1) 동기(同氣)

(2) 형제자매(兄弟姉妹)

[동기]는 {형제와 자매, 남매를 통틀어 이르는 말. 형제자매의 총칭}이라 풀이되면서 〈동기〉 분절에 있어서 원어휘소로서 기능하고 있다. [형제자매]도 {동기. 남자 형제와 여자 형제를 아울러 이르는 말}이라 풀이되면서 [동기]와 같은 방법으로 해명될 만한 표현이다. 그러나 [형제자매]는 전술한 바와 같이 〈상대성 / 남자 → 남자〉 분절과 〈상대성 / 여자 → 여자〉 분절에 동시적으로 관계하기도 하면서 [동기]와는 위상가치를 달리하기도 한다.

이 <동기> 분절에 있어서는 <어버이 현황>으로서 <어버이 같음 : 어버이 다름>의 대립관계가 관심의 대상이 되어 있다.

(3) 한동기(-同氣)

(4) 한동생(-同生)

(5) 친동기(親同氣)

(6) 동포(同胞)

(7) 남매(男妹)

[한동기]는 {부모가 같은 동기(형제자매)}라 풀이되고, [한동생]은 {한동기}라 풀이되며, [친동기]는 {한 어버이에게서 난 동기. 같은 부모에게서 난 형제자매}라 풀이된다. 그리고 [동포]는 {한 부모에게서 태어난 형제자매}라 풀이되며, [남매]는 {한 부모가 낳은 남녀 동기}라 풀이된다. 따라서 이 낱말들은 <동기 + 어버이 현황 / 어버이 같음>이라는 특성을 공유하는 것으로 이해될 만하다. [동포]는 오히려 {한 나라 또는 한 겨레에 딸려있는 사람. 같은 나라 또는 같은 민족의 사람(을 다정하게 이르는 말)}이라는 내용과 함께 더 자연스럽게 사용되는 특징을 보이는 낱말이며, [남매]는 더 자연스럽게 {오라비와 누이. 오빠와 누이를 아울러 이르는 말}이라는 내용과 함께 사용되는 표현이다. [한동기]에서는 <하나(임) + 동기>와 같은 특성이, [한동생]에서는 <하나(임) + 같은 태생>이라는 특성이, 그리고 [친동기]에서는 <선천적임 + 동기>라는 특성이 각각 개념형성의 과정에 관계한 것으로 추정된다.

(8) 친남매(親男妹)

이 낱말은 {같은 부모에게서 난 남매. 한 어버이에게서 난 남매}라 풀이되면서 <남매 + 어버이 같음 강조>라는 특성을 문제 삼고 있다.

(9) 의남매(義男妹)

위의 [친남매]와 대칭관계를 이루고 있는 이 낱말은 {의로 맺은 남매}라 풀이되면서 <남매 + 어버이 현황 / 어버이 다름 + 형성과정 / 의로 맺음>이라는 특성과 함께 사용되는 표현이다. 이 낱말은 {아버지나 어머니가 서로 다른 남매}라는 내용과 관계하기도 한다.

지금까지의 고찰에서 보인 바와 같이 [동기]와 [형제자매]를 원어휘소로 하는 <동기> 분절에 있어서는 그 아래로 <어버이 현황>으로서 <어버이 같음 : 어버이 다름>이 일차적인 관조의 대상이 되어 있다. 그리고 <어버이 같음> 아래로는 <어버이 같음 강조>가 문제되어 있으며, <어버이 다름> 아래로는 <형성과정 / 의로 맺음>이 관심의 대상이 되어 있다. [그림 2]는 이러한 <동기> 분절의 상위 구조를 보이기 위한 것이다.

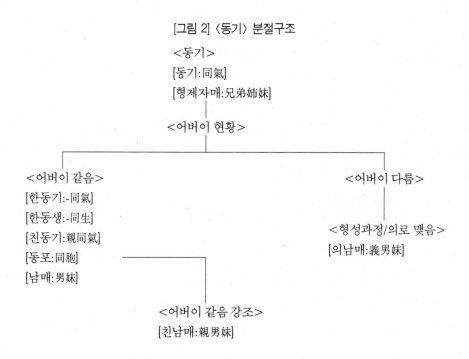

[그림 2] 〈동기〉 분절구조

<동기>
[동기:同氣]
　[형제자매:兄弟姉妹]

　　　<어버이 현황>

　<어버이 같음>
[한동기:-同氣]
[한동생:-同生]
[친동기:親同氣]
[동포:同胞]
[남매:男妹]

　　　　　　　　　　　　　<어버이 다름>

　　　　　　　　　　　　<형성과정/의로 맺음>
　　　　　　　　　　　　[의남매:義男妹]

　　　<어버이 같음 강조>
　　　[친남매:親男妹]

3. 〈남성〉 중심의 분절구조

전술한 바와 같이 <남성> 분절에 있어서는 그 아래로 <상대성>으로서 <남자 → 남자 : 남자 → 여자>의 대립이 일차적인 관심사가 되어 있다.

(10) 형제(兄弟)

(11) 제형(弟兄)

(12) 아우형제(--兄弟)

(13) 동근(同根)

(14) 곤제(昆弟)

[형제]는 {'형과 아우'를 아울러 이르는 말}이라 풀이되면서 <동기 + 남성 + 남자 → 남

자> 분절에 있어서 원어휘소로 기능하고 있는 낱말이다. 이 낱말은 {동기}라 풀이되면서 <동기> 분절의 원어휘소의 자리로 중화되기도 하며, {하느님을 믿는 신도들이 스스로를 일컫는 말}이라는 내용과 함께 전문용어로 사용되기도 한다. 형태상으로 [형제]와 도치형인 [제형]도 {아우와 형}이라 풀이되면서 [형제]와 같은 방법으로 해명될 만한 표현이나, 이 낱말은 현재 입말로는 거의 사용되지 않고 있다. [아우형제]도 {'형제(兄弟)' 를 달리 이르는 말} 이라 풀이되고, [동근]과 [곤제]도 {형제. '형제'를 달리 이르는 말}이라 풀이되는데, 그러한 의미에서 이 낱말들도 [형제]와 같은 방법으로 해명될 만하다. [동근]은 근본이 같음}이나 {그 자라난 뿌리가 같음}이라는 내용과 관계하기도 한다. [곤제]는 형제 입말로는 거의 사용되지 않고 있다[7].

<동기 + 남성 + 남자 → 남자> 분절 아래로는 <현황>과 <위아래>가 관조의 대상이 되어 있는데, 전자의 아래로는 다시 <어버이 현황 : 형제의 신분 : 형성과정 : 차례 : 말할이의 처지>가 문제되어 있으며, 후자의 아래로는 다시 <위 : 아래>의 대립이 문제되어 있다.

(15) 친형제(親兄弟)

이 낱말은 {같은 부모에게서 난 형제}라 풀이되면서 <형제 + 현황 + 어버이 현황 / 어버이 같음>이라는 특성과 함께 사용되고 있다.

(16) 이복형제(異腹兄弟)

(17) 이모형제(異母兄弟)

(18) 줄무더기형제(----兄弟)

[이복형제]는 {아버지는 같고 어머니는 다른 형제}라 풀이되고, [이모형제]와 [줄무더기형제]는 [이복형제]라 풀이된다. 따라서 이 낱말들은 <형제 + 현황 + 어버이 현황 / 어머니 다름>이라는 특성을 공유하는 것으로 이해된다. [이복형제]에서는 <배다름>이라는 특성이, [이모형제]에서는 <어머니 다름>이라는 특성이, 그리고 [줄무더기형제]에서는 <여러 가지 혼합>이라는 특성이 각각 개념형성의 과정에 관계한 것으로 추정된다.

(19) 동복형제(同腹兄弟)

(20) 동산(同産)

(21) 외형제(外兄弟)

---

7) [곤계 : 昆季}가 같은 내용을 문제 삼으면서 등재되어 있는 사전도 하다.

(22) 이부형제(異父兄弟)

[동복형제]는 {한 어머니에게서 난 형제}라 풀이되고, [동산]은 {동복형제}라 풀이되며, [외형제]는 {어머니는 같으나 아버지가 다른 형제}라 풀이된다. 그리고 [이부형제]는 {어머니는 같고 아버지가 다른 형제}라 풀이된다. 따라서 이 낱말들은 <형제 + 어버이 현황 / 아버지 다름>이라는 특성을 공유하는 것으로 해명될 만하다. 그러한 의미에서 이 낱말들은 전술한 [이복형제(이모형제. 줄무더기형제)]와 대칭관계를 형성하는 것으로 이해될 수 있다. [외형제]는 {고모(姑母)의 아들}이라는 내용과 관계하기도 한다. [동복형제]에서는 <배 같음>이라는 특성이, [동산]에서는 <출생 같음>이라는 특성이, [외형제]에서는 <밖>이라는 특성이, 그리고 [이부형제]에서는 <아버지 다름>이라는 특성이 개념형성의 과정에 각각 관계한 것으로 추정된다.

(23) 친왕(親王)

이 낱말은 {황제의 형제}라 풀이되면서 <형제 + 현황 + 형제의 신분 / 황제>라는 특성과 함께 사용되는 표현이다. 이 낱말은 {황제의 아들}이라는 내용을 문제 삼기도 한다.

(24) 결의형제(結義兄弟)
(25) 맹형제(盟兄弟)

[결의형제]는 {결의하여 형제의 의를 맺은 형제}라 풀이되며, [맹형제]는 {결의형제}라 풀이된다. 따라서 이 낱말들은 <형제 + 현황 + 형성과정 / 결의하여 맺음>이라는 특성을 공유하는 것으로 해명될 만하다. [결의형제]는 {결의하여 형제의 의를 맺음}이라는 내용과 함께 사용되기도 한다.

(26) 의형제(義兄弟)

이 낱말은 {의로 맺은 형제}라 풀이되면서 <형제 + 현황 + 형성과정 / 의로 맺음>이라는 특성을 문제 삼고 있는 표현이다. 이 낱말은 {아버지나 어머니가 서로 다른 형제}라는 내용과 함께 사용되기도 한다.

(27) 맏이
(28) 첫째

[맏이]는 {형제 가운데서 맨 먼저 태어난 사람. 여러 형제 가운데서 제일 손위인 사람}이라

풀이되며, [첫째]는 {맏이}라 풀이된다. 따라서 이 낱말들은 <형제 + 현황 + 차례 / 맏이>라는 특성을 공유하는 것으로 해명될 만하다. [맏이]는 {자매 가운데서 맨 먼저 태어난 사람. 여러 자매 가운데서 제일 손위인 사람}이나 {나이가 남보다 많음. 또는 그런 사람}이라는 내용을 문제 삼기도 하며, [첫째]는 {주로 '첫째로' 꼴로 쓰여 무엇보다도 앞서는 것}이나 {순서가 가장 먼저인 차례. 또는 그런 차례의}와 같은 내용과 관계하기도 한다.

(29) 막내

이 낱말은 {여러 형제 중에서 맨 나중에(끝에) 난 사람}이라 풀이되면서 <형제 + 현황 + 차례 / 맨 끝>이라는 특성과 함께 사용되는 표현이다. 이 낱말은 {여러 자매 중에서 맨 나중에(끝에) 난 사람}이나 {같은 항렬 가운데서 차례가 맨 끝인 사람}이라는 내용과 관계하기도 한다.

(30) 막내둥이
(31) 막둥이

[막내둥이]와 이의 준말인 [막둥이]는 {'막내'를 귀엽게 일컫는 말}이라 풀이되면서 <막내 + 말할이의 처지 + 말할이의 의식 / 귀여움(귀여워 함)>이라는 특성을 공유하고 있다. 그러나 [막둥이]는 {'막내아들' 을 귀엽게 이르는 말}이나 {잔심부름을 하는 사내아이}라는 내용과도 관계한다는 점에서 [막내둥이]와 차별화되기도 한다.

(32) 큰이

이 낱말은 {남의 형제 중에서 맏이가 되는 사람을 이르는 말}이라 풀이되면서 <형제 + 현황 + 말할이의 처지 + 들을이 / 남 + 차례 + 맏이 / 긍정>이라는 특성과 함께 사용되는 표현이다. 이 낱말은 {남의 본부인을 그의 첩에 상대하여 이르는 말}이라는 내용과 관계하기도 한다.

(33) 작은이

이 낱말은 {남의 형제 가운데서 맏이가 아닌 사람}이라 풀이되면서 <형제 + 현황 + 말할이의 처지 + 들을이 / 남 + 차례 + 맏이 / 부정 >이라는 특성을 문제 삼고 있다. 그러한 의미에서 이 낱말은 전술한 [큰이]와 대칭관계를 형성하는 표현으로 이해될 것이다. 이 낱말은 {남의 첩을 본마누라에 상대하여 이르는 말}이라는 내용과 함께 사용되기도 한다.

지금까지의 고찰에서 보인 바와 같이 <남자 → 남자 + 현황> 분절에서는 <어버이 현황>, <형제의 신분>, <형성과정>, <차례>, <말할이의 처지>가 관조의 대상이 되어 있다. <어버이 현황> 아래로는 <어버이 같음>과 <어버이 다름>의 대칭관계가 형성되어 있는데, 후자의 아래로는 <어머니 다름>과 <아버지 다름>의 대칭관계가 문제되어 있다. <형제의 신분> 아래로는 <황제>가 관심의 대상이 되어 있다. <형성과정>으로서는 <결의하여 맺음>과 <의로 맺음>이 관심의 대상이 되어 있다. <차례>에서는 <맏이>와 <맨 끝>이 관조의 대상이 되어 있는데, 후자의 아래로는 <의식 / 귀여움>이 문제되어 있다. <말할이의 처지>이 아래로는 <들을이 / 남>이 관심의 대상이 되어 있는데, 그 아래로는 <차례 / 맏이>로서 <긍정 : 부정>의 유무대립관계가 성립되어 있다. 이러한 분절상의 특징을 그림으로 보이면 [그림 3], [그림 4], [그림 5]가 될 것이다.

[그림 3] 〈남자 → 남자 + 현황〉 분절구조(1)

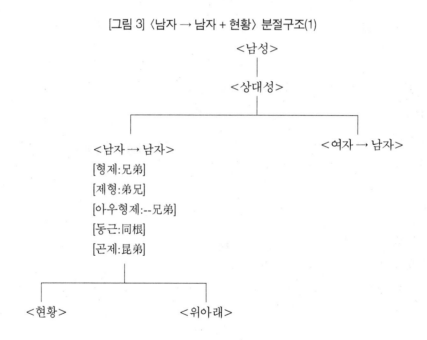

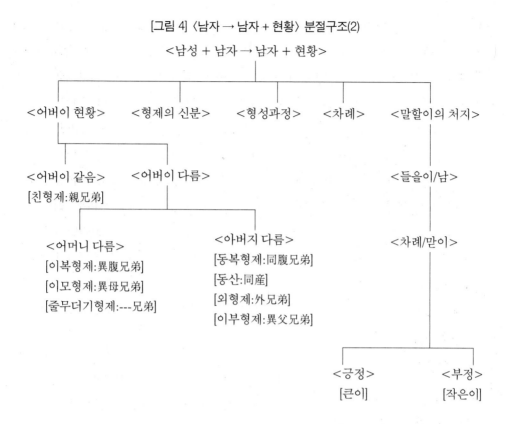

[그림 4] 〈남자 → 남자 + 현황〉 분절구조(2)

<남성 + 남자 → 남자 + 현황>

<어버이 현황> <형제의 신분> <형성과정> <차례> <말할이의 처지>

<어버이 같음> <어버이 다름>

[친형제:親兄弟]

<어머니 다름>
[이복형제:異腹兄弟]
[이모형제:異母兄弟]
[줄무더기형제:---兄弟]

<아버지 다름>
[동복형제:同腹兄弟]
[동산:同産]
[외형제:外兄弟]
[이부형제:異父兄弟]

<들을이/남>

<차례/맏이>

<긍정> <부정>
[큰이] [작은이]

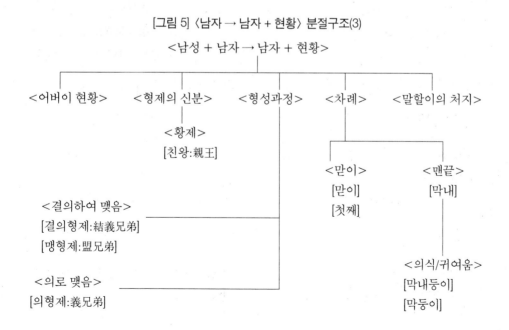

[그림 5] 〈남자 → 남자 + 현황〉 분절구조(3)

<남성 + 남자 → 남자 + 현황>

<어버이 현황> <형제의 신분> <형성과정> <차례> <말할이의 처지>

<황제>
[친왕:親王]

<맏이> <맨끝>
[맏이] [막내]
[첫째]

<결의하여 맺음>
[결의형제:結義兄弟]
[맹형제:盟兄弟]

<의로 맺음>
[의형제:義兄弟]

<의식/귀여움>
[막내둥이]
[막둥이]

<남성 + 남자 → 남자 + 위아래 / 위>를 특성으로 하는 분절, 곧 <형> 분절에서는 그 아래로 <차례>, <어버이 현황>, <말할이의 처지>, <형성과정>, <당사자 현황>이 관조의 대상이 되어 있다.

(34) 형(兄)

이 낱말은 {같은 부모에게서 태어난 자식으로서 손위의 남자}라 풀이되면서 <형제 + 위아래 / 위>라는 특성을 문제 삼고 있다. 이 낱말은 {일가친척 가운데 항렬이 같은 남자들 사이에서 나이가 많은 사람}, {같은 부모에게서 태어난 자식으로서 손위의 여자}, {남남끼리 나이가 적은 남자가 나이가 많은 남자를 이르는 말}, {나이가 비슷한 동료나 아랫사람의 성 뒤에 붙여 상대방을 조금 높여 이르는 말}이라는 내용과 함께 사용되기도 한다.

(35) 맏형(-兄)
(36) 백형(伯兄)
(37) 큰형(-兄)
(38) 장형(長兄)

[맏형]은 {둘 이상의 형 가운데 맏이가 되는 형}이라 풀이되고, [백형]과 [장형]은 {맏형}이라 풀이되며, [큰형]은 {'맏형'을 작은형에 상대하여 부르는 말. 맏형}이라 풀이된다. 따라서 이 낱말들은 <형 + 서열 + 맏이 / 긍정>이라는 특성을 공유하는 것으로 해명될 만하다. [맏형]에서는 <처음 나옴>이라는 특성이, [백형]에서는 <우두머리>라는 특성이, [큰형]에서는 <작음과 대칭관계>라는 특성이, 그리고 [장형]에서는 <어른>이라는 특성이 각각 개념형성의 과정에 관계한 것으로 추정된다. [큰형]은 후술할 [작은형]과 대칭관계를 형성하고 있다.

(39) 가백(家伯)

이 낱말은 {남에게 자기 '맏형'을 일컫는 말}이라 풀이되면서 <맏형 + 피지칭자 / 자기의 맏형>이라는 특성을 문제 삼으면서 사용되는 표현이다. 이 낱말은 {남에게 자기 '맏형'을 겸손하게 일컫는 말}이라는 내용과 관계하기도 한다.

(40) 사백(舍伯)

이 낱말은 {남에게 자기의 '맏형'을 겸손하게 이르는 말}이라 풀이되면서 <가백 + 말할이의 태도 / 겸손함>이라는 특성과 함께 사용되고 있다.

(41) 백씨(伯氏)

이 낱말은 {남의 맏형을 높여서 이르는 말}이라 풀이된다. 따라서 이 낱말은 <맏형 + 피지칭자 / 남의 맏형 + 대우법 / 높임>이라는 특성과 함께 해명될 만한 표현이다.

(42) 작은형(--兄)

이 낱말은 {둘 이상의 형 가운데 맏형이 아닌 형. 맏형이 아닌 형]이라 풀이되면서 <형 + 서열 + 맏이 / 부정>이라는 특성을 문제 삼고 있다. 따라서 이 낱말은 전술한 [맏형. 큰형] 등과 대칭관계를 형성하는 표현으로 이해될 만하다.

(43) 차형(次兄)

이 낱말은 {둘째 형}이라 풀이되면서 <형 + 차례 / 둘째>라는 특성을 문제 삼고 있다. 이 낱말은 [중형(仲兄)]이라는 내용과 관계하기도 한다.

(44) 중형(仲兄)

이 낱말은 {자기의 둘째 형}이라 풀이되면서 <차형 + 피지칭자 / 자기의 둘째 형>이라는 특성과 함께 사용되고 있다.

(45) 중씨(仲氏)

이 낱말은 {'남의 둘째 형.을 높여 이르는 말}이라 풀이되면서 <차형 + 피지칭자 / 남의 둘째 형 + 대우법 / 높임>이라는 특성을 문제 삼고 있는 표현이다. 이 낱말은 {중형(仲兄)}이라는 내용과 관계하기도 한다.

(46) 숙씨(叔氏)

이 낱말은 {남의 셋째 형}이라 풀이되는 표현이다. 따라서 이 낱말은 <형 + 차례 / 셋째 + 피지칭자 / 남의 셋째 형>이라는 특성과 함께 해명될 만하다. 이 낱말은 {남의 셋째 아우를 높여 이르는 말}이라는 내용과 관계하기도 한다[8]).

(47) 친형(親兄)
(48) 실형(實兄)

---

8) 형제의 차례를 백(伯), 중(仲), 숙(叔), 계(季)로 나누는데, 형제가 다섯 이상일 때에는 [숙씨]를 [첫째 숙씨], [둘째 숙씨] 따위로 구별하기도 한다.

[친형]은 {한 어버이에게서 난 형. 같은 부모에게서 난 형}이라 풀이되고, [실형]은 {친형}이라 풀이된다. 따라서 이 낱말들은 <형 + 어버이 현황 + 어버이 동일성 / 어버이 같음>이라는 특성을 공유하는 것으로 이해될 것이다. [실형]은 현재 입말로는 거의 사용되지 않고 있는 표현이다.

(49) 동복형(同腹兄)

(50) (동)모형(同母兄)

[동복형]은 {같은 어머니에게서 난 형. 한 어머니에게서 난 형}이라 풀이되며, [동모형]은 {동복형}이라 풀이된다. 따라서 이 낱말들은 <형 + 어버이 현황 + 어머니 동일성 / 긍정>이라는 특성을 공유하는 것으로 해명될 만하다. 이 낱말들은 <아버지 동일성 / 부정>이라는 특성을 함유하기도 한다. [동복형]에서는 <배 같음>이라는 특성이, 그리고 [동모형]에서는 <어머니 같음>이라는 특성이 각각 개념형성의 과정에 관계한 것으로 추종되는데, 현재 후자는 입말로는 거의 사용되지 않고 있다.

(51) 이복형(異服兄)

(52) 이모형(異母兄)

[이복형]은 {아버지는 같고 어머니는 다른 형}이라 풀이되고, [이모형]은 {배다른 형}이라 풀이된다. 따라서 이 낱말들은 <형 + 어버이 현황 + 어머니 동일성 / 부정 + 아버지 동일성 / 긍정>이라는 특성을 공유하는 것으로 이해될 만하다. 그러한 의미에서 이 [이복형 : 이모형]은 전술한 [동복형 : 동모형]과 각각 대칭관계를 형성하는 것으로 이해될 수 있다. [이복형]에서는 <배다름>이라는 특성이, 그리고 [이모형]에서는 <어머니 다름>이 각각 개념형성의 과정에 관계한 것으로 추정된다. [이모형]은 {배다른 언니}라는 내용과 관계하기도 한다.

(53) 적형(嫡兄)

이 낱말은 {서자가 자기 아버지의 정실에게서 난 '형'을 이르는 말. 첩에게서 난 아들이 정실에서 난 '형'을 이르는 말. 서자(庶子)에 대해 적파(嫡派)의 형}이라 풀이되면서 <형 + 어버이 현황 + 형의 어머니 신분 / 정실 + 말할이(지칭자) / 서자>라는 특성과 함께 사용되는 표현이다.

(54) 서형(庶兄)

(55) 얼형(孼兄)

[서형]은 {정실에게서 난 아들이 첩에게서 태어난 형을 이르는 말. 서모(庶母)에게서 난 형}이라 풀이되며, [얼형]은 {서형}이라 풀이된다. 따라서 이 낱말들은 <형 + 어버이 현황 + 형의 어머니 신분 / 첩 + 말할이(지칭자) /적자>라는 특성을 공유하는 것으로 이해될 것이다. 그러한 의미에서 이 낱말들은 전술한 [적형]과 대칭관계를 형성하게 된다. [얼형]은 현재 입말로는 거의 사용되지 않고 있다.

(56) 가형(家兄)

(57) 내형(乃兄)

[가형]은 {남에게 '자기의 형'을 일컫는 말}이라 풀이되며, [내형]은 {'자기의 형'을 이르는 말}이라 풀이된다. 따라서 이 낱말들은 <형 + 말할이의 처지 + 피지칭자 / 자기의 형>이라는 특성을 공유하는 것으로 해명될 만하다. [내형]은 {그이의 형. 그이의 언니}나 {'네 형', 혹은 '이 형' 이라는 뜻으로, 주로 편지 글에서, 형이 동생에게 자기를 이르는 일인칭 대명사}라는 내용과 관계되기도 하는데, 현재 이 낱말은 입말로는 거의 사용되지 않고 있다.

(58) 우형(愚兄)

(59) 사형(舍兄)

[우형]은 {'자기의 형'을 겸손하게 이르는 말}이라 풀이되며, [사형]은 {남에게 대하여 '자기의 형'을 겸손히 일컫는 말}이라 풀이된다. 따라서 이 낱말들은 <가형 + 태도 / 겸손함>이라는 특성을 공유하는 것으로 이해될 것이다. [우형]은 {어리석은 형}이나 {말하는 이가 아우뻘 되는 사람에 상대하여 자기를 낮추어 이르는 일인칭 대명사}라는 내용과 관계하기도 하는 표현이며, [사형]은 {형이 아우에 대하여 '자기'를 일컫는 말}이라는 내용을 문제 삼기도 하는 낱말이다.

(60) 영형(令兄)

이 낱말은 {남의 형을 높여 이르는 말}이라 풀이되면서 <형 + 말할이의 처지 + 피지칭자 / 남의 형 + 대우법 / 높임>이라는 특성을 문제 삼고 있다. 따라서 이 낱말은 전술한 [가형 / 내형]과는 <피지칭자>로서 <자기의 형 : 남의 형>이라는 대칭관계를 형성하는 것으로 이해될 수 있다. 이 낱말은 흔히 {편지에서, 친구를 높여 이르는 말}이라는 내용과 함께 사용되기도 한다.

(61) 의형(義兄)

이 낱말은 {의로 맺은 형}이라 풀이되면서 <형 + 형성과정 / 의로 맺음>이라는 특성과 함께 사용되는 표현이다. 이 낱말은 {아버지나 어머니가 서로 다른 형}이라는 내용과 관계하기도 한다.

(62) 자형(慈兄)

이 낱말은 {자애로운 형}이라 풀이되면서 <형 + 당사자 현황 + 성품 / 자애로움>이라는 특성과 함께 사용되고 있다. 이 낱말은 {주로 편지 글에서, 자애로운 형이라는 뜻으로 '형'을 높여 이르는 말}이라는 내용과 관계하기도 한다.

(63) 망형(亡兄)
(64) 선형(先兄)

[망형]은 {죽은 형}이라 풀이되며, [선형]은 {망형. 세상을 떠난 형을 이르는 말}이라 풀이된다. 따라서 이 낱말들은 <형 + 당사자 현황 + 상태 / 사망>이라는 특성을 공유하는 것으로 해명될 만하다. [망형]에서는 <죽음>이라는 특성이, 그리고 <선형>에서는 <먼저 감>이라는 특성이 각각 개념형성의 과정에 관계한 것으로 추정된다.

지금까지의 고찰에서 보인 바와 같이 [형]을 원어휘소로 하는 <남성 + 남자 → 남자 + 위아래 / 위>, 곧 <형> 분절에서는 <차례>, <어버이 현황>, <말할이의 처지>, <형성과정>, <당사자 현황>이 관조의 대상이 되어 있다. <차례>의 아래로는 <맏이 : 둘째 : 셋째>의 계단대립이 관심사가 되어 있으며, <어버이 현황>아래로는 <어버이 동일성>과 <어머니 신분>이 관심의 대상이 되어 있다. <어버이 동일성>에서는 <어버이 같음>과 <어머니 동일성>이 문제되어 있는데, 후자의 경우는 그 아래로 다시 <긍정 : 부정>의 유무대립이 관심의 대상이 되어 있다. <어머니 신분> 아래에는 <정실 : 첩(실)>의 대칭관계가 형성되어 있다. 그리고 <형성과정>으로서는 <의로 맺음>이, <당사자 현황> 아래로는 다시 <성품 / 자애로움>과 <상태 / 사망>이 관조의 대상이 되어 있다. 이러한 <형> 분절의 구조적 특징을 그림으로 보이면 [그림 6], [그림 7], [그림 8], [그림 9]가 될 것이다.

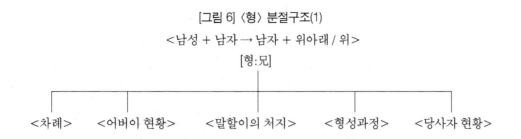

[그림 6] 〈형〉 분절구조(1)

<남성 + 남자 → 남자 + 위아래 / 위>

[형:兄]

<차례>　<어버이 현황>　<말할이의 처지>　<형성과정>　<당사자 현황>

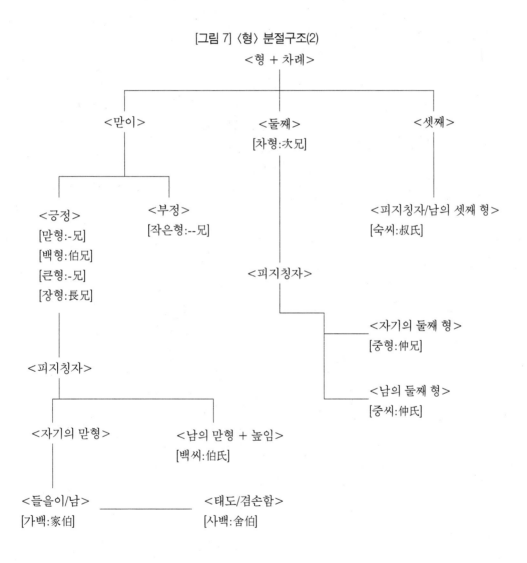

[그림 7] 〈형〉 분절구조(2)

<형 + 차례>

<맏이>　　<둘째>　　<셋째>
[차형:次兄]

<긍정>　　<부정>
[맏형:-兄]　[작은형:--兄]
[백형:伯兄]
[큰형:-兄]
[장형:長兄]

<피지칭자/남의 셋째 형>
[숙씨:叔氏]

<피지칭자>

<자기의 둘째 형>
[중형:仲兄]

<남의 둘째 형>
[중씨:仲氏]

<피지칭자>

<자기의 맏형>　　<남의 맏형 + 높임>
[백씨:伯氏]

<들을이/남>　　　　　　<태도/겸손함>
[가백:家伯]　　　　　　[사백:舍伯]

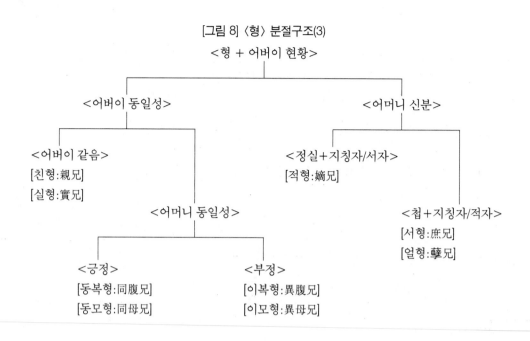

[그림 8] 〈형〉 분절구조(3)

<형 + 어버이 현황>

<어버이 동일성>

<어버이 같음>
[친형:親兄]
[실형:實兄]

<어머니 동일성>

<긍정>
[동복형:同腹兄]
[동모형:同母兄]

<부정>
[이복형:異腹兄]
[이모형:異母兄]

<어머니 신분>

<정실+지칭자/서자>
[적형:嫡兄]

<첩+지칭자/적자>
[서형:庶兄]
[얼형:孽兄]

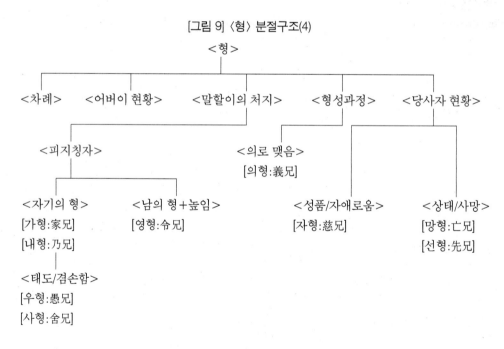

[그림 9] 〈형〉 분절구조(4)

<형>

<차례> <어버이 현황> <말할이의 처지> <형성과정> <당사자 현황>

<피지칭자>

<의로 맺음>
[의형:義兄]

<자기의 형>
[가형:家兄]
[내형:乃兄]

<태도/겸손함>
[우형:愚兄]
[사형:舍兄]

<남의 형+높임>
[영형:令兄]

<성품/자애로움>
[자형:慈兄]

<상태/사망>
[망형:亡兄]
[선형:先兄]

<동기 + 남성 + 남자 → 남자 + 위아래 / 아래>라는 특성을 갖는 <아우> 분절에 있어서는 그 아래로 <차례>, <어버이 현황>, <형의 현황>, <말할이의 처지>, <형성과정>, <당사자 현황>이 일차적인 관심사가 되어 있다.

(65) 아우

(66) 동생

(67) 남동생(男--)

(68) 제남(弟男)

(69) 계방(季方)

[아우]는 {같은 부모에게서 태어난 남동생}이라 풀이되고, [동생]은 {한 어버이의 자식으로서 손아래의 남자}라 풀이된다. 그리고 [남동생]은 {남자 동생}이라 풀이되고, [제남]은 {남동생}이라 풀이되며, [계방]은 {사내 아우}라 풀이된다. 따라서 이 낱말들은 전술한 [형]과 대칭관계를 형성하면서 <동기 + 남성 + 남자 → 남자 + 위아래 / 아래>라는 특성을 공유하는 것으로 해명될 만하다. [아우]는 {같은 부모에게서 태어난 손아랫사람을 이르는 말}, {일가친척 가운데 항렬이 같은 남자들 사이에서 손아랫사람을 이르는 말}, {친근한 남자나 여자 끼리에서 자기보다 나이가 적은 사람}, {같은 또래의 남자나 여자 끼리에서 '자기'를 낮추어 이르는 말}이라는 내용과 관계하기도 한다. [동생]은 {한 어버이의 자식으로서 손아래의 남자나 여자. 같은 부모에게서 태어난 손아랫사람을 이르는 말}, {일가친척 가운데 손아랫사람을 이르는 말}, {혼인한 손아랫사람에게 이름 대신 부르는 말}이라는 내용과 관계하기도 한다. [제남]에서는 <남자 아우>라는 특성이, 그리고 [계방]에서는 <끝>이라는 특성이 각각 개념형성의 과정에 관계한 것으로 추정되는데, 현재 이 낱말들은 입말로는 거의 사용되지 않고 있다.

(70) 막내아우

(71) 막냇동생

(72) 말제(末弟)

(73) 숙계(叔季)

(74) 숙제(叔弟)

[막내아우]는 {맨 끝의 아우}라 풀이되면서 <아우 + 차례(서열) / 맨 끝>이라는 특성과 함께 사용된다. [막냇동생], [말제], [숙계], [숙제]도 {막내아우}라 풀이되면서 [막내아우]와 같은 방법으로 해명될 만한 표현들이다. [막내아우 : 막냇동생]의 관계는 전술한 [아우 : 동생]의 관계에 준하여 이해될 것이다. [말제]와 [숙제]에서는 <끝 + 아우>이라는 특성이, 그리고 [숙계]에서는 <끝 + 끝>이라는 특성이 각각 개념형성의 과정에 관계한 것으로 추정되

는데, 현재 이 낱말들은 입말로는 거의 사용되지 않고 있다. [숙계]는 {말세(末世)}라는 내용과 관계하기도 하는 표현이다.

(75) 제밑동생

이 낱말은 {성별이 같은, 자기 바로 밑의 동생}이라 풀이되면서 <아우 + 차례 / 자기 바로 밑>이라는 특성을 문제 삼고 있다. 그리고 이 낱말은 <여성 + 여자 → 여자 + 위아래 / 아래 + 차례(서열) / 자기 바로 밑>이라는 특성을 문제 삼으면서 <여성>분절과도 관계한다.

(76) 친아우(親--)

(77) 친동생(親--)

(78) 친제(親弟)

(79) 실제(實弟)

[친아우]는 {한 어버이에게서 난 아우. 같은 부모에게서 난 아우}라 풀이되고, [친동생]은 {같은 부모에게서 난 동생}이라 풀이되며, [친제]와 [실제]는 공통적으로 {친아우}라 풀이된다. 따라서 이 낱말들은 <아우(동생) + 어버이 현황 + 어버이 같음>이라는 특성을 공유하는 것으로 해명될 만하다. [친아우 : 친동생]의 관계는 전술한 [아우 : 동생]의 관계에 준하여 이해될 만하고, [친제 : 실제]의 관계는 전술한 [친형 : 실형]의 관계에 준하여 이해될 만하다.

(80) 동복아우(同腹--}

(81) 동복동생(同腹--)

(82) (동)모제(同母弟)

[동복아우]는 {한 어머니에게서 난 아우}라 풀이되고, [동복동생]은 {한 어머니에게서 난 동생}이라 풀이되며, [동모제]는 {동복아우}라 풀이된다. 따라서 이 낱말들은 <아우(동생) + 어버이 현황 + 어머니 동일성 / 긍정>이라는 특성을 공유하는 것으로 이해될 것이다. 일반적으로 이 낱말들은 <아버지 동일성 / 부정>이라는 특성을 함유하는 것으로 이해된다. 공통적으로 <배같음>이라는 특성이 개념형성의 과정에 관계한 것으로 추정되는 [동복아우 : 동복동생]의 관계는 전술한 [아우 : 동생]의 관계에 준하여 이해될 만하다. [동모제]에서는 <어머니의 같음>이라는 특성이 개념형성의 과정에 관계한 것으로 추정된다.

(83) 이복동생(異腹--)

(84) 이모제(異母弟)

[이복동생]은 {아버지는 같고 어머니가 다른 동생. 배다른 동생}이라 풀이되고, [이모제]는 {배다른 아우}라 풀이된다. 따라서 이 낱말들은 <아우(동생) + 어버이 현황 + 아버지 동일성 / 긍정 + 어머니 동일성 / 부정>이라는 특성을 공유하는 것으로 해명될 것이다. [이복동생]은 전술한 [동복동생]과, 그리고 [이모제]는 전술한 [동모제]와 <어머니 동일성>에 있어서 서로 <긍정 : 부정>이라는 유무대립관계를 형성하고 있다.

(85) 적제(嫡弟)

이 낱말은 {서자가 자기 아버지의 정실에게서 난 '아우'를 이르는 말}이라 풀이되면서 <아우(동생) + 어버이 현황 + 어머니 신분 / 정실 + 말할이 / 서자>라는 특성과 함께 사용되는 표현이다.

(86) 서제(庶弟)

이 낱말은 {아버지의 첩에게서 태어난 아우. 서모에게서 난 아우}라 풀이되면서 <아우(동생) + 어버이 현황 + 어머니 신분 / 첩>이라는 특성을 문제 삼고 있다. 따라서 이 낱말은 전술한 [적제]와 서로 대칭관계를 형성하는 것으로 이해될 만하다.

(87) 황제(皇弟)

이 낱말은 {황제의 동생}이라 풀이된다. 따라서 이 낱말은 <아우 + 형의 현황 + 형 신분 / 황제>라는 특성과 함께 해명될 만하다.

(88) 황태제(皇太弟)

이 낱말은 {황제의 자리를 계승할 황제의 동생}이라 풀이되면서 <황제(皇弟) + 아우의 처지 / 황위(황제의 자리) 계승 예정>이라는 특성과 함께 사용되고 있다. 따라서 이 낱말은 전술한 [황제] 아래에 포함되는 표현으로 이해될 것이다.

(89) 왕제(王弟)

이 낱말은 {임금의 아우}라 풀이되면서 <아우 + 형의 현황 + 형 신분 / 임금>이라는 특성과 함께 사용되고 있다. 그러한 의미에서 [왕제]는 전술한 [황제]와 <형 신분>으로서 <황제 : 임금>이라는 대립관계를 형성하게 된다.

(90) (왕)세제(王世弟)

이 낱말은 {왕위를 이어받을 왕의 아우}라 풀이되면서 <왕제 + 아우의 처지 / 왕위(임금의 자리) 계승 예정>이라는 특성을 문제 삼고 있다. 그러한 의미에서 이 낱말과 [왕제(王弟)]와의 관계는 전술한 [황태제]와 [황제(皇弟)]의 관계에 준하여 이해될 만하다.

(91) 가제(家弟)

이 낱말은 {남에게 '자기의 아우'를 일컫는 말}이라 풀이되면서 <아우 + 말할이의 처지 + 피지칭자 / 자기의 아우>라는 특성과 함께 사용되고 있는 표현이다.

(92) 사제(舍弟)
(93) 우제(愚弟)

[사제]는 {남에게 '자기의 아우'를 겸손하게 이르는 말}이라 풀이되며, [우제]는 {'자기의 아우'를 겸손하게 이르는 말}이라 풀이된다. 따라서 이 낱말들은 <가제 + 태도 / 겸손함>이라는 특성을 공유하면서 [가제] 아래에 포함되는 표현들로 해명될 만하다. [사제]는 {주로 편지 글에서, 아우가 형에게 자기를 가리키는 일인칭 대명사}라는 내용과 관계하기도 하며, [우제]는 {어리석은 아우}나 {말하는 이가 형으로 대접하는 사람을 상대하여 자기를 낮추어 이르는 일인칭 대명사}라는 내용을 문제 삼기도 한다.

(94) 계씨(季氏)
(95) 제씨(弟氏)
(96) 계방형(季方兄)
(97) 영제(令弟)

[계씨]는 {'남의 남동생'을 높여 이르는 말}이라 풀이되고, [제씨]는 {계씨(季氏)}라 풀이되며, [계방형]은 {'남의 사내 아우'를 높여 이르는 말}이라 풀이된다. 그리고 [영제]는 {'남의 아우'를 높여 이르는 말}이라 풀이된다. 따라서 이 낱말들은 <아우(동생) + 말할이의 처지 + 피지칭자 / 남의 아우 + 대우법 / 높임>이라는 특성을 공유하는 것으로 이해될 만하다. [백중숙계(伯仲叔季)]가 <백은 맏이, 중은 둘째, 숙은 셋째, 계는 막내라는 뜻으로, 사형제의 차례를 이르는 말>이라는 내용을 문제 삼고 있은 점을 감안하면, [계씨]에서는 <막내>라는 특성이 개념형성의 과정에 관계한 것으로 추정된다. [제씨]에서는 <형 : 제(아우)>의 대칭관계가 개념형성의 과정에 관계한 것으로 추정된다. [계방형]은 현재 입말로는 거의 사용

되지 않고 있는 한자말이다. [영제]는 전술한 [영형]과 대칭관계를 형성하는 것으로 이해될 만한데, 이 표현도 현재 입말로는 거의 사용되지 않고 있다.

(98) 의제(義弟)

이 낱말은 {의로 맺은 아우}라 풀이되면서 <아우 + 형성과정 / 의로 맺음>이라는 특성과 함께 사용되고 있다. 이 낱말은 {아버지나 어머니가 서로 다른 아우}나 {손아래 처남}이라는 내용을 문제 삼기도 하는 표현이다.

(99) 약제(弱弟)

이 낱말은 {나이가 어린 동생}이라 풀이되면서 <아우(동생) + 당사자 현황 + 나이 / 어림>이라는 특성과 함께 사용되고 있다.

(100) 소제(小弟)

이 낱말은 {나이가 가장 어린 아우}라 풀이되면서 <아우(동생) + 당사자 현황 + 나이 / 가장 어림>이라는 특성을 문제 삼고 있다. 이 낱말은 {말하는 이가 대등한 관계에 있는 사람이나 윗사람을 상대하여 '자기'를 낮추어 이르는 일인칭 대명사. 동배(同輩) 사이에 나이가 몇 살 더 위인 사람에 대하여 '자기'를 겸손히 이르는 말}이라는 내용과 함께 사용되기도 하는 표현이다.

(101) 망제亡弟)

이 낱말은 {죽은 아우}라 풀이되면서 <아우 + 당사자 현황 + 상태 / 사망>이라는 특성과 함께 사용되고 있는 표현이다.

지금까지의 고찰에서 보인 바와 같이 [아우, 동생, 남동생(男--), 제남(弟男), 계방(季方)]을 원어휘소로 하는 <남성 + 남자 → 남자 + 위아래 / 아래> 분절, 곧 <아우> 분절에 있어서는 그 아래로 <차례 : 어버이 현황 : 형 현황 : 말할이의 처지 : 형성과정 : 당사자 현황>이라는 대립이 관심의 대상이 되어 있다. <차례> 아래로는 <맨 끝>과 <자기 바로 밑>이 관심사가 되어 있으며, <어버이 현황> 아래로는 <어버이 동일성>과 <어머니 신분>이 관심사가 되어 있다. <어버이 동일성> 아래로는 다시 <어버이 같음>과 <어머니 동일성>으로서 <긍정 : 부정>의 대립이 문제되어 있으며, <어머니 신분> 아래로는 다시 <정실 :

첩>의 대칭관계가 문제되어 있다. <형 현황> 아래에는 <형 신분>이 관조의 대상이 되어 있는데, 그 아래로는 <황제 : 임금>의 대립관계가 문제되어 있다. <황제 : 임금>의 대칭관계 아래로는 다시 <아우의 처지>로서 <황위 계승 예정 : 왕위 계승 예정>의 대립관계가 각각 관심사가 되어 있다. <말할이의 처지>에서는 <피지칭자>로서 <자기의 아우 : 남의 아우>라는 대립이 문제되어 있는데, <자기의 아우> 아래로는 <겸손함>이, 그리고 <남의 아우> 아래로는 <높임>이 각각 관심의 대상이 되어 있다. <형성과정> 아래로는 <의로 맺음>이 관조의 대상이 되어 있으며, <당사자 현황> 아래로는 <나이>로서 <어림 : 가장 어림>의 대립과 <상태 /사망>이 문제되어 있다. 이러한 <아우> 분절의 구조적 특징을 그림으로 보이면 [그림 10], [그림 11], [그림 12], [그림 13], [그림 14], [그림 15]가 될 것이다.

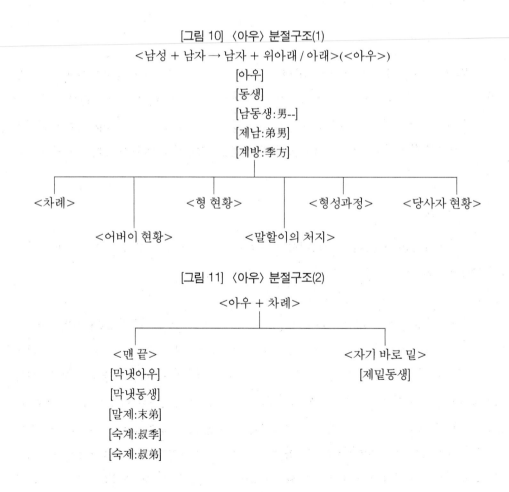

[그림 10] 〈아우〉 분절구조(1)

<남성 + 남자 → 남자 + 위아래 / 아래>(<아우>)

[아우]
[동생]
[남동생:男--]
[제남:弟男]
[계방:季方]

<차례>   <형 현황>   <형성과정>   <당사자 현황>

       <어버이 현황>   <말할이의 처지>

[그림 11] 〈아우〉 분절구조(2)

<아우 + 차례>

<맨 끝>   <자기 바로 밑>
[막냇아우]   [제밀동생]
[막냇동생]
[말제:末弟]
[숙계:叔季]
[숙제:叔弟]

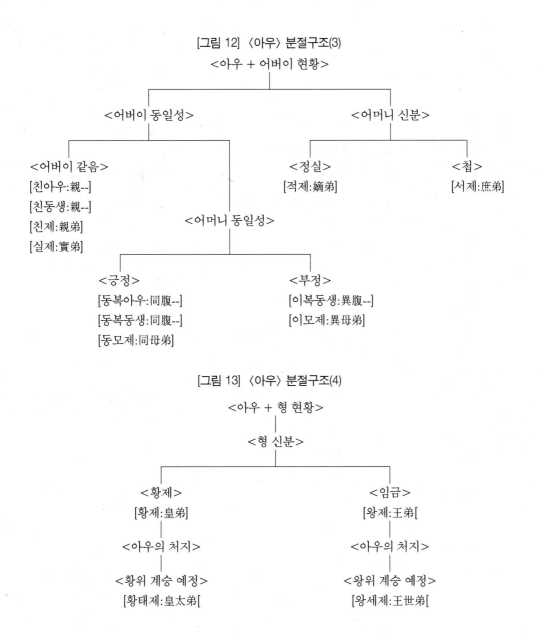

[그림 12] 〈아우〉 분절구조(3)

<아우 + 어버이 현황>

<어버이 동일성>

<어버이 같음>
[친아우:親--]
[친동생:親--]
[친제:親弟]
[실제:實弟]

<어머니 동일성>

<긍정>
[동복아우:同腹--]
[동복동생:同腹--]
[동모제:同母弟]

<부정>
[이복동생:異腹--]
[이모제:異母弟]

<어머니 신분>

<정실>
[적제:嫡弟]

<첩>
[서제:庶弟]

[그림 13] 〈아우〉 분절구조(4)

<아우 + 형 현황>

<형 신분>

<황제>
[황제:皇弟]

<아우의 처지>

<황위 계승 예정>
[황태제:皇太弟[

<임금>
[왕제:王弟[

<아우의 처지>

<왕위 계승 예정>
[왕세제:王世弟[

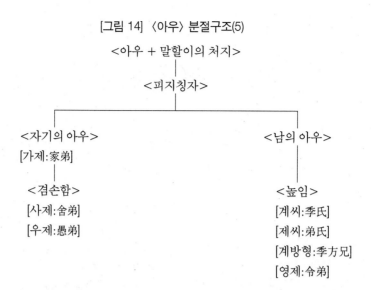

[그림 14] 〈아우〉 분절구조(5)

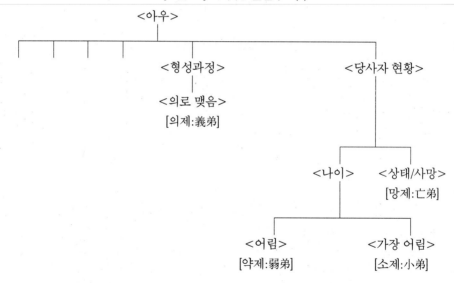

[그림 15] 〈아우〉 분절구조(6)

　〈남성 + 여자 → 남자〉 분절에서도 〈위아래〉가 문제되어 있는데, 〈위아래 / 아래〉 분절은 별도의 어휘소의 실현 없이 〈남성 + 남자 → 남자〉 분절에서의 〈위아래 / 아래〉 분절의 어휘소들에 의하여 대용되는 특징을 보이고 있다.

　(102) 오빠

　이 낱말은 {같은 부모에게서 태어난 손위 남자 형제를 여동생이 이르는 말}이라 풀이되면서

<남성 + 여자 → 남자 + 위아래 / 위>라는 특성을 문제 삼고 있다. 이 낱말은 {일가친척 가운데 항렬이 같은 손위 남자 형제를 여동생이 이르는 말}, {'오라버니'의 어린이말}, {남남 끼리에서 나이 어린 여자가 손위 남자를 정답게 이르는 말}이라는 내용과 함께 사용되기도 한다.

이 [오빠]를 원어휘소로 하는 <남성 + 여자 → 남자 + 위아래 / 위> 분절, 곧 <오빠> 분절에 있어서는 그 아래로 <차례>, <어버이 현황>, <말할이의 처지>, <형성과정>이 일차적인 관심사가 되어 있다.

(103) 맏오빠

(104) 큰오빠

[맏오빠]는 {둘 이상의 오빠 가운데 맏이가 되는 오빠}라 풀이되고, [큰오빠]는 {'맏오빠'를 작은오빠에 상대하여 일컫는 말}이라 풀이된다. 따라서 이 낱말들은 <오빠 + 차례 + 맏이 / 긍정>이라는 특성을 공유하는 것으로 이해될 것이다. [맏오빠 : 큰오빠]의 관계는 전술한 [맏형 : 큰형]의 관계에 준하여 이해될 만하다.

(105) 작은오빠

이 낱말은 {둘 이상의 오빠 가운데 큰오빠(맏오빠)가 아닌 오빠}라 풀이되면서 <오빠 + 차례 + 맏이 / 부정>이라는 특성과 함께 사용되고 있다. 그러한 의미에서 이 낱말은 전술한 [큰오빠]와 대칭관계를 형성하는 것으로 이해될 것이다. 그리고 [큰오빠 : 작은오빠]의 관계는 전술한 [큰형 : 작은형]의 관계에 준하여 이해될 만하다.

(106) 친오빠(親--)

이 낱말은 {같은 부모에게서 난 오빠}라 풀이되면서 <오빠 + 어버이 현황 + 어버이 같음>이라는 특성과 함께 사용되는 표현이다.

(107) 오라버니

이 낱말은 {'오빠'의 높임말}이라 풀이되면서 <오빠 + 말할이의 처지 + 대우법 / 높임>이라는 특성을 문제 삼고 있다. 이 낱말은 {손위 오빠}라는 특성과 함께 사용되기도 한다.

(108) 오라범

이 낱말은 {'오라버니'의 낮춤말}이라 풀이되면서 <오빠 + 말할이의 처지 + 대우법 / 낮

춤>이라는 특성과 함께 사용되고 있는 표현인데, 그러한 의미에서 이 낱말은 전술한 [오라버니]와 <대우법>을 기준으로 하여 <높임 : 낮춤>이라는 대칭관계를 형성하게 된다.

(109) 오라비

이 낱말도 {'오라버니'의 낮춤말}이라 풀이되면서 전술한 [오라범]과 같은 방법으로 해명될 만한 표현이다. 그러나 이 낱말은 {여자가 남에게 자기의 남동생을 이르는 말}이나 {여자의 남자 형제를 두루 이르는 말}이라는 내용과 관계하기도 한다.

(110) 의오빠(義--)

이 낱말은 {의리로 맺은 오빠}라 풀이되면서 <오빠 + 형성과정 / 의로 맺음>이라는 특성을 문제 삼고 있다.

지금까지의 고찰에서 보인 바와 같이 <남성 + 여자 → 남자> 분절에서는 그 아래로 <위아래 / 위>가 주된 관심의 대상이 되어 있다. <위아래 / 아래>의 경우는 <남성 + 남자 → 남자 + 위아래 / 아래> 분절에 관여하는 어휘소들에 의하여 대용되고 있다. [오빠]를 원어휘소로 하는 <남성 + 여자 → 남자 + 위아래 / 위> 분절, 곧 <오빠> 분절은 <차례 : 어버이 현황 : 말할이의 처지 : 형성과정>이라는 대립체계에 의하여 하위분절되는 특징을 보이고 있다. <차례> 아래로는 <맏이>로서 <긍정 : 부정>의 대칭관계가 형성되어 있으며, <어버이 현황>에서는 <어버이 같음>이 관심의 대상이 되어 있다. 그리고 <말할이의 처지> 아래로는 <대우법>으로서 <높임 : 낮춤>의 대칭관계가 문제되어 있으며, <형성과정> 아래로는 <의로 맺음>이 관심사가 되어 있다. 이러한 <남성 + 여자 → 남자> 분절의 구조적 특징을 그림으로 보이면 [그림 16], [그림 17]이 될 것이다.

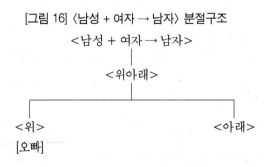

[그림 16] 〈남성 + 여자 → 남자〉 분절구조

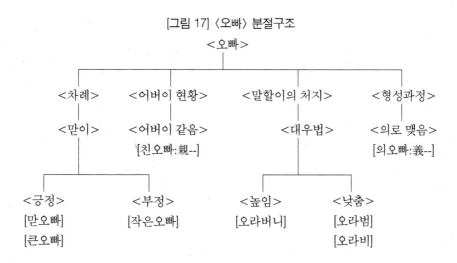

[그림 17] 〈오빠〉 분절구조

〈오빠〉

〈차례〉 〈어버이 현황〉 〈말할이의 처지〉 〈형성과정〉

〈맏이〉 〈어버이 같음〉 〈대우법〉 〈의로 맺음〉

[친오빠:親--] [의오빠:義--]

〈긍정〉 〈부정〉 〈높임〉 〈낮춤〉

[맏오빠] [작은오빠] [오라버니] [오라범]

[큰오빠] [오라비]

4. 〈여성〉 중심의 분절구조

전술한 바와 같이 〈여성〉 중심의 분절에서는 〈상대성〉으로서 〈남자 → 여자 : 여자 → 여자〉의 대립관계가 일차적인 관조의 대상이 되어 있다.

(111) 누이

이 낱말은 {같은 부모에게서 태어난 사이에서, 남자가 여자 형제를 이르는 말}이라 풀이 되면서 〈동기 + 여성 + 남자 → 여자〉라는 특성과 함께 사용되는 표현이다. 이 낱말은 {친척 가운데 항렬이 같은 사이에서 남자가 여자 형제를 이르는 말}이나 {같은 부모에게서 태어난 사이거나 일가친척 가운데 항렬이 같은 사이에서, 남자가 나이가 아래인 여자를 이르 는 말}이라는 내용과 관계하기도 한다.

[누이]를 원어휘소로 하는 〈동기 + 여성 + 남자 → 여자〉, 곧 〈누이〉 분절에서는 그 아 래로 〈현황〉과 〈위아래〉가 관심사가 되어 있다.

(112) 맏누이
(113) 백자(伯姉)
(114) 큰누이
(115) 장자(長姉)

[맏누이]는 {둘 이상의 누이 가운데 맏이가 되는 누이. 맨 먼저 난 누이}라 풀이되며, 이 토

박이말에 상응하는 한자말 [백자]는 {맏누이}라 풀이된다. 그리고 [큰누이]는 {맏누이. '맏누이'를 작은누이에 상대하여 일컫는 말}이라 풀이되며, 이 토박이말에 상응하는 한자말 [장재]는 {큰누이. 맏누이}라 풀이된다. 따라서 이 낱말들은 <누이 + 현황 + 차례 + 맏이 / 긍정>이라는 특성을 공유하는 것으로 이해될 만하다. [맏누이 : 백자 : 큰누이 : 장재]의 관계는 전술한 [맏형 : 백형 : 큰형 : 장형]의 관계에 준하여 이해될 것이다. 현재 한자말 [백자]와 [장재]는 입말로서는 거의 사용되지 않고 있다.

(116) 작은누이

이 낱말은 {둘 이상의 누이 가운데 맏누이가 아닌 누이}라 풀이되면서 <누이 + 현황 + 차례 + 맏이 / 부정>이라는 특성과 함께 사용되고 있다. 따라서 이 낱말은 전술한 [큰누이]와는 <맏이의 긍정 : 맏이의 부정>이라는 대칭관계를 형성하는 것으로 해명될 것이다.

(117) 친누이(親--)
(118) 실자(實姊)

[친누이]는 {한 어버이에게서 난 누이. 같은 부모에게서 난 누이}라 풀이되며, [실자]는 {친누이. 부모가 같은 친누이}라 풀이된다. 따라서 이 낱말들은 <누이 + 어버이 현황 + 어버이 동일성 / 긍정>이라는 특성을 공유하는 것으로 해명될 만하다. [친누이 : 실자]의 관계는 전술한 [친아우 : 실제]의 관계에 준하여 이해될 수 있는데, [실자]는 현재 입말로는 거의 사용되지 않고 있다.

(119) 의자(義姊)

이 낱말은 {부모가 다른 누이}라 풀이되면서 <누이 + 어버이 현황 + 어버이 동일성 / 부정>이라는 특성과 함께 사용되고 있다. 그러한 의미에서 이 낱말은 전술한 [친누이], [실자]와는 <어버이 동일성> 면에서 <긍정 : 부정>이라는 대칭관계를 형성하게 된다.

(120) 동복누이(同腹--)
(121) (동)모매(同母妹)

[동복누이]는 {한 어머니에게서 난 누이}라 풀이되며, [동모매]는 {동복(同腹)누이}라 풀이된다. 따라서 이 낱말들은 <누이 + 어버이 현황 + 어머니 같음>이라는 특성을 공유하는 것으로 이해될 만하다. 이 낱말들은 일반적으로 <아버지 다름>이라는 특성을 함유하게 된

다. [동복누이]에서는 <배같음>이라는 특성이, 그리고 [동모매]에서는 <어머니 같음>이라는 특성이 각각 개념형성의 과정에 관계한 것으로 추정된다. [동모매]는 현재 입말로는 거의 사용되지 않고 있다.

(122) 윗누이

이 낱말은 {나이가 더 많은 누이}라 풀이되면서 <누이 + 당사자 현황 + 나이 더 많음>이라는 특성을 문제 삼고 있다. 이 낱말은 {지기보다 나이 많은 누이}라는 특성과 함께 사용되기도 한다.

지금까지의 고찰에서 보인 바와 같이 <누이 + 현황> 분절에 있어서는 그 아래로 <차례>, <어버이 현황>, <당사자 현황>이 관심사가 되어 있다. <차례> 아래로는 <맏이>로서 <긍정 : 부정>의 대립관계, <어버이 현황> 아래로는 <어버이 동일성>으로서 <긍정 : 부정>의 대칭관계와 <어머니 같음>이, 그리고 <당사자 현황> 아래로는 <나이 더 많음>이 각각 관조의 대상이 되어 있다. [그림 18]은 이러한 <누이 + 현황> 분절의 구조적 특징을 보이기 위한 것이다.

[그림 18] 〈누이 + 현황〉 분절구조

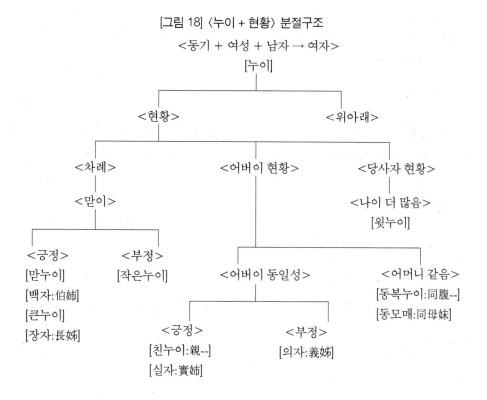

<누이 + 위아래> 분절에서는 전술한 바와 같이 그 아래로 <위 : 아래>의 대칭관계가 관심의 대상이 되어 있다.

(123) 누나

(124) 여형(女兄)

[누나]는 {같은 부모에게서 태어난 사이에서, 남자가 나이가 위인 여자(손위의 누이)를 이르는 말}이라 풀이되며, [여형]은 {손위의 누이}라 풀이된다. 따라서 이 낱말들은 <누이 + 위아래 / 위>라는 특성을 공유하는 것으로 이해될 만하다. [누나]는 {일가친척 가운데 항렬이 같은 사이에서, 남자가 나이가 위인 여자를 이르거나 부르는 말}이나 {남남끼리 나이가 적은 남자가 손위 여자를 정답게 이르거나 부르는 말}이라는 내용과 함께 사용되기도 하며, [여형]은 {누님}이라 풀이되기도 하는데, 현재 [여형]이 입말로 사용되는 경우는 흔하지 않다. 이 두 낱말을 원어휘소로 하는 <누이 + 위아래 / 위> 분절, 곧 <누나> 분절에서는 그 아래로 <차례>, <말할이의 처지>, <당사자 현황>이 관심의 대상이 되어 있다.

(125) 큰누나

이 낱말은 {'맏이가 되는 누나' 를 '작은누이' 에 상대하여 이르는 말}이라 풀이되면서 <누나 + 차례 + 맏이 / 긍정>이라는 특성과 함께 사용되고 있다. 이 낱말은 { '큰누이'의 어린이말}이라는 내용을 문제 삼기도 한다.

(126) 작은누나

이 낱말은 {둘 이상의 누나 가운데 맏이가 아닌 누나}라 풀이되면서 <누나 + 차례 + 맏이 / 부정>이라는 특성과 함께 사용된다. 그러한 의미에서 이 낱말은 전술한 [큰누나]와 <맏이 / 긍정 : 맏이 / 부정>이라는 대칭관계를 형성하게 된다. 이 낱말은 { '작은누이'의 어린이말}이라는 내용과 관계하기도 한다.

(127) 우자(愚姉)

이 낱말은 {'자기의 손위 누이'를 겸손하게(낮추어) 이르는 말}이라 풀이되면서 <누나 + 말할이의 처지 + 피지칭자 / 자기의 누나 + 겸손함>이라는 특성과 함께 사용되고 있다.

(128) 영자(令姉)

이 낱말은 {남의 손위 누이를 높여 이르는 말. 남의 누님}이라 풀이되면서 <누나 + 말할 이의 처지 + 피지칭자 / 남의 누나 + 대우법 / 높임>이라는 특성을 문제 삼고 있다.

(129) 누님

(130) 저저(姐姐)

[누님]은 {'누나'의 높임말. '누나'를 높이어 이르는 말}이라 풀이되며, [저저]는 {누님. '누님'을 달리 이르는 말}이라 풀이된다. 따라서 이 낱말들은 <누나 + 말할이의 처지 + 대우법 / 높임>이라는 특성을 공유하는 것으로 이해될 만하다. [저저]는 현재 입말로는 거의 사용되지 않고 있는 한자말이다.

(131) 자씨(姉氏)

이 낱말은 {남의 손위 누이를 높여 이르는 말}이라 풀이되면서 <누님 + 피지칭자 / 남의 누님>이라는 특성과 함께 사용되는 표현이다.

(132) 망자(亡姉)

이 낱말은 {죽은 손위 누이}라 풀이되면서 <누나 + 당사자 현황 + 상태 / 사망>이라는 특성을 문제 삼고 있는 표현이다.

지금까지의 고찰에서 보인 바와 같이 <누이 + 위아래 / 위> 분절, 곧 <누나> 분절에 있어서는 [누나]와 [여형]을 원어휘소로 하면서 그 아래로 <차례>, <말할이의 처지>, <당사자 현황>에 의하여 하위분절되는 양상을 보이고 있다. <차례> 아래로는 다시 <맏이>로서 <긍정 : 부정>의 대립이 관심의 대상이 되어 있고, <말할이의 처지> 아래로는 다시 <피지칭자>와 <대우법>이 문제되어 있으며, <당사자 현황> 아래로는 다시 <상태 / 사망>이 관심사가 되어 있다. <말할이의 처지 + 피지칭자> 아래로는 <자기의 누나>와 <남의 누나>가 관조의 대상이 되어 있는데, 전자의 아래로는 <겸손함>이, 그리고 후자의 아래로는 <높임>이 각각 관심의 대상이 되어 있다. <대우법 / 높임> 아래로는 <피지칭자 / 남의 누님>이 문제되어 있기도 하다. 이러한 <누나> 분절의 특징을 그림으로 보이면 [그림 19]와 [그림 20]이 될 것이다.

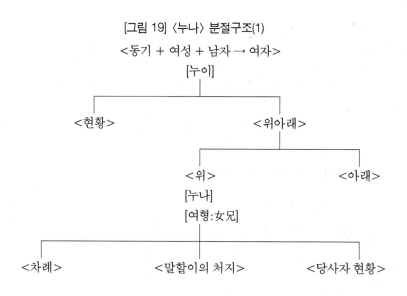

[그림 19] 〈누나〉 분절구조(1)

<동기 + 여성 + 남자 → 여자>
[누이]

<현황>   <위아래>

<위>   <아래>
[누나]
[여형:女兄]

<차례>   <말할이의 처지>   <당사자 현황>

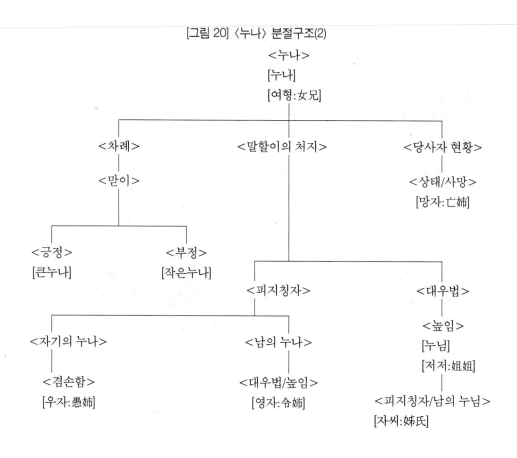

[그림 20] 〈누나〉 분절구조(2)

<누나>
[누나]
[여형:女兄]

<차례>   <말할이의 처지>   <당사자 현황>

<맏이>   <상태/사망>
[망자:亡姉]

<긍정>   <부정>
[큰누나]   [작은누나]

<피지칭자>   <대우법>

<자기의 누나>   <남의 누나>   <높임>
[누님]
[저저:姐姐]

<겸손함>   <대우법/높임>   <피지칭자/남의 누님>
[우자:愚姉]   [영자:令姉]   [자씨:姉氏]

<동기 + 여성 + 남자 → 여자 + 위아래 / 아래> 분절에서는 그 아래로 <차례>, <어버이 현황>, <형성과정>, <말할이의 처지>, <당사자 현황>이 관심의 대상이 되어 있다.

(133) 누이동생

(134) 여동생(女--)

(135) 여제(女弟)

[누이동생]은 {손아래 누이. 같은 부모에게서 태어난 사이에서, 남자의 나이 어린 여자 형제}라 풀이되고, [여동생]은 {여자 동생}이라 풀이되며, [여제]는 {누이동생}이라 풀이된다. 따라서 이 낱말들은 <누이 + 위아래 / 아래>라는 특성을 공유하는 것으로 이해될 만하다. [누이동생]은 {일가친척 가운데 항렬이 같은 사이에서, 남자의 나이 어린 여자 형제}라는 내용과 관계하기도 하며, [여동생]은 <여성 + 여자 → 여자 + 위아래 / 아래>라는 특성을 문제 삼기도 한다. [여제]는 현재 입말로는 거의 사용되지 않고 있는 한자말이다.

(136) 막냇누이

이 낱말은 {맨 끝의 누이동생}이라 풀이되면서 <누이동생 + 차례 / 맨 끝>이라는 특성과 함께 사용되고 있다.

(137) 실매(實妹)

이 낱말은 {친 누이동생. 부모가 같은 친 누이동생}이라 풀이되면서 <누이동생 + 어버이 현황 + 어버이 동일성 / 긍정>이라는 특성을 문제 삼고 있다.

(138) 의매(義妹)

이 낱말은 {의로 맺은 누이동생}이라 풀이되면서 <누이동생 + 형성과정 / 의로 맺음>이라는 특성과 함께 사용되는 표현이다. 이 낱말은 {아버지나 어머니가 서로 다른 누이동생}이나 {처제 또는 시누이}라는 내용과 관계하기도 한다.

(139) 우매(愚妹)

이 낱말은 {자기의 '여동생'을 겸손하게 이르는 말}이라 풀이되면서 <누이동생 + 말할이의 처지 + 피지칭자 / 자기의 누이동생 + 겸손함>이라는 특성을 문제 삼는 표현이다.

(140) 매씨(妹氏)

(141) 영매(令妹)

[매씨]는 {남의 손아래 누이를 높여 이르는 말}이라 풀이되며, [영매]는 {매씨}라 풀이된다. 따라서 이 낱말들은 <누이동생 + 말할이의 처지 + 피지칭자 / 남의 누이동생 + 대우법 / 높임>이라는 특성을 공유하는 것으로 이해될 만하다. [매씨]는 {자기의 손위 누이를 이르는 말}이라는 내용도 문제 삼고 있는 표현이다. [영매]는 현재 입말로는 거의 사용되지 않고 있는 한자말이다.

(142) 소매(小妹)

이 낱말은 {어린 누이동생}이라 풀이되면서 <누이동생 + 당사자 현황 + 나이 / 어림>이라는 특성과 함께 사용되고 있다. 이 낱말은 흔히 {여동생이 오빠나 언니를 상대하여 '자기'를 낮추어 이르는 일인칭 대명사}라는 내용과 관계하기도 하는 표현이다.

(143) 망매(亡妹)

이 낱말은 {죽은 손아래 누이동생}이라 풀이되면서 <누이동생 + 당사자 현황 + 상태 / 사망>이라는 특성을 문제 삼는 표현이다.

지금까지의 고찰에서 보인 바와 같이 <동기 + 여성 + 남자 → 여자 + 위아래 / 아래> 분절, 곧 <누이동생> 분절에서는 그 아래로 <차례>, <어버이 현황>, <형성과정>, <말할이의 처지>, <당사자 현황>이 관심의 대상이 되어 있다. <차례>의 아래로는 <맨 끝>이, <어버이 현황>아래로는 <어버이 같음(어버이 동일성 / 긍정)>이, <형성과정> 아래로는 <의로 맺음>이 각각 관심의 대상이 되어 있다. 그리고 <피지칭자>가 문제되는 <말할이의 처지> 아래로는 <자기의 누이동생(+ 겸손함) : 남의 누이동생>의 대립이, <상태>가 문제되는 <당사자 현황> 아래로는 <나이 어림>과 <사망>이 각각 관조의 대상이 되어 있다. 이러한 분절상의 특징을 그림으로 보이면 [그림 21], [그림 22]가 될 것이다.

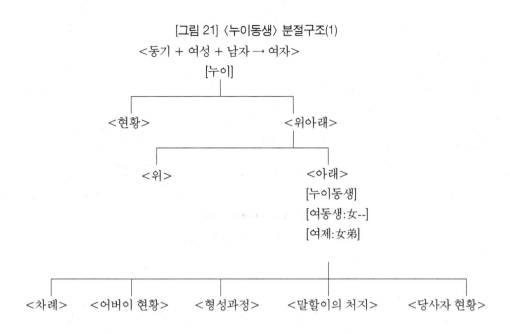

[그림 21] 〈누이동생〉 분절구조(1)

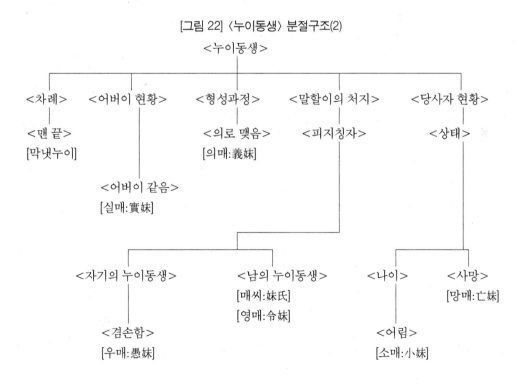

[그림 22] 〈누이동생〉 분절구조(2)

　　〈동기 + 여성 + 여자 → 여자〉 분절에서는 그 아래로 〈현황〉과 〈위아래〉가 관심의
대상이 되어 있다.

(144) 자매(姉妹)

(145) 여형제(女兄弟)

[자매]는 {여자끼리의 언니와 아우. 여자끼리의 동기. 여자 형제}라 풀이되며, [여형제]는 {여자 형제. 자매(姉妹)}라 풀이된다. 따라서 이 낱말들은 <동기 + 여성 + 여자 → 여자>라는 특성을 공유하는 것으로 이해될 만하다. [자매]는 {같은 계통에 속하여 밀접한 관계에 있음을 이르는 말}, {서로 친선 관계에 있는 것}, {여자 교우를 이르는 말}이라는 내용과 관계하기도 하는 표현이다. 이 두 낱말을 원어휘소로 하는 <동기 + 여성 + 여자 → 여자> 분절, 곧 <자매> 분절도 전술한 바와 같이 그 아래로 <현황>과 <위아래>가 관심의 대상이 되어 있다.

(146) 의자매義姉妹)

이 낱말은 {의리로 맺은 여자 형제(자매)}라 풀이되면서 <자매 + 현황 + 형성과정 / 의리로 맺음>이라는 특성과 함께 사용되고 있다. 이 낱말은 {아버지나 어머니가 서로 다른 여자 형제}라는 내용과 관계하기도 한다.

(147) 언니

이 낱말은 {여자 형제 사이에서 나이가 위인 사람을 이르는 말}이라 풀이되면서 <자매 + 위아래 / 위>라는 특성을 문제 삼고 있다. 이 낱말은 {'형'을 다정하게 부르는 말}, {여자들이 자기보다 나이가 조금 위인 여자를 높이어 정답게 부르는 말}, {오빠의 아내를 이르는 말}, {'작부'를 완곡하게 부르는 말}이라는 내용과 관계하기도 한다.

(148) 맏언니

(149) 큰언니

[맏언니]는 {맏이가 되는 언니. 둘 이상의 언니 가운데 맏이가 되는 언니}라 풀이되며, [큰언니]는 {맏언니. '맏언니'를 작은언니에 상대하여 일컫는 말}이라 풀이된다. 따라서 이 낱말들은 <언니 + 차례 + 맏이 / 긍정>이라는 특성을 공유하는 것으로 해명될 만하다. [맏언니 : 큰언니]의 관계에 대하여는 전술한 [맏누이 : 큰누이]의 관계에 준하여 이해될 수 있을 것이다.

(150) 작은언니

이 낱말은 {둘 이상의 언니 가운데 맏언니가 아닌 언니}라 풀이되면서 <언니 + 차례 +

맏이 / 부정>이라는 특성을 문제 삼고 있다. 그러한 의미에서 이 낱말은 전술한 [큰언니(맏언니)]와는 <맏이 긍정 : 맏이 부정>이라는 대칭관계를 형성하는 것으로 이해될 것이다.

(151) 친언니(親--)

이 낱말은 {같은 부모에게서 난 언니}라 풀이되면서 <언니 + 어버이 현황 / 어버이 같음>이라는 특성과 함께 사용되고 있다.

지금까지의 고찰에서 보인 바와 같이 <동기 + 여성 + 여자 → 여자> 분절, 곧 <자매> 분절은 그 아래로 <현황>과 <위아래>가 일차적인 관심사가 되어 있다. <현황>의 아래로는 <형성과정>으로서 <의리로 맺음>이 문제되어 있다. <위아래>에서는 <위>만이 관심의 대상이 되어 있는데, 그 아래로는 다시 <차례>와 <어버이 현황>이 관조의 대상이 되어 있다. <차례> 아래로는 <맏이>로서 <긍정 : 부정>의 대칭관계가 문제되어 있으며, <어버이 현황> 아래로는 <어버이 같음>이 관심의 대상이 되어 있다. 이러한 <자매> 분절의 특징을 그림으로 보이면 [그림 23]이 될 것이다.

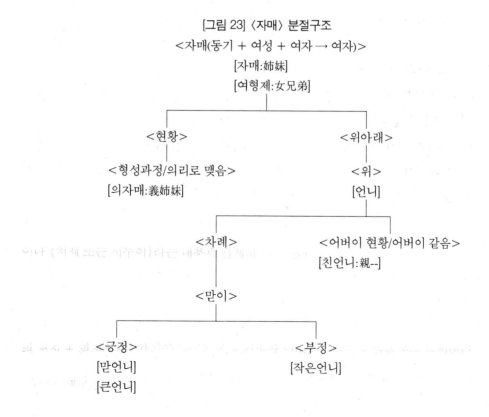

[그림 23] 〈자매〉 분절구조
<자매(동기 + 여성 + 여자 → 여자)>
[자매:姉妹]
[여형제:女兄弟]

<현황>   <위아래>

<형성과정/의리로 맺음>   <위>
[의자매:義姉妹]   [언니]

<차례>   <어버이 현황/어버이 같음>
                   [친언니:親--]

<맏이>

<긍정>   <부정>
[맏언니]   [작은언니]
[큰언니]

5. 마무리

　<동기>는 <어버이 보다 직계로 한 세대 아래인 아들딸들 사이의 상호 관계>라는 내용과 함께 선천적인 <서열적 수평관계>에 해당하는 친척 명칭 분절로 이해될 수 있는데, 지금까지 이 분절에 관하여 해명된 특징들을 요약하여 정리하면 다음과 같다.

　(1) 한국어에 있어서 <동기> 명칭 분절은 기본적으로 <성>으로서 <남성 : 여성>의 대립, <위아래>로서 <위 : 아래>의 대립, <상대성>으로서 <남자 → 남자 : 남자 → 여자 : 여자 → 남자 : 여자 → 여자>의 대립이 관심의 대상이 되면서 하위분절되는 양상을 보이고 있다.

　(2) [동기 : 同氣]와 [형제자매 : 兄弟姉妹]를 원어휘소로 하는 <동기> 분절에 있어서는 그 아래로 <어버이 현황>으로서 <어버이 같음 : 어버이 다름>이 일차적인 관조의 대상이 되어 있다. 그리고 <어버이 같음> 아래로는 <어버이 같음 강조>가 문제되어 있으며, <어버이 다름> 아래로는 <형성과정 / 의로 맺음>이 관심의 대상이 되어 있다.

　(3) <남성> 분절에 있어서는 그 아래로 <상대성>으로서 <남자 → 남자 : 여자 → 남자>의 대립이 일차적인 관심사가 되어 있다.

　(3) [형제(兄弟). 제형(弟兄). 아우형제(--兄弟). 동근(同根). 곤제(昆第)]를 원어휘소로 하는 <동기 + 남성 + 남자 → 남자> 분절, 곧 <형제> 분절에서는 그 아래로 <현황>과 <위아래>가 관조의 대상이 되어 있다.

　<현황> 분절에서는 <어버이 현황>, <형제의 신분>, <형성과정>, <차례>, <말할이의 처지>가 관조의 대상이 되어 있다. <어버이 현황> 아래로는 <어버이 같음 : 어버이 다름>의 대칭관계가 형성되어 있는데, 후자의 아래로는 <어머니 다름 : 아버지 다름>의 대칭관계가 문제되어 있다. <형제의 신분> 아래로는 <황제>가 관심의 대상이 되어 있다. <형성과정>으로서는 <결의하여 맺음>과 <의로 맺음>이 관심의 대상이 되어 있다. <차례>에서는 <맏이>와 <맨 끝>이 관조의 대상이 되어 있는데, 후자의 아래로는 <의식 / 귀여움>이 문제되어 있다. <말할이의 처지>이 아래로는 <들을이 / 남>이 관심의 대상이 되어 있는데, 그 아래로는 <차례 / 맏이>로서 <긍정 : 부정>의 유무대립관계가 성립되어 있다.

　<위아래>에는 <위 : 아래>의 대칭관계가 형성되어 있는데, [형(兄)]을 원어휘소로 하는 <남성 + 남자 → 남자 + 위아래 / 위>, 곧 <형> 분절에서는 <차례>, <어버이 현황>, <말할이의 처지>, <형성과정>, <당사자 현황>이 관조의 대상이 되어 있다. <차례>의 아래로는 <맏이 : 둘째 : 셋째>의 계단대립이 관심사가 되어 있으며, <어버이 현황>아래로는

<어버이 동일성>과 <어머니 신분>이 관심의 대상이 되어 있다. <어버이 동일성>에서는 <어버이 같음>과 <어머니 동일성>이 문제되어 있는데, 후자의 경우는 그 아래로 다시 <긍정 : 부정>의 유무대립관계가 관심의 대상이 되어 있다. <어머니 신분> 아래에는 <정실 : 첩(실)>의 대칭관계가 형성되어 있다. 그리고 <형성과정>으로서는 <의로 맺음>이, <당사자 현황> 아래로는 다시 <성품 / 자애로움>과 <상태 / 사망>이 관조의 대상이 되어 있다.

[아우. 동생. 남동생(男--). 제남(弟男). 계방(季方)]을 원어휘소로 하는 <동기 + 남성 + 남자 → 남자 + 위아래 / 아래> 분절, 곧 <아우> 분절에 있어서는 <차례>, <어버이 현황>, <형의 현황>, <말할이의 처지>, <형성과정>, <당사자 현황>이 일차적인 관심사가 되어 있다. <차례> 아래로는 <맨 끝>과 <자기 바로 밑>이 관심사가 되어 있으며, <어버이 현황> 아래로는 <어버이 동일성>과 <어머니 신분>이 관심사가 되어 있다. <어버이 동일성> 아래로는 다시 <어버이 같음>과 <어머니 동일성 / 긍정 : 부정>이 문제되어 있으며, <어머니 신분> 아래로는 다시 <정실 : 첩>의 대칭관계가 문제되어 있다. <형 현황> 아래에는 <형 신분>이 관조의 대상이 되어 있는데, 그 아래로는 <황제 : 임금>의 대칭관계가 문제되어 있다. <황제 : 임금>의 대칭관계 아래로는 다시 <아우의 처지>로서 <황제 자리 계승 예정 : 임금(의) 자리 계승 예정>의 대립관계가 관심사가 되어 있다. <말할이의 처지>에서는 <피지칭자>로서 <자기의 아우 : 남의 아우>라는 대립이 문제되어 있는데, <자기의 아우> 아래로는 <겸손함>이, 그리고 <남의 아우> 아래로는 <높임>이 각각 관심의 대상이 되어 있다. <형성과정> 아래로는 <의로 맺음>이 관조의 대상이 되어 있으며, <당사자 현황> 아래로는 <나이 / 어림 : 가장 어림>과 <상태 / 사망>이 문제되어 있다.

(4) <동기 + 남성 + 여자 → 남자> 분절에서는 그 아래로 <위아래>를 문제 삼고 있는데, <위아래 / 아래> 분절은 별도의 어휘소의 실현 없이 <남성 + 남자 → 남자> 분절에서의 <위아래 / 아래> 분절에서 기능하는 어휘소들에 의하여 대용되는 특징을 보이고 있다. [오빠]를 원어휘소로 하는 <남성 + 여자 → 남자 + 위아래 / 위> 분절, 곧 <오빠> 분절은 <차례 : 어버이 현황 : 말할이의 처지 : 형성과정>의 대립체계에 의하여 하위분절되는 특징을 보이고 있다. <차례> 아래로는 <맏이>로서 <긍정 : 부정>의 대칭관계가 형성되어 있으며, <어버이 현황>에서는 <어버이 같음>이 관심의 대상이 되어 있다. 그리고 <말할이의 처지> 아래로는 <대우법>으로서 <높임 : 낮춤>의 대칭관계가 문제되어 있으며, <형성과정> 아래로는 <의로 맺음>이 관심사가 되어 있다.

(5) <동기 + 여성> 중심의 분절에서는 <상대성>으로서 <남자 → 여자 : 여자 → 여자>의 대립관계가 관조의 대상이 되어 있다.

(6) [누이]를 원어휘소로 하는 <동기 + 여성 + 남자 → 여자>, 곧 <누이> 분절에서는 그 아래로 <현황>과 <위아래>가 관심사가 되어 있다. <누이 + 현황> 분절에 있어서는 그 아래로 <차례>, <어버이 현황>, <당사자 현황>이 관심사가 되어 있다. <차례> 아래 로는 <맏이>로서 <긍정 : 부정>의 대립관계, <어버이 현황> 아래로는 <어버이 동일 성>으로서 <긍정 : 부정>의 대칭관계와 <어머니 같음>이, 그리고 <당사자 현황> 아래 로는 <나이 더 많음>이 각각 관조의 대상이 되어 있다. <누이 + 위아래> 분절에서는 <위 : 아래>의 대칭관계가 관심의 대상이 되어 있다.

(7) [누나. 여형(女兄)]을 원어휘소로 하는 <누이 + 위아래 / 위> 분절, 곧 <누나> 분절은 그 아래로 <차례>, <말할이의 처지>, <당사자 현황>에 의하여 하위분절되는 양상을 보 이고 있다. <차례> 아래로는 다시 <맏이>로서 <긍정 : 부정>의 대립이 관심의 대상이 되 어 있고, <말할이의 처지> 아래로는 다시 <피지칭자>와 <대우법>이 문제되어 있으며, <당사자 현황> 아래로는 다시 <상태 / 사망>이 관심사가 되어 있다. <말할이의 처지 + 피 지칭자> 아래로는 <자기의 누나>와 <남의 누나>가 관조의 대상이 되어 있는데, 전자의 아래로는 <겸손함>이, 그리고 후자의 아래로는 <높임>이 각각 관심의 대상이 되어 있다.

(8) [누이동생. 여동생(女--). 여제(女弟)]를 원어휘소로 하는 <동기 + 여성 + 남자 → 여자 + 위아래 / 아래> 분절, 곧 <누이동생> 분절에서는 그 아래로 <차례>, <어버이 현황>, <형 성과정>, <말할이의 처지>, <당사자 현황>이 관심의 대상이 되어 있다. <차례>의 아래로 는 <맨 끝>이, <어버이 현황>아래로는 <어버이 같음>이, <형성과정> 아래로는 <의로 맺음>이 각각 관심의 대상이 되어 있다. 그리고 <피지칭자>가 문제되는 <말할이의 처지> 아래로는 <자기의 누이동생(+ 겸손함) : 남의 누이동생>의 대립이, <상태>가 문제되는 <당사자 현황> 아래로는 <나이 어림>과 <사망>이 각각 관조의 대상이 되어 있다.

(9) [자매(姉妹). 여형제(女兄弟)]를 원어휘소로 하는 <동기 + 여성 + 여자 → 여자> 분 절, 곧 <자매> 분절도 그 아래로 <현황>과 <위아래>가 일차적인 관심사가 되어 있다. <현황>의 아래로는 <형성과정>으로서 <의리로 맺음>이 문제되어 있다. <위아래>에 서는 <위>만이 관심의 대상이 되어 있는데, 그 아래로는 다시 <차례>와 <어버이 현황> 이 관조의 대상이 되어 있다. <차례> 아래로는 <맏이>로서의 <긍정 : 부정>의 대칭관계 가 문제되어 있으며, <어버이 현황> 아래로는 <어버이 같음>이 관심의 대상이 되어 있다.

제3절 〈동기 항렬〉 분절구조

1. 머리말

〈동기 항렬〉은 〈동기〉와 대수가 같으면서 상호 평행관계를 유지하고 있는 분절이다. 곧, 이 분절은 〈동기와 대수 동일성 + 동기와 평행관계〉라는 특성과 함께 해명될 만하다. 또한 〈동기〉에서는 〈직계〉라는 특성이 문제되지만, 〈동기 항렬〉에서는 〈방계〉와 〈직계의 배우자〉가 문제된다.

그러한 의미에서 〈동기 항렬〉 분절에서는 〈동기간 관계를 제외한 친가계, 외가계, 시가계, 처가계에서의 서열적 수평관계에 있는 친척〉이 관심의 대상이 된다. 곧, 〈동기 항렬〉 분절은 일차적으로 〈친가계〉 중심, 〈외가계〉 중심, 〈시가계〉 중심, 〈처가계〉 중심을 문제 삼으면서 하위분절되는 양상을 보이고 있다. [그림 1]은 이러한 〈동기 항렬〉 분절의 기본구조를 보이기 위한 도식이다.

[그림 1] 〈동기 항렬〉 분절의 기본구조

2. 〈친가계〉 중심의 분절구조

〈동기 항렬 + 친가계〉 분절에서는 그 아래로 〈동기의 배우자〉와 〈친가계 친척〉이 관심의 대상이 되어 있다. 그리고 〈동기의 배우자〉 분절은 〈형제의 배우자〉, 〈오빠의 배우자〉, 〈누이의 배우자〉, 〈자매의 배우자〉를 문제 삼으면서 하위분절되는 특징을 보이고 있다. 이러한 분절상의 특징을 그림으로 보이면 [그림 2]가 될 것이다.

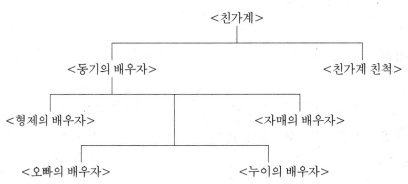

[그림 2] 〈친가계〉 분절의 기본구조

　　<친가계>

　　<동기의 배우자>　　　　　　<친가계 친척>

<형제의 배우자>　　　　　　<자매의 배우자>

　　<오빠의 배우자>　　　　　<누이의 배우자>

　　(1) 수씨(嫂氏)

이 낱말은 {형제의 아내}라 풀이되면서 <동기 항렬 + 친가계 + 동기의 배우자 + 형제의 배우자>라는 특성과 함께 사용되고 있다. 현재 이 한자말은 거의 잊혀져 가고 있는 표현이다. 이 낱말을 원어휘소로 하는 <형제의 배우자> 분절에서는 <형의 배우자 : 아우의 배우자>라는 대칭관계가 관조의 대상이 되어 있다.

　　(2) 형수(兄嫂)
　　(3) 장부(長婦)

[형수]는 {형의 아내}라 풀이되며, [장부]는 {형수(兄嫂)}라 풀이된다. 따라서 이 낱말들은 <수씨(형제의 배우자) + 형의 배우자>라는 특성을 공유하는 것으로 이해될 만하다. [형수]는 {일가친척 가운데 항렬이 같은 남자들 사이에서 형의 아내를 이르는 말}이나 {남남의 남자끼리 형뻘이 되는 사람의 아내를 정답게 이르는 말}이라는 내용과 관계하기도 하며, [장부]는 {키가 큰 며느리}라는 내용을 문제 삼기도 한다. [형수]는 부름말로도 자연스럽게 사용되고 있는 낱말이다.

　　(4) 맏형수(-兄嫂)
　　(5) 백수(伯嫂)
　　(6) 큰형수(-兄嫂)
　　(7) 장수(長嫂)
　　(8) 맏아주머니
　　(9) 구수(丘嫂)

[맏형수]는 {맏형의 아내}라 풀이되고, 이에 상응하는 한자말인 [백수]는 {맏형수}라 풀이된다. [큰형수]는 {맏형수. '맏형수'를 작은형수에 상대하여 일컫는 말}이라 풀이되며, 이에 상응하는 한자말 [장수]는 {맏형수}라 풀이된다. 그리고 [맏아주머니]는 {맏형의 아내. 맏형수}라 풀이되며, [구수]는 {맏형수}라 풀이된다. 따라서 이 낱말들은 모두 <형수 + 차례 + 맏이 / 긍정>이라는 특성을 공유하는 것으로 해명될 만하다. [맏형수 : 큰형수]의 관계는 전술한 [맏언니 : 큰언니]의 관계에 준하여 이해될 만하고, [백수 : 장수]의 관계는 전술한 [백형 : 장형]의 관계에 준하여 이해될 만하다. 순수 토박이말인 [맏아주머니]는 <정감>을 수반하는 표현으로 사용되는 경우가 많은 표현인 것 같고, 한자말 [구수]는 현재 입말로는 거의 사용되지 않고 있다. 한자말 [백수]와 [장수]도 현재 입말로는 거의 사용되지 않고 있다. [큰형수]는 부름말로도 자연스럽게 사용되고 있는 낱말이다.

(10) 작은형수{兄嫂}

이 낱말은 {작은형의 아내. 맏형수가 아닌 형수}라 풀이되면서 <형수 + 차례 + 맏이 / 부정>이라는 특성을 문제 삼으면서 전술한 [큰형수]와 대칭관계를 형성하고 있는 표현이다. 이 낱말은 부름말로도 자연스럽게 사용되고 있는 표현이다.

(11) 가수(家嫂)

이 낱말은 {'자기의 형수'를 남에게 이르는 말}이라 풀이되면서 <형수 + 말할이의 처지 + 피지칭자 / 자기의 형수>라는 특성과 함께 사용되고 있다.

(12) 존수(尊嫂)

이 낱말은 {'형수'의 높임말}이라 풀이되면서 <형수 + 말할이의 처지 + 대우법 / 높임>이라는 특성을 문제 삼고 있다. 현재 이 한자말은 입말로는 거의 사용되지 않고 있다.

(13) 새아주머니

이 낱말은 {'새로 시집온 형수'를 이르는 말}이라 풀이되면서 <형수 + 당사자 현황 + 새로 시집옴>이라는 특성과 함께 사용되고 있는 표현이다. 이 낱말은 {새로 시집온 계수를 이르는 말}, {새로 시집온 숙모뻘이 되는 사람을 이르는 말}이라는 내용과 관계하기도 한다. 이 낱말은 부름말로도 자연스럽게 사용되고 있는 표현이다.

(14) 계수(季嫂)

(15) 제수(弟嫂)

(16) 제부(弟婦)

　[계수]는 {아우의 아내. 제수}라 풀이되고, [제수]는 {남자 형제 사이에서 동생의 아내를 이르는 말. 계수(季嫂)}라 풀이되며, [제부]는 {제수. 아우의 아내}라 풀이된다. 따라서 이 낱말들은 <수씨 + 아우의 배우자>라는 특성을 공유하는 것으로 이해될 만하다. 그러한 의미에서 이 낱말들은 전술한 [형수. 장부]와 대칭관계를 형성하는 것으로 해명될 만하다. [계수]는 {남자 형제가 여러 명일 경우 막내의 부인을 이르는 말}이라는 내용과 함께 사용되기도 하며, [제수]는 {남남의 남자끼리 동생뻘이 되는 남자의 아내를 이르는 말}이라는 내용과 관계하기도 한다. [계수 : 제수]의 관계는 <동기> 분절에서의 [숙계 : 숙제]의 관계에 준하여 이해될 만하다. [제부]는 후술하게 될 [제부(弟夫)]의 세력에 밀려 현재 입말로는 거의 사용되지 않고 있다.

(17) 올케

(18) 오라버니댁(----宅)

　[올케]와 [오라버니댁]은 공히 {오빠의 아내}라 풀이되면서 <동기 항렬 + 친가계 + 동기의 배우자 + 오빠의 배우자>라는 특성을 공유하고 있는 표현들이다. [올케]는 {남동생의 아내}라는 내용과 관계하기도 하고, [오라버니댁]은 {'새언니'의 높임말}이라는 내용을 문제 삼기도 한다. [올케]는 부름말로도 자연스럽게 사용되고 있는 낱말이다.

(19) 새언니

　이 낱말은 {'갓 시집온 오빠의 부인'을 이르는 말}이라 풀이되면서 <올케 + 당사자 현황 / 갓 시집옴>이라는 특성을 문제 삼고 있다. 그러한 의미에서 이 낱말은 전술한 [올케. 오라버니댁)] 아래에 포함되는 어휘소로 이해될 수 있을 것이다. 이 낱말은 부름말로도 자연스럽게 사용되고 있는 표현이다.

(20) 오라범댁(---宅)

　이 낱말은 {'오라버니댁'의 낮춤말}이라 풀이되면서 <올케(오라버니댁) + 말할이의 처지 + 대우법 / 낮춤>이라는 특성과 함께 사용되고 있다. 그러한 의미에서 이 낱말도 [올케(오라버니댁)] 아래에 포함되는 표현으로 이해될 만하다. 이 낱말은 흔히 {올케}라는 내용을 문제 삼으면서 [올케]를 지향하여 중화되기도 하는 표현이다.

(21) 매부(妹夫)

이 낱말은 {누이(손위나 손아래)의 남편}이라 풀이되면서 <동기 항렬 + 친가계 + 동기의 배우자 + 누이의 배우자>라는 특성과 함께 사용되고 있는 표현이다. 이 낱말은 {친정 언니나 여동생의 남편}이라는 내용과 함께 사용되기도 한다. 이 낱말은 부름말로도 자연스럽게 사용되고 있는 표현이다.

(22) 맏매부(-妹夫)
(23) 큰매부(--妹夫)

[맏매부]는 {맏누이의 남편. 첫째의 매부}라 풀이되며, [큰매부]는 {맏매부. 큰누이의 남편}이라 풀이된다. 따라서 이 낱말들은 <매부 + 차례 + 맏이 / 긍정>이라는 특성을 공유하는 것으로 이해될 만하다. [맏매부 : 큰매부]의 관계는 전술한 [맏형수 : 큰형수]의 관계에 준하여 이해될 수 있을 것이다. [큰매부]는 부름말로도 자연스럽게 사용되고 있는 낱말이다.

(24) 작은매부(--妹夫)

이 낱말은 {작은누이의 남편}이라 풀이되면서 <매부 + 차례 + 맏이 / 부정>이라는 특성을 문제 삼고 있다. 그러한 의미에서 이 낱말은 전술한 [큰매부(맏매부)]와 대칭관계를 형성하는 것으로 해명될 수 있다. 이 낱말은 부름말로도 자연스럽게 사용되고 있는 표현이다.

(25) 매형(妹兄)
(26) 자형(姉兄)
(27) 자부(姉夫)
(28) 자서(姉壻)
(29) 인형(姻兄)

[매형]은 {손위 누이의 남편. 자형(姉兄)}이라 풀이되고, [자형]은 {손위 누이의 남편. 매형}이라 풀이되며, [자부]와 [자서]와 [인형]은 공통적으로 {매형. 자형}이라 풀이된다. 따라서 이 낱말들은 <매부 + 위아래 / 위>라는 특성을 공유하는 것으로 해명될 만하다. [인형]은 주로 {편지 글 에서, 매제가 손위 처남을 높여 이르는 말}이라는 내용과 함께 사용되고 있

다. [매형]에서는 <누이 + 형>이라는 특성이 개념형성의 과정에 관계한 것으로 추정될 만하고, [자형]에서는 <누나 + 형>이라는 특성이 개념형성의 과정에 관계한 것으로 추정될 만한데, 전자는 중부지방에서, 그리고 후자는 영남지방에서 각각 선호하는 표현이다. [자부]에서는 <누나 + 남편>이라는 특성이, 그리고 [자서]에서는 <누나 + 사위>라는 특성이 각각 개념형성의 과정에 관계한 것으로 추정되는데, 이 낱말들은 주로 <말할이 + 제삼자>라는 특성을 첨가하면서 사용되는 특징을 보이고 있다. 곧, [자부]와 [자서]가 <말할이 + 처남>의 경우에 사용되는 일은 거의 없는 것 같다. [매형]과 [자형]은 부름말로도 자연스럽게 사용되고 있는 낱말들이다.

(30) 매제(妹弟)

(31) 계매(季妹)

(32) 제매(弟妹)

[매제]는 {손아래 누이의 남편}이라 풀이되며, [계매]와 [제매]는 {매제(妹弟)}라 풀이된다. 따라서 이 낱말들은 <매부 + 위아래 / 아래>라는 특성을 공유하면서 전술한 [매형. 자형. 자부. 자서. 인형]과 <위 : 아래>라는 대칭관계를 형성하는 표현들로 이해될 만하다. [매제]는 드물게 {누이동생}이라는 내용과 관계하기도 하고, [제매]는 {아우와 누이동생. 남동생과 여동생을 아울러 이르는 말}이라는 내용을 문제 삼기도 한다. [계매 : 제매]의 관계는 전술한 [계수 : 제수]의 관계에 준하여 이해될 만하다. [매제]는 부름말로도 자연스럽게 사용되고 있는 낱말이다.

(33) 형부(兄夫)

(34) 형랑(兄郎)

[형부]는 {언니의 남편}이라 풀이되며, [형랑]은 {형부}라 풀이된다. 그러한 의미에서 이 낱말들은 <동기 항렬 + 친가계 + 동기의 배우자 + 자매의 배우자 / 언니의 배우자(+ 위아래 / 위)>라는 특성을 공유하는 것으로 해명될 만하다. [형부]는 부름말로 자연스럽게 사용되고 있는 낱말이며, [형랑]은 주로 글말이나, 혹은 격식을 차리는 표현으로 사용되고 있는 낱말이다.

(35) 제부(弟夫)

(36) 제랑(弟郎)

[제부]는 {여자의 여동생의 남편}이라 풀이되고, [제랑]은 {제부(弟夫)}라 풀이된다. 따라서 이 낱말들은 <동기 항렬 + 친가계 + 동기의 배우자 + 자매의 배우자 / 여동생의 배우자 (+ 위아래 / 아래)>라는 특성을 공유하는 것으로 이해될 만하다. 그러한 의미에서 이 낱말들은 전술한 [형부 / 제랑]과 서로 대칭관계를 형성하는 것으로 볼 수 있다. [제부 : 제랑]의 관계는 전술한 [형부 : 형랑]의 관계에 준하여 이해될 만하다.

  지금까지의 고찰에서 보인 바와 같이 <동기 항렬 + 친가계 + 동기의 배우자> 분절에서는 <형제의 배우자>, <오빠의 배우자>, <누이의 배우자>, <자매의 배우자>가 일차적인 관심사가 되어 있다. [수씨]를 원어휘소로 하는 <형제의 배우자>에서는 <형의 배우자 : 아우의 배우자>의 대립관계가 문제되어 있다. <형의 배우자>에서는 <차례>와 <말할이의 처지>와 <당사자 현황>이 관조의 대상이 되어 있는데, <차례>의 아래로는 다시 <맏이의 긍정 : 맏이의 부정>이, <말할이의 처지> 아래로는 다시 <피지칭자 / 자기의 형수>와 <대우법 / 높임>이, 그리고 <당사자 현황> 아래로는 <새로 시집옴>이 각각 관조의 대상이 되어 있다. [올케]와 [오라버니댁]을 원어휘소로 하는 <오빠의 배우자> 분절에서는 그 아래로 <당사자 현황 / 갓 시집옴>과 <대우법 / 낮춤>이 관심의 대상이 되어 있다. [매부]를 원어휘소로 하는 <누이의 배우자> 분절에서는 <차례>로서 <맏이의 긍정 : 맏이의 부정>이, <위아래>로서 <위 : 아래>의 대립이 각각 관심사가 되어 있다. 그리고 <자매의 배우자> 아래에서는 <위아래>로서 <위(언니의 배우자) : 아래(여동생의 배우자)>가 관조의 대상이 되어 있다. 이러한 <동기 항렬 + 친가계 + 동기의 배우자> 분절구조의 특징을 도식화하면 [그림 3], [그림 4], [그림 5], [그림 6], [그림 7]이 될 것이다.

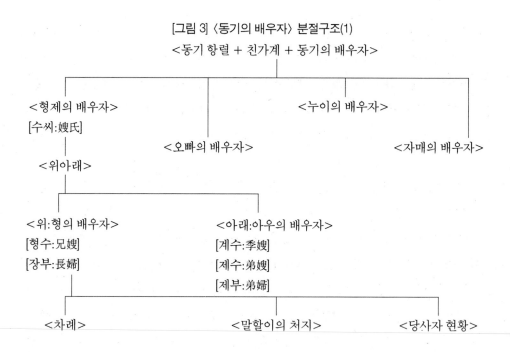

[그림 3] 〈동기의 배우자〉 분절구조(1)

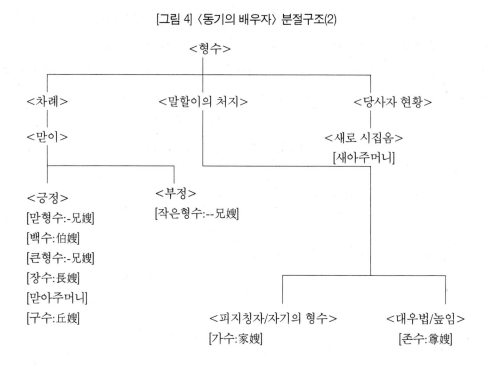

[그림 4] 〈동기의 배우자〉 분절구조(2)

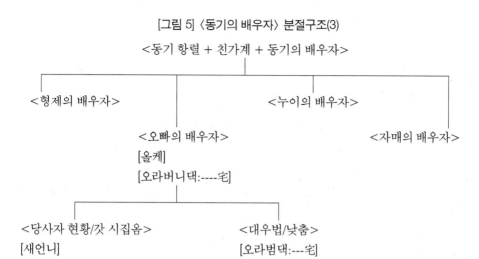

[그림 5] 〈동기의 배우자〉 분절구조(3)

<동기 항렬 + 친가계 + 동기의 배우자>

<형제의 배우자>　　　　　　　　　<누이의 배우자>

　　　　<오빠의 배우자>　　　　　　　　<자매의 배우자>
　　　　[올케]
　　　　[오라버니댁:----宅]

<당사자 현황/갓 시집옴>　　　　　<대우법/낮춤>
[새언니]　　　　　　　　　　　　[오라범댁:---宅]

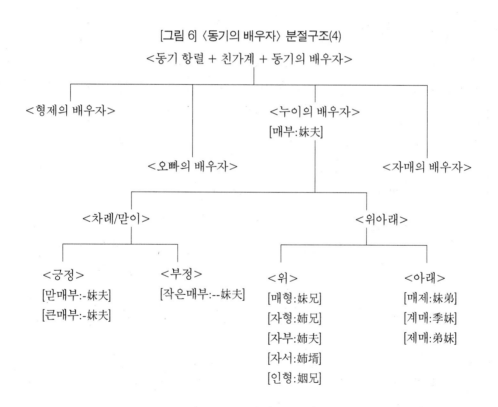

[그림 6] 〈동기의 배우자〉 분절구조(4)

<동기 항렬 + 친가계 + 동기의 배우자>

<형제의 배우자>　　　　　　　　<누이의 배우자>
　　　　　　　　　　　　　　　　[매부:妹夫]

　　　　<오빠의 배우자>　　　　　　　　<자매의 배우자>

<차례/맏이>　　　　　　　　　　<위아래>

<긍정>　　　　<부정>　　　　<위>　　　　　<아래>
[맏매부:-妹夫]　[작은매부:--妹夫]　[매형:妹兄]　　[매제:妹弟]
[큰매부:-妹夫]　　　　　　　　[자형:姉兄]　　[계매:季妹]
　　　　　　　　　　　　　　[자부:姉夫]　　[제매:弟妹]
　　　　　　　　　　　　　　[자서:姉壻]
　　　　　　　　　　　　　　[인형:姻兄]

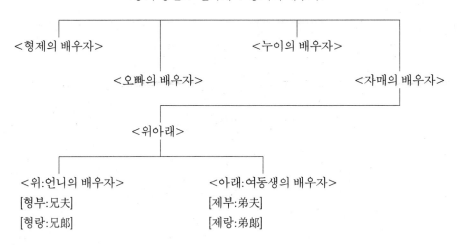

[그림 7] 〈동기의 배우자〉 분절구조(5)

<동기 항렬 + 친가계 + 동기의 배우자>

<형제의 배우자>　　　　<누이의 배우자>

<오빠의 배우자>　　　　<자매의 배우자>

<위아래>

<위:언니의 배우자>　　　<아래:여동생의 배우자>
[형부:兄夫]　　　　　　　[제부:弟夫]
[형랑:兄郎]　　　　　　　[제랑:弟郎]

전술한 바와 같이 <동기 항렬 + 친가계> 분절에서는 <동기의 배우자>와 <친가계 친척>이 관조의 대상이 되어 있다. <친가계 친척> 아래에는 <촌수>로서 <사촌 : 육촌 : 팔촌 : 십촌>으로 이어지는 계단대립과 <유복친> 및 <먼 친척>이 주된 관심의 대상이 되어 있다. [그림 8]은 이러한 <친가계 친척> 분절의 기본구조를 보이기 위한 것이다.

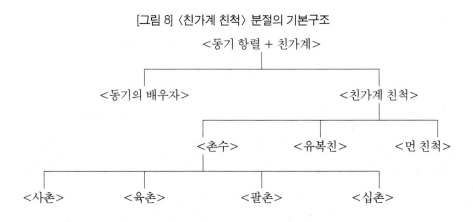

[그림 8] 〈친가계 친척〉 분절의 기본구조

<동기 항렬 + 친가계>

<동기의 배우자>　　　　<친가계 친척>

<촌수>　　　<유복친>　　　<먼 친척>

<사촌>　　<육촌>　　<팔촌>　　<십촌>

<동기 항렬 + 친가계 + 친가계 친척 + 촌수 / 사촌> 분절에 있어서는, 아버지를 중심으로 하여 <아버지 형제의 아들딸과 그 배우자>와 <아버지 누이의 아들딸과 그 배우자>가 일차적인 관심의 대상이 되어 있다. <아버지 형제의 아들딸과 그 배우자>에서는 그 아래로 <아버지 형제의 아들딸>과 <아버지 형제의 아들딸의 배우자>에 의한 대칭관계가 성립되

어 있다. 그리고 <아버지 누이의 아들딸과 그 배우자>에서는 그 아래로 <아버지 누이의 아들딸>과 <아버지 누이의 아들딸의 배우자>가 관조의 대상이 되어 있다.

(37) 사촌(四寸)

이 낱말은 {아버지의 친형제자매의 아들딸}이라 풀이되면서 <동기 항렬 + 친가계 + 친가계 친척 + 촌수 / 사촌>이라는 특성과 함께 사용되고 있다. 이 낱말은 {어버이 친형제자매의 아들이나 딸}, {어버이 친형제자매의 아들딸과의 촌수}, {네 치}라는 내용과 관계하기도 한다.

(38) 친사촌(親四寸)

이 낱말은 {친삼촌의 아들이나 딸}이라 풀이되면서 <사촌 + 아버지 형제의 아들딸(+ 직계의 강조)>이라는 특성과 함께 사용되고 있다.

(39) 종형제(從兄弟)
(40) 당형제(堂兄弟)
(41) 동당형제(同堂兄弟)

[종형제]는 {사촌인 형과 아우}라 풀이되며, [당형제]와 [동당형제]는 {종형제}라 풀이된다. 따라서 이 낱말들은 <친사촌 + 아버지 형제의 아들과 그 배우자 / 아버지 형제의 아들>이라는 특성을 공유하는 것으로 이해될 만하다. [종형제 : 당형제]의 관계는 <어버이 항렬>에 있어서의 [종숙 : 당숙]의 관계에 준하여 이해될 것이다. [동당형제]는 현재 입말로는 거의 사용되지 않고 있는 한자말이다.

(42) 종형(從兄)

이 낱말은 {사촌 형}이라 풀이되면서 <종형제 + 형(위아래 / 위)>이라는 특성과 함께 사용되고 있다.

(43) 종백(從伯)

이 낱말은 {'사촌 맏형'을 남에게 이르는 말}이라 풀이된다. 따라서 이 낱말은 <종형 + 차례 / 맏이 + 들을이 / 남>이라는 특성과 함께 해명될 만하다.

(44) 종중씨(從仲氏

이 낱말은 {자기의 '둘째 사촌 형'을 다른 사람에게 이를 때 쓰는 말}이라 풀이되면서 <종형 + 차례 / 둘째 + 들을이 / 남>이라는 특성과 함께 사용되고 있다. 이 낱말은 {'남의 둘째 사촌 형'을 다른 사람에게 이를 때 쓰는 말}이라는 내용을 문제 삼기도 한다.

(45) 종씨(從氏)

이 낱말은 {남에게 자기 '사촌 형'을 높여 이르는 말}이라 풀이되면서 <종형 + 대우법 / 높임 + 들을이 / 남 + 피지칭자 / 자기의 사촌 형>이라는 특성과 함께 사용되고 있다. 이 낱말은 {'남의 사촌 형제'를 높여 이르는 말}이라는 내용을 문제 삼기도 한다.

(46) 종제(從弟)

이 낱말은 {사촌 아우}라 풀이되면서 <종형제 + 아우(위아래 / 아래)>라는 특성과 함께 사용되고 있다. 그러한 의미에서 이 낱말은 전술한 [종형]과 <위 : 아래>라는 대칭관계를 형성하는 것으로 이해될 만하다.

(47) 종수(從嫂)

이 낱말은 {사촌 형이나 사촌 아우의 아내}라 풀이된다. 따라서 이 낱말은 전술한 [종형제(당형제. 동당형제)]의 배우자로서 <친사촌 + 아버지 형제의 아들과 그 배우자 / 아버지 형제의 아들의 배우자>라는 특성과 함께 이해될 수 있다.

(48) 종자매(從姉妹)

이 낱말은 {사촌 누이. 사촌간인 자매}라 풀이되면서 <친사촌 + 아버지 형제의 딸과 그 배우자 / 아버지 형제의 딸>이라는 특성과 함께 사용되고 있다.

(49) 종자(從姉)

이 낱말은 {손위의 사촌 누이}라 풀이되면서 <친사촌 + 아버지 형제의 딸과 그 배우자 / 아버지 형제의 딸 + 위아래 / (손)위>라는 특성을 문제 삼고 있다.

(50) 종매(從妹)

이 낱말은 {사촌 여동생}이라 풀이되면서 <친사촌 + 아버지 형제의 딸과 그 배우자 / 아버지 형제의 딸 + 위아래 / (손)아래>라는 특성과 함께 사용되고 있다. 그러한 의미에서 이 낱말은 전술한 [종자]와는 서로 <위 : 아래>라는 대칭관계를 형성하는 것으로 이해될 만하다.

(51) 종매부(從妹夫)

이 낱말은 {사촌 여동생의 남편}이라 풀이되면서 <친사촌 + 아버지 형제의 딸과 그 배우자 / 아버지 형제의 딸의 배우자>라는 특성을 문제 삼고 있다. 이 낱말은 {종매의 남편}이라는 내용과 관계하기도 한다.

(52) 고종(사촌)(姑從四寸)

이 낱말은 {고모의 자녀. 고모의 아들이나 딸}이라 풀이되면서 <사촌 + 아버지 누이의 아들딸(아버지 누이의 아들이나 딸)>이라는 특성과 함께 사용되고 있다.

(53) 내종(사촌)(內從四寸)
(54) 사촌척(四寸戚)

[내종사촌]은 {'고종(姑從)' 을 외종에 상대하여 이르는 말. 고모의 아들이나 딸}이라 풀이되며, [사촌척]은 {내종사촌}이라 풀이된다. 따라서 이 낱말들도 전술한 [고종사촌]과 같은 방법으로 해명될 만하다. [내종(사촌)]은 [외종]과 대칭관계를 형성하고 있다. [사촌척]은 {성이 다른 사촌 형제자매}, {외종사촌}, {이종사촌}이라는 내용과 관계하기도 한다.

(55) 고종씨(姑從氏)
(56) 내종씨(內從氏)

[고종씨]는 {'남의 고종사촌'의 높임말}이라 풀이되며, [내종씨]는 {'고종씨' 를 외종씨에 상대하여 이르는 말}이라 풀이된다. 따라서 이 낱말들은 <고종사촌(내종사촌) + 대우법 / 높임(+ 피지칭자 / 남의 고종사촌)>이라는 특성을 공유하는 것으로 이해될 만하다. [고종씨 : 내종씨]의 관계는 전술한 [고종사촌 : 내종사촌]의 관계에 준하여 이해될 것이다. [내종씨]는 {내종사촌 형}이라는 내용과 관계하기도 한다.

(57) 내종형제(內從兄弟)

이 낱말은 {내종사촌 형제. 내종 사촌이 되는 형이나 아우}라 풀이되면서 <내종사촌(고종사촌) + 아버지 누이의 아들>이라는 특성과 함께 사용되고 있다.

(58) 고종형(姑從兄)
(59) 내종형(內從兄)

[고종형]은 {고종 사촌인 형. 자기보다 나이가 위인 고종사촌}이라 풀이되며, [내종형]은 {내종사촌 형.'고종형' 을 외종형에 상대하여 이르는 말}이라 풀이된다. 따라서 이 낱말들은 <내종형제 + 위아래 / 위>라는 특성을 공유하는 것으로 이해될 만하다. [고종형 : 내종형] 의 관계는 전술한 [고종사촌 : 내종사촌]의 관계에 준하여 이해될 것이다.

(60) 고종제(姑從弟)

(61) 내종제(內從弟)

[고종제]는 {고종사촌인 아우}라 풀이되고, [내종제]는 {'고종제' 를 외종제에 상대하여 이르는 말}이라 풀이된다. 따라서 이 낱말들은 <내종형제 + 위아래 / 아래>라는 특성을 공유하는 것으로 이해될 만하다. 그러한 의미에서 이 낱말들은 전술한 [고종형 / 내종형]과 <위 : 아래>라는 대칭관계를 형성하는 것으로 이해될 것이다. [고종제 : 내종제]의 관계는 [고종형 : 내종형]의 관계에 준하여 이해될 수 있을 것이다.

(62) 고종매(姑從妹)

(63) 내종매(內從妹)

[고종매]는 {고종사촌 누이. 고모의 딸}이라 풀이되며, [내종매]는 {'고종매' 를 외종매에 상대하여 이르는 말}이라 풀이된다. 따라서 이 낱말들은 <내종사촌(고종사촌) + 아버지 누이의 딸과 그 배우자 + 아버지 누이의 딸>이라는 특성을 공유하는 것으로 이해될 만하다. [고종매]는 {고종사촌 누이동생}이라는 내용을 문제 삼기도 한다. [고종매 : 내종매]의 관계는 전술한 [고종형 : 내종형]의 관계에 준하여 이해될 것이다.

(64) 내종매부(內從妹夫)

이 낱말은 {내종매의 남편}이라 풀이되면서 <내종사촌(고종사촌) + 아버지 누이의 딸과 그 배우자 + 아버지 누이의 딸의 배우자>라는 특성을 문제 삼고 있다.

지금까지의 고찰에서 보인 바와 같이 [사촌]을 원어휘소로 하는 <동기 항렬 + 친가계 + 친가계 친척 + 촌수 / 사촌> 분절에 있어서는 아버지를 중심으로 하여 <아버지 형제의 아들딸과 그 배우자>와 <아버지 누이의 아들딸과 그 배우자>가 일차적인 관심의 대상이 되어 있다. <아버지 형제의 아들딸과 그 배우자>에서는 그 아래로 <아버지 형제의 아들딸 : 아버지 형제의 아들딸의 배우자>에 의한 대칭관계가 성립되어 있는데, 전자에서는 <아버

지 형제의 아들 : 아버지 형제의 딸>의 대립이, 그리고 후자에서는 <아버지 형제의 아들의 배우자 : 아버지 형제의 딸의 배우자>에 의한 대립관계가 관조의 대상이 되어 있다. <아버지 형제의 아들> 아래로는 <위아래>로서 <위 : 아래>의 대립이 문제되어 있는데, 전자의 경우는 다시 그 아래로 <차례>로서 <맏이 : 둘째>의 대립과 <대우법 / 높임>이 관심의 대상이 되어 있다. <아버지 형제의 딸> 분절에서는 그 아래로 <위 : 아래>의 대칭관계가 성립되어 있다. <아버지 누이의 아들딸과 그 배우자>에서는 그 아래로 <아버지 누이의 아들딸 : 아버지 누이의 아들딸의 배우자>가 관조의 대상이 되어 있는데, 전자의 아래로는 <위아래>로서 <위 : 아래>의 대칭관계와 <대우법 / 높임>이 문제되어 있다. 이러한 <동기 항렬 + 친가계 + 친가계 친척 + 사촌> 분절의 특징을 도식화하면 [그림 9], [그림 10], [그림 11], [그림 12], [그림 13]이 될 것이다.

[그림 9] 〈동기 항렬 + 친가계 + 친가계 친척 + 촌수 / 사촌〉 분절구조(1)

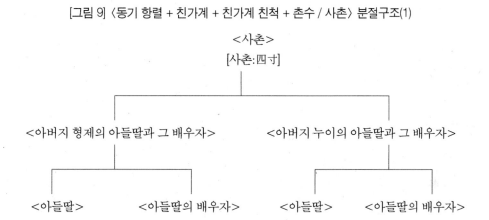

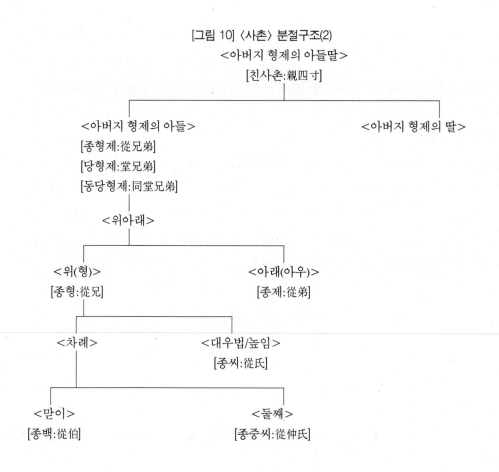

[그림 10] 〈사촌〉 분절구조(2)

〈아버지 형제의 아들딸〉
[친사촌:親四寸]

〈아버지 형제의 아들〉
[종형제:從兄弟]
[당형제:堂兄弟]
[동당형제:同堂兄弟]

〈아버지 형제의 딸〉

〈위아래〉

〈위(형)〉
[종형:從兄]

〈아래(아우)〉
[종제:從弟]

〈차례〉

〈대우법/높임〉
[종씨:從氏]

〈맏이〉
[종백:從伯]

〈둘째〉
[종중씨:從仲氏]

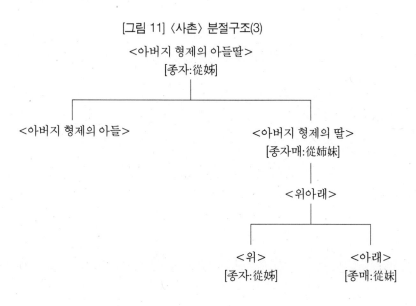

[그림 11] 〈사촌〉 분절구조(3)

〈아버지 형제의 아들딸〉
[종자:從姉]

〈아버지 형제의 아들〉

〈아버지 형제의 딸〉
[종자매:從姉妹]

〈위아래〉

〈위〉
[종자:從姉]

〈아래〉
[종매:從妹]

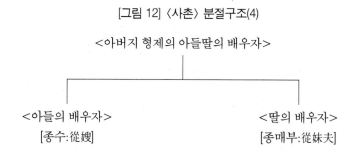

[그림 12] 〈사촌〉 분절구조(4)

<아버지 형제의 아들딸의 배우자>

<아들의 배우자>
[종수:從嫂]

<딸의 배우자>
[종매부:從妹夫]

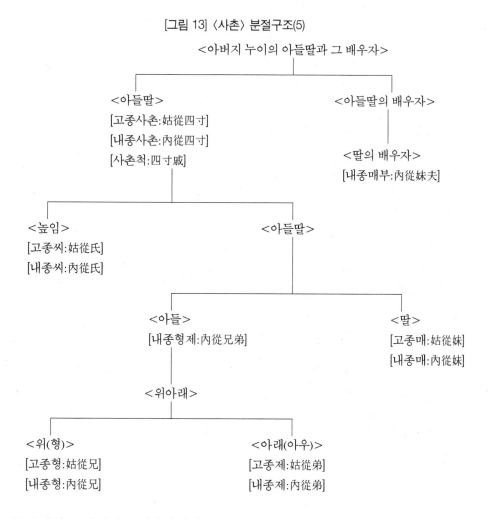

[그림 13] 〈사촌〉 분절구조(5)

<아버지 누이의 아들딸과 그 배우자>

<아들딸>
[고종사촌:姑從四寸]
[내종사촌:內從四寸]
[사촌척:四寸戚]

<아들딸의 배우자>

<딸의 배우자>
[내종매부:內從妹夫]

<높임>
[고종씨:姑從氏]
[내종씨:內從氏]

<아들딸>

<아들>
[내종형제:內從兄弟]

<딸>
[고종매:姑從妹]
[내종매:內從妹]

<위아래>

<위(형)>
[고종형:姑從兄]
[내종형:內從兄]

<아래(아우)>
[고종제:姑從弟]
[내종제:內從弟]

<동기 항렬 + 친가계 + 친가계 친척 + 촌수 / 육촌> 분절에서는 당사자를 중심으로 하여 <형제와 그 배우자>와 <누이와 그 배우자>가 일차적인 관심사가 되어 있다. 전자에서

는 <형제 : 형제의 배우자>라는 대립이, 그리고 후자에서는 <누이 : 누이의 배우자>라는 대립이 관조의 대상이 되어 있다.

(65) 재종형제(再從兄弟)

이 낱말은 {육촌형제}라 풀이되면서 <동기 항렬 + 친가계 + 친가계 친척 + 촌수 / 육촌 + 형제와 그 배우자 / 형제>라는 특성과 함께 사용되고 있다.

(66) 재종형(再從兄)

이 낱말은 {육촌형}이라 풀이되면서 <재종형제 + 위아래 / 위(형)>이라는 특성과 함께 사용되고 있는 표현이다.

(67) 재종씨(再從氏)

이 낱말은 {남의 재종형제를 높여 이르는 말}이라 풀이되면서 <재종형 + 대우법 / 높임 + 들을이 / 남>이라는 특성을 문제 삼고 있다. 이 낱말은 {남에게 자기 재종형을 이르는 말}이라는 내용과 관계하기도 한다.

(68) 재종제(再從弟)

이 낱말은 {육촌 아우}라 풀이되면서 <재종형제 + 위아래 / 아래(아우)>라는 특성과 함께 사용되고 있는 표현이다. 그러한 의미에서 이 낱말은 전술한 [재종형]과는 <위 : 아래>라는 대칭관계를 형성하는 것으로 이해될 것이다.

(69) 재종수(再從嫂)

이 낱말은 {육촌 형제의 아내. 재종형제의 아내}라 풀이되면서 <동기 항렬 + 친가계 + 친가계 친척 + 육촌 + 형제와 그 배우자 / 형제의 배우자>라는 특성과 함께 사용되고 있다.

(70) 재종매(再從妹)

이 낱말은 {육촌 누이}라 풀이되면서 <동기 항렬 + 친가계 + 친가계 친척 + 육촌 + 누이와 그 배우자 / 누이>라는 특성을 문제 삼고 있다.

(71) 재종매부(再從妹夫)

이 낱말은 {육촌 누이의 남편}이라 풀이되면서 <동기 항렬 + 친가계 + 친가계 친척 +

촌수 / 육촌 + 누이와 그 배우자 / 누이의 배우자>라는 특성과 함께 사용되고 있는 표현이다.

　지금까지의 고찰에서 보인 바와 같이 <동기 항렬 + 친가계 + 친가계 친척 + 촌수 / 육촌> 분절에 있어서는 <형제와 그 배우자 : 누이와 그 배우자>의 대립관계가 일차적인 관심사가 되어 있다. <형제와 그 배우자> 아래로는 다시 <형제 : 형제의 배우자>라는 대립이 관심의 대상이 되어 있는데, 전자의 아래로는 <위아래>로서 <위(형) : 아래(아우)>의 대칭관계가 문제되어 있으며, <위(형)>의 아래로는 다시 <대우법 / 높임>이 문제되어 있다. <누이와 그 배우자> 아래로는 다시 <누이>와 <누이의 배우자>의 대립이 관심사가 되어 있다. 이러한 <육촌> 분절의 구조적 특징을 도식화하면 [그림 14]가 될 것이다.

[그림 14] 〈동기 항렬 + 친가계 + 친가계 친척 + 촌수 / 육촌〉 분절구조

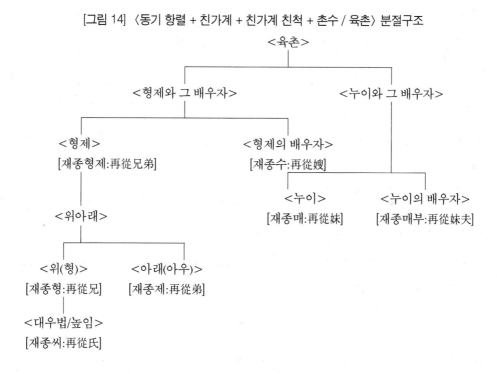

　<동기 항렬 + 친가계 + 친가계 친척 + 촌수 / 팔촌> 분절에 있어서도 전술한 <육촌> 분절에서와 마찬가지로 <형제와 그 배우자 : 누이와 그 배우자>의 대립관계가 일차적인 관심사가 되어 있다. 그리고 <형제와 그 배우자> 아래로는 다시 <형제>와 <형제의 배우자>의 대립이 관심의 대상이 되어 있으며, <누이와 그 배우자> 아래로는 다시 <누이>와 <누이의 배우자>가 관심의 대상이 되어 있다.

(72) 삼종(형제)(三從兄弟)

이 낱말은 {팔촌이 되는 형제}라 풀이되면서 <동기 항렬 + 친가계 + 친가계 친척 + 촌수 / 팔촌 + 형제와 그 배우자 / 형제>라는 특성과 함께 사용되고 있다.

(73) 삼종형(三從兄)

이 낱말은 {팔촌이 되는 형. 팔촌 형}이라 풀이되면서 <삼종형제 + 위아래 / 위(형)>이라는 특성과 함께 사용되고 있다.

(74) 삼종씨(三從氏)

이 낱말은 {자기의 '삼종형의 높임말. 자기의 '삼종형'을 다른 사람에게 말할 때 이르는 말}이라 풀이되면서 <삼종형 + 대우법 / 높임 + 피지칭자 / 자기의 삼종형>이라는 특성을 문제 삼고 있다. 이 낱말은 {남의 삼종형제를 높여 이르는 말}이라는 내용과 관계하기도 하는 표현이다.

(75) 삼종제(三從弟)

이 낱말은 {팔촌이 되는 동생. 팔촌 동생}이라 풀이되면서 <삼종형제 + 위아래 / 아래(아우)>라는 특성과 함께 사용되고 있다. 그러한 의미에서 이 낱말은 전술한 [삼종형]과는 <위 : 아래>라는 대칭관계를 형성하게 된다.

(76) 삼종수(三從嫂)

이 낱말은 {팔촌 형의 아내}라 풀이되면서 <팔촌 형제와 그 배우자 / 형의 배우자>라는 특성과 함께 사용되고 있다.

(77) 삼종매(三從妹)

이 낱말은 {팔촌이 되는 누이. 팔촌 누이}라 풀이되면서 <팔촌 + 누이와 그 배우자 / 누이>라는 특성을 문제 삼고 있다.

(78) 삼종매부(三從妹夫)

이 낱말은 {삼종매의 남편. 팔촌 누이의 남편}이라 풀이되면서 <팔촌 + 누이와 그 배우자 / 누이의 배우자>라는 특성과 함께 사용되고 있다.

지금까지의 고찰에서 보인 바와 같이 <동기 항렬 + 친가계 + 친가계 친척 + 촌수 / 팔촌> 분절에 있어서는 <형제와 그 배우자 : 누이와 그 배우자>의 대립관계가 일차적인 관심사가 되어 있다. <형제와 그 배우자> 아래로는 <형제>와 <형의 배우자>가 관조의 대상이 되어 있는데, 전자의 경우는 그 아래로 다시 <위아래>로서 <위(형) : 아래(아우)>의 대칭관계가 관심의 대상이 되어 있다. <위(형)> 아래에는 <대우법 / 높임>도 관심사가 되어 있다. 그리고 <누이와 그 배우자> 아래로는 <누이 : 누이의 배우자>의 대립관계가 문제되어 있다. 이러한 <팔촌> 분절의 특징을 그림으로 나타내면 [그림 15]가 될 것이다.

[그림 15] 〈동기 항렬 + 친가계 + 친가계 친척 + 촌수 / 팔촌〉 분절구조

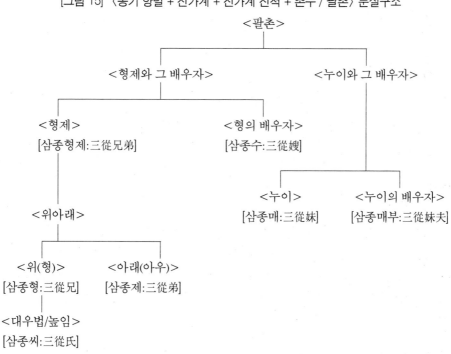

<동기 항렬 + 친가계 + 친가계 친척 + 촌수 / 십촌> 분절에서는 다음의 표현만이 문제되어 있다.

(79) 사종(四從)

이 낱말은 {열촌이 되는 형제와 자매. 십촌뻘 되는 형제자매}라 풀이되면서 <동기 항렬 + 친가계 + 친가계 친척 + 촌수 / 십촌>이라는 특성과 함께 사용되고 있다.

[그림 16]은 이러한 <동기 항렬 + 친가계 + 친가계 친척 + 촌수 / 십촌> 분절의 구조를 보인 것이다.

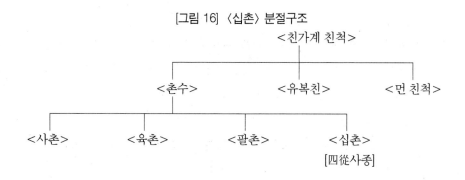

[그림 16] 〈십촌〉 분절구조

(80) 족형(族兄)

이 낱말은 {성과 본이 같은 일가 가운데 유복친 안에 들지 않는, 같은 항렬의 형뻘이 되는 남자}라 풀이되면서 <동기 항렬 + 친가계 + 친가계 친척 + 유복친 / 부정 + 위아래 / 위(형)>라는 특성과 함께 사용되고 있다.

(81) 족제(族弟)

이 낱말은{성과 본이 같은 일가 가운데 유복친 안에 들지 않는, 같은 항렬의 아우뻘이 되는 남자}라 풀이되면서 <동기 항렬 + 친가계 + 친가계 친척 + 유복친 / 부정 + 위아래 / 아래(아우)>라는 특성을 문제 삼고 있다. 곧, 이 낱말은 전술한 [족형]과는 <위 : 아래>라는 대칭관계를 형성하고 있다.

지금까지의 고찰에서 보인 바와 같이 <동기 항렬 + 친가계 + 친가계 친척 + 유복친> 분절에서는 그 아래로 <부정>이 관심사가 되어 있으며, 그 <부정> 아래로는 <위아래>로서 <위(형) : 아래(아우)>가 문제되어 있다. 이러한 분절상의 특징은 [그림 17]과 같은 도식화를 가능하게 할 것이다.

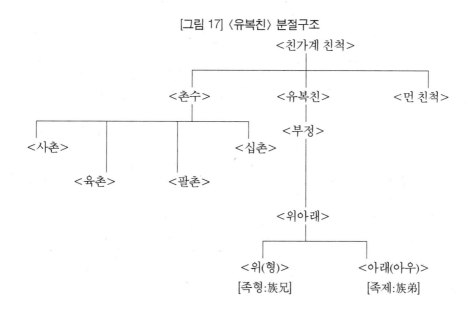

[그림 17] 〈유복친〉 분절구조

(82) 척형(戚兄)

이 낱말은 {성이 다른 일가친척 가운데 형뻘 되는 사람. 척분으로 형뻘이 되는 사람}이라 풀이되면서 <동기 항렬 + 친가계 + 친가계 친척 + 먼 친척 + 위아래 / 위(형) + 성 다름>이라는 특성과 함께 사용되고 있다.

(83) 척제(戚弟)

이 낱말은 {성이 다른 일가친척 가운데 아우뻘이 되는 사람. 척분으로 아우뻘이 되는 사람}이라 풀이되면서 <동기 항렬 + 친가계 + 친가계 친척 + 먼 친척 + 위아래 / 아래(아우) + 성 다름>이라는 특성과 함께 사용되고 있다. 그러한 의미에서 이 낱말은 전술한 [척형]과는 <위아래>로서 <위(형) : 아래(아우)>라는 대칭관계를 형성하게 된다. 그리고 이 두 낱말은 <친가계> 아닌 친척의 경우에도 두루 통용되는 경우도 있는 것 같다.

지금까지의 고찰에서 보인 바와 같이 <동기 항렬 + 친가계 + 친가계 친척 + 먼 친척> 분절에서는 <위아래>로서 <위(형) : 아래(아우)>라는 대칭관계가 관심의 대상이 되어 있다. 이러한 분절상의 특징을 그림으로 그리면 [그림 18]이 될 것이다.

[그림 18] 〈먼 친척〉 분절구조

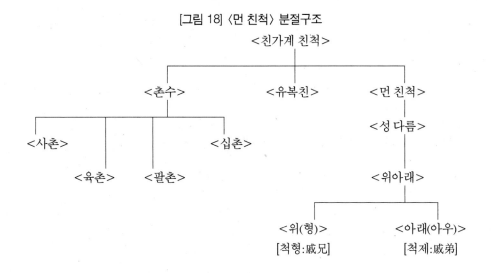

3. 〈외가계〉 중심의 분절구조

〈동기 항렬 + 외가계〉 분절에 있어서는 〈외삼촌의 아들딸〉과 〈이모의 아들딸과 그 배우자〉가 일차적인 관심사가 되어 있다. [그림 19]는 이러한 〈동기 항렬 + 외가계〉 분절의 기본구조를 보이기 위한 것이다.

[그림 19] 〈동기 항렬 + 외가계〉 분절의 기본구조

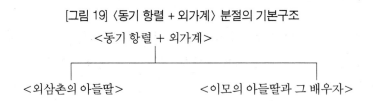

(84) 외사촌(外四寸)

(85) 외종(사촌)(外從四寸)

(86) 표종(表從)

[외사촌]은 {외종사촌으로 외삼촌의 자녀}라 풀이되고, [외종사촌]은 {외삼촌의 아들이나 딸}이라 풀이되며, [표종]은 {외종사촌}이라 풀이된다. 따라서 이 낱말들은 〈동기 항렬 + 외가계 + 외삼촌의 아들딸〉이라는 특성을 공유하는 것으로 해명될 만하다. [외사촌]은 {외삼

촌의 자녀와의 촌수}라는 내용을 문제 삼기도 하는 표현이고, [외종사촌]은 [내종사촌]과 상대되는 표현이며, [표종]은 현재 입말로는 거의 사용되지 않고 있는 한자말이다.

(87) 외종씨(外從氏)

이 낱말은 {'남의 외종'의 높임말}이라 풀이되면서 <외사촌(외종사촌) + 대우법 / 높임>이라는 특성과 함께 사용되고 있다. 이 낱말은 {외종형}이라는 내용과 관계하기도 한다.

(88) 외종형제(外從兄弟)
(89) 내형제(內兄第)

[외종형제]는 {외종사촌 형제. 외종 사촌인 형이나 아우}라고 풀이되며, [내형제]는 {외사촌 형제}라 풀이된다. 따라서 이 낱말들은 <외사촌 + 외삼촌의 아들>이라는 특성을 공유하는 것으로 이해될 것이다. [내형제]는 {아내의 형제}라는 내용과 관계하기도 한다.

(90) 외종형(外從兄)
(91) 표종형(表從兄)

[외종형]은 {외종사촌 형. 외사촌인 형}이라 풀이되며, [표종형]은 {외종사촌이 되는 형. 외종형}이라 풀이된다. 따라서 이 낱말들은 <외종형제 + 위아래 / 위(형)>라는 특성을 공유하는 것으로 해명될 만하다. [외종형 : 표종형]의 관계는 전술한 [외종(사촌) : 표종]의 관계에 준하여 이해될 만하다. [표종형]은 현재 입말로는 거의 사용되지 않고 있다.

(92) 외종제(外從弟)

이 낱말은 {외사촌인 아우}라 풀이되면서 <외종형제 + 위아래 / 아래(아우)>라는 특성을 문제 삼고 있다. 그러한 의미에서 이 낱말은 전술한 [외종형]과 <위아래>를 축으로 하여 <위 : 아래>라는 대칭관계를 형성하게 된다.

지금까지의 고찰에서 보인 바와 같이 [외사촌], [외종사촌], [표종]을 원어휘소로 하는 <동기 항렬 + 외가계 + 외삼촌의 아들딸> 분절에 있어서는 그 아래로 <대우법 / 높임>과 <외삼촌의 아들>이 일차적인 관심의 대상이 되어 있다. 곧, <외삼촌의 딸>의 경우는 빈자리로 남아 있으며, 그 빈자리는 [외사촌 누이]와 같은 긴 낱말로 충당된다. <외삼촌의 아들> 아래로는 다시 <위아래>로서 <위(형) : 아래(아우)>라는 대칭관계가 관심의 대상이 되어 있다. 이러한 <동기 항렬 + 외가계 + 외삼촌의 아들딸> 분절, 곧 <외사촌> 분절의 특징을 도식화하면 [그림 20]이 될 것 같다.

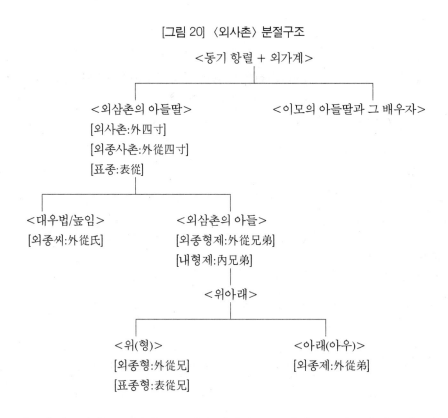

[그림 20] <외사촌> 분절구조

<이모의 아들딸과 그 배우자> 분절에 있어서는 그 아래로 <이모의 아들딸>과 <이모의 딸의 배우자>가 일차적인 관심사가 되어 있다.

(93) 이종(사촌)(姨從四寸)

(94) 이자(姨子)

[이종사촌]은 {이모의 아들과 딸. 이모의 자녀}라 풀이되며, [이자]는 {어머니의 여자 형제의 자녀. 이모의 아들과 딸}이라 풀이된다. 따라서 이 낱말들은 <동기 항렬 + 외가계 + 이모의 아들딸>이라는 특성을 공유하는 것으로 이해될 만하다. [이자]는 {아내의 형제의 아들}이라는 내용과 함께 사용되기도 하는 표현인데, 현재 이 한자말은 입말로는 거의 사용되지 않고 있다.

(95) 이형제(姨兄弟)

이 낱말은 {이종 사촌 형제}라 풀이되면서 <이종사촌 + 이모의 아들>이라는 특성과 함께 사용되고 있다.

(96) 이종형(姨從兄)

(97) 외형(外兄)

[이종형]은 {이종사촌 형. 이종사촌인 형}이라 풀이되고, [외형]도 {이종사촌인 형}이라 풀이된다. 따라서 이 낱말들은 <이형제 + 위아래 / 위(형)>라는 특성을 공유하는 것으로 이해될 만하다. [외형]은 {손위의 처남}이나 {아버지가 다른 형}이라는 내용과 관계하기도 하는 한자말인데, 이 낱말은 현재 입말로는 거의 사용되지 않고 있다.

(98) 이종제(姨從弟)

(99) 외제(外弟)

[이종제]는 {이종사촌인 동생}이라 풀이되며, [외제]는 {이종사촌인 동생. 이종제(姨從弟)}라 풀이된다. 따라서 이 낱말들은 <이형제 + 위아래 / 아래(아우)>라는 특성을 공유하면서 전술한 [이종형 / 외형]과 <위아래>를 축으로 하여 <위 : 아래>라는 대칭관계를 형성하고 있다. [외제]는 {손아래 처남}이나 {아버지가 다른 동생}이라는 내용과 관계하기도 한다. [이종제 : 외제]의 관계는 전술한 [이종형 : 외형]의 관계에 준하여 이해될 것이다.

(100) 이종매(姨從妹)

이 낱말은 {이종사촌 누이}라 풀이되면서 <이종사촌 + 이모의 딸>이라는 특성을 문제삼고 있다. 이 낱말은 {이종사촌 누이동생}이라는 내용과 관계하기도 한다.

(101) 이종매부(姨從妹夫)

이 낱말은 {이종매의 남편}이라 풀이되면서 <이모의 아들딸의 배우자>라는 특성과 함께 사용되고 있다.

지금까지의 고찰에서 보인 바와 같이 <동기 항렬 + 외가계 + 이모의 아들딸과 그 배우자> 분절에서는 그 아래로 <이모의 아들딸>과 <이모의 딸의 배우자>가 일차적인 관심사가 되어 있다. <이모의 아들딸> 아래로는 다시 <이모의 아들 : 이모의 딸>의 대립이 문제되어 있는데, 전자의 경우는 그 아래로 <위아래>로서 <위(형) : 아래(아우)>라는 대칭관

계가 형성되어 있다. 이러한 <동기 항렬 + 외가계 + 이모의 아들딸과 그 배우자> 분절의
특징을 도식화하면 [그림 21]이 될 것이다.

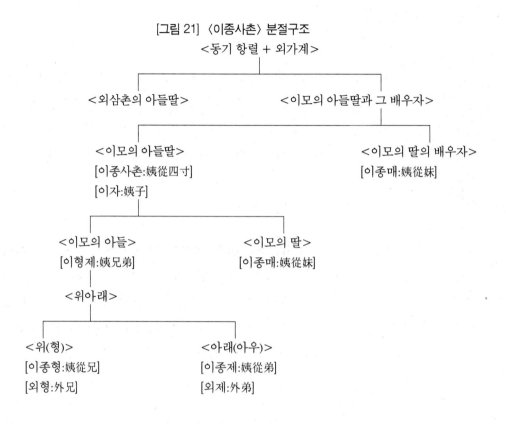

[그림 21] 〈이종사촌〉 분절구조
<동기 항렬 + 외가계>

<외삼촌의 아들딸>   <이모의 아들딸과 그 배우자>

<이모의 아들딸>   <이모의 딸의 배우자>
[이종사촌:姨從四寸]   [이종매:姨從妹]
[이자:姨子]

<이모의 아들>   <이모의 딸>
[이형제:姨兄弟]   [이종매:姨從妹]

<위아래>

<위(형)>   <아래(아우)>
[이종형:姨從兄]   [이종제:姨從弟]
[외형:外兄]   [외제:外弟]

4. 〈시가계〉 중심의 분절구조

남편과의 관계가 초점이 되는 <동기 항렬 + 시가계> 분절에 있어서는 <남편의 형제와
그 배우자>와 <남편의 누이>가 일차적인 관심의 대상이 되어 있다. [그림 22]는 이러한
<동기 항렬 + 시가계> 분절의 기본구조를 보이기 위한 것이다.

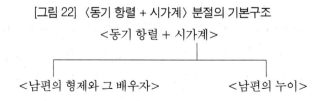

[그림 22] 〈동기 항렬 + 시가계〉 분절의 기본구조
<동기 항렬 + 시가계>

<남편의 형제와 그 배우자>   <남편의 누이>

<남편의 형제와 그 배우자> 분절에서는 그 아래로 <남편의 형제>와 <남편의 형제의 배우자>가 관심의 대상이 되어 있다. 그리고 <남편의 형제> 아래로는 <위아래>로서 <위(남편의 형) : 아래(남편의 아우)>라는 대립이 관심사가 되어 있다.

(102) (시)아주버니(媤----)
(103) 시숙(媤叔)
(104) 시형(媤兄)
(105) 소구(小舅)

[시아주버니]는 {남편의 형}이라 풀이되고, [시숙]과 [시형]과 [소구]는 {시아주버니}라 풀이된다. 따라서 이 세 낱말들은 <동기 항렬 + 시가계 + 남편의 형제와 그 배우자 + 남편의 형제 + 위아래 / 위(형)>라는 특성을 공유하는 것으로 이해될 만하다. [시아주버니]는 {남편과 항렬이 같은 사람 가운데 남편보다 나이가 많은 사람을 이르는 말}, {여자가 일정하게 나이 든 남자를 대접하여 이르는 말}, {시아주비}라는 내용을 문제 삼기도 한다. [(시)아주버니]는 부름말로 자연스럽게 사용되고 있으나, [시숙]이 부름말로 사용되는 경우는 거의 없는 듯하다. [시숙]은 {시아주비}라는 내용과 함께 사용되기도 한다. <시집(시가계) + 형>이라는 특성이 개념형성의 과정에 관계한 것으로 추정되는 [시형]은 주로 글말에 사용되는 특징을 보이고 있다. <작음 + 시아비>라는 특성이 개념형성의 과정에 관계한 것으로 추정되는 한자말 [소구]는 현재 글말이건 입말이건 거의 사용되지 않고 있다.

(106) 숙숙(叔叔)

이 낱말은 {'시아주버니'를 문어적으로 이르는 말}이라 풀이되면서 <시아주버니 + 사용 환경 / 글말>이라는 특성과 함께 사용되고 있는데, 이 낱말은 {작은아버지}라는 내용과 관계하기도 한다. 현재 이 한자말은 입말로는 거의 사용되지 않고 있다.

(107) 아재
(108) 시아주비(媤---)

[아재]와 [시아주비]는 공통적으로 {'(시)아주버니'의 낮춤말}이라 풀이되면서 <시아주버니 + 대우법 / 낮춤>이라는 특성을 공유하면서 사용되고 있다. [아재]는 {'아저씨'의 낮춤말}이라는 내용과 관계하기도 하며, [시아주비]는 {남편의 아우. 시동생}이라는 내용으로 중화되어 사용되기도 한다.

(109) 시동생(媤同生)

이 낱말은 {남편의 남동생}이라 풀이되면서 <동기 항렬 + 시가계 + 남편의 형제와 그 배우자 + 남편의 형제 + 위아래 / 아래(아우)>라는 특성과 함께 사용되고 있다. 그러한 의미에서 이 낱말은 전술한 [시아주버니(시숙)]과 <위아래>를 축으로 하여 <위 : 아래>라는 대칭관계를 형성하는 것으로 이해될 수 있다.

(110) 서방님

이 낱말은 {결혼한 시동생을 높여 이르는 말}이라 풀이되면서 <시동생 + 혼인 상태 / 기혼(+ 대우법 / 높임)>이라는 특성을 문제 삼고 있다. 이 낱말은 {'남편'의 높임말}이나 {예전에, 평민이 벼슬 없는 젊은 선비를 부르던 말}이라는 내용과 관계하기도 한다.

(111) 도련님

이 낱말은 {'결혼하지 않은 시동생'을 높여 이르는 말. '장가들지 아니한 시동생'의 높임말}이라 풀이되면서 <시동생 + 혼인 상태 / 미혼 + 대우법 / 높임>이라는 특성과 함께 사용되고 있다. 그러한 의미에서 이 낱말은 전술한 [서방님]과 <기혼 : 미혼>이라는 대칭관계를 형성하게 된다. 이 낱말은 {'도령'의 높임말}이라는 내용과 관계하기도 한다.

(112) 동서(同壻)

이 낱말은 {시아주버니나 시동생의 아내. 남편 형제의 아내}라 풀이되면서 <동기 항렬 + 시가계 + 남편의 형제와 그 배우자 / 남편의 형제의 배우자>라는 특성과 함께 사용되고 있다. 이 낱말은 {형제의 아내끼리의 관계}, {처형이나 처제의 남편. 아내 자매의 남편}, {자매의 아내끼리의 관계}라는 내용과 관계하기도 한다.

(113) 맏동서(-同壻)
(114) 큰동서(-同壻)

[맏동서]는 {남편의 맏형의 아내}라 풀이되며, [큰동서]는 {맏동서}라 풀이된다. 따라서 이 낱말들은 <동서 + 서열 / 맏이>라는 특성을 공유하는 것으로 이해될 만하다. [맏동서]는 {아내의 큰언니의 남편}이라는 내용과 관계하기도 한다. [맏동서 : 큰동서]의 관계는 전술한 [맏형 : 큰형]의 관계에 준하여 이해될 만하다.

지금까지의 고찰에서 보인 바와 같이 <동기 항렬 + 시가계 + 남편의 형제와 그 배우자> 분절에 있어서는 <남편의 형제>와 <남편의 형제의 배우자>가 일차적인 관심사가 되어 있다. <남편의 형제> 아래로는 <위아래>로서 <위(형) : 아래(아우)>라는 대칭관계가 형성되어 있는데, 전자의 아래로는 <사용 환경 / 글말>과 <대우법 / 낮춤>이, 그리고 후자의 아래로는 <혼인 상태>로서 <기혼 : 미혼>의 대칭관계가 각각 관조의 대상이 되어 있다. <남편 형제의 배우자> 아래로는 <서열 / 맏이>가 문제되어 있다. 이러한 분절상의 특징은 [그림 23]과 같은 도식화를 가능하게 한다.

[그림 23] 〈동기 항렬 + 시가계 + 남편의 형제와 그 배우자〉 분절구조

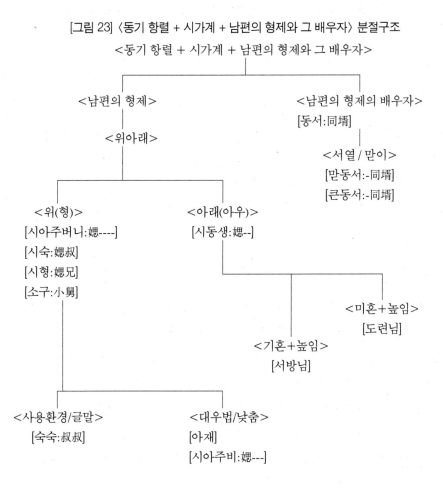

<동기 항렬 + 시가계 + 남편의 누이> 분절에서는 그 아래로 <서열>이 관심의 대상이 되어 있다.

(115) 시누이(媤--)

(116) 소고(小姑)

(117) 숙매(叔妹)

[시누이]는 {남편의 누이. 남편의 누나나 여동생}이라 풀이되며, [소고]와 [숙매]는 공통적으로 {시누이}라 풀이된다. 따라서 이 낱말들은 <동기 항렬 + 시가계 + 남편의 누이>라는 특성을 공유하는 것으로 해명될 만하다. [소고]에서는 <작음 + 시어머니>라는 특성이, 그리고 [숙매]에서는 <셋째 동생 + 누이>라는 특성이 각각 개념형성의 과정에 관계한 것으로 추정될 만한데, 현재 이 두 낱말은 입말로는 거의 사용되지 않고 있다.

(118) 큰아가씨

(119) 큰아씨

[큰아가씨]는 {올케가 큰 시누이를 높여 이르는 말}이라 풀이되며, [큰아씨]는 {큰아가씨}라 풀이된다. 따라서 이 낱말들은 <시누이 + 서열 + 맏이 / 긍정 + 지칭자(말할이) / 올케(+ 대우법 / 높임)>라는 특성을 공유하는 것으로 이해될 만하다. [큰아씨]는 {아씨들 중에서 나이 많은 아씨}나 {주인집의 결혼한 맏딸이나 맏며느리를 하인이 이르는 말}이라는 내용과 관계하기도 하며, [큰아가씨]는 {큰아씨}로 중화되어 사용되기도 한다.

(120) 작은아가씨

(121) 작은아씨

이 낱말은 {둘 이상의 시누이 가운데 맏이가 아닌 사람}이라 풀이되며, [작은아씨]는 {작은아가씨}라 풀이된다. 따라서 이 낱말들은 <시누이 + 서열 + 맏이 / 부정>이라는 특성을 공유하는 것으로 해명될 만하다. [작은아가씨]는 {아가씨들 중에서 나이 적은 아가씨}라는 내용을 문제 삼기도 한다. 그리고 [작은아씨]는 {올케가 손아래 시누이를 일컫는 말}, {아씨들 가운데 맨 위의 아씨가 아닌 아씨를 이르는 말}, {시집가지 않은 처녀를 지체가 낮은 이가 높여 부르는 말}이라는 내용과 관계하기도 한다. [작은아가씨], [작은아씨]는 전술한 [큰아가씨], [큰아씨]와 <맏이>를 축으로 하여 <긍정 : 부정>의 대칭관계를 형성하고 있다.

(122) 아가씨

(123) 소저(小姐)

[아가씨]는 {손아래 시누이를 이르는 말}이라 풀이되면서 <시누이 + 서열 / 올케의 손아

래>라는 특성과 함께 사용되고 있다. 이 낱말은 {시집갈 나이의 여자를 이르는 말}, {처녀나 젊은 여자를 대접하여 일컫는 말}, {예전에, 미혼의 양반 댁 딸을 높여 이르던 말}이라는 내용과 관계하기도 한다. [소저]는 {'아가씨'를 한문 투로 이르는 말}이라 풀이되면서 <아가씨 + 말할이의 처지 + 문체 / 한문 투>라는 특성과 함께 사용되고 있다. 그리고 이 한자말은 현재 입말로는 거의 사용되지 않고 있다.

(124) 아기씨

이 낱말은 {손아래 시누이의 높임말}이라 풀이되면서 <아가씨 + 대우법 / 높임>이라는 특성을 문제 삼고 있다. 이 낱말은 {아가씨}, {여자아이나 시집갈 나이의 처녀 또는 갓 시집온 색시를 높여 이르던 말}, {궁중에서, 어린 왕자나 왕녀 왕손을 높여 이르던 말}, {무속에서, 여신이나 부신의 호칭 다음에 붙여 그 신을 높여 이르는 말}이라는 내용과 관계하기도 한다.

지금까지의 고찰에서 보인 바와 같이 <동기 항렬 + 시가계 + 남편의 누이> 분절에서는 <서열>이 관심의 대상이 되어 있다. 그리고 <서열> 아래로는 <맏이>로서 <긍정 : 부정>의 대칭관계와 <올케의 손아래>가 관조의 대상이 되어 있다. <올케의 손아래>에서는 <대우법 / 높임>이 문제되어 있다. 이러한 <동기 항렬 + 시가계 + 남편의 누이> 분절의 구조적 특징을 도식화하면 [그림 24]가 될 것 같다.

[그림 24] <동기 항렬 + 시가계 + 남편의 누이> 분절구조

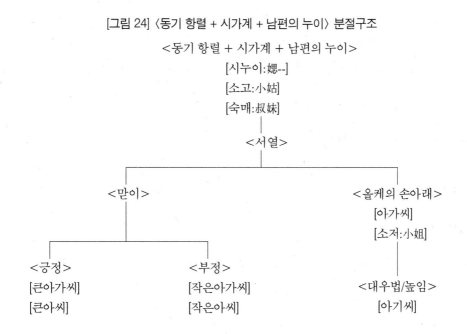

5. 〈처가계〉 중심의 분절구조

<아내와의 관계>가 관심의 대상이 되는 <동기 항렬 + 처가계> 분절에서는 일차적으로 <아내의 형제와 그 배우자>와 <아내의 자매>가 관조의 대상이 되어 있다. 그리고 <아내의 형제와 그 배우자> 아래로는 <아내의 형제 : 아내의 형제의 배우자>의 대립이 문제되어 있으며, <아내의 자매> 아래로는 <위아래>로서 <위(언니) : 아래(여동생)>의 대립이 문제되어 있다.

(125) 처남(妻男)

이 낱말은 {아내의 남자 형제. 아내의 오빠나 남동생}이라 풀이되면서 <동기 항렬 + 처가계 + 아내의 형제>라는 특성과 함께 사용되고 있다.

(126) 큰처남(--妻男)

이 낱말은 {맨 맏이가 되는 처남. 가장 손위의 처남}이라 풀이되면서 <처남 + 맏이 / 긍정>이라는 특성과 함께 사용되고 있다.

(127) 작은처남(--妻男)

이 낱말은 {둘 이상의 처남 가운데 맨 위의 처남이 아닌 처남}이라 풀이되면서 <처남 + 맏이 / 부정>이라는 특성을 문제 삼고 있다. 그러한 의미에서 이 낱말은 전술한 [큰처남]과 <맏이>를 축으로 하여 서로 <긍정 : 부정>이라는 대칭관계를 형성하게 된다.

(128) 처남댁(妻男宅)

이 낱말은 {처남의 아내}라 풀이되면서 <동기 항렬 + 처가계 + 아내의 형제의 배우자>라는 특성과 함께 사용되고 있다. 그러면서도 이 낱말은 <손아래 처남의 아내>의 경우에 주로 사용되는 특징을 보이기도 한다.

(129) 외자매(外姉妹)

이 낱말은 {아내의 자매. 처형(妻兄)이나 처제(妻弟)를 이르는 말}이라 풀이되면서 <동기 항렬 + 처가계 + 아내의 자매>라는 특성과 함께 사용되고 있다.

(130) 처형(妻兄)

이 낱말은 {아내의 언니}라 풀이되면서 <외자매 + 위아래 / 위(언니)>라는 특성을 문제 삼고 있다.

(131) 처제(妻弟)

이 낱말은 {아내의 여자 동생. 아내의 여동생}이라 풀이되면서 <외자매 + 위아래 / 아래 (여동생)>라는 특성과 함께 사용되고 있다. 그러한 의미에서 이 낱말은 전술한 [처형]과 <위 아래>를 축으로 하여 <위 : 아래>라는 대칭관계를 형성하게 된다.

지금까지의 고찰에서 보인 바와 같이 아내와의 관계가 중심이 되는 <동기 항렬 + 처가 계>에 있어서는 일차적으로 <아내의 형제와 그 배우자>와 <아내의 자매>가 관심사가 되어 있다. <아내의 형제와 그 배우자>에서는 그 아래로 <아내의 형제>와 <아내의 형제 의 배우자>가 관조의 대상이 되어 있는데, 전자에서는 다시 그 아래로 <맏이>를 축으로 하여 <긍정 : 부정>의 대칭관계가 문제되어 있다. 그리고 <아내의 자매> 분절에서는 <위 아래>를 축으로 하여 <위 : 아래>의 대칭관계가 형성되어 있다. 이러한 <동기 항렬 + 처 가계> 분절의 구조적 특징을 그림으로 보이면 [그림 25]가 될 것이다.

[그림 25] 〈동기 항렬 + 처가계〉 분절구조

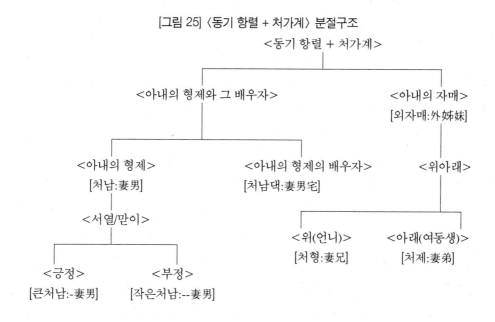

6. 마무리

<동기 항렬>은 동기와 대수가 같으면서 상호 평행관계를 문제 삼고 있는 분절로서 <동기와 대수 동일성 + 평행관계>라는 특성과 함께 해명될 만한 분절이다. 이 분절은 일차적으로 <친가계> 중심, <외가계> 중심, <시가계> 중심, <처가계> 중심을 문제 삼으면서 하위분절되는 양상을 보이고 있다. 이러한 <동기 항렬> 분절에 대한 구조적 해명의 결과를 요약하여 정리하면 다음과 같다.

(1) <동기 항렬 + 친가계> 분절에서는 그 아래로 <동기의 배우자>와 <친가계 친척>이 관심의 대상이 되어 있다. 그리고 <동기의 배우자> 분절은 <형제의 배우자>, <오빠의 배우자>, <누이의 배우자>, <자매의 배우자>를 문제 삼으면서 하위분절되는 특징을 보이고 있다. [수씨]를 원어휘소로 하는 <형제의 배우자>에서는 <형의 배우자 : 아우의 배우자>의 대립관계가 문제되어 있다. <형의 배우자>에서는 <차례>와 <말할이의 처지>와 <당사자 현황>이 관조의 대상이 되어 있는데, <차례>의 아래로는 다시 <맏이의 긍정 : 맏이의 부정>이, <말할이의 처지> 아래로는 다시 <피지칭자 / 자기의 형수>와 <존대법 / 높임>이, 그리고 <당사자 현황> 아래로는 <새로 시집옴>이 각각 관조의 대상이 되어 있다. [올케]와 [오라버니댁]을 원어휘소로 하는 <오빠의 배우자> 분절에서는 그 아래로 <당사자 현황 / 갓 시집옴>과 <대우법 / 낮춤>이 관심의 대상이 되어 있다. [매부]를 원어휘소로 하는 <누이의 배우자> 분절에서는 <차례>로서 <맏이의 긍정 : 맏이의 부정>이, <위아래>로서 <위 : 아래>의 대립이 관심사가 되어 있다. 그리고 <자매의 배우자> 아래에서는 <위아래>로서 <위(언니의 배우자) : 아래(여동생의 배우자)>가 관조의 대상이 되어 있다.

<친가계 친척> 아래에는 <촌수>로서 <사촌 : 육촌 : 팔촌 : 십촌>의 계단대립과 <유복친> 및 <먼 친척>이 주된 관심의 대상이 되어 있다. [사촌]을 원어휘소로 하는 <동기 항렬 + 친가계 + 친가계 친척 + 촌수 / 사촌> 분절에 있어서는 아버지를 중심으로 하여 <아버지 형제의 아들딸과 그 배우자>와 <아버지 누이의 아들딸과 그 배우자>가 일차적인 관심의 대상이 되어 있다. <아버지 형제의 아들딸과 그 배우자>에서는 그 아래로 <아버지 형제의 아들딸>과 <아버지 형제의 아들딸의 배우자>에 의한 대칭관계가 성립되어 있는데, 전자에서는 <아버지 형제의 아들 : 아버지 형제의 딸>의 대립이, 그리고 후자에서는 <아버지 형제의 아들의 배우자 : 아버지 형제의 딸의 배우자>에 의한 대립관계가 관조의 대상이 되어 있다. <아버지 형제의 아들> 아래로는 <위아래>를 축으로 하여 <위 : 아

래>의 대립이 문제되어 있는데, 전자의 경우는 다시 그 아래로 <차례>로서 <맏이 : 둘째>의 대립과 <대우법 / 높임>이 관심의 대상이 되어 있다. <아버지 형제의 딸> 분절에서는 그 아래로 <위 : 아래>의 대칭관계가 성립되어 있다. <아버지 누이의 아들딸과 그 배우자>에서는 그 아래로 <아버지 누이의 아들딸>과 <아버지 누이의 아들딸의 배우자>가 관조의 대상이 되어 있는데, 전자의 아래로는 <위아래>로서 <위 : 아래>의 대칭관계와 <대우법 / 높임>이 문제되어 있다.

<동기 항렬 + 친가계 + 친가계 친척 + 촌수 / 육촌> 분절에 있어서는 <(육촌)형제와 그 배우자 : (육촌)누이와 그 배우자>의 대립관계가 일차적인 관심사가 되어 있다. <형제와 그 배우자> 아래로는 다시 <형제>와 <형제의 배우자>의 대립이 관심의 대상이 되어 있는데, 전자의 아래로는 <위아래>로서 <위(형) : 아래(아우)>의 대칭관계가 문제되어 있으며, <위(형)>의 아래로는 다시 <대우법 / 높임>이 문제되어 있다. <누이와 그 배우자> 아래로는 다시 <누이>와 <누이의 배우자>의 대립이 관심사가 되어 있다.

<동기 항렬 + 친가계 + 친가계 친척 + 촌수 / 팔촌> 분절에 있어서는 <형제와 그 배우자 : 누이와 그 배우자>의 대립관계가 일차적인 관심사가 되어 있다. <형제와 그 배우자> 아래로는 <형제>와 <형의 배우자>가 관조의 대상이 되어 있는데, 전자의 경우는 그 아래로 다시 <위아래>로서 <위(형) : 아래(아우)>의 대칭관계가 관심의 대상이 되어 있다. <위(형)> 아래에는 <대우법 / 높임>도 관심사가 되어 있다. 그리고 <누이와 그 배우자> 아래로는 <누이 : 누이의 배우자>의 대립관계가 문제되어 있다.

<동기 항렬 + 친가계 + 친가계 친척 + 촌수 / 십촌> 분절에서는 원어휘소로서 [사종 : 四從]만이 관계하는 특징을 보이고 있다.

<동기 항렬 + 친가계 + 친가계 친척 + 유복친> 분절에서는 그 아래로 <부정>이 관심사가 되어 있으며, 그 <부정> 아래로는 <위아래>로서 <위(형) : 아래(아우)>가 문제되어 있다.

<동기 항렬 + 친가계 + 친가계 친척 + 먼 친척> 분절에서는 <위아래>로서 <위(형) : 아래(아우)>라는 대칭관계가 관심의 대상이 되어 있다.

(2) <동기 항렬 + 외가계> 분절에 있어서는 <외삼촌의 아들딸>과 <이모의 아들딸과 그 배우자>가 일차적인 관심사가 되어 있다. [외사촌], [외종사촌], [표종]을 원어휘소로 하는 <동기 항렬 + 외가계 + 외삼촌의 아들딸> 분절에 있어서는 그 아래로 <대우법 / 높임>과 <외삼촌의 아들>이 일차적인 관심의 대상이 되어 있다. 곧, <외삼촌의 딸>의 경우는 빈자리로 남아 있으며, 그 빈자리는 [외사촌 누이]와 같은 긴 낱말로 충당된다. <외삼촌의

아들> 아래로는 다시 <위아래>로서 <위(형) : 아래(아우)>라는 대칭관계가 관심의 대상이 되어 있다.

<동기 항렬 + 외가계 + 이모의 아들딸과 그 배우자> 분절에서는 그 아래로 <이모의 아들딸>과 <이모의 딸의 배우자>가 일차적인 관심사가 되어 있다. <이모의 아들딸> 아래로는 다시 <이모의 아들 : 이모의 딸>의 대립이 문제되어 있는데, 전자의 경우는 그 아래로 <위아래>로서 <위(형) : 아래(아우)>의 대칭관계가 형성되어 있다.

(3) 남편과의 관계가 초점이 되는 <동기 항렬 + 시가계> 분절에 있어서는 <남편의 형제와 그 배우자>와 <남편의 누이>가 일차적인 관심의 대상이 되어 있다. <남편의 형제와 그 배우자> 분절에서는 그 아래로 <남편의 형제>와 <남편의 형제의 배우자>가 관심의 대상이 되어 있다. <남편의 형제> 아래로는 <위아래>로서 <위(형) : 아래(아우)>의 대칭관계가 형성되어 있는데, 전자의 아래로는 <사용 환경 / 글말>과 <대우법 / 낮춤>이, 그리고 후자의 아래로는 <혼인 상태>로서 <기혼 : 미혼>의 대칭관계가 각각 관조의 대상이 되어 있다. <남편 형제의 배우자> 아래로는 <서열 / 맏이>가 문제되어 있다.

<동기 항렬 + 시가계 + 남편의 누이> 분절에서는 <서열>이 관심의 대상이 되어 있다. 그리고 <서열> 아래로는 <맏이>로서 <긍정 : 부정>의 대칭관계와 <올케의 손아래>가 관조의 대상이 되어 있다. <올케의 손아래>에서는 <대우법 / 높임>이 문제되어 있다.

(4) 아내와의 관계가 중심이 되는 <동기 항렬 + 처가계>에 있어서는 일차적으로 <아내의 형제와 그 배우자>와 <아내의 자매>가 관심사가 되어 있다. <아내의 형제와 그 배우자>에서는 그 아래로 <아내의 형제>와 <아내의 형제의 배우자>가 관조의 대상이 되어 있는데, 전자에서는 다시 그 아래로 <맏이>를 축으로 하여 <긍정 : 부정>의 대칭관계가 문제되어 있다. 그리고 <아내의 자매> 분절에서는 <위아래>를 축으로 하여 <위 : 아래>의 대칭관계가 형성되어 있다.

제6장

〈통합관계〉 구조

제1절 〈가족〉 분절구조

1. 원어휘소와 기본구조

〈가족〉은 부부, 부모　자식과 같이 혈연으로 이루어지는 구성원들의 집단이며 동일한 호적 내에 있는 한 집안이기 때문에, 〈구성원의 집단 단위〉라는 특성과 〈호적이 동일한 집안〉이라는 특성을 문제 삼고 있는 분절이다. 따라서 〈가족〉 분절의 해명 시도는 상위의 〈집안〉 명칭 분절과 최상위의 〈친척〉 명칭 분절구조 이해를 위한 전제 작업의 의의를 내포하게 된다.

(1) 가족(家族)

이 낱말은 {어버이와 자식, 부부 따위의 혈연관계로 맺어져 이루고 있는, 동일한 호적 내에 있는 한 집안(친족). 한 집안의 친족. 그 집안을 이루는 사람들. 부부와 같이 혼인으로 맺어지거나, 부모　자식과 같이 혈연으로 이루어지는 집단. 또는 그 구성원}이라 풀이되면서 〈구성원 집단의 단위〉와 〈집안 + 혈통 + 호적 / 동일함〉이라는 특성을 문제 삼고 있다. 따라서 이 낱말은 〈가족〉 분절에 있어서 원어휘소(Archilexem)로 기능하는 것으로 이해될 것이다.

(2) 가정(家庭)
(3) 집

본래 [가정]은 {한 가족이 생활하는 집}이나 {가까운 혈연관계에 있는 사람들의 생활 공동체}라는 내용과 관계하였는데, 이 낱말이 이 〈가족〉 분절에로 중화되어 들어와서 {한 가족으로 이루어진 집안}이라 내용을 문제 삼게 되었다. 그리고 [집]도 본래 {사람이나 동물이

추위, 더위, 비바람 따위를 막고 그 속에 들어 살기 위하여 지은 건물}, {(수량을 나타내는 말 뒤에 쓰여)사람이나 동물이 살기 위하여 지은 건물의 수효를 세는 단위}, {집사람}, {칼, 벼루, 총 따위를 끼거나 담아 둘 수 있게 만든 것}, {화투나 마작 따위의 놀이에서 어느 한편을 이르는 말}, {바둑에서, 자기 돌로 에워싸 상대편 돌이 들어올 수 없게 한, 바둑판의 빈자리}와 같은 내용과 관계하는 낱말이었는데, 이 낱말이 <가족> 분절 속으로 중화되어 들어와서 {가족. 가정}이라는 내용을 문제 삼게 되었다[1]. 그러므로 이 두 낱말들 역시 앞에서 논의된 [가족]과 같은 방법으로 해명될 만한 표현이다. 그러나 이 두 낱말이 [가족]이라는 내용과 함께 사용되는 경우는 극히 제한적이며, 이 낱말들 아래 포함되는 낱말들은 거의 대부분 이 낱말들의 본래적인 내용(중화된 내용이 아닌)과 관계한다. 따라서 이 두 낱말들을 원어휘소로 하여 구성되는 분절구조에 대한 해명은 다른 영역에서 별도로 다루는 것이 합당할 것으로 보여 여기서는 논외로 한다.

[가족]을 원어휘소로 하는 이 분절에 있어서는 핏줄의 계통과 관계되는 <혈통>, 사회적으로 담당하고 있는 지위나 역할과 관계되는 <사회적 위치>, 생활해 나가는 모습과 관계되는 <생활상>, 그리고 다른 가족의 존재를 전제하는 <상대성>이 일차적인 관심의 대상이 되어 있다. [그림 1]은 이러한 <가족> 분절의 기본구조(상위구조)를 보이기 위한 것이다.

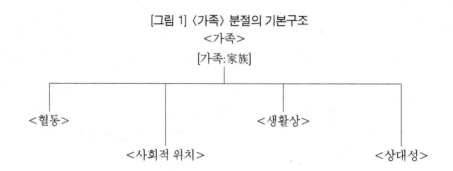

[그림 1] 〈가족〉 분절의 기본구조
<가족>
[가족:家族]
<혈통>   <생활상>
<사회적 위치>   <상대성>

2. 〈혈통〉, 〈사회적 위치〉와 관련된 표현

<혈통> 분절에 있어서는 가족의 체계 조직이 문제되는 <계통>과, 가족 가운데 특정한

---

1) 한자말 [처노 : 妻孥]도 {가족}이라 풀이되면서 <가족>이라는 특성을 문제 삼고 있다. 그러나 이 낱말은 사전에 따라 실려 있지 않은 경우(예컨대, <우리말 큰사전>)도 있어서 논외로 하였다. 이 한자말은 {처자(妻子)}라는 내용도 문제 삼고 있는 듯하다.

구성원이 사망한 상태에서 남아 있는 사람이 문제되는 <생존자>가 일차적인 관심사가 되어 있다. 전자에서는 <어버이>와 <직계와 방계>가, 그리고 후자에서는 <가장의 사망>과 <부모의 사망>이 각각 관심의 대상이 되어 있다.

(4) 모계가족(母系家族)

이 낱말은 {어머니 쪽의 혈연 계통에 의하여 결합된 가족(조직)}이라 풀이되면서 <가족 + 혈통 + 계통 + 어머니 쪽>이라는 특성과 함께 사용되고 있다. 이 낱말은 본래 사회학에서의 전문용어로 사용되다가 도입된 표현이다. 그러한 연유인지 이 낱말이 등재되어 있지 않은 사전도 있기는 하나, 현재 이 낱말은 우리의 일상생활에서 보편적으로 사용되고 있는 것으로 판단하여 논의의 대상으로 삼았다.

(5) 부계가족(父系家族)

이 낱말은 {아버지 쪽의 혈연 계통에 의해 결합된 가족(조직)}이라 풀이되면서 <가족 + 혈통 + 계통 + 아버지 쪽>이라는 특성을 문제 삼고 있다. 이 낱말도 사회학에서 전문용어로 사용되다가 도입되어 들어온 낱말인데, 대부분의 사전에 이 낱말이 등재되어 있다. 이 낱말은 전술한 [모계가족]과 <어버이 + 성별>을 축으로 하여 서로 대칭관계에 있다.

(6) 남계가족(男系家族)

이 낱말도 {부계가족}이라 풀이되면서 앞에서 논의된 [부계가족]과 같은 방법으로 해명된다. 이 낱말 역시 사회학에서 전문용어로 사용되다가 도입된 어휘인데, 이 낱말에서는 여전히 전문용어적인 색채가 농후하다. 그리고 이 낱말과 대칭관계로 인정될 만한 표현은 빈자리로 남아 있다[2].

(7) 쌍계가족(雙系家族)

이 낱말은 {부계(父系)와 모계(母系) 양쪽의 가족}이라 풀이되면서 <부계가족 + 모계가족>이라는 특성과 함께 사용되고 있다. 역시 사회학에서의 전문용어에서 도입된 이 낱말은 {부계(父系)와 모계(母系) 양쪽의 계통을 인정하면서 결합되는 가족}이라는 내용과 함께 사용되기도 한다.

---

2) 일테면 [여계가족 : 女系家族]과 같은 어휘가 사전에 등재되어 있지 않다.

(8) 직계가족(直系家族)

이 낱말은 {직계에 딸리는(속하는) 가족. 조부모와 부모, 부모와 자녀, 자녀와 손자 등의 관계를 이루는 가족}이라 풀이되면서 <가족 + 혈통 + 계통 + 직계>라는 특성과 함께 사용되고 있다. 이 낱말도 사회학의 전문용어에서 도입된 것으로 보인다.

(9) 방계가족(傍系家族)

이 낱말은 {직계 존속과 직계 비속 이외의 친족을 포함한 가족}이라 풀이되면서 <가족 + 혈통 + 계통 + 방계>라는 특성을 문제 삼고 있다. 그러한 의미에서 이 낱말은 전술한 [직계가족]과 <직계 : 방계>라는 대칭관계에 있는 것으로 이해될 수 있다. 이 낱말도 사회학의 전문용어에서 도입된 표현으로 보인다.

(10) 유(가)족(遺家族)

이 낱말은 {죽은 사람의 (살아)남은 가족}이라 풀이된다. 따라서 이 낱말은 <가족 + 혈통 + 생존자 가장의 사망>이라는 특성과 함께 이해될 것 같다. 이 경우, 생존자에게 있어서는 가장의 사망이 전제될 것이기 때문이다.

(11) 결손가족(缺損家族)

이 낱말은 {부모의 한쪽 또는 양쪽이 죽거나, 이혼하거나, 따로 살아서 미성년인 자녀를 제대로 돌보지 못하는 가족(가정)}이라 풀이된다. 따라서 이 낱말은 <가족 + 혈통 + 생존자 부모 사망 혹은 이혼(혹은 별거) + 미성년 보호(가) 미비함>이라는 특성과 함께 이해될 만하다. 이 낱말도 사회학과 교육학의 전문용어에서 도입되었다.

<가족> 분절의 경우, <사회적 위치> 분절과 관계하는 낱말로는,

(12) 사양족(斜陽族)

만이 발견되었다. 이 낱말은 {급격하게 사회가 변함에 따라 몰락한 명문 가족. 형세가 바뀌어 기울어진 명문 가족}이라 풀이되면서 <가족 + 사회적 위치 + 과거의 명성 / 이름남 + 현재 상태 / 몰락함>이라는 특성과 함께 사용되고 있다[3].

---

3) 사회학에서 사용되는 [후방가족 : 後方家族]은 {나라를 지키기 위하여 나선 군인들의 가족}이라 풀이되면서 <가족 + 사회적 위치 + 신분 / 군인>이라는 특성을 문제 삼고 있으며, 천주교에서 사용되는 [성가족 :

지금까지의 고찰에서 보인 바와 같이, <혈통> 분절에 있어서는 <계통>과 <생존자>가 관심의 대상이 되어 있다. <계통>의 아래에는 <어버이>와 <직계와 방계>가, <생존자>의 아래에는 <가장의 사망>과 <부모의 사망 혹은 이혼(혹은 별거)>이 각각 문제되어 있다. 다시 <어버이> 아래에는 <어머니>와 <아버지>가, <직계와 방계> 아래에는 <직계>와 <방계>가 관심의 대상이 되어 있다. 그리고 <사회적 위치> 분절에 있어서는 <과거의 명성 / 이름남 현재 상태 / 몰락함>만이 관조의 대상이 되어 있다. 이러한 <혈통> 분절, <사회적 위치> 분절의 특징을 도식화하면 [그림 2]와 [그림 3]이 될 것이다.

[그림 2] 〈혈통〉과 〈사회적 위치〉 분절의 구조(1)

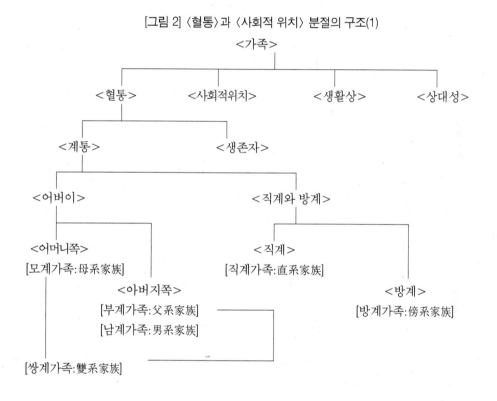

聖家族]은 { 성가정(聖家庭: 성모 마리아, 요셉, 예수로 이루어진 거룩한 가정}이라 풀이되면서 <가족 + 사회적 위치 + 신분 / 성모 마리아, 요셉, 예수 + 명성 / 거룩함>이라는 특성을 문제 삼고 있다. 그러나 이 두 낱말은 여전히 전문용어로만 사용되고 있는 것으로 보아 논외로 한다.

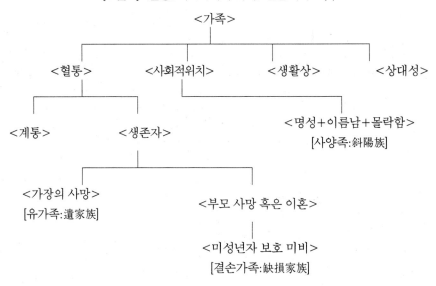

[그림 3] 〈혈통〉과 〈사회적 위치〉 분절의 구조(2)

3. 〈생활상〉, 〈상대성〉과 관련된 표현

　　〈생활상〉 분절에서는 가족이 일정한 곳에 머물러 사는 〈거주〉의 상태, 생활 능력이 없어 돌보아야 하는 〈부양〉의 상태, 가족이 소유하고 있는 유형과　무형의 〈재산〉의 상태가 하위의 관점이 되어 있다.

(13) 한집(안)

(14) 가실(家室)

　　[한집안]은 {한집에서 사는 가족}이라 풀이되며, [가실]은 {한 집 안에 거처하는 가족}이라 풀이된다. 따라서 이 두 낱말은 〈가족 + 생활상 + 거주 / 동거 + 공간 / 한집〉이라는 특성과 함께 해명될 만하다[4]. [한집안]은 {일가친척}이나 {'집안'을 친밀하게 일컫는 말}이라는 내용을 문제 삼기도 하며, [가실]은 {안방에 거처하는 가족}, {집 안이나 안방}, {남 앞에서 '아내'를 점잖게 이르는 말}이라는 내용과 함께 사용되기도 한다. [가실]은 현재 입말로는 거의 사용되지 않고 있다.

―――――――――

4) 한자말 [일실 : 一室]도 {한집안에 사는 가족}이라는 풀이와 함께 같은 방법으로 해명될 만하나, 이 낱말이 등재되어 있지 않은 사전(예컨대, 〈한글큰사전〉)도 있어서 여기서는 논외로 하였다. 이 낱말은 {하나의 방. 또는 한 칸의 방}이라는 내용을 문제 삼기도 한다.

(15) 핵가족(核家族)

이 낱말은 {한 쌍의 부부와 미혼의 자녀만이 함께 동거하는 가족. 한 쌍의 부부와 미혼의 자녀만으로 구성된 가족}이라 풀이된다. 이 낱말의 이러한 뜻풀이 속에는 <결혼한 자녀는 동거하지 않음>이라는 특성이 전제되어 있다. 따라서 이 낱말은 <가족 + 생활상 + 거주 / 동거 + 결혼한 자녀 / 포함 안 됨>이라는 특성과 함께 이해될 것이다[5]. 이 낱말은 사회학의 전문용어로부터 도입되었다.

(16) 확대가족(擴大家族)

역시 사회학 전문용어에서 도입된 이 낱말은 {자녀가 결혼 후에도 부모와 동거하는 가족 (형태)}이라 풀이되면서 <가족 + 생활상 + 거주 / 동거 + 결혼한 자녀 / 포함>이라는 특성을 문제 삼고 있다. 그러한 의미에서 이 낱말은 전술한 [핵가족]과 <결혼한 자녀의 동거 여부>를 축으로 하여 서로 대칭관계에 있는 셈이다.

(17) 부양가족(扶養家族)

이 낱말은 {돌보거나 길러 줘야 하는 가족. 부양하여야 하는 가족}이라 풀이되면서 <가족 + 생활상 + 부양 / 필요함>이라는 특성과 함께 사용되고 있다. 이 낱말은 {처자나 부모 형제 등 자기가 부양하고 있는 가족}이라는 내용을 문제 삼기도 한다.

(18) 빈곤가족(貧困家族)

이 낱말은 {빈곤에 시달리는 가족}이라 풀이되면서 <가족 + 생활상 + 재산 / 빈곤>이라는 특성과 함께 사용되고 있다. 역시 사회학의 전문용어에서 도입된 이 낱말은 빈곤에 시달리는 병리(病理) 가족[6]의 하나로서 경제 활동을 할 수 없는 노인들로 구성된 가족이나 식구가 많아 생활이 어려운 가족, 중환자나 심신 장애자가 있는 가족 따위에 적용되는 표현이다.

<상대성> 분절의 경우는, 그 아래로 <피지칭자>와 <구성원>이 주된 관심의 대상이

---

5) 사회학에서 [복합가족 : 複合家族]이라는 낱말이 {기본 가족인 핵가족과 그 외의 구성원들로 이루어진 가족}, {부모와 자식의 가족이 늘 접촉할 수 있는 상태에서 따로 살고 있는 가족 형태}라는 내용과 함께 사용되고 있으나, 이 낱말은 여전히 전문용어로만 사용되는 것으로 보아 논외로 하였다.

6) [병리가족 : 病理家族]은 {정상적인 상태를 벗어나 문제성이 있는 가족}이라는 내용을 문제 삼고 있으며, 그 속에는 [결손가족], [빈곤가족], [분쟁가족] 따위가 포함되는데, 이 가운데 [병리가족]과 [분쟁가족]은 현재 전문용어로만 사용되는 것으로 보아 논외로 하였다.

되어 있다. <피지칭자>의 아래에는 자신의 가족이 아닌 <남의 가족>이, 그리고 <구성원> 아래로는 구성원의 <수치>와 구성원 모두를 포함하는 <전체>가 각각 관심의 대상이 되어 있다.

(19) 합내(閤內)

이 낱말은 {(주로 편지 글에서)남의 가족을 높여 이르는 말}이라 풀이되면서 <가족 + 상대성 + 피지칭자 / 남의 가족 + 대우법 / 높임>이라는 특성과 함께 사용되고 있다[7]. 이 낱말은 {남의 집안 식구를 공경하여 일컫는 말}이라는 내용을 문제 삼기도 한다. 현재 이 낱말은 입말로는 거의 사용되지 않고 있다.

(20) 소가족(小家族)

이 낱말은 {식구 수가 적은 가족}이라 풀이된다. 여기서 식구는 한집에서 함께 살면서 끼니를 같이하는 구성원을 의미하므로, 이 낱말은 <가족 + 상대성 + 구성원(식구) + 수치 / 적음>이라는 특성과 함께 해명될 만하다.

(21) 대가족(大家族)

이 낱말은 {식구 수가 많은 가족}이라 풀이되면서 <가족 + 상대성 + 구성원(식구) + 수치 / 많음>이라는 특성과 함께 사용되고 있다. 그러한 의미에서 이 낱말은 <수치>를 축으로 하여, 전술한 [소가족]과 <적음 : 많음>이라는 대칭관계를 형성한다. [대가족]은 {직계나 방계의 친족 및 노비 따위로 이루어진 가족}이라는 내용도 문제 삼으며, {가장권에 의하여 통제되며, 전근대 사회에서 일반적으로 볼 수 있는 가족 형태}에 적용되는 표현이기도 하다.

(22) 일가족(一家族)

이 낱말은 {온 가족}이라 풀이되면서 <가족 + 상대성 + 구성원 + 전체>라는 특성을 문제 삼고 있다. 이 낱말은 {한집안의 가족}이라는 내용과 함께 사용되기도 한다.

(23) 전가(全家)

(24) 합가(合家)

(25) 합문(闔門)

---

7) 한자말 [합절 : 閤節]도 {합내}라 풀이되면서 같은 방법으로 해명될 만한 표현이다. 그러나 이 한자말이 등재되어 있지 않은 사전(예컨대: <상해 한자대전>)도 있어서 여기서는 이 낱말을 논외로 하였다.

[전가]는 {가족 전체}라 풀이되며, [합가 : 合家]와 [합문 : 闔門]은 {전가(가족 전체)}라 풀이된다. 따라서 이 세 낱말도 전술한 [일가족]과 같은 방법으로 해명될 만하다. [전가]는 {집안 전체}라는 내용을 문제 삼기도 하며, [합가 : 合家]는 보편적으로 {살림을 합침. 또는 그런 집}이라는 내용과 함께 사용된다. 그리고 [합문 : 闔門]은 {제사를 지낼 때에, 제사 음식을 물리기 전에 잠시 문을 닫거나 병풍으로 가리어 막음. 또는 그런 절차}라는 내용과 함께 사용되기도 하나, 현재 이 낱말은 입말로는 거의 사용되지 않고 있다.

(26) 합가(闔家)

이 낱말은 {온 집안 가족}이라 풀이되면서 <가족 + 상대성 + 구성원 + 전체 + 집안>이라는 특성과 함께 사용되고 있다. 그러한 의미에서 이 낱말은 {온 집안}이라는 내용을 문제 삼기도 한다.

지금까지의 고찰에서 보인 바와 같이, <생활상> 분절에서는 <거주>와 <부양>과 <재산>이, <상대성> 분절에서는 <피지칭자>와 <구성원>이 각각 하위의 관점이 되어 있다. <거주>의 아래에는 <동거>가 관심의 대상이 되어 있고, 그 아래로는 <공간 / 한집>과 <결혼한 자녀의 동거 여부>과 관심사가 되어 있다. <부양> 아래에는 <필요함>이, <재산>의 아래에는 <빈곤>이 각각 문제되어 있다. <피지칭자> 아래에는 <남의 가족 + 높임>이, <구성원> 아래에는 <수치의 적고 많음>과 <전체>가 관조의 대상이 되어 있다. 그리고 <전체> 아래에는 <집안>이 문제되어 있다. 이러한 <생활상> 분절과 <상대성> 분절의 특징을 그림으로 보이면 [그림 4]와 [그림 5]가 될 것이다.

[그림 4] 〈생활상〉 분절의 구조

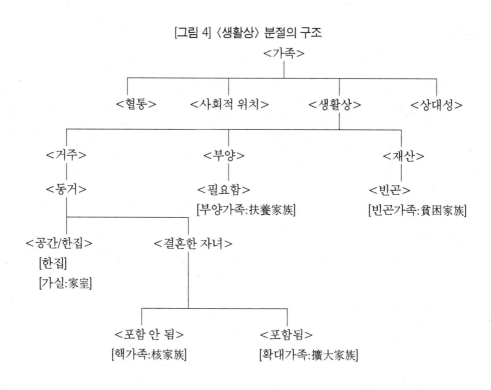

[그림 5] 〈상대성〉 분절의 구조

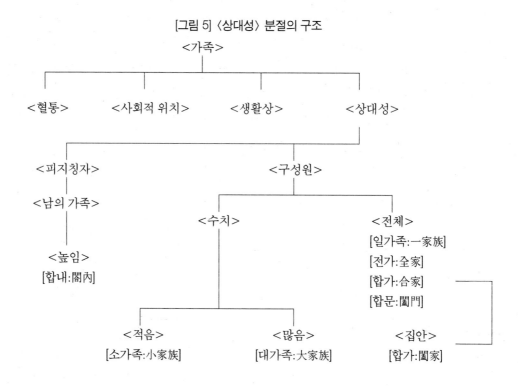

4. 마무리

지금까지 <가족> 명칭 분절에 대한 구조 해명이 시도되었던 바, 그 해명 과정을 통하여 발견된 구조적 특징을 요약하여 정리하면 다음과 같다.

(1) 가족은 부부, 부모　자식과 같이 혈연으로 이루어지는 구성원들의 집단이며 동일한 호적 내에 있는 한 집안이기 때문에, <가족> 분절은 <구성원의 집단 단위>라는 특성과 <호적이 동일한 집안>이라는 특성을 문제 삼고 있는 분절로 이해될 수 있다.

(2) [가족(家族)]을 원어휘소로 하는 이 분절에 있어서는 핏줄의 계통과 관계되는 <혈통>, 사회적으로 담당하고 있는 지위나 역할과 관계되는 <사회적 위치>, 생활해 나가는 모습과 관계되는 <생활상>, 그리고 다른 가족의 존재를 전제하는 <상대성>이 일차적인 관심의 대상이 되어 있다.

(3) <혈통> 분절에 있어서는 가족의 체계 조직이 문제되는 <계통>과, 가족 가운데 특정한 구성원이 사망한 상태에서 남아 있는 사람이 문제되는 <생존자>가 일차적인 관심사가 되어 있다. 전자에서는 <어버이>와 <직계와 방계>가, 그리고 후자에서는 <가장의 사망>과 <부모의 사망 혹은 이혼(혹은 별거)>이 각각 문제되어 있다. <어버이> 아래에는 <어머니>와 <아버지>가, <직계와 방계> 아래에는 <직계>와 <방계>가 각각 관심의 대상이 되어 있다.

(4) <사회적 위치> 분절에 있어서는 <명성 + 이름남 + 몰락함>만이 관조의 대상이 되어 있다.

(5) <생활상> 분절에서는 가족이 일정한 곳에 머물러 사는 <거주>의 상태, 생활 능력이 없어 돌보아야 하는 <부양>의 상태, 가족이 소유하고 있는 유형과　무형의 <재산>의 상태가 하위의 관점이 되어 있다. <거주>의 아래에는 <동거>가 관심의 대상이 되어 있고, 다시 그 아래로는 <공간 / 한집>과 <결혼한 자녀의 동거 여부>과 관심사가 되어 있다. 그리고 <부양> 아래에는 <필요함>이, <재산>의 아래에는 <빈곤>이 각각 문제되어 있다.

(6) <상대성> 분절의 경우는, 그 아래로 <피지칭자>와 <구성원>이 관심의 대상이 되어 있다. <피지칭자> 아래에는 <남의 가족 + 높임>이, <구성원> 아래에는 <수치의 적고 많음>과 <전체>가 관조의 대상이 되어 있다. 그리고 <전체> 아래에는 <집안>이 문제되어 있다.

제2절 〈겨레붙이〉 분절구조

1. 원어휘소와 기본구조

사전에서 [겨레붙이]는 {한 겨레가 되는 사람들}이라 풀이되며, [겨레]는 {한 조상에서 태어난 자손들의 무리}라고 풀이된다8). 이러한 풀이를 바탕으로 〈겨레〉는 〈친척 + 집단 단위 + 자손 + 한 조상〉이라는 특성과 함께 이해될 수 있으며, 〈겨레붙이〉는 〈겨레 + 구성원 강조〉라는 특성과 함께 이해 될 수 있을 것이다. 곧, 〈겨레붙이〉는 〈친척 + 집단 단위 + 자손 + 한 조상 + 구성원 강조〉라는 특성과 함께 이해될 만한 분절구조이다.

(1) 겨레붙이

이미 논의된 바와 같이 이 낱말은 {한 겨레가 되는 사람들}이라 풀이되면서 〈친척 + 집단 단위 + 자손 + 한 조상 + 구성원 강조〉라는 특성을 문제 삼고 있으며, 이 분절을 대변하는 원어휘소의 자리에 위치해 있다. 이 낱말은 {혈연관계가 있는 사람}이라는 내용을 문제 삼기도 한다.

(2) 족속(族屬)
(3) 족당(族黨)

[족속]은 {겨레붙이}라 풀이되며, [족당]은 {족속. 겨레붙이}라 풀이된다. 따라서 이 두 낱말도 앞에서 논의된 [겨레]와 같은 방법으로 해명되면서 이 분절에 있어서 원어휘소의 자리를 차지하는 것으로 이해될 것이다. [족속]은 {같은 패거리에 속하는 사람들을 낮잡아 이르는 말}이라는 내용과 함께 사용되기도 한다. 그리고 [족속]과 [족당]은 공통적으로 {같은 문중이나 계통에 속하는 겨레붙이}라는 내용을 문제 삼기도 한다. 현재 [족당]은 입말로는 거의 사용되지 않고 있다.

[겨레붙이]와 [족속. 족당]을 원어휘소로 하는 〈겨레붙이〉 분절은 그 아래로 핏줄의 계통과 관계되는 〈혈통〉, 사회적으로 담당하고 있는 지위나 역할과 관계되는 〈사회적 위치〉, 그리고 다른 가족의 존재를 전제하는 〈상대성〉을 일차적인 관심의 대상으로 삼으면서 하위분절되어 있다. [그림 1]은 이러한 〈겨레붙이〉 분절의 상위 기본구조를 보이기 위한 것이다.

---

8) 현실적으로 [겨레]는 주로 {같은 핏줄을 이어받은 민족}이라는 내용도 문제 삼고 있는데, 이런 경우의 [겨레]는 이 연구의 논의의 대상에서 제외된다.

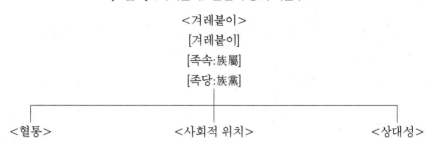

[그림 1] ⟨겨레붙이⟩ 분절의 상위 기본구조

⟨겨레붙이⟩
[겨레붙이]
[족속:族屬]
[족당:族黨]

⟨혈통⟩　　　　　　　⟨사회적 위치⟩　　　　　　　⟨상대성⟩

2. ⟨혈통⟩ 중심의 표현

⟨혈통⟩ 분절에서는 가족의 체계 조직이 문제되는 ⟨계통⟩이 관심사가 되어 있다. 그리고 ⟨계통⟩ 아래에는 겨레붙이의 ⟨성과 본⟩이 관조의 대상이 되어 있다. ⟨혈통⟩ 분절, 그 아래의 ⟨계통⟩ 분절, 그리고 다시 그 아래의 ⟨성과 본⟩ 분절의 경우는 모두 원어휘소의 자리가 빈자리로 남아 있다.

(4) 척속(戚屬)

(5) 척당(戚黨)

(6) 척련(戚聯)

[척속]은 {척분이 있는 겨레붙이}라 풀이되며, [척당]과 [척련]은 공통적으로 {척속}이라 풀이된다. 여기서 [척분]은 {성이 다른 겨레붙이의 관계}를 문제 삼고 있기 때문에, 이 세 낱말들은 ⟨겨레붙이 + 혈통 + 계통 + 성 / 다름⟩이라는 특성과 함께 이해될 것이다9). [척속]은 {성이 다른 일가}라는 내용과 함께 사용되기도 한다. [척속]은 ⟨척 + 붙이(무리) → 척분 + 붙이 → 척분이 있는 겨레붙이⟩와 같은 개념형성의 과정을, [척당]은 ⟨척 + 무리 → 척분 + 무리 → 척분이 있는 무리 → 척분이 있는 겨레붙이⟩와 같은 개념형성의 과정을, 그리고 [척련]은 ⟨척 + 관계함 → 척분 + 관계함 → 척분과 관계되는 사람들 → 척분이 있는 겨레붙이⟩와 같은 개념형성의 과정을 각각 수행한 것으로 추정된다. 현재 척련은 입말로는 거의 사용되지 않고 있다.

---

9) 한자말 [척족 : 戚族]도 같은 방법으로 해명될 듯하나, 이 한자말이 사전에 따라서는 등재되어 있지 않은 경우(예컨대, ⟨우리말 큰사전⟩)도 있어서, 논외로 한다.

(7) 족친(族親)

이 낱말은 {유복친 안에 들지 않는, 같은 성을 가진 겨레붙이}라 풀이된다. 여기서 <유복친 안에 들지 않음>은 <유복친 안에 듦>과는 상대적으로 <거리(촌수)>에 있어서 서로 <멂 : 가까움>이라는 대칭관계를 형성하는 것으로 이해될 만하다. 따라서 이 낱말은 <겨레붙이 + 혈통 + 계통 + 성 / 같음 + 거리(촌수) / 멂 + 유복친 아님(유복친 안에 들지 않음)>이라는 특성과 함께 이해될 것이다. <거리(촌수)>는 <상대성> 분절과도 관계하는 특성이기 때문에, 이 낱말과 이 낱말처럼 <거리(촌수)>와 관계하는 낱말들은 <상대성> 분절에서도 다루어질 수 있다. 이러한 현상은 관점은 서로 교차한다는 원리에서 비롯된다 할 것이다.

(8) 종씨(宗氏)

이 낱말은 {같은 성으로서 촌수를 따지지 아니하는 겨레붙이(에 대한 일컬음)}라 풀이되면서 <겨레붙이 + 혈통 + 계통 + 성 / 같음 + 거리(촌수) / 따지지 않음(따질 정도가 못 됨)>이라는 특성을 문제 삼고 있다. 이 낱말은 주로 {같은 성으로서 촌수를 따질 정도가 못 되는 사람들 사이에서 서로 부르는 말}이라는 내용과 함께 사용되는 것 같다[10].

(9) 일가(一家)

이 낱말은 {성(姓)과 본이 같은 겨레붙이}라 풀이된다. 따라서 이 낱말은 <겨레 + 혈통 + 계통 / 성과 본 같음>이라는 특성과 함께 이해될 것 같다. 이 낱말은 {한집안}이라는 내용과 함께 사용되기도 하며, {학문, 기술, 예술 등의 분야에서 독자적인 경지나 체계를 이룬 상태}라는 내용과 함께 사용되기도 한다. 또한 이 낱말은 {암수한그루}라는 내용과 함께 식물학에서 전문용어로 사용되기도 한다. 이 낱말을 원어휘소로 하는 <일가> 명칭 분절에 대하여는 별도로 다룬다.

(10) 종족(宗族)

이 낱말도 {성과 본이 같은 겨레붙이}라 풀이되면서 앞에서 논의된 [일개]와 같은 방법으로 해명될 것 같은 표현이다. 그러나 이 낱말은 주로 {부족(部族 : 같은 조상 언어 종교 등을 가진, 원시 사회나 미개 사회의 구성단위가 되는 지역적 생활 공동체)}이라는 내용과 함께 사용되는 특징을 보이고 있다.

---

10) 그러한 의미에서 이 낱말은 <친척>의 범주를 벗어나는 것으로 이해되기도 한다. 그러나 이 낱말이 <겨레>의 범주에 속하는 것을 존중하여 여기서 논의의 대상으로 삼았다.

(11) 부족(部族)

　이 낱말은 주로 {같은 조상, 언어, 종교 등을 가진, 원시 사회나 미개 사회의 구성단위가 되는 지역적 생활 공동체}나 {씨족(氏族: 공동의 조상을 가진 혈연 공동체}이라는 내용과 함께 사용되는 표현이나, 더러는 {종족}이라 풀이되면서 전술한 [일가]와 같은 방법으로 해명되기도 한다.

　지금까지의 고찰에서 보인 바와 같이 <혈통 + 계통 + 성과 본> 분절에서는 <성>과 <본>이 관심의 대상이 되어 있다. 전자에서는 <다름 : 같음>의 대칭관계가 관조의 대상이 되어 있으며, 후자에서는 <같음>만이 관심의 대상이 되어 있다. 그리고 전자와 후자의 <같음>의 만남, 곧 <동성동본>도 관심의 대상이 되어 있다. [그림 2]는 이러한 <혈통> 분절의 구조를 보이기 위한 것이다.

[그림 2] 〈혈통〉 분절의 구조

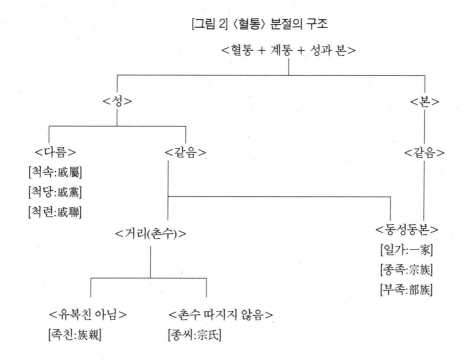

3. <사회적 위치> 중심의 표현

<사회적 위치> 분절에서는 그 아래로 <신분>만이 관심의 대상이 되어 있다. 그리고 <신분> 아래로는 <벼슬>, <양반>, <세력 있음>이 관점으로 나타나 있다.

(12) 잠영세족(簪纓世族)

(13) 잠영거족(簪纓巨族)

(14) 잠영대족(簪纓大族)

(15) 잠영지족(簪纓之族)

(16) 잠영환족(簪纓宦族)

[잠영세족]은 {대대로 높은 벼슬을 해 온 겨레붙이}라 풀이되며, [잠영거족, 잠영대족, 잠영지족, 잠영환족]은 공통적으로 {잠영세족}이라 풀이된다. 따라서 위의 다섯 낱말들은 <겨레붙이 + 사회적 위치 + 벼슬 / 유지 + 기간 / 여러 대>라는 특성을 공유하는 것으로 이해될 만하다. 그러나 이 낱말들은 현재 입말로는 거의 사용되지 않고 있다. 위의 낱말들에 공통적으로 관계하고 있는 [잠영]은 <관원이 쓰던 비녀와 갓끈 → 벼슬아치가 쓰는 관 → 양반이나 지위가 높은 벼슬아치>와 같은 개념형성의 과정을 수행한 것으로 추정되는 낱말이다. [잠영세족]에서는 <여러 대를 두고 나라와 운명을 같이 한 중요한 벼슬아치의 집안>이, [잠영거족]에서는 <대대로 번영한 문벌이 높은 집안>이, <잠영대족>에서는 <자손이 번영하고 세력 있는 집안>이, [잠영지족]에서는 <잠영에 해당되는 겨레붙이>가, 그리고 [잠영환족]에서는 <대대로 벼슬을 지내는 집안>이 각각 개념형성의 과정에 관계한 것으로 추정된다.

(17) 폐족(廢族)

이 낱말은 {형을 받고 죽어서 그 자손이 벼슬을 할 수 없는 족속}이라 풀이되면서 <겨레붙이(족속) + 사회적 위치 + 벼슬 / 불가 + 원인 / 조상의 죄>라는 특성과 함께 사용되고 있다. 이 낱말은 {조상이 큰 죄를 짓고 죽어 그 자손이 벼슬을 할 수 없게 됨}이라는 내용을 문제 삼기도 한다. 이 낱말은 현재 사회제도의 변화와 함께 존재의 의미를 상실해 하고 있다.

(18) 반족(班族)

(19) 반종(班種)

위의 두 낱말들은 공통적으로 {양반의 겨레붙이}라 풀이되면서 <겨레붙이 + 사회적 위

치 + 신분 / 양반>이라는 특성을 문제 삼고 있다. [반종]은 {양반의 씨}, {양반의 자손}이라는 내용과 함께 사용되기도 한다. 이 낱말들은 현재 사회제도의 변화와 함께 역사적 유물로서만 잔존해 있는 표현들이다.

(20) 세족(勢族)
(21) 성족(盛族)

위의 두 낱말은 공통적으로 {세력이 있는 겨레(붙이). 세력이 있는 족속}이라 풀이되면서 <겨레붙이(족속) + 사회적 위치 + 신분 / 세력 있음>이라는 특성을 문제 삼고 있다. [성족]은 {세력 따위가 왕성한 족속}이라 풀이되기도 한다. 곧, [세족]에 비해, [성족]은 상대적으로 <더 높은 정도>라는 특성을 첨가하고 있는 표현으로도 이해될 만하다. [성족]은 현재 입말로는 거의 사용되지 않고 있다.

지금까지의 고찰에서 보인 바와 같이 <사회적 위치> 분절에서는 그 아래로 <신분>만이 관심의 대상이 되어 있으며, <신분> 아래로는 <벼슬>과 <양반>과 <세력 있음>이 관심사가 되어 있다. 그리고 <벼슬>의 아래에는 <유지>와 <불가>가 관조의 대상이 되어 있다. [그림 3]은 이러한 <사회적 위치> 분절의 구조를 보이기 위한 것이다.

[그림 3] <사회적 위치> 분절의 구조

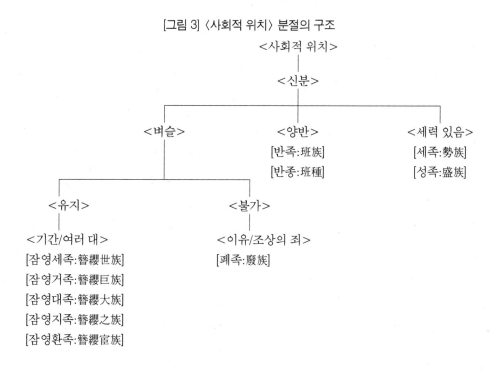

4. 〈상대성〉 중심의 표현

〈상대성〉 분절은 그 아래로 다른 집안과의 견줌이 중심 개념이 되는 〈비교〉, 집안 사이의 촌수에 의한 간격이 중심 개념이 되는 〈거리(촌수)〉, 집안을 이루고 있는 사람들이 중심 개념이 되는 〈구성원〉을 관심의 대상으로 삼으면서 하위분절되어 있다. 그리고 다시 〈비교〉 아래에는 〈관계〉가, 〈거리(촌수)〉 아래에는 〈멂〉이, 〈구성원〉 아래에는 〈수치〉가 각각 주된 관심사가 되어 있다. [그림 4]는 이러한 〈상대성〉 분절의 기본구조를 보이기 위한 것이다.

[그림 4] 〈상대성〉 분절의 기본구조

(22) 비족(鄙族)

이 낱말은 {'자기 겨레붙이'의 낮춤말. 자기 겨레붙이를 낮추어 이르는 말}이라 풀이되면서 〈겨레붙이 + 상대성 + 비교 + 관계 + 자신의 겨레붙이 + 대우법 / 낮춤〉이라는 특성을 문제 삼고 있다. 현재 이 낱말은 입말로는 거의 사용되지 않고 있다.

(23) 떨거지

이 낱말은 {주로 남의 겨레붙이를 낮잡아 이르는 말}이라 풀이되면서 〈겨레붙이 + 상대성 + 비교 + 관계 + 남의 겨레붙이 + 대우법 / 낮춤〉이라는 특성과 함께 사용되고 있다. 그러한 의미에서 이 낱말은 전술한 [비족]과 대칭관계를 형성하는 것으로 이해될 것이다. 이 낱말은 {일가 친척붙이}, {한통속으로 지내는 사람들을 낮잡아 이르는 말}, {가깝게 지내는 사람의 무리}라는 내용을 문제 삼기도 한다.

(24) 부당(夫黨)

이 낱말은 {남편과 동성동본인 겨레붙이}라 풀이되면서 〈겨레붙이 + 상대성 + 비교 +

관계 + 남편의 겨레붙이 + 남편과 동성동본>이라는 특성과 함께 사용되고 있다. 그러한 의미에서 이 낱말은 전술한 [일가] 아래에 포함되는 것으로도 해명될 수 있다.

　(25) 처가붙이(妻家--)

　(26) 처족(妻族)

　(27) 처(가)속(妻家屬)

　(28) 처당(妻黨)

　(29) 처변(妻邊)

　(30) 처편(妻便)

　[처가붙이]와 [처족]은 {아내의 친정 겨레붙이}라 풀이되고, [처(가)속]은 {처가붙이}라 풀이되며, [처당]과 [처변]과 [처편]은 공통적으로 {처족(妻族)}이라 풀이된다. 따라서 이 낱말들은 <겨레붙이 + 상대성 + 비교 + 관계 + 아내의 겨레붙이>라는 특성을 공유하는 것으로 이해될 만하다. [처가붙이]는 {아내의 친정 집안 식구들}이라는 내용을 문제 삼기도 하고, [처속]은 {'아내'를 낮잡아 이르는 말}이라는 내용과 함께 사용되기도 한다. [처당], [처변], [처편] 등의 한자말들은 현재 입말로는 거의 사용되지 않고 있다. [처가붙이]는 <처가 + 같은 갈래에 딸린 것들 → 처가에 딸린 사람들 → 아내의 친정 겨레붙이>와 같은 개념형성의 과정을, [처족]은 <아내 + 겨레(일가) → 아내의 겨레 → 아내의 친정 겨레붙이>와 같은 개념형성의 과정을, [처(가)속]은 <처가 + 무리 → 처가의 사람들 → 아내의 친정 겨레붙이>와 같은 개념형성의 과정을, [처당]은 <아내 + 무리 → 아내의 친정 사람들 → 아내의 친정 겨레붙이>와 같은 개념형성의 과정을 , [처변]은 <아내 + 모퉁이 → 아내의 쪽 → 아내의 친정 → 아내의 친정 겨레붙이>와 같은 개념형성의 과정을, 그리고 [처편]은 <아내 + 쪽 → 아내의 쪽 → 아내의 친정 → 아내의 친정 겨레붙이>와 같은 개념형성의 과정을 각각 수행한 것으로 추정된다.

　(31) 부당(婦黨)

　이 낱말은 {아내와 동성동본인 겨레붙이}라 풀이되면서 <겨레붙이 + 상대성 + 비교 + 관계 + 아내의 겨레붙이 + 아내와 동성동본>이라는 특성을 문제 삼고 있다. 따라서 이 낱말은 앞에서 다룬 [부당 : 夫黨]과 <관계 + 부부>를 축으로 서로 대칭관계에 있는 것으로 이해될 것이다. 그러나 이 두 낱말들은 현재 입말로는 거의 사용되지 않고 있다. 그리고 이 낱말은 전술한 [일가] 아래에 포함되는 것으로도 해명될 수 있을 것이다.

(32) 족대부(族大父)

이 낱말은 {대부뻘의 먼 겨레붙이}이라 풀이되면서 <겨레붙이 + 상대성 + 거리(촌수) / 멂 + 대부뻘>이라는 특성과 함께 사용되고 있다. 이 낱말은 {할아버지뻘 되는 같은 성의 먼 친척}이라는 내용을 문제 삼기도 한다.

(33) 삼족(三族)
(34) 삼속(三屬)

[삼족]은 {친가계(父系), 외가계(母系), 처계(妻系)로 자기 집안과 외가와 처가의 세 겨레붙이}라 풀이되며, [삼속]은 {삼족}이라 풀이된다. 따라서 이 두 낱말은 <겨레붙이 + 상대성 + 구성원 + 수치 / 셋(친가계, 외가계, 처계)>이라는 특성을 공유하는 것으로 이해된다. 이 낱말들은 {친가계(父系), 외가계(母系), 처계(妻系)를 통틀어 이르는 말}이라는 내용과 함께 사용되기도 한다. [삼족]은 {부모, 형제, 처자(를 통틀어 이르는 말)}, {부(父), 자(子), 손(孫)을 통틀어 이르는 말}, {삼대(三代)}라는 내용과 함께 사용되기도 한다. [삼속]은 현재 입말로는 거의 사용되지 않고 있다.

(35) 잔족(殘族)

이 낱말은 {망하여 얼마 남지 않은 족속}이라 풀이되면서 <겨레붙이(족속) + 상대성 + 구성원 + 수치 / 소수 + 원인 / 망함>이라는 특성과 함께 사용되고 있다. 이 낱말은 {살아남은 겨레붙이. 살아남은 일족}이라는 내용을 문제 삼기도 한다.

(36) 제족(諸族)

이 낱말은 {여러 겨레붙이}라 풀이되면서 <겨레붙이 + 상대성 + 구성원 + 수치 / 다수>라는 특성과 함께 사용되고 있다. 이 낱말은 {한 집안의 모든 겨레붙이}라는 내용을 문제 삼기도 한다.

지금까지의 고찰에서 보인 바와 같이 <상대성> 분절에 있어서는 <비교 + 관계>, <거리(촌수) / 멂>, <구성원 + 수치>가 관심의 대상이 되어 있다. <비교 + 관계> 아래에는 <자타 / 자신 : 남>과 <부부 / 남편 : 아내>가 문제되어 있으며, <구성원 + 수치> 아래에는 <셋>과 <소수 : 다수>의 대칭관계가 문제되어 있다. [그림 5]와 [그림 6]은 이러한 <상대성> 분절의 특징을 도식화한 것이다.

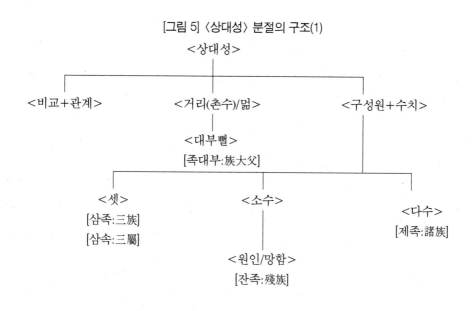

[그림 5] 〈상대성〉 분절의 구조(1)

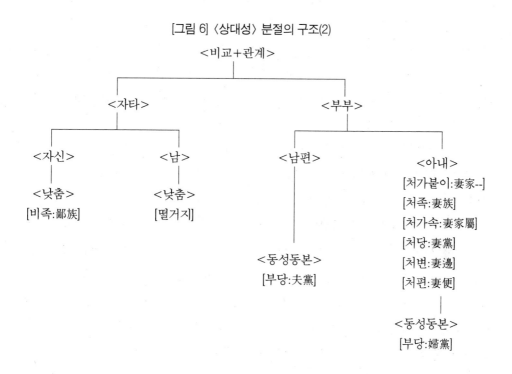

[그림 6] 〈상대성〉 분절의 구조(2)

5. 마무리

현대국어 <겨레붙이> 명칭 분절구조의 해명 과정을 통하여 발견된 결과를 종합하여 정리하면 다음과 같다.

(1) <겨레붙이>는 <겨레 + 구성원 강조>, 곧 <친척 + 집단 단위 + 자손 + 한 조상 + 구성원 강조>라는 특성과 함께 이해될 만한 분절구조이다.

(2) [겨레붙이]와 [족속(族屬)] 및 [족당(族黨)]을 원어휘소로 하는 <겨레붙이> 분절은 일차적으로 핏줄의 계통과 관계되는 <혈통>, 사회적으로 담당하고 있는 지위나 역할과 관계되는 <사회적 위치>, 그리고 다른 가족의 존재를 전제하는 <상대성>을 관심의 대상으로 삼으면서 하위분절되어 있다.

(3) <혈통> 분절에서는 가족의 체계 조직이 문제되는 <계통>이 관심사가 되어 있다. 그리고 <계통> 아래에는 겨레붙이의 <성과 본>이 관조의 대상이 되어 있다. <혈통> 분절, 그 아래의 <계통> 분절, 그리고 다시 그 아래의 <성과 본> 분절의 경우는 모두 원어휘소의 자리가 빈자리로 남아 있다. <혈통 + 계통 + 성과 본> 분절에서는 <성>과 <본>이 관심의 대상이 되어 있다. 전자에서는 <다름 : 같음>의 대칭관계가 관조의 대상이 되어 있으며, 후자에서는 <같음>만이 관심의 대상이 되어 있다. 그리고 이 분절에서는 전자와 후자의 <같음>의 만남, 곧 <동성동본>이 관심사가 되어 있다.

(4) <사회적 위치> 분절에서는 그 아래로 <신분>만이 관심의 대상이 되어 있다. 그리고 <신분> 아래로는 <벼슬>, <양반>, <세력 있음>이 관점으로 나타나 있다. <벼슬>의 아래에는 <유지>와 <불가>가 관조의 대상이 되어 있다.

(5) <상대성> 분절에 있어서는 그 아래로 다른 집안과의 견줌이 중심 개념이 되는 <비교>, 집안 사이의 촌수에 의한 간격이 중심 개념이 되는 <거리(촌수)>, 집안을 이루고 있는 사람들이 중심 개념이 되는 <구성원>이 관심의 대상이 되면서 하위분절되어 있다. 그리고 다시 <비교> 아래에는 <관계>가, <거리(촌수)> 아래에는 <넓이>이, <구성원> 아래에는 <수치>가 각각 주된 관심사가 되어 있다. <비교 + 관계> 아래에는 <자타 / 자신 : 남>과 <부부 / 남편 : 아내>가 문제되어 있으며, <구성원 + 수치> 아래에는 <셋>과 <소수 : 다수>의 대칭관계가 문제되어 있다.

제3절 〈일가〉 분절구조

1. 원어휘소와 기본구조

〈일가〉 명칭 분절은 〈친척〉 명칭 분절 안에 속하는 작은 분절이기 때문에, 이 분절에 대한 해명 시도는 상위의 〈친척〉 명칭 분절구조 이해를 위한 전제 작업의 의의를 내포하게 된다. 〈일가〉 분절을 대변하는 어휘소 [일가 : 一家]는 사전에서,

(가) {성(姓)과 본이 같은 겨레붙이},
(나) {한집안},
(다) {학문, 기술, 예술 등의 분야에서 독자적인 경지나 체계를 이룬 상태},
(라) {암수한그루},

라고 풀이되고 있다. 이 풀이들 가운데 (가)의 {성(姓)과 본이 같은 겨레붙이}라는 풀이가 이 연구와 관계된다. 원론적으로 어휘소의 내용 특성은 사전의 뜻풀이를 중심으로 발견하게 되는데, 이러한 절차를 따르게 되면, 어휘소 [일가]와 〈일가〉 분절은 〈겨레붙이 + 혈통 + 계통 / 성과 본 같음〉이라는 특성을 가지는 것으로 귀납될 것 같다.

(1) 일가(一家)

이미 논의된 바와 같이 이 낱말은 {성(姓)과 본이 같은 겨레붙이}라는 풀이되면서 〈겨레붙이 + 혈통 + 계통 / 성과 본 같음〉이라는 특성을 가지기 때문에 이 분절에 있어서 원어휘소로 보아야 할 것이다. 또한 앞에서 논의된 바와 같이 이 낱말은 {한집안}이라는 내용과 함께 사용되기도 하며, {학문, 기술, 예술 등의 분야에서 독자적인 경지나 체계를 이룬 상태}라는 내용과 함께 사용되기도 한다. 또한 이 낱말은 {암수한그루}라는 내용과 함께 식물학에서 전문용어로 사용되기도 한다.

(2) 종족(宗族)

이 낱말도 {성과 본이 같은 겨레붙이}라 풀이되면서 앞에서 논의된 [일가]와 같은 방법으로 해명될 것 같은 표현이다. 그러나 이 낱말은 주로 {부족(部族 : 같은 조상, 언어, 종교 등을

가진, 원시 사회나 미개 사회의 구성단위가 되는 지역적 생활 공동체)}이라는 내용과 함께 사용된다.

(3) 부족(部族)

이 낱말은 주로 {같은 조상, 언어, 종교 등을 가진, 원시 사회나 미개 사회의 구성단위가 되는 지역적 생활 공동체}나 {씨족(氏族: 공동의 조상을 가진 혈연 공동체)}이라는 내용과 함께 사용되는 표현이나, 더러는 {종족}이라 풀이되면서 전술한 [일가]와 같은 방법으로 해명되기도 한다.

[일가], [종족], [부족]을 원어휘소로 하는 <일가> 분절에 있어서는 핏줄의 계통과 관계되는 <혈통>과 다른 가족의 존재를 전제하는 <상대성>이 일차적인 관심의 대상이 되어 있다. [그림 1]은 이러한 <일가> 분절의 기본구조(상위구조)를 보이기 위한 것이다.

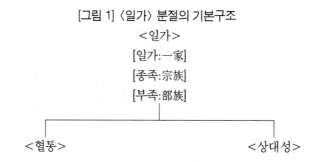

[그림 1] 〈일가〉 분절의 기본구조

<일가>
[일가:一家]
[종족:宗族]
[부족:部族]

<혈통>　　　　　　　　　　　　　<상대성>

2. 〈혈통〉 중심의 표현

이 분절에 있어서는 <한 조상(의 강조)>과 <한 조상으로 인식>이 관심의 대상이 되어 있다.

(4) 동종(同宗)

(5) 동족(同族)

(6) 성족(姓族)

[동종]은 {한 조상에서 내려온 성과 본이 같은 일가}라 풀이되고, [동족]과 [성족]은 {동종}

이라 풀이된다. 따라서 이 세 낱말들은 <일가 + 혈통 / 한 조상(의 강조)>라는 특성을 공유하는 것으로 이해될 만하다. [동종]은 {같은 종파}나 {같은 조상을 받드는 사람들끼리의 관계}라는 내용을 문제 삼기도 하며, [동족]은 {한겨레. 같은 겨레}라는 내용과 함께 사용되기도 한다. [성족]은 현재 입말로는 거의 사용되지 않고 있다.

(7) 붙이기일가(---一家)
(8) 부족(附族)

[붙이기일가]는 {성과 본이 같아서 형식상 한 조상의 자손처럼 지내는 일가}라 풀이되며, [부족]은 {붙이기일가}라 풀이된다. 따라서 이 두 낱말은 <일가 + 혈통 / 한 조상으로 인식함>이라는 특성을 공유하는 것으로 이해될 만하다. [부족]은 {혈연관계가 없거나 분명하지 아니하면서도 일가처럼 지내는 사람들}이라는 내용과 함께 사용되기도 한다. 이 낱말은 현재 어휘소 [부족 : 部族]의 세력에 밀려서인지 입말로는 거의 사용되지 않고 있다.

(9) 외족(外族)
(10) 외속(外屬)
(11) 외편(外便)
(12) 이성친(異姓親)
(13) 표친(表親)

[외족]은 {어머니 쪽의 일가}라 풀이되며, [외속. 외편. 이성친. 표친]은 모두 {외족}이라 풀이된다. 따라서 이 낱말들은 <일가 + 혈통 + 계통 / 어머니 쪽>이라는 특성을 공유하는 것으로 이해될 것이다. [외족]은 {제 족속이 아닌 족속. 자기 겨레가 아닌 다른 겨레. 다른 겨레붙이}라는 내용과 함께 사용되기도 하고, [외속]은 {어머니나 아내의 일가붙이}라는 내용과 함께 사용되기도 하며, [이성친]은 {(성이 다르면서)가까운 척분(戚分)이 있는 사람}이라는 내용과 함께 사용되기도 한다. [외편]은 <밖 + 쪽 → 외가 쪽 → 어머니 쪽의 일가>와 같은 개념형성의 과정을, 그리고 [표친]은 <겉 + 친척 → 외가 쪽의 친척 → 어머니 쪽의 일가>와 같은 개념형성의 과정을 각각 수행한 것으로 추정된다. [표친]은 현재 입말로는 거의 사용되지 않고 있다.

지금까지의 고찰에서 보인 바와 같이 <혈통> 분절에 있어서는 그 아래로 <한 조상>과 <계통>이 일차적이 관심사가 되어 있는데, 전자에서는 그 아래로 <한 조상 강조>와 <한

조상으로 인식함>이 문제되어 있으며, 후자에서는 <어머니 쪽>이 문제되어 있다. [그림 2]
는 이러한 <혈통> 분절의 구조의 특징을 가시적으로 보이기 위한 것이다.

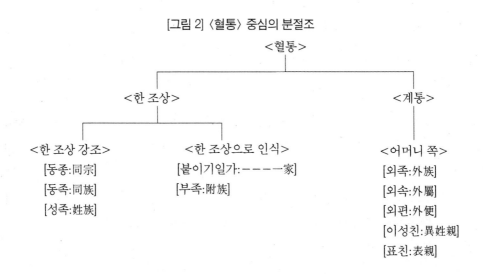

[그림 2] 〈혈통〉 중심의 분절조

3. 〈상대성〉 중심의 표현

이 분절에 있어서는 그 아래로 <거리(촌수)>와 <소속>이 관심의 대상이 되어 있다.
<거리(촌수)>에서는 다시 그 아래로 <가까움 : 멂>의 대칭관계가 문제되어 있다. 그리고
<소속>의 아래로는 <한 집안>이 관심사가 되어 있는데, <한 집안> 아래로는 다시 <거
리(촌수)>로서 <가까움 : 멂>이라는 대칭관계가 관심사가 되어 있다.

(14) 집안

(15) 친족(親族)

(16) 근족(近族)

(17) 근친(近親)

(18) 근척(近戚)

[집안]은 {가까운 일가}라 풀이되고, [친족]과 [근족]은 {촌수가 가까운 일가}라 풀이되며,
[근친]과 [근척]은 {근족}이라 풀이된다. 따라서 이 낱말들은 <일가 + 상대성 + 거리(촌수)
/ 가까움>이라는 특성을 공유하는 것으로 이해될 만하다. 여기서 <거리>의 <가까움>과

<멂>은 현실적으로 <촌수>와 직결된다. [집안]은 {가까운 살붙이의 겨레. 가족을 구성원으로 하여 살림을 꾸려 나가는 공동체}, {집의 대문 안}이라는 내용과 함께 사용되기도 하며, [친족]은 흔히 {사종 이내의 혈족}이나 {생물의 종류나 언어 따위에서, 같은 것에서 기원하여 나누어진 개체나 부류를 이르는 말}이라는 내용과 함께 사용되기도 한다. 또한 [친족]은 법률학에서 {배우자, 혈족, 인척을 통틀어 이르는 말}이라는 내용과 함께 전문용어로 사용되기도 한다. [집안]과 [친족]은 각각 그 아래로 하위분절구조의 원어휘소가 되기도 하는데, 이 하위구조의 분절상에 대한 해명은 별도로 다룬다. [근친]은 {매우 친한 관계에 있음}이나 {같은 무리에서 나온 여러 갈래의 계통}이라는 내용을 문제 삼기도 하며, [근척]은 {가까운 외척}이라는 내용을 문제 삼기도 한다. [근족]은 다음에 논의될 [원족]과 대칭관계를 형성하는 것으로 이해될 만하다.

(19) 원족(遠族)

(20) 원친(遠親)

(21) 먼촌(-寸)

(22) 원촌(遠寸)

[원족]은 {먼 일가. 혈통이 먼 일가}라 풀이되고, [원친]은 {먼 일가}라 풀이되고, [먼촌]은 {촌수가 먼 일가}라 풀이되며, 그리고 [원촌]은 {먼촌}이라 풀이된다. 따라서 이 낱말들은 <일가 + 상대성 + 거리(촌수) / 멂>이라는 특성을 공유하는 것으로 이해될 것이다. [원족]은 전술한 [근족]과, 그리고 [원친]은 전술한 [근친]과 각각 대칭관계에 있는 어휘소로 이해될 것이다. [원친]은 {먼 일가붙이}나 {먼 촌수}라는 내용도, [먼촌]은 {먼 친척}이라는 내용도, 그리고 [원촌]은 {먼 촌수}라는 내용도 각각 문제 삼고 있다.

(23) 소속(疏屬)

(24) 소족(疏族)

이 두 낱말도 {원족}이라 풀이되면서 전술한 [원족]과 마찬가지로 <일가 + 상대성 + 거리(촌수) / 멂>이라는 특성과 함께 이해될 만하다. 그러나 이 한자말들은 현재 입말로는 거의 사용되지 않고 있다. [소속]은 <멂 + 소속 → 소속이 멂 → 먼 친척 → 먼 일가>와 같은 개념형성의 과정을, 그리고 [소족]은 <멂 + 족속 → 먼 족속 → 먼 친척 → 먼 일가>와 같은 개념형성의 과정을 각각 수행한 것으로 추정된다.

(25) 종인(宗人)

이 낱말은 {촌수가 아주 먼 일가}라 풀이되면서 <원족(일가 + 상대성 + 거리 / 멂) + 매우 높은 정도>라는 특성과 함께 사용되고 있다. 이 낱말은 {한 겨레붙이 가운데서 촌수가 아주 먼 겨레}라는 내용과 함께 사용되기도 하며, 역사학에서 {중국 명나라, 청나라 때에, 종친의 일을 맡아보던 벼슬}이라는 내용과 함께 전문용어로 사용되기도 한다.

(26) 족인(族人)

이 낱말은 {성과 본이 같은 일가로서, 유복친 안에 들지 않는 겨레붙이}라 풀이되며, <유복친 안에 들지 않음>은 <거리(촌수) / 멂>이라는 특성과 연계되기 때문에, 이 낱말은 <원족(일가 + 상대성 + 거리 / 멂) + 유복친 아님>이라는 특성을 문제 삼는 것으로 해명될 만하다. [종인]과 [족인]은 앞에서 논의된 [원족]의 아래에 포함된다는 점에서 공통성을 보이고 있다.

(27) 일가붙이(一家--)
(28) 족류(族類)
(29) 본종(本宗)

[일가붙이]는 {한집안에 속하는, 일가 관계가 있는 겨레붙이}라 풀이되고, [족류]는 {일가붙이}라 풀이되며, [본종]은 {성과 본이 같은 일가붙이. 동성동본의 일가붙이}라 풀이된다. 그리고 [일가붙이]에서 [-붙이]는 {같은 종류}, {같은 겨레}를 문제 삼는 접미사로 사용된다. 따라서 위의 세 낱말은 <일가 + 소속 / 한 집안(+ 겨레붙이의 강조)>이라는 특성을 공유하는 것으로 이해될 만하다. [일가붙이]는 {살붙이}라는 내용과 함께 사용되기도 하고, [족류]는 주로 {같은 족속에 속하는 부류}라는 내용과 함께 사용되며, [본종]은 <동성동본의 강조>라는 특성을 첨가하고 있다. 현재 [본종]은 입말로는 거의 사용되지 않고 있는 한자말이다.

(30) 제(살)붙이
(31) 친살붙이(親---)

[제살붙이]는 {같은 혈통을 받은 가까운 일가붙이}라 풀이되며, [친살붙이]는 {제살붙이}라 풀이된다. 따라서 이 두 낱말은 <일가붙이 + 거리(촌수) / 가까움 + 혈통 같음의 강조>라는 특성과 함께 이해될 것이다. [제살붙이]는 <자신과의 관계>가, 그리고 [친살붙이]에는 <친족 관계>라는 특성이 각각 개념형성의 과정에 관계한 것으로 추정된다.

(32) 곁붙이

이 낱말은 {촌수가 먼 일가붙이}라 풀이되면서 <일가붙이 + 거리(촌수) / 멂>이라는 특성과 함께 사용되고 있다. 이 낱말은 {공간적, 심리적으로 가까운 사람}이라는 내용을 문제 삼기도 한다.

(33) 종친(宗親)

이 낱말은 {성과 본이 같은 일가로서, 유복친 안에는 들지 아니하는 일가붙이}라 풀이되면서 <곁붙이(일가붙이 + 거리 / 멂) + 유복친 아님>이라는 특성을 문제 삼고 있다. 그러한 의미에서 이 낱말은 앞에서 논의된 [곁붙이] 안에 포함되는 것으로 이해될 것이다. 이 낱말은 {임금의 친족}이라는 내용과 함께 <친족> 분절과 관계하기도 하며, {종인}이라는 내용과 함께 사용되기도 한다.

지금까지의 고찰에서 보인 바와 같이 <상대성> 분절에 있어서는 <거리(촌수)>와 <소속>이 관조의 대상이 되어 있다. <거리(촌수)> 아래에는 <가까움 : 멂>이라는 대칭관계를 이루고 있다. <소속> 아래로는 <한 집안>이 관심사가 되어 있는데, 다시 그 아래로는 <거리(촌수)>로서 <가까움 : 멂>이라는 대칭관계가 관심사가 되어 있다. [그림 3]은 이러한 <상대성> 분절의 구조를 보이기 위한 것이다.

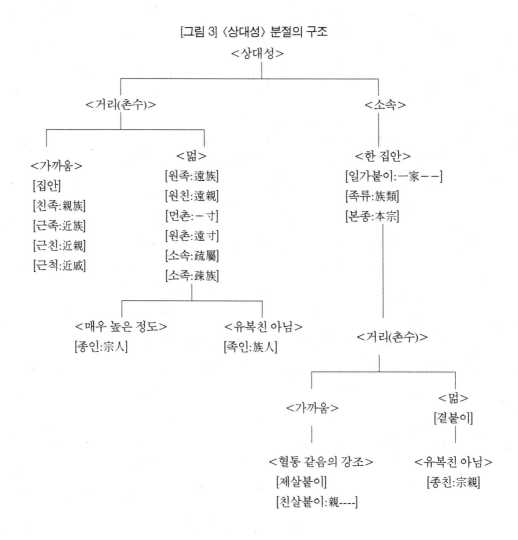

[그림 3] 〈상대성〉 분절의 구조

4. 마무리

현대국어 〈일가〉 명칭 분절구조의 해명 과정을 통하여 발견된 특징들을 요약하여 정리하면 다음과 같다.

(1) 〈일가〉는 〈겨레붙이 + 혈통 + 계통 / 성과 본 같음〉이라는 특성을 문제 삼고 있는 분절이다.

(2) [일개], [종족], [부족]을 원어휘소로 하는 〈일가〉 분절에 있어서는 핏줄의 계통과 관계되는 〈혈통〉과 다른 가족의 존재를 전제하는 〈상대성〉이 일차적인 관심의 대상이 되어 있다.

(3) <혈통> 분절에 있어서는 그 아래로 <한 조상>과 <계통>이 일차적이 관심사가 되어 있는데, 전자에서는 그 아래로 <한 조상 강조>와 <한 조상으로 인식>이 문제되어 있으며, 후자에서는 <어머니 쪽>이 문제되어 있다.

(4) <상대성> 분절에 있어서는 <거리(촌수)>와 <소속>이 관조의 대상이 되어 있다. <거리(촌수)> 아래에는 <가까움 : 멂>이라는 대칭관계가 형성되어 있다. <소속> 아래로는 <한 집안>이 관심사가 되어 있는데, 다시 그 아래로는 <거리(촌수)>로서 <가까움 : 멂>이라는 대칭관계가 관심사가 되어 있다.

제4절 〈조상〉 분절구조와 〈후손〉 분절구조

1. 〈조상〉 분절구조

<조상>과 <후손>은 서로 수직적인 대칭관계를 형성하고 있다. 곧, <조상의 아래>가 <후손>이며, <후손의 위>가 <조상>이다. 흔히 <친척> 명칭 분절의 고찰에 있어서 이러한 수직관계의 중간에 <나>라는 중간계층을 설정하려고 시도하는 예도 보인다. 예컨대, <어버이>와 <아들딸> 사이에 <나>를 설정하고서 <나보다 1세대 위>를 <어버이>로, <나보다 1세대 아래>를 <아들딸>로 이해하는 경향도 있다. 그러나 이러한 논리를 따르게 되면, <어버이>와 <아들딸> 사이가 2세대 차이로 이해될 수밖에 없는 모순에 직면하게 될 것이다. 같은 방법으로 <조상>과 <후손>도 중간에 <나>를 설정하는 우를 범해서는 안 될 것이다.

(1) 조상(祖上)
(2) 조선(祖先)

<조상> 분절을 대변하고 있는 [조상]은 {현세대 이전의 모든 세대. 자기 세대(世代)이전의 모든 세대. 돌아간 어버이 위로 대대의 어른}이라 풀이되며, [조선]은 {조상}이라 풀이된다. 따라서 이 두 낱말은 <수직관계 + 자손의 앞선 세대>라는 특성을 문제 삼으면서 이 분절에 있어서 원어휘소로 기능하고 있다. [조상]은 {후에 오는 것이 발생 발전하는데 토대가 되는 것}이라는 내용과 함께 사용되기도 한다. [조선]은 현재 입말로는 거의 사용되지 않고 있다.

위의 두 낱말들을 원어휘소로 하는 <조상> 분절은 그 아래로 핏줄의 계통과 관계되는 <혈통>, 사회적으로 담당하고 있는 지위나 역할과 관계되는 <사회적 위치>, 그리고 다른 가족의 존재를 전제하는 <상대성> 따위를 문제 삼으면서 하위분절되는 양상을 보이고 있다. [그림 1]은 이러한 <조상> 분절의 기본구조를 보이기 위한 것이다.

[그림 1] 〈조상〉 분절의 원어휘소와 기본구조

<혈통> 분절에 있어서는 그 아래로 <먼 윗대>와 <방계>가 관심의 대상이 되어 있다.

(3) 선조(先祖)

이 낱말은 {먼 윗대의 조상}이라 풀이되면서 <조상 + 혈통 / 먼 윗대>라는 특성과 함께 사용되고 있다. 이 낱말은 {돌아간 어버이 위로 대대의 어른}이라는 내용을 문제 삼기도 한다.

(4) 원조(遠祖)

이 낱말은 {고조(高祖) 이전의 먼 조상}이라 풀이된다. 따라서 이 낱말은 <선조 + 고조 이전>이라는 특성과 함께 전술한 [선조] 아래에 포함되는 표현으로 이해될 것 같다. 이 낱말은 {먼 조상}이라는 내용과 함께 사용되기도 한다.

(5) 방조(傍祖)

이 낱말은 {6대조(六代祖) 이상이 되는, 직계(直系)가 아닌 방계(傍系)의 조상}이라 풀이되면서 <조상 + 혈통 / 방계 + 6대조 이상>이라는 특성과 함께 사용되고 있다. 현재 이 낱말은 입말로는 거의 사용되지 않고 있다.

지금까지의 고찰에서 보인 바와 같이 <혈통> 분절에서는 그 아래로 <먼 윗대>와 <방계>가 관심의 대상이 되어 있다. [그림 2]는 이러한 <혈통> 중심 분절의 특징을 가시적으로 보이기 위한 것이다.

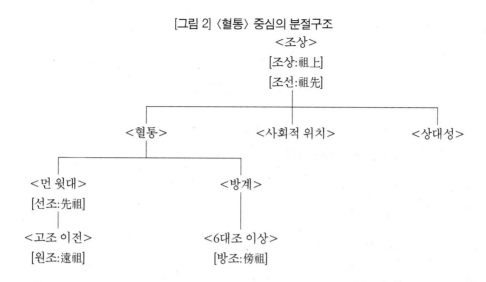

[그림 2] 〈혈통〉 중심의 분절구조

〈조상〉

[조상:祖上]
[조선:祖先]

〈혈통〉　　　　〈사회적 위치〉　　　　〈상대성〉

〈먼 윗대〉　　　　　　〈방계〉

[선조:先祖]

〈고조 이전〉　　　　〈6대조 이상〉

[원조:遠祖]　　　　　　[방조:傍祖]

사회적 위치〉 분절에서는 그 아래로 〈신분〉, 〈명성〉, 〈예우〉가 관심의 대상이 되어 있다.

(6) 황조(皇祖)

이 낱말은 {황제의 조상}이라 풀이되면서 〈조상 + 사회적 위치 + 후손 / 황제〉라는 특성을 문제 삼고 있다. 이 낱말은 {황제를 지낸 선조(先祖)}나 {돌아가신 자기 할아버지를 높여 이르는 말}이라는 내용을 문제 삼기도 한다.

(7) 조종(祖宗)

이 낱말은 {임금의 조상}이라 풀이되면서 〈조상 + 사회적 위치 + 후손 / 임금〉이라는 특성과 함께 사용되고 있다. 이 낱말은 {시조가 되는 조상}이나 {가장 근본적이고 제일 주요한 것}이라는 내용과 함께 사용되기도 한다.

(8) 중시조(中始祖)
(9) 중흥조(中興祖)

[중시조]는 {쇠미하였던 집안(쇠퇴한 가문)을 다시 일으킨 조상}이라 풀이되며, [중흥조]는 {중시조}라 풀이된다. 따라서 이 낱말들은 〈조상 + 사회적 위치 + 명성(업적) / 중흥시킴〉이라는 특성을 공유하는 것으로 이해될 것이다. [중흥조]는 {종문(宗門)이나 절을 중흥하여서 개산조 다음가는 공로를 세운 중을 높여 이르는 말. 침체한 한 종문의 교세를 크게 떨치거나, 법당 따위를 다시 세우거나 증축한 중을 이르는 말}이라는 내용을 문제 삼기도 한다.

(10) 성조(聖祖)

이 낱말은 {거룩한 조상}이라 풀이되면서 <조상 + 사회적 위치 + 명성 / 거룩함>이라는 특성과 함께 사용되고 있다. 이 낱말은 {성인이나 성왕의 조상}이나 {예수의 선조인 아브라함, 이삭, 야곱을 이르는 말}이라는 내용을 문제 삼기도 한다.

(11) 현조(顯祖)

이 낱말은 {이름이 높이 드러난 조상}이라 풀이되면서 <조상 + 사회적 위치 + 명성 / 이름이 높이 드러남>이라는 특성과 함께 사용되고 있다.

(12) 조신(祖神)

이 낱말은 {신으로 모시는 조상}이라 풀이되면서 <조상 + 사회적 위치 + 예우 / 신으로 모심>이라는 특성을 문제 삼고 있다. 이 낱말은 {신으로 모시는 선조}라는 내용과 함께 사용되기도 한다.

지금까지의 고찰에서 보인 바와 같이 <사회적 위치> 분절에 있어서는 <신분>, <명성>, <예우>가 일차적인 관심의 대상이 되어 있다. 그리고 <신분>의 아래에는 <후손>으로서 <황제>와 <임금>이 관심의 대상이 되어 있으며, <명성> 아래에는 <중흥시킴>, <거룩함>, <이름이 높이 드러남>이 관조의 대상이 되어 있다. [그림 3]은 이러한 <사회적 위치> 중심의 분절구조를 가시적으로 보이기 위한 것이다.

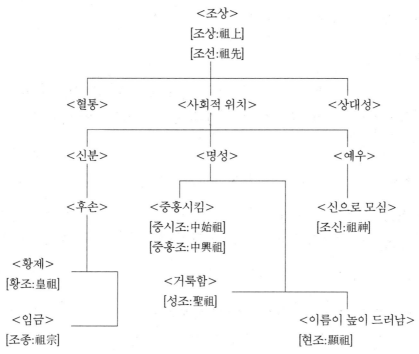

[그림 3] 〈사회적 위치〉 중심의 분절구조

〈상대성〉 분절에 있어서는 그 아래로 〈비교〉, 〈순서〉, 〈수치〉가 관심의 대상이 되어 있다.

(13) 동조(同祖)

이 낱말은 {같은 조상}이라 풀이되면서 〈조상 + 상대성 + 비교 / 같음〉이라는 특성과 함께 사용되고 있다. 이 낱말은 {조상이 같음}이라는 내용과 함께 사용되기도 한다.

(14) 시조(始祖)
(15) 비조(鼻祖)
(16) 원조(元祖)

[시조]는 {(한 겨레의)맨 처음 되는 조상}이라 풀이되고, [비조]는 {시조}라 풀이되며, [원조]는 {첫 대의 조상}이라 풀이된다. 여기서 {맨 처음 되는 조상}과 {첫 대의 조상}은 같은 내용의 차원에서 이해될 만하다. 따라서 이 세 낱말들은 〈조상 + 상대성 + 순서 / 첫째〉라는 특성을 공유하는 것으로 해명될 것 같다. [시조]는 {어떤 학문이나 기술 등을 맨 처음으로 연 사람}이나 {나중 것의 바탕이 된 맨 처음의 것}이라는 내용을 문제 삼기도 하며, [원조]는

{어떤 일을 처음으로 시작한 사람}이나 {어떤 사물이나 물건의 최초 시작으로 인정되는 사물이나 물건}이라는 내용을 문제 삼기도 한다.

(17) 사조(四祖)

이 낱말은 {아버지, 할아버지, 증조할아버지, 외할아버지의 네 조상}이라 풀이되면서 <조상 + 상대성 + 수치 / 4(아버지, 할아버지, 증조할아버지, 외할아버지)>라는 특성을 문제 삼고 있다.

(18) 누조(累祖)

이 낱말은 {여러 대의 조상}이라 풀이된다. 따라서 이 낱말은 <조상 + 상대성 + 수치 / 여러 대>라는 특성과 함께 해명될 것이다. 이 낱말은 {누대의 선조}라는 내용과 함께 사용되기도 한다.

지금까지의 고찰에서 보인 바와 같이 <상대성> 분절에 있어서는 <비교>, <순서>, <수치>가 관조의 대상이 되어 있다. 그리고 <비교>의 아래에는 <같음>이, <순서>의 아래에는 <첫째>가, 그리고 <수치>의 아래에는 <4>와 <여러 대>가 각각 관심의 대상이 되어 있다. 이러한 특징을 그림으로 보이면 [그림 4]가 될 것이다.

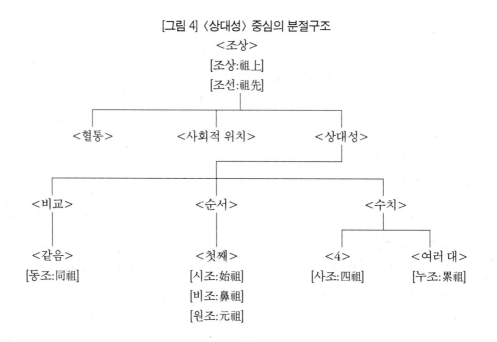

[그림 4] <상대성> 중심의 분절구조

2. 〈후손〉 분절구조

<후손> 분절은 그 아래로 해당 집안의 핏줄에 따른 계통인 <혈통>, 해당 집안이 사회에서 차지하고 있는 <사회적 위치>, 집안의 생활하는 모습인 <생활상>, 그리고 다른 집안을 전제로 하는 <상대성>이 관심의 대상이 되면서 하위분절되고 있다.

(19) (후)손(後孫)

<후손> 분절을 대변하는 이 낱말은 {자신의 세대 뒤 여러 세대에 걸쳐 이어지는 자녀}라 풀이되면서 이 분절에 있어서 원어휘소로 기능하고 있다. 곧, 이 낱말은 <수직관계 + 조상에 뒤를 잇는 세대>라는 특성과 함께 이해될 것이며, 그러한 의미에서 이 낱말은 전술한 [조상]과 대칭관계를 이루는 것으로 이해될 만하다. 이 낱말은 {몇 대가 지나간 뒤의 자손. 자신의 세대에서 여러 세대가 지난 뒤의 자녀를 통틀어 이르는 말}이라는 내용을 문제 삼기도 한다.

(20) 후윤(後胤)
(21) 후곤(後昆)
(22) 후속(後屬)
(23) 후잉(後仍)

위의 낱말들도 {후손}이라 풀이된다. 따라서 이 낱말들도 앞에서 논의된 [후손]과 같은 방법으로 해명될 것이다. [후윤]은 {자손}이라는 내용과 함께 사용되기도 한다. [후윤]과 [후곤]은 <뒤 + 맏 → 뒤의 맏이 → 뒤를 잇는 맏이 → 뒤를 잇는 자손 → 후손>과 같은 개념형성의 과정을, [후속]은 <뒤 + 붙음 → 뒤에 붙음 → 뒤를 잇는 자손 → 후손>과 같은 개념형성의 과정을, 그리고 [후잉]은 <뒤 + 거듭됨 → 뒤에 거듭되는 자손 → 뒤를 잇는 자손 → 후손>과 같은 개념형성의 과정을 각각 수행한 것으로 추정된다. [후곤], [후속], [후잉]은 현재 입말로는 거의 사용되지 않고 있다.

(24) 세사(世嗣)
(25) 주예(胄裔)

이 낱말들도 공통적으로 {후손}이라 풀이되면서 앞에서 논의된 [후손]과 같은 방법으로 해명될 만하다. [세사]는 <대 + 이음 → 대를 이음 → 대를 잇는 자손 → 후손>과 같은 개념형성의 과정을, 그리고 [주예]는 <투구 + 후손 → 대를 잇는 후손 → 후손>과 같은 개념형성의 과정을 각각 수행한 것으로 추정된다. 이 두 낱말들은 현재 입말로는 거의 사용되지 않고 있다.

(26) 내예(來裔)

(27) 내윤(來胤)

이 두 낱말들도 {후손}이라 풀이되면서 전술한 [후손]과 같은 방법으로 해명될 만한 한자말들이다. 이 두 낱말들은 {자손}이라는 내용과 함께 사용되기도 한다. [내예]는 <올 + 후손 → 뒤에 따라오는 후손 → 후손>과 같은 개념형성의 과정을, 그리고 [내윤]은 <올 + 맏 → 뒤에 따라오는 맏이 → 뒤에 올 후손 → 후손>과 같은 개념형성의 과정을 각각 수행한 것으로 추정된다. 현재 이 두 한자말들은 입말로는 거의 사용되지 않고 있다.

(28) 성손(姓孫)

(29) 자성(子姓)

(30) 말엽(末葉)

위의 낱말들도 공통적으로 {후손}이라 풀이되면서 전술한 [후손]과 같은 방법으로 해명될 만하다. [말엽]은 주로 {어떠한 시대를 처음, 가운데, 끝의 셋으로 나눌 때 그 마지막 부분을 이르는 말}이라는 내용과 함께 사용되는 특징을 보이고 있다. [성손]은 <성 + 손자 → 같은 성으로 이어지는 손자 → 후손>과 같은 개념형성의 과정을, 그리고 [자성]은 <아들 + 성 → 아들의 성을 이어받음 → 아들의 뒤를 잇는 자손들 → 후손>과 같은 개념형성의 과정을 각각 수행한 것으로 추정되는데, 현재 이 두 한자말은 입말로는 거의 사용되지 않고 있다.

(31) 자손(子孫)

(32) 뒷자손(-子孫)

이 두 낱말들 역시 {후손}이라 풀이되면서 앞에서 논의된 [후손]과 같은 방법으로 해명될 만하다. [자손]은 {자식과 손자}라는 내용과 함께 사용되기도 한다. [뒷자손]은 <뒤 + 자손 → 뒤를 잇는 자손 → 후손>과 같은 개념형성의 과정을 수행한 것으로 추정되는 낱말이다.

(33) 내후(乃後)

(34) 조윤(祚胤)

(35) 자질(子姪)

이 낱말들은 공통적으로 {자손}이라 풀이된다. 따라서 이 낱말들은 전술한 [자손]과 같은 방법으로 해명될 만하다. 이 세 낱말들은 현재 입말로는 거의 사용되지 않고 있다. [조윤]은 {복을 자손에게 길이 전하는 것}이라는 내용을 문제 삼기도 하며, [자질]은 {자여질. 아들과 조카}라는 내용을 문제 삼기도 한다. [내후]는 <이에 + 뒤 → 뒤에 이어짐 → 자손. 후손>과 같은 개념형성의 과정을 수행한 것으로 추정된다.

위의 많은 낱말들을 원어휘소로 <후손> 분절은 전술한 바와 같이 그 아래로 해당 집안의 핏줄에 따른 계통인 <혈통>, 해당 집안이 사회에서 차지하고 있는 <사회적 위치>, 집안의 생활하는 모습인 <생활상>, 그리고 다른 집안을 전제로 하는 <상대성>이 문제되면서 하위분절되어 있다. 이러한 기본구조를 그림으로 보이면 [그림 5]가 될 것이다.

[그림 5] 〈후손〉 분절의 원어휘소와 기본구조

<후손>
[(후)손:後孫]/[후윤:後胤]/[후곤:後昆]/[후속:後屬]/[후잉:後仍]
[세사:世嗣]/[주예:胄裔]
[내예:來裔]/[내윤:來胤]
[성손:姓孫]/[자성:子姓]/[말엽:末葉]
[자손:子孫]/[뒷자손:−子孫]
[내후:乃後]/[조윤:祚胤]/[자질:子姪]

<혈통>   <사회적 위치>   <생활상>   <상대성>

<혈통> 분절에 있어서는 <적서(정실과 서자)>, <직접(직계)과 간접(방계)>, <종가와 지파>, <자녀(아들과 딸)>가 관심의 대상이 되어 있다.

(36) 적파(嫡派)

이 낱말은 {정실의 자손}이라 풀이되고, <정실>은 <적실>이라는 내용을 문제 삼는다. 따라서 이 낱말은 <후손(자손) + 혈통 + 적서 / 정실>이라는 특성과 함께 해명될 만하다. 이 낱말은 {정실의 자손들로 이루어진 계통}이라는 내용과 함께 사용되기도 한다.

(37) 서파(庶派)

이 낱말은 {서자의 자손}이라 풀이되면서 <후손(자손) + 혈통 + 적서 / 서자>라는 특성과 함께 사용되고 있다. 따라서 이 낱말은 전술한 [적파]와 <정실 : 서자>라는 대칭관계를 형성하는 것으로 이해될 것이다. 이 낱말은 {서자(庶子)의 자손들로 이루어진 계통}이라는 내용을 문제 삼기도 한다.

(38) 천출(賤出)
(39) 천생(賤生)

[천출]은 {천첩에게서 난 자손}이라 풀이되며, [천생]은 [천출]이라 풀이된다. 따라서 이 두 낱말들은 <후손(자손) + 혈통 + 적서 / 천첩>이라는 특성을 공유하는 것으로 이해될 것이다. [천생]은 {남자가 '자기'를 낮추어 일컫는 말}이라는 내용을 문제 삼기도 한다.

(40) 직손(直孫)

이 낱말은 {직파의 자손. 한 계통이나 혈연이 직접 이어져 내려온 자손}이라 풀이되면서 <후손(자손) + 혈통 + 직접(직계)>이라는 특성을 문제 삼고 있다.

(41) 방손(傍孫)

이 낱말은 {방계(에 속하는) 혈족의 자손}이라 풀이되면서 <후손(자손) + 혈통 + 간접(방계)>이라는 특성과 함께 사용되고 있다. 그러한 의미에서 이 낱말은 전술한 [직손]과 <직계 : 방계>라는 대칭관계를 형성하는 것으로 이해될 것이다.

(42) 종파(宗派):

이 낱말은 {종가(宗家)의 계통을 지파(支派)에 상대하여 이르는 말}이라 풀이되면서 <후손(자손) + 혈통 + 종가>라는 특성을 문제 삼고 있다.

(43) 지손(支孫)

이 낱말은 {지파(支派: 종파(宗派)에서 갈라져 나간 파. 맏이가 아닌 자손에서 갈라져 나간 파)의 자손}이라 풀이되면서 <후손(자손) + 혈통 + 지파>라는 특성을 문제 삼고 있다. 그러한 의미에서 이 낱말은 전술한 [종파]와 <종가 : 지파>라는 대칭관계를 형성하는 것으로 해명될 만하다.

(44) 친손(親孫)

이 낱말은 {아들의 자손}이라 풀이되면서 <후손(자손) + 혈통 + 자녀 / 아들>이라는 특성과 함께 사용되고 있다. 이 낱말은 {아들이 낳은 자식(친손자와 친손녀)}이라는 내용을 문제 삼기도 한다.

(45) 외손(外孫)

이 낱말은 {딸의 자손}이라 풀이되면서 <후손(자손) + 혈통 + 자녀 / 딸>이라는 특성을 문제 삼고 있다. 그러한 의미에서 이 낱말은 전술한 [친손]과 대칭관계를 형성하는 것으로 이해될 것이다. 이 낱말은 {딸이 낳은 자식(외손자와 외손녀)}이라는 내용과 함께 사용되기도 한다.

지금까지의 고찰에서 보인 바와 같이 <혈통> 분절에 있어서는 <적서>, <직접과 간접>, <종파와 지파>, <자녀>가 관조의 대상이 되어 있다. 그리고 <적서>의 아래에는 <정실>과 <서자>와 <천첩>이, <직접과 간접>의 아래에는 <직접>과 <방계>가, <종가와 지파> 아래에는 <종가 : 지파>가, 그리고 <자녀> 아래에는 <아들>과 <딸>이 각각 관심의 대상이 되어 있다. [그림 6 -1]과 [그림 6-2]는 이러한 <혈통> 분절의 구조를 보이기 위한 것이다.

[그림 6 -1] 〈혈통〉 분절의 구조

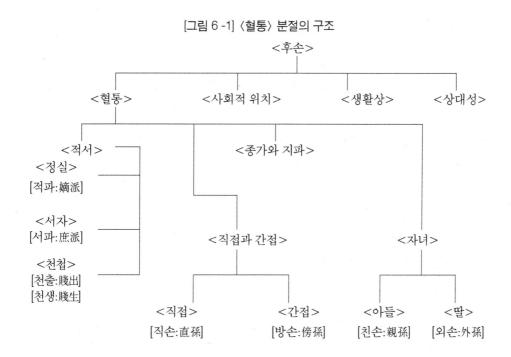

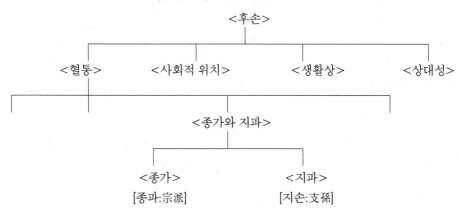

[그림 6-2] 〈혈통〉 분절의 구조

〈사회적 위치〉 분절에 있어서는 그 아래로 조상의 〈신분〉과 조상의 〈명성〉이 관조의 대상이 되어 있다.

(46) 황손(皇孫)

이 낱말은 {황제의 후손}이라 풀이되면서 〈후손 + 사회적 위치 + 조상의 신분 / 황제〉라는 특성을 문제 삼고 있다. 이 낱말은 {황제의 손자}라는 내용과 함께 사용되기도 한다.

(47) 왕손(王孫)
(48) 왕윤(王胤)

[왕손]은 {임금의 후손}이라 풀이되며, [왕윤]은 {임금의 자손}이라 풀이된다. 따라서 이 두 낱말은 〈후손 + 사회적 위치 + 조상의 신분 / 임금(왕)〉이라는 특성을 공유하는 것으로 이해될 만하다. [왕손]은 {임금의 손자}이라는 내용을 문제 삼기도 하며, [왕윤]은 현재 입말로는 거의 사용되지 않고 있다.

(49) 공손(公孫)

이 낱말은 {귀족의 자손}이라 풀이되면서 〈후손 + 사회적 위치 + 조상의 신분 / 귀족〉이라는 특성과 함께 사용된다. 이 낱말은 현재 사회제도의 변화와 함께 입말로는 거의 사용되지 않고 있다. 이 낱말은 {임금이나 제후의 후손}이나 {귀족의 혈통}이라는 내용을 문제 삼기도 한다.

(50) 공자왕손(公子王孫)

이 낱말은 {지체 높은 사람(귀족)과 임금의 자손}이라 풀이되면서 <후손 + 사회적 위치 + 조상의 신분 / 임금과 귀족>이라는 특성을 문제 삼고 있다. 그러한 의미에서 이 낱말은 전술한 [왕손 / 왕윤]과 [공손] 아래에 공통적으로 포함되는 것으로 이해될 수 있다. 이 낱말은 {지체 높은 사람의 자손과 왕의 자손}이라는 내용과 함께 사용되기도 하나, 현재 입말로는 거의 사용되지 않고 있다.

(51) 사족(士族)

이 낱말은 {선비나 무인 집안의 자손}이라 풀이되면서 <후손 + 사회적 위치 + 조상의 신분 / 선비나 무인>이라는 특성과 함께 사용되고 있다. 이 낱말은 {문벌이 좋은 집안의 자손}, {선비나 무인의 집안}, {문벌이 좋은 집안}이라는 내용과 관계하기도 한다.

(52) 반종(班種)

이 낱말은 {양반의 자손}이라 풀이되면서 <후손 + 사회적 위치 + 조상의 신분 / 양반>이라는 특성과 함께 사용되고 있다. 이 낱말은 현재 입말로는 거의 사용되지 않고 있다. 이 낱말은 {양반의 씨}라는 내용을 문제 삼기도 한다.

(53) 명조지손(名祖之孫)

이 낱말은 {이름 난 조상의 자손}이라 풀이되면서 <후손 + 사회적 위치 + 조상의 명성 / 이름남>이라는 특성을 문제 삼고 있다.

지금까지의 고찰에서 보인 바와 같이 <사회적 위치> 분절에 있어서는 그 아래로 조상의 <신분>과 조상의 <명성>이 관심사가 되어 있다. <신분> 아래에는 <황제>, <임금>, <귀족>, <선비나 무인>, <양반>이 관조의 대상이 되어 있다. 그리고 <명성>의 아래에는 <이름남>이 관심의 대상이 되어 있다. [그림 7]은 이러한 <사회적 위치> 분절의 특징을 가시화해 본 것이다.

[그림 7] 〈사회적 위치〉 분절의 구조

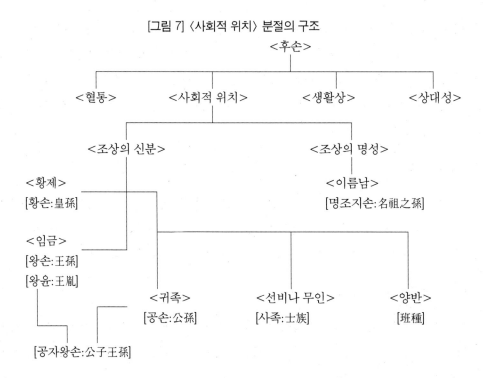

〈생활상〉 분절에 있어서는 〈마음가짐〉과 〈맡은 일(역할)〉이 관조의 대상이 되어 있다.

(54) 조조(祚祚)

이 낱말은 {행복한 자손}이라 풀이된다. 따라서 이 낱말은 〈후손(자손) + 생활상 + 마음가짐 / 행복함〉이라는 특성과 함께 이해될 만하다. 이 낱말은 {자손}이라는 내용을 문제 삼기도 하나, 현재 입말로는 거의 사용되지 않고 있다.

(55) (봉)사손(봉손: 奉祀孫)

이 낱말은 {조상의 제사를 맡아 받드는 자손}이라 풀이되면서 〈후손(자손) + 생활상 + 맡은 일(역할) / 제사 맡음〉이라는 특성과 함께 사용되고 있다.

지금까지의 고찰에서 보인 바와 같이 〈생활상〉 분절에 있어서는 그 아래로 〈마음가짐〉과 〈맡은 일(역할)〉이 관심의 대상이 되어 있다. 〈마음가짐〉의 아래에는 〈행복함〉이, 그리고 〈맡은 일〉의 아래에는 〈제사 맡음〉이 각각 관조의 대상이 되어 있다. 이러한 분절구조의 특징을 그림으로 보이면 [그림 8]이 될 것이다.

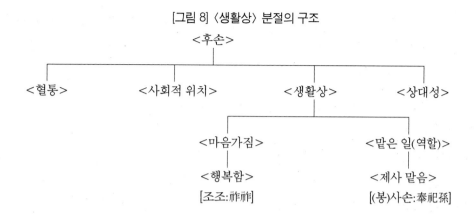

[그림 8] 〈생활상〉 분절의 구조

〈상대성〉 분절에 있어서는 〈수치〉와 〈거리〉가 관심의 대상이 되어 있다.

(56) 대대손손(代代孫孫)

(57) 자자손손(子子孫孫)

(58) 세세손손(世世孫孫)

[대대손손]은 {대대로 내려오는 여러 자손}이라 풀이되며, [자자손손]과 [세세손손]은 {대대손손}이라 풀이된다. 따라서 이 세 낱말들은 〈후손(자손) + 상대성 + 수치(대수) / 여러 대〉라는 특성과 함께 이해될 만하다. [대대손손]은 {오래도록 내려오는 여러 대}라는 내용을 문제 삼기도 한다. [자자손손]에서는 〈자손 + 자손 → 여러 자손 → 여러 대의 자손 → 대대로 내려오는 여러 자손〉과 같은 개념형성의 과정을, 그리고 [세세손손]은 〈세손 + 세손 → 여러 세손 → 여러 대의 세손 → 대대로 내려오는 여러 자손〉과 같은 개념형성의 과정을 각각 수행한 것으로 추정된다.

(59) 후예(後裔)

(60) 예손(裔孫)

(61) 예주(裔冑)

[후예]는 {대수가 먼 후손}이라 풀이되고, [예손]은 {대수가 먼 자손}이라 풀이되며, [예주]는 {예손}이라 풀이된다. 따라서 이 세 낱말들은 〈후손 + 상대성 + 거리 + 대수 / 멂〉이라는 특성을 공유하는 것으로 이해될 만하다. [후예]는 {후손}이라는 내용과 함께 사용되기도 하며, [예손]과 [예주]는 현재 입말로는 거의 사용되지 않고 있다. [후예]는 〈뒤 + 후손 → 뒤의 후손 → 대수가 먼 후손〉과 같은 개념형성의 과정을, [예손]은 〈후손 + 손 → 후손의 후

손 → 대수가 먼 후손>과 같은 개념형성의 과정을, 그리고 [예주]는 <후손 + 투구 → 후손의 투구 → 후손의 자리를 이어받은 후손 → 대수가 먼 후손>과 같은 개념형성의 과정을 각각 수행한 것으로 추정된다.

    (62) 원손(遠孫)

    (63) 말손(末孫)

    (64) 말예(末裔)

    (65) 계손(系孫)

    (66) 원예(遠裔)

{원손}과 [말예]는 {촌수가 먼 자손}이라 풀이되며, [말손]과 [계손]과 [원예]는 {원손}이라 풀이된다. 따라서 이 낱말들은 <후손 + 상대성 + 거리 + 촌수 / 멂>이라는 특성을 공유하는 것으로 이해될 만하다. [원손]은 {먼 후세의 자손}이라는 내용을 문제 삼기도 하고, [말예]는 {후손}이라는 내용을 문제 삼기도 하며, [계손]은 {촌수가 먼 손자}라는 내용을 문제 삼기도 한다. [말예], [계손], [원예]는 현재 입말로는 거의 사용되지 않고 있다[11].

지금까지의 고찰에서 보인 바와 같이 <상대성> 분절에 있어서는 그 아래로 <수치>와 <거리>가 관심의 대상이 되어 있다. <수치>의 아래에는 <대수>로서 <여러 대>가 관조의 대상이 되어 있다. 그리고 <거리> 분절에서는 <대수 / 멂>과 <촌수 / 멂>이 관심의 대상이 되어 있다. [그림 9]는 이러한 <상대성> 분절의 구조를 보이기 위한 것이다.

---

11) 한자말 [원주 : 遠冑]도 {원손}이라 풀이되고 있으나, 이 낱말은 사전에 따라서는 등재되지 않은 곳(예컨대, <우리말 큰사전>)도 있고 하여, 논외로 하였다.

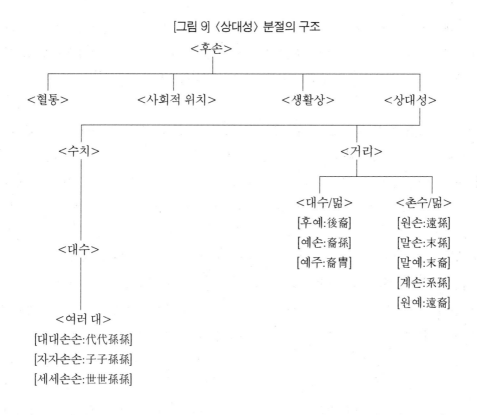

[그림 9] ⟨상대성⟩ 분절의 구조

⟨후손⟩

⟨혈통⟩ ⟨사회적 위치⟩ ⟨생활상⟩ ⟨상대성⟩

⟨수치⟩ ⟨거리⟩

⟨대수/멂⟩ ⟨촌수/멂⟩
[후예:後裔] [원손:遠孫]
[예손:裔孫] [말손:末孫]
[예주:裔胄] [말예:末裔]
[계손:系孫]
[원예:遠裔]

⟨대수⟩

⟨여러 대⟩
[대대손손:代代孫孫]
[자자손손:子子孫孫]
[세세손손:世世孫孫]

3. ⟨조상⟩ 분절과 ⟨후손⟩ 분절의 비교

여기서는 현대국어를 중심으로 ⟨친척⟩ 명칭 가운데 서로 수직적으로 대칭관계를 형성하고 있는 ⟨조상⟩ 분절과 ⟨후손⟩ 분절이 각각 어떠한 분절구조의 형태로 서로 대립하고 있는가가 주된 관심의 대상이다. ⟨조상⟩과 ⟨후손⟩이 서로 수직적인 대칭관계를 형성하고 있음은 곧 ⟨조상의 아래⟩가 ⟨후손⟩이며, ⟨후손의 위⟩가 ⟨조상⟩임을 의미한다.

(1) [조상 : 祖上]과 [조선 : 祖先]을 원어휘소로 하는 ⟨조상⟩ 분절은 그 아래로 ⟨혈통⟩, ⟨사회적 위치⟩, ⟨상대성⟩을 문제 삼으면서 하위분절되는 양상을 보이고 있다.

⟨혈통⟩ 분절에서는 그 아래로 ⟨먼 윗대⟩와 ⟨방계⟩가 관심의 대상이 되어 있다.

⟨사회적 위치⟩ 분절에 있어서는 ⟨신분⟩, ⟨명성⟩, ⟨예우⟩가 일차적인 관심의 대상이 되어 있다. 그리고 ⟨신분⟩의 아래에는 ⟨후손⟩으로서 ⟨황제⟩와 ⟨임금⟩이 관심의 대상이 되어 있으며, ⟨명성⟩ 아래에는 ⟨중흥시킴⟩, ⟨거룩함⟩, ⟨이름이 높이 드러남⟩이 관조의 대상이 되어 있다.

<상대성> 분절에 있어서는 <비교>, <순서>, <수치>가 관조의 대상이 되어 있다. 그리고 <비교>의 아래에는 <같음>이, <순서>의 아래에는 <첫째>가, 그리고 <수치>의 아래에는 <4>와 <여러 대>가 각각 관심의 대상이 되어 있다.

(2) [(후)손 : 後孫], [후윤 : 後胤], [후곤 : 後昆], [후속 : 後屬], [후잉 : 後仍], [세사 : 世嗣], [주예 : 胄裔], [내예 : 來裔], [내윤 : 來胤], [성손 : 姓孫], [자성 : 子姓], [말엽 : 末葉], [자손 : 子孫], [뒷자손: -子孫], [내후 : 乃後], [조윤 : 祚胤], [자질 : 子姪] 따위를 원어휘소로 하는 <후손> 분절은 그 아래로 <혈통>, <사회적 위치>, <생활상>, <상대성>이 문제되면서 하위분절되어 있다.

<혈통> 분절에 있어서는 <적서>, <직접과 간접>, <종가와 지파>, <자녀>가 관조의 대상이 되어 있다. 그리고 <적서>의 아래에는 <정실 : 서자> 대립과 <천첩>이, <직접과 간접>의 아래에는 <직접 : 방계> 대립이, <종가와 지파> 아래에는 <종가 : 지파> 대립이, 그리고 <자녀> 아래에는 <아들 : 딸> 대립이 각각 관심의 대상이 되어 있다.

<사회적 위치> 분절에 있어서는 그 아래로 조상의 <신분>과 조상의 <명성>이 관심사가 되어 있다. <신분> 아래에는 <황제>, <임금>, <귀족>, <선비나 무인>, <양반>이 관조의 대상이 되어 있다. 그리고 <명성>의 아래에는 <이름남>이 관심의 대상이 되어 있다.

<생활상> 분절에 있어서는 그 아래로 <마음가짐>과 <맡은 일(역할)>이 관심의 대상이 되어 있다. <마음가짐>의 아래에는 <행복함>이, 그리고 <맡은 일(역할)>의 아래에는 <제사 맡음>이 각각 관조의 대상이 되어 있다.

<상대성> 분절에 있어서는 그 아래로 <수치>와 <거리>가 관심의 대상이 되어 있다. <수치>의 아래에는 <대수>로서 <여러 대>가 관조의 대상이 되어 있다. 그리고 <거리> 분절에서는 <대수 / 멂>과 <촌수 / 멂>이 관심의 대상이 되어 있다.

제5절 〈집안〉 분절구조

1. 원어휘소와 기본구조

　〈집안〉 분절은 어휘소 [집안]으로 대변되는데, [집안]은 {가까운 일가. 가까운 살붙이의 겨레. 가족을 구성원으로 하여 살림을 꾸려 나가는 공동체}라 풀이된다. 따라서 〈집안〉 분절은 〈일가 + 가까움〉이라는 특성과 공동체(구성원) 〈단위〉라는 특성을 가지면서 〈친척〉 안에 포함되는 중간 분절이라 할 것이다. 〈일가〉 분절이 〈친척〉의 하위분절에 속하면서 〈형성조건 / 혈연관계 + 계통 / 성과 본 같음〉이라는 특성을 문제 삼고 있기 때문이다. 그리고 〈친척〉 분절에 있어서는 기본적으로 〈구성원〉, 〈구성원 집단 단위〉, 〈구성원 상호 관계〉가 관조의 대상이 되어 있는데, 이 〈집안〉 명칭은 그 가운데 〈구성원 집단 단위〉와 관계하는 것으로 이해될 것이다.

　(1) 집안

　이 낱말은 전술한 바와 같이 이 분절을 대변하는 어휘소로서 원어휘소(Archilexem)의 자리에 위치하고 있다. 이 낱말은 {집 속(집의 대문 안)}이라는 내용과 함께 사용되기도 하는데, 이는 이 낱말이 다른 분절구조와도 관계하고 있음을 의미한다. 이 낱말의 다른 분절과의 관계는 이 연구에서의 논의 대상이 아니다.

　[집안]을 원어휘소로 하는 〈집안〉 명칭 분절은 그 아래로 해당 집안의 핏줄에 따른 계통인 〈혈통〉, 해당 집안이 사회에서 차지하고 있는 〈사회적 위치〉, 집안의 생활하는 모습인 〈생활상〉, 그리고 다른 집안을 전제로 하는 〈상대성〉이 문제되면서 하위분절되어 있다. 이러한 〈집안〉 명칭 분절의 기본구조(상위구조)를 그림으로 보이면 [그림 1]이 될 것이다.

[그림 1] 〈집안〉 명칭 분절의 기본구조

2. 〈혈통〉과 관련된 표현

<집안 + 혈통> 분절에 있어서는 일차적으로 종족이 대를 이어 내려오는 단계로서의 <대 이어짐>, 여러 세대에 걸친 자녀들 모두가 통칭되는 <자손>이 관심의 대상이 되면서 하위분절되어 있다. 이러한 <혈통> 분절의 기본구조를 그림으로 보이면 [그림 2]가 될 것이다.

[그림 2] 〈혈통〉 분절의 기본구조

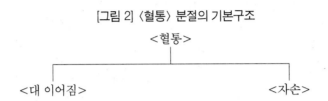

(2) 구가(舊家)

(3) 누가(累家)

[구가]는 {여러 대를 (혈통을)이어 온 집안}이라 풀이되며, [누가]는 {대대로 이어온 집안}이라 풀이된다. 따라서 이 낱말들은 <집안 + 혈통 + 대 이음 + 기간 / 여러 대>라는 특성과 함께 해명될 것 같다. [구가]에서는 <전통성>이라는 특성이, 그리고 [누가]에서는 <다수(여럿)>라는 특성이 각각 개념형성의 과정에 관계한 것으로 추정된다. [구가]는 주로 {한 곳에 오랫동안 살아온 집안}, {옛집}이라는 내용과도 관계하는 특징을 보이고 있다.

(4) 절가(絶家)

(5) 절호(絶戶)

[절가]는 {혈통이 끊어진 집안}이라 풀이되며, [절호]는 {절가}라 풀이된다. 그리고 {혈통이 끊어짐}은 <자손 없음>을 의미하는 것으로 이해될 수 있다. 따라서 이 낱말들은 <집안 + 혈통 + 자손 / 없음(혈통 끊어짐)>이라는 특성을 공유하는 것으로 이해될 만하다. [절가]는 {집안의 혈통이 끊어짐}이라는 내용과 함께 사용되기도 한다. [절호]는 현재 입말로는 거의 사용되지 않고 있다[12].

---

12) 한자말 {무후가 : 無後家}도 {절가}라 풀이되면서 [절가]와 같은 방법으로 해명되기도 한다. 그러나 이 한자말은 주로 {호주를 잃은 뒤, 뒤이을 사람이 없어서 소멸되는 집안}이라는 내용과 함께 법률 전문용어로 사용되고 있다.

(6) 독호(獨戶)

이 낱말은 {늙도록 아들이 없는 집안}이라 풀이되면서 <집안 + 혈통 + 자손 / (늙도록)아들 없음>이라는 특성과 함께 사용되고 있다. 이 낱말은 {늙고 아들이 없는 구차한 집안}이나, {온전한 한 집 몫으로 세금이나 추렴을 내는 집}이라는 내용을 문제 삼기도 한다.

(7) 다족(多族)
(8) 번족(蕃族)

[다족]은 {번족}이라 풀이되며, [번족]은 {자손이 번성한 집안}이라 풀이된다. 따라서 이 낱말들은 <집안 + 혈통 + 자손 / 번성함>이라는 특성을 공유하는 것으로 이해된다. [다족]에서는 <많음>이라는 특성이, 그리고 [번족]에서는 <무성함(번성함)>이 각각 개념형성의 과정에 관계한 것으로 추정된다. [번족]은 현재 입말로는 거의 사용되지 않고 있다. 그리고 [다족]은 현재 주로 {친족이 많음}이라는 내용과 함께 사용되고 있다.

(9) 고족대가(古族大家)

이 낱말은 {대대로 자손이 번성하고 세력 있는 집안}이라 풀이되면서 <집안 + 혈통 + 번성함 + 세력 있음 + 기간 / 여러 대>라는 특성과 함께 사용되고 있다. 이 낱말은 {명문거족}이라는 내용을 문제 삼기도 하나, 현재 입말로는 거의 사용되지 않고 있다.

(10) 대성가문(大姓家門)

이 낱말도 {후손(자손)이 번성하고 세력이 있는 집안}이라 풀이되면서 앞에서 논의된 [고족대가]와 같은 방법으로 해명될 만한 표현이다. 이 낱말은 {겨레붙이가 번성한 집안}이라는 내용도 문제 삼고 있다. 이 낱말은 현재 입말로는 거의 사용되지 않고 있다[13].

지금까지의 고찰에서 보인 바와 같이, <혈통> 분절은 <대 이음>과 <자손>이 관심의 대상이 되면서 하위분절되는 양상을 보이고 있다. <대 이음>의 아래에는 <기간 / 여러 대>만이 관심의 대상이 되어 있다. 그리고 <자손>의 아래에는 <없음>, <아들 없음(늙도록)>, <많음>, <번성함(+ 세력 있음)>이 문제되어 있다. 이러한 <혈통> 중심의 분절을 그림으로 그리면 [그림 3]이 될 것이다.

---

13) {5대 이상의 선조에서 갈린 자손들의 집안}이라 풀이되는 한자말 [대종중 : 大宗中]은 사전에 따라서는 등재되어 있지 않은 곳도 있어(예컨대, <우리말 큰사전>), 여기서는 이 낱말을 논외로 하였다.

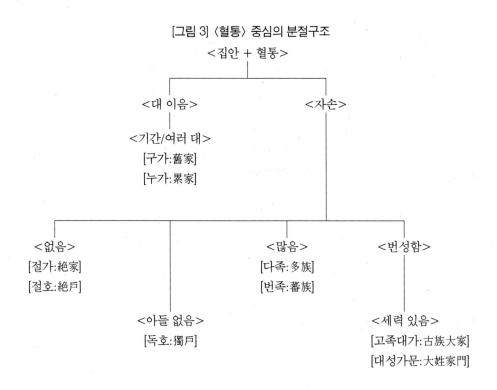

[그림 3] 〈혈통〉 중심의 분절구조

3. 〈사회적 위치〉와 관련된 표현

이 분절은 그 아래로 해당 집안의 구성원 일부의 사회적인 위치나 계급이 중심 개념이 되는 〈신분〉 분절과 이름이 세상에 널리 퍼져 알려진 평판이 중심 개념이 되는 〈명성〉 분절에 의하여 하위분절되는 특징을 보이고 있다. [그림 4]는 이러한 〈사회적 위치〉 분절의 상위구조(기본구조)를 보이기 위한 것이다.

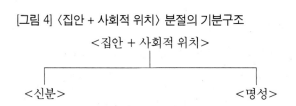

[그림 4] 〈집안 + 사회적 위치〉 분절의 기분구조

(11) 황실(皇室)

(12) 황가(皇家)

(13) 제실(帝室)

　[황실]은 {황제의 집안}이라 풀이되며, [황가]와 [제실]은 {황실}이라 풀이된다. 따라서 이 낱말들은 <집안 + 사회적 위치 + 신분 / 황제>라는 특성을 공유하는 것으로 이해될 것이다. [황실]과 [제실]은 <황제 + 집 → 황제의 집 → 황제의 집안>과 같은 개념형성의 과정을, 그리고 [황가]는 <황제 + 가문 → 황제의 가문 → 황제의 집안>과 같은 개념형성의 과정을 각각 수행한 것으로 추정되는데, 현재 [황가]나 [제실]은 입말로는 거의 사용되지 않고 있다. [황실]과 [제실]은 어휘형성의 과정에서 서로 대칭관계를 보이고 있는데, [황가]의 경우는 그와 같은 대칭관계를 형성하지 못하고 있다.

(14) 구황실(舊皇室)

　이 낱말은 {조선 말기의 황제 집안. 대한 제국 때의 황제 집안}이라 풀이되면서 <황실 + 시대 / 조선 말기>라는 특성을 문제 삼고 있다. 이 낱말은 역사학에서의 전문용어가 일반어휘로 도입된 예에 해당한다.

(15) 왕실(王室)
(16) 왕가(王家)
(17) 경실(京室)

　[왕실]과 [왕가]는 {임금의 집안}이라 풀이되며, [경실]은 {왕실}이라 풀이된다. 따라서 이 세 낱말들은 <집안 + 사회적 위치 + 신분 / 임금>이라는 특성을 공유하는 것으로 이해된다. [왕실]과 [왕가]의 관계는 전술한 [황실]과 [황가]의 관계에 준하여 이해될 것 같다. [경실]은 <서울 + 집 → 서울의 집 → 서울의 중심이 되는 집 → 임금의 집 → 임금의 집안>과 같은 개념형성의 과정을 겪었을 것으로 추정된다. [경실]은 현재 입말로는 거의 사용되지 않고 있다.

(18) 대갓집(大家-)

　이 낱말은 {대대로 세력이 있고 번창한 집안}이라 풀이되면서 <집안 + 사회적 위치 + 신분 / 세력 있음 + 번창함(+ 기간 / 여러 대)>라는 특성과 함께 사용되고 있다.

(19) 대족(大族)

　이 낱말은 {자손이 많고 세력이 있는 집안}이라 풀이되면서 <집안 + 사회적 위치 + 신분 / 세력 있음 + 자손 많음>이라는 특성을 문제 삼고 있다.

(20) 세가(勢家)

(21) 세문(勢門)

[세가]는 {권세(권력과 세력) 있는 집안}이라 풀이되며, [세문]은 {세가}라 풀이된다. 따라서 이 두 낱말들은 <집안 + 사회적 위치 + 신분 / 세력 있음 + 권력 있음>이라는 특성을 공유하는 것으로 이해될 만하다. [세가]는 {정치에서 셋줄(세력이 있는 사람과 닿은 연줄)을 잡은 집안}이나 {세력가(의 준말)}이라는 내용과 함께 사용되기도 한다. [세문]은 현재 입말로는 거의 사용되지 않고 있다.

(22) 권문세가(권가, 권문 : 權門勢家)

(23) 권문세족(權門勢族)

[권문세가]는 {벼슬이 높고 권세(권력과 세력)가 있는 집안}라 풀이되며, [권문세족]은 {권문세가}라 풀이된다. 따라서 이 낱말들은 <집안 + 사회적 위치 + 신분 / 세력 있음 + 권세 있음 + 관리 / 벼슬 높음>이라는 특성을 공유하는 것으로 이해될 만하다. [권문세족]은 현재 입말로는 거의 사용되지 않고 있다,

(24) 환문(宦門)

이 낱말은 {관리(벼슬아치)의 집안}이라 풀이되면서 <집안 + 사회적 위치 + 신분 / 관리>라는 특성과 함께 사용되고 있다. 이 낱말은 {관리의 가족}이라는 내용을 문제 삼기도 한다. 그러나 이 낱말은 현재 입말로는 거의 사용되지 않고 있다.

(25) 환족(宦族)

(26) 사환가(仕宦家)

[환족]과 [사환가]는 공통적으로 {대대로 벼슬(관리)을 지내는 집안. 대대로 벼슬하는 집안}이라 풀이되면서 <환문 + 기간 / 지속성>이라는 특성을 공유하고 있다. 따라서 이 두 낱말들은 앞에서 논의된 [환문]의 아래에 포함되는 것으로 이해될 만하다. [사환가]는 {대대로 벼슬한 이가 많은 집안}이라는 내용과 함께 사용되기도 한다.

(27) 무가(武家)

(28) 무관집(武官-)

[무가]는 {대대로 무관의 벼슬을 해 온 집안. 무관집}이라 풀이되며, [무관집]은 {무가(武

家)}라 풀이된다. 따라서 이 두 낱말은 <환족(사환가) + 무관>이라는 특성을 공유하면서 앞에서 논의된 [환족 / 사환개] 아래에 포함되는 것으로 이해될 것이다. [무개]는 <무인 + 집 → 무인의 집 → 무관의 집안>과 같은 개념형성의 과정을, 그리고 [무관집]은 <무관 + 집 → 무관의 집 → 무관의 집안>이라는 개념형성의 과정을 각각 겪은 것으로 추정된다.

(29) 사족(士族)

이 낱말은 {선비나 무인의 집안}이라 풀이되면서 <집안 + 사회적 위치 + 신분 / 선비나 무인>이라는 특성을 문제 삼고 있다. 이 낱말은 {문벌이 좋은 집안}, {문벌이 좋은 집안의 자손}, {선비나 무인 집안의 자손}이라는 내용과 함께 사용되기도 한다.

(30) 반가(班家: 반갓집)

이 낱말은 {양반의 집안}이라 풀이되면서 <집안 + 사회적 위치 + 신분 / 양반>이라는 특성을 문제 삼고 있다.

(31) 사(대)부가(士大夫家)

이 낱말은 {사대부의 집안}이라 풀이되며, [사대부]는 {사와 대부를 아울러 이르는 말로서 문무 양반(文武兩班)을 일반 평민층에 상대하여 이르는 말}이라 풀이된다([사대부]는 {벼슬이나 문벌이 높은 집안의 사람}이라 풀이되기도 한다). 따라서 <집안 + 사회적 위치 + 신분 / 사대부>라는 특성을 문제 삼고 있는 이 낱말은 전술한 [반가] 아래에 포함되는 표현으로 이해될 수도 있겠다.

(32) 세가(世家)
(33) 세족(世族)

[세개]는 {여러 대를 두고 나라의 중요한 지위에 있어서 나라와 운명을 같이하는 집안. 여러 대를 계속하여 나라의 중요한 자리를 맡아 오거나 특권을 누려오는 집안}이라 풀이되며, [세족]은 {세가(世家)}라 풀이된다. 따라서 이 두 낱말들은 <집안 + 사회적 위치 + 신분 / 중요한 지위>라는 특성을 공유하는 것으로 이해될 만하다. [세족]은 역사학에서 {중국 남북조 때의 상층 계급(당나라 이후에 쇠하여 몰락하였다.)}이라는 특성과 함께 전문용어로 사용되기도 한다[14].

---

14) 한자말 [무가 : 巫家]는 {대대로 무당의 일을 해 온 집안}라 풀이되기 때문에 <집안 + 사회적 위치 + 신

(34) 명족(名族)

(35) 저성(著姓)

　[명족]은 {문벌(대대로 이어 내려오는 집안의 지체)이 좋은 집안}이라 풀이되며, [저성]은 [명족]이라 풀이된다. 따라서 이 두 낱말들은 <집안 + 사회적 위치 + 신분 / 문벌 좋음>이라는 특성을 공유하는 것으로 이해될 것이다. [명족]은 {이름난 성이나 가문(집안과 문중)}이나 {이름난 집안의 겨레}라는 내용을 문제 삼기도 한다. [저성]은 {이름난 가문}이나 {이름난 성}이라는 내용과 함께 사용되기도 한다. 그리고 [저성]은 현재 입말로는 거의 사용되지 않고 있다.

　(36) 거가대족(거가, 거족 : 巨家大族)

　(37) 대가(大家)

　(38) 거실(巨室)

　(39) 거실세족(巨室世族)

　[거가대족]은 {대대로 번영한 문벌(대대로 내려오는 그 집안의 사회적 신분이나 지위)이 높은 집안. 대대로 번창하고 문벌이 좋은 집안}이라 풀이되며, [대가]와 [거실]과 [거실세족]은 {거가대족}이라 풀이된다. 따라서 이 낱말들은 <집안 + 사회적 위치 + 신분 / 문벌 높음 + 번영함>이라는 특성을 공유하는 것으로 해명될 것이다. [대가]는 {대대로 부귀를 누리며 번창하는 집안}, {전문 분야에서 뛰어나 권위가 있는 사람}, {큰 집. 대옥(大屋)}이라는 내용을 문제 삼기도 하며, [거실]은 {큰 방}이나 {'천지(天地)' 의 다른 이름}이라는 내용을 문제 삼기도 한다. [거가대족]은 <크고 큼 + 가족 → 아주 큰 가족 → 대대로 문벌이 높은 집안>과 같은 개념형성의 과정을, 그리고 [거실세족]은 <큼 + 가족 + 세대 → 큰 가족 + 대대로 이어짐 → 대대로 문벌이 높은 집안>과 같은 개념형성의 과정을 각각 수행한 것으로 추정된다. [거실세족]은 현재 입말로는 거의 사용되지 않고 있다.

　(40) 구족(舊族)

　[구족]은 {예로부터 이어져 내려온 지체 높은 집안. 옛적에 지체가 높았던 오래된 집안}이라 풀이되면서 <집안 + 사회적 위치 + 신분 / 지체 높음 + 기간 / 지속성>이라는 특성을 문제 삼고 있다.

　분 / 무당>이라는 특성과 함께 해명될 만하나, 이 낱말이 등재되어 있지 않은 사전(예컨대, <우리말 큰사전>)도 있고 하여 논외로 하였다.

(41) 향족(鄕族)

이 낱말은 {좌수나 별감 따위의 향원(鄕員)이 될 자격이 있는 집안}이라 풀이된다. 따라서 이 낱말은 <집안 + 사회적 위치 + 신분 + 자격 보유 / 향원 자격>이라는 특성과 함께 해명될 것 같다. 그러나 이 낱말은 사회제도의 변화와 함께 현재는 거의 사용되지 않고 있는 표현이다.

(42) 구향(舊鄕)
(43) 원향(原鄕)

[구향]은 {여러 대를 한 고을에서 사는 향족(鄕族)}이라 풀이되며 [원향]은 {한 지방에 여러 대를 내려오며 사는 향족(鄕族)}이라 풀이된다. 따라서 이 두 낱말은 <향족 + 공간 / 한 고을 + 기간 / 여러 대(지속성)>라는 특성을 공유하면서 앞에서 논의된 [향족]의 아래에 포함되는 것으로 이해될 것이다. [원향]은 {본토박이(대대로 그 땅에서 나서 오래도록 살아 내려오는 사람)}라는 내용과 함께 사용되기도 한다.

지금까지 논의된 바와 같이 <사회적 위치 + 신분>은 <황제>, <임금>, <세력 있음>, <관리>, <선비>, <양반>, <중요한 지위>, <문벌>, <지체>, <자격 보유>가 관심사가 되면서 하위분절되는 양상을 보이고 있다. <황제> 아래에는 <시대 / 조선 말기>가, <세력 있음> 아래에는 <번창함 : 자손 많음 : 권력 있음 : 벼슬 높음>이, <관리>의 아래에는 <기간 / 지속성 + 무관>이, <양반> 아래에는 <사대부>가, <중요한 지위> 아래에는 <기간 / 지속성>이, <문벌> 아래에는 <좋음 : 높음 + 번영함>이, <지체> 아래에는 <높음 + 기간 / 지속성>이, 그리고 <자격 보유> 아래에는 <향원 자격>이 각각 관조의 대상이 되어 있다. <향원 자격> 아래에는 <공간 / 한 고을 + 기간 / 여러 대>가 관심의 대상이 되어 있다. [그림 5], [그림 6], [그림 7]은 이러한 <신분> 분절의 특징을 구조로 보이기 위한 것이다.

[그림 5] 〈사회적 위치 + 신분〉 분절의 구조(1)

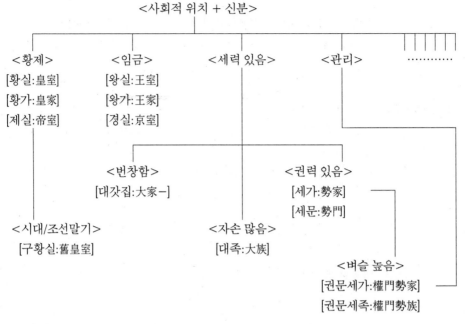

[그림 6] 〈사회적 위치 + 신분〉 분절의 구조(2)

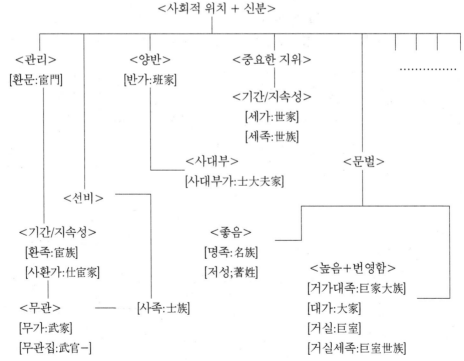

[그림 7] <사회적 위치 + 신분> 분절의 구조(3)

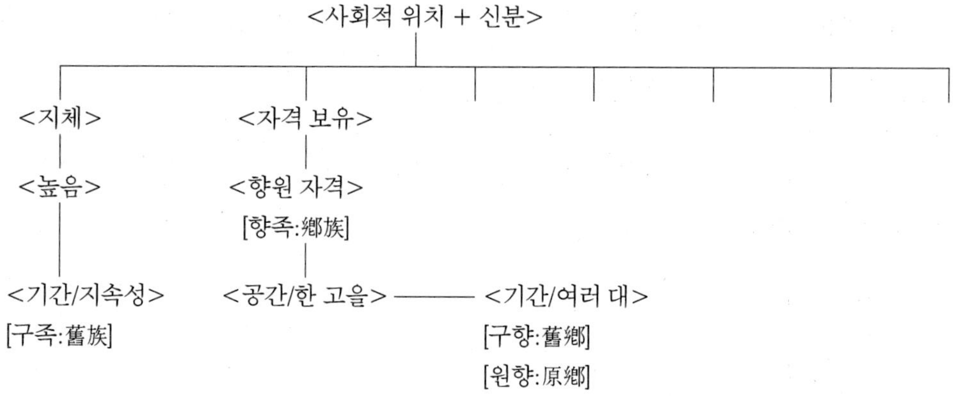

<사회적 위치 + 신분>

<지체>　　　　<자격 보유>

<높음>　　　　<향원 자격>
　　　　　　　[향족:鄕族]

<기간/지속성>　　<공간/한 고을> ——— <기간/여러 대>
[구족:舊族]　　　　　　　　　　[구향:舊鄕]
　　　　　　　　　　　　　　　[원향:原鄕]

(44) 문한가(文翰家)

　이 낱말은 {여러 대로(대대로) 글(과 글씨)의 재주가 있는 사람이 난 집안}이라 풀이된다. 따라서 이 낱말은 <집안 + 사회적 위치 + 명성 / 문인 배출(혹은 서예가 배출)>이라는 특성과 함께 해명될 것이다. 이 낱말은 현재 입말로는 거의 사용되지 않고 있다.

(45) 우성(右姓)

　이 낱말은 {세력 있고 훌륭한 가문}이라 풀이되면서 <집안 + 사회적 위치 + 명성 / 훌륭함 + 세력 있음>이라는 특성을 문제 삼고 있다. 그러한 의미에서 이 낱말은 앞에서 논의된 <사회적 위치 + 신분> 분절과도 관계하는 것으로 이해될 수 있다. 이 낱말도 현재 입말로는 거의 사용되지 않고 있다.

(46) 명문(名門)
(47) 명벌(名閥)

　[명문]은 {(훌륭하다고)이름이 난 집안}이라 풀이되며, [명벌]은 {명문}이라 풀이된다. 따라서 이 낱말들은 <집안 + 사회적 위치 + 명성 / 이름남>이라는 특성을 공유하게 된다. [명문]은 이 밖에도 {명가(名家). 명망 높은 가문}, {이름 있는 문벌}, {명문 출신}, {이름난 좋은 학교} 따위의 내용을 문제 삼기도 한다. 그리고 [명벌]은 현재 입말로는 거의 사용되지 않고 있다.

(48) 명문거족(名門巨族)

(49) 명문대가(名門大家)

[명문거족]은 {이름나고 크게 번창한 집안}이라 풀이되며, [명문대가]는 [명문거족]이라 풀이된다. 따라서 이 낱말들 <명문(집안 + 사회적 위치 + 명성 / 이름남) + 크게 번창함>이라는 특성을 공유하는 것으로 이해된다. 그런 연유로 이 낱말들은 공통적으로 전술한 [명문]의 아래에 포함되기도 한다. [명문거족]은 {이름난 집안과 크게 번창한 겨레}라는 내용을 문제 삼기도 하며, [명문대가]는 {훌륭한 문벌의 큰 집안}이라는 내용과 함께 사용되기도 한다.

(50) 덕문(德門)

이 낱말은 {덕행이 있는 집안}이라 풀이되면서 <집안 + 사회적 위치 + 명성 / 덕행 있음>이라는 특성과 함께 사용되고 있다. 이 낱말은 {덕망(德望)이 높은 집안}이라는 내용을 문제 삼기도 한다. 그러나 이 낱말은 현재 입말로는 거의 사용되지 않고 있다.

(51) 청족(淸族)

이 낱말은 {여러 대에 걸쳐 절의(節義)를 숭상하여 온 집안. 대대로 절개와 의리를 숭상하여 온 집안}이라 풀이된다. 따라서 이 낱말은 <집안 + 사회적 위치 + 명성 / 절의 숭상 + 기간 / 여러 대>라는 특성을 가지는 표현으로 이해될 것이다. 이 낱말은 현재 입말로는 거의 사용되지 않고 있다.

(52) 법가(法家)

이 낱말은 {예법을 숭상하는 집안}이라 풀이되면서 <집안 + 사회적 위치 + 명성 / 예법 숭상>이라는 특성을 문제 삼고 있다. 이 낱말은 {법률을 닦거나 법률에 정통한 사람}이라는 특성을 문제 삼기도 하며, {중국 전국 시대의 제자백가 가운데에 관자(管子), 상앙(商鞅), 신불해(申不害), 한비자 등의 학자. 또는 그들이 주장한 학파}라는 내용과 함께 역사학에서 전문용어로 사용되기도 한다. 현재 이 낱말은 입말로는 거의 사용되지 않고 있다.

지금까지의 고찰에서 보인 바와 같이, <사회적 위치 + 명성> 분절에서는 그 아래로 <문인 배출>, <훌륭함>, <이름남>, <덕행 있음>, <절의 숭상>, <예법 숭상>이 관조의 대상이 되어 있다. <훌륭함>의 아래에는 <세력 있음>이, <이름남>의 아래에는 <크게 번창함>이, 그리고 <절의 숭상> 아래에는 <기간 / 여러 대>가 각각 관심의 대상이 되어 있다. [그림 8]은 이러한 <사회적 위치 + 명성> 분절의 구조를 보이기 위한 것이다.

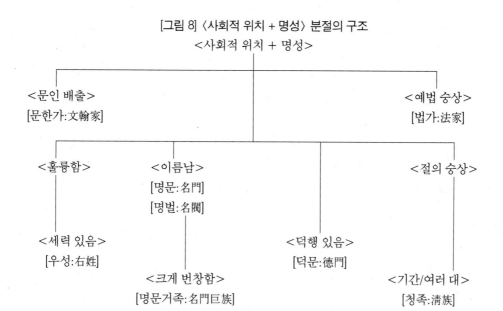

[그림 8] 〈사회적 위치 + 명성〉 분절의 구조

〈사회적 위치 + 명성〉

〈문인 배출〉
[문한가:文翰家]

〈예법 숭상〉
[법가:法家]

〈훌륭함〉

〈이름남〉
[명문:名門]
[명벌:名閥]

〈절의 숭상〉

〈세력 있음〉
[우성:右姓]

〈덕행 있음〉
[덕문:德門]

〈크게 번창함〉
[명문거족:名門巨族]

〈기간/여러 대〉
[청족:淸族]

4. 〈생활상〉과 관련된 표현

이 분절은 해당 집안이 소유하고 있는 재화와 자산을 문제 삼는 〈재산〉, 삶에서 누리는 좋고 만족할 만한 행운이나 그것에서 얻는 행복을 문제 삼는 〈복〉이 관심의 대상이 되면서 하위 분절되어 있다. 이러한 〈생활상〉 분절의 기본구조를 그림으로 보이면 [그림 9]가 될 것이다.

[그림 9] 〈생활상〉 분절의 기본구조

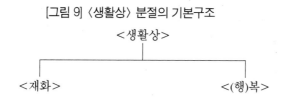

〈생활상〉

〈재화〉   〈(행)복〉

(53) 호족(豪族)

(54) 호가(豪家)

[호족]은 {재산이 많고 세력이 강한 집안}이라 풀이되며, [호가]는 {호족. 재산이 많고 세력이 있는(권세가 당당한) 가문}이라 풀이된다. 따라서 이 두 낱말들은 〈집안 + 생활상 + 재화 / 재산 많음 + 세력 있음(강함)〉이라는 특성을 공유하는 것으로 이해될 것이다. 그러

한 의미에서 이 두 낱말은 앞에서 논의된 <사회적 위치 + 신분> 분절과도 관계하는 것으로 이해될 만하다. [호족]은 {아주 드센 혈족 단체}라는 내용을 문제 삼기도 하고, {통일 신라 말기 고려 초기에, 지방에서 성장하여 고려를 건국하는 데 이바지한 정치 세력(대개 촌주 출신이며, 고려의 중앙 집권 체제가 이루어지면서 중앙 귀족으로 편입되거나 향리로 전락하였음)}이라는 내용과 함께 역사학에서 전문용어로 사용되기도 한다. [호가]는 현재 입말로는 거의 사용되지 않고 있다.

(55) 고가(故家)

(56) 고가대족(故家大族)

(57) 고가세족(故家世族)

[고가]는 {여러 대(代)에 걸쳐(행세하며, 세도를 누리며) 잘살아 온 큰 집안}이라 풀이되고, [고가대족]은 {여러 대(代)에 걸쳐 번영해 온(세도를 누린) 큰 집안}라 풀이되며, [고가세족]은 {고가대족}이라 풀이된다. 여기서 [잘삶]은 {부유하게 삶}을 문제 삼는 것으로 이해될 것이다. 따라서 이 세 낱말들은 <집안 + 생활상 + 재화 / 잘살아 옴(+ 여러 대에 걸침)>이라는 특성을 공유하는 것으로 이해될 만하다. [고가대족]에는 <규모 / 큼>이, 그리고 [고가세족]에는 <여러 대에 걸침>이 각각 개념형성의 과정에 관여한 것으로 추정된다. [고가대족]은 {여러 대에 걸쳐 세도를 누린 큰 집안}이라는 내용과 함께 사용되기도 한다.

(58) 복가(福家)

이 낱말은 {복이 많은 집안}이라 풀이되면서 <집안 + 생활상 + (행)복 + / 복 많음>이라는 특성을 문제 삼고 있다. 이 낱말은 {길(吉)한 터에 지은 집}이라는 내용과 함께 민속학에서 전문용어로도 사용되고 있다.

(59) 고족(孤族)

이 낱말은 {일가(친척)가 적어서 외롭게 사는 집안}이라 풀이된다. 그리고 <외로움>은 <행복하게 살지 못함>을 전제로 한다. 따라서 이 낱말은 <집안 + 생활상 + (행)복) + 없음 + 외롭게 삶 + 원인과 이유 / 일가 적음>이라는 특성과 함께 이해될 만하다.

지금까지의 고찰에서 보인 바와 같이, <생활상> 분절은 그 아래로 <재화>와 <(행)복>이 문제되어 있는데, <재화>의 아래에는 <재산 많음>과 <잘 살아 옴>이, 그리고 <(행)」

복>의 아래에는 <복 많음>과 <복 없음 + 외롭게 삶>이 관조의 대상이 되어 있다. <재산 많음> 아래에는 <세력 있음(강함)>이, 그리고 <외롭게 삶> 아래에는 <원인 / 일가 적음>이 각각 문제되어 있다. [그림 10]은 이러한 <생활상> 분절의 구조적 특징을 그림으로 보이기 위한 것이다.

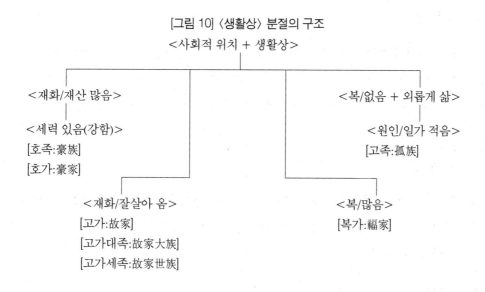

[그림 10] 〈생활상〉 분절의 구조

5. 〈상대성〉과 관련된 표현

<상대성> 분절은 그 아래로 다른 집안과의 견줌이 중심 개념이 되는 <비교>, 집안 사이의 촌수에 의한 간격이 중심 개념이 되는 <거리(촌수)>, 집안 사이에 서로 지내는 정의(情誼) 정도가 중심 개념이 되는 <사귐>, 그리고 집안을 이루고 있는 사람들이 중심 개념이 되는 <구성원>이 관심의 대상이 되면서 하위분절되어 있다. [그림 11]은 이러한 <상대성> 분절의 기본구조를 그림으로 보이기 위한 것이다.

[그림 11] 〈상대성〉 분절의 기본구조

(60) 동가(同家)

이 낱말은 {같은 집안}이라 풀이되면서 <집안 + 상대성 + 비교 / 같음>이라는 특성과 함께 사용되고 있다. 이 낱말은 {같은 집안의 집}, {같은 집안의 가정}, {같은 집}이라는 내용도 문제 삼고 있는 표현이다.

(61) 타문(他門)

이 낱말은 {남의 집안}이라 풀이되면서 <집안 + 상대성 + 비교 / 다름(남)>이라는 특성을 문제 삼고 있다. 그러한 의미에서 이 낱말은 전술한 [동가]와 <같음 : 다름>이라는 대칭관계를 형성하는 것으로 이해될 수 있다. 이 낱말은 {남의 문중(門中)}이라는 내용과 함께 사용되기도 한다.

(62) 댁내(宅內)

이 낱말은 {'남의 집안'의 높임말. 남의 집안을 높여 이르는 말}이라 풀이되면서 <타문 + 높임>이라는 특성을 문제 삼고 있다. 따라서 이 낱말은 전술한 [타문]의 아래에 포함되는 표현으로 이해될 것이다[15].

(63) 문중(門中)
(64) 문내(門內)
(65) 종중(宗中)

[문중]은 {성과 본이 같은 가까운 집안}이라 풀이되고, [문내]는 {문중}이라 풀이되며, 그리고 [종중]은 {성(姓)이 같고 본(本)이 같은 한 겨레붙이의 문중(성과 본이 같은 가까운 집안). 한 겨레의 문중}이라 풀이된다. 따라서 이 세 낱말들은 <집안 + 상대성 + 거리(촌수) / 가까움 + 성과 본 동일>이라는 특성을 공유하는 것으로 이해될 것이다. 그러면서도 [종중]에서는 <한 겨레붙이의 강조>가 문제되어 있고, [문내]는 {대문의 안}이라는 내용도 문제 삼고 있다는 점에서 이 세 낱말은 서로 위상가치를 달리하는 것 같다.

---

15) {남편의 집. 시부모가 사는 집}이라 풀이되는 [시집 : 媤-]이 사전에 따라서는 (예컨대, 표준국어대사전) {남편의 집안}이라 풀이되기도 한다. 그러나, 이 낱말은 이와 대립하는 [친정], [본가] 따위의 낱말들과 함께 공통적으로 오직 {사는 집}만을 그 내용으로 하는 점을 고려하여 논외로 하였다.

(66) 동문(同門)

이 낱말은 {같은 문중}이라 풀이되면서 <문중 + 비교 / 같음>이라는 특성을 문제 삼고 있다. 그러한 의미에서 이 낱말은 전술한 [문중] 아래에 포함되는 표현으로 이해될 만하다. 이 낱말은 {같은 종파}, {같은 종파의 사람}, {같은 문}, {같은 학교나 같은 스승 밑에서 배움, 또는 그 동무}와 같은 내용과 관계하기도 하는, 내용 범위가 비교적 넓은 어휘소이다.

(67) 일문(一門)

이 낱말은 {한 문중}이라 풀이되면서 <문중 + 수치 / 하나>라는 특성과 함께 사용되고 있다. 이 경우의 <하나>는 <같음>이라는 특성으로 이해될 수도 있을 것 같다. 이 낱말은 {한 가문}, {가족 또는 가까운 일가로 이루어진 공동체. 또는 그 사회적 지위}라는 내용을 문제 삼기도 하며, {같은 법문의 사람}이나 {생사를 벗어나는 도(道)}라는 내용과 함께 불교에서 전문용어로 사용되기도 한다.

(68) 제가(諸家)

이 낱말은 {문내(門內)의 여러 집안}이라 풀이되면서 <문중(문내) + 수치 / 여럿>이라는 특성을 문제 삼고 있다. 그러한 의미에서 이 낱말은 전술한 [일문]과 대칭관계를 이루면서 공통적으로 [문중, 문내. 종중] 아래에 포함되는 것으로 이해될 수 있다. 이 낱말은 {여러 대가(大家)}라는 내용과 함께 사용되기도 하며, 역사학에서 {제자백가(諸子百家)의 준말}라는 내용과 함께 전문용어로 사용되기도 한다.

(69) 통가(通家)

이 낱말은 {대대로 서로 친하게 사귀어 오는 집안}이라 풀이되면서 <집안 + 상대성 + 사귐 / 친함 + 기간 / 여러 대>라는 특성을 문제 삼고 있다. 이 낱말은 {인척(姻戚)}이나 {조상 때부터 내외를 트고 사귀어 오는 집}이라는 내용과 함께 사용되기도 한다.

(70) 혐가(嫌家)

이 낱말은 {서로 꺼리고 미워하는 집안}이라 풀이되면서 <집안 + 상대성 + 사귐 / 미워함(+ 꺼림)>이라는 특성과 함께 사용되고 있다.

(71) 전가(全家)

이 낱말은 {온 집안. 한 집안 전체}라 풀이된다. 따라서 이 낱말은 <집안 + 상대성 + 구성원 / 전체>라는 특성과 함께 해명될 것 같다. 이 낱말은 {가족 전체}라는 내용과 함께 사용되기도 한다.

(72) 거가(擧家)
(73) 가중(家中)
(74) 전호(全戶)
(75) 합가(闔家)

위의 네 낱말들도 공통적으로 {온 집안. 한 집안 전체}라 풀이되면서 전술한 [전가]와 같은 방법으로 해명될 만한 표현들이다. [거가]는 {가족 전체}라는 내용과 함께 사용되기도 하고, [가중]은 {한 집의 안}이라는 내용과 함께 사용되기도 하며, [전호]는 {온 가호((家戶 : 어떤 지역에 있는 집이나 가구 따위를 세는 단위)}라는 내용과 함께 사용되기도 한다. 그리고 [합가]는 {한 가족 전체}라는 내용을 문제 삼기도 한다. 그러나 이 네 낱말들은 현재 입말로는 거의 사용되지 않고 있다.

(76) 혼가(渾家)
(77) 혼권(渾眷)
(78) 혼솔(渾率)
(79) 혼실(渾室)

[혼가]와 [혼권]도 {온 집안}이라 풀이되며, [혼솔]과 [혼실]은 {혼가}라 풀이된다. 따라서 이 네 낱말들 역시 전술한 [전가]와 같은 내용의 차원에서 해명될 만하다. [혼가]는 {아내}라는 내용을 문제 삼기도 하며(<상해 한자대전> 참조), [혼권]과 [혼솔]은 {온 식구}라는 내용과 함께 사용되기도 한다. [혼가]는 <섞임 + 집 → 집 전체 → 집안 전체 → 온 집안>과 같은 개념형성의 과정을, [혼권]은 <섞임 + 돌보아 줌 → 돌보아 줄 사람들 전체 → 집안 전체 → 온 집안>과 같은 개념형성의 과정을, [혼솔]은 <섞임 + 거느림 → 거느리는 사람들 전체 → 집안 전체 → 온 집안>과 같은 개념형성의 과정을, 그리고 [혼실]은 <섞임 + 집. 아내 → 가족 전체 → 집안 전체 → 온 집안>과 같은 개념형성의 과정을 각각 수행한 것으로 추정된다. 이 네 낱말들 역시 현재 입말로는 거의 사용되지 않고 있다.

지금까지의 논의에서 보인 바와 같이 <상대성> 분절에 있어서는 <비교>, <거리(촌수)>, <사귐>, <구성원>이 하위의 관점이 되어 있다. 다시 <비교>의 아래에는 <같음>과 <다름>이, <사귐>의 아래에는 <친함>과 <미워함>이 각각 관심의 대상이 되어 있다. <거리>의 아래에는 <가까움>이 관심의 대상이 되어 있는데, 그 아래로는 <비교 / 같음>과 <수치>가 관심의 대상이 되어 있다. <수치>로서는 <하나>와 <여럿>이 관조의 대상이 되어 있다. <비교 + 다름>의 아래에는 <높임>이, <구성원> 아래에는 <전체>가 각각 관조의 대상이 되어 있다. [그림 12]와 [그림 13]은 이러한 <상대성> 분절 구조의 특징을 그림으로 보이기 위한 것이다.

[그림 12] 〈상대성〉 분절의 구조(1)

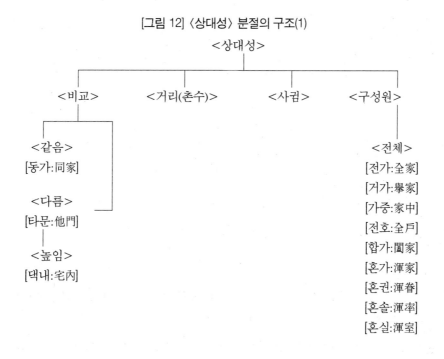

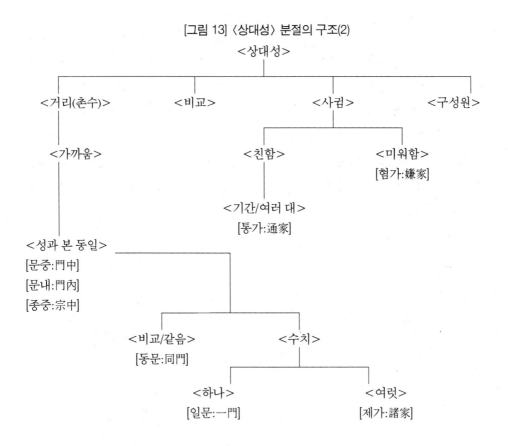

[그림 13] 〈상대성〉 분절의 구조(2)

6. 마무리

현대국어 〈집안〉 명칭 분절의 해명 과정을 통하여 발견된 특징들을 요약하여 정리하면 다음과 같다.

(1) 〈집안〉은 〈친척〉이라는 큰 분절 속에서 〈일가 + 가까움〉이라는 특성과 구성원 집단의 〈단위〉라는 특성을 가지면서 〈친척〉 안에 포함되는 중간 분절이다. 그리고 〈친척〉 분절에 있어서는 기본적으로 〈구성원〉, 〈구성원 집단 단위〉, 〈구성원 상호 관계〉가 관조의 대상이 되어 있는데, 이 〈집안〉 명칭은 그 가운데, 〈구성원 집단 단위〉와 관계하는 것으로 이해된다.

(2) [집안]을 원어휘소로 하는 〈집안〉 명칭 분절은 일차적으로 〈혈통〉, 〈사회적 위치〉, 〈생활상〉, 그리고 〈상대성〉이 문제되면서 하위분절되어 있다.

(3) 〈혈통〉 분절에 있어서는 일차적으로 이어져 내려오는 종족의 한 단계로서의 〈대 이어

짐>과 여러 세대에 걸친 자녀를 통칭하는 <자손>이 관심이 되면서 하위분절되어 있다. <대이음>의 아래에는 <기간 / 여러 대>만이 관심의 대상이 되어 있다. 그리고 <자손>의 아래에는 <없음>, <아들 없음(늙도록)>, <많음>, <번성함(+ 세력 있음)>이 문제되어 있다.

(4) <사회적 위치> 분절은 일차적으로 사회적인 위치나 계급이 중심 개념이 되는 <신분>과 이름이 세상에 널리 퍼져 알려진 평판이 중심 개념이 되는 <명성>이 관심의 대상이 되면서 하위분절되는 특징을 보이고 있다.

(5) <사회적 위치 + 신분>은 <황제>, <임금>, <세력 있음>, <관리>, <선비>, <양반>, <중요한 지위>, <문벌>, <지체>, <자격 보유>가 관심사가 되면서 하위분절되는 양상을 보이고 있다. <황제> 아래에는 <시대 / 조선 말기>가, <세력 있음> 아래에는 <번창함 : 자손 많음 : 권력 있음 : 벼슬 높음>이, <관리>의 아래에는 <기간 / 지속성 + 무관>이, <양반>의 아래에는 <사대부>가, <중요한 지위> 아래에는 <기간 / 지속성>이, <문벌> 아래에는 <좋음 : 높음 + 번영함>이, <지체> 아래에는 <높음 + 기간 / 지속성>이, 그리고 <자격 보유> 아래에는 <향원 자격>이 각각 관조의 대상이 되어 있다. <향원 자격> 아래에는 <공간 / 한 고을 + 기간 / 여러 대>가 관심의 대상이 되어 있다.

(6) <사회적 위치 + 명성> 분절에서는 그 아래로 <문인 배출>, <훌륭함>, <이름남>, <덕행 있음>, <절의 숭상>, <예법 숭상>이 관조의 대상이 되어 있다. <훌륭함>의 아래에는 <세력 있음>이, <이름남>의 아래에는 <크게 번창함>이, 그리고 <절의 숭상> 아래에는 <기간 / 여러 대>가 각각 관심의 대상이 되어 있다.

(7) <생활상> 분절은 그 아래로 <재화>와 <(행)복>이 문제되어 있는데, <재화>의 아래에는 <재산 많음>과 <잘 살아 옴>이, 그리고 <(행)복>의 아래에는 <복 많음>과 <복 없음 + 외롭게 삶>이 관조의 대상이 되어 있다. <재산 많음> 아래에는 <세력 있음(강함)>이, <외롭게 삶> 아래에는 <원인 / 일가 적음>이 각각 문제되어 있다.

(8) <상대성> 분절은 그 아래로 다른 집안과의 견줌이 중심 개념이 되는 <비교>, 집안 사이의 촌수에 의한 간격이 중심 개념이 되는 <거리(촌수)>, 집안 사이에 서로 지내는 정의(情誼) 정도가 중심 개념이 되는 <사귐>, 그리고 집안을 이루고 있는 사람들이 중심 개념이 되는 <구성원>이 관심의 대상이 되면서 하위분절되어 있다. <비교>의 아래에는 <같음>과 <다름>이, <사귐>의 아래에는 <친함>과 <미워함>이 각각 관심의 대상이 되어 있다. <거리>의 아래에는 <가까움>이 관심의 대상이 되어 있는데, 그 아래로는 <비교 / 같음>과 <수치>가 관심의 대상이 되어 있다. <수치>로서는 <하나>와 <여럿>이 관조의

대상이 되어 있다. <비교 + 다름>의 아래에는 <높임>이, <구성원> 아래에는 <전체>가 각각 관조의 대상이 되어 있다.

제6절 〈친족〉 분절구조

1. 원어휘소와 기본구조

<친족> 분절은 상위의 큰 분절 <친척> 명칭 분절 안에 포함되어 있기 때문에, <친족> 명칭 분절구조의 연구는 <친척> 명칭 분절구조를 해명하기 위해 필요불가결한 전제 작업이다. <친족> 명칭 분절구조의 해명 시도의 주된 목표는 한국인의 <친족>이라는 객관세계에 대한 독자적인 관조 방식을 발견하는[16] 데 있으며, 부수적인 목표로 어휘체계 발견도 겨냥하게 된다[17]. 관조 방식은 객관세계를 바라보는 관점(세계관)인데, 이는 민족정신의 발로이기 때문에, 관조 방식의 발견은 민족의 정신세계 해명과 직결된다. 그리고 이러한 세계관은 어휘체계라는 형식으로 구현된다. 이 연구는 하위구조에서부터 상위구조로 나아가는 상향식 귀납법을 적용하면서 관점의 발견과 함께 어휘체계의 발견을 시도하게 될 것이다.

사전에서 [친족]은 {사종 이내의 혈족}이라 풀이되며, [혈족]은 {같은 조상으로부터 갈려 나온 친척(친족). 혈통이 이어진 친척}이라 풀이된다[18]. 이러한 풀이를 바탕으로 <혈족>은 <친척 + 집단 단위 + 한 조상>이라는 특성과 함께 이해될 것이며, <친족>은 <혈족 + 거리(촌수) / 사종 이내>라는 특성과 함께 이해 될 것이다. 곧, <친족>은 <친척 + 집단 단위 + 한 조상 + 거리(촌수) / 사종 이내>라는 특성과 함께 이해될 만한 분절구조이다.

(1) 친족(親族)

(2) 친속(親屬)

이 분절을 대변하는 어휘소 [친족]은 전술한 바와 같이 {사종 이내의 혈족}이라 풀이되며, [친속]은 {친족}이라 풀이된다. 따라서 이 두 낱말은 <친족> 분절에 있어서 원어휘소의 자

---

16) 배해수(2005): <한국어 분절구조 이해> 푸른사상사, 431-438쪽 참조.
17) ibid. 438~442쪽 참조.
18) 현실적으로 [겨레]는 주로 {같은 핏줄을 이어받은 민족}이라는 내용도 문제 삼고 있는데, 이런 경우의 [겨레]는 이 연구에서 논외로 한다.

리에 위치하는 것으로 이해될 것이다. [친족]은 {촌수가 가까운 일가}라 풀이되면서 [집안]과 같은 방법으로 해명되기도 한다. 또한, [친족]은 {배우자, 혈족, 인척을 통틀어 이르는 말}이라는 내용을 문제 삼기도 한다. 그리고 [친족]은 {생물의 종류나 언어 따위에서, 같은 것에서 기원하여 나누어진 개체나 부류를 이르는 말}이라는 내용과 함께 생물학과 언어학에서 각각 전문용어로 사용되기도 하며, 법률학에서 {배우자, 혈족, 인척을 통틀어 이르는 말}이라는 내용과 함께 전문용어로 사용되기도 한다. [친속]은 현재 입말로는 거의 사용되지 않고 있다.

[친족]과 [친속]을 원어휘소로 하는 <친족> 분절은 그 아래로 핏줄의 계통과 관계되는 <혈통>, 사회적으로 담당하고 있는 지위나 역할과 관계되는 <사회적 위치>, 그리고 다른 가족의 존재를 전제하는 <상대성>을 일차적인 관심의 대상으로 삼으면서 하위분절되어 있다. [그림 1]은 이러한 <친족> 분절의 상위 기본구조를 보이기 위한 것이다.

[그림 1] 〈친족〉 분절의 상위 기본구조

2. 〈혈통〉과 관련된 표현

<혈통> 분절에서는 체계 조직이 문제되는 <계통>이 관심사가 되어 있다. 그리고 다시 <계통>의 아래에는 <남녀>, <어버이>, <부부>, <항렬>, <직계와 방계>가 관조의 대상이 되어 있다. [그림 2]는 이러한 <혈통> 분절의 기본구조를 보이기 위한 것이다.

[그림 2] 〈혈통〉 분절의 기본구조

(3) 남계혈족(男系血族)

(4) 남계친(男系親)

[남계혈족]은 {혈통 관계가 남자를 중심으로 연결되어 있는 친족}이라 풀이되며, [남계친]은 {남계혈족}이라 풀이된다. 따라서 이 두 낱말은 <친족 + 혈통 + 계통 + 남녀 / 남자>라는 특성과 함께 이해될 표현들이다. <남자 중심>은 곧 <친가계>에 해당되기 때문에, 이 두 낱말들은 앞으로 논의될 [친가계 혈족]과 같은 방법으로 해명되기도 한다. [남계친]은 현재 입말로는 거의 사용되지 않고 있다.

(5) 여계친(女系親)

이 낱말은 {여자를 통하여서 혈통이 이어지는 친족}이라 풀이되면서 <친족 + 혈통 + 계통 + 남녀 / 여자>라는 특성을 문제 삼고 있다. <여자 중심>은 곧 <외가계>를 의미하므로, 이 낱말은 앞으로 논의될 [외가계혈족]과 같은 방법으로 해명되기도 한다. 이 낱말은 앞에서 논의된 [남계친]과 대칭관계에 있다. 이에 비하여 앞에서 논의된 [남계혈족]과 대칭관계를 이룰 만한 어휘소의 자리는 빈자리로 남아 있는 실정이며(예컨대, [여계혈족]과 같은 어휘는 사전에서 발견되지 않았다), 이 빈자리는 [여계친]이 보충하고 있다. [여계친]은 현재 입말로는 거의 사용되지 않고 있다.

(6) 친가계혈족(親家系血族)

(7) 친가계친(족)(親家系親族)

[친가계혈족]은 {아버지를 중심으로 하는 친족(의 계통)}이라 풀이되며, [친가계친(족)]은 {친가계혈족}이라 풀이된다. 따라서 이 두 낱말은 <친족 + 혈통 + 계통 + 어버이 / 아버지(중심)>라는 특성을 공유하는 것으로 이해될 것이다. [친가계혈족]에서는 <혈족의 강조>가, 그리고 [친가계친(족)]에서는 <친족의 강조>가 각각 개념형성의 과정에 관계하고 있다. [친가계혈족]은 {아버지 쪽의 겨레붙이}라는 내용을 문제 삼기도 한다. [친가계친(족)]은 현재 입말로는 거의 사용되지 않고 있다.

(8) 외가계혈족(外家系血族)

(9) 외가계(친)족(外家系親族)

[외가계혈족]은 {어머니를 중심으로 하는 친족(의 계통)}이라 풀이되며, [외가계친(족)]은 {외가계혈족}이라 풀이된다. 따라서 이 두 낱말은 <친족 + 혈통 + 계통 + 어버이 / 어머니

(중심)>라는 특성을 공유하는 것으로 이해될 것이다. 이 낱말들은 구체적으로 <어머니, 외조부모, 외종 형제 자매 등>을 포함하게 된다. [외가계혈족]과 [외가계친(족)]의 관계는 앞에서 논의된 [친가계혈족]과 [친가계친(족)]의 관계에 준하여 이해될 것이다.

(10) 부족(夫族)

이 낱말은 {남편의 친족}이라 풀이되면서 <친족 + 혈통 + 계통 + 부부 / 남편(중심)>이라는 특성을 문제 삼고 있다. 이 낱말과 대칭관계를 이루는 낱말은 사전에서 발견되지 않았다. 이 낱말은 현재 입말로는 거의 사용되지 않고 있다.

(11) 존속(친)(尊屬親)

이 낱말은 {어버이와 같은 항렬 이상에 속하는 친족. 부모 또는 그와 같은 항렬 이상에 속하는 친족}이라 풀이되면서 <친족 + 혈통 + 계통 + 항렬 / 어버이 이상>이라는 특성과 함께 사용되고 있다.

(12) 직계존속(直系尊屬)

이 낱말은 {직계 혈족 가운데 자기보다 항렬이 높은 친족(존속)}이라 풀이되면서 <존속 + 직계>라는 특성을 문제 삼고 있다[19]. 이 낱말은 {조상으로부터 직계로 내려와 자기에 이르는 사이의 혈족}이라는 특성과 함께 사용되기도 한다.

(13) 방계존속(傍系尊屬)

이 낱말은 {방계 혈족 가운데 자기보다 항렬이 높은 친족}이라 풀이되며, {자기보다 높은 항렬}은 {어버이 이상의 항렬}을 지칭하게 된다[20]. 따라서 이 낱말은 <존속 + 방계>라는 특성과 함께 이해될 것이다. 그러한 의미에서 이 낱말은 전술한 [직계존속]과는 <직계 : 방계>라는 대칭관계를 형성하고 있는 셈이다.

(14) 비속(친)(卑屬親)

이 낱말은 {아들 이하의 항렬에 속하는 친족(을 통틀어 이르는 말. 친족 관계에 있어서 항렬이 자기보다 아래인 친족}이라 풀이되면서 <친족 + 혈통 + 계통 + 항렬 / 아들 이하>라

---

19) 이 낱말은 구체적으로 부모와 조부모 등에 적용되는 표현이다.
20) 이 낱말은 구체적으로 백부모, 숙부모, 종조부모 따위에 적용되는 표현이다.

는 특성과 함께 사용되고 있다. 따라서 이 낱말은 전술한 [존속친]과는 서로 항렬의 <위 : 아래>라는 대칭관계에 있는 것으로 이해될 만하다.

(15) 직계비속(直系卑屬)

이 낱말은 {직계 혈족 가운데 자기보다 항렬이 낮은 친족}이라 풀이되면서 <비속 + 직계>라는 특성을 문제 삼고 있다[21]. 이 낱말은 {자기로부터 직계로 이어져 내려가는 혈족}이라는 내용과 함께 사용되기도 한다.

(16) 방계비속(傍系卑屬)

이 낱말은 {방계 혈족 가운데 자기보다 항렬이 낮은 친족}이라 풀이되면서 <비속 + 방계>라는 특성을 문제 삼고 있다[22]. 이 낱말은 전술한 [직계비속]과는 <직계 : 방계>라는 대칭관계를 형성하고 있다.

(17) 직계친(족)(直系親族)

이 낱말은 {자기와 핏줄이 곧바로 이어지는 친족}이라 풀이되면서 <친족 + 혈통 + 계통 + 직계와 방계 / 직계>라는 특성과 함께 사용되고 있다. 구체적으로 조부모, 부모, 자식, 손자 등에 적용되는 이 낱말은 법률학에서의 전문용어에서 도입되었다. 이 낱말은 {직계 혈족 및 직계 인척의 관계. 또는 그런 관계에 있는 사람}이라는 내용도 문제 삼고 있다.

(18) 방계친(傍系親)

이 낱말은 {같은 시조(始祖)에서 갈라져 나온 방계의 친족(을 통틀어 이르는 말)}이라 풀이되면서 <친족 + 혈통 + 계통 + 직계와 방계 / 방계>라는 특성과 함께 사용되고 있다. 전술한 [직계친족]과는 <방계 : 직계>라는 대칭관계를 형성하고 있는 이 낱말은 구체적으로 형제자매, 종형제, 종자매 및 그 자손 따위에 적용되는 표현이다. 이 낱말은 {같은 시조에서 갈려 나간 친족 사이의 혈족 관계}라는 내용을 문제 삼기도 한다.

지금까지의 고찰에서 보인 바와 같이 <혈통 + 계통> 분절에 있어서는 <남녀>, <어버이>, <부부>, <항렬>, <직계와 방계>가 하위관점으로 나타나 있다. 그리고 <남녀>의

---

21) 이 낱말은 구체적으로 아들, 딸, 손자, 증손자 등에 적용되는 표현이다.
22) 이 낱말은 구체적으로 생질, 종손 등의 경우에 적용되는 표현이다.

아래에는 <남자 : 여자>의 대립이, <어버이>의 아래에는 <아버지 : 어머니>의 대립이, <항렬> 아래에는 <어버이 이상 : 아들 이하>의 대립이, <직계와 방계> 아래에는 <직계 : 방계>의 대립이 각각 관심의 대상이 되어 있다. <부부>의 아래에는 <남편>이 관조의 대상이 되어 있다. <어버이 이상>과 <아들 이하>에서는 그 아래로 <직계 : 방계>의 대립이 각각 문제되어 있다. [그림 3]과 [그림 4]는 이러한 <혈통> 분절의 구조를 시각적으로 보이기 위한 것이다.

[그림 3] 〈혈통〉 분절의 구조(1)

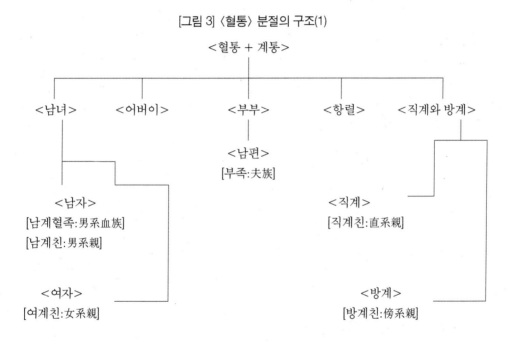

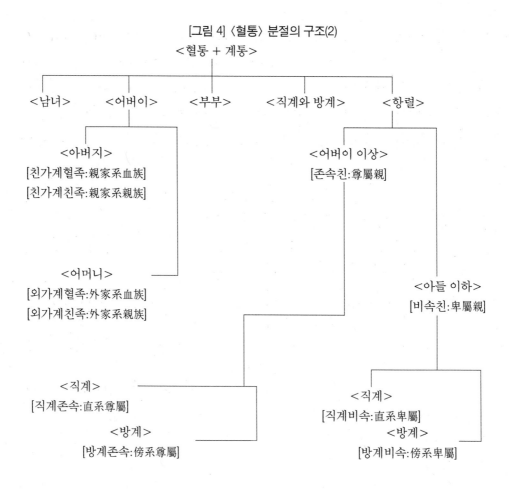

[그림 4] 〈혈통〉 분절의 구조(2)

3. 〈사회적 위치〉와 관련된 표현

〈사회적 위치〉 분절에서는 그 아래로 한 구성원의 〈신분〉만이 관심의 대상이 되어 있다. 그리고 〈신분〉으로는 〈황제〉와 〈임금(왕)〉이 문제되어 있다.

(19) 황족(皇族)

이 낱말은 {황제의 가까운 친족}이라 풀이되면서 〈친족 + 사회적 위치 + 한 구성원의 신분 / 황제 + 거리(촌수) / 가까움〉이라는 특성과 함께 사용되고 있다. 이 낱말은 {황제의 가까운 겨레}라는 내용을 문제 삼기도 한다.

(20) 황친(皇親)

(21) 제척(帝戚)

　[황친]과 [제척]도 {황족(皇族)}이라 풀이되면서 앞에서 논의된 [황족]과 같은 방법으로 해명될 만한 낱말들이다. [제척]은 {황제의 친척}이라는 내용과 함께 사용되기도 한다. 그러나, [제척]은 현재 입말로는 거의 사용되지 않고 있다.

(22) 종친(宗親)

　이 낱말은 {임금의 친족}이라 풀이되면서 <친족 + 사회적 위치 + 한 구성원의 신분 / 임금>이라는 특성을 문제 삼고 있다. 이 낱말은 사회제도의 변화와 함께 현재는 주로 {성과 본이 같은 일가로서, 유복친 안에는 들지 아니하는 일가붙이}라는 내용과 함께 사용되고 있다.

(23) 종실(宗室)

　이 낱말도 {종친}이라 풀이되면서 전술한 [종친]과 같은 방법으로 해명될 만한 낱말이다. 이 낱말은 현재 입말로는 거의 사용되지 않고 있다.

　지금까지의 고찰에서 보인 바와 같이 <사회적 위치> 분절에서는 그 아래로 한 구성원의 <신분>만이 관심의 대상이 되어 있다. <신분> 아래에는 <황제>와 <임금>이 관조의 대상이 되어 있다. 그리고 <황제> 아래에는 <거리(촌수) / 가까움>이 문제되어 있다. 이 분절은 현재 사회제도의 변화와 함께 역사적 유산으로서의 존재가치만 간직하고 있는 실정이다. [그림 5]는 이러한 <사회적 위치> 분절의 특징을 가시적으로 보이기 위한 것이다.

[그림 5] <사회적 위치> 분절의 구조

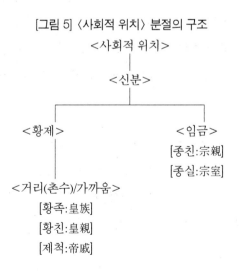

4. 〈상대성〉과 관련된 표현

이 분절에서는 그 아래로 <거리(촌수)>와 <구성원>이 일차적인 관심사가 되어 있다. 그리고 다시 <거리(촌수)> 아래에는 <일정한 범위>와 <매우 가까움>이, <구성원> 아래에는 <수치>가 각각 문제되어 있다. 이러한 <상대성> 분절의 구조를 그림으로 보이면 [그림 6]이 될 것이다.

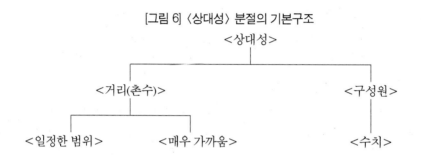

[그림 6] 〈상대성〉 분절의 기본구조

(24) 사손(使孫)

이 낱말은 {자녀가 없이 죽은 사람의 유산을 상속받을 수 있는 일정한 범위의 친족}이라 풀이되면서 <친족 + 구성원 + 거리(촌수) / 일정한 범위 + 자녀 없이 죽은 자의 유산 상속자>라는 특성을 문제 삼고 있다. 이 낱말은, 죽은 자의 유산이 자녀가 없을 때에는 형제자매에게, 형제자매가 없으면 형제의 아들이나 딸에게, 형제의 자손이 없을 경우에는 종손 종손녀에게, 이마저도 없을 경우에는 백숙부나 고모에게 상속되는 경우에 적용되는데, 조선시대의 유물로서 현재 이 낱말은 거의 통용되지 않고 있다. 이 낱말은 {자녀가 없이 죽은 이의 재산을 이어받은 조카나, 종손이나, 삼촌, 사촌 따위}라는 내용도 문제 삼고 있다.

(25) 지친(至親)

이 낱말은 {매우 가까운 친족}이라 풀이되면서 <친족 + 상대성 + 거리(촌수) / 매우 가까움>이라는 특성과 함께 사용되고 있다. 이 낱말은 현실적으로 '아버지와 아들, 언니와 아우 사이'에 통용되고 있다. 이 낱말은 {매우 친함}이나 {주친(더할 수 없이 가까운 사이). 아버지와 아들, 언니와 아우 사이의 일컬음}이라는 내용과 관계하기도 한다.

(26) 지정(至情)

(27) 폐부지친(肺腑之親)

위의 두 낱말들도 {아주 가까운 친척}이라 풀이되면서 앞에서 논의된 [지친]과 같은 방법으로 해명될 만한 표현들이다. [지정]은 {지극히 두터운 정분}, {진심에서 우러나오는 참된 정}이라는 내용과 관계하기도 한다. 그리고 [폐부지친]은 {왕실의 근친. 왕실의 가까운 친족}이라는 내용과 관계하기도 한다.

(28) 반족(半族)

이 낱말은 {둘로 나뉜 각각의(하나의) 친족(집단)}이라 풀이되면서 <친족 + 상대성 + 구성원 + 수치 / 하나(둘 가운데 하나)>라는 특성과 함께 사용되고 있다. 이 낱말은 {한 부족 사회에 있어서 두 친족 집단으로 이루어진, 그 각각의 집단}이라는 내용과 관계하기도 한다.

(29) 삼족(三族)

이 낱말은 {세 가지 친족}이라 풀이되면서 <친족 + 상대성 + 구성원 + 수치 / 셋(+ 유형)>이라는 특성을 문제 삼고 있다. 이 낱말은 현실적으로 '부모와 형제와 처자'나, '부(父)와 자(子)와 손(孫)'이나, 혹은 '친가계(父系)와 외가계(母系)와 처계(妻系)'의 세 경우에 통용되는 표현이다.

(30) 칠족(七族)

이 낱말은 {일곱 가지 친족}이라 풀이되면서 <친족 + 상대성 + 구성원 + 수치 / 일곱(+ 유형)>이라는 특성과 함께 사용되고 있다. 이 낱말은 구체적으로 '고모의 자녀, 자매의 자녀, 딸의 자녀, 외족(外族), 이종(姨從), 생질(甥姪), 장인(丈人), 장모(丈母) 및 자기 동족'에 통용되는 표현인 것 같다. 이 낱말은 {증조, 조부, 부(父), 자기, 자(子), 손자, 증손의 직계친(直系親)을 중심으로 하고 방계친(傍系親)으로 증조의 삼대손이 되는 형제, 종형제, 재종형제를 포함하는 동종(同宗)의 친족}이라는 내용과 관계하기도 한다.

(31) 구족(九族)

이 낱말은 {아홉 가지 친족}이라 풀이되면서 <친족 + 상대성 + 구성원 + 수치 / 아홉(+ 유형)>이라는 특성을 문제 삼고 있다. 이 낱말은 현실적으로 '고조, 증조, 조부, 부친, 자기, 아들, 손자, 증손, 현손까지의 동종(同宗) 친족'이나 '모족(母族)인 외조부와 외조모, 이모의 자녀와 처족(妻族)인 장인과 장모, 부족인 고모의 자녀, 자매의 자녀, 딸의 자녀와 자기의 동족(同族)'에 적용되는 표현이다.

　지금까지의 고찰에서 보인 바와 같이 <상대성> 분절에 있어서는 <거리(촌수)>와 <구성원>이 일차적인 관심사가 되어 있다. <거리(촌수)> 아래에는 <일정한 범위>가 관심사가 되어 있는데, 다시 그 아래로는 <자녀 없이 죽은 자의 유산 상속자>와 <매우 가까움>이 관조의 대상이 되어 있다. <구성원> 아래로는 <수치>가 관심사가 되어 있는데, 다시 그 아래로는 <하나>, <셋>, <일곱>, <아홉>이 관조의 대상이 되어 있다. 이러한 <상대성> 분절의 구조를 가시화하면 [그림 7]이 될 것이다.

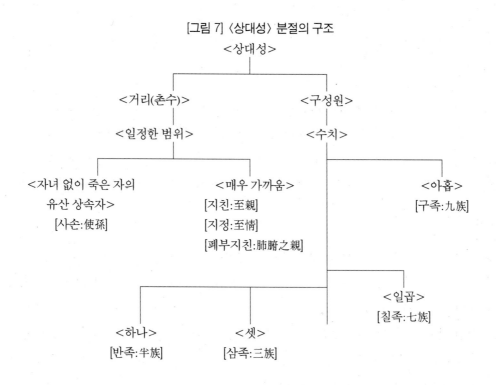

[그림 7] 〈상대성〉 분절의 구조

5. 마무리

　현대국어 <친족> 명칭의 분절구조의 해명과정을 통하여 발견된 결과들을 요약하여 정리하면 다음과 같다.

(1) <친족>은 <친척 + 집단 단위 + 한 조상 + 거리(촌수) / 사종 이내>라는 특성과 함께 이해될 만한 분절구조이다.

(2) [친족], [친속]을 원어휘소로 하는 <친족> 분절은 <혈통>, <사회적 위치>, <상대성>을 일차적인 관심의 대상으로 삼으면서 하위분절되어 있다.

(3) <혈통> 분절에서는 체계 조직이 문제되는 <계통>이 관심사가 되어 있다. 그리고 다시 <계통>의 아래에는 <남녀>, <어버이>, <부부>, <항렬>, <직계와 방계>가 관조의 대상이 되어 있다. <남녀>의 아래에는 <남자 : 여자>의 대립이, <어버이>의 아래에는 <아버지 : 어머니>의 대립이, <항렬> 아래에는 <어버이 이상 : 아들 이하>의 대립이, <직계와 방계> 아래에는 <직계 : 방계>의 대립이 각각 관심의 대상이 되어 있다. <부부>의 아래에는 <남편>이 관조의 대상이 되어 있다. <어버이 이상>과 <아들 이하>에서는 그 아래로 <직계 : 방계>의 대립이 각각 문제되어 있다.

(4) <사회적 위치> 분절에서는 그 아래로 한 구성원의 <신분>이 관심의 대상이 되어 있다. <신분> 아래에는 <황제>와 <임금>이 관조의 대상이 되어 있다. 그리고 <황제> 아래에는 <거리(촌수) / 가까움>이 문제되어 있다.

(5) <상대성> 분절에 있어서는 <거리(촌수)>와 <구성원>이 일차적인 관심사가 되어 있다. <거리(촌수)> 아래에는 <일정한 범위>가 관심사가 되어 있는데, 다시 그 아래로는 <자녀 없이 죽은 자의 유산 상속자>와 <매우 가까움>이 관조의 대상이 되어 있다. <구성원> 아래로는 <수치>가 관심사가 되어 있는데, 다시 그 아래로는 <하나>, <셋>, <일곱>, <아홉>이 관조의 대상이 되어 있다.

제7절 〈혈족〉 분절구조

1. 원어휘소와 기본구조

<혈족> 분절은 상위의 <친척> 명칭 분절 안에 포함되어 있는 작은 분절이다. 따라서 이 연구는 <친척> 명칭이라는 큰 분절구조를 해명하기 위한 전제 작업의 성격을 띠게 된다. 이 분절을 대변하는 낱말,

(1) 혈족(血族)

은 {같은 조상으로부터 갈려 나온 친척}이라 풀이되면서 <친척 + 집단 단위 + 한 조
상>이라는 특성을 문제 삼고 있다. 따라서 <혈족> 분절은 <친척 + 집단 단위 + 한 조
상>이라는 특성과 함께 이해될 것이다. 이 낱말은 법률적으로 {혈통이 이어진 친척. 또는
법률이 입양 따위에 따라 이와 같다고 인정하는 사람}이라는 내용과 함께 사용되기도 하며,
{혈통 관계가 있는 겨레붙이}라는 내용을 문제 삼기도 한다.

(2) 계족(系族)

이 낱말도 {혈족}이라 풀이되면서 [혈족]과 같은 방법으로 해명될 만한 표현이다. 그러나
이 낱말은 [혈족]이 문제 삼기도 하는 {혈통이 이어진 친척. 또는 법률이 입양 따위에 따라 이
와 같다고 인정하는 사람}이라는 내용이나 {혈통 관계가 있는 겨레붙이}라는 내용과는 거
리가 먼 표현으로 보인다. 그리고 이 낱말은 현재 입말로는 거의 사용되지 않고 있다.

위의 두 낱말들을 원어휘소로 하는 <혈족> 분절은 일차적으로 핏줄의 계통과 관계되는
<혈통>, 사회적으로 담당하고 있는 지위나 역할과 관계되는 <사회적 위치>, 그리고 다른
혈족의 존재를 전제하는 <상대성>이 관심의 대상이 되면서 하위분절되는 양상을 보이고
있다. [그림 1]은 이러한 <혈족> 분절의 기본구조를 보이기 위한 것이다.

[그림 1] 〈혈족〉 분절의 기본구조

2. 〈혈통〉 중심의 표현

이 분절은 <어버이>, <직계와 방계>, <자손>을 중심으로 하여 하위분절되는 특징을
보이고 있다.

(3) 친가계혈족(親家系血族)

(4) 남계혈족(男系血族)

[친가계혈족]은 {아버지를 중심으로 하는 혈족. 아버지 쪽의 혈족}이라 풀이되며, [남계혈족]은 {친가계혈족}이라 풀이된다. 따라서 이 두 낱말은 <혈족 + 혈통 + 계통 + 어버이 / 아버지 중심>이라는 특성과 함께 이해될 것이다. 이 낱말들은 {아버지를 중심으로 하는 친계}나 {친가계친족}이라는 내용과 함께 사용되기도 한다. 개념형성의 과정에 있어서, [친가계혈족]은 <아버지 계통>이라는 특성을, 그리고 [남계혈족]은 <남자의 계통>이라는 특성을 각각 문제 삼은 것으로 추정된다.

(5) 외가계혈족(外家系血族)

(6) 외족(外族)

[외가계혈족]은 {어머니를 중심으로 하는 혈족. 어머니 쪽의 혈족}이라 풀이되며, [외족]은 {외가계 혈족}이라 풀이된다. 따라서 이 두 낱말은 <혈족 + 혈통 + 계통 + 어버이 / 어머니 중심>이라는 특성을 공유하는 것으로 이해될 것이다. [외가계혈족]은 {어머니를 중심으로 하는 친계}나 {외가계친족}이라는 내용과 관계하기도 한다. 그리고 [외족]은 {여계친. 여자를 통하여 혈통이 이어지는 친족}, {외속. 어머니나 아내의 일가붙이}, {자기 겨레가 아닌 다른 겨레}, {외척. 어머니 쪽의 친척}이라는 내용을 문제 삼기도 한다. [외가계혈족]은 앞에서 논의된 [친가계혈족]과 대칭관계를 형성하는 것으로 이해될 것이다[23].

(7) 직계혈족(直系血族)

이 낱말은 {직계의 관계에 있는 존속과 비속의 혈족}이라 풀이되면서 <혈족 + 혈통 + 계통 + 직계(+ 존속과 비속)>라는 특성을 문제 삼고 있다.

(8) 방계혈족(傍系血族)

이 낱말은 {같은 시조(始祖)에서 갈라져 나간 (방계의) 혈족}이라 풀이라 풀이되면서 <혈족 + 혈통 + 계통 + 방계>라는 특성과 함께 사용되고 있다. 앞에서 논의된 [직계혈족]과 대칭관계에 있는 낱말로 이해될 만한 이 표현은 구체적으로 {백부모, 숙부모, 생질, 형제자매 등}에 적용된다.

---

23) [남계혈족]과 대칭관계에서 이해될 만한 낱말(예컨대, [여계혈족]과 같은 표현)이나, [외족]과 대칭관계에서 이해될 만한 낱말(예컨대, [내족]과 같은 표현)은 사전에서 발견되지 않았다.

(9) 서족(庶族)

이 낱말은 {서자 자손의 혈족}이라 풀이되면서 <혈족 + 혈통 + 계통 + 자손 / 서자>라는 특성과 함께 사용되고 있다. 이 낱말은 {서자의 족속}이라는 내용도 문제 삼고 있다. 이 낱말과 대칭관계를 이루면서 <혈족 + 혈통 + 계통 + 자손 / 적자>라는 특성만을 문제 삼는 낱말은 발견되지 않았다.

지금까지의 고찰에서 보인 바와 같이 <혈통> 분절에서는 그 아래로 <계통>이 주된 관심사가 되어 있는데, <계통> 아래에는 <어버이>, <직계 / 방계>, <자손>이 관조의 대상이 되어 있다. <어버이> 아래에는 <아버지 : 어머니>라는 대칭관계가 문제되어 있으며, <자손>의 아래에는 <서자>가 문제되어 있다. 이러한 <혈통> 분절의 양상을 가시적으로 나타내면 [그림 2]가 될 것이다.

[그림 2] 〈혈통〉 중심의 분절구조

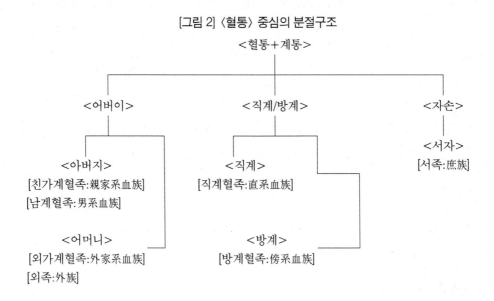

3. 〈사회적 위치〉 중심의 표현

이 분절은 한 구성원의 〈신분〉과 해당 혈족에 대한 사회적인 〈인식〉이 관심의 대상이 되면서 하위분절되는 특징을 보이고 있다.

(10) 국족(國族)

이 낱말은 {임금의 혈족}이라 풀이되면서 〈혈족 + 사회적 위치 + 한 구성원의 신분 / 임금〉이라는 특성과 함께 사용되고 있다. 이 낱말은 사회제도의 변화와 함께 현재는 입말로는 거의 사용되지 않고 있다. 이 낱말은 {임금의 겨레붙이}라는 내용을 문제 삼기도 한다.

(11) 자연혈족(自然血族)

본래 법률적인 전문용어로 사용되다가 일반어휘로 도입된 이 낱말은 {자연적인 핏줄로 맺어진 혈족}이라 풀이되기 때문에 〈혈족 + 사회적 위치 + 인식 / 자연적 성립〉이라는 특성과 함께 이해될 만한 표현이다. 이 낱말은 {서로 혈연에 의하여 연결되어 있는 사람}이라는 내용을 문제 삼기도 한다.

(12) 법정혈족(法定血族)

앞에서 논의된 [자연혈족]과 대칭관계에 있는 이 낱말도 본래 법률적인 전문용어에서 일반어휘로 도입된 한자말인데, 이 낱말은 {자연적인 혈연관계는 없으나, 법률에 의하여 혈연이 있는 것으로 인정하는 혈족}이라 풀이되기 때문에 〈혈족 + 사회적 위치 + 인식 / 법적 인정〉이라는 특성과 함께 해명될 만하다[24]. 이 낱말이 구체적으로 적용되는 예로는 〈양자, 양부모 등〉을 들 수 있다.

지금까지의 논의에서 보인 바와 같이, 〈사회적 위치〉 분절에 있어서는 한 구성원의 〈신분〉과 해당 혈족에 대한 사회적인 〈인식〉이 주된 관심사가 되어 있다. 〈신분〉 아래로는 〈임금〉이, 그리고 〈인식〉 아래로는 〈자연적 성립〉과 〈법적 인정〉이 각각 관점으로 나타나 있다. [그림 3]은 이러한 〈사회적 위치〉 분절의 구조적 특징을 가시화한 것이다.

---

24) {법정혈족}이라 풀이되는 [인위혈족 : 人爲血族]과 [준혈족 : 準血族]도 같은 방법으로 해명될 만하나, 이 한자말들은 여전히 전문용어로만 사용되는 것으로 보아 논외로 하였다.

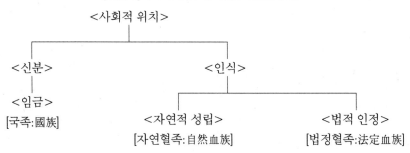

[그림 3] 〈사회적 위치〉 중심의 분절구조

〈사회적 위치〉

〈신분〉 〈인식〉

〈임금〉
[국족:國族]

〈자연적 성립〉
[자연혈족:自然血族]

〈법적 인정〉
[법정혈족:法定血族]

4. 〈상대성〉 중심의 표현

이 분절은 그 아래로 〈거리(촌수)〉와 〈수치〉를 문제 삼으면서 하위분절되는 특징을 보이고 있다.

(13) 혈족친(血族親)

이 낱말은 본래 법률학 전문용어로 사용되다가 일반어휘로 도입된 낱말인데, 현재 이 낱말은 {육촌(六寸)이내의 혈족}이라 풀이되면서 〈혈족 + 상대성 + 거리(촌수) / 6촌 이내〉라는 특성과 함께 사용되고 있다.

(14) 골육지친(骨肉之親)
(15) 골육(骨肉)
(16) 혈육지친(血肉之親)
(17) 혈육(血肉)

[골육지친]은 {부모와 자식, 형제와 자매들의 가까운 혈족}이라 풀이되고, [골육]과 [혈육지친]은 {골육지친}이라 풀이되며, [혈육]은 {골육}이라 풀이된다. 따라서 이 낱말들은 〈혈육 + 상대성 + 거리(촌수) / 가까움〉이라는 특성을 공유하는 것으로 이해될 만하다. [골육]은 {뼈와 살을 아울러 이르는 말}이라는 내용을 문제 삼기도 하며, [혈육]은 {피와 살. 자기가 낳은 아들딸}이라는 내용을 문제 삼기도 한다. 그러면서도 [골육]은 [골육지친]의 준말로, [혈육]은 [혈육지친]의 준말로도 각각 기능한다.

(18) 육척(六戚)

이 낱말은 {모든 혈족}이라 풀이되면서 <혈족 + 상대성 + 수치 / 전체>라는 특성과 함께 사용되고 있다. 이 낱말은 {육친(六親: 부모, 형제, 처자를 통틀어 이르는 말)}이라는 내용을 문제 삼기도 한다. 현재 이 한자말은 입말로는 거의 사용되지 않고 있다.

지금까지의 고찰에서 보인 바와 같이, <상대성> 분절은 <거리(촌수)>와 <수치>에 의하여 하위분절되는 양상을 보이고 있다. <거리(촌수)> 아래에는 <6촌 이내>와 <가까움>이 관조의 대상이 되어 있으며, <수치> 아래에는 <전체>가 관심의 대상이 되어 있다. 이러한 <상대성> 분절의 특징을 가시적으로 보이면 [그림 4]가 될 것이다.

[그림 4] 〈상대성〉 중심의 분절구조

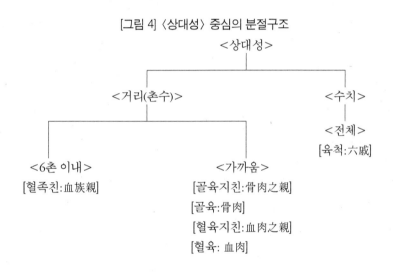

5. 마무리

여기서는 어휘분절구조이론에 기대어, 현대국어 <혈족> 명칭의 분절구조의 해명이 주된 관심사였는데, 그 해명 과정을 통하여 발견된 특징들을 요약하여 정리하면 다음과 같다.

(1) {혈족}과 [계족]을 원어휘소로 하는 <혈족> 분절은 일차적으로 핏줄의 계통과 관계되는 <혈통>, 사회적으로 담당하고 있는 지위나 역할과 관계되는 <사회적 위치>, 그리고 다른 가족의 존재를 전제하는 <상대성>이 관심의 대상이 되면서 하위분절되는 양상을 보이고 있다.

(2) <혈통> 분절에서는 그 아래로 <계통>이 주된 관심사가 되어 있는데, <계통> 아래에는 <어버이>, <직계 / 방계>, <자손>이 관조의 대상이 되어 있다. <어버이> 아래에는 <아버지 : 어머니>라는 대칭관계가 문제되어 있으며, <자손>의 아래에는 <서자>가 문제되어 있다.

(3) <사회적 위치> 분절에 있어서는 한 구성원의 <신분>과 해당 혈족에 대한 사회적인 <인식>이 주된 관심사가 되어 있다. <신분> 아래로는 <임금>이, 그리고 <인식> 아래로는 <자연적 성립>과 <법적 인정>이 각각 관점으로 나타나 있다.

(4) <상대성> 분절은 <거리(촌수)>와 <수치>에 의하여 하위분절되는 양상을 보이고 있다. <거리(촌수)> 아래에는 <6촌 이내>와 <가까움>이 관조의 대상이 되어 있으며, <수치> 아래에는 <전체>가 관심의 대상이 되어 있다.

제7장

〈복합적 표현〉의 결합구조

1. 머리말

<친척> 명칭 분절에 있어서는 어휘소와 어휘소가 결합하여 <복합적 표현>의 구조를 형성하는 현상이 빈번하게 나타난다. 이러한 구조는 앞의 어휘소인 전건(前件)이 중심이 되어 뒤의 어휘소인 후건(後件)과 응집함으로써 성립된다. 곧, <전건 + 후건> 형태의 이 구조는 전건의 결합성향과 결합능력에 의해서, 즉 결합가에 의해서 이루어지는데, 이 결합가는 <친척>이라는 객관적인 현상세계에 대한 우리들의 의식구조를 반영하는 것으로 이해될 수 있을 것이다. 따라서 이러한 <복합적 표현>의 결합구조에 대한 해명 시도는, 빙산의 일각이기는 하겠지만, 우리의 정신세계 해명이라는 먼 목표도 겨냥하게 된다.

<친척> 분절에 있어서 <복합적 표현>은 전건과 후건 사이의 세대 차이를 전제로 하여 이루어지기도 하고, 전건과 후건의 동일한 세대를 전제로 하여 형성되기도 한다. 곧 <복합적 표현>은 전자의 <수직적 결합>과 후자의 <수평적 결합>을 문제 삼으면서 일차적으로 하위분절되는 특징을 보이고 있다. [그림 1]은 이러한 <복합적 표현> 분절의 기본구조를 보이기 위한 것이다.

[그림 1] 〈복합적 표현〉 분절의 기본구조

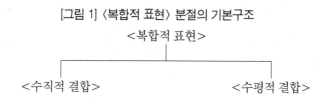

2. 〈수직적 결합〉의 구조

<수직적 결합>에서는 전건의 소속에 따라 <친가계 중심>, <외가계 중심>, <시가계

중심>, <처가계 중심>이 관점의 대상이 되어 있다. [그림 2]는 이러한 <수직적 결합>의 기본구조를 보이기 위한 것이다.

[그림 2] 〈수직적 결합〉의 기본구조

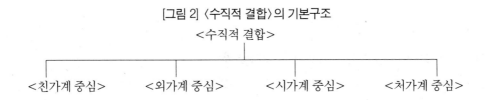

(1) 조손(祖孫)

전건으로서 <친가계 중심 + 할아버지 중심>을 문제 삼고 있는 이 낱말은 {할아버지와 손자}라 풀이되면서 <할아버지 + 손자>라는 특성과 함께 사용되고 있다.

다음의 [부자], [부형], [부녀], [부조]는 공통적으로 <친가계 중심 + 어버이 중심 + 아버지 중심>이라는 특성의 전건을 문제 삼고 있다.

(2) 부자(父子)

이 낱말은 {아버지와 아들}이라 풀이되면서 <아버지 + 아들>이라는 특성을 문제 삼고 있다.

(3) 부형(父兄)

이 낱말은 이 낱말은 {아버지와 형}이라 풀이되면서 <아버지 + 형>이라는 특성과 함께 사용되고 있다. 이 낱말은 {학부형}이나 {집안 어른}이라는 내용과 관계하기도 한다.

(4) 부녀(父女)

이 낱말은 {아버지와 딸}이라 풀이되면서 <아버지 + 딸>이라는 특성을 문제 삼고 있다.

(5) 부조(父祖)

이 낱말은 {아버지와 할아버지}라 풀이되면서 <아버지 + 할아버지>라는 특성과 함께 사용되고 있다.

다음의 [어이아들], [모자(母子)], [어이딸], [모녀], [모자(母姉)]에서는 전건이 공통적으로 <친가계 중심 + 어버이 중심 + 어머니 중심>이라는 특성을 문제 삼고 있다.

(6) 어이아들

(7) 모자(母子)

토박이말 [어이아들]과 이에 상응하는 한자말 [모자]는 공통적으로 {어머니와 아들}이라 풀이되면서 <어머니 + 아들>이라는 특성과 함께 사용되고 있다. 현재 한자말 [모자]가 보편적으로 사용되고 있는 실정이기에, 토박이말 [어이아들]의 상용화를 위한 노력이 절실하다. [어이아들]은 <짐승의 어미 + 아들 → 어머니 + 아들>과 같은 개념형성의 과정을 겪은 낱말로 추정된다.

(8) 어이딸

(9) 모녀(母女)

토박이말 [어이딸]과 이에 상응하는 [모녀]는 공통적으로 {어머니와 딸}이라 풀이되면서 <어머니 + 딸>이라는 특성을 공유한다. 이 두 낱말의 관계는 전술한 {어이아들 : 모자}의 관계에 준하여 이해될 만하다.

(10) 모자(母姉)

이 낱말은 {어머니와 누나. 어머니와 손위 누이}라 풀이되면서 <어머니 + 누나>라는 특성과 함께 사용되고 있다. 현재 이 한자말은 전술한 한자말 [모자 : 母子]의 세력에 밀려 입말로는 거의 사용되지 않고 있다.

다음의 [자모]와 [자(여)손]에서는 전건이 공통적으로 <친가계 중심 + 아들 중심>이라는 특성을 문제 삼고 있다.

(11) 자모(子母)

이 낱말은 {아들과 어머니}라 풀이되면서 <아들 + 어머니>라는 특성과 함께 사용되고 있는 표현이다.

(12) 자(여)손(子與孫)

이 낱말은 {아들과 손자}라 풀이되면서 <아들 + 손자>라는 특성을 문제 삼고 있다. 이 낱말은 {후손}이나 {자질}이라는 내용과 관계하기도 한다.

(13) 자모(姉母)

이 낱말은 {누나와 어머니. 손위 누이와 어머니}라 풀이되면서 <누나 + 어머니>라는 특성과 함께 사용되고 있다. 이 한자말은 전술한 한자말 [자모 : 子母]의 세력에 밀려 현재 입말로는 거의 사용되지 않고 있다.

(14) 구생(舅甥)

전건으로서 <외가계 중심>이라는 특성을 문제 삼고 있는 이 낱말은 {외삼촌과 생질}이라 풀이되면서 <외삼촌 + 생질>이라는 특성과 함께 사용되고 있다. 이 낱말은 전건으로서 <처가계 중심>이라는 특성을 문제 삼으면서 {장인과 사위}라는 내용과 관계하기도 한다. 곧, 이 낱말은 <장인 + 사위>라는 특성을 문제 삼기도 한다.

다음의 [어이며느리], [고부], [고식]에서는 전건이 공통적으로 <시가계 중심>이라는 특성을 문제 삼고 있다.

(15) 어이며느리
(16) 고부(姑婦)
(17) 고식(姑媳)

토박이말 [어이며느리]와 이에 상응하는 한자말 [고부]는 공통적으로 {시어머니와 며느리}라 풀이되며, [고식]은 {고부(姑婦)}라 풀이된다. 따라서 이 낱말들은 <시어머니 + 며느리>라는 특성을 공유하는 것으로 이해될 만하다. [어이며느리 : 고부]의 관계는 전술한 [어이아들 : 모자]의 관계에 준하여 이해될 만하다. [고부]에서는 <시어머니 + 지어미 → 시어머니 + 며느리>와 같은 개념형성의 과정이, [고식]에서는 <시어머니 + 자식 → 시어머니 + 며느리>와 같은 개념형성의 과정이 각각 수행된 것으로 추정되는데, 현재 후자의 [고식]은 입말로는 거의 사용되지 않고 있다.

(18) 옹서(翁壻)

전건으로서 <처가계 중심>이라는 특성을 문제 삼고 있는 이 낱말은 {장인과 사위}라 풀이되면서 <장인 + 사위>라는 특성과 함께 사용되고 있다. 전술한 바와 같이 [구생]도 <장인 + 사위>라는 특성과 관계하기도 한다.

지금까지의 고찰에서 보인 바와 같이 <수직적 결합>의 구조는 일차적으로 <친가계 중심 : 외가계 중심 : 시가계 중심 : 처가계 중심>이라는 대립관계의 전건을 문제 삼으면서 하위분절되는 양상을 보이고 있다. <친가계 중심>의 경우는 그 아래로 다시 <할아버지 중심>, <어버이 중심(아버지 중심 : 어머니 중심)>, <아들 중심>, <누나 중심>이 관심의 대상이 되어 있다. <할아버지 중심>에서는 <할아버지 + 손자>가 관조의 대상이 되어 있다. <어버이 중심 + 아버지 중심>에서는 <아버지 + 아들>, <아버지 + 형>, <아버지 + 딸>, <아버지 + 할아버지>의 결합이 문제되어 있다. <어버이 중심 + 어머니 중심>에서는 <어머니 + 아들>, <어머니 + 딸>, <어머니 + 누나>가 관심의 대상이 되어 있다. <아들 중심>에서는 <아들 + 어머니>와 <아들 + 손자>가 문제되어 있으며, <누나 중심>에서는 <누나 + 어머니>가 관심의 대상이 되어 있다. <외가계 중심>에서는 <외삼촌 + 생질>이, <시가계 중심>에서는 <시어머니 + 며느리>가, 그리고 <처가계 중심>에서는 <장인 + 사위>가 각각 관조의 대상이 되어 있다. 이러한 <수직적 결합>의 분절구조를 도식화하면 [그림 3], [그림 4], [그림 5], [그림 6]이 될 것이다.

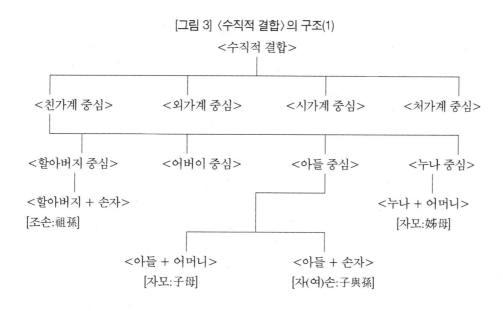

[그림 3] 〈수직적 결합〉의 구조(1)

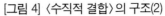

[그림 4] 〈수직적 결합〉의 구조(2)

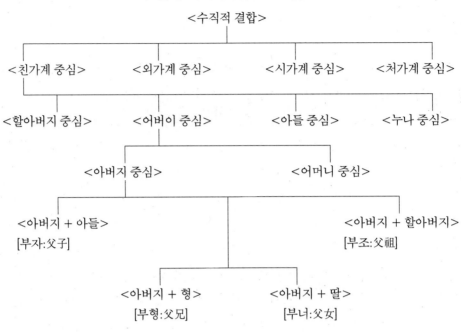

[그림 5] 〈수직적 결합〉의 구조(3)

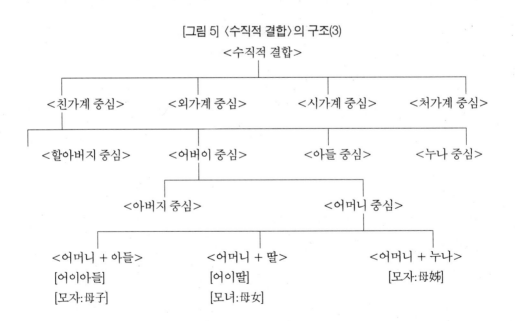

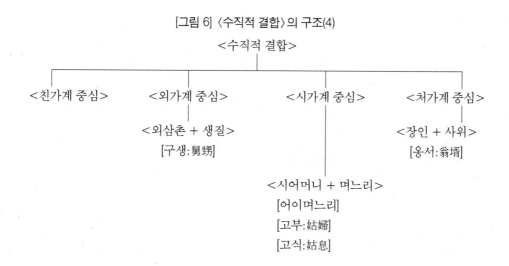

[그림 6] 〈수직적 결합〉의 구조(4)

〈수직적 결합〉

〈친가계 중심〉　〈외가계 중심〉　〈시가계 중심〉　〈처가계 중심〉

〈외삼촌 + 생질〉　　　　　　　　　　　　〈장인 + 사위〉

[구생:舅甥]　　　　　　　　　　　　　　[옹서:翁壻]

〈시어머니 + 며느리〉

[어이며느리]

[고부:姑婦]

[고식:姑息]

3. 〈수평적 결합〉의 구조

〈수평적 결합〉은 전건으로서 〈어버이〉, 〈어버이 항렬〉, 〈아들〉, 〈동기〉, 〈동기 항렬〉, 〈배우자〉를 관심의 대상으로 삼으면서 하위분절되어 있다. [그림 7]은 이러한 〈수평적 결합〉의 기본구조를 보이기 위한 것이다.

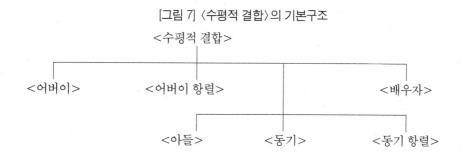

[그림 7] 〈수평적 결합〉의 기본구조

〈수평적 결합〉

〈어버이〉　　〈어버이 항렬〉　　　　　　〈배우자〉

〈아들〉　　　〈동기〉　　　〈동기 항렬〉

다음의 낱말은 〈어버이 / 아버지〉라는 특성의 전건을 문제 삼고 있다.

(19) 부모(父母)

이 낱말은 {아버지와 어머니}라 풀이되면서 〈아버지 + 어머니〉라는 특성과 함께 사용되고 있다[1].

다음의 [옹고]와 [구고]는 <어버이 항렬 + 시아버지>라는 특성의 전건을 문제 삼고 있는 표현이다.

(20) 옹고(翁姑)
(21) 구고(舅姑)

[옹고]는 {시아버지와 시어머니}라 풀이되며, [구고]는 {시부모. 시아버지와 시어머니}라 풀이된다. 따라서 이 낱말들은 <시아버지 + 시어머니>라는 특성을 공유하는 것으로 해명될 만하다. [옹고]에서는 <늙은이 + 시어머니 → 시아버지 + 시어머니>라는 특성이, 그리고 [구고]에서는 <시아비 + 시어머니 → 시아버지 + 시어머니>라는 특성이 각각 개념형성의 과정에 관계한 것으로 추정된다. 이 한자말들은 현재 입말로는 거의 사용되지 않고 있다.

다음의 [아들딸], [자녀], [적서], [자(여)질], [자서]는 공통적으로 <아들>이라는 특성의 전건을 문제 삼고 있는 표현들이다.

(22) 아들딸
(23) 자녀(子女)

토박이말 [아들딸]과 이에 상응하는 한자말 [자녀]는 공통적으로 {아들과 딸}이라 풀이되면서 <아들 + 딸>이라는 특성과 함께 사용되고 있다. 일반적으로 사람들은 입말로서는 전자를 선호하고, 글말로서는 후자를 선호하는 경향을 보이고 있다.

(24) 적서(嫡庶)

이 낱말은 {적자와 서자}라 풀이되면서 <적자(정실이 낳은 아들) + 서자(첩이나 딴 여자가 낳은 아들)>라는 특성을 문제 삼고 있다. 이 낱말은 {적파와 서파}라는 내용과 관계하기도 한다.

(25) 자(여)질(子與姪)

이 낱말은 {아들과 조카}라 풀이되면서 <아들 + 조카>라는 특성과 함께 사용되는 표현이다.

---

1) <할아버지 + 할머니>라는 특성의 [조부모 : 祖父母]와 [대부모 : 大父母]와 [왕부모 : 王父母], <대부 + 대모>라는 특성의 [대부모 : 代父母], <교부 + 교모>라는 특성의 [교부모 : 敎父母], <증조부 + 증조모>라는 특성의 [종조부모 : 曾祖父母] 따위도 <아버지 + 어머니>라는 특성의 [부모 : 父母]에 기대어 이해될 것이다.

(26) 자서(子壻)

이 낱말은 {아들과 사위}라 풀이되면서 <아들 + 사위>라는 특성과 함께 사용된다.

다음의 [형제], [제형], [오누이. 남매], [제매], [자제], [자매]는 공통적으로 전건으로서 <동기>라는 특성을 문제 삼고 있다.

(27) 형제(兄弟)

이 낱말은 {형과 아우}라 풀이되면서 <형 + 아우>라는 특성과 함께 사용되는 표현이다. 이 낱말은 {동기(同氣)}나 {하나님을 믿는 신자끼리 스스로를 이르는 말}이라는 내용과 관계하기도 한다.

(28) 제형(弟兄)

전술한 [형제]의 도치형인 이 낱말은 {아우와 형}이라 풀이되면서 <아우 + 형>이라는 특성과 함께 사용되고 있다. 이 낱말은 현재 입말로는 거의 사용되지 않고 있다.

(29) 오누이
(30) 남매(男妹)

토박이말 [오누이]는 {오라비와 누이}라 풀이되며, 이에 상응하는 한자말 [남매]는 {오빠와 누이. 오누이}라 풀이된다. 따라서 이 낱말들은 <오빠 + 누이>라는 특성을 공유하는 것으로 이해될 만하다. [남매]는 흔히 {한 부모가 낳은 남녀 동기}라는 내용과 관계하기도 한다. [오누이]에서는 <오라비 + 누이 → 오빠 + 누이>라는 특성이, 그리고 [남매]에서는 <남자 + 누이 → 오빠 + 누이>라는 특성이 각각 개념형성의 과정에 관계한 것으로 추정된다.

(31) 제매(弟妹)

이 낱말은 {남동생과 여동생. 아우와 누이동생}이라 풀이되면서 <남동생 + 여동생>이라는 특성을 문제 삼고 있다. 이 낱말은 {매제}라는 내용과 관계하기도 한다.

(32) 자제(姉弟)

이 낱말은 {누이(누나)와 아우}라 풀이되면서 <누이 + 아우>라는 특성과 함께 사용되고 있는 표현이다.

(33) 자매(姉妹)

이 낱말은 {손위 누이와 손아래 누이}라 풀이되면서 <누나 + 누이동생>이라는 특성을 문제 삼고 있다. 이 낱말은 {여자끼리의 동기. 언니와 아우}, {같은 계통에 속하여 밀접한 관계에 있거나 서로 친선 관계에 있는 것}, {여자 교우}라는 내용과 관계하기도 한다.

다음의 낱말은 전건으로서 <동기 항렬>이라는 특성을 문제 삼고 있다.

(34) 내외종(內外從)

이 낱말은 {내종 사촌과 외종 사촌}이라 풀이되면서 <내종(이종) 사촌 + 외종 사촌>이라는 특성과 함께 사용되고 있는 표현이다.

다음의 [부부], [부처], [안팎], [내외], [처첩], [적첩], [비빈]은 전건으로서 <배우자>라는 특성을 공유하고 있다.

(35) 부부(夫婦)
(36) 부처(夫妻)

[부부]는 {남편과 아내}라 풀이되며, [부처]는 {부부. 남편과 아내}라 풀이된다. 따라서 이 낱말들은 <남편 + 아내>라는 특성을 공유하는 것으로 이해될 것이다. [부부]에서는 <지아비 + 지어미 → 남편 + 아내>라는 특성이, 그리고 [부처]에서는 <지아비 + 아내 → 남편 + 아내>라는 특성이 같은 개념형성의 과정에 각각 관계한 것으로 추정된다. [부처]는 현재 입말로는 거의 사용되지 않고 있다.

(37) 안팎
(38) 내외(內外)

[안팎]은 {아내와 남편}이라 풀이되며, [내외]는 {아내와 남편. 부부(夫婦)}라 풀이된다. 따라서 이 낱말들은 <아내 + 남편>이라는 특성을 공유하는 것으로 해명될 만하다. [안팎]은 {안과 밖}, {수량을 나타내는 말 뒤에 쓰여 어떤 수량이나 기준에 조금 모자라거나 넘치는 정도}, {집안 살림과 바깥 살림을 아울러 이르는 말}, {마음속의 생각과 겉으로 드러나는 행동}이라는 내용과 관계하기도 한다. 그리고 [내외]는 {남자와 여자}, {남자와 여자의 차이}, {남의 남녀 사이에 서로 얼굴을 마주 대하지 않고 피함}이라는 내용과 관계하기도 한다.

(39) 처첩(妻妾)

(40) 적첩(嫡妾)

　[처첩]은 {아내와 첩}이라 풀이되며 [적첩]은 {본처와 첩. 처첩}이라 풀이된다. 따라서 이 낱말들은 <아내 + 첩>이라는 특성을 공유하는 것으로 해명될 것이다. [처첩]에서는 <처 + 첩 → 아내 + 첩>이라는 특성이, 그리고 [적첩]에서는 <정실(본처) + 첩 → 아내 + 첩>이라는 특성이 각각 개념형성의 과정에 관계한 것으로 추정된다. 현재 [적첩]은 입말로는 거의 사용되지 않고 있다.

　지금까지의 고찰에서 보인 바와 같이 <수평적 결합>은 전건으로서 <어버이>, <어버이 항렬>, <아들>, <동기>, <동기 항렬>, <배우자>가 일차적인 관심의 대상이 되어 있다. 다음으로 <어버이> 아래로는 <아버지 + 어머니>가, <어버이 항렬> 아래로는 <시아버지 + 시어머니>가 각각 관심의 대상이 되어 있다. <아들> 아래로는 다시 <아들 + 딸 : 적자 + 서자 : 아들 + 조카 : 아들 + 사위>의 대립이 문제되어 있다. <동기> 아래로는 <형 + 아우 : 아우 + 형 : 오빠 + 누이 : 남동생 + 여동생 : 누이 + 아우 : 누나 + 누이동생>의 대립이 관조의 대상이 되어 있고, <동기 항렬>의 아래로는 <내종(이종) 사촌 + 외종 사촌>이 관조의 대상이 되어 있다. 그리고 <배우자> 아래로는 <남편 + 아내 : 아내 + 남편 : 아내 + 첩>의 대립이 관심의 대상이 되어 있다. 이러한 <수평적 결합> 분절의 구조를 도식화하면 [그림 8], [그림 9], [그림 10], [그림 11]이 될 것이다.

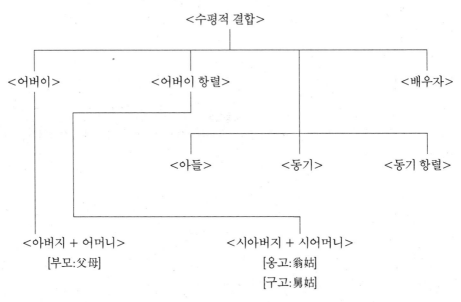

[그림 8] 〈수평적 결합〉 분절구조(1)

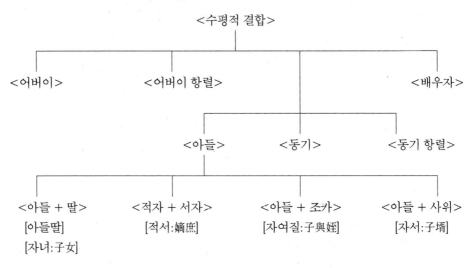

[그림 9] 〈수평적 결합〉 분절구조(2)

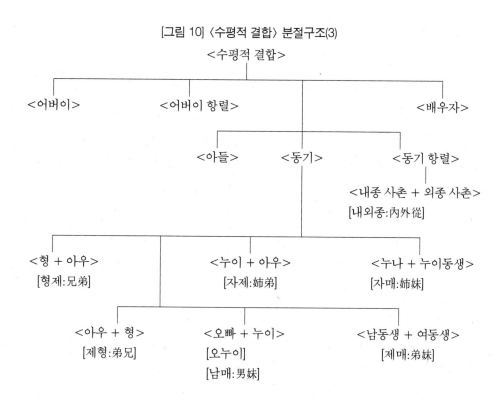

[그림 10] 〈수평적 결합〉 분절구조(3)

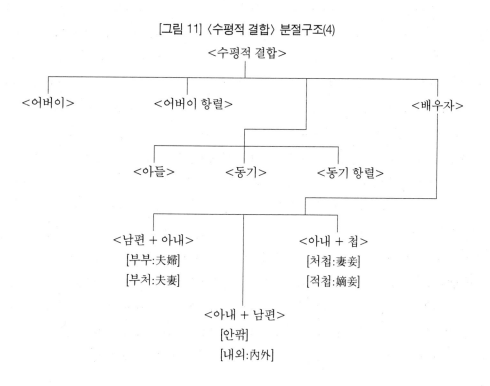

[그림 11] 〈수평적 결합〉 분절구조(4)

4. 마무리

<친척> 명칭 분절에 있어서 전건(前件)의 어휘소와 후건(後件)의 어휘소가 결합하여 형성하는 <복합적 표현>의 구조는 전건의 결합성향과 결합능력, 즉 결합가에 의지하여 실현되는데, 이 결합가는 <친척>이라는 객관적인 현상세계에 대한 우리들의 의식구조를 반영하는 것으로 이해될 수 있을 것이다. 지금까지 이러한 <복합적 표현>의 결합구조에 대한 해명 시도를 통하여 발견된 특징들을 요약하여 정리하면 다음과 같다.

(1) <친척> 분절에 있어서 <복합적 표현>은 전건과 후건 사이의 세대 차이를 전제로 하여 이루어지기도 하고, 전건과 후건의 동일한 세대를 전제로 하여 형성되기도 한다. 곧 <복합적 표현>은 전자의 <수직적 결합>과 후자의 <수평적 결합>을 문제 삼으면서 일차적으로 하위분절되어 있다.

(2) <수직적 결합>의 구조는 일차적으로 <친가계 중심 : 외가계 중심 : 시가계 중심 : 처가계 중심>이라는 대립관계의 전건을 문제 삼으면서 하위분절되어 있다. <친가계 중심>의 경우는 그 아래로 다시 <할아버지 중심>, <어버이 중심(아버지 중심 : 어머니 중심)>, <아들 중심>, <누나 중심>이 관심의 대상이 되어 있다. <할아버지 중심>에서는 <할아버지 + 손자>가 관조의 대상이 되어 있다. <어버이 중심 + 아버지 중심>에서는 <아버지 + 아들>, <아버지 + 형>, <아버지 + 딸>, <아버지 + 할아버지>의 결합이 문제되어 있다. <어버이 중심 + 어머니 중심>에서는 <어머니 + 아들>, <어머니 + 딸>, <어머니 + 누나>가 관심의 대상이 되어 있다. <아들 중심>에서는 <아들 + 어머니>와 <아들 + 손자>가 문제되어 있으며, <누나 중심>에서는 <누나 + 어머니>가 관심의 대상이 되어 있다. <외가계 중심>에서는 <외삼촌 + 생질>이, <시가계 중심>에서는 <시어머니 + 며느리>가, 그리고 <처가계 중심>에서는 <장인 + 사위>가 각각 관조의 대상이 되어 있다.

(3) <수평적 결합>은 전건으로서 <어버이>, <어버이 항렬>, <아들>, <동기>, <동기 항렬>, <배우자>가 일차적인 관심의 대상이 되어 있다. <어버이> 아래로는 <아버지 + 어머니>가, <어버이 항렬> 아래로는 <시아버지 + 시어머니>가 각각 관심의 대상이 되어 있다. <아들> 아래로는 <아들 + 딸 : 적자 + 서자 : 아들 + 조카 : 아들 + 사위>의 대립이 문제되어 있다. <동기> 아래로는 <형 + 아우 : 아우 + 형 : 오빠 + 누이 : 남동생 + 여동생 : 누이 + 아우 : 누나 + 누이동생>의 대립이 관조의 대상이 되어 있고, <동기 항렬>의 아래로는 <내종 사촌 + 외종 사촌>이 관조의 대상이 되어 있다. 그리고 <배우자> 아래로는 <남편 + 아내 : 아내 + 남편 : 아내 + 첩>의 대립이 관심의 대상이 되어 있다.

제8장

맺는 글

동적인 언어연구에 있어서 두 과제는, 언어이론의 완성과 그 이론을 증명할 문법의 획득으로 요약될 수 있다. 그러나 이 이론에 걸맞은 기술 작업이나 형식화가 정상적인 궤도에 이르지 못한 실정인데, 그 이유는 문법의 형식화가 분석연구에 앞서 가능한 것이 아니고, 전반적인 분석이 이루어진 다음에야 가능할 것이기 때문이다. 즉, 우선 언어현상 전반에 걸친 면밀한 관찰과 신중한 기술이 시도된 다음에야 비로소 추상적 기술의 전반적 형식화가 기대될 수 있는 것이다. 바로 여기에 언어를 동적인 언어관에 입각하여 분석하고 연구해야 할 당면의 과제가 절실하게 부각된다. 다면적, 전면적인 분석연구는 형식화를 가능하게 할 것이고, 그러한 형식화에 의하여 동적언어이론의 타당성과 효용성을 증명하게 될 것이기 때문이다.

인간의 심리적, 지적인 세계는 그 인간이 사용하는 언어구조와 밀접하게 결부되어 있어서, 외부세계의 인상을 보는 인간의 심리적 시야는 그 언어구조에 의존하게 된다. 그렇기 때문에 언어유형은 문화유형을 규정하는 것이며, 언어공동체의 인식과정에 영향을 미치게 된다. 그 이유는, 언어란 분절된 음성을 사유의 표현이 될 수 있게 하는, 항구적으로 되풀이되는 정신활동이라는 사실에서 찾을 수 있을 것이다.

사물은 인간의 자각행위를 위해 인간에 의하여 비로소 정신적인 대상으로 변형되는 것이며, 정신적인 중간세계는 정신적인 대상이 그 존재를 획득하는 장소이다. 이러한 정신적인 중간세계는 존재를 의식된 존재로 개변시키는 장소로서의 역할과 객관적인 존재와 인간의 자각이 비로소 영속적으로 결합하는 장소로서의 역할을 담당하고 있다. 그러한 의미에서 정신적인 중간세계는 인간생활의 여러 영역에 대한 해석과 평가, 특히 인간의 사고와 인식의 기초를 해명하는 데 영향력을 행사하게 된다.

언어는 개인적인 언어재도 아니고, 인류의 언어재도 아니며, 오직 한 특정한 언어공동체의 특정한 언어재이기 때문에, 중간세계의 근거는 공동체 생활의 구성요소로부터 파악되어야만 한다. 우리는 이 공동체 형식의 언어를 '모국어'라고 명명한다. 이 모국어는 인간의 정신활동을 통하여 고유한 세계상을 형성하는 것이며, 이 언어적 세계상은 언어공동체를 통한 세계의 정신적인 동화가 수행되는 모국어 속에서 작용하는 전체적인 힘이다. 그러한 의미에서 정신은 모국어를 통하여 형성되는 에네르게이아인 것이며, 모국어는 정신이 하나의 명백하고 지속적인 형태를 유지하면서 인간의 생활 속으로 뚫고 들어가는 장소인 것이며, 그리하여 이 모국어를 기반으로 민족이 성립된다. 곧, 모든 모국어는 활동하는 객관적인 정신인 동시에 그 정신으로써 형성되는 민족, 즉 언어공동체 생활의 원리와 부합된다. 따라서 언어공동체, 민족, 모국어, 정신은 서로 불가분리의 관계로서 설명된다.

결국 작용하는 힘으로서 세계관을 함유하며 내적형식을 기술하는 언어는 그 언어를 사용하는 민족의 정신, 문화, 사물을 대하는 일반적인 관점과 일치하게 되는 것이다. 바로 여기에서 우리는 언어연구에 있어서의 가장 중요한 의의를 찾게 된다. 즉, 동적언어이론이라는 울타리 안에서 언어연구가 수행될 때, 비로소 우리는 객관세계를 바라보는 민족의 관점의 파악에 도달할 수 있고, 민족의 정신세계 해명에 접근할 수 있으며, 민족마다의 고유한 세계관을 이해할 수 있게 되는 것이다.

동적언어이론에 입각한 언어연구에 있어서는 언어체계의 발견이라는 중요한 의의도 내포하고 있다. 언어에 있어서 개별적인 것은 아무것도 없으며, 모든 개개의 요소들은 전체의 부분으로서만 나타날 뿐이며, 이는 상호 의존관계에 있는 언어의 단위들은 전체 조직으로부터 자신의 확고한 개념적 내용을 획득할 수 있기 때문이다. 즉, 언어단위의 가치는 그것이 속해 있는 전체적인 구조 속에서, 그것이 개념적으로 의존하면서 인접하고 있는 단위들과의 경계 설정을 통하여 명백해진다. 전체성의 원리는 언어단위들이 전체와의 관계에서만 존재하며, 단지 이 전체 속에서만, 그리고 이 전체에 의해서만 의미를 지니게 됨을 뜻한다. 그리고 기호 본질의 법칙에 의거하여 한 기호명칭의 내용과 범위는 그것과 내용적으로 인접하는 다른 기호들과의 총체 속에서만 그 가치가 창출된다. 이러한 언어의 전체성과 체계성을 바탕으로 등장한 동적언어이론에 있어서 어휘연구의 한 방법론인 어휘분절구조이론은 진정한 의미에서의 어휘구조 관념에 접근하는 이론으로 평가될 것이다.

이러한 언어의 체계성과 전체성은 필연적으로 언어의 분절성, 언어의 유기체성, 언어와 정신과의 밀접한 관계를 전제로 한다. 언어 전체를 통한 지배적인 원리는 분절인 것이며, 분절은 동적인 전체로서 인간의 본성, 정신과 밀접하게 결합하고 있는 언어를 그 전제로 하기 때문이다. 체계성, 전체성, 분절성, 유기체성이 이미 전제되어 있는 동적언어이론은 작은 분절구조의 분석과 연구만을 목표로 하는 것이 아니라, 작은 분절구조의 해명에서 큰 분절구조의 해명으로 발전하는 길과, 또 큰 분절구조의 해명에서 언어구조 전체를 해명할 수 있는 길을 보장해 주고 있다. 언어단위들은 분절 구성된 언어체계 전체로부터 분절되는 것이기 때문이다. 따라서 언어의 분석 연구가는 항상 작은 분절구조의 분석에 앞서 큰 분절구조를 예상해야 하며, 또 큰 분절구조의 예상에 앞서 언어 전체의 분절상을 예상해야 한다.

의식적이든 무의식적이든 모든 언어교육에 있어서는 언어의 본질을 보는 관점이 결정적인 작용을 하게 된다. 언어를 단순한 의사소통이나 전달의 외적인 수단으로 간주하는 관점에서의 언어교육은 정확한 언어의 용법, 좋은 발음, 올바른 형식 형성에만 몰두하게 된다. 그리고 언어를 표현의 수단이라고 보는 관점에서의 언어교육은 어린이의 표현능력의 신장에 주된 노력을 집중하게 되어, 어린이들의 유창한 자신의 표현과 대상에 대한 확실한 표현을 요구하게 된다. 확실한 형식구사와 표현능력이 언어교육의 중요한 두 개의 부분적인 목표인 점에 대해서는 의심의 여지가 없다. 그러나 언어를 전달이나 표현의 수단으로만 이해하는 것은 언어의 본질을 제대로 파악하지 못한 관점에서 비롯된 것이다.

언어교육은 언어의 핵심적인 성능을 겨냥해야만 하는데, 그것은 전달 혹은 표현을 위한 언어의 사용에 있는 것이 아니라, 언어의 인식가치에 있는 것이다. 문화재인 언어는 사회의 인식형식인 것이며, 어린이는 모국어의 습득과 함께 해당 언어공동체의 사유세계로 들어가서 성장하게 되는 것이다. 어린이는 음성을 통하여 내용을 습득하게 되며, 이 내용을 통하여 어린이는 사유하고 행동하는 기반을 구축하게 된다. 따라서 언어교육은 이러한 언어적 세계관의 형성이라는 과제를 중심점에 놓아야 하는 것이다. 따라서 그러한 의미를 충족시킬 수 있는 동적인 언어고찰이 바로 언어교육에 있어서 우선적으로 선행되어야 할 핵심적인 과제가 된다. 여기에서 팔라에몬(R. Palaemon)의 제자인 퀸틸리안(Quintilian: A. D. 35-98)이 '교육은 요람에서 무덤까지'라는 생각에서, 젊은이에게 있어서 가장 중요한 일은 언어적으로 자신을 통제할 수 있는 능력을 신장하는 것이라고 주장한 숨은 뜻을 우리는 되새겨 보아야 할 것 같다.

동적언어이론을 통하여 제공되는 언어연구의 의의는 이것들만으로 끝나지 아니한다. 외국어 교육과 언어비교에 있어서의 효용성도 인정되어야 한다. 즉, 이 이론의 적용에 있어서 그 연구가 편파적이지 않도록 시험되고 사려 깊게 고려된다면, 외국어 교육과 언어비교에 있어서도 크게 유익하게 될 것이다. 그리고 통시적인 분절구조 변화(Umgliederung)의 연구를 통하여 민족의 문화, 정신의 발전상을 이해하는 기틀도 마련될 수 있다. 이밖에도 언어정책적인 면에서 모국어의 순화나 외래어의 처리 문제에 대해서도 동적언어이론과 방법론은 탁월한 지표들을 제공할 것임에 틀림없다. 언어정책에 있어서는 이론적 무장, 실천적 장치, 보호와 보존의 장치 등의 과정을 필요로 하게 되는데, 그 핵심적인 과제인 이론적 무장에 있어서 동적언어이론이 확고한 지위를 이미 확보하고 있다. 우리의 언어정책에 중요한 과제는 고운 말, 바른 말, 쉬운 말, 순수한 말, 품위 있는 말을 쓰게 선도하는 순화운동인데, 이 순화의 개념과 언어정책의 개념은 언어와 정신, 곧 모국어와 정신은 혼연일체라는 자명한 원리를 배경으로 할 때, 명확한 지평을 보장받게 될 것이기 때문이다.

　이 연구서는 동적언어이론이 마련해 놓은 이러한 언어연구의 의의를 길잡이로 하여 현대국어의 <친척> 명칭 분절 전체 구조를 어휘분절구조 이론에 기대어 해명해보고자 시도된 것인데, 현실적으로 그 의의를 충족시키기에는 역부족이었다. 이는 후속 연구의 필요성이 절실함을 의미한다. 다만, 다른 언어와 비교해 볼 때(이 문제는 앞으로의 연구 과제이지만), 국어의 <친척> 명칭은 상대적으로 보다 많은 관점과 함께 다양하게 세분화된 분절상을 보이고 있는 것만은 명백한 것 같다. 이와 같이 국어의 <친척>명칭에 상대적으로 많은 관점들이 관계하고 있다는 사실은, 우리 민족은 정신적으로 친척들 사이, 나아가서는 공동체 구성원들 사이의 관계에 대하여 깊은 배려를 하고 있음을 의미하는 것으로 평가된다(앞으로 공동체 인간들 사이의 관계에 깊은 통찰이 있어야 할 것이다.). 이러한 현상은 우리들의 일상생활에 있어서의 예절과도 직결될 것 같다. 섬세한 예절의 실현은 인간관계의 섬세한 분화를 전제할 때에만 가능할 것이다. 한국어에 대우법(존대법)이 발달해 있다는 특징도 이러한 예절의 실현과 깊은 함수관계에 있음을 의미한다. 그리고 예절은 윤리와 도덕의 바탕이 된다. 우리 민족은 반만년의 역사를 누려오는 동안, 무수한 외적의 침입을 받아 왔음에도 불구하고, 오늘날까지 생존하면서 자신을 지켜 올 수 있었던 것은 우리 민족의 대동단결의 의지에서 그 근원을 찾을 수 있을 것이며, 그 대동단결의 원동력은 예절에서 찾아야 할 것이다. 예절이 바로 인간의 동물적인 본능과 욕구를 억제하고 이성을 좇아서, 품위 있는 인간다운 삶을 영위하게 하는 힘의 원천일 것이기 때문이다.

참 고 문 헌

강기룡(1991): "현대국어의 술 명칭에 대한 연구", 고려대 교육대학원.

_____(1994): "<무덤> 명칭의 낱말밭 고찰"<우리말 내용연구> 제2호, 우리말내용연구회.

강상식(1987): "현대국어의 집짐승 이름씨에 대한 연구", 고려대 교육대학원.

강신항(1967): "현대국어의 가족 명칭에 대하여", <대동문화연구> 4집, 성균관대 대동문화연구소.

강호진(1982): "Leo Weisgerber의 '언어의 동적 고찰'에 관하여", 고려대 대학원.

_____(1989): "언어밭의 형식화 가능성 문제에 대하여", <언어 내용 연구>, 태종출판사.

_____(1993): "도이치말 'sehen' 동사의 분절구조와 우리말 '보다' 동사의 분절구조의 비교에 대하여", 고려대 대학원(박사학위논문).

고광주(1994): "<냄새> 이름씨 낱말밭" <우리말 내용연구> 제2호, 우리말내용연구회.

고려대 민족문화연구소(1982): <한국민속대관 4>.

_____(1995): <중한 대사전>.

고영근(1974): <국어 접미사 연구>, 백합출판사.

교양철학편찬위원회(1975): <철학 개설>, 한진문화사.

권미정(1996): "<밭> 명칭에 대한 고찰", <한국어 내용론> 제4호, 한국어내용학회.

권재일(1985): <국어의 복합문 구성 연구>, 집문당

_____(1992): <한국어 통사론>, 민음사.

_____(1994): <한국어 문법의 연구(한국어 밝히기 7)>, 서광학술자료사.

_____(1998): <한국어 문법사>, 도서출판 박이정.

김계곤(1996): <현대 국어의 조어법 연구>, 박이정.

김래현(1989): "Wilhelm von Humboldt의 동적언어관", <언어 내용 연구>, 태종출판사.

김민수(1973): <국어문법론>, 일조각.

_____(1977): <신 국어학사>, 일조각.

_____(1981): <국어 의미론>, 일조각.

_____(1983): <신국어학>, 일조각.

김방한/문양수/신익성/이현복(1982): <일반언어학>, 형설출판사.

김보균(1996): "<하늘> 명칭에 대한 고찰", <한국어 내용론> 제4호, 한국어내용학회.

김석득(1992): <우리말 형태론 －말본론－ >, 탑출판사.

김성대(1977): "조선시대의 색채어 낱말밭에 대하여 －Leo Weisgerber의 이론을 중심으로－" 고려대학교 대학원(박사학위논문).

_____(1979): "세계의 언어화에 대하여", <한글> 166호, 한글학회.

_____(1984): <도이치 언어학 개론>, 단국대출판부.

_____(1989): "Leo Weisgerber의 품사론", <언어 내용 연구>, 태종출판사.

김성환(1994): "<코> 명칭에 대한 고찰", <우리말 내용연구> 제2호, 우리말내용연구회.

김승곤(1982): <변형생성문법론>, 건국대학교출판부.

_____(1989): <우리말 토씨연구>, 건국대학교출판부.

김양진(1994): "<다툼>을 나타내는 동사의 낱말밭", <한국어 내용 연구>, 제1집, 국학자료원.

김연심(2001): "<시각행위> 명칭 분절구조 연구(1) -<대상>을 중심으로-", <한국학 연구 14>, 고려대학교 한국학연구소.

_____(2002): "<시각행위> 명칭 분절구조 연구(2) -<방법>을 중심으로-", <한국어 내용론 8>(한국어 어휘 분절구조 연구), 한국어내용학회.

_____(2003): "<시각행위> 명칭의 분절구조 연구(4) -<방향>을 중심으로 -", <한국어내용론> 9호(한국어 이름씨 분절구조), 한국어내용학회.

_____(2006): "<청각 행위> 명칭의 분절구조" <한국어 내용론 11, 특집호(한국인과 한국어문학)>, 한국어내용학회.

김영진(1994): "<비> 명칭에 대한 고찰 -토박이말을 중심으로-", <우리말내용 연구> 제2호, 우리말내용연구회.

_____(1995): "<비> 명칭의 낱말밭 연구 -한자말을 중심으로-", 고려대 교육대학원.

김영희(1992): "<Angst>에 대한 낱말밭 연구 -도이치말과 우리말의 불안명사를 바탕으로- ", 고려대 대학원(박사학위논문).

_____(1998): "<Angst>에 대한 낱말밭 연구 -독일어와 한국어의 형용사를 중심으로-", <한국어 내용론> 제5호(모국어와 에네르게이아), 한국어내용학회.

김유정(1993): "국어 복합술어구문 연구 -기능동사를 중심으로-", 고려대 대학원(석사학위논문).

_____(1994): "<물> 명칭의 낱말밭" <한국어 내용 연구> 제1집, 국학자료원.

김인자(1984): "Leo Weisgerber의 인류언어법칙에 대하여" 고려대 대학원.

김일환(1994): "<종이> 명칭 낱말밭 연구" <우리말 내용연구> 제2호, 우리말내용연구회.

김자영(1985): "E. Coseriu의 System, Norm und Rede에 대한 연구", 고려대대학원.

김재봉(1988): "<착용> 동사의 낱말밭 연구", 고려대 교육대학원.

_____(2000): "어휘분절구조와 어휘교육", <한국어 내용론 7(한국어와 모국어 정신)>, 한국어내용학회.

김재영(1989): "Leo Weisgerber의 의미영역에 대하여" <언어 내용 연구>, 태종출판사.

_____(1990): "Leo Weisgerber의 의의영역에 대한 연구", 고려대 대학원(박사학위논문).

_____(1994): "어휘 형성과 확대에 대한 내용중심적 고찰", <우리말 내용연구> 창간호, 우리말내용연구회.

_____(1996): <성능중심 어휘론>, 국학자료원.

_____(1996): "G. Ipsen의 분절구조 이론" <한국어 내용론> 제4호, 한국어내용학회.

김재임(1994): "<떡> 명칭에 대한 고찰", <한국어 내용 연구>, 제1집, 국학자료원.

김종대(1989): "언어변천과 어휘의 개념변천", <언어 내용 연구>, 태종출판사.

김종택(1982): <국어화용론>, 형설출판사.

김진우(1986): <현대 언어학의 이해>, 한신문화사.

김형엽(2001): <영문법의 실체와 이해>, 고려대학교출판부.

남궁양석(1996): "중국어의 <붕우> 명칭에 대한 고찰", <한국어 내용론>, 제4호, 한국어내용학회.

남기심/고영근(1986): <표준 국어문법론>, 탑출판사.

남기심/이정민/이홍배(1982): <언어학 개론>, 개문사.

노대규(1983): <국어의 감탄문 문법>, 보성문화사.

_____(1988): <국어 의미론 연구>, 국학자료원.

_____(1996): <한국어의 입말과 글말>, 국학자료원.

단국대학교 동양학연구소(1997): <한국 한자어 사전, 1. 2. 3. 4>, 단국대학교출판부.

도원영(1995): "<알림> 타동사의 낱말밭", <우리말 내용연구> 제2호, 국학자료원.

_____(2000): "현실 언어 자료에 기반한 '가볍다'류 형용사의 분석", <한국어 내용론 7(한국어와 모국어 정신)>, 한국어내용학회.

박경래(1983): <서양사 입문>, 일신사.

박금용(1986): "<주다> 동사의 낱말밭 연구", 고려대 교육대학원.

박기숙(1996): "중국어의 <모친> 명칭에 대한 고찰", <한국어 내용론> 제4호, 한국어내용학회.

박병선(1999): " <방> 명칭에 대한 고찰", <한국어 내용론> 제6호(한국어와 세계관), 한국어 내용학회.

박병채(1989): <국어 발달사>, 세영사.

박병채/전재호 외(1980): <신국어학 개론>, 형설출판사.

박선우(1985): "현대국어의 색채어에 대한 연구", 고려대 대학원.

박성철(1989): "인간· 언어· 세계의 상호관련성에 대한 고찰", 고려대 대학원.

박여성(1984): "어휘소 구조에 대한 연구 —특히 E. Coseriu의 어휘소론을중심으로—", 고려대 대학원.

박영순(1985): <한국어 통사론>, 집문당.

_____(1994): <한국어 의미론>, 고려대출판부.

박영원/양재찬(1994): <알기 쉬운 속담 성어 사전>, 국학자료원.

박영준(1994): <명령문의 국어사적 연구>, 국학자료원.

박영준/최경봉(1996): <관용어 사전>, 태학사.

박용호(1976): <철학 개론>, 동화문화사.

박이문(1981): <시와 과학>, 일조각.

박정환(1990): "E. Coseriu의 구조의미론 연구", 부산대 대학원(박사학위논문).

_____(1994):"내용 연구 토대로서의 '밭' 개념", <우리말 내용 연구> 창간호, 우리말내용연구회.

박지홍(1987): <우리말의 의미>, 과학사.

_____(1992): <고쳐 쓴 우리 현대말본>, 과학사.

배성우(1996): "<그릇> 명칭에 대한 고찰", <한국어 내용론> 제4호, 한국어내용학회.

_____(1997): "<칼> 명칭에 대한 고찰", <우리어문연구> 제10집, 우리어문학회.

_____(1997): " <농기구> 명칭에 대한 고찰" <우리어문연구> 11집(한국어문학의 이해), 우리어문학회.

_____(1998): "국어 <모자> 명칭의 분절구조 연구 −독일어와의 비교를 통하여−", 고려대학교 교육대학원(석사학위논문).

_____(1998): "<장> 명칭에 대한 고찰", <한국어 내용론> 제5호(모국어와 에네르게이아), 한국어내용학회.

_____(1999): " <배> 명칭의 분절구조 연구", <한국어 내용론> 제6호(한국어와 세계관), 한국어 내용학회.

_____(1999): " <자동차> 명칭에 대한 고찰", <우리어문 연구> 13집(한국어의 내용적 고찰), 우리어문학회.

_____(2000): "<궤도차> 명칭에 대한 고찰", <한국어 내용론 7(한국어와 모국어 정신)>, 한국어내용학회.

_____(2000): "<수레> 명칭에 대한 고찰", <21세기 국어학의 과제>, 월인.

_____(2001): "<탈것> 명칭의 분절구조 연구 −<수평 이동의 운송기구>를 중심으로−", 고려대 대학원(박사학위논문).

_____(2002): "<신발> 명칭의 분절구조 고찰 −<재료>를 중심으로−", <한국어 내용론 8>(한국어 어휘 분절구조 연구), 한국어내용학회.

_____(2003): "<신발> 명칭의 분절구조(2) −<시공>, <용도>, <주체>, <형상>을 중심으로−", <한국어내용론> 9호(한국어 이름씨 분절구조), 한국어내용학회.

_____(2006): "<가족> 명칭의 분절구조 연구" <한국어 내용론 11, 특집호(한국인과 한국어문학)>, 한국어내용학회.

_____(2006): "현대국어의 <겨레붙이> 명칭에 대한 고찰" <한국어 내용론 11, 특집호(한국인과 한국어문학)>, 한국어내용학회.

배성훈(1999): "<산> 명칭에 대한 고찰 −<크기>를 중심으로−", <한국어 내용론> 제6호(한국어와 세계관), 한국어 내용학회.

_____(1999): "<산> 명칭에 대한 고찰 −<위치>를 중심으로−", <우리어문 연구> 13집(한국어의 내용적 고찰), 우리어문학회.

_____(2000): "현대국어의 <산> 명칭에 대한 연구", 고려대 대학원.

_____(2000): "<언덕> 명칭에 대한 고찰", <한국어 내용론 7(한국어와 모국어 정신)>, 한국어내용학회.

_____(2002): "<언덕> 명칭에 대한 고찰 −<용도>를 중심으로−", <한국어 내용론 8>(한국어 어휘 분절구조 연구), 한국어내용학회.

_____(2003): "<언덕> 명칭에 대한 고찰(3) −<모양>을 중심으로−", <한국어내용론> 9호(한국어 이름씨 분절구조), 한국어내용학회.

_____(2006): "<집안> 명칭 분절구조의 연구" <한국어 내용론 11, 특집호(한국인과 한국어문
　　　학)>, 한국어내용학회.

_____(2006): "현대국어 <친족> 명칭 분절구조 연구" <한국어 내용론 11, 특집호(한국인과 한
　　　국어문학)>, 한국어내용학회.

_____(2006): "<샘> 명칭 분절구조의 연구" <한국어 내용론 11, 특집호(한국인과 한국어문
　　　학)>, 한국어내용학회.

배해수(1979): "바이스게르버의 언어 공동체 이론에 대하여", <한글> 166호, 한글학회.

_____(1980): "현실과의 절연을 나타내는 생명종식어에 대하여 −현대국어의 자동사적 표현을 중심으
　　　로−", <어학교육> 11집, 전남대학교 어학연구소.

_____(1980): "생명종식어의 자동사적 표현에 대하여 −현대국어를 중심으로−", <용봉> 11집, 전
　　　남대학교 학도호국단.

_____(1981): "홍길동전에 나타난 생명종식어의 고찰 −자동사를 중심으로−" <허균과 혁신 사상
　　　(한국 국문학 연구 총서, 고전문학편 7.)>, 새문사.

_____(1981): "현대국어의 웃음 종사에 대하여", <한글> 172호.

_____(1981): "영혼 이동의 생명종식어에 대하여 −현대국어의 자동사를 중심으로−", <사림> 2
　　　집, 전남대학교 사범대학 학도호국단.

_____(1981): "현대국어의 생명종식어에 대한 연구 −자동사적 표현을 중심으로−", 고려대학교
　　　대학원(박사학위논문).

_____(1982): <현대국어의 생명종식어에 대한 연구 −자동사적 표현을 중심으로−>, 태양출판사.

_____(1982): "맛 그림씨의 낱말밭", <한글> 176호.

_____(1982): "냄새 형용사에 대하여", <어문 논총> 6호, 전남대학교 어문학연구회.

_____(1982): "나이 그림씨에 대한 고찰", <사림> 3집, 전남대학교 사범대학 학도호국단.

_____(1982): "거리 그림씨에 대한 고찰", <어학교육>, 제13집, 전남대학교어학연구소.

_____(1982): "길이 그림씨에 대한 고찰", <용봉 논총−인문과학 연구−>, 제12집, 전남대학교
　　　인문과학연구소.

_____(1983): "넓이 그림씨에 대한 고찰", <한글> 182호, 한글학회.

_____(1983): "현대국어의 크기 그림씨에 대한 고찰", <용봉 논총−인문과학연구−> 제13집, 전
　　　남대학교 인문과학연구소.

_____(1983): "부피 그림씨에 대한 고찰", <문리경상 논집> 1집, 고려대학교 문리경상대학.

_____(1984): "관계 그림씨에 대한 고찰", <한글> 185호, 한글학회.

_____(1984): "빈부 그림씨에 대한 고찰", <문리대 논집> 2집, 고려대학교문리대학.

_____(1985): "명암 그림씨에 대한 고찰", <우운 박병채 박사 환력 기념 논총>, 고려대학교 국어
　　　국문학연구회.

_____(1985): "성격 그림씨에 대한 고찰(1) −<인정>의 표현을 중심으로−" <한글>, 제190호,
　　　한글학회.

_____(1985): "성격 그림씨에 대한 고찰(3) −<겸손샘>의 표현을 중심으로−" <문리대 논집> 제3집, 고려대학교 문리대학.

_____(1985): "성격 그림씨에 대한 고찰(4) −<욕심>의 표현을 중심으로−" <우리어문 연구> 창간호, 우리어문연구회.

_____(1986): "성격 그림씨에 대한 고찰(2) −<부지런함>의 표현을 중심으로−", <국어학 신연구>, 탑출판사.

_____(1986): "성격 그림씨에 대한 고찰(5) −<예절성>을 중심으로−", <어문논집> 제26집, 고려대학교 국어국문학연구회.

_____(1986): "성격 그림씨에 대한 고찰(6) −<곧음>의 표현을 중심으로−" <문리대 논집> 제4집, 고려대학교 문리대학.

_____(1986): "성격 그림씨에 대한 고찰(8) −<침착성>의 표현을 중심으로−" <한글> 제194호, 한글학회.

_____(1987): "성격 그림씨에 대한 고찰(7) −<담력>의 표현을 중심으로−" <열 므나 이응호 박사 회갑기념 논문집>, 도서출판 한샘.

_____(1987): "성격 그림씨에 대한 고찰(9) −<날카로움>의 표현을 중심으로−", <한국 언어문학>, 제25집, 한국언어문학회.

_____(1987): "성격 그림씨에 대한 고찰(10) −<고집>의 표현을 중심으로−" <한글(눈뫼 허웅 선생 고희기념 특집)> 제196호, 한글학회.

_____(1987): "성격 그림씨에 대한 고찰(11) −<소탈함>의 표현을 중심으로−", <어문 논집(석현 정규복 박사 환력 기념 특집호)>, 제27집, 고려대학교 국어국문학연구회.

_____(1987): "성격 그림씨에 대한 고찰(12) −<활발함>의 표현을 중심으로−", <장태진 박사 회갑기념 국어국문학 논총>, 삼영사.

_____(1987): "성격 그림씨에 대한 고찰(13) −<바름>의 표현을 중심으로−", <문리대 논집> 제5집, 고려대학교 문리대학.

_____(1988): "성격 그림씨에 대한 고찰(14) −<분별성>의 표현을 중심으로−", <홍익 어문> 제7집(심선 문덕수 선생 화갑 기념 논총), 홍익어문연구회.

_____(1988): "성격 그림씨에 대한 고찰(15) −<슬기>의 표현을 중심으로−" <한국언어문학> 제26집, 한국언어문학회.

_____(1988): "성격 그림씨에 대한 고찰(18) −<군셈>의 표현을 중심으로−" <인문대 논집> 제6집(황귀룡 교수 회갑 기념호), 고려대학교 인문대학.

_____(1988): "성격 그림씨에 대한 고찰(19) −<질김>의 표현을 중심으로−" <우리어문연구> 제2집, 우리어문연구회.

_____(1989): "성격 그림씨에 대한 고찰(16) −<너그러움>의 표현을 중심으로−", <언어 내용연구>(허발 박사 환갑기념 논문집), 태종출판사.

_____(1989): "성격 그림씨에 대한 고찰(17) −<후함(인색하지 아니함)>의 표현을 중심으로−", <어문 논집> 제28집, 고려대학교 국어국문학연구회.

_____(1989): "낱말밭 분석 연구의 의의", <한글> 제203호, 한글학회.

_____(1990): "느낌 그림씨에 대한 고찰(1) -<싫음>의 표현을 중심으로-" <한국어학 신연구>(우운 박병채 교수 정년퇴임 기념), 한신문화사.

_____(1989): "<혼인> 명칭에 나타난 혈연 의식" <한국학 연구> 제2집, 고려대학교 한국학연구소.

_____(1989): "느낌 그림씨에 대한 고찰(2) -<어지러움>의 표현을 중심으로-" <인문대 논집> 제7집, 고려대학교 인문대학.

_____(1989): "성격 그림씨에 대한 고찰(20) -<빠르기>의 표현을 중심으로-", <어문 논총>(정산 정익섭 박사 정년퇴임 기념논문집) 제10·11집, 전남대학교 국어국문학연구회.

_____(1990): <국어 내용 연구 -성격 그림씨를 중심으로->, 고려대학교 민족문화연구소.

_____(1990): "<딸> 명칭에 대한 고찰", <아슴어문> 창간호, 고려대학교 인문대학 국어국문학과.

_____(1991): "<아들> 명칭에 대한 고찰", <들메 서재극 박사 환갑기념 논문집>, 계명대학교 출판부.

_____(1991): "<아들딸> 명칭에 대한 고찰", <인문대 논집> 제8.9집, 고려대학교 인문대학.

_____(1991): "<어머니> 명칭에 대한 고찰", <한국학 연구> 제3집, 고려대학교 한국학연구소.

_____(1991): "<아버지> 명칭에 대한 고찰", <국어국문학> 106호, 국어국문학회.

_____(1991): "<남편> 명칭에 대한 고찰", <주시경 학보> 제7집, 탑출판사.

_____(1991): "<어버이> 명칭에 대한 고찰" <우리어문연구> 제4.5집, 우리어문연구회.

_____(1991): "<아내> 명칭에 대한 고찰", <국어의 이해와 인식>(갈음 김석득 교수 회갑기념 논문집), 한국문화사.

_____(1992): "<동기(간)> 명칭에 대한 고찰", <남사 이근수 박사 환력기념논총>, 반도출판사.

_____(1992): "<한어버이> 명칭에 대한 고찰", <충청어문학> 제1집, 충청어문학회.

_____(1992): "<어버이 항렬 친척> 명칭에 대한 연구", <민족문화 연구>, 제25호, 고려대학교 민족문화연구소.

_____(1992): "<동기(간) 항렬의 친척> 명칭에 대한 고찰", <한국학 연구>, 제4집, 고려대학교 한국학연구소.

_____(1992): "<아들딸 항렬의 친척> 명칭에 대한 고찰", <한글> 제218호, 한글학회.

_____(1992): <국어 내용 연구 (2)>, 국학자료원.

_____(1993): "행동주의 의미론에 대하여", <모시울> 제2호, 고려대학교 인문대학 국어국문학과.

_____(1993): "<우리나라에서의 어휘 정리>에 대하여", <한글> 제222호, 한글학회.

_____(1993): "<손자·손녀> 명칭에 대한 고찰", <언어학>(성백인 교수 회갑 기념호) 제15호, 한국언어학회.

_____(1993): "<비속> 명칭에 대한 고찰", <인문대 논집> 제11집, 고려대학교 인문대학.

_____(1994): "<나이> 명칭에 대한 고찰", <한국어학> 1호, 한국어학연구회.

_____(1994): "<도덕> 명칭에 대한 고찰", <한국인의 도덕성 연구> (아산재단 연구보고서 제1집), 아산사회복지사업재단.

_____(1994): "<달> 명칭의 서열적 분절에 관한 고찰", <어문 논총> 제14. 15호(만암 김희수 선생 정년기념 논총), 전남대학교 국어국문학 연구회.

_____(1994): <국어 내용 연구 (3) −<친척> 명칭에 대한 분절구조−>, 국학자료원.

_____(1994): "<철> 명칭에 대한 고찰", <우리어문연구> 제8집, 우리어문연구회.

_____(1994): "<달> 명칭에 대한 고찰", <인문대 논집> 제12집, 고려대학교 인문대학.

_____(1994): "개화기 교과서의 <어버이> 명칭 분절", <한국학 연구> 제6호, 고려대학교 한국학연구소.

_____(1994): "<한어버이 항렬> 친척 명칭에 대한 고찰", <한국어 내용 연구>, 제1집, 국학자료원.

_____(1994): "<존속> 명칭에 대한 고찰", <우리말 내용연구> 창간호, 우리말내용연구회.

_____(1994): "언어와 정신", <언어와 사상>, 고려대학교 대학국어 편찰실.

_____(1995): "<봄> 명칭에 대한 고찰", <우산 이인섭 교수 화갑기념 논문집>, 도서출판 대학사.

_____(1995): "<여름> 명칭에 대한 고찰", <우리말 내용연구> 제2호, 우리말내용연구회.

_____(1995): "<가을> 명칭에 대한 고찰", <한남어문학> 제20호(만촌 류구상 선생 화갑기념호), 한남대 국어국문학회.

_____(1995): "동적언어이론의 이해", <한국어 내용론> 제3호, 한국어내용학회.

_____(1995): "<겨울> 명칭에 대한 고찰", <어문 논집> 제34호, 고려대학교 국어국문학연구회.

_____(1995): "<날> 명칭에 대한 고찰(1) −<특정행사>를 중심으로−", <민족문화 연구> 제28호, 고려대학교 민족문화연구소.

_____(1995): "<날> 명칭에 대한 고찰(2) −<명절> 명칭을 중심으로−" <인문대 논집> 제13집, 고려대학교 인문대학.

_____(1996): "<날> 명칭에 대한 고찰(3) −<근무>와 관련된 표현−", <음성학과 언어학>, 서울대학교출판부.

_____(1996): "<날> 명칭에 대한 고찰(4) −<인식방식>을 중심으로−", <민족문화 연구> 제29호, 고려대학교 민족문화연구소.

_____(1996): "<날> 명칭에 대한 고찰(5) −<자연현상>과 관련된 표현−", <한국어 내용론> 제4호, 한국어내용학회.

_____(1996): "<날> 명칭에 대한 고찰(7) −<서열> 중심의 분절구조−", <한국학 연구 8>, 고려대 한국학연구소.

_____(1996): "<날> 명칭에 대한 고찰(8) −<기준> 중심의 분절구조−", <인문대 논집> 제14집, 고려대학교 인문대학.

_____(1997): "<날> 명칭에 대한 고찰(6) −<경과> 중심의 분절구조−", <우리어문연구> 제10집, 우리어문학회.

_____(1997): "<날> 명칭에 대한 고찰(9) −<수치> 중심의 분절구조−" <국어국문학 논총(송전 류우선 교수 정년 기념)>, 전남대출판부.

_____(1997): "<해(年)> 명칭에 대한 고찰(1) −<자연환경>을 중심으로 −", <인문대 논집> 제15집, 고려대학교 인문대학.

_____(1997): <국어 내용 연구(1) −수정판−>, 고려대학교 민족문화연구소.

_____(1997): "의미론의 유형과 동적언어이론", <국어학 연구의 새 지평 −성재 이돈주 선생 화갑기념−>, 태학사.

_____(1997): "<해> 명칭에 대한 고찰(3) −<생활방식> 중심의 분절구조−", <인문대 논집> 제16집(이기서 교수 회갑 기념호), 고려대학교 인문대학.

_____(1998): <한국어와 동적언어이론 −국어내용연구 4−>, 고려대학교출판부.

_____(1998): "동적언어이론의 도입과 한국어 연구", <한국어 내용론> 제5호(모국어와 에네르게이아), 한국어내용학회.

_____(1998): "한국학 정보처리를 위한 학술용 시소러스(thesaurus) 연구 −<판소리> 관련 전문용어의 계층구조 발견을 위하여−", <한국어 내용론> 제5호(모국어와 에네르게이아), 한국어내용학회.

_____(1998): "<해> 명칭의 분절구조(4) −<수치> 중심의 분절구조−", <추상과 의미의 실재>(한결 이승명 박사 화갑 기념논총), 한결 이승명 박사 화갑 기념논총 간행위원회.

_____(1998): "어휘분절구조이론과 의미 연구", <의미론 연구의 새 방향> (한결 이승명 박사 화갑 기념논총), 한결 이승명 박사 화갑 기념논총 간행위원회.

_____(1998): "<아침> 명칭에 대한 고찰", <인문대 논집> 제17집(김동규교수 회갑 기념호), 고려대학교 인문대학.

_____(1999): "<낮> 명칭의 분절구조 연구", <한국어 내용론>, 제6호(한국어와 세계관), 한국어 내용학회.

_____(1999): "동적언어이론과 한국어의 격 연구 방안", <국어의 격과 조사>, 한국어학회.

_____(1999): "<밤> 명칭에 대한 고찰", <우리어문 연구> 13집(한국어의 내용적 고찰), 우리어문학회.

_____(1999): "<새벽> 명칭에 대한 고찰", <한국어학> 제10집, 한국어학회, 119~133쪽.

_____(2000): <국어 내용 연구(5) −그 방안과 실제−>, 국학자료원.

_____(2000): "<저녁> 명칭의 분절구조 연구", <한국어 내용론 7(한국어와 모국어 정신)>, 한국어내용학회.

_____(2000): "언어연구의 4단계와 한국어 어휘연구의 방안", <21세기 국어학의 과제>, 월인.

_____(2001): "<시점−처음> 명칭에 대한 고찰", <한글문화>, 제15집, 한글학회 전라북도지회.

_____(2001): "<시대> 명칭의 분절구조 고찰", <한국학 연구14>, 고려대학교 한국학연구소.

_____(2002): "<시점−끝> 명칭에 대한 고찰", <한국어 내용론 8>(한국어 어휘분절구조 연구), 한국어내용학회.

_____(2002): "<시각(時刻)> 명칭의 분절구조 고찰", <한국어 내용론 8>(한국어 어휘분절구조 연구), 한국어내용학회.

_____(2002): "<시기> 명칭의 분절구조 고찰(1) −<자연환경>을 중심으로−"<석화 정재완 교수 정년기념논총>, 석화 정재완 교수 정년기념논총 간행위원회, 447~479쪽.

_____(2002): "<시간> 단위 명칭의 분절구조 고찰", <한국학 연구> 17집, 고려대학교 한국학연구소, 87~122쪽.

_____(2003): "<시기> 명칭의 분절구조 고찰(2) −<문화환경>을 중심으로−", <한국어내용론> 9호(한국어 이름씨 분절구조), 한국어내용학회.

_____(2003): "<과거> 명칭의 분절구조 고찰(1) −<단위>를 중심으로−" <한국학 연구> 19호, 고려대학교 한국학연구소.

_____(2003): <한국어 분절구조 연구 −국어내용연구 (6): <시간> 단위 명칭−>(한국학연구총서 6), 고려대학교 한국학연구소.

_____(2004): "<현재> 명칭의 분절구조 고찰(1) −<단위>를 중심으로−", <한국어 내용론(한국어 분절구조 고찰)>, 한국어내용학회.

_____(2004): "<미래> 명칭의 분절구조 고찰(1) −<단위>를 중심으로−", <한국어 내용론(한국어 분절구조 고찰)>, 한국어내용학회.

_____(2005): <한국어 분절구조 이해 −이론과 방법과 실제−>, 푸른사상사.

_____(2006): "<친척> 명칭에 대한 고찰 −<융합> 표현을 중심으로−" <한국어 내용론 11, 특집호(한국인과 한국어문학)>, 한국어내용학회.

_____공저(1994): <한국인의 도덕성 연구>, 아산사회복지사업재단.

_____엮음(1994): <한국어 내용연구(1)>, 국학자료원.

배희임(1988): <국어 피동문 연구>, 고려대학교 민족문화연구소.

변정민(1999): "<절> 명칭에 대한 연구", <한국어 내용론> 제6호(한국어와 세계관), 한국어 내용학회.

_____(2000): "<길> 명칭의 분절구조 연구", <한국어 내용론 7(한국어와 모국어 정신)>, 한국어내용학회.

봉일원(1980): "언어와 언어공동체", 고려대 대학원.

서문당(1978): <세계 백과 대사전 1-20>.

서태길(1994): "자름 타동사 낱말밭", <한국어 내용 연구>, 제1집, 국학자료원.

성광수(1977): "국어 조사에 대한 연구", 고려대학교 대학원, 박사학위논문.

_____(1999): <격표현과 조사의 의미>, 월인.

_____(1999): <한국어 문장표현의 양상>, 월인.

성균서관(1979): <세계 철학 대사전>.

손남익(1994): "<온도> 그림씨 낱말밭", <한국어 내용 연구>, 제1집, 국학자료원.

_____(2000): "국어의 식사 명칭에 대한 연구", <한국어 내용론 7(한국어와 모국어 정신)>, 한국어내용학회.

손숙자(2001): "현대국어 <말> 명칭에 대한 고찰(1)", <한국학 연구 14>, 고려대학교 한국학연구소.

_____(2002): "한국어 <말> 명칭에 대한 고찰(2) −<평가방식>을 중심으로−", <한국어 내용론 8>(한국어 어휘 분절구조 연구), 한국어내용학회.

_____(2003): "<말> 명칭의 분절구조 연구(4) −<품격>을 중심으로−", <한국어내용론> 9호 (한국어 이름씨 분절구조), 한국어내용학회.

_____(2006): "<말> 명칭의 분절구조 연구(7) −<표현>을 중심으로−" <한국어 내용론 11, 특집호(한국인과 한국어문학)>, 한국어내용학회.

송민규(1999): "<다리> 명칭에 대한 연구", <한국어 내용론> 제6호(한국어와 세계관), 한국어 내용학회.

시정곤(1994): <국어의 단어형성 원리>, 국학자료원.

_____(2000): "분절구조의 몇 가지 문제", <한국어 내용론 7(한국어와 모국어 정신)>, 한국어내용학회.

신기철/신용철 편저(1980): <새 우리말 큰 사전: 상. 하>, 삼성출판사.

신익성(1974): "Weisgerber의 언어 이론", <한글> 제153호, 한글학회.

_____(1979): "Wilhelm von Humboldt의 언어관과 변형이론의 심층구조", <어학 연구> 15권 1호, 서울대 어학연구소.

신차식(1983): "한·독 직업명칭에 대한 비교 연구", 고려대 대학원(박사학위논문).

심재기(1998): <국어 어휘의 기반과 역사>, 태학사.

심재기 외(1988): <의미론 서설>, 집문당.

심초보(1998): "언어능력과 모국어의 습득", <한국어 내용론> 제5호(모국어와 에네르게이아), 한국어내용학회.

아세아문화사(1977): <한국 개화기 교과서 총서> 10권(한국학문헌연구소편)

안문영(1989): "Leo Weisgerber의 문학 연구", <언어 내용 연구>, 태종출판사.

안정오(1993): "Grammatik aus der Fremd- und EigenPerspektive", Wuppertal(Dissertation).

_____(1995): "낱말밭과 언어습득의 상관성", <한국어 내용론> 제3호, 한국어내용학회.

_____(1996): "언어의 대격화 현상", <한국어 내용론> 제4호, 한국어내용학회.

_____(1996): "J.G. Herder의 언어기원 이론", <인문대 논집>, 제14집, 고려대학교 인문대학.

_____(1977): "W. v. Humboldt의 언어철학에서 교육적 특성", <인문대 논집> 제15집, 고려대학교 인문대학.

_____(1997): "언어의 문어성과 구어성", <인문대 논집> 제16집(이기서 교수 화갑 기념호), 고려대학교 인문대학.

_____(1998): "훔볼트의 사상적 특징", <한국어 내용론> 제5호(모국어와 에네르게이아), 한국어내용학회.

_____(1999): "기호의 언어철학적 고찰", <한국어 내용론> 제6호(한국어와 세계관), 한국어 내용학회.

_____(2000): "내용중심문법의 생성, 발전 그리고 전망", <한국어 내용론 7(한국어와 모국어 정신)>, 한국어내용학회.

_____옮김(2000): <비트겐슈타인>(Wittgenstein zur Einfuerung by Chris Bezzel: 1995), 도서출판 인간사랑.

양영희(1994): "합성어의 하위 분류", <한국언어문학> 33집, 한국언어문학회.

양오진(1994): "<불> 이름씨의 낱말밭 분석 −<용도>와 <재료>를 중심으로−", <우리말 내용 연구> 제2호, 우리말내용연구회.

양태식(1984): <국어 구조의미론>, 태화출판사.

_____(1984): "우리말 차원어휘소 무리의 내부 구조", <한글> 제185호, 한글학회.

_____(1985): <국어 차원 낱말의 의미구조>, 태화출판사.

엄선애(1989): "언어와 사고" <언어 내용 연구>, 태종출판사.

염재상(2002): " 정신역학 이론에서 본 '중의성'의 이해 - 한국어 'ㄹ 수 있다'의 예 - ", <한글> 255호, 한글학회.

오명옥(1994): "<눈> 명칭의 낱말밭" <우리말 내용연구> 제2호, 우리말내용연구회.

오미정(2000): "<창> 명칭의 어휘분절구조 연구", <한국어 내용론 7(한국어와 모국어 정신)>, 한국어내용학회.

오새내(2002): "동적언어이론을 바탕으로 한 한국어 시소러스 −한국어 명칭사전" 편찬 방향에 관하여−", <한국어 내용론 8>(한국어 어휘 분절구조 연구), 한국어내용학회.

운허 용하(1980): <불교 사전>, 동국역경원.

유송영(1994): "<아픔> 그림씨에 대한 고찰" <한국어 내용연구>, 제1집, 국학자료원.

유창균/강신항(1978): <국어학사>, 민중서관.

유형선(1994): "현대국어의 밥 명칭에 대한 연구" <한국어 내용연구>, 제1집, 국학자료원.

이가원/장심식 편저(1973): <상해 한자 대전>, 유강출판사.

이관규(1992): <국어 대등구성 연구>, 서광학술자료사.

_____(2000): "내용중심문법의 분절화 영역 확대 시고", <한국어 내용론 7(한국어와 모국어 정신)>, 한국어내용학회.

이규호(1978): <말의 힘>, 제일출판사.

이근수(1995): <훈민정음 신연구>, 보고사.

이기동(1993): <북청방언의 음운론>, 고려대학교 민족문화연구소.

이기문/김진우/이상억(1995): <국어 음운론>, 학연사.

이기용(1975): Montague Grammar, 백합출판사.

이돈주(1992): <한자학 총론>, 박영사.

이동석(1995): "<때림> 동사의 분절 구조", <우리말 내용 연구> 제2호, 우리말내용연구회.

이미영(1994): "<눈> 명칭에 대한 고찰", <우리말 내용연구> 제2호, 우리말내용연구회.

_____(1995): "<옷> 명칭의 낱말밭 연구 −<재료>를 중심으로−", 고려대 교육대학원.

이상혁(1994): "<돌> 이름씨의 낱말밭 구조" <한국어 내용 연구>, 제1집, 국학자료원.

_____(2000): "주시경과 모국어 정신", <한국어 내용론 7(한국어와 모국어 정신)>, 한국어내용학회.

이성준(1978): "독일어 어휘의 분절에 관한 소고" 고려대 대학원.

_____(1980): "내용중심 언어연구의 본질과 그 방법론적 배경에 대해서", <경남대학 논문집> 제7집, 경남대학교.

_____(1981): "언어밭의 이론에 대한 본질적 고찰", <경남대학 논문집> 제8집, 경남대학교.

_____(1984): "L. Weisgerber의 월구성안에 대한 연구", 고려대 대학원(박사학위논문).

_____(1985): "월구성안 이론에 대한 본질적 고찰", <문리대 논집> 제3집, 고려대 문리과대학.

_____(1986): "통어적 언어수단의 정신적 타당성에 관한 소고", <문리대 논집> 제4집, 고려대 문리과대학.

_____(1989): "성능중심 언어연구 전반에 대한 고찰", <인문대 논집> 제7집, 고려대 인문대학.

_____(1989): "Leo Weisgerber의 통어론에 대한 연구", <언어 내용 연구>, 태종출판사.

_____(1991): "현대언어학에 미친 빌헬름 폰 훔볼트의 영향", <인문대 논집> 제8·9합집, 고려대 인문대학.

_____(1992): "W. v. Humboldt의 언어관에 나타난 역사성의 문제", <인문대 논집> 제10집, 고려대 인문대학.

_____(1993): <언어 내용 이론 －통어론을 중심으로－>, 국학자료원.

_____(1994): "작용중심 언어 연구에 대한 개관", <우리말 내용 연구> 창간호, 우리말내용연구회.

_____(1995): "빌헬름 폰 훔볼트와 현대의 언어이론", <한국어 내용론>, 제3호, 한국어내용학회.

_____(1996): "빌헬름 폰 훔볼트의 언어관에 나타난 언어의 본질", <한국어내용론> 제4호, 한국어내용학회.

_____(1966): "빌헬름 폰 훔볼트의 언어관과 언어내용 연구", <인문대 논집> 제14집, 고려대학교 인문대학.

_____(1977): "훔볼트의 관점에서 본 언어의 개별성과 보편성", <인문대 논집> 제15집, 고려대 인문대학.

_____(1997): "도이치 낭만주의 언어관과 빌헬름 폰 훔볼트", <인문대 논집> 제16집(이기서 교수 화갑 기념호), 고려대학교 인문대학.

_____(1998): "언어와 사고의 본질에 대한 연구", <인문대 논집>, 고려대학교 인문대학.

_____(1998): "하만과 헤르더의 언어사상", <한국어 내용론> 제5호(모국어와 에네르게이아), 한국어내용학회.

_____(1998): "언어의 사고와 본질에 대한 연구", <인문대 논집> 제17집(김동규교수 회갑 기념호), 고려대학교 인문대학.

_____(1999): <훔볼트의 언어철학>, 고려대학교출판부.

_____(2000): "훔볼트의 언어관에 나타나는 형식과 소재의 문제", <한국어 내용론 7(한국어와 모국어 정신)>, 한국어내용학회.

_____(2001): "빌헬름 폰 훔볼트의 언어유기체 사상", <한국학 연구 14>, 고려대학교 한국학연구소.

_____(2002): "훔볼트의 관점에서 본 <대화> 개념의 이원론", <한국어 내용론 8>(한국어 어휘 분절구조 연구), 한국어내용학회.

_____(2007): <인간과 언어의 정신활동>, 푸른사상사.

이승명(1980): <국어 어휘의 의미구조에 대한 연구>, 형설출판사.

이승연(1994): "<잠> 명칭에 대한 고찰" <우리말 내용연구> 제2호, 우리말내용연구회.

이윤표(1985): "국어 친척 용어의 연구", 고려대 대학원.

이을환(1978): <언어학 개설>, 이우출판사.

이을환/이용주(1975): <국어 의미론>, 현문사.

이응백(1989): "친척 계보와 호칭", <국어생활> 19호, 국어연구소.

이재술(1981): "L. Weisgerber의 언어 이론과 그 실제", 고려대 대학원.

이정식(1994): "<슬프다>류 그림씨 낱말밭", <한국어 내용 연구>, 제1집, 국학자료원.

_____(2003): <다의어 발생론>, 도서출판역락.

이정식/이동혁/박병선(2000): "어휘장과 은유 문제", <한국어 내용론 7(한국어와 모국어 정신)>, 한국어내용학회.

이정회(1983): "레오 바이스게르버의 기능중심적 언어고찰에 대하여", 고려대 대학원.

이행진(2000): " 국어 <새> 명칭의 분절구조 연구", 고려대 교육대학원.

_____(2003): "<말(馬)> 명칭의 분절구조 연구(1) -<색깔>을 중심으로-", <한국어내용론> 9호(한국어 이름씨 분절구조), 한국어내용학회.

이호열(1996): "염소 <사이>의 의미체계", <한국언어문학> 제37집, 한국언어문학회.

이홍직 편(1973): <완벽 국사 대사전>, 백만사.

이희승(1972): <국어학 개설>, 민중서관.

이희승 편저(1986): <국어 대사전>, 민중서림.

임병수(1981): <현대 논리학>, 일신사.

임지룡(1987): "어휘대립의 중화현상", <국어교육 연구>19호, 국어교육연구회.

_____(1989): <국어 대립어의 의미 상관 관계>, 형설출판사.

_____(1997): <인지의미론>, 탑출판사.

임환재 옮김(1984): <언어학사>(G. Helbig: Geschichte der neueren Sprachwissenschaft), 경문사.

장기문(1984): "현대국어의 집 명칭에 관한 연구", 고려대 대학원.

_____(1988): "현대국어의 물 이름에 대한 고찰", <한성어문학> 7집,한성대국어국문학과.

_____(1990): "현대 국어의 불 이름에 관한 고찰", <한국어학 신연구>, 한신문화사.

_____(1992): "사람 이름씨에 대한 고찰(1) -<겉모양> 표현을 중심으로-", <남사 이근수 박사 환력기념 논총>, 반도출판사.

_____(1994): "<벗> 명칭에 대한 고찰", <우리말 내용 연구> 창간호, 우리말내용연구회.

_____(1994): "<아이> 명칭에 대한 고찰(1) -<출생>을 중심으로-", <우리어문 연구> 8집, 우리어문연구회.

_____(1995): "<아이> 명칭에 대한 고찰(2) -<성>, <현황>을 중심으로-", <우리말 내용 연구> 제2호, 우리말내용연구회.

_____(1995): "<아이> 명칭에 대한 고찰(3) -<현황> 분절을 중심으로-", <한국어 내용론> 제3호, 한국어내용학회.

_____(1995): "<소> 명칭에 대한 고찰", <우리어문 연구>, 제9집, 우리어문연구회.

_____(1996): "<여자> 명칭에 대한 고찰", <한국어 내용론> 제4호, 한국어내용학회.

_____(1997): "현대국어의 <여자> 명칭에 대한 고찰(2) - <정신>, <품행>을 중심으로 - " <우리어문연구> 제10집, 우리어문학회.

_____(1997): "<노비> 명칭에 대한 고찰(1)" <우리어문연구> 11집(한국어문학의 이해), 우리어문학회.

_____(1998): "<노비> 명칭에 대한 고찰(2) −<상황> 중심의 분절구조−", <한국어 내용론> 제5호(모국어와 에네르게이아), 한국어내용학회.

_____(1999): "현대 국어의 <직업인> 명칭에 대한 고찰(1)", <한국어 내용론> 제6호(한국어와 세계관), 한국어 내용학회.

_____(1999): " 현대국어의 <직업인> 명칭에 대한 연구(2) −<전문가 −기술가(기술자)를 중심으로−", <우리어문 연구> 13집(한국어의 내용적 고찰), 우리어문학회.

_____(2000): "현대국어 <여자> 명칭의 분절구조 연구", 고려대 대학원(박사학위 논문).

_____(2000): "현대국어<직업인> 명칭에 대한 고찰(3)", <한국어 내용론 7(한국어와 모국어 정신)>, 한국어내용학회.

_____(2001): " 현대국어 <노인> 명칭 분절구조 고찰 −<직업> 분절을 중심으로−", <한국학 연구 14>, 고려대학교 한국학연구소.

_____(2002): " 현대국어 <노인> 명칭의 분절구조 고찰 −<성>, <높임법>, <상태> 분절을 중심으로−", <한국어 내용론 8>(한국어 어휘 분절구조 연구), 한국어내용학회.

_____(2003): "<남자> 명칭의 분절구조 고찰(1) −<외양> 분절을 중심으로−", <한국어내용론> 9호(한국어 이름씨 분절구조), 한국어내용학회.

_____(2006): "<남자> 명칭의 분절구조 고찰(3) −<위치> 분절을 중심으로−" <한국어 내용론 11, 특집호(한국인과 한국어문학)>, 한국어내용학회.

장병기(1987): "소쉬르와 랑그", <한글> 제196호.

장석진(1992): <화용론 연구>, 탑출판사.

장영천(1989): "Leo Weisgerber의 조어론", <언어 내용 연구>, 태종출판사.

장은하(1996): "<눈> 이름씨에 대한 고찰", <한국어 내용론> 제4호, 한국어내용학회.

_____(1997): "<눈부위> 명칭에 대한 고찰", <우리어문 연구> 제10집, 우리어문학회.

_____(1997): "<얼굴> 명칭에 대한 고찰" <우리어문연구> 11집(한국어문학의 이해), 우리어문학회.

_____(1998): "<입> 명칭에 대한 고찰", <한국어 내용론> 제5호(모국어와 에네르게이아), 한국어내용학회.

_____(1998): "현대국어의 <손부위> 명칭에 대한 연구", 고려대학교 대학원(석사학위논문).

_____(1999): "현대국어의 <몸> 명칭에 대한 연구", <한국어 내용론> 제6호(한국어와 세계관), 한국어 내용학회.

_____(1999): "현대국어의 <발부위> 명칭에 대한 연구", <우리어문 연구> 13집(한국어의 내용적 고찰), 우리어문학회.

_____(2000): "현대국어의 <가슴> 명칭의 분절구조 연구", <한국어 내용론 7(한국어와 모국어 정신)>, 한국어내용학회.

_____(2001): "현대국어의 <뼈> 명칭 분절구조의 연구 -<부위>를 중심으로-", <한국학 연구 14>, 고려대학교 한국학연구소.

_____(2002): "<코 부위> 명칭 분절구조 연구", <한국어 내용론 8>(한국어 어휘 분절구조 연구), 한국어내용학회.

_____(2006): "현대국어의 <혀> 명칭 분절구조의 연구" <한국어 내용론 11, 특집호(한국인과 한국어문학)>, 한국어내용학회.

장향실(1994): "전통옷 명칭 낱말밭", <한국어 내용 연구>, 제1집, 국학자료원.

전수태(1987): <국어 이동동사 의미 연구>, 한신문화사.

_____(1997): <국어 반의어의 의미 구조>, 도서출판박이정.

_____옮김(2002): <산스크리트 문법>, 도서출판 박이정.

전영완(1987): "Wilhelm von Humboldt의 언어유형학에 대한 연구", 고려대대학원.

전지선(1992): "언어의 대상구성 기능과 그 상이성에 대한 연구", 고려대 대학원.

_____(1998): "인간과 세계에 대한 언어의 관계", <한국어 내용론> 제5호(모국어와 에네르게이아), 한국어내용학회.

정미숙(1975): "Leo Weisgerber의 das Worten der Welt의 개념에 대하여", <Turm> 제4·5집, 고려대학교 독어독문학회.

정소프트(주)(1997): <컴퓨터용 전자사전 피시딕 7. 0>.

정시호(1994): <어휘장이론 연구>, 경북대 출판부.

_____(2000): "가족유사성 개념과 공통속성", <한국어 내용론 7(한국어와 모국어 정신)>, 한국어내용학회.

정양완(1987): "친척 호칭에 대하여", <국어생활> 10호, 국어연구소.

정영완(1987): "Wilhelm von Humboldt의 언어유형학에 대한 연구", 고려대대학원.

정종화(1995): <한국 전통사회의 정신문화 구조양상-속담을 통해 본 가치관의 비교문화적 접근->, 고려대출판부.

정주리(1994): "<발화>류 동사 내용 연구 -<평가> 의미 표현을 중심으로-", <한국어 내용연구>, 제1집, 국학자료원.

_____(2000): "동사의 틀(frame) 의미 요소 연구", <한국어 내용론 7(한국어와 모국어 정신)>, 한국어내용학회.

정태경(1999): "<떡> 명칭의 분절구조", <한국어 내용론> 제6호(한국어와 세계관), 한국어 내용학회.

_____(1999): " <국> 명칭의 분절구조", <우리어문 연구> 13집(한국어의 내용적 고찰), 우리어문학회.

_____(2000): "<밥> 명칭의 분절구조", <한국어 내용론 7(한국어와 모국어 정신)>, 한국어내용학회.

_____(2001): "현대국어 <김치> 명칭의 분절구조 연구", 고려대 대학원(석사학위논문).

_____(2002): " <찌개> 명칭의 분절구조 연구", <한국어 내용론 8>(한국어 어휘 분절구조 연구), 한국어내용학회.

_____(2003): " <죽(粥)> 명칭의 분절구조 연구", <한국어내용론> 9호(한국어 이름씨 분절구조), 한국어내용학회.

_____(2006): "<국수> 명칭의 분절구조 연구" <한국어 내용론 11, 특집호(한국인과 한국어문학)>, 한국어내용학회.

정혜령(1994): "<바람> 명칭에 관한 고찰", 고려대 교육대학원.

조재수/유재원/안정애(2000): <바른글 한국어 전자사전>, 한글토피아.

조좌호(1980): <세계문화사>, 박영사.

조항범(1988): "국어 친척 호칭어의 통시적 고찰(4)", <개신 어문연구> 5. 6집, 충북대.

차준경(2000): "<자리> 명칭에 대한 고찰", <한국어 내용론 7(한국어와 모국어 정신)>, 한국어내용학회.

천시권/김종택(1973): <국어 의미론>, 형설출판사.

최경봉(1992): "국어 관용어 연구", 고려대 대학원.

_____(1994): "<흙> 명칭 고찰", <우리말 내용연구> 제2호, 우리말내용연구회.

_____(1998): <국어 명사의 의미 연구>, 태학사.

최명관(1980): " Cassirer의 인식이론", <논문집> 10집, 숭전대.

최창렬/심재기/성광수(1986): <국어 의미론>, 개문사.

최호철(1994): "현대국어 규정소의 의미체계", <우리말 내용 연구> 창간호, 우리말내용연구회.

_____(2000): "현대국어 감탄사의 분절구조 연구", <한국어 내용론 7(한국어와 모국어 정신)>, 한국어내용학회.

하길종(1994): "<힘> 명칭에 대한 고찰(1) -<근원>, 특히 <유정성>을 중심으로-", <우리말 내용연구> 제2호, 우리말내용연구회.

_____(1998): "<힘> 명칭에 대한 고찰(2) -<양상>, <주체>를 중심으로-", <한국어 내용론> 제5호(모국어와 에네르게이아), 한국어내용학회.

_____(1999): "<힘> 명칭에 대한 고찰(3) -<근원(무정성)>을 중심으로-", <우리어문 연구> 13집(한국어의 내용적 고찰), 우리어문학회.

_____(1999): <현대 한국어 비교구문 연구>, 도서출판박이정.

_____(2000): "<풀> 명칭의 분절구조", <한국어 내용론 7(한국어와 모국어 정신)>, 한국어내용학회.

_____(2001): <언어 수행론 연구>, 국학자료원.

학원사(1975): <농업 대사전>.

한국방언학회(1981): <국어 방언학>, 형설출판사.

한글과컴퓨터(1995): <윈도우즈용 흔글 우리말 큰사전 1.0>.

한글학회(1992): <우리말 큰사전>, 어문각.

_____(1995): <국어학 사전>.

한상복/이문웅/김광억(1989): <문화인류학 개론>, 서울대출판부.

한정한(1994): "둥근 모양 그림씨 낱말밭 연구", <한국어 내용 연구>, 제1집, 국학자료원.

허발(1972): "Leo Weisgerber", <Turm> 제2집, 고려대학교 독어독문학회.

____(1974): "Leo Weisgerber −특히 그의 언어관, 언어이론과 그것에 대한 비판에 대하여−", 고려대 대학원(박사학위논문).

____(1975): "Trier-Weisgerber에 의한 Wortfeld 이론에 대한 최근의 한 비판에 대하여", <Turm> 제4·5집, 고려대학교 독어독문학회.

____(1976): "Weisgerber에 의한 Wortfeld-Theorie의 동적 고찰에 대하여", <한글> 제157호, 한글학회.

____(1977): "밭의 이론", <한글> 제160호, 한글학회.

____(1979): "레오 바이스게르버 −특히 그의 언어관, 언어 이론과 그것에 대한 비판에 대하여−", <한글> 166호, 한글학회.

____(1981): <낱말밭의 이론>, 고려대출판부.

____(1983): "세계의 언어화(Worten der Welt)에 대하여", <한글> 제182호' 한글학회.

____(1985): "훔볼트의 언어고찰에서의 '에네르게이아' 개념에 대하여", <한글> 제189호, 한글학회.

____(1988): "내용중심 문법", <한글> 제199호, 한글학회.

____(1989): "Leo Weisgerber의 동적언어관에 대하여", <언어내용연구>, 태종출판사.

____(1990): "하이데거의 동적언어관", <한글> 제207호, 한글학회.

____(1992): "언어의 초기호적 성격에 대하여", <한글> 217호, 한글학회.

___옮김(1976): "낱말밭과 개념밭에 대하여" <한글> 제158호, 한글학회.

___옮김(1985): <구조의미론>, 고려대출판부.

___옮김(1986): <언어내용론>, 고려대출판부.

___옮김(1993): <모국어와 정신 형성>, 문예출판사.

허웅(1981): <언어학−그 대상과 방법−>, 샘문화사.

____(1983): <국어학−우리말의 오늘. 어제−>, 샘문화사.

____(1993): <근대 인물한국사 408 - 최현배 ->, 동아일보사.

____(1999): <20세기 우리말의 통어론>, 샘문화사.

홍석준(1990): "말 명칭에 대한 연구−현대 국어를 중심으로−", 고려대 교육대학원.

홍승우(1988): <의미론 입문>, 청록출판사.

_____(1989): "Wilhelm von Humboldt의 언어개념", <언어 내용 연구>, 태종출판사.

홍종선(1990): <국어 체언화구문의 연구>, 고려대 민족문화연구소.

上海師範大學古籍整理硏究所 편(1988): ＜中國文化史詞典＞, 浙江古籍出版社.

O. Akhmanova(1971): *Phonology, Morphonology, Morphology*, Mouton, The Hague.

A. Akmajian/R. A. Demers/R. M. Harnish(1979): *Linguistics: An Introduction to Language and Communication*, The MIT Press, Cambridge, Massachusetts.

P. S. Aspillera(1981): *Basic Tagalog*, Manila, M & L Licudine Enterprises.

R. E. Asher(Editor in Chief)/J. M. Y. Simpson(1994): *The Encyclopedia of Language and Linguistics*, Pergamon Press, Oxford.

K. Baldinger(1980): *Semantic Theory*, Basil Blackwell Publishers, Oxford.

A. C. Bauch & T. Cable(1993): *A History of the English Language* (4th edition), Prentice-Hall International, Inc.

D. Benner(1990): *Wilhelm von Humboldts Bildungstheorie*, Juventa Verlag, Weinheim und Muenchen.

L. Bloomfield(1962): *Language*, George Allen & Unwin Ltd., Museum Street, London.

E. J. Brière(1968): *A Psycholinguistic stuudy of Phonological Interference*, Mouton, The Hague.

W. L. Chafe(1973): *Meaning and Structure of Language*, The University of Chicago Press.

N. Chomsky(1965): *Aspects Of Theory Of Syntax*, The M. I. T. Press, Cambridge, Massachusetts.

_____(1969): "Generative Grammar as Theories of Linguistic Competence", *Modern Studies in English(Readings in Transformational Grammar)*, Prentice-Hall, Inc., Englewood Cliffs, New Jersey.

W. S. Cooper(1974): *Set Theory and Syntactic Description*, Mouton & Co., Publishers, The Hague, The Netherlands.

E. Coseriu(1971): *Sprache, Strukturen und Funktionen*, Tuebingen.

_____(1973): *Probleme der Strukturellen Semantik,* Tuebingen.

O. Ducrot/T. Todorov(1979): *Encyclopedic Dictionary of the Sciences of Language*, English Translation, The Johns Hopkins University Press, Baltimore.

I. Dyen(1975): *Linguistic Subgrouping and Lexicostatistics*, Mouton, The Hague.

E. L. Erde(1973): *Philosophy and Psycholinguistics*, Mouton, The Hague.

C. J. Fillmore(1969): "Toward a Modern Theory of Case", *Modern Studies in English(Readings in Transformational Grammar)*, Prentice-Hall, Inc., Englewood Cliffs, New Jersey.

J. D. Fodor(1977): *Semantics: Theories of Meaning in Generative Grammar*, Thomas Y. Crowell Company Inc., New York.

V. Fromkin/R. Rodman(1974): *An Introduction to Language*, Holt, Rinehart and Winston, Inc., New York.

H. Geckeler(1973): *Strukturelle Semantik des Franzoesischen*, Max Niemeyer Verlag, Tuebingen.

H. Gipper(1969): *Bausteine zur Sprachinhaltsforschung*, Paedagogischer Verlag, Schwann, Duesseldorf.

_____(1974): "Inhaltbezogene Grammatik" *Grundzuege der Literatur und Sprachwissenschaft*, Band 2. Deutsche Taschenbuch Verlag.

_____(1984): "Der Inhalt des Wortes und die Gliederung der Sprache", *Duden Grammatik*, Duden Verlag, Wien/Zuerich.

J. T. Grinder/S. H. Elgin(1973): *Guide to Transformational Grammar: History, Theory, Practice*, Holt, Rinehart and Winston, Inc. NewYork.

M. A. K. Halliday(1978): *Language as Social Semiotic —The social Interpretation of Language and Meaning—*, Edward Arnold (Publishers) Ltd., London.

G. Helbig(1974): *Geschichte der neueren Sprachwissenschaft*, Rowohlt Taschenbuch Verlag, Leipzig/Muenchen.

_____(1961): "Die Sprachauffassung Leo Weisgerbers —Zum Problem der 'funktionalen' Grammatik—", *Der Deutchunterricht(Sprachlehre III)*, Stuttgart.

G. Hemphill(1973): *A Mathematical Grammar of English*, Mouton, The Hague/Paris.

W. v. Humboldt(1979): *Werke* Band 3. *Schriften zur Sprachphilosophie*, Cott'asche Buchhandlung, Stuttgart.

M. Ivić(1970): *Trends in Linguistics*, Mouton/Co. N. V., Publishers, The Hague.

G. Ipsen(1932): "Der neue Sprachbegriff", *Wege der Forschung*(1973), Wissenschaftliche Buchgesellschaft, Darmstadt.

O. Jespersen(1968): *The Philosophy of Grammar*, George Allen & Unwin Ltd., London.

D. E. Johnson(1975): *Toward A Theory Of Relationally - Based Grammar*, I. U. Linguistic Club, Bloomington, Indiana.

R. Katičić(1970): *A Contribution to the General Theory of Comparative Linguistics*, Mouton, The Hague.

W. Koller(1979): *Einfuehrung In Die Uebersetzungswissenschaft*, 박용삼 역 (1990): <번역학이란 무엇인가>, 숭실대 출판부.

J. Lyons(1979): *Semantics* 1. 2. Cambridge University Press, Cambride.

_____(1981): *Language and Linguistics - An Introduction* - Cambridge University Press, Cambridge.

R. S. Meyerstein(1974): *Reduction in Linguistics*, Mouton, The Hague.

J. W. F. Mulder/S. G. J. Hervey(1972): *Theory of the Linguistic Sign*, Mouton, The Hague.

G. Nickel(1985): *Einfuehrung in die Linguistik - Entwicklung, Probleme, Methoden -* , Erich Schmidt Verlag, Berlin.

E. A. Nida(1975): *Componential Analysis of Meaning*, Mouton Publishers, The Hague.

C. K. Ogden/I. E. Richards(1946): *The Meaning of Meaning*, Harcourt Brace Jovanovich Book, New York/London.

T. Pyles/J. Algeo(1982): *The Origins and Development of the English Language*(3rd edition), Harcourt Brace Jovanovich International Edition, New York.

N. Ruwet(1973): *An Introduction to Generative Grammar*, translated by N. S. H. Smith, North-Holland Publishing Company, Amsterdam.

P. H. Salus(1969 ed.): *On Language - Plato to von Humboldt-*, Holt, Rinehart and Winston, Inc., New York.

F. d. Saussure(1972): *Cours de Linguistique Générale*, Payot, Paris.

F. d. Saussure(1972): *Cours de Linguistique Générale*, translated by W. Baskin(1959): *Course In General Linguistics*, Philosophical Library, New York.

H. Schnelle(1973): *Sprachphilosophie und Linguisyik*, Rowohlt Taschenbuch Verlag, Hamburg.

R. H. Thomason(1974 ed.): *Formal Philosophy —Selected Papers of Richard Montague—*, Yale University.

J. Trier(1931): "Ueber Wort- und Begriffsfelder", *Wege der Forschung*(1973), Wissenschaftliche Buchgesellschaft, Darmstadt.

_____(1934): "Deutsche Bedeutungsforschung", *Wege der Forschung*(1973), Wissenschaftliche Buchgesellschaft, Darmstadt.

S. Ullmann(1967): *Semantics —An Introduction to The Science Of Meaning—*, Oxford, Basil Blackwell.

J. T. Watermann(1970): *Perspectives in Linguistics —An Account of the Background of Modern Linguistics—*, 이을환 역(1982): <언어학사 —현대언어학의 배경—>, 숙명여대출판부.

L. Weisgerber(1929): *Muttersprache und Geistesbildung*, Goettingen.

_____(1957): *Die Muttersprache Im Aufbau Unserer Kultur,* Paedagogischer Verlag, Schwann, Duesseldorf.

_____(1959): *Die Geschichtliche Kraft Der Deutschen Sprache*, Paedagogischer Verlag, Schwann, Duesseldorf.

_____(1962): *Grundzuege der inhaltbezogenen Grammatik*, Duesseldorf.

_____(1962): *Die Sprachliche Gestaltung der Welt*, Paedagogischer Verlag, Schwann, Duesseldorf.

_____(1963): *Die Vier Stufen in der Erforschung der Sprachen*, Paedagogischer Verlag, Duesseldorf.

_____(1964): *Das Menschheitsgesetz der Sprache*, Quelle/Meyer Verlag, Heidelberg.

_____(1965): "Die Lehre von der Sprachgemeinschaft", *Frankfurter Hefte Zeitschrift fuer Kultur und Politik*, Duesseldorf.

_____(1971): *Die Geistige Seite Der Sprache und ihre Erforschung*, Paedagogischer Verlag, Schwann, Duesseldorf.

C. L. Wrenn(1977): *The English Language* , Methuen & Co Ltd, London.

E. Zierer(1972): *Formal Logic and Linguistics*, Mouton, The Hague.

낱말 찾아보기 – (1) 형태순

낱말 찾아보기 - (2) 내용순

차례 제2장, 제3장, 제4장, 제5장, 제6장, 제7장으로 갈음함.

배해수

문학박사. 현 고려대 명예교수.

저서: <한국어 분절구조 이해 - 이론과 방법과 실제 - >외 9.

논문: "<친척> 명칭에 대한 고찰 - <융합> 표현을 중심으로 - "외 110여 편.

배성우

문학박사. 현 고려대 민족문화연구원 연구교수. 아사달논술학원장.

고려대 강사, 및 초빙교수. 한국과학기술원 초빙교수. 성신여대 강사, 홍익대 강사, 관동대 강사 역임.

저서: <한국어와 알타이어 비교어휘(2)>(공저).

논문: "<역어유해>의 어휘분절구조 고찰 － <타는 기구> 명칭을 <몽어유해>와 대비하여 －", "<탈
것> 명칭의 분절구조 연구 － <수평이동의 운송기구>를 중심으로 －"(박사학위논문) 외 20여편.

배성훈

문학박사. 현 고려대 강사. 목포대 강사.

저서: <한국어의 내용 이해>

논문: "방언 어휘분절구조 발견을 위한 조사방법론 고찰"(공동연구) 외 20여 편.

한국인의 〈친척〉 이야기 - 〈친척〉 용어사전

초판 1쇄 인쇄일	2017년 2월 13일
초판 1쇄 발행일	2017년 2월 15일

지은이	배해수 배성우 배성훈
펴낸이	정진이
편집장	김효은
편집/디자인	김진솔 우정민 박재원 백지윤
마케팅	정찬용 정구형
영업관리	한선희 이선건 최인호 최소영
책임편집	김진솔
인쇄처	국학인쇄사
펴낸곳	국학자료원 새미(주)
	등록일 2005 03 15 제25100-2005-000008호
	서울특별시 강동구 성안로 13 (성내동, 현영빌딩 2층)
	Tel 442-4623 Fax 6499-3082
	www.kookhak.co.kr
	kookhak2001@hanmail.net

ISBN	979-11-87488-45-3 *03380
가격	35,000원